独占禁止法の歴史（下）

平林英勝

独占禁止法の歴史
（下）

学術選書
150
経済法

信山社

はしがき

　本書は，上巻に引き続き，昭和52年の法改正後の同53年から現在に至るまでの約40年間（1978〜2015）の独占禁止法の歴史を跡付けたものである。この間の独占禁止法の展開は3部に区分されるが，上巻と同様，やはり起伏に富むドラマティックなものであった。

　第1部（1978〜1988）は，高度成長から低成長の時代に入り，52年法改正の余波もあって，独占禁止法ないし競争政策が進展を見せつつも停滞を余儀なくされた時代である。第2部（1989〜2000）は，日米構造問題協議が大きな転機となり，独占禁止法の日本的運用と決別し，入札談合の摘発など法執行の強化に転じていく。第3部（2001〜）は，わが国経済の停滞のなかで，市場原理重視の構造改革が進められ，独占禁止法も度々改正されるなどかつてない興隆の時期を迎えた。しかし，それもその後，再び「冬の時代」を迎えることになる。

　独占禁止法の歴史は，制定以来，それぞれの時代に固有の展開をしつつも，停滞と再生というサイクルを繰り返すかのようである。

　歴史研究の面白さは，資料（史料）を丹念に読むことによって，既成のイメージと異なる実像を発見したり，その当時は思い至らなかった事実に気付くことにある。今回も筆者にとり大小さまざまな発見や気付きがあったが，なかでも本書を貫く重要なものとして，次のようなものがあった。

　第1に，独占禁止法を支える原理として，競争原理が主であることは言うまでもないが，わが国においてはそれにとどまらず，従たるものとして「社会的公正原理」が存在することである。社会的公正原理とは中小企業等の社会的な弱者の保護を図るということであり，競争原理それ自体も含まれるが，直接的には優越的地位の濫用規制や下請法がそれであり，時に適用除外のように反競争的なかたちをとることもある（第1章補論(1)参照）。独占禁止法の目的をもっぱら競争原理と考える立場からみれば「不都合な真実」かもしれないが，社会的公正原理は昭和28年の法改正以来のものであり，新自由主義的な構造改革の修正・後退や優越的地位の濫用規制の活発化として顕現することになる。

　第2に，独占禁止法なり競争政策のありかたを究極において決定するのは，政治であるという事実である。経済でもなければ，公取委でもない（公取委の権限・責任は大きいが）。社会的公正原理は政治に依存するところが大きく，評価すべき点もないわけではない。とはいえ，政治が制御されない力を揮うことがあ

はしがき

り，公取委の審判制度の廃止が実現したのも，政権交代をめぐる政争の過程である。もちろん立法府を支配するのは政治であるから当然かもしれないが，独占禁止法にとって政治に翻弄されるのは不幸なことであった。

　本書の立場や記述の方法は上巻と変わらない。本書は実務家の見た歴史であり，市場経済と民主主義を重視する立場である。記述の方法は，資料（史料）に基づき，客観的な叙述と分析を心がけた。とはいえ，歴史が単なる記録ではない以上，出来事に意味を与える解釈や評価は避けられない。本書が扱うのは現代史・同時代史であり，筆者自身が複雑かつ渾沌とした歴史の渦中で生きかつかかわっているのであるから，距離を置きつつ遠目々々で観察しなければならない難しさがあった。特に第3部を歴史として語るには早すぎるのかもしれないが，敢えて記述した。

　かつて澤田悌委員長は「公取行政は男子が一生をかけてやるに値する仕事だ」と述べたことがあった（高瀬恒一ほか監修『独占禁止政策苦難の時代の回顧録』（平成13年）242頁（伊従寛談））。筆者も，45年の間，公取委の内外において独占禁止法に仕事としてかかわりかつ打ち込むことができたのは大変ありがたいことであった。その間は，変転はあっても，総じて独占禁止法に対する社会的評価が高まっていく時代であったのも幸運であった。ひるがえって，現在の公取委は，課徴金引上げや減免制度という武器を手にしたものの，景品表示法と審判制度を失い，法執行活動・政策提言活動も低調な現状にある。公取委の現役の諸君が独占禁止法に情熱を持って仕事が続けられることを切に望みたい。

　筆者は，上巻を上梓後の3年間，法科大学院で非常勤教員として教壇に立ちつつ，その後本年4月からはまったく自由の身として，本書を執筆することができた。苦しくもあったが，楽しくもあり，充実した時間であった。時に下巻の出版を待ち望む声を聞くことも励みになった。折々，東北大学時代の大学院ゼミ生たちがそれぞれの分野で活躍しているのを耳にするのも悦ばしいかぎりであった。

　本書の出版にあたっては，上巻と同様，信山社の方々には大変お世話になった。袖山貴社長は収支採算の厳しい本書の出版を決断され，稲葉文子氏は神経を消耗する編集の労をとって下さった。厚く御礼申し上げたい。

　最後に，私事にわたるが，筆者の本書の執筆を見守り，時に貴重な助言をしてくれた妻朝子に感謝したい。

　　平成27年12月

　　　　　　　　　　　　　　　　　　　　　　　　　　　　平林　英勝

目　次

はしがき

第1部　競争政策は "社会正義" の理想を失ってはならない 〈1978～1988〉 …………3

第1章　昭和52年法改正の余波 …………5
1　昭和52年改正法の施行 (5)
2　予防行政の展開とその功罪 (10)
3　流通問題への取り組み (16)
4　不公正な取引方法の近代化——一般指定の改正 (27)
5　昭和58年の緩和改正の試みの失敗 (39)

第2章　低成長時代と独占禁止政策 …………45
1　低成長時代と独占禁止政策 (45)
2　構造不況と競争政策①——特安法とその評価 (48)
3　構造不況と競争政策②——産構法とその評価 (61)
4　日本的産業政策の終焉 (69)

第3章　政府規制をめぐる諸問題 …………75
1　規制緩和と競争政策——公取委の先駆者的役割 (75)
2　第二臨調による規制緩和・民営化に関する答申 (88)
3　中小企業保護のための規制——大店法の問題 (96)
4　規制緩和・民営化の意義 (102)

第4章　法執行活動の停滞と進展 …………106
1　審決件数の激減と行政指導的法運用 (106)
2　入札談合の摘発と挫折——静岡建設入札談合事件 (113)
3　独占禁止法の適用範囲の拡大——非製造業分野へ (122)
4　不当廉売とバイイング・パワーの規制 (131)
5　企業結合規制の整備と25％ルール (140)

目　次

　　補論（1）　シカゴ学派の衝撃と橋口収 …………………………… *146*
　　　　（2）　石油価格協定刑事事件最高裁判決の意義 …………… *159*

第2部　日本に求めているのは自由で開放された市場である〈1989〜2000〉 …… *173*

第1章　日米構造問題協議と競争政策 …………………………… *175*
　　1　貿易摩擦と独占禁止法（*175*）
　　2　日米構造問題協議の開始と経過（*188*）
　　3　日米構造問題協議の内容①――流通機構および系列取引（*199*）
　　4　日米構造問題協議の内容②――独占禁止法の運用強化（*207*）
　　5　日米構造問題協議の意義（*220*）
　　6　日米包括経済協議――結果志向の通商政策（*224*）

第2章　規制緩和の本格化と独占禁止法 ………………………… *230*
　　1　規制緩和の本格化――競争政策との一体的関係（*230*）
　　2　持株会社の解禁――規制緩和と経済民主主義の相剋（*238*）
　　3　適用除外制度の整理・縮小（*260*）

第3章　入札談合との闘い ………………………………………… *274*
　　1　埼玉土曜会事件と梅沢委員長（*274*）
　　2　入札談合の摘発の本格化と談合防止の取組み（*283*）
　　3　入札・契約制度の改革（*287*）
　　4　市民オンブズマンの活動（*295*）
　　5　官製談合と「談合国家日本」（*299*）

第4章　法運用の改革とその展開 ………………………………… *309*
　　1　法運用の改革と運用状況（*309*）
　　2　刑事罰の強化――法改正と告発（*316*）
　　3　カルテル規制の進展（*324*）
　　4　私的独占および不公正な取引方法の規制の進展
　　　　――競争者排除型事件の重視へ（*333*）
　　5　独占禁止民事訴訟の胎動（*342*）

目　　次

第3部　構造改革なくして成長なし〈2001～〉 ……………353

第1章　立法改革の時代 …………………………………355
1　小泉政権の登場と公取委（355）
2　平成15年の景品表示法と下請法の改正（362）
3　平成17年の法改正——課徴金の引上げと減免制度の導入（372）
4　平成21年および25年の法改正——審判制度の廃止（390）
5　景品表示法の消費者庁への移管（407）
6　立法改革の時代とその後（411）

第2章　構造改革と競争政策 ……………………………417
1　小泉政権の「構造改革」（417）
2　公益事業と社会的規制の改革（419）
3　道路公団改革および郵政民営化（429）
4　構造改革の評価と修正・後退（438）

第3章　経済のグローバル化と独占禁止法 ………………450
1　経済のグローバル化とは何か（450）
2　企業結合規制の変容とそのゆくえ（452）
3　域外適用から国際的執行へ（467）
4　競争法上の国際協力（481）
5　各国競争法と世界共通の競争法（486）

第4章　公取委の法執行の成果と裁判所 …………………497
1　強力な法の執行は行われたか（497）
2　引き続く入札談合との闘い（500）
3　告発，減免制度，そして談合決別宣言（508）
4　優越的地位の濫用規制の活発化とその意義（519）
5　判例の進展——裁判所と「反トラスト」（526）
6　東日本大震災と独占禁止法（540）

索　　引（543）

凡　　例

(頻出する文献は，ゴシック箇所のように略して引用した。)

公正取引委員会事務局『独占禁止政策二十年史』(昭和 43 年)
公正取引委員会事務局『独占禁止政策三十年史』(昭和 52 年)
公正取引委員会事務局『独占禁止政策五十年史上巻・下巻』(平成 9 年)
公正取引委員会事務局編『独占禁止懇話会資料集Ⅶ～ⅩⅣ』(昭和 56 年～平成 5 年)
流通・取引慣行等と競争政策に関する検討委員会報告書「流通・取引慣行とこれからの競争政策──開かれた競争と消費者利益のために」(平成 2 年)
通商産業省通商産業政策史編纂委員会編『**通商産業政策史**』12 巻 (第Ⅳ期多様化時代(1))(平成 5 年)・14 巻 (同(3) (同 5 年))
経済産業省通商産業政策史編纂委員会編『**通商産業政策史 1980－2000**』第 1 巻 (総論, 平成 25 年)，第 2 巻 (通商・貿易政策, 同 25 年)，第 3 巻 (産業政策, 同 24 年)，第 10 巻 (資源エネルギー政策, 同 23 年)
財団法人経済団体連合会『経済団体連合会五十年史』(平成 11 年)
(日本) 経済法学会編『**(日本) 経済法学会年報**』
日本経済法学会編『**経済法講座第 1 巻～第 3 巻**』(平成 14 年)
日本国際経済法学会編『**国際経済法講座Ⅰ**』(平成 24 年)
独禁法審決・判例百選第 3 版～第 6 版 (昭和 59 年，平成 3 年，同 9 年，同 14 年)
経済法判例・審決百選 (平成 22 年)
今村成和『独占禁止法 [旧版][新版]』(昭和 36 年，同 53 年)
今村成和『**私的独占禁止法の研究(五)，(六)**』(昭和 60 年，平成 5 年)
根岸哲＝舟田正之『独占禁止法概説 [第 4 版]』(平成 22 年)
鈴木満『入札談合の研究──その実態と防止策』(平成 13 年)
吉田茂『**政権変革期の独禁法政策**』(平成 24 年)
「**根岸哲先生古稀祝賀　競争法の理論と課題**」(平成 25 年)
金井貴嗣・川濱昇・泉水文雄編著『独占禁止法 [第 4 版]』(平成 25 年)(**金井他**)
岸井大太郎・向田直範・和田健夫・大槻文俊・川島富士雄・稗貫俊文著『経済法──独占禁止法と競争政策 [第 7 版]』(平成 25 年)(**岸井他**)
クライド・プレストウィッツ著国弘正雄訳『日米逆転』(昭和 63 年)(Clyde V. Prestowitz. Jr, Trading Places, 1988)
グレン・S・フクシマ著渡辺敏訳『日米経済摩擦の政治学』(平成 4 年)
シドニー・リン・ウィリアムズ著阿川尚之訳「鏡の中の日米構造協議」第 1 回～第 15 回，週刊ダイヤモンド平成 4 年 3 月 14 日号～同年 6 月 27 日号
Leonard J. **Schoppa**, Bargaining with Japan : What American pressure can and can not do, 1997
Michael L. **Beeman**, Public Policy and Economic Competition in Japan: Change and Continuity in Antimonopoly Policy, 1973-1995, 2002
Tony **Freyer**, Antitrust and Global Capitalism, 1930-2004, 2006

独占禁止法の歴史

(下)

第1部

競争政策は "社会正義" の理想を失ってはならない

1978～1988

第1部はいかなる時代であったか──凪（なぎ）の時代

　昭和45～52年（1970～1977）（上巻第4部）が独占禁止法の「疾風怒涛」の時代であったなら，同53年～63年（1978～1988）（下巻第1部）は総じて「凪（なぎ）」の時代であった。

　52年法改正の後遺症もあり，経済界の独占禁止法への反発は根強くあった。日本経済は，2度の石油危機を経て低成長の時代に移行し，素材産業は構造不況に悩まされることになる。他方，加工組立産業は圧倒的な国際競争力を有し，円高による調整にもかかわらず，貿易摩擦が次第に深刻化していく。

　競争政策の展開は難しい状況に置かれ，独占禁止法の運用は停滞する。とはいえ，市場原理は少しずつ浸透し，社会的公正原理に基づく法運用も行われていく。

　第1部の時代の委員長は，次の通りである。

　　澤田悌（在任期間：昭和51年4月1日～同52年8月23日（任期満了））は，日本銀行OBで，日本銀行理事，国民金融公庫総裁を経て，公取委員長。

　　橋口收（同：昭和52年9月13日～同57年9月12日（任期満了））は，大蔵官僚出身で，主計局長，国土事務次官を経て，公取委員長。

　　高橋元（同：昭和57年9月24日～62年9月23日（任期満了））は，大蔵官僚出身で，主税局長，大蔵事務次官を経て，公取委員長。

第1章　昭和52年法改正の余波

1　昭和52年改正法の施行

改正法施行の10年間——3人の委員長の融和・協調路線

澤田悌委員長は，52年改正法の成立にあたって，次のように述べた[(1)]。

　「昭和52年5月27日永年の懸案であった独占禁止法改正法が成立した。委員長に就任以来最大の課題であっただけに，これで一段落したでしょうと犒らいの言葉をいただくことも多いが，率直に云って肩の荷が更に重く感じられる昨日今日である。……

　このように今回の改正は，その内容がかなり広範囲にわたり，影響するところも大きい。また，独占禁止政策が昭和22年に導入されて以来初めての強化改正である。更に，30年の歴史があるとは云え独占禁止法に対する冷静な理解が必ずしも完全には行われていない，といった事情もみうけられる。

　したがって今後，改正された独占禁止法を国民の理解の得られるルールとして定着させるよう適正かつ厳正に運営して行くためには，公正取引委員会が解決しなければならない課題はあまりに多い。

　一つ一つの課題を順次解決していかなければならないと思うが，謙虚に世論に耳を傾けることをまず基本としたいと考えている。開かれた公正取引委員会への御意見を多数いただけるようお願いいたしたい。

　また，今回の改正が強化改正であり，公正取引委員会の責任も増大しているが，独占禁止法は経済活動の基本となるルールであり，ルールはそれに参加するものが自主的に守ることが期待されているものであることを想起し，公正取引委員会は，ルール違反が生じないよう予防に，またルールが守られる基盤の整備に努力したいと考えるが，関係各位の御協力を切にお願する次第である。」（傍点筆者）

澤田委員長の融和路線である。とりわけ高橋俊英委員長時代に険悪となった経済界との関係修復が急がれた。澤田は改正法の成立を見届けて，昭和52年（1977）8月退任した[(2)]。

後任の橋口収委員長は，澤田の路線を基本的に踏襲し，就任にあたり，当面する課題として4点を挙げた[(3)]。すなわち，①改正独占禁止法を「円滑かつタイ

---

(1) 澤田悌「独占禁止法改正に寄せて」公正取引昭和52年6月号2頁。
(2) 澤田は高橋の残任期間を終え，定年が迫っていることもあり，再任されることなく退任した。火中の栗を拾う形での1年4か月のショート・リリーフであった。
(3) 橋口収「公正取引委員会委員長に就任して」公正取引昭和52年10月号2頁。

第 1 部　競争政策は"社会正義"の理想を失ってはならない　1978〜1988

ムリーに施行」すること，②独占禁止法が「皮膚のように」感じられるよう一般の認識を高めること，③独禁政策を「その基本を貫きつつ……その他の経済政策と十分調和を図って運営」すること，④海外の当局と連絡を密にして，「国際的視野での法運用」に努めること，である。

　橋口がとった戦略は，経済界との対立を再燃するような厳格な法運用を回避しつつ，巧妙に独占禁止法の普及・定着を図るというものであった。それがいわゆる「予防行政」であり，流通問題・中小企業問題への取り組みであり，かつ法違反に対する警告等の行政指導の多用であった。この橋口のとった予防行政の路線は，その後任の高橋元委員長にも——さらに法適用の消極化というかたちで——継承され(4)，第 1 部を貫くことになる。

昭和 52 年改正法の施行——おずおずとした船出

　第 1 部の公取委の最初の課題は，昭和 52 年改正法の円滑な施行であった。52 年改正法は大胆な内容を含み——実際にはとげは抜かれていたのであるが——経済界の強い反対を押し切って行われたため，その施行は沢田委員長に「肩の荷が重い」と言わしめ，橋口委員長に第 1 の課題に挙げさせるほどであり(5)，事務局にとっても容易な作業ではなかった。

　改正法は，昭和 52 年（1997）5 月 27 日に成立，6 月 3 日に公布され，公布から 6 か月を超えない期間内において政令で定める日から施行されることになっていた（改正法附則第 1 条）。そこで，公取委は必要な政令，規則やガイドラインの策定を急ぎ，改正法公布後 6 か月にあたる同年 12 月 2 日の施行日までに，4 つの政令，3 つの規則および 2 つのガイドラインを策定し公表した(6)。

　2 つのガイドラインとは，「独占的状態の定義規定のうち事業分野に関する考

---

(4)　昭和 57 年 9 月 25 日付け朝日新聞記事「開かれた公取継承」。橋口と異なり，高橋は「六無斎」と号し（昭和 57 年 10 月 18 日付け日本経済新聞夕刊「バランス感覚で独禁法運用」），競争政策に関してほとんど発信しなかった。高橋が委員長の時代は，公取委が競争政策の守りに徹した 5 年間であった。

(5)　橋口は，「改正独占禁止法は，高橋元委員長が土台を築かれ，澤田前委員長が棟上げをされたものでありますが，私の役目は内装，外装を含めた建物の完成を行い，人間が住めるようにすることだと考えております」と述べた（橋口前掲注(3) 2 頁）。

(6)　4 つの政令とは，①改正法の施行期日を定める政令（昭和 52 年政令第 316 号），②独占禁止法施行令（同 317 号），③公取委事務局組織令を改正する政令（同 318 号），④審査官の指定に関する政令を改正する政令（同 319 号），3 つの規則とは①審査審判規則を改正する規則（昭和 52 年公取委規則第 3 号），②課徴金の納付の督促状に関する規則（同 4 号），③企業結合に関する届出等に関する規則を改正する規則（同 5 号）である。

え方について」(昭和 52 年 11 月 29 日，公取委事務局発表) と「私的独占の禁止及び公正取引の確保に関する法律第 18 条の 2 (価格の同調的引上げ) の規定に関する運用基準」(同) であった。公取委は関係業界・省庁の意見も聞きつつ，産業界の不安解消を最優先にして作成した。

たとえば，独占的状態に関するガイドラインは，集中度調査等に基づき，独占的状態の国内総供給額要件を充たしかつ市場占拠率要件を充たすものまたはその可能性がある事業分野を「一定の事業分野」として，乳製品製造業をはじめ 26 の事業分野を別表として公表した。市場占拠率要件を充たすかどうかあいまいなかたちにしたのは，「構造要件にだけに該当しているといってもどうしてもあたかも弊害も含んだ意味での独占的状態にあるという印象を一般に非常に強く植えつけてしまい，リストアップされた関係者が営業活動をやりにくくなる」[7] ことに配慮したものであった。また，公取委は，別表に記載された事業分野の関係企業には市場行動要件・弊害要件を自ら回避するよう促す一方で，それ以外の企業に対しては措置をとらないことを明言した。公取委は法によって与えられた権限行使に自ら制限を課し[8]，法的安定性ひいては事業者の安心感に配慮した。

公取委は，独占的状態に関して監視業務を行いつつも，規定を発動することも指導することもなく，次第に企業の警戒感は薄れ，実効性の乏しい規制となっていった。

同調的価格引上げに関するガイドラインは，同調的価格の引上げがあった場合に報告徴収の対象となる国内総供給額要件・市場占拠率要件を充たす「同種の商品」として，調整粉乳等 49 の品目を別表に掲載した。規制対象となる商品をあらかじめ公表したのは，同調的価格引上げが行われた場合にはただちに理由の報告を求めるという「機動的に対処する必要」と，該当品目を明示して——独占的状態の場合と同様，規制対象を自ら限定することにより——「運用の法的安定性」を図ることにあった[9]。新聞業界が全国紙の別表記載に反対し，公取委は掲載を延期するということがあった。新聞業界は公取委にとりしばしば鬼門となる業

---

(7) 金子晃ほか「座談会　改正独占禁止法の施行にあたって」公正取引昭和 53 年 1 月号 11 頁 (柴田章平発言)。経団連が橋口委員長に対し，「市場シェアが高いということだけで，国民経済上弊害があるような印象を一般に持たれるので，ガイドラインの公表に際しては，慎重に配慮してもらいたい」旨申し入れていた (経団連五十年史 163 頁)。

(8) 橋口委員長は「これは改正法を運用する場合の，公正取引委員会の自己制限，自己に課した制約条件」であると言っている (「この人と一時間　独禁法は自由経済体制の"希望の星"橋口収」エコノミスト昭和 52 年 12 月 20 日号 41 頁)。

(9) 金子ほか前掲注(7) 14 頁 (加藤二郎発言)。

第1部　競争政策は"社会正義"の理想を失ってはならない　1978〜1988

界である（新聞代一斉値上げ事件，中読不当廉売事件，法定再販見直しなど）が，公取委は，昭和55年（1980）6月，同調的値上げを行って世論の批判が強いことを見計らって，「一般日刊全国新聞紙」を別表に追加した[10]。

とはいえ，繰り返し同調的値上げを行い，理由の報告徴収を求められる業界が少なくなく，規制の実効性を疑せるようになっていく（平成17年法改正により法18条の2は廃止されるに至る）。

改正法の施行にあたり最も重要であったのは，施行と同時に現実に対応を迫られる，カルテルに対する課徴金制度をどのように執行するかであった。担当の事務局審査部は，課徴金がわが国において初めての制度であり，導入時に事務処理上可能か懐疑的であったことや事業者に対する負担への懸念もあって，法の枠内でどのように設計すべきかについて苦慮した。

課徴金は，法律上カルテル実行期間中の当該商品・役務の売上額×業種別の一定率×2分の1によって算定される（7条の2・1項および8条の3）が，売上額については政令で定めることになっていた。独占禁止法施行令は，売上額について，実行期間中に引き渡された額を売上げとする引渡し基準によることを原則とし（同令4条），実行期間中の引渡し額と契約額が「著しい差異を生じる事情があると認められるとき」は例外的に締結された契約の売上額とする契約基準による（同令5条）こととした[11]。これは改正法第1次政府案のときから想定されていたことであるが，企業会計原則に準拠した考え方であった[12]。これによって，課徴金の額が不当利得の徴収の観点からみて不当な結果を回避するとともに，企

---

[10] 苦難の時代の回顧録・243頁（伊従寛発言）。新聞協会は「全国紙と地方紙との間に大きなちがいはなく，社会通念としても両者は完全に同種の商品であり，競争関係を維持している」として公取委の措置の撤回を求めた（昭和55年7月11日付け日本経済新聞記事「公取委に撤回求む」）が，公取委は「全国紙相互間の競争に比べ，全国紙と地方紙の競争関係は部分的，補完的なものにすぎない」と判断した（公取委事務局「独占禁止法第一八条の二の規定に関する運用基準の改定について」公正取引昭和55年7月号40頁，矢部丈太郎「新聞の事業分野の考え方について――日本新聞協会の意見書に答えて」公正取引昭和55年9月号30頁）。

[11] 相場照美＝波光巌「課徴金制度における売上額の算定方法」NBL152号（昭和53年）30頁，相場照美「課徴金制度」別冊公正取引『改正独占禁止法の基礎知識』（昭和53年）29頁。

[12] 企業会計原則は「一般に公正妥当と認められる会計処理の基準」として，大蔵省企業会計審議会が定めたもの（昭和24年7月9日制定，昭和49年8月30日最終改正）。なお，値引き・返品・割戻しの扱いについても施行令に規定されたが，企業会計原則に従い取引の時点にかかわりなく発生主義をとりつつも，対価の修正と認められるものに限定して売上額から控除することにした。

第1章　昭和52年法改正の余波

業にとり売上額が算定しやすくなり，公取委にとっても迅速かつ効率的な処理が可能になった。以後，引渡し基準は製造業等の価格・数量カルテル事件に，契約基準は建設業等の入札談合事件に適用されていく。

　実行期間の始期については，価格カルテルの場合，申し合わせた値上げの日ではなく，申し合わせに基づいて最初に値上げを実現した日とし，一部の取引先について申し合わせの一部の値上げでも実現すればよいとして取り扱うことした[13]。これは課徴金制度の目的が不当利得の徴収にあることや，価格の引上げを申し合せても100％完全に実現することはないのが通常であるカルテルの実態を踏まえたものである。終期は，カルテルが破棄された日を原則とする[14]が，カルテルのメンバー1社がとりやめた場合の取扱いはケースバイケースとした[15]。

　課徴金賦課の第1号は，昭和53年（1978）8月17日に納付命令を行った群馬県桐生地区の生コンクリート・メーカーに対するものであった。事案は，同地区における生コンの需要の大部分を供給している4名が生コンの販売価格の引上げを図るために共同販売会社を設立し，同社にのみ販売しかつ同社への販売価格を決定し実施し，さらにその後2名が参加したことが不当な取引制限とされ，うち4名に対し総額507万円の課徴金が課されたというものである[16]。少数のロー

---

[13]　その後，平成5年頃から，公取委の実務は，カルテルにより事業活動が拘束される価格引上げの実施日に変更したとみられる（地頭所五男編『新しい独占禁止法の実務』（平成5年）392頁）。

[14]　この点についても，その後，立入り検査等により合意の実効性が確定的に失われた場合には実行期間の終期の到来を認めている（これを明言するものとして，日本ポリプロ㈱ほか1名に対する件，平成19年6月19日課徴金審決，審決集54巻78頁）。

[15]　後の判決であるが，合意からの離脱に関し，他の参加者に対し明示的に伝達するまでは要しないが，内心において決意しただけでは足りず，離脱者の行動から他の参加者が離脱の事実を窺い知るに十分な事情の存在が必要であるとしたものがある（平成15年3月7日，岡崎管工事件東京高裁判決，審決集49巻624頁）。

[16]　群馬アサノコンクリート㈱ほか生コンクリート製造業者5名に対する件，昭和53年6月5日勧告審決，審決集25巻8頁，同年8月17日課徴金納付命令，同51頁。本件は共同販売会社を設立して地域独占を形成することが目的であったから，設立契約をとらえて不当な取引制限と構成し，共同販売会社を解散させるべきであった。課徴金について，納付命令は共同販売会社への出荷額を売上額として算定したが，共同販売会社の需要者への売上額を基礎とすべきであるとの批判があった。しかし，公取委は，共同販売会社は違反行為者ではないので，その売上げを基礎とすることはできないと考えたとみられる。本件解説として，植松勲・公正取引昭和53年10月号14頁，本件評釈として，木元錦哉・ジュリスト675号（昭和53年）111頁，波光巖・公正取引昭和53年12月号42頁，辻吉彦・ジュリスト昭和53年度重要判例解説258頁，川越憲治・NBL178

第1部　競争政策は"社会正義"の理想を失ってはならない　1978〜1988

カルな中小企業の単純な価格カルテルであり——共同販売会社をどう扱うかという問題はあったが——，最初の課徴金案件事件としては手頃なものであった。53年度は本件1件のみという，おずおずとした課徴金制度の船出であった。

改正法施行半年間のカルテルの摘発件数はわずかに2件に激減した。橋口委員長は，「大企業は違反事件をおこすと罰則が重いことを知っており，勧告件数が少ないのは，改正独禁法の予防的効果があらわれているせい」と述べた[17]。しかし，勧告件数が少ないのは改正法の予防効果のみによるものかは，当時おいても疑問が提起されていた[18]。その後の課徴金制度の運用状況は，第1部第4章において検討する。

2　予防行政の展開とその功罪

予防行政の背景と事業者団体ガイドライン

委員長をした橋口収は，後年，次のように語っている[19]。

　「……公正取引委員会というのは取締官庁なのか行政官庁なのかという，永遠のアポリアに直面するわけです。……取締官庁という方が強く出ると，産業界の反発も強いし，それだからと言うわけではないが，僕自身は，余り取締官庁という性格を強く出さないで，あるいは準司法機関という性格を強く出さないで，行政機関として運用した方が，経済界に受け入れられやすいし，公取委としても長い目で見て，社会的な信認を得られやすいのではないかと思って，出来るだけ行政官庁としての面を強く出そうとした。いわゆる行政指導をわりと多用した方がいいと考えた。……要は基本的には独禁法違反という状態が早くなくなることが，事態の救済につながる。罰金をとるとか課徴金をとるというのは，よほど事案の重いものだ。結局，そういう状態にならないうちに解決したほうがいいので，そのためには法の運用についてのガイドラインというのが必要ではないか。

　　……まず事業者団体のガイドラインを作ったらどうかと提唱して，それも随分紆余曲折ありましたけれど，事業者団体ガイドラインが出来た。その後も幾つかガイドラインを作りました。……予防行政といいますか，独禁法違反の状態の発生を未然に防止するという予防行政の考え方を採るべきではないかと思った。これは，当時の宮澤官房長官が，非常にいいことですねと言われた記憶があります。」(傍点筆者)

52年改正法を契機に強まった経済界の反発を回避するために，違反行為を未

　　　　号（昭和54年）22頁，和田健夫・百選［第3版］50頁など。
(17)　昭和53年6月3日付け日本経済新聞記事「ヤミカルテル摘発2件」。
(18)　木元前掲注(16) 116頁。
(19)　五十年史上巻・764頁。

然に防止することを目的として，橋口は「予防行政」の方針を採った。法の適用は悪質な場合にとどめ，ガイドラインを作成して，ガイドラインに基づいて事前相談に応じまたは問題のある行為を行っている場合には行政指導によって是正していくというものであった（それ故に「ガイドライン行政」とも呼ばれた。「予防行政」には，狭い意味での違反行為の未然防止だけでなく，既に違反行為が存在しても悪質なものでなければ行政指導によって是正するという含意があったことに注意する必要がある）。

最初に作成されたガイドラインが，「事業者団体の活動に関する独占禁止法上の指針」（昭和54年8月27日）である。何故，事業者団体に関するガイドラインが最初に作成されたかといえば，事業者団体の禁止行為を定める法8条の規定が抽象的であること，独占禁止法違反事件のうちで事業者団体によるものが多数を占めていること，法改正により課徴金制度が導入され事業者団体としても構成事業者への課徴金の賦課を回避する必要があること，からであった[20]。

公取委は作成にあたり，原案を公表して経済団体，関係省庁等から意見の申出を受け，学識者の意見も聴取し，必要な修正を行うという姿勢をとった[21]。経団連とも意見交換を行ったが，これは「従来［高橋俊英委員長時代のこと—筆者注］なかったことで一歩も二歩も公取は前進した」と好感が持たれた[22]。他方，経済界は独占禁止法をなお企業行動の制約要因とみる傾向があったが，「この指針は，独禁法の考え方ないしはルールが定着していくための手がかりとして，かなり大きな役割を果たす」ことが期待された[23]。通産省も内容について意見を述べたが，指針を作成すること自体については評価した[24]。

内容については，事業者団体の活動類型ごとに，「考え方」を示した上で，参考例として「原則として違反となるもの」（黒条項），「違反となるおそれがあるもの」（灰色条項）および「原則として違反とならないもの」（白条項）を明らか

---

(20) 公取委事務局経済部団体課「事業者団体の活動に関する指針(案)及び事業者団体の活動に関する事前相談制度(案)について」公正取引昭和54年5月号5頁。ただし，事業者団体の違反事件が多かったのは，実態がそうであったというより公取委が法3条よりも8条の適用を選好したことによることが多い（五十年史上巻293・461頁参照）。
(21) 行政機関が命令等を定める場合のいわゆるパブリック・コメント（意見公募手続）は，平成17年の行政手続法改正によって導入された（同法39条）。
(22) 稲川宮雄ほか「座談会　事業者団体活動指針をめぐって」公正取引昭和54年11月号10頁（川出千速発言）。
(23) 稲川ほか前掲注(22) 20頁（正田彬発言）。
(24) 伊従寛ほか「事業者団体と独禁法」ジュリスト705号（昭和54年）17頁（榎元宏明発言）。

第1部　競争政策は"社会正義"の理想を失ってはならない　1978～1988

にし[25]，具体例や問題点を付した。

　黒条項は，主として価格，数量，顧客・販路，設備・技術に関する行為など今日でいうハードコア・カルテルとボイコットであった。入札談合も黒条項に含められた。行政指導があってもカルテルの違法性が阻却されないことが明記された（第2まえがき）。灰色条項は，主としてハードコア・カルテルにつながりやすい情報活動と，種類・品質・規格等に関する行為および営業の種類・内容・方法に関する行為という非ハードコア・カルテルであった。

　黒条項に該当する行為は審決例が多数ある分野であって考え方や具体例を示すのは，比較的容易であったとみられる。問題は，将来の価格に関する情報活動のようにそれ自体では違法とはいえないが，暗黙の了解や共通の意思の形成に極めてつながりやすいものの扱いである。指針では灰色条項とされた（1-8，7-1）が，違法のリスクが高い行為であるから事業者団体の実務上は黒条項として扱うべきものであった[26]。

　非ハードコア・カルテルについては，審決例がほとんどないなかで，相談事例や行政調整の事例のなかから，原則適法となる基準が析出されていったとみられる。たとえば，「社会公共への配慮又は労働問題への対処のために営業の種類，内容，方法，営業時間等の基準を設定すること」は「需要者の利益を不当に害さず，かつ構成事業者にその遵守を強制しない」かぎり，「原則として違反とならない」とされた（6-4）。強制しないことを条件としたのは，「事業者団体が法律上の根拠なしに，営業の自由に強制的な規制を加えることは……構成事業者の機能活動を不当に制限するおそれがあるから」である[27]。具体的には，住宅地区における深夜騒音営業自粛の申し合わせ[28]，省エネルギーのために行うガソリン・スタンドの日曜休日の休業[29]などの例が違法でないとされた。「社会公

---

(25)　指針案では，「違反となるおそれがあるもの」と「原則として違反となるおそれがないもの」の2分法であったため，価格決定行為など違反になることがほとんど確定的な行為も「おそれがある」ものになるという曖昧さが独占禁止懇話会において多数の会員から指摘された（伊従ほか前掲注(24) 20頁（今村成和発言））。そこで，黒・白・灰色の3分法に改められた。

(26)　伊従ほか前掲注(24) 25頁（伊従，藤堂裕発言）。価格に関する情報活動は違法となるリスクの高い活動であるが，裏返せばこのような情報活動は意思の連絡の存在を示す間接事実になるということである。

(27)　地頭所五男編『詳解　事業者団体活動指針——事業者団体の活動と独占禁止法』（昭和55年）59頁。

(28)　地頭所前掲注(27) 58頁。

(29)　伊従ほか前掲注(24) 26頁（榎元発言）。

共」の概念や需要者の利益が「不当に」害されるかどうかの基準は不明確さが残る⁽³⁰⁾ものの，個別判断にふさわしい一般性・柔軟性に富んでいるので，多種多様な非ハードコア・カルテルの判断基準として今日でも公取委の相談事例等において活用されている。

指針は，事前相談制度も設けた。従来も公取委は非公式な相談を受け付けていた（官房総務課に独禁法相談所があった。）が，そのような一般的な相談とは別に行われるものであり，文書で申し出る等の一定の相談の場合には法的効果を与えることにした。すなわち，事前相談に対して公取委が独占禁止法に抵触しないという回答をしたときは，判断の基礎となった事実に変更があっても回答の全部または一部を撤回した後でなければ法的措置をとらないというものである。特に灰色条項に該当する事項について，事前相談への回答により違法基準が明らかになることが期待された。

しかし，この正式な事前相談制度は，当初は若干利用されたものの，その後ほとんど利用されることがなく，大部分は口頭による一般相談であった⁽³¹⁾。おそらくは，正式な事前相談によると相談の概要が公表されること，黒と回答されると当該行為が違法であることが確定すること，を回避したいという日本的な業界側の事情によるものと推測される。正式な相談事例が少なく，法的措置が採られないこととあいまって，多様な非ハードコア・カルテルがどのような場合に違法となるのか現在においても十分に明確になっていない（第2部第4章3参照）⁽³²⁾。

ガイドライン行政の功罪

第1部において，公取委は，事業者団体ガイドラインを含め，次のようなガイドラインを作成・公表した。

① 「事業者団体の活動に関する独占禁止法上の指針」（昭和54年8月27日）
② 「下請代金支払遅延等防止法第4条第1項第3号，第4号および第5号

---

(30) サービス産業における営業日・営業時間等の制限は，たとえ省エネルギー対策のためであっても，消費者への影響が大きく，強制ではないとしても業界の申し合わせに基づいて行うことに疑問が残る。「労働問題へ対処のため」に行う申合せも，労働問題への対処という目的ならば何故独占禁止法上許容されることになるのか検討の余地がある。
(31) 正式な事前相談は，昭和54〜63年度の間毎年度1〜3件であるのに対して，一般相談は約300〜400件である（各年次報告参照）。
(32) 「事業者団体の活動に関する独占禁止法上の指針」は，16年後の平成7年に，「参入制限行為等」，「公的規制，行政等に関連する行為」等が追加されるなど，全面的な改正が行われて，同名の現行ガイドラインとなっている。

第 1 部　競争政策は"社会正義"の理想を失ってはならない　1978〜1988

　　に関する運用基準」（昭和55年4月24日）
　③　「会社の合併等の審査に関する事務処理基準」（昭和55年7月15日）
　④　「独占禁止法と行政指導の関係についての考え方」（昭和56年3月16日）
　⑤　「小売業における合併等の審査に関する考え方」（同年7月24日）
　⑥　「医師会の活動に関する独占禁止法上の指針」（同年8月7日）
　⑦　「会社の株式所有の審査に関する事務処理基準」（同年9月11日）
　⑧　「特定産業における合併等事業提携の審査に関する基準について」（昭和58年5月23日）
　⑨　「フランチャイズ・システムに関する独占禁止法上の考え方について」（同年9月20日）
　⑩　「公共工事に係る建設業における事業者団体の諸活動に関する独占禁止法上の指針」（昭和59年2月21日）
　⑪　「不当廉売に関する独占禁止法上の考え方」（同年11月20日）
　⑫　「不当な返品に関する独占禁止法上の考え方」（昭和62年4月21日）

　ガイドライン行政には，功罪両面があった。メリットとして考えられたのは，㈠規定が抽象的な独禁法の具体的な違法基準を明らかにすることにより，企業の法遵守が可能になる（前記①，②など），㈡公取委が一定の法運用の政策ないし方針を明らかにすることができる（前記③，⑦など），㈢審査事件等を契機にガイドラインを示して業界全体の改善指導を行うことにより行政コストを節約することができる（⑥，⑪，⑫など）[33]，㈣産業界や産業官庁と考え方を調整する手段としてガイドラインを用いることができる（④，⑧，⑩など），㈤公取委の内部において見解が統一され，事業者等からの事前相談に的確に対応できる[34]，ということがあった[35]。

　しかし，次のようなデメリットもあった。㈥違反となる具体的基準を明らかにしたとはいえ，「原則として違反となる」，「違反となるおそれがある」，さらには「問題がある」といった記述にみられるように，判断基準としてなお不明確さを

---
(33)　五十年史上巻・328頁は，「ガイドラインの中には公正取引委員会の違反行為規制における組織・人員の不十分さ・手薄さをカバーするための効率性を持たされたものがあること，あるいは産業界と考え方の調整を図るために設けられたものがある」としている。
(34)　五十年史上巻・341頁。
(35)　内田耕作「独占禁止法のインフォーマルな執行」彦根論叢393号（平成24年）10頁は，ガイドラインを「規範定立型」，「業界啓蒙型」等に分類している。㈠，㈡のメリットがあるガイドラインが「規範定立型」，㈢のメリットがあるガイドラインが「業界啓蒙型」に相当することになる。

第1章　昭和52年法改正の余波

残す(36)，㈭そのことが具体的事案への対応において公取委の裁量を大きなものとし，過剰規制または過小規制となる危険がある(37)，㈯ガイドラインに基づく指導や相談は透明性を欠いた手続であり，事案に対する厳正な対応をおろそかにし，公取委が業界や関係省庁と癒着するおそれがなくはないこと，㈰「ガイドライン行政は，違反行為への厳正な対処が同時にあって真の車の両輪としての効果を発揮するものである」(38)が，違反行為に対して厳正な措置がとられなければ効果を挙げない，ということがあった。

㈰の指摘が重要である。たとえば，最初に事業者団体による一般相談の事例が紹介された昭和57年度（1982）についてみると，将来にわたる需要動向に関する資料の提供等の問題ないことが明白な回答が約2割，価格設定に役立つ資料の提供や会員の取引先に対する不当廉売の自粛要請等問題があるか判断が困難なものが約5割，生産設備を一率削減するとか，価格を統一するというような問題があることが明白な回答が約3割，であったとされる(39)。これによれば，8割は問題があるかその可能性があるものであり，業界の競争制限的志向が極めて強いことがわかる。こうした状況の中で，公取委の回答が尊重され業界を規律するものとなるかどうかは，違反行為があれば公取委が毅然として法的措置をとるかどうかにかかっていた。

しかし，第1部においては法的措置件数が減少する一方，第2部以降多数のカルテルや入札談合が摘発されることになることにかんがみると，この時期に企業が独占禁止法に脅威を感じ，法遵守に誠実に取り組んだことにはならなかったといわざるをえない。むしろ多くの場合，法的措置をとらない公取委の行政指導的な対応によって企業の法遵守を表面的なものに終わらせることになったのが実情とみられる。

---

(36) 後になって，公取委のガイドラインが外形に基づく（form-based）アプローチを採用して「黒」，「灰色」，「白」に色分けするのは過剰抑止のおそれがあるとして，効果に基づく（effect-based）アプローチが提言されるようになる（栗田誠「競争法の実効的なエンフォースメントに対する障壁——日本独禁法の制度的欠陥」公正取引平成22年12月号27頁，上杉秋則「グローバル経済下における流通・取引慣行規制のあり方」公正取引平成24年2月号19頁）。しかし，効果アプローチは一定の独占禁止法上の分析能力と自己責任の自覚の存在が前提となるが，第1部の時期にはそのような社会的状況になく，パターナリスティックな方法がとられた。

(37) 岸井他［第4版］（平成15年）・42頁（岸井執筆）。

(38) 五十年史上巻・328頁。

(39) 公取委事務局経済部団体課「昭和57年度における事業者団体の活動に関する主な相談事例について」公正取引昭和58年7月号10頁。

第1部　競争政策は"社会正義"の理想を失ってはならない　1978〜1988

3　流通問題への取り組み

流通問題への取り組みの意義——新分野の開拓と反発の回避

　橋口委員長は，昭和53年（1978）の事務局職員への年頭訓示において，「今年は取引部の年にしたい」と述べた[40]。さらに，同年1月11日の記者会見において，「これまで独禁政策の対象は製造業が中心だったが，今後は卸・小売りなど流通業界の競争促進にも可能な限り取り組みたい」と強調した[41]。そこで念頭に置かれたのは，流通系列化の問題であった。

　とはいえ，それまで，公取委が流通問題に取り組んでいなかったというわけではない。管理価格を支える要因として流通系列化が指摘されていた（本書上巻494・533頁参照）し，公取委は乗用車販売の系列化，テリトリー制に関して調査を行い[42]，流通系列化に関して問題提起を行っていた[43]。のみならず，多数の再販売価格維持行為事件を摘発し（上巻457頁参照），専売制[44]や一店一帳合制・払込制[45]といった流通支配事件にも挑戦し垂直的制限の規制に積極的な姿勢をみせていた。とはいえ，流通系列化には多様な手段があり，弊害だけでなくメリットもあったから，競争政策上どう取り扱うべきか，公取委にとりかねての懸案となっていた[46]。

---

[40]　五十年史上巻・350頁。

[41]　昭和53年1月12日付け日本経済新聞記事「流通機構にメス」。

[42]　独占禁止懇話会資料集Ⅳ（昭和48年）1頁および23頁。

[43]　公取委事務局「独禁懇資料　流通系列化をめぐる独禁法上の問題」公正取引昭和50年10月号9頁。本件資料は，「流通系列化」を，「メーカーが販売業者を選別，組織化して，自社商品の販路の規制をめざすもので，その手段として，専売店制，テリトリー制，一店一帳合制などが用いられる」と定義している。

[44]　武藤工業㈱に対する件，昭和49年11月22日勧告審決，審決集21巻148頁，ピジョン㈱に対する件，昭和51年1月7日勧告審決，審決集22巻115頁，フランスベッド㈱に対する件，昭和51年2月20日勧告審決，22巻127頁。ただし，再販売価格維持行為の一般指定8項該当とともに専売制について同7項該当を認定したものである。

[45]　雪印乳業㈱に対する件および明治乳業㈱に対する件，昭和52年11月28日審判審決，審決集24巻65頁・86頁（審決取消訴訟提起後取り下げ。再販売価格維持行為を伴わない一店一帳合制および払込制について，それぞれ一般指定8項および同10項該当を認定）。一店一帳合制とは，メーカーが卸売業者間において販売先が競合しないように，小売業者に特定の一卸売業者以外の者とは取引できなくさせる制度のことであり，払込制とは，卸売業者が小売業者から回収した売買差益の一部をメーカーが一定期間保管した後，当該卸売業者および小売業者に払い戻す制度のことである。

[46]　公取委事務局前掲注(43)10頁は，「流通系列化は，流通の近代化，合理化に寄与し，流通コストの引下げ等種々のメリットをもたらす側面がある」としつつ，ブランド内競

第 1 章　昭和 52 年法改正の余波

　何故，流通なのか？　公取委事務局の長谷川古は，わが国において，流通が「経済の暗黒大陸」[47]として長い間放置されてきたのは，経済発展のための関心がもっぱら生産に向けられ，流通は生産の付属物としか考えられなかったこと，生産と消費の間を橋渡しする流通が複雑多様で，外部から実態を知るのが困難であったこと，「流通パラサイト（寄生虫）」論のように流通への根強い不信感があったこと，にあると指摘した[48]。

　流通問題として，具体的に指摘されたのは，まず多数の零細な卸・小売業者が存在することによる「長くて複雑な流通機構」[49]——これは既に非関税障壁として貿易摩擦の種になりかけていた——であり，流通の前近代性・非効率性である。とはいえ，昭和 30 年代半ば以降のスーパーの急速な成長により，わが国においても「流通革命」がもたらされた（上巻 370 頁）。これに伴って零細小売商業と摩擦が生じることになる（大規模小売業の出店規制の競争政策上の問題については，第 1 部第 3 章 3 において触れる）。

　もうひとつの流通問題は，昭和 40 年代以降，大量生産・大量消費が進展した耐久消費財などの分野で，メーカーが寡占化と製品差別化を背景に，流通経路をコントロールしようとして顕著になった流通系列化の問題である。橋口委員長が流通系列化への取組みを宣言したのは，このような経済全体の流れと公取委の課題を考えれば，必然的なものであったかもしれない。とはいえ，橋口がこのタイミングで宣言したことには，独占禁止法の歴史上一定の意味があったと考える。

　すなわち，流通系列化が行われているのは，家庭電気製品，化粧品，食品などの「製品差別型寡占産業」であり，これらの産業はカルテルが問題となる鉄鋼，化学などの基礎素材の寡占産業と異なり，「通産省が重視している産業政策の観点からそれほど重要でな[く]……規制の強化に抵抗が少ない」ことがあった[50]。

　　　争の制限，販売業者のメーカー依存，新規参入の障害，流通革新の阻害，メーカー間の協調行動・非価格競争の流通段階への波及といった独禁政策上の問題点を指摘したが，「新たな規制には慎重を要し，さらに実態の調査を要するものもある」との抑制的な態度をとっていた。
(47)　重要であるにもかかわらず軽視され実態がよくわからないとして，流通を「経済の暗黒大陸」と呼んだのは，著名な経営学者のピーター・ドラッカーである（Peter F. Drucker, The Economy's Dark Continent, Fortune, April 1962, p. 103）。
(48)　長谷川古「流通をめぐる基本問題」長谷川古・伊従寛編『流通問題と独占禁止法』（昭和 50 年）14 頁。
(49)　松下満雄編『流通系列化と独禁法』（昭和 52 年）9 頁（後藤晃執筆）。
(50)　実方謙二「最近の独禁法強化の動向——流通経路支配と独禁法上の問題」公正取引昭和 50 年 10 月号 4 頁（同『独占禁止法と現代経済』（昭和 51 年）所収。ただし，再販売

垂直的制限に対しては，課徴金がかかることもない。橋口の戦略は，通産省・経済界の昭和52年改正法への反発をかわし，新たな独占禁止政策展開の分野を切り拓こうとする巧妙な意図に基づくものであった。

自動車の流通系列化の実態調査と是正指導──行政指導の限界

公取委は，流通問題への取り組みとして，自動車，家庭電気製品，出版物，百貨店・スーパー，化粧品について相次いで実態調査を行った。ここでは，ケーススタディとして，昭和53年（1978）6月から翌54年（1979）5月にかけて最初に実施した自動車の流通実態調査について検証しよう。調査の結果明らかになった自動車メーカーまたは自販（自動車メーカーが営業部門を独立させて設立した販売会社のこと）とディーラーとの取引契約の実態は，次のようなものであった[51]。

「ア　押込販売

　　ほとんどのメーカー・自販は，専売店制，テリトリー制の下でディーラーの責任販売台数を設定し，契約上取引義務を課している。ディーラーの一般的意識としては，責任販売台数はメーカー・自販が決定するものと受け取られており，実際には必ずすべて引き取らなければならないものではないが，ディーラーにとってかなりの圧力になっている。

イ　白地手形制度

　　約半数のメーカー・自販が白地手形による決済制度を採用しており，これらの系列ディーラーのほとんどが白地手形[注]の預託を行っている。

　　（注）……金額・満期等の手形要件の一部が空白となっている手形にディーラーが署名し，それをメーカー・自販がその空白要件を補充することによって，当該ディーラーとの取引の決済を行うものである。

ウ　リベート制度

　　メーカー・自販は，販売促進のためディーラーに対し様々な形態のリベートを支給しているが，特に数量達成リベートは，ディーラーに責任販売台数を消化させるための手段として最も大きな比率を占めており，しかも累進制を採用しているものが多い。

　　価格維持行為の文脈で述べられている）。
(51)　独占禁止懇話会資料集Ⅶ（昭和56年）25頁。これらの条項に違反すれば解約条項に該当し，そのほかディーラーはメーカー・自販に対して経営の重要事項について事前承認または協議が必要であり，メーカー・自販は経営状況を報告させあるいは随時立入検査ができることになっていた（宮崎友次＝藤波和夫「自動車業における流通系列化の実態(2)」公正取引昭和55年6月号25頁）。メーカー・自販とディーラーとは，資本的・人的・金融的にも支配従属関係にあった。

第1章 昭和52年法改正の余波

　　ディーラーの損益は，メーカー・自販の支給するリベートに大きく左右されている。
　エ　専売店制
　　(ｱ)　他社の新車の取扱いの禁止……
　　(ｲ)　ブランド内取扱車種の制限……
　　(ｳ)　他社の部品，用品等の取扱禁止
　オ　テリトリー制
　　メーカー・自販の多くは，クローズド・テリトリー制（一定の販売地域における一定車種の販売権を単数のディーラーにしか認めない制度）を採っており，更に越境料の支払い義務を定めているものもある。他方ディーラーの営業施設の設置場所のみ制限するロケーション制を採っているメーカー・自販もある。こうしたテリトリーは，メーカー・自販側が決定している。」（傍点筆者）

　「ディーラーは，完全にメーカー・自販に従属させられている」[52]状況であった。当時，わが国の自動車メーカーは石油危機後急速に輸出を伸ばしていた——昭和55年（1980）に生産台数世界一となる——が，国内の取引実態はかくも前近代的なものであった。白地手形制度について，ディーラーは「支払を待ってくれということができないので，資金繰りに苦労します」，「この制度のことを聞いた当初は，人をこばかにした話だという感じを持ったが，この制度に慣れてしまったので，今は何も感じなくなった」などと述べている[53]。

　公取委は，昭和54年（1979）11月以降，メーカー・自販に対して，取引契約書等を見直して所要の改定を行いこれに則して運用するよう指導した。その結果，メーカー・自販は次のような改善措置を講じていると報告された[54]。

「①押し込み販売，白地手形制度については，契約書の更改時期を目途に，契約書の改定作業を進め，既にすべての社が改訂を完了した。
　②テリトリー制については，制限効果の弱いロケーション制に移行した。
　③専売店制については，上位2社を含め数社が契約書から専売条項を削除した。
　③リベートの改善については，各社とも指導の趣旨を踏まえて見直し作業を進めている。」

---

(52)　宮崎＝藤波前掲注(51) 25頁。
(53)　宮崎友次＝藤波和夫「自動車業における流通系列化の実態(3)・終」公正取引昭和55年7月号33頁。
(54)　昭和55年度公取委年次報告198頁。ロケーション制（販売拠点制）とは，メーカーが流通業者に対して，店舗等の販売拠点の設置場所を一定地域内に限定したり，販売拠点の設置場所を指定することをいい，それ以上に販売活動や顧客を制限しないことをいう。

第 1 部　競争政策は "社会正義" の理想を失ってはならない　1978〜1988

　しかし，その後 10 年あまり経過して，公取委が平成 4 年（1992）から 5 年（1993）にかけて貿易摩擦との関連において実施した乗用車の取引実態調査によると，白地手形制度はなくなったものの，専売店制やテリトリー制は契約上改善されたが実態は必ずしもそうではなかったことが明らかになっている。契約書から専売条項が削除されても，半数近いディーラーは実際に競争品の取扱いが自由であるとは思っていなかったし，少なくないディーラーが契約書上はロケーション制や責任地域制となっても地域外でのチラシ配布やセールス活動等の販売活動はできないと考えていた[55]。

　公取委は流通系列化について実態調査を行った家庭電気業界およびカメラ業界に対しても，メーカー・販社と小売店との間の契約書の是正指導を行った[56]。

　公取委の五十年史は，「実態調査プラス改善指導」という手法は，「公正取引委員会の行政手法が一段と進化したことを示す」と評価し，「流通問題に限らず，その後の公正取引委員会の行政展開の 1 つのパターンとなった」と述べた[57]。しかしながら，乗用車の流通系列化の例にみるように，そうした公取委の契約書の修正・削除を中心とする行政指導が表面的な改善にとどまり，業界関係者の意識改革まで至らず徹底を欠いた結果となったことは否定できない[58]。

独占禁止法研究会の報告書——流通系列化への厳しい態度とその波紋

　公取委は実態調査と並行して，有識者によって構成される独占禁止法研究会（会長金沢良雄）[59]に流通系列化について検討を依頼し，独占禁止法研究会は昭和 55 年（1980）3 月，「流通系列化に関する独占禁止法上の取扱い」と題する報告

---

(55)　本城昇「乗用車の取引実態について——メーカーとディーラーの取引関係を中心に」公正取引平成 5 年 8 月号 17・18 頁。責任地域制とは，メーカーが流通業者に対して，一定の地域を主たる責任地域として定め，当該地域内において積極的な販売活動を行うことを義務付けるが，地域外での販売や地域外の顧客の求めに応じて販売することを制限しないことをいう。
(56)　昭和 56 年度公取委年次報告 163・169 頁。ただし，家電業界に対する指導の具体的な内容は明らかでない。
(57)　五十年史上巻・352 頁。
(58)　自動車の排他的な流通システムは，日米包括経済協議の対象となった（第 2 部第 1 章 6 参照）し，最近の TPP（環太平洋経済連携協定）交渉においても米国は改善を求めようとした（平野春木「記者有論　国内の常識見直す契機に」平成 25 年 3 月 30 日付け朝日新聞）。
(59)　研究会は，法律学者の金沢良雄，実方謙二，辻吉彦，根岸哲，舟田正之，松下満雄，経済または経営学者の植草益，佐藤芳雄，田島義博，鶴田俊正，三輪芳郎，新聞関係者の西村友裕，吉田安伸によって構成された。

第1章　昭和52年法改正の余波

書を提出した[60]。

　報告書は，まず基本的な認識として，製造業者は高度成長期に流通分野に積極的に介入するようになったが，「経済成長の鈍化に伴い，……公正かつ自由な競争が阻害され，……各種の弊害が現れてきている現在，流通系列化の問題が，早急に検討されるべき最も重要な問題となっている」と述べた。

　流通系列化は製造業者や販売業者にメリットをもたらすが，国民経済的にも「流通の近代化・合理化の促進，経済全体としての効率性の向上を図るという側面を有し」かつ「消費者にとっても，アフターサービスの充実，品質管理等の面で利益となる」と評価した。他方で，流通系列化には「流通段階はもとより，製造段階においても競争を制限するとともに，販売業者の経営合理化や多角的発展を阻害する等のデメリットをもつ」と指摘した。その上で，次のように述べた。

「2　流通系列化の評価　……
　(3)　流通系列化規制の基本的方向
　ア　流通系列化には，以上のようなメリット，デメリットが考えられるが，これら両面が必ずしも密接不可分のものとはいえず，流通系列化のメリットについては，公正な競争を阻害しないような他の方法によって確保できる場合も少なくないと考えられる。他の方法としては，例えば，経営・施設の近代化，品質管理の徹底，物流技術の革新，人材育成等が考えられる。このため，まずこのような他の方法を採るという方向の模索が行われるとともに，デメリットの解消・縮減に向けての規制のあり方が検討される必要がある。……
　ウ(ｱ)　実際の規制に当たっては，第一次的には各行為類型ごとに判断されることとなるが，その場合にも，流通系列化の各行為類型相互の関連・複合効果を考慮し，総合的に検討される必要がある。
　　(ｲ)　流通系列化は，多くの場合，製造段階における寡占体制の維持・強化のための手段となっており，また，製造業者と販売業者との間の支配・従属関係を前提としているといえる。……
3　流通系列化と「不公正な取引方法」との関係
(2)　「公正競争阻害性」の判断基準
　公正競争阻害性の判断基準については，次のように区分して考えることができる。
　ア　行為の外形から判断する場合――一定の形式的な行為類型に該当すること自体で公正競争阻害性を認定する場合

---

(60)　「資料　流通系列化に関する独占禁止法上の取扱い」公正取引昭和55年4月号11頁，独占禁止懇話会資料集Ⅶ（昭和56年）234頁，野田実編『流通系列化と独占禁止法』（昭和55年）11頁。

第1部　競争政策は"社会正義"の理想を失ってはならない　1978～1988

　　……この場合には，形式的要件の充足によって直ちに違法とすることができるものといえるが，実際の法運用に当たっては，公正競争阻害性があることの「事実上の推定」として取り扱う必要がある。したがって，公正競争阻害性の不存在の立証責任は，当該行為を実施している製造業者の側に事実上転換されることになる。
　イ　行為の量的実質性あるいは質的実質性から判断する場合
　　(ア)　行為の量的実質性により判断する場合──当該行為の本来的競争制限効果に着目し，それによって影響を受ける範囲が数量的に有意か否かを判断して，公正競争阻害性を認定する場合
　　(イ)　行為の質的実質性により判断する場合──当該行為が市場における競争に与える影響を具体的に判断して，公正競争阻害性を認定する場合　……
　(3)　その他の問題
　ア　ブランド間競争とブランド内競争との関係
　　流通系列化の各行為類型の公正競争阻害性を判断するに当たっては，いわゆるブランド間競争とブランド内競争との関係が問題になる。この点については，次の理由から，ブランド内競争も，ブランド間競争と同様に，これを促進する必要があると考えられる。
　　(ア)　一般に，再販売価格維持行為その他のブランド内競争の制限が行われる商品は，製品差別化が進んでおり，……一部の顧客にとって，特定ブランドが独立した「市場」とみられるような場合には，公正競争阻害性を判断するに当たって，当該ブランド商品を扱う販売業者間の競争（すなわち，ブランド内競争）に着目する必要がある。……」（傍点筆者）

報告書は，公正競争阻害性の判断基準が各行為類型に次のように適用されると整理した。

「(1)　行為の外形から判断されるもの
　ア　行為の外形からそれ自体で違法と判断されるもの
　　○再販
　イ　行為の外形から原則として違法と判断されるもの
　　○一店一帳合制（新規参入業者，下位業者が行う場合で，ブランド間競争をむしろ促進すると認められる場合を除く）
　　○テリトリー制Ⅰ［販売業者に対する拘束・制限等からみて，有効な顧客制限効果を有する形態のもの］
　　（新規参入業者，下位業者が行う場合で，ブランド間競争をむしろ促進すると認められる場合を除く）
　　○払込制（販売業者に対して，価格維持，資金利用への影響を無視できる場合を除く）

(2) 行為の量的実質性により判断されるもの
　　（有力な製造業者が行う場合には，原則として違法と判断）
　　○テリトリー制Ⅱ
　　　（Ⅰ以外のもの）
　　○専売店制
(3) 行為の質的実質性により判断されるもの
　　○委託販売制（受託販売業者が独立の競争単位としての機能と責任を有しているか否かにより判断）
　　○リベート　(ｱ) 額の多寡，累進度の高低により判断
　　　　　　　(ｲ) 機能及び目的（他の行為類型の実効確保等）により判断
(4) 個々の行為に分解して判断されるもの
　　○店会制　　　　　　　　　　　　　　　　　　　　　　」（傍点筆者）

　この報告書は大きな波紋を呼んだ。産業界の反応は「いずれの形態も業界が永年かけて作り上げてきた商慣習なのだが「公取委の運用によっては一気にくつがえってしまいかねない」と不安は高まる一方」というものであった[61]。新聞報道では，特に「反証責任は企業側にある」があることが強調された[62]。経団連独禁法部会長の川出千速は，「独禁法上の規制がかえって流通の合理化を妨げ，ひいては企業の活動を必要以上に委縮させる」と懸念した[63]。

　確かに報告書は，流通系列化に対して，公取委の審決の流れを支持しつつ，さらに一歩進めて厳しい態度をとった。それは，①ブランド内競争の重視と，②規制の実効性の確保というかたちで現れている。

　何故，ブランド内競争の重視なのか？　報告書に大きな影響を及ぼした経済法学者実方謙二によると，「流通系列化が多くの場合，製造業者の段階での寡占的市場構造と製品差別化を前提として実行可能であり，かつ流通系列化がそれらを補完するもの」[64]であるからであり，そして「明白な系列化については，寡占企業によって行われる場合……ブランド間競争に対する阻害効果は顕著である」[65]という認識に基づく。

　規制の実効性確保について，報告書は，公正競争阻害性の判断基準として，経

---

(61)　昭和55年3月27日付け日本経済新聞夕刊記事「流通に独禁のメス　自動車・家電など苦い顔」。
(62)　昭和55年3月18日付け日本経済新聞記事「流通系列化に独禁判断基準」。
(63)　川出千速「流通系列化に関する独占禁止法上の取扱い」について」経団連月報28巻7号（昭和55年）45頁。
(64)　「主として法律学の見地からの研究」（実方謙二の基調報告）野田編前掲注(60) 243頁。
(65)　実方前掲注(64) 251頁。

験則に基づく外形上違法や推定則を提言した。これも実方によれば,「実際上立証が著しく困難な基準を設定することは,……実際上は,規制を行わないことを意味するからであ」る⁽⁶⁶⁾。とりわけ,報告書は,ブランド内の競争制限とブランド間の競争促進との比較衡量は公取委に困難を強いるとみて,流通系列化が行われる商品の製品差別化に着目することやより競争制限的でない代替的方法の有無について検討するよう求めている。

報告書に対して,シカゴ学派の経済法学者が激しく反発した。野木村忠邦は,「垂直的制限は,……経済効率(マーケッティング効率)を向上させることによって,ブランド間競争を促進・増大する効果を持っている」として,「流通系列化の具体的な行為類型はすべて,独占禁止法上,原則的に適法である」との見解を述べた⁽⁶⁷⁾。来生新は,報告書を「流通系列化の諸行為を全般的に違法視するという前提にたち……一般指定各号のいわゆる実質的要件……を可能なかぎり無視し」ていると非難した⁽⁶⁸⁾。

やや意外であったのは,通説とされる今村成和も,報告書に対して強く異論を唱えたことである。今村は,「流通系列化それ自体に対しては,独禁法は,価値中立的である」とした上で,報告書の疑問点として「(1)流通系列化が,本来違法のものであるかのような取扱い,(2)ブランド内競争の過度の重視,(3)一般指定7,8号等にいう「正当な理由」の軽視」を指摘した⁽⁶⁹⁾。

---

(66) 実方謙二「流通系列化の競争制限効果と違法性の基準」経済法学会年報第1号(昭和55年)19頁。量的実質性(quantitative substantiality)の原則は,専売店契約について米国の1949年のスタンダード・ガソリンスタンド事件最高裁判決(Standard Oil Co. v. United States, 337 U.S. 293 (1949))においてとられたアプローチであるが,1971年のタンパ・エレクトリック事件最高裁判決(Tampa Electric Co. v. Nashville Coal Co., 365 U.S. 320 (1961)および1982年のベルトーン事件連邦取引委員会審決(Beltone Electronics Corp., 100 F.T.C. 68 (1982))において質的実質性(qualitative substantiality)の原則を採用して以降,米国においては量的実質性から質的実質性の原則へ移行したとされる。

(67) 野木村忠邦「マーケティング活動と流通系列化」ジュリスト716号(昭和55年)38・37頁。同「独禁研報告の経済分析の欠落と誤謬」国際商業昭和55年6月号63頁も参照。

(68) 来生新「流通系列化と独占禁止法」NBL218号(昭和55年)28頁。同「流通系列化行為の公正競争阻害性——外形のみによる違法判断は妥当か」経済法学会年報第1号(昭和55年)49頁も参照。
　なお,報告書に対する批判に対しては,報告書原案を作成した舟田正之「流通系列化と独禁法上の規制(1)〜(5完)」公正取引昭和55年5月号13頁,6月号13頁,7月号19頁,9月号52頁,11月号46頁(同『不公正な取引方法』(平成21年)286頁所収)が,精緻な反論を行っている。

第 1 章　昭和 52 年法改正の余波

　経済学者はどうか？　経済学者は必ずしもシカゴ学派のようにブランド間競争が確保されていれば問題はないとは考えなかった。たとえば，今井賢一は，流通系列化を企業の内部組織でもなく市場でもない「中間組織」であるととらえ，「中間組織においては，ブランド内競争といわれるものも消費者利益の確保にとって必要不可欠であり，ブランド間競争は競争のもたらす社会的利益の十分条件とはなりえない」と述べた(70)。

公取委の対応——垂直的制限に対する法的措置の消極化

　このような賛否両論を巻き起こした独占禁止法研究会の報告書を，公取委はどう受けとめたか？　橋口委員長は，「直ちに独禁法行政のガイドラインとするのは難しいが，中長期的に今後の行政に生かしていきたい」，「民間の業界も報告書を参考にして，自主的に対応してほしい」と述べた(71)。もともと当時の公取委は「予防行政」の方針を採っていたから，調査中の業界に対しては行政指導を行うとしてもそれ以外の業界についてはまず自主的な対応を期待し，この報告書が提言する厳格な違法基準に基づいて直ちに法的措置を採ることは考えていなかった。

　事実，その後公取委が報告書の考え方に基づいて流通系列化に対して法的措

---

(69)　今村成和「流通系列化と独占禁止法——独占禁止法研究会報告の検討」国際商業昭和55年6月号57・62頁（『研究(五)』所収）。たとえば，報告書がテリトリー制Ⅰについて顧客制限効果を伴うとして外形上違法とすることに対し，今村は，顧客制限効果は一手販売権の付与に随伴する地域制限の必然的な結果であるとして反対する。なお，報告書について一定の評価をしつつ，問題点を詳細に検討するものとして，川越憲治「流通系列化に関する報告書（独禁研）の読み方（上）（中）（下）」NBL206号（昭和55年）14頁・207号32頁・209号30頁，同「独禁研報告書の評価と問題点」国際商業昭和55年6月号75頁がある。

(70)　今井賢一「流通系列化と独占禁止政策」ジュリスト716号（昭和55年）34頁。基調報告を行った経済学者の鶴田俊正は，流通系列化を「市場の競争的インパクトを吸収するクッション」とみて「メーカー間の価格競争は極めて微弱となる」とする（「主として経済学の見地からの研究」（鶴田俊正の基調報告）野田編注(60) 264頁）。研究会の会員である経済学者三輪芳郎は，垂直的制限のブランド内競争への「直接的なインパクト」を重視する（「独禁研報告書をめぐって（その2）ブランド間競争とブランド内競争との関係について」公正取引昭和55年9月号50頁）。

(71)　昭和55年3月18日付け日本経済新聞記事「中長期的に行政に生かす」。橋口委員長は，「報告が出たからといって，（流通系列化を進めているメーカーを）直ちに御用，御用というわけにいかない」とも述べた。独占禁止法研究会の金沢会長自身，「報告は，治療法学的というよりも，むしろ，予防法学的な役割をもっている」と述べた（金沢良雄「独禁研報告の性格と基本的視点」ジュリスト716号（昭和55年）18頁）。

第 1 部　競争政策は"社会正義"の理想を失ってはならない　1978 〜 1988

置をとったとみられるのは，多数の再販売価格維持事件——再販が違法であることは第 1 次育児用粉ミルク事件最高裁判決（昭和 50 年，上巻 454 頁参照）によって既に確定していた——を除くと，わずかに 2 件にとどまった。ひとつは，昭和 56 年（1981）の富士写真フィルム事件(72)であり，エックス線フィルムの事業分野において「卓越した地位」（市場占拠率約 53 ％）にある富士写真フィルムの子会社の富士エックスレイが競合品の取扱い，販売地域および販売価格を制限したことを不公正な取引方法とした（旧一般指定 8 号該当）もので，再販売価格維持行為と合わせてではあるが，（クローズド）テリトリー制を初めて違法とした(73)。もうひとつは，同年の東洋精米機事件(74)であり，小精米用食糧加工機において「有力な製造業者」（市場占拠率は混米機約 70 ％，石抜撰穀機約 52 ％，精米機約 28 ％で各 1 位）である東洋精米機が行った専売店契約を法 19 条違反（旧一般指定 7 号該当）としたもので，量的実質性の原則を適用したとみることができる(75)。

　とはいえ，何故，流通系列化の規制が審決 2 件にとどまったのであろうか？前記のように独占禁止法研究会の報告書については賛否両論のある厳格なものであり，公取委にとっても流通系列化への規制に慎重にならざるをえなかったことは否定できない。家電業界のように大型量販店の抬頭により流通系列化の弊害が弱まったという客観的事情の変化もあった。さらに，米国において 1977 年（昭和 52 年）のシルベニア事件最高裁判決(76)以降，垂直的非価格制限に対して合理

---

(72)　富士写真フィルム㈱ほか 1 名に対する件，昭和 56 年 5 月 11 日勧告審決，審決集 28 巻 10 頁。

(73)　作田甲成＝前田義則「医療用エックス線フィルムの拘束条件付き取引について」公正取引昭和 56 年 6 月号 54 頁。本件で違法とされたのは，クローズド・テリトリー制（販売地域を限定し，当該地域に単数の販売業者しか認めないもの）で，顧客制限効果がある。

(74)　㈱東洋精米機製作所に対する件，昭和 56 年 7 月 1 日審判審決，審決集 28 巻 38 頁，同 59 年 2 月 17 日東京高裁判決（審決取消・差戻），審決集 30 巻 136 頁，昭和 63 年 5 月 17 日同意審決，審決集 35 巻 15 頁。

(75)　とはいえ，審決は，独占禁止法研究会報告書とは異なり，有力事業者性を市場ではなく「取引の場」において判断している。「取引の場」なる表現は正田彬『全訂独占禁止法［Ⅰ］』（昭和 55 年）294・296 頁にみられるが，公取委がこの概念を採用したのはこのときだけである。

(76)　シルベニア事件最高裁判決（Continental T.V. Inc. v. GTE Sylvania Inc., 433U. S. 36 (1977) の事案は，わずか全国シェア 5 ％で 8 位のテレビメーカーのロケーション制をめぐる問題であったが，最高裁は「［垂直的制限は—筆者注］ブランド内競争を低下させるが，消費者は……競合する他のメーカーの製品を購入できるから小売業者が市場を濫用しようとしても制限される」，「垂直的制限はメーカーが製品の流通において効率性を達成することによりブランド間競争を促進する」と述べ，1967 年のシュウィン事件

の原則を適用するようになり規制が緩和されたことがある。昭和59年（1984）には，東京高裁が前記東洋精米機事件審決を有力事業者性の認定に関して実質的証拠を欠くとして公取委に差戻す判決を行ったが，これは公取委に垂直的制限事件の難しさを改めて知らしめることになった[77]。このような情勢の変化に伴い，公取委の流通系列化への態度はますます消極化したと考えられる。

　報告書は，垂直的制限に関し，わが国において初めて包括的かつ明確な違法基準を提言した。のみならず，その提言は，流通系列化の弊害が著しいわが国の実情に対する強い危機感の表明であり，かつすぐれて実践的な処方箋でもあった。そうであれば，公取委は，行政指導に頼るだけでなく，寡占企業が行う（または有力な企業が並行的に行う）顧客制限効果または参入阻止効果が明らかな行為に対しては，引き続き積極的に法を適用し審判決例を蓄積すべきであった。このような中途半端な姿勢では，結局次第に強まる貿易相手国からのわが国の流通の閉鎖性に対する批判に抗しきれなくなっていく[78]。

4　不公正な取引方法の近代化──一般指定の改正

一般指定の改正──明確化・具体化の方針

　流通系列化に対して不公正な取引方法の観点からの規制の検討が行われるなかで，不公正の取引方法の規制のあり方自体に独占禁止法関係者の関心が向けられるようになった。とりわけ一般指定が昭和28年（1953）に告示されて以来30年近い間一度も改正されていないが，審決例もそれなりに蓄積される一方，「予防行政の観点からも，不公正な取引方法とされる事例や適用要件をできるだけ明らかにすることが望まれ」（傍点筆者）たのである[79]。そこで，公取委は，昭和56年（1981）7月，独占禁止法研究会を再開して検討を依頼し[80]，研究会の意見を参考にしながら，一般指定の改正作業を行った。

　　　最高裁判決がテリトリー制を当然違法としていたのに対し，垂直的非価格制限一般について合理の原則を適用すると宣言した。
(77)　本件は「限界的な事例」（精米機の市場占拠率28％）でありかつ判決が有力な事業者基準を否定したわけではない（実方謙二「専売制と公正競争阻害性──東洋精米機事件東京高裁判決をめぐって」公正取引昭和59年4月号33頁）。
(78)　貿易摩擦に言及しているわけではないが，独占禁止法研究会の報告書を再評価するものとして，根岸哲ほか『現代経済法講座4　企業系列と法』（平成2年）224頁（横川和博執筆）。
(79)　田中寿「不公正な取引方法の検討」ジュリスト751号（昭和56年）42頁。
(80)　今回の独占禁止法研究会は，法律学者として金沢良雄（会長），金子晃，実方謙二，根岸哲，舟田正之，経済学者として香西泰，鶴田俊正，三輪芳郎によって構成された。

第1部　競争政策は"社会正義"の理想を失ってはならない　1978〜1988

改正は,「不公正な取引方法に対する規制の強化又は緩和をねらいとするものではなく,不公正な取引方法の明確化を図る見地から」(傍点筆者)行われた[81]。法2条9項自体を見直しする——不公正な取引方法の法定化など——こともありえた[82]と思われるが,法改正は政治的論議を招くおそれがあるからであろう,公取委は当初から法の枠内で不公正な取引方法の規定をもっぱら明確化することにとどめる方針をとった。

一般指定の新告示は,原案について独占禁止懇話会,関係省庁,関係団体等から意見を聴取した上で,翌57年(1982)6月15日,公表された。その内容は,別表のとおりである。旧指定と対比すると,①分離・独立するもの(共同の取引拒絶,間接の取引拒絶,ぎまん的顧客誘引,抱き合わせ販売・取引強制,再販売価格の拘束),②類型化を図るもの(優越的地位の濫用),③要件の明確化を図るもの(不当廉売,不当高価購入,排他条件付取引)に整理された[83]。独占禁止法研究会の流通系列化に関する報告書が外形上違法とした一店一帳合制などを独自の行為類型として指定することはなかった。

特にマスメディアに注目されたのは,改正案が再販売価格維持行為を原則違法とし,不当廉売の違法基準を明かにし,かつ優越的地位の濫用行為の類型を具体化したことである[84]。いずれも流通業界を含め経済界の関心が高い事項であるが,優越的地位の濫用の類型化に関しては,ちょうどその頃に三越事件が同意審決[85]により決着がついたことから,公取委は「今後,さらに[大規模小売業者の

---

(81)　公取委事務局「不公正な取引方法(昭和28年公正取引委員会告示第11号)の改正について」公正取引昭和57年7月号4頁,独占禁止懇話会資料集Ⅸ(昭和59年)329頁。「厳しい内容にすれば,経済界のからの強い反発を招くし,また,ゆるやかな内容にすれば,将来の運用強化に枠をはめることとなる」(実方謙二「不公正な取引方法の一般指定の改正」経済法学会年報4号(昭和58年)103頁)。

(82)　もともと不公正な取引方法の具体化主義の指定制度は,多数の特殊指定を行うことを予定したものでありかつ立法当時も疑義があった(上巻224頁参照)。長谷川古『日本の独占禁止政策』(平成10年)164頁は,昭和57年の改正後も,一般指定が固定化し特殊指定も一部の行為類型に限られるとみて,公取委の指定制度を廃止し,不公正な取引方法を法定化することを示唆している。不公正な取引方法の法定化は,課徴金の賦課の必要というまったく異なる観点から,平成21年の法改正により一部実現した。また,かねて取引拒絶を事業者の差別的行為(法2条9項1号)から導くことには疑問が提起されていた(今村・新版・103頁)。

(83)　田中寿編著『不公正な取引方法——新一般指定の解説』(昭和57年)8頁,塩田薫範「不公正な取引方法(一般指定)の改正について」ジュリスト775号(昭和57年)77頁。

(84)　昭和57年4月21日付け朝日新聞記事「実態に合わせ明確化」など。

(85)　昭和57年6月17日同意審決,審決集29巻31頁。

購買力による―筆者注］バイイング・パワー規制に力を入れる構え」と受けとめられた[86]。

　一般指定の全面改正のうちで，法的に重要な意義があったのは，各項の違法性＝公正競争阻害性の基準を「正当な理由がないのに」，「不当に」および「正常な商慣習に照らして不当に(な)」に使い分けたことである。旧指定におけるこれらの文言は，必ずしも有意に書き分けられておらず，解釈上同一のものとして扱われてきた。新指定について，改正の担当者は，次のように説明している[87]。

「ア　「正当な理由がないのに」
　　一般指定で規定された行為の外形（「正当な理由がないのに」を除いた規定内容）から，原則として公正競争阻害性が認められる行為類型について，例外的に公正競争阻害性がない場合があることを表わす趣旨で用いている。
　　　→共同の取引拒絶（1項），典型的な不当廉売（6項前段），再販売価格の拘束（12項）
　イ　「不当に」
　　「不当に」は，「正当な理由がないのに」が用いられているものとは逆に，一般指定の規定中，「不当に」の文言を除いた規定内容からでは，原則として公正競争阻害性があるとはいえないものについて，個別に公正競争阻害性が備わって，初めて不公正な取引方法として違法となる行為類型について用いている。
　　　→その他の取引拒絶（2項），差別対価（3項），取引条件等の差別取扱い（4項），事業者団体における差別扱い等（5項），その他の不当廉売（6項後段），不当高価購入（7項），ぎまん的顧客誘引（9項），抱き合わせ販売等（10項），排他条件付取引（11項），拘束条件付取引（13項），競争者に対する取引妨害（15項），競争会社に対する内部干渉（16項）
　ウ　「正常な商慣習に照らして不当に(な)」
　　「不当に」と同趣旨であるが，不当性の判断に当たって「正常な商慣習」の観点を他の行為類型よりも加味した方が望ましい行為類型に用いている。」
　　　→優越的地位の濫用（14項），不当な利益による顧客誘引（9項）

　このように行為類型ごとに原則違法か合法かの区分を明らかにしたことは，企業の対応をしやすくした。ある企業の法務部長は，社内の説明会において，次の

---

(86) 昭和57年6月18日付け朝日新聞記事「バイイング・パワー規制具体例を示し強化へ」。なお，日本チェーンストア協会は，「一般指定の規制を強め自由な取引方法の範囲を狭めることは商業活動の活性化に水をさす」などと改正案に反対する意見書を公取委に提出した（昭和57年6月3日付け朝日新聞記事「「不公正取引」改正に「反対」の意見書提出」）。
(87) 田中編著前掲(83) 9頁。「→」部分は筆者が追加した。

ように述べたという(88)。

> 「『×の類型〔「正当な理由がないのに」の類型―筆者注〕についてはストップし，△の行為類型〔「不当に」の類型―筆者注〕については，その不当性の可否を十分検討し，実施する前に法務部にぜひ相談に来てほしい，そうすればわれわれの責任で判断します』と説明したわけです。各営業部門の人は，これで強弱がはっきりしたという受け取り方でした。」

ところで，2条9項の法の枠内での一般指定の改正であったが，同項各号はすべて「不当に」と規定している。公取委が一般指定において「正当な理由がないのに」として原則違法とし，合法な行為の領域を狭めるのは，委任の範囲を逸脱するのではないか？

一般指定改正の担当者によれば，各項において「不当に」，「正当な理由がないのに」等以外の表現で規定される事実（「摘示事実」と呼ぶ）がとらえる当該行為の公正競争阻害性の強さによって「正当な理由がないのに」と「不当に」等に書き分けたと説明されている(89)。公正競争阻害性の強さの判断が審判決例等の従来の考え方に従ったものとすれば合法の範囲を狭めてはいないし，新指定各項がいずれも法2条9項の文言上解釈上の範囲内に収まるとすれば権限逸脱でもない。

とはいえ，このように「正当な理由がないのに」と規定された行為については，公正競争阻害性が強いと類型化されたのであるから，規定中の摘示事実の存在が立証されれば公正競争阻害性が存在するという事実上の推定が働くことを意味する(90)。それは挙証責任の転換を意味するのではなく，事業者が反証すれば公

---

(88) 実方謙二ほか「一般指定改正の意義について［座談会］」田中編著前掲注(83) 16頁（住友化学法務部長倉内英孝発言）。

(89) 田中寿「不公正な取引方法（一般指定）の改正について」公正取引昭和57年8月号 21頁。どこまで摘示事実を規定できるかは，立法技術の問題であるとする。

ぎまん的顧客誘引（8項）は，摘示事実で公正競争阻害性がある程度とらえられているが，行為の「質的側面のみならず，量的側面も考慮する必要がある」として，「不当に」とされた（これは，次に述べる「行為の広がり論」とも関係する）。「正常な商慣習に照らして不当に（な）」は，「不当に」との使い方と同一であるが，「「正常な商慣習」の観点を他の行為類型より加味した方が望ましいものにつき用いられている」（田中前掲論文 22頁）と説明された。しかし，「正常な商慣習」の挿入は，優越的な地位の濫用規制が市場支配的地位の搾取的濫用の規制ではないことを確認する意味でも，重要であったと思われる。

使い分けは，相対的なものであることが強調されている（田中前掲論文 22頁）。とはいえ，典型的な不当廉売（6項前段）でも例外は多くあり，「正当な理由がないのに」としたことは適切でないとの指摘が少なからずあった（たとえば，実方ほか前掲注(88) 21・38頁（根岸哲発言））。

正競争阻害性の存在の立証責任は依然として公取委にある[91]。こうした意味でも，一般指定が法の枠を逸脱したわけではない[92]（結局，2条9項各号と一般指定にいう「不当に」は意味が異なり，前者は「正当な理由がないのに」を含む広義の「不当に」ということになる）。

一般指定の全面改正は規制の強化でも緩和でもなく，明確化・具体化の方針の下に行われた。それは「大山鳴動してねずみ一匹」[93]であったかもしれないが，賢明なやり方であった。経済界を含め各界からおおむね妥当なものとして支持・評価され，受け入れられた。不公正な取引方法の規制の進展や経済情勢の変化を踏まえ，時代遅れとなった「不公正な取引方法の近代化」[94]であった。これによって，その後30年余りを経た現在に至るまでの不公正な取引方法の規制の基盤が形成されたということができる。

---

(90) この点は，流通系列化に関する独占禁止法研究会の報告書が述べていた（第3部1．）ところであり，舟田正之「流通系列化と独禁法上の規制(5)・完」公正取引昭和55年11月号46頁が詳細に説明している。

(91) 実方ほか前掲注(88) 17・18頁（川越憲治，田中寿，実方発言参照）。

(92) のちに，この点について注意を呼びかけるものとして，白石忠志『独占禁止法［第2版］』（平成21年）158頁。とはいえ，一般指定の限界について，公取委に十分な認識があったか疑わしかった。告示の原案において，12項（再販売価格の拘束）には，「正当な理由がないのに」も「不当に」の語はなく，「再販売価格の拘束の悪性にかんがみ，当然違法の形で指定」（田中寿「不公正な取引方法（一般指定）改正案について」激流昭和57年7月号69頁）しようとしたのである（米国の当然違法の法理は，反証を許さないことに注意すべきである）。この点は新・指定告示において是正されたものの，特殊指定は従来からしばしば「正当な理由がないのに」等を省略して外形上すべて違法とする書きぶりになっている――現在においても！――が，それが反証を許さない趣旨であるなら，公取委への権限委任の範囲を逸脱している疑いがある（平林英勝『独占禁止法の解釈・施行・歴史』（平成17年）308頁）。公取委は特殊指定なら許されると考えているか模様である。

(93) 松下満雄「一般指定改正案にみる優越的地位の濫用規制について」激流昭和57年7月号78頁。

(94) 橋口収「国民経済の中に定着した独禁行政」激流昭和57年7月号18頁。

第1部　競争政策は"社会正義"の理想を失ってはならない　1978〜1988

別表　不公正な取引方法の一般指定の新旧対照表

法2条9項	旧一般指定 （昭和28年公取委告示第11号）	新一般指定 （昭和57年公取委告示第15号）
1　不当に他の事業者を差別的に取り扱うこと	1　ある事業者から不当に物資，資金その他の経済上の利益の供給を受けず，もしくはその供給を受けることを制限し，またはある事業者に対し不当に物資，資金その他の経済上の利益を供給せず，もしくはその供給を制限すること。	（共同の取引拒絶） 1　正当な理由がないのに，自己と競争関係にある他の事業者（以下「競争者」という。）と共同して，次の各号のいずれかに掲げる行為をすること。 一　ある事業者に対し，取引を拒絶し又は取引に係る商品若しくは役務の数量若しくは内容を制限すること。 二　他の事業者に前号に該当する行為をさせること。 （その他の取引拒絶） 2　不当に，ある事業者に対し取引を拒絶し若しくは取引に係る商品若しくは役務の数量若しくは内容を制限し，又は他の事業者にこれらに該当する行為をさせること。
	2　ある事業者に対し，正当な理由がないのに，取引の条件または実施について，著しく有利な取扱をし，また著しく不利な取扱をすること。	（差別対価） 3　不当に，地域又は相手方により差別的な対価をもって，商品若しくは役務を供給し，又はこれらの供給を受けること。 （取引条件等の差別取扱い） 4　不当に，ある事業者に対し取引の条件又は実施について有利な又は不利な取扱いをすること。

第1章 昭和52年法改正の余波

	3 共同行為もしくは事業者団体から特定の事業者を排斥し，または共同行為もしくは事業者団体の内部において特定の事業者を不当に差別的に取り扱うことにより，その事業者の事業活動に著しく不利益を与えること。	**（事業者団体における差別的取扱い等）** 5 事業者団体若しくは共同行為からある事業者を不当に排斥し，又は事業者団体の内部若しくは共同行為においてある事業者を不当に差別的に取り扱い，その事業者の事業活動を困難にさせること。
	4 正当な理由がないのに，地域または相手方により差別的な対価をもって，物資，資金その他の経済上の利益を供給し，または供給を受けること。	
2 不当な対価をもつて取引すること。	5 不当に低い対価をもって，物資，資金その他の経済上の利益を供給し，または不当に高い対価をもって，物資，資金その他経済上の利益の供給を受けること。	**（不当廉売）** 6 正当な理由がないのに商品又は役務をその供給に要する費用を著しく下回る対価で継続して供給し，その他不当に商品又は役務を低い対価で供給し，他の事業者の事業活動を困難にさせるおそれがあること。 **（不当高価購入）** 7 不当に商品又は役務を高い対価で購入し，他の事業者の事業活動を困難にさせるおそれがあること。
3 不当に競争者の顧客を自己と取引するように誘引し，又は強制すること。	6 正常な商慣習に照らして不当な利益をもって，直接または間接に，競争者の顧客を自己と取引するように誘引し，または強制すること。	**（ぎまん的顧客誘引）** 8 自己の供給する商品又は役務の内容又は取引条件その他これらの取引に関する事項について，実際のもの又は競争者に係るものよりも著しく優良又は有利であると顧客に誤

		認させることにより，競争者の顧客を自己と取引するように不当に誘引すること。
		(不当な利益による顧客誘引) 9　正常な商慣習に照らして不当な利益をもって，競争者の顧客を自己と取引するように誘引すること。
		(抱き合わせ販売等) 10　相手方に対し，不当に，商品又は役務の供給に併せて他の商品又は役務を自己又は自己の指定する事業者から購入させ，その他自己又は自己の指定する事業者と取引するように強制すること。
4　相手方の事業活動を不当に拘束する条件をもつて取引すること。	7　相手方が，正当な理由がないのに，自己の競争者に物資，資金その他の経済上の利益を供給しないこと，または相手方が，正当な理由がないのに，自己の競争者から物資，資金その他の経済上の利益の供給を受けないことを条件として，当該相手方と取引すること。	**(排他条件付取引)** 11　不当に，相手方が競争者と取引しないことを条件として当該相手方と取引し，競争者の取引の機会を減少させるおそれがあること。
	8　正当な理由がないのに，相方とこれに物資，資金その他の経済上の利益を供給する者との取引，もしくは相手方とこれから物資，資金その他経済上の利益の供給を受ける者との取引または相手方とその競争者との関係を拘束する条件をつけて，当該相手方と取引する	**(再販売価格の拘束)** 12　自己の供給する商品を購入する相手方に，正当な理由がないのに，次の各号のいずれかに掲げる拘束の条件をつけて，当該商品を供給すること。 一　相手方に対しその販売する当該商品の販売価格を定めてこれを維持させることその他相手方の当該商品の

	こと。	販売価格の自由な決定を拘束すること。 二　相手方の販売する当該商品を購入する事業者の当該商品の販売価格を定めて相手方をして当該事業者にこれを維持させることその他相手方をして当該事業者の当該販売価格の自由な決定を拘束させること。 **（拘束条件付取引）** 13　前二項に該当する行為のほか，相手方とその取引の相手方との取引その他相手方の事業活動を不当に拘束する条件を付けて，当該相手方と取引すること。
5　自己の取引上の地位を不当に利用して相手方と取引すること。	9　正当な理由がないのに，相手方である会社の役員（私的独占の禁止及び公正取引の確保に関する法律（昭和22年法律第54号）第2条第3項の役員をいう。以下同じ。）の選任についてあらかじめ自己の承認を受くべき旨の条件をつけて，当該相手方と取引すること。 10　自己の取引上の地位が優越していることを利用して，正常な商慣習に照らして相手方に不当に不利益な条件で取引すること。	**（優越的地位の濫用）** 14　自己の取引上の地位が相手方に優越していることを利用して，正常な商慣習に照らして不当に，次の各号のいずれかに掲げる行為をすること。 一　継続して取引する相手方に対し，当該取引に係る商品又は役務以外の商品又は役務を購入させること。 二　継続して取引する相手方に対し，自己のために金銭，役務その他の経済上の利益を提供させること。 三　相手方に不利益となるように取引条件を設定し，又は変更すること。 四　前三号に該当する行為のほか，取引の条件又は実施

| | | | について相手方に不利益を与えること。
五　取引の相手方である会社に対し，当該会社の役員（私的独占の禁止及び公正取引の確保に関する法律（昭和22年法律第54号）第2条第3項の役員をいう。選任についてあらかじめ自己の指示に従わせ，又は自己の承認を受けさせること。 |
| | 6　自己又は自己が株主若しくは役員である会社と国内において競争関係にある他の事業者とその取引の相手方との取引を不当に妨害し，又は当該事業者が会社である場合において，その会社の株主若しくは役員をその会社の不利益となる行為をするように，不当に誘引し，そそのかし，若しくは強制すること。 | 11　自己または自己が株主もしくは役員である会社と国内において競争関係にある他の事業者とその取引の相手方との間の取引について，契約の成立を阻止し，契約の不履行を誘引し，その他いかなる方法をもってするかを問わず，その取引を不当に妨害すること。
12　自己または自己が株主もしくは役員である会社と国内において競争関係にある会社の株主もしくは役員に対し，株主権の行使，株式の譲渡，秘密の漏えい，その他いかなる方法をもってするかを問わず，その会社の不利益となる行為をするように，不当に誘引し，そそのかし，または強制すること。 | **（競争者に対する取引妨害）**
15　自己又は自己が株主若しくは役員である会社と国内において競争関係にある他の事業者とその取引の相手方と取引について，契約の成立の阻止，契約の不履行の誘引その他いかなる方法をもってするかを問わず，その取引を不当に妨害すること。
（競争会社に対する内部干渉）
16　自己又は自己が株主若しくは役員である会社と国内において競争関係にある会社の株主又は役員に対し，株主権の行使，株式の譲渡，秘密の漏えいその他いかなる方法をもってするかを問わず，その会社の不利益となる行為をするように，不当に誘引し，そそのかし，又は強制すること。 |

公正競争阻害性の検討──3類型への整理の意義

　独占禁止法研究会は，流通系列化に対して不公正な取引方法の適用の観点から検討を行った際，不公正な取引方法の要件である「公正な競争を阻害するおそれ」──一般指定でいえば「不当に」，「正当な理由がないのに」等──の公正競争阻害性をどうとらえるかについても新たな見解を示した。公正競争阻害性の解釈については，かねて学説の対立があり，今村説が「市場における価格・品質による能率競争を阻害するおそれがあること」とするのに対し，正田説は「個別的な取引における抑圧性それ自体を公正競争阻害性に当たる」と解していた（今村説と正田説の対比については上巻429頁参照）。研究会は，「第1［いわゆる今村説─筆者注］，第2の考え方［いわゆる正田説─筆者注］のいずれかを排他的に採るとするのではなくて，対象となる行為の性格，効果に即して，二つの考え方を有機的に組み合わせるのが有益である」との立場をとった[95]。

　報告書が両説を「有機的に組み合わせる」方法をとったことについて，今村は，自説の立場から，「抑圧行為を基準とするのは，一般指定10の適用がある場合に限られ」るし，「縦の関係の拘束を当然に抑圧的なものと解するのも，理由のないことである」と批判し，抑圧性を基準とする考え方が「ブランド内競争に重点を置く結果とな」ったとの見方をとった[96]。

　これに対して，独占禁止法研究会の会員であった根岸哲は，「第一の考え方は，いわば横の関係からみるのに対し，第二の考え方は縦の関係からみるという第一次的な接近の仕方ないし観点の違いがあるのにとどまり，結果の実質において異ならない場合も多いが，両者の接近方法を組み合わせる方がより多面的かつ総合的な判断が可能となる」と報告書の考え方を擁護した[97]。

---

[95] 「資料　流通系列化に関する独占禁止法上の取扱い」公正取引昭和55年4月号13頁，独占禁止懇話会資料集Ⅶ（昭和55年）242頁，野田実編『流通系列化と独占禁止法』（昭和55年）17頁。

[96] 今村成和「流通系列化と独占禁止法──独占禁止法研究会報告の検討」国際商業昭和55年6月号57頁。

[97] 根岸哲「流通系列化に対する独禁研報告書」ジュリスト716号（昭和55年）27頁。なお，その後も根岸・今村論争は続く（今村成和「不公正な取引方法における『公正競争阻害性』について」公正取引昭和61年6月号33頁（同『研究(六)』所収），根岸哲「不公正な取引方法と独占禁止法」民商法雑誌93巻臨時増刊(2)（昭和60年）394頁（同『独占禁止法の基本問題』（平成2年）所収）参照）。なお，優越的な地位の濫用規制の公正競争阻害性をめぐる学説の検討については，丹宗曉信ほか著『論争独占禁止法』（平成6年）243頁，山部俊文「独占禁止法50年──不公正な取引方法の規制」経済法学会年報18号（平成9年）63頁，経済法学会年報27号『優越的地位の濫用』（平成18

第1部　競争政策は"社会正義"の理想を失ってはならない　1978～1988

　再開された独占禁止法研究会は，新・一般指定が告示された後の昭和57年(1982)7月8日,「不公正な取引方法に関する基本的な考え方」と題する報告書[98]を公表し，公正競争阻害性について次のように述べた。

　「二　公正競争阻害性の基本的な考え方
　　　……
　　(2)「公正な競争とは，次のような状態であると考えられるのではないか。
　　　第一に，事業者相互間の自由な競争が妨げられていないこと及び事業者がその競争に参加することが妨げられていないこと（自由な競争の確保）。
　　　第二に，自由な競争が価格・品質・サービスを中心としたもの（能率競争）であることにより，自由な競争が秩序づけられていること（競争手段の公正さの確保）。
　　　第三に，取引主体が取引の諾否及び取引条件について自由かつ自主的に判断することによって取引が行われているという，自由な競争の基盤が保持されていること（自由競争基盤の確保）。
　　　これは，①自由な競争の確保，②競争手段の公正さの確保を可能ならしめる前提条件でもある。
　　　したがって，①自由な競争，②競争手段の公正さ，③自由競争基盤の確保の3つの条件が保たれていることをもって公正な競争秩序と観念し，このような競争秩序に対し悪影響を及ぼすおそれがあることをもって，公正競争阻害性とみることができる。独占禁止法第2条第9項各号に列挙されている行為類型は，これらの3つの条件のいずれか又はいくつかを同時に侵害するものである。」
　　（傍点筆者）

　報告書は，公正競争阻害性を①自由な競争の減殺，②競争手段の不公正さ，③自由競争基盤の侵害の3つに分類し，こうした観点から行為類型ごとに公正競争阻害性を整理した。特に取引上の優越的地位の濫用行為を，③のように新たに位置づけたことが特筆される。このような位置づけは，縦の関係における抑圧行為を，事業者の自由かつ自主的判断が「自由な競争」の基盤をなすとして，横の関係における「自由な競争」と関連させることにより，独占禁止法上の一応の体系的整合性を与えることになった。これも不公正な取引方法についての「近代化」ということができ，かつ高く評価されてよいと考える。

　というのは，優越的地位の濫用規制について，「不公正な取引方法の禁止とは

　　年）および同30号『不公正な取引方法規制の再検討』（平成21年）掲載の諸論文参照。
(98)「不公正な取引方法に関する基本的な考え方(1)(2・終)」公正取引昭和57年8月号34頁・9月号56頁，田中寿編著『不公正な取引方法――新一般指定の解説』（昭和57年）100頁，独占禁止懇話会資料集Ⅸ（昭和59年）329頁。

拘りのない，別個の規制として，定むべきであった」(99)との見解や「競争法の中核部分を構成する体系とは別個に，日本特有の規制として今後どのように実施すべきか検討すべきである」(100)といった見解が支配的になれば，優越的地位の濫用規制は法的に不安定なものとなり，規制緩和の潮流のなかで——後に景品表示法が消費者庁に移管されたように——公取委による規制からはずされ，民事法等に委ねることもありえたからである(101)。

独占禁止法研究会の報告書は，優越的地位の濫用規制を競争法の枠内に位置付けることにより，このような傾斜に歯止めをかける役割を果たし，その後平成10年代半ば以降公取委が優越的地位の濫用規制を強化することを可能にした。とはいえ，わが国固有のこのような規制が独占禁止法の体系において理論的に強固な地位を占めているとはなお言い難く(102)，むしろ大企業の抑圧的行為に対する規制として国民的支持によって支えられているというべきであろう。

5　昭和58年の緩和改正の試みの失敗

経団連の52年法改正に対する不満——「何事も学ばず，何事も忘れず」

直接のきっかけは，昭和57年(1982)10月に来日した米国のレーガン政権のスミス司法長官と経団連との懇談であった(103)。長官がシカゴ学派の影響を受け

---

(99)　今村・新版・148頁。

(100)　村上政博『独占禁止法』(平成8年) 93頁。

(101)　不当な事業能力の較差の規定の削除の代償として規定された立法の経緯等から，優越的地位の濫用規制を不公正な取引方法ではなく事業者支配力の過度の集中防止の系列に求める見解も存在した(たとえば，辻吉彦「事業支配力の過度の集中と優越的地位の濫用」公正取引昭和57年9月号4頁など)が，その後の持株会社禁止の緩和の動きのなかではやはりその意義が問われたことであろう。

(102)　独占禁止法研究会の位置づけによっても，当該濫用行為の自由な競争への影響の立証を求めるわけではないので，自由競争基盤の侵害というのは説明道具にとどまる。なお，金子晃は，「独禁研の考え方は，公正な競争の阻害される場合を類型化し，それと逆の状態を想定することにより，公正競争概念を作り上げたきらいがないではないと思われる。そこに自由競争，競争手段，競争の前提との混合が生じたのではないであろうか」と述べた(金子晃ほか『新・不公正な取引方法』(昭和58年) 22頁(金子執筆))。確かに公正競争阻害性に多面的な要素を含むことになるが，不公正な取引方法は規制の現実の必要から多様な行為類型を含むに至ったのであり，もともと論理的概念ではなく歴史的概念なのである。

(103)　昭和57年10月23日付け日本経済新聞記事「稲山教祖「満悦の日」，昭和58年7月29日付け毎日新聞記事「不可解な経団連の独禁法改正論」。以後改正への動きの中で，公取委は，レーガン政権が独占止政策を大胆に緩和するというのは誤解であると説明するのに躍起になる。

第 1 部　競争政策は"社会正義"の理想を失ってはならない　1978 〜 1988

た政権の方針を説明したところ，経団連側は米国政府が「独禁法の弾力的運用方針」へ転換したと受け止め，独占禁止法緩和の好機到来とみたのである。

　昭和 52 年（1977）の独占禁止法改正に強く反対したものの押し切られた経団連（上巻 522 頁参照）としては，「いずれは，独禁法の抜本的な見直し，再改正の必要があると考えていた」(104)。折しも，第 2 次石油危機に伴う構造不況のなかで，経済界に独占禁止法の弾力的運用を求める声が高まっていた。のみならず，かねて独占禁止法に違和感をもつ役者たちが表舞台に登場してきたのである。

　既に昭和 55 年（1980）5 月，経団連会長には「ミスター・カルテル」と称された協調論者の新日鉄会長稲山嘉寛（上巻 325・390 頁参照）が就任していた(105)。昭和 57 年（1982）11 月，「戦後 37 年の総決算」を唱え，昭和 52 年法改正に反対した中曽根康弘が総理の座についた(106)。自由民主党の独禁法に関する特別調査会の会長には，山中貞則の通産大臣就任に伴い，中曽根派の斎藤栄三郎参議院議員が起用された（以下，同会を「斎藤調査会」という。）。中曽根も斎藤も昭和 52 年法改正に抵抗した経緯がある（上巻 503・506・508 頁参照）。「斎藤栄三郎会長と稲山嘉寛……会長との会談では，低成長時代への移行に対応して，独禁法を緩和の方向で抜本的に見直す必要があることなどの認識で一致した」(107)。

　斎藤調査会は，昭和 58 年（1983）1 月 27 日の第 1 回総会から同年 9 月 29 日の第 18 回総会まで会合を開催し，公取委・通産省，学者，建設業を含む各業界団体，消費者団体等から意見聴取を行った(108)。この間の同年 7 月 26 日，経団連は，「独禁法問題に関する見解」と題する文書を発表し，同月 29 日に開催された斎藤調査会に提出した。その内容は，次のようなものであった(109)。

---

(104)　経団連五十年史・405 頁。
(105)　稲山は，経団連会長就任後にも，「不況対策でまず第 1 にやらねばならないことは，お金を使わずに皆で話し合い，不況にならないよう努力することです」と過当競争の弊害を述べ，独占禁止法の弾力的運用を主張した（稲山嘉寛「断固たる意思と忍耐をもって問題の解決を」経団連月報昭和 58 年 2 月号 45 頁）。また，稲山は，国内的には協調，対外的には自由貿易を主張することに矛盾を感じなかった。
(106)　中曽根首相は，「経済憲法たる独禁法問題についても，過去のタブーに捉われず，経済の活性化と民間活力発揮の観点からも自由な立場で再検討すべき時期にある」と発言したとされる（松本明男「「稲山独禁法改正案」にかげり」財界公論昭和 58 年 10 月号 80 頁）。
(107)　経団連五十年史・411 頁。
(108)　斎藤栄三郎編著『自民党　独禁法改正——現行独禁法の問題点を探る』（昭和 59 年）173 頁。各会合の議事要旨も掲載されている。
(109)　経団連月報昭和 58 年 9 月号 130 頁。

第1章　昭和52年法改正の余波

「公正かつ自由な競争を通じて民間の創意を最大限に発揮させ，国民経済の民主的で健全な発達を促進するという独禁法の基本理念は，われわれもこれを全面的に支持するものである。

しかし，現行独禁法の諸規定およびその具体的運用には多くの問題があると考える。特に52年の法改正は，石油危機を契機とする混乱の中で異常な高まりをみせた大企業性悪説を背景になされたものであり，独禁法の基本理念に必ずしもそうものではなく，事業活動に不要の制約を加える結果になっている。52年改正については，今日までのその運用経験をふまえ，抜本的に見直す必要があり，さらに現行独禁政策全般についてもこの機会に検討を加えるべきである。

独禁政策にかかわる基本的問題は，第1に競争と協調のあり方をどのように考えるかである。わが国産業は，従業員の解雇をできるだけ避けるという伝統的な雇用慣行や，不況下では各社がコスト割れの生産を行なう傾向等があって，もともと過当競争にはしる体質がある。……

第2に，今後の独禁政策の展開にあたっては，産業政策と独禁政策との斉合性の確保に十分配慮する必要がある。この点において現在の公取については，職権行使の独立性が保証されていることもあり，産業政策と独禁政策の調整をはかることが難しいという基本的問題がある。……」（傍点筆者）

具体的には，昭和52年に導入された価格の同調的引上げに関する報告徴収，独占的状態に対する措置の各規定の削除，課徴金制度の改正（実質的に不当利得があった場合とない場合を区別していない，審判中も加算されて争う権利を制約している点を最低限改正），金融機関の株式保有規制を10％規制に戻すというものであり，昭和52年改正前の状態にほぼ戻すことを求めるものであった。

さらに，公取委のあり方として，担当国務大臣への法運用上の重要問題についての協議義務，審判・訴追機能の明確な分離等の審判制度の改革を提言した。法の運用に関する事項として，「公共の利益」に関する弊害規制主義的な解釈（建設業における自主的な協調行為の容認を含む），不況カルテルの運用改善（認可期間を原則3ヵ月から6ヵ月へ等），構造改善に対する独禁法の適用（シェア基準を機械的に適用しない等），不当廉売等の規制等による流通秩序の確立を要望した。

経団連は，第1次石油危機時に大企業の行動に関連して国民の厳しい批判を浴び，自ら社会的責任論（上巻524頁参照）を唱えたにもかかわらず，その主張は「企業にとって不都合なことは，わが国経済にとって好ましくないということを前提にしている」[110]との自由（放任）主義への先祖返りであった。今村成和は前記経団連の見解を「経団連イデオロギーの再生産に過ぎない」と酷評した[111]。

---

(110)　佐藤正雄「経団連の「見解」に異議あり」エコノミスト昭和58年9月13日号30頁。

第 1 部　競争政策は"社会正義"の理想を失ってはならない　1978〜1988

「何事も学ばず，何事も忘れなかった（Ils n'ont rien appris, ni rien oublié.）」（タレーラン）のである。

　確かに昭和52年法改正には，あとから見れば課徴金制度を除いて競争政策から見て多くの問題点があったことは否定できない（上巻529頁以下参照）[112]。しかし，施行後5年半しか経過しておらず，大規模会社や金融会社の株式規制はなお10年間の猶予期間が適用されていた。それ故に，「いまなぜ改正が必要なのか？」[113]との疑問が当然生じることになった。公取委のあり方についても，52年法改正時に既に提起された問題であった（上巻507・523頁参照）し，「公共の利益」に関する弊害規制主義的解釈に至っては，昭和28年法改正以来の経団連の主張を蒸し返したものであった（上巻208頁参照）。

　経団連の試みも，52年法改正の時と同様，今回も「四面楚歌」に終わった。斎藤会長は，9月29日の会合において，参議院商工委員長就任を理由に会長を辞任し（後任は鳩山威一郎元外務大臣），1年足らずで緩和改正の動きは終息した。

改正を阻んだものと法運用への影響──貿易相手国の登場

　何が経団連と自民党との共同作戦を阻んだのであろうか？

　まず，第1に，米国の強い懸念があった。斎藤調査会は，昭和58年（1983）8月末から9月上旬に欧米へ調査団を派遣した（斎藤団長ほか3議員）。海外の独占禁止法制や運用状況について調査するという名目であったが，実際には緩和改正に対する貿易相手国の反応を探ることにあった。調査団の報告書によれば，「米国の通商担当当局者［クライド・プレストウィッツとみられる─筆者注］より，日本の独占禁止法制の改正は国内問題としながらも，通商摩擦に対する強い懸念が表明された」のである[114]。

---

(111)　今村成和「独禁法改正後十年──その軌跡と評価」経済法学会年報8号（昭和62年）18頁。

(112)　課徴金制度について，実質的に不当利得を得る場合とそうでない場合を区別すべきであるという問題については，上巻524頁。なお，審判中も課徴金が加算されるという問題については，昭和52年5月12日の衆議院商工委員会における林義郎議員（自民）の質疑に対する公取委水口官房審議官の答弁（争った結果実行期間が長くなってもやむをえないが，ある時点において自由な競争に基づく価格決定が認められる場合には実行期間の終了と考えるべきケースもある）参照。

(113)　植草益ほか「独禁法改正必要なのか」日本経済研究センター会報453号（昭和58年）58頁（植草発言）。

(114)　斎藤編著前掲注(108) 236頁。なお，同年10月に開催された日米独禁当局意見交換のため訪米した高橋公取委員長に対し，オルマー商務次官が「「日本が独禁法改正に踏

第1章　昭和52年法改正の余波

　第2に，自民党内の空気も改正に積極的ではなかった。斎藤調査会の議論の転機となったのは，同年7月29日の経団連からのヒアリングである。その際，議員から「日本企業は世界のトップに達し，国際的にも強い影響力を持つようになっているが，その中で日本企業が協調して楽をしようとすると，これを抑えるものはない。こんなことはいかがなものか」という意見が飛び出した[115]。52年法改正を推進した田中六助政調会長も「現行法の運用面での改善で，対処は可能であり，改正は，当面不要」と述べた[116]。斎藤調査会事務局長の岸田文武衆議院議員も，海外調査の後，「コトを急ぐ必要は何もないので十分討議をしたうえ，……国民の納得を得るようにしたい」と慎重論を明らかにした[117]。

　第3に，通産省も慎重論をとった。杉山和男次官は，「現行の独占禁止法に多くの支障があるとは思えない。」，「公取委と十分に連絡をとりながら，（産業界の）実態に合った運用を求めてきており，要求はほぼ実行され，うまくいってきた」と述べた[118]。通産省が経団連と異なる姿勢をとったのは，山中貞則大臣の下で構造不況対策について柔軟な公取委と協調関係を築いていた（第1部第2章3参照）からであり，かつ昨年来産業政策を批判する欧米諸国との通商摩擦を懸念してのことであった。

　第4に，中小企業も独占禁止法の緩和を望まなかった。東京商工会議所が行った会員企業へのアンケート調査によれば，不況カルテルなどの運用の弾力化を求める声が半数を占めたものの，52年改正の各項目について5〜7割が現行のままでよいと支持した[119]。日本商工会議所の永野重雄会頭も独占禁止法緩和に批判的な発言をした[120]。

　第5に，マスメディアも批判の論陣を張った。たとえば，昭和58年（1983）7月28日の毎日新聞社説は，「低成長下であれば，なお一層，「公正かつ自由な競争」「事業者の創意」（独禁法1条）を通じて，企業の活力を取りもどす必要があるのではないか」とし，1930年代の大不況時の米国の教訓を引き合いに，「競争

　　　み切った場合外国企業の競争を制限，貿易摩擦をもたらすおそれがある」として強い関心を表明した」と報道された（昭和58年10月26日付け日本経済新聞夕刊記事「独禁法改正を警戒」）。
(115)　斎藤編著前掲注(108) 209頁（発言者不明）。
(116)　昭和58年8月20日付け日刊工業新聞記事「独禁法改正作戦に秋風」。
(117)　昭和58年9月30日付け日本経済新聞記事「独禁法改正見直しの方向」。
(118)　昭和58年7月29日付け毎日新聞記事「独禁法改正　通産省も否定的」。
(119)　「東商，独禁法問題に関する意見調査まとめる」商事法務昭和58年8月25日号44頁。
(120)　昭和58年7月29日付け毎日新聞記事「不可解な経団連の独禁法改正論」。

よりも協調を，という発想がいかに安易で危険なものか」と指摘した[121]。

公取委は，こうした経団連と自民党の動きにどう対応したのか？　公取委首脳は，「いま改正しなければならない切迫した問題はなにもない。しかし，（産業界などに）大きな不満があれば運用面で対処していく考えはある」と述べた[122]。法改正には反対であるが，柔軟な運用をしてもよいというのである。具体的には，①ヤミカルテルなど違反事件でも軽微なものは注意，警告だけにとどめる，②総資産が50億円未満の中小企業同士の合併は実質的に届け出だけで認める，③原則3カ月としてきた不況カルテルの認可期間を実情に応じて6カ月程度まで認める，というものであった[123]。これらは既に実施していたことではあったが，その方針を事実上確認したことに意味がある。①についていえば，こうして高橋元委員長時代に法治主義から行政指導主義へと拍車がかけられることになる。公取委が緩和改正を回避するために独禁法の運用に消極的になるのは，戦後繰り返されたパターンである（上巻230・249・312・318頁参照）とはいえ，これが最後となる[124]。

ここで重要なことは，昭和52年法改正の記憶がなお鮮明な当時，リベラル保守，マスメディアなどが改正阻止に一定の機能を果たしたことである（野党，消費者団体などが立ち上がる以前に改正の動きは終息した）。そして，わが国の競争政策の強力な支援勢力として新たに登場したのが，貿易相手国の通商・競争当局である。彼らがわが国市場の開放のために，緩和反対どころか独占禁止法の運用強化を要求するまで至るのに時間はかからなかった。

---

(121)　昭和58年7月29日付け毎日新聞社説「なぜ独禁法改正なのか」。なお，昭和58年8月9日付け日本経済新聞社説「独禁法改正論議根底を問う」，週刊東洋経済同年7月30日号62頁社説「納得できぬ独占禁止法緩和への動き」も参照。
(122)　昭和58年7月30日付け日本経済新聞記事「独禁法，運用柔軟に」。
(123)　昭和58年8月6日付け日本経済新聞記事「軽い違反，注意だけ」。
(124)　公取委の五十年史は，昭和58年の緩和改正の動きについて，まったく触れるところがない。公取委関係者は悩まされたはずであるが，悪夢であったということであろうか。

第2章　低成長時代と独占禁止政策

1　低成長時代と独占禁止政策

低成長時代の独占禁止政策——緩和か？　強化か？

　下巻が扱うのは，経済の低成長の時代である[1]。わが国の高度成長期には旺盛な需要がありカルテルも呑み込む活発な競争が行われた。しかし，低成長期には需要の拡大が期待できず，激しい競争を行えば，供給過剰となり価格は低落しやすく，企業経営は苦しくなる。他方，企業は，伸びない需要を分かち合うために，寡占的協調やカルテルによって価格を維持し，売上げや利潤を確保しようとする。こうした低成長経済の時代に，独占禁止政策は緩和されるべきか？　それとも強化されるべきか？　この基本的な問題について，昭和55年（1980），公取委員橋口收と経済法学者今村成和は，次のように相異なる見解を表明した。

　橋口は，「企業の活力が失われてくるという面があるので，ますます競争に熱心でなければならない」としつつ，「同時に，低成長下では過当競争なり過剰競争に，果たして産業経済は耐えられるか」と問い，「競争だけすればいいという時代ではなく，常に産業の構造変化との調和を考える必要がある」とし，「産業政策との調整が課題になる」と説いた。また，「成長のパターンが変化するので，成長の成果をできるだけ公正に分配するという要請が一層高まる」から，「力の濫用については，従来以上に厳しい態度で臨まなければならない」と述べた[2]。経済情勢の変化を踏まえて，カルテルには寛大に，優越的地位の濫用には厳格に，ということである。

　これに対して，今村は，「もともと低成長期には競争が緩慢になる……だからそれを刺激するためにもカルテル規制を強化していくということのほうが必要……不況であればこそカルテル規制を強化しないと，独禁法の目的は達成されない」とし，「産業政策とか何とかということまで公取が先走って考える必要はない……それはほかの役所が考えること」と反論した。他方，優越的地位の濫用については，「別に低成長であろうとなかろうと，独禁法に従って規制していけば

---

(1)　わが国の平均経済成長率は，昭和31～48年度が9.1％であったのに対し，昭和49年度～平成2年度が4.2％である（ちなみに，「失われた20年」の平成3～23年度は0.9％である。内閣府HP「長期経済統計」参照）。

(2)　橋口收（聞き手名和太郎）「80年代の独禁政策の課題」激流昭和55年3月号22頁。

いい」と突き放した⁽³⁾。低成長時代であっても，公取委の使命は法に忠実であるべきだということである。

競争政策の責任者の現実論と経済法の碩学の筋論の対立であった。

昭和57年（1982）に，公取委の経済調査研究会は，構造不況産業対策を検討するなかで，次のように述べ，ひとつの結論を下した⁽⁴⁾。

> 「結局，経済の低成長下においても，また，いわゆる構造不況産業についても，産業調整の基本は市場メカニズムの活用であり，市場メカニズムによる経済合理性に即した産業調整によってこそ，我が国経済の活力を失うことなくその効率性を確保するとともに活性化を図ることができるといえる。この意味で，いわゆる構造不況産業についての対策を講ずるに当たっても，市場メカニズムと相反するような政府介入や競争制限的な行為は極力排除すべきである。」

低成長下において求められる経済の活性化や産業調整は，市場原理を基本として行われるべきであるとの宣言であった。とはいえ，このような市場原理を重視する立場に対しては，のちにみるように，一時的な政府介入や競争制限がむしろ積極的な産業調整に資する（動態的競争論），雇用や地域への影響を緩和する上で必要である（社会的公正原理）との批判がなされることになる。

独占禁止法と競争政策は，新たな経済環境のなかでどのような展開をしていくのであろうか？特に産業政策との関係はどうなっていくのであろうか？

第1次石油危機後の不況と構造不況産業の登場

高度成長から低成長への時代の大きな転換期の契機となったのが，2度にわたる石油危機である。昭和48年（1973）10月以降，OPEC（石油輸出国機構）が原油価格を4倍に引き上げた（1バレル2.8ドルから11ドルへ。第1次石油危機）ため，5年にわたる戦後最大の不況に見舞われることになった。昭和49年度は，0.5％のマイナス成長を経験した。

わが国の素材産業は，安い石油やエネルギーを使用することによって発展してきたが，原油価格の上昇により大きな打撃を受けた。通産省は，昭和50年（1975）7月から51年（1976）5月の間，高圧ポリエチレン等8品目についてガイドライン方式による減産指導を行った。さらに昭和52年（1977）10月から53年（1978）

---

(3) 今村成和（聞き手吉田文剛）「独禁法の運用状況と課題」公正取引昭和55年4月号24頁。
(4) 経済調査研究会「低成長下の産業調整と競争政策——特にいわゆる構造不況産業問題について」（昭和57年）29頁。

第2章　低成長時代と独占禁止政策

3月の間，合成繊維等4品目について勧告操短を行った[5]。勧告操短は，昭和40年（1965）の粗鋼以来のことであった（上巻339頁参照）。昭和52年度（1977）から54年度（1979）にかけて，運輸省も造船について勧告操短を行った。

　減産指導や勧告操短といった産業官庁の競争制限的な行政指導が，昭和52年（1977）の独占禁止法の強化改正の前後においても行われたのはいったい何故であろうか？　とりわけ，公取委は，合成繊維の勧告操短について，12年前と同様，見て見ぬふりをした。戸田嘉徳事務局長は，「独禁法の精神に照らして好ましくない」，「今は成り行きをじっと見守るだけ」と発言した[6]。確かに業界の不況は深刻であったが，公取委は競争政策を貫こうとはしなかった。就任間もない橋口委員長の「他の経済政策との調和」の路線（第1章1参照）に基づくものであった[7]。こうした官民協調の疑似カルテルの延長上に，次に述べる指示カルテル制度などが浮上してくる。

　このような行政指導と並行して独占禁止法上の不況カルテルも昭和49年（1974）12月末から昭和54年（1979）4月末まで短繊維紡績糸等16品目について実施された。もともと橋口は，「日本では一般に不況の場合に，カルテルが制度として認められている。これは高く評価すべきじゃないですか」と述べ[8]，不況カルテル制度を日本的な不況克服策として高く評価（！）した。しかし，欧米の競争当局は危機カルテル（crisis cartel）に対して好意的であることはなく，多数の不況カルテルを認可するわが国は異色の存在であった[9]。

---

(5)　塚田弘志「今次不況期における独禁法に基づく不況カルテルの概要」公正取引昭和54年6月号38・42頁。ガイドライン方式は主務官庁が特定の産業について需要見通しを作成し公表するとともに，各社から生産計画を提出させる方式であり，勧告操短は主務官庁が各社に生産制限を直接勧告するものである。

(6)　昭和52年9月22日付け日本経済新聞記事「公取しぶしぶ黙認」。戸田事務局長は，大蔵省出身であったが筋を通すことで知られ，これは苦渋の発言であった。公取委内には「独禁政策を骨抜きにし経済の活力を損なうことにならないか」との懸念もあったことが伝えられている（同年10月3日付け日本経済新聞記事「問われる不況下の独禁政策」参照）。

(7)　橋口は，昭和52年11月7日の土光経団連会長らとの懇談会において，「独禁政策と経済政策との調和を十分考慮し，安定成長への軟着陸に協力していきたい」と述べ，不況カルテルを弾力的に運用し，やむを得ない場合には勧告操短も認めると発言したという（昭和52年11月8日付け日本経済新聞記事「寡占化，実態に即し対応」）。

(8)　橋口收「この人と一時間　独禁法は自由体制の"希望の星"」エコノミスト昭和52年12月20日号41頁。

(9)　米国にはそもそも不況カルテルのような制度は存在せず，西ドイツには構造的不況カルテル制度はあっても認可した例がなかった。公取委は昭和56年度に新たに塩化

47

第1部　競争政策は"社会正義"の理想を失ってはならない　1978～1988

素材産業は，財政金融政策による需要拡大によっても業績は回復せず，構造的な需給ギャップを抱え，過剰設備の処理など中長期的な不況対策が必要となった。構造不況業種の登場である[10]。とはいえ，構造的な需給ギャップが生じたのは原油およびエネルギーの価格上昇や総需要の減少だけが原因ではなく，通産省の指導に基づく関係業界の投資調整や不況カルテルが過剰な設備投資を誘引したことが忘れられるべきではない（上巻424・425頁参照）。

2　構造不況と競争政策①——特安法とその評価

特安法制定の経過——統制的手法に対する厳しい批判

通産省が構造不況対策のための新規立法措置を検討していることが報道されたのは，独占禁止法改正が成立してわずか4日後の昭和52年（1977）5月30日のことであった。通産省のこうした動きは，独占禁止法改正による産業政策の失地回復というねらいがあった[11]。とはいえ，通産省内にも統制的な立法には異論があり，新規立法の作業が慌しく本格化したのは，同年11月28日に第2次福田内閣が成立してからであった。福田越夫首相は，実質7％の成長をめざすマクロの経済政策と並ぶミクロの構造不況業種対策を河本敏夫通産大臣に託したのである[12]。

ビニル樹脂等8件の不況カルテルを認可するが，OECDの制限的商慣行専門家委員会は危機カルテルに対し批判的な報告書をまとめることになる（OECD, The Role of Competition Policy in a Period of Economic Recession with Special Reference to Crisis Cartels, 1981）。これは国際感覚に優れた橋口には計算であったろう。

(10)　構造不況業種の生産水準は，昭和48年度のピーク以降，年ごとに低下し続けており，52年12月には，ほぼ45年時点の水準にまで縮小した（昭和53年2月2日付け日本経済新聞記事「通産省構造不況対策の内容」）。

　　構造不況業種の不況の要因には，①電力単価の上昇により生産コストが急上昇したもの（アルミ精錬），②成長趨勢の鈍化から国内需要が低迷し，大幅な過剰設備を抱えたもの（平電炉など），③原料ナフサ等の価格上昇と円高による輸出競争力の減少によるもの（合成繊維），④世界的なタンカー需要の極度の不信によるもの（造船），⑤発展途上国の追い上げを受けているもの（紡績），などがあった（通商産業省産業政策局編『構造不況法の解説』（昭和53年）3頁）。

　　こうしてわが国の産業の主役は，鉄鋼，化学，繊維などの素材産業から，自動車，家庭電器などの加工組立産業へと交代していく。

(11)　昭和52年5月30日付け日本経済新聞記事「構造改善「法」で促進」。記事は，「こうした法律を制定することによって，独禁政策の"介入"を防ごうというねらいもかがわれ」るとしている。

(12)　昭和53年1月26日付け日本経済新聞記事「集中放火の構造不況法案」，「統制色濃い「構造不況対策法案」」週刊東洋経済昭和53年2月4日号33頁，古川和「挫折した通産

第 2 章　低成長時代と独占禁止政策

　公取委は，かねて過剰設備の処理が独占禁止法上の不況カルテルによって実施可能か検討していた模様であるが，同年 11 月 11 日，この点について肯定的な見解を表明した。橋口委員長によれば，「景気循環に基づく需給のアンバランスよりももっと深刻な状態である構造的な不況状態に独占禁止法を適用し得ないということは，論理上むしろおかしい」のであり[13]，法 24 条の 3 第 2 項の「設備の制限」には「設備の廃棄」も含まれると解釈すべきであるというものであった。これは高度成長期とは異なる構造不況という経済情勢の変化に対応し，公取委が打ち出した新たな運用方針であった[14]が，明らかに産業政策に対する牽制でもあった。しかし，産業界が公取委に対して設備廃棄の不況カルテルを実際に申請することはなかった[15]。

　　　省の"復権"構想」エコノミスト昭和 53 年 2 月 28 日号 41 頁。ただし，河本敏夫通産相はアウトサイダーとして知られた三光汽船のオーナー経営者であり，本来ならばこのような統制立法には賛成しないはずであった。
(13)　昭和 52 年 11 月 11 日の衆議院商工委員会における西中清議員（公明党）の質疑に対する橋口収委員長の答弁。このような解釈をとる前提として，設備処理カルテルが独占禁止法違反に該当しなければならない。その障害となったのが，「過剰設備の処理については，投資調整に準じて取り扱う」とした昭和 41 年の通産省と公取委で交わされた文書である（上巻・320 頁参照）。
　　　橋口は，11 年という時間の経過を考慮すれば，この文書の文言にこだわるのは適切でないとした。そして不況カルテルとして独占禁止法の適用除外を認めなければ，設備処理カルテルに対して昭和 52 年改正により導入された課徴金が課される事態にもなりかねず，「業界としても不安定な状況のまま行為を行うということは不便が多いのではないか」という配慮もあった（前掲橋口委員長の国会答弁）。このような特安法の立法過程を経て，「昭和 41 年の覚書は死文化した」（五十年史上巻・367 頁）。
　　　以上の経緯や公取委の考え方については，鈴木満「特定不況産業安定臨時措置法と独占禁止法」ジュリスト 669 号（昭和 53 年）45 頁，同「独禁法の不況カルテル制度と設備の処理」公正取引昭和 53 年 12 月号 31 頁参照。
(14)　昭和 28 年法改正により導入された不況カルテルは景気循環的不況に対処することが想定されていたものの，認可された第 1 号の麻糸の不況カルテル（昭和 31 年 4 月 1 日～36 年 9 月 20 日の間 5 次にわたり販売数量カルテルを実施）は「構造的不況カルテルを認めたもの」（二十年史・208 頁）であった。ただし，従来「設備の制限」として認可されたのは稼働日数の制限，封印および格納に限られていた。公取委が設備の廃棄に慎重であったのは，設備の廃棄が永続的な効果をもち需要が回復したときにすみやかに対応できず，「必要な程度をこえていない」という不況カルテルの消極要件を逸脱するおそれがあると考えたからとみられる。
(15)　公取委の認可方針にもかかわらず，その後平成 11 年に不況カルテル制度が廃止されるに至るまで，設備廃棄の不況カルテルが申請され認可されることはなかった。その理由としては，不況カルテルはコスト割れが要件となっており一時的に市場価格がコストを上回るときは継続困難になること，設備廃棄は業界だけの調整では困難なことが多い

第 1 部　競争政策は"社会正義"の理想を失ってはならない　1978 ～ 1988

　通産省は，翌昭和 53 年（1978）1 月，次のような内容の「特定不況産業安定臨時措置法」（以下「特安法」という。）を策定した(16)。すなわち，①主務大臣が特定不況産業について安定基本計画を策定する，②安定基本計画に定める設備処理が円滑に進捗しない場合，主務大臣は特定不況産業に属する事業者に共同行為の実施を指示できる（指示カルテル），③主務大臣は指示カルテルに参加しないアウトサイダーに対して設備の新設等の制限・禁止を命じることができる（アウトサイダー規制），④指示カルテルおよび特定不況産業に属する事業者が行う合併・営業譲渡等については，独占禁止法の適用除外とし，承認にあたり公取委に協議する，⑤国は特定不況産業信用基金を設立し，安定基本計画に基づいて設備処理等を実施する事業者に債務保証を行う，というものである。

　これに対して，公取委は「通産省原案は，産業界への統制色が濃厚で，独禁法を骨抜きにすることにもなりかねず，このままでは，到底受け入れられない」と全面的な反対を申し入れた(17)。具体的には，①営業の自由の原則の下では，合併等に対して，公共の利益の見地からする独占禁止法の規制以外の行政介入を行うことは極めて問題であり，基礎資材部門において独占・寡占を形成することは下流の中小企業をますます窮迫させる，②設備は企業の基本資産であり，設備の廃棄は企業の自己責任に基づいて行われるべきであり，企業が共同して廃棄を行わなければ実効があがらない場合は，独占禁止法の不況カルテル制度によるべきであって，指示カルテルによって一律の基準で設備廃棄を押し付けたり，アウトサイダー規制によって設備投資の制限・禁止を強制することは，事業者の経営努力の差等を無視して事業活動に行政が過度に介入するものである，と批判した(18)。

　1 月 19 日，通産省の特安法案が明らかになると，指示カルテル，アウトサイダー規制，合併・営業譲渡の適用除外等に対して様々なかたちで反対意見が噴出した(19)。「特定不況産業」の候補とされる平電炉メーカー 9 社は，1 月 24 日，

　　　　ことなどがあったとみられる。
(16)　通商産業政策史 14 巻・23 頁。「設備の処理」とは，設備の廃棄のほか長期の格納・休止・譲渡で生産の用に供されないものをいう（特安法 2 条 1 項 5 号参照）。なお，債務保証とは，廃棄の対象となる設備の多くが融資の担保に入っており，担保を解除するための融資の保証のことである。
(17)　昭和 53 年 1 月 20 日付け日本経済新聞記事「通産・公取　真っ向対立」。
(18)　青木光男「特定不況産業安定臨時措置法の立案と独占禁止政策」公正取引昭和 53 年 7 月号 11 頁。
(19)　「構造不況法案に反対する各界の意見書・見解・要請書」朝日ジャーナル昭和 53 年 2 月 24 日号 111 頁以下に，経済法学者 25 名の意見書，平電炉 9 社の意見書，日清紡績の見解，消費者団体の要請書が掲載されている。

第2章　低成長時代と独占禁止政策

通産省に社長連名の次のような意見書を提出した[20]。

「……一見してわかるとおり，本法案は特定不況産業の認定要件のあいまいさも相まって，極めて統制経済的色彩が濃厚であり，自由主義経済の根幹を揺るがすものと言わざるを得ない。

すなわち，……これ［指示カルテルのこと—筆者］は，直接事業者に対し，設備廃棄を命ずるものではないにしても，「共同行為」なる衣を通して実質的には事業者に対して設備廃棄等を指示するものとかわりがないのであって，財産権の重大なる制限にほかならない。

更に新増設設備の制限等に関するアウトサイダー規制命令は，企業の質的差異を無視して一律に課せられるため，健全なる企業の体質をも弱体化させ，ひいては産業界全般にわたっての正常な発展を阻害せしめるに至るものである。……」（傍点筆者）

また，宮島清次郎以来戦前から産業自由主義を標榜してきた日清紡績は，次のような見解を明らかにした[21]。

「この法律は通産省が，産業界の特定業種の経営を完全に統制出来る事になり，自主的な経営機能の発揮を妨げるのみならず，自由経済社会における株主の所有権を蹂躙する所の違憲的立法である。……」

わが国の産業界が——少数派にせよ——このように行政介入を憲法違反であると主張したことは，いまだかつてなかった。カルテルや政府依存ではなく，自己責任原則に基づく古典的自由主義がようやく甦りつつあるといえよう。

1月25日，国会では，河野新自由クラブ代表と福田総理との間で，次のような質疑が行われた[22]。リベラル保守派からの異議であった。

　　経済法学者の意見書は，法案の指示カルテル制度に対し，「市場の構造を将来にわたって国の計画に基づくカルテルによって規定するという方向すなわち私的な結合を通しての統制経済的なわく組みを定着させることに連なる」と批判した（正田彬執筆とみられる）。

(20)　前掲注(19)朝日ジャーナル111頁。平電炉メーカーは全国に約70社あるが，9社は高炉メーカーまたは商社の系列には属さない独立系のメーカーで，東京製鉄などは一匹狼(maverick)的な競争的周辺企業として知られている。ただし，電炉業界の72社のうち48社は，通産省原案に賛成する要望書を提出した（昭和53年2月5日付け日本経済新聞記事「賛否渦巻く産業界」）。

(21)　前掲注(19)朝日ジャーナル112頁。

(22)　昭和53年1月25日の衆議院本会議における質疑。

第1部　競争政策は"社会正義"の理想を失ってはならない　1978〜1988

「○河野洋平君　……通産省が立案中の特定不況業種安定臨時措置法案［ママ］は、その対策の必要性は認めるといたしましても、立案に当たって、これが統制への第一歩になるおそれはないか、十分考えなければならないと思います。

　不況業種の認定基準があいまいで、官庁の指導力が強化され、改正独禁法の形骸化につながりはしないかという危惧を抱かざるを得ないのでございます。企業の活力と創意を尊重した、健全な活力ある自由主義経済を志向する私たち新自由クラブは、経済政策の基本に触れるものとして、この問題に重大な関心を持たざるを得ません。総理の御所見を問いたいと思うのでございます。

○内閣総理大臣（福田赳夫君）　……特定不況業種安定臨時措置法、これは問題がある、企業の自由を束縛し、独禁法を形骸化するものではないかというような御所見でございますが、独禁法を形骸化するような、そういう大それた考え方は持っておりません。

　ただ、……構造不況業種に対する対策を強力に進めなければならぬ、こういうことでございます。この辺はご理解願えると思うのでございまするけれども、それにはやはり過剰設備を廃棄しなければならぬ。この過剰設備の廃棄というものは、業界全体が足並みをそろえなければならぬ、こういう問題がありますので、その辺を法制化しようという見解もあるわけでございまするけれども、いずれにいたしましても、ご懸念のようなことはないように法案の作成に当たりたい、かように考えておる次第でございます。」（傍点筆者）

翌1月26日、次期経団連会長と目された「ミスター・カルテル」稲山嘉寛同副会長は、「アウトサイダー規制はゆきすぎだ」、「こうした統制によらなくても、業界で正しいと判断するならみんながまとまるはず」と批判し、通産省案に難色を示した[23]。

こうした情勢を見て、同月28日、通産省は特安法案から合併・営業譲受等の独禁法適用除外条項およびアウトサイダー規制条項を削除することを決定し、福田首相の了承を得た[24]。しかし、指示カルテル条項については構造不況対策に不可欠であるとして堅持した。通産省によれば、「政府資金を投入して創設する1千億円以上の債務保証制度を有効に活用していくためには、一定の目標（計画）に沿って、業界の過剰設備の処理が達成され、その再建の見通しが明らかにされていることが不可欠の前提」であり、「指示カルテルという形で、業界の共同歩

---

[23] 昭和53年1月27日付け朝日新聞記事「部分修正の考え示す」。経団連は、特安法を「独禁政策の見直しがされるまでのつなぎの措置」と位置付けた（経団連五十年史・144頁）。稲山会長の下で経団連が独占禁止法の見直しを提起するのは5年後のことになる（第1部第1章5参照）。

[24] 昭和53年1月29日付け日本経済新聞記事「アウトサイダー規制削除」。

第2章　低成長時代と独占禁止政策

調による目標達成を誘導していくことが是非とも必要である」とのことであった(25)。

　指示カルテルも統制と批判する公取委と通産省の調整は難航し，安部晋太郎官房長官の裁定に持ち込まれた。2月9日に提示された裁定は，指示カルテルを公取委の同意を条件として認めるというものであった(26)。これにより調整は決着し，特安法案は2月21日の閣議決定を経て第84回国会に提出された。国会において審議の焦点となったのは，構造不況産業における労働者・関連中小企業の保護や地域経済への影響であり，その結果，衆議院において，法目的に「雇用の安定及び関連中小企業の経営の安定に配慮」することが加えられ，安定基本計画策定の手続において労働組合の意見を聴くようにすること等の修正が行われた。同法は，4月28日，与野党多数により可決成立した。

　成立した「特定不況産業安定臨時措置法」（昭和53年法律第44号）の主な内容は，次のとおりである(27)。

① 「この法律は，最近における内外の経済的事情の著しい変化にかんがみ，特定不況産業について，その実態に即した安定基本計画を策定し，計画的な設備の処理の促進等のための措置を講ずることにより，雇用の安定及び関連中小企業者の経営の安定に配慮しつつ特定不況産業における不況の克服と経営の安定を図り，もって国民経済の健全な発展に資することを目的とする」（1条）
② 「特定不況産業」とは，平電炉業，アルミニウム製造業，合成繊維製造業，船舶製造業のほか一定の要件を充たす政令で定める業種に属する製造業であって政令で指定するものをいい，主務大臣は当該製造業者の数および事業活動の大部分を占める者の申出があった場合に指定の手続をとる（2条）
③ 主務大臣は，特定不況産業ごとに，関係審議会の意見を聴いて，設備の処理その他の措置に関する事項を定めた安定基本計画を策定する（3条）

---

(25)　昭和53年2月2日付け日本経済新聞記事「通産省構造不況対策の内容」。
(26)　昭和53年2月10日付け日本経済新聞記事「通産・公取が合意」，同年2月11日付け同新聞記事「火消しが先決　構造不況法案」。福田首相から橋口委員長に指示カルテルを受け容れるよう要請があったとされる（Beeman, p.100. 公取委元幹部へのインタビュー）。
(27)　通商産業政策史14巻・34頁。特安法の立法担当者による解説として，黒田直樹「特定不況産業安定臨時措置法について」ジュリスト669号（昭和53年）40頁，通商産業省産業政策局編『構造不況法の解説』（昭和53年）。同法の詳細な分析検討として，木元錦哉「構造不況カルテル──構造不況法による指示カルテル」経済法学会編『独占禁止法講座Ⅳ　カルテル［下］』（昭和57年）105頁，高瀬雅男「構造不況法の成立(一)～(三・完)」商学論集56巻2号（昭和62年）1頁，同3号（同63年）87頁，57巻4号（平成元年）111頁。

第 1 部　競争政策は "社会正義" の理想を失ってはならない　1978 〜 1988

④　特定不況産業に属する事業者は，安定基本計画に定めるところに従って，設備の処理その他の措置を自主的に行うよう努めなければならない（4 条）
⑤　主務大臣は，当該不況産業に属する事業者の相当部分の事業の継続が困難となるに至るおそれがある等と認めるときは，当該不況産業に属する事業者に対し設備の処理等に係る共同行為を実施すべきことを指示することができる（5 条）が，その場合の共同行為の内容は，必要な限度を超えないこと等の一定要件に適合するものでなければならない（6 条）
⑥　主務大臣の指示に従ってする共同行為に独占禁止法を適用しないが，不公正な取引方法を用いるときはこの限りでない（11 条）
⑦　主務大臣は，共同行為の指示をしようとするときは，公正取引委員会の同意を得なければならない（12 条）
⑧　特定不況産業信用基金（13 条以下）
⑨　この法律は，昭和 58 年 6 月 30 日までに廃止するものとする（附則 2 条）

指示カルテル制度はなぜ残ったか？　囚人のジレンマ的状況と社会的公正原理

　通産省の特安法原案は，伝統的なカルテルと統制の手法によるもので，昭和 6 年（1931）の重要産業統制法までさかのぼることができる[28]。このようなカルテル的・統制的手法に対しては，各界から，自己責任原則によらない行政介入は業界の政府依存を強め不況からの回復をかえって遅らせるというのが「歴史の教訓」であるとの厳しい批判を招くことになった[29]。

　こうした批判にもかかわらず，指示カルテル制度が残ったのはなぜであろうか？　昭和 52 年改正により独占禁止法が強化され市場原理への認識が高まったはずであるが，これは歴史の逆行ではないのか？　それには，2 つの理由があったと考える。

　第 1 に，確かに設備の廃棄を円滑に行うためには「業界全体が足並みをそろえ

---

(28)　指示カルテル，アウトサイダー規制，合併・営業譲受の適用除外といった規定の構成については，昭和 31 年の産業調整法案と極めて類似する（上巻・261 頁）。指示カルテル制度は昭和 30 年度ころから立法例がいくつかあり（二十年史・159 頁），過剰設備処理のための指示カルテル制度を設けたものとして繊維工業設備臨時措置法（昭和 31 年法律第 130 号）がある。
(29)　今井賢一「不況に紛れた統制志向」昭和 53 年 1 月 30 日付け日本経済新聞経済教室，河本収（これは筆名であろう）「通産官僚は統制が好き」朝日ジャーナル前掲注(19) 107 頁，丹宗昭信「特定不況産業安定臨時措置法と独占禁止法」公正取引昭和 53 年 7 月号 2 頁。
　　歴史の教訓とは，米国の初期ニューディール政策の失敗のことである（上巻 34 頁参照）。

第2章 低成長時代と独占禁止政策

なければならぬ」(前掲福田首相の国会答弁)側面があるようにみえる。たとえば,共通のコストアップ要因がある場合の価格の引上げは,各企業の共通の利益となるので,カルテルによらずとも協調的な値上げがしやすいし,カルテルによる場合でも調整は比較的容易である。これに対して,業界で過剰な設備があるために供給圧力があって価格が低迷している場合,設備の廃棄を自ら行えば損失が大きいが他の企業が行ってくれれば利益は大きい。よって,どの企業も行わないという囚人のジレンマ的状況が生じる。各企業がカルテルによって――さらには主務大臣の介入によって調整して――設備処理を行うことができれば(次の図の左上方の場合),現状(図の右下方の場合)よりも全体として有利な状況を作り出すことができる(30)。

A, B 企業が設備処理をする場合/しない場合の利害の状況

		B 企業	
		設備処理する	設備処理しない
A 企業	設備処理する	(0, 0)	(−10, 10)
	設備処理しない	(10, −10)	(−5, −5)

しかし,そのためには将来の需要を予測しどのくらいの過剰設備があるかを見定め,各企業がどの程度処理すべきか策定しなければならない(31)。さらに,廃棄量の割当てに各企業が納得するためには通常一律方式(プロラタ方式)――または調整金による補償――によることになり,優良設備も廃棄の対象にせざるを得なくなる。そして,アウトサイダーや輸入が存在する場合には,カルテルによる設備廃棄計画もそれだけ実効性が失われることになる。

こうした問題を抱えながらも,通産省や与野党が指示カルテル制度を設けた特安法の制定を急いだのは,「指示カルテル程度の行政介入で,100%ではない

---

(30) 過剰設備の処理が囚人のディレンマ的状況にあり,カルテルによる処理に資源配分上の理論的意義があることについて,小宮隆太郎ほか編『日本の産業政策』((昭和59年)226頁(伊藤元重ほか執筆)。通商産業政策史1980−2000第3巻33頁(岡崎哲二執筆)は,「他社が設備処理にフリーライドする」と言っている。
(31) 実際,昭和46年の不況時に公取委は景気回復の見通しを誤ったために不況カルテル対象商品の価格高騰を招いたことがある(上巻426頁)。また,素材産業が過大投資をして構造不況に陥ったのは,通産省が石油危機による原油価格の上昇という事態を想定できずに需要見通しを作成したことにあるとして,特安法の審議の際に野党議員が通産省に反省を求めるということがあった。

第1部　競争政策は"社会正義"の理想を失ってはならない　1978～1988

にしてもかなりの効果はある」と考えられたからである[32]。公取委も官房長官裁定に服さざるを得ない立場にあり，通産省と構造不況業種に対する認識を共有し，指示カルテル制度を「現状においてはやむをえない措置」として賛成した[33]。指示カルテル制度は，統制と自由競争の狭間における産業政策と独禁政策の妥協の産物であった。同時に，独禁政策が産業政策と協調する始まりでもあった。

　第2に，構造不況産業における労働者の失業等の社会的摩擦が懸念され，それが指示カルテル制度をあと押しした。国会の審議の過程において，当初特安法案の統制的性格を批判していた野党も，政府に対して雇用等への十分な対策を求めるように次第に重点を移した。興味深いのは，参考人意見陳述において，二，三の労働組合代表がアウトサイダー規制の導入を要望したことである。この点に関して，さすがに与党議員との間に次のような質疑があった[34]。

「○辻委員　……先ほどの千葉参考人の御公述の中で，アウトサイダーをどう規制するか，こういう問題が出ておるように思いますが，……たてまえ論としての自由経済というものは基本的に大変大切なことであって，それを壊すようなことをやると，一見よさそうだけれども，そのことはかえって経済あるいは当該産業の健全な発展を阻害すると私は考えておるわけでございますが，……
　○千葉参考人　……一方で，圧倒的に多数の人が，大局的利益を考慮してそれぞれ大変な犠牲を払って調整活動をやっておる。そのときに，何らそういう犠牲を払うことなしに結果としてのメリットだけを最大限に享受して，そしてそれを正当化するために自由経済論をぶちまくっておるという状態は，これは社会連帯的な見地から見まして決して妥当とさるべき姿ではない。……」（傍点筆者）

　自由競争原理と当該産業の労働組合（単産）の利害の衝突であった。雇用・関連中小企業・地域対策は政治的に最優先の課題であり[35]，衆参両院の与野党5

---

(32)　上野裕也「性急すぎる通産原案」昭和53年1月28日付け朝日新聞，同「構造不況対策いばらの道（上）コメント」同年2月17日付け日本経済新聞。
(33)　昭和53年4月18日の参議院商工委員会における森下昭司議員（社会党）の質疑に対する橋口公取委員長の答弁。
(34)　昭和53年4月4日の衆議院商工委員会における辻英雄議員（自由民主党）の千葉利雄参考人（日本鉄鋼産業労働組合連合会書記次長）に対する質疑。なお，久村晋（日本化学エネルギー労働組合協議会事務局長）「なぜ法律による構造改善を主張してきたか」化学経済昭和58年3月号46頁は，「現行の雇用制度と社会政策下において，……まったく自由な競争によってのみ産業調整を進めた場合，雇用不安と労働条件の低下は極めて深刻なものとなることは明らかである」という。
(35)　製造業の従業員の5人に一人は構造不況業種に従事しており，かつ大幅な減少傾向にあった。そのため特安法の制定に相前後して特定不況業種離職者臨時措置法（昭和52

第 2 章 低成長時代と独占禁止政策

党派は指示カルテル制度を含む特安法を多数で成立させたばかりでなく，アウトサイダーに対して行政指導を求める付帯決議すら行った(36)。労働組合はカルテルや統制を求める点で当該産業のインサイダー経営者と利害が一致し，特安法の早期成立を要請した。昭和52年法改正時にも労働組合は独占禁止法の強化に逡巡した経緯がある（上巻517頁参照）が，今回はカルテルや統制も辞さない点で自由競争原理との対立はより先鋭化した(37)。

　労働者や中小企業者といった弱者の利益を図ることは，社会的公正原理の作用とみることができる。とはいえ，一般消費者の利益とは対立するから，その意味では本来の競争政策に反することになる。低成長経済下にあって，このような社会的公正原理に基づく反競争政策が次第に顕在化していく。労働者・中小企業者は一般消費者よりも政治力があるから，社会的公正原理が国会という民主主義のシステムを通じて実現していくところに，問題の難しさ，根深さがある。

特安法の施行状況とその評価——指示カルテルより業界の自主努力
　制定された特安法に基づき，平電炉，合成繊維（4業種），造船，化学肥料（3業種）等14業種について，主務大臣によって構造不況産業に指定されかつ安定基本計画が告示された。そのうちナイロン長繊維など8業種において，指示カルテルが実施された。

　通産省によると，構造不況産業指定業種の設備処理の実績は，平均処理率23％，平均処理目標達成率95％であった。設備処理の方式は，指示カルテルが実施された業種はプロラタ方式等により処理量の割当てが行われ（一部の業種では調整金の授受で企業間の調整が図られた），指示カルテルが実施されなかった業種はそれぞれ各企業の判断で処理量が決められた。処理対象設備は，基本的には設備の老朽度，コストを勘案して選定されたが，必ずしも効率性を勘案できないものもあった。設備処理の方式は，廃棄とともに休止・格納が行われた（休止・格

　　年法律第95号），特定不況地域中小企業対策臨時措置法（昭和53年法律第106号），特定不況地域離職者臨時措置法（昭和53年法律第107号）が制定された。
(36)　衆議院の附帯決議は「二　安定基本計画に従った設備処理の実効を十分確保するため，共同行為に参加しない事業者に対しても強力な行政指導を実施すること」，参議院の附帯決議は「四　共同行為に参加しない事業者の事業活動が安定基本計画に定める設備処理等の効果を阻害することのないよう適切な行政指導を行うこと」というものであった。
(37)　ナショナルセンターの総評は昭和52年法改正を支持したが，特安法に関しては傘下の単産それぞれの態度を承認するという方針をとった（昭和53年4月4日の衆議院商工委員会における宝田善参考人（総評常任幹事）の陳述参照）。

第1部　競争政策は"社会正義"の理想を失ってはならない　1978〜1988

納が多かった)。安定基本計画および指示カルテルにより設備の新増設は制限され，新増設が行われた業種はない。設備の更新，改良については，行われた業種と行われない業種があった[38]。

通産省は，「各業種とも当初目標とした処理量に向けて設備処理が円滑に進められ，その効果もあらわれて」いたと評価しつつ，「その後の第2次石油危機の影響により多くの業種において再び過剰設備状態に陥っており，原材料・エネルギー価格の高騰も相まって経営の不安定に遭遇している」と，予想外の第2次石油危機によって頓挫したとしている[39]。

これに対して，公取委の経済調査研究会は，「14業種の大部分は，その後の経済変動による影響を考慮しても，設備処理が行われた後もなお稼働率は低く，収益状況の改善もみられず，また依然として国際競争力の著しい低下に悩まされており，特安法の意図した効果が達成されているとは認められない」と厳しい評価を行った[40]。

安定基本計画の設備処理目標はガイドラインにすぎないが，主務大臣の指示に基づくカルテルは効果があったのであろうか？

指示カルテルの有無によって，設備処理目標の達成率等をみると，次のとおりである。

指示カルテルがあったもの

	設備処理目標 達成率（％）	稼働率の変動（％） 指定時→56年度	売上高経常利益率 （56年度）
○ナイロン長繊維	98	79 → 89	0.04
○ポリエステル長繊維	82	77 → 86	3.85
○ポリエステル短繊維	90	77 → 95	0.18
○ポリアクリルニトリル短繊維	112	80 → 93	▲2.19

(38)　財団法人産業研究所『基礎素材産業における望ましい産業体制のあり方について』（昭和57年）71頁（「参考資料2　特定不況産業安定臨時措置法の施行状況」）。
(39)　財団法人産業研究所前掲注(38) 72頁。
(40)　経済調査研究会『低成長経済下の産業調整と競争政策』（昭和57年）16頁，公取委事務局経済部調整課「低成長経済下の産業調整と競争政策」公正取引昭和58年1月号36頁。これに対して，通産省は「指示カルテル行った8業種で少なくとも4業種が適正稼働率を回復している」，「一律設備処理を行った合繊4業種，梳毛の設備過剰状態はほぼ解消され，この方式に問題があるとは考えられない」等と反論した（昭和57年11月28日付け朝日新聞記事「「公取委報告」に反論」）。

第 2 章　低成長時代と独占禁止政策

アンモニア	100	62 → 62	▲ 3.7
○尿素	93	50 → 57	▲ 13.5
梳毛	96	64 → 83	0.3
段ボール原紙	94	63 → 69	7.7
（平均）	95.6	69 → 79.2	▲ 0.87

指示カルテルがなかったもの

平電炉	95	68 → 80	▲ 0.9
○アルミ精錬	97	73 → 59	▲ 8.9
湿式りん酸	92	58 → 64	▲ 1.4
綿紡	78	70 → 88	0.7
フェロシリコン	100	55 → 64	▲ 6.1
造船	105	51 → 79	［不明］
（平均）	94.5	62.5 → 72.3	▲ 3.68

（注）　公取委・経済調査研究会『低成長経済下の産業調整と競争政策』（昭和 57 年）48 頁以下から作成。設備処理目標達成率の分母は安定基本計画の処理目標量であるが、処理目標量に変更があった場合は変更後のもの。
　　　○は後藤注(45)の論文において高集中産業とされたものである。

　これによると、売上高利益率には若干の差があるものの、設備処理目標の達成率、稼働率の変動にはほとんど差がない結果となっている。「共同行為をしようと、しまいと設備処理は急速に進んだ」[41]のではないか？
　経済法学者は、特安法を「事実上の「強制カルテル法」の性格をもった法律」[42]と警戒した。しかし、「政府の役割は企業間の協議の仲介やアウトサイダーの説得が主であり、共同行為指示も上からの指導というより、企業同士が表立って意志疎通を行う環境を提供したみるべきであろう」との指摘がある[43]。確かに指

---

(41)　堀内俊洋「効果乏しい産業調整政策」昭和 59 年 6 月 7 日付け日本経済新聞経済教室。のちに、通商産業政策史 1980－2000 第 3 巻・43 頁（岡崎哲二執筆）は、特安法による安定基本計画の効果について回帰分析を行ったが、収益性と生産性の相対的向上が統計的に有意でなく、効果がなかった可能性を棄却できないとしている。
(42)　木元錦哉「構造不況カルテル——構造不況法による指示カルテル」経済法学会編『独占禁止法講座Ⅳ　カルテル［下］』（昭和 57 年）122 頁。
(43)　松井隆幸「産業調整援助政策の変遷とその背景」富大経済論集 43 巻 2 号（平成 10 年）318 頁。

第 1 部　競争政策は"社会正義"の理想を失ってはならない　1978 〜 1988

示カルテルといっても強権的なものではなく，実態としては，事前の官民の協議と関係審議会等における設備処理計画の策定の過程においておおむね業界の共通の認識が形成され，そのなかで明確な合意の形をとったのが指示カルテルであったとみられる[44]。

指示カルテルが可能であったのは，設備処理の調整について合意の形成がしやすい高集中産業において一律方式（プロラタ方式）が採られたからであった[45]。他方，低集中産業においては調整が困難で指示カルテルは発動されず，業界の共通認識が形成されても，基本的には事業者の自主努力——すなわち市場メカニズム——によって設備処理が進められたとみることができる[46]。指示カルテル制度の政策効果は乏しくかつその一律方式は効率的な設備も処理するという非効率な結果を招いたといえよう。

一部の経済学者は，市場経済の原理原則論に立ち，構造不況業種に対して政府が介入することに対して当初から批判的であった。越後和典は，「市場経済の長所の一つは，いわゆる競争圧力によって，巧まずして自律的な産業調整を進展させる点にある」として，通産省の構造不況産業対策のみならず，不況カルテルについても問題視した[47]。小宮隆太郎は「現行独禁法に不況カルテルの規定があ

---

(44)　指示カルテルの「指示」とは「勧告」のことであり，「指示カルテル制度とは，本来的なカルテルの不安定性をカバーするための政策手段」であるとの見方があった（「不況対策と競争政策　昭和58年度シンポジウムの記録」経済法学会年報5号98頁（松下満雄発言））。

(45)　後藤晃「構造調整と市場機構」公正取引昭和62年7月号44頁。後藤は，特安法対象業種の市場構造に注目し，対象業種のうち高集中産業と低集中産業では設備処理目標の達成率に顕著な差異はみられないものの，シェアの変動は高集中産業では小さく低集中産業では大きいことが見出されたとし，これは設備処理が高集中産業ではプロラタ方式によって行われ低集中産業では限界企業の退出というかたちで進められたからではないかと分析した。

(46)　たとえば，典型的な構造不況業種とされた平電炉業は，特安法に基づく安定基本計画によって285万トンの過剰設備を処理（廃棄又は休止）する必要があるとされたが，そのうち219万トンは各企業が長期休止を確約した炉であった（残りは55年度末までに生産ラインから確実に脱落するもの）。平電炉業は業界の自主努力や行政指導によって安定基本計画作成以前に設備処理が進展したため，通産省としても指示カルテルの必要がなかったのである（通商産業政策史14巻68頁）。「経営の甘い」高炉メーカー系列の処理率が高く，商社系列と独立系のメーカーの処理率は低かったが，これは「当然の帰結とみるべきであろう」と指摘された（工藤昭夫「鉄鋼」国民経済研究協会「産業年報'79」（昭和53年）94頁）。堀内前掲注(41)は，指示カルテルが発動された合成繊維についても各企業が独自の判断で設備処理を進めたと述べている。

(47)　越後和典「「構造不況業種」対策批判」経済評論27巻1号（昭和53年）32頁。

第 2 章　低成長時代と独占禁止政策

るからそれでやればいいといわれるが，私は不況カルテルというセオリー自体が根本的に間違っていると思う」[48]と断言した。経済調査研究会の会員であった香西泰は，のちに「不況業種はいつでも存在する。……自由競争一本槍なら，不況産業ととくに区別される構造不況産業など存在しないと主張した方が話が単純明快だったかもしれない」[49]と振り返った。

しかし，公取委は市場原理の原則論に徹するとはしなかった。公取委も政府の一員であり，むしろ産業政策と協働するという道を選ぶのである。

3　構造不況と競争政策②──産構法とその評価

第2次石油危機と産構法の制定過程──積極的調整政策と通産省の低姿勢

特安法は昭和58年（1983）6月30日までに廃止するものとされていたが，当初から廃止が困難なことが指摘されていた。というのは，「一旦成立した産業保護立法は既得権化し，廃止することは容易なことではない」[50]からである。平時ならともかく，第2次石油危機が起こったのであるから，なおさら困難であった。

第2次石油危機とは，OPEC（石油輸出国機構）が，イラン革命，イラン＝イラク戦争を背景に，昭和54年（1979）から55年（1980）にかけて原油価格を段階的に約3倍に引き上げた（1バレル12ドルから34ドルへ）ことをいう。わが国経済はこれをうまく乗り切って第1石油危機時の狂乱物価のような混乱は生じなかった[51]ものの，先進国諸国にスタグフレーションと失業という経済的困難を再びもたらした。

二度にわたる石油危機に伴う経済的停滞に対し，OECD（経済協力開発機構）が加盟国政府に政策指針として提唱したのが，積極的調整政策（Positive Adjustment Policies, PAP）である。具体的には，昭和53（1978）年6月の閣僚理

---

(48)　今井賢一・小宮隆太郎・新野幸次郎「「構造不況対策法案」に異議あり」週刊東洋経済昭和53年2月4日号29頁（小宮発言）。なお，三輪芳朗「「不況カルテル」「構造不況カルテル」と自由競争について」国民経済研究協会「産業年報'79」（昭和53年）22頁も参照。

(49)　香西泰「低成長下の競争政策──経済調査研究会報告によせて」公正取引昭和58年1月号9頁。

(50)　根岸哲「特定不況産業安定臨時措置法案の内容と問題点」ジュリスト662号（昭和53年）86頁。

(51)　昭和55年度の国内企業物価指数は前年度比12.5％上昇したが，消費者物価指数の上昇は7.6％にとどまった（第1次石油危機の影響を受けた昭和48年度の国内企業物価指数は21.7％の上昇，同49年度の消費者物価指数の上昇は20.9％に達した）（内閣府HP「長期経済統計」参照）。経済成長率もマイナスになることはなかった。

第1部　競争政策は"社会正義"の理想を失ってはならない　1978～1988

事会において採択された「一般的方針」[52]と，昭和57（1982）年5月，OECDの閣僚理事会がこの「一般的方針」を再確認した「声明」[53]がそれである。PAPとは，適切なマクロ経済運営と市場原理を活用したミクロ経済政策の必要を訴えたものである。しかし，OECDは市場原理一辺倒ではなかった。「労働と資本を最も生産的な方向へ移動させるため，この市場の諸力に可能な限り依存しつつ，新たな状況に対応する調整を更に進めることがより建設的であろう」とする一方，「同時に政府は，社会的及び物理的な環境や所得配分・構造変化に対する調整の負担の衡平な配分をめざすべく，社会的政治的目標を追求していくのである」として，時限的なものであること等の一定の条件の下に補助金等の政府介入を容認したのである[54]。

産業調整政策として，カルテルは極めて日本的な手法であり，欧州では国有化や補助金が，米国ではエネルギー価格の規制や貿易制限といった措置がとられていた[55]。OECDのPAPに関する理事会決議は，カルテルによる過剰設備の処理にはまったく言及しておらず，PAPがカルテルに対していかなる立場をとっているのか必ずしも明らかでない[56]。とはいえ，OECDの積極的調整政策の基礎となった報告書は，危機カルテル（不況カルテル）には極めて批判的であった[57]。それ故，「PAPの基本精神は……競争政策で産業構造の転換を図るとい

---

(52)　通産省産業政策局編『産構法の解説——新たな産業調整へ向けて』（昭和58年）462頁。
(53)　通産省前掲注(52) 460頁。
(54)　通産省前掲注(52) 463頁。産業政策論の体系として，加藤寛ほか編『現代経済政策体系3　産業と政府の経済政策』（昭和53年）の裏表紙は，同書中の新野幸次郎論文に基づいて，次のように整理している。PAPは，1のaを原則としつつ，bを例外として容認するものであった。
　　　　1　産業経過政策
　　　　　　a　一般産業政策
　　　　　　　　①産業基盤政策
　　　　　　　　②環境保全政策
　　　　　　　　③産業構造政策
　　　　　　b　個別産業政策
　　　　2　産業秩序政策
(55)　通産省前掲注(52) 454頁。
(56)　「PAPは，その成り立ちからみても，政治的色彩の濃厚な文書であって，精読しても，その理論的帰結がどこにあるのか，一義的には確定し難いものである」との指摘があった（土田和博「不況対策と競争政策——経済法学会シンポジウムの記録」公正取引昭和58年12月号53頁）。
(57)　経済協力開発機構（OECD）編日本経済調査協議会訳『積極的調整政策——先進国における産業構造調整への提言』（昭和59年）71頁以下は，前掲注(9)の制限的商慣行専

第2章　低成長時代と独占禁止政策

うことに真意があ」る⁽⁵⁸⁾というのも正当な理解の仕方であった。

　通産省の産業構造審議会総合部会基礎産業対策特別委員会は，昭和57年(1982)12月8日，「基礎素材産業対策のあり方について(意見具申)」と題する文書⁽⁵⁹⁾を公表した。それによれば，基礎素材産業が直面する構造的問題として，原材料・エネルギーコストの上昇，需要の低迷に加えて，「過当競争の激化」を挙げ，その対策として過剰設備の処理に関しては現行特安法の公取委との調整スキームの継続を，そして新たな措置として「事業の集約化」(合併等のハードな集約化と生産の受委託等のソフトな集約化がある。)についての調整スキームの確立を求めた。

　このように産構審が提言する産業調整策は競争制限的政策が中心となっていたが，それは「中長期的な市場の競争性維持につながる動態的な競争政策」であって，「両政策[産業政策と独占禁止政策—筆者注]は十分に調和され得る」と位置づけられた⁽⁶⁰⁾。また，その産業調整策は単なる衰退産業保護ではなく，事業者の厳しい自助努力，措置の時限的性格，開放経済体制の維持等を通じてわが国産業の活力維持につながる前向きのものとして「OECDの積極的調整政策のガイドラインで示されている考え方とも合致している」と主張された⁽⁶¹⁾。

　ときの通産大臣は，自民党の独占禁止法に関する特別調査会長を辞して就任した山中貞則であった。山中は，新特安法の立案にあたり，次の6点を重視するよう事務当局に指示した。すなわち，①縮小と活性化，②雇用と地域経済への影響の緩和，③総合的な対策の実施，④民間の自主性の尊重，⑤競争政策の重視と開放体制の堅持，⑥対策の時限性，である(「山中6原則」と呼ばれた)⁽⁶²⁾。競争政策重視について，山中は国会で次のように答弁している⁽⁶³⁾。

「〇橋本委員　……本年六月末をもって期限切れとなります現行特安法を，独禁法との調整を含む総合的な法的措置に切りかえていくことも必要であろうと思います。政府も当然お考えのことと思いますので，いかなる法的措置をお考えであります

　　　門家委員会の報告書を引用しつつ，「このようなカルテル[危機カルテルのこと—筆者注]は調整に対する刺激を失わせる」と述べる。
(58)　新野幸次郎「国際的な競争政策の潮流」公正取引昭和58年2月号6頁)。
(59)　通産省前掲注(52) 426頁。
(60)　通産省前掲注(52) 454頁。
(61)　通産省前掲注(52) 435頁。
(62)　斎藤成雄「新特安法の立案に当たって」通産ジャーナル昭和58年5月号21頁，通産省前掲注(52) 3頁。
(63)　昭和58年2月3日の衆議院予算委員会における橋本龍太郎議員(自民党)の質疑に対する山中貞則通産大臣の答弁。

第1部　競争政策は"社会正義"の理想を失ってはならない　1978〜1988

か，……」
○山中通産75大臣　……独占禁止法という公正なる競争を保持し，公正なる競争によって国民が豊富，低廉，良質なるものを得られるような産業競争政策の促進という立場を持った法律がございますから，これは独立して存在する職権行使の機関でもありますし，通産省として，いま申されたような内容の重要性にかんがみて，独禁当局と対決するということは避けなければならない。したがって，きのうの段階まで相当深く議論を詰めまして，……行政実務当局の行政立法と監督監視法である独占禁止法と非常にうまくかみあった法律にでき上がったような気がいたします。……」（傍点筆者）

　通産省の立法担当者が特に意を用いたのは，独占禁止法との調整をいかに図るかであったが，その根底には「特安法の立案に際しては，通産省と公正取引委員会との間の調整が必ずしも円滑ではなかったという反省」があった[64]。通産省は，山中大臣の指示もあり，公取委に対し低姿勢で臨み，構造不況産業の実態や施策の必要性を丁寧に説明した[65]。
　公取委の高橋元委員長も通産省との対立を回避する姿勢をみせ，指示カルテル制度の存続について，経済調査研究会報告書の批判にもかかわらず，「第2次石油ショックがあったことから単純延長もやむをえない」と理解を示した[66]。事業集約化についても，通産省が適用除外にこだわらず，公取委との意見調整の仕組みを提案してきたので，高橋委員長は「独禁法の適用除外としなかったのは競争政策の重要性を理解したものと評価している」と述べ[67]，提案を受入れた。通産省は競争政策について一定の理解を示し，公取委も競争政策の原則論に固執しなかったのである[68]。

---

(64)　斎藤前掲注(62) 22頁。昭和58年2月3日付け日本経済新聞記事「新特安法下の集約化　独禁法適用除外とせず」によると，通産省が事業集約化に独禁法の適用除外を設けない判断をした背景には，①山中通産相が公取委との対立を極力避けるよう指示した，②各業界の集約化構想の大半は独禁法の枠内で実現できる，③競争制限的な措置をとれば，対外的に衰退産業の不当な温存という印象を与えかねない，などの事情があった。
(65)　植草益・河野光雅・小長啓一鼎談「産業政策と競争政策の両立を求めて──新特安法と独禁法をめぐって」通産ジャーナル昭和58年5月号13頁（小長発言）。
(66)　昭和58年2月4日付け日本経済新聞記事「「独禁法のワク内」公取委員長が一応評価」。
(67)　日本経済新聞前掲注(66)記事。
(68)　経済法学者31名（幹事正田彬慶應義塾大学教授）は，昭和58年2月9日，産構法案について疑問を表明する意見書を通産大臣と公取委員長に提出した。意見書は，「……企業の設備処理についての指示カルテルにより，国の指導の下で，企業の体質改善に連ならない企業の相互依存関係による市場の総枠の決定を行うことになり，さらに事業提携を国の基本計画にもとづいて行うことは，市場構造について，国が過度に介入するこ

こうして，特安法を「特定産業構造改善臨時措置法」（以下「産構法」という。）に衣替えし特安法を一部改正する法案が立案され，第98国会において，昭和58年（1983）4月27日，成立した（昭和58年法律第53号。ただし，昭和63年6月30日までに廃止するものとされた）。

 産構法は，法目的を「不況の克服と経営の安定」から「構造改善の推進」に変更し，設備処理に関する特安法上の指示カルテル制度を存続させたほか，新たに事業提携に関する規定を盛り込んだ。すなわち，主務大臣が策定する構造改善基本計画には事業提携（生産等の共同化，生産品種の専門化又は合併等その他これに準ずる行為）に関する事項を定めることとし（3条2項4号イ），事業者が基本計画に従って事業提携をしようとするときは主務大臣の承認を要し，主務大臣は事業提携計画が一定の要件に適合する場合に承認するものとし（8条の2），主務大臣は承認にあたり公取委に通知し公取委は必要な意見を述べる（10条）等の仕組みが設けられた[69]。

 そして，通産省からの要請に基づき，公取委は構造不況産業の実態に即した合併等の事業提携についての審査基準を作成することになった。この「特定産業における合併等事業提携の審査に関する基準について」（昭和58年5月23日公表）[70]は，構造的困難に起因する業績不振の状況等を特に考慮し，「当該行為により，市場占拠率が25％以上となる案件についても，……市場構造が高度に寡占的とならないように考慮しつつ，その競争の実態に即して判断する」（一㈡）というものであった。公取委は，「高度に寡占的」とは上位3社の市場シェア合計が3社70％以上のことをいうと説明した[71]が，同時に合併に関する一般的な事務処理基準を具体化・明確化したものであって，緩和するものでないことを強調した[72]。

   とになる点に，特に問題があるといわなければならない」と述べている（公正取引情報昭和58年2月14日号9頁）。消費者11団体も，批判的な意見書を提出した（公正取引情報同号10頁）。
(69) 産構法については，通産省前掲注(52)のほか，経済法学会年報4号『不況対策と競争政策』（昭和58年）掲載の諸論文および同5号（昭和59年）93頁（シンポジウムの記録（稗貫俊文））および土田前掲注(56)参照。
(70) 植松勲編著『合併・株式保有と独占禁止法』（昭和60年）542頁。
(71) 関根芳郎「特定産業の合併等事業提携に関する審査基準について」公正取引昭和58年6月号30頁，植松前掲注(70)69頁は，「高度に寡占的」について，同調的な価格引上げの理由の報告徴収（法18条の2）の市場構造要件である上位3社の市場占拠率70％超となる事業集約化は問題となる可能性が高いという。
(72) 関根前掲注(71)30頁。

第1部　競争政策は"社会正義"の理想を失ってはならない　1978〜1988

産構法の運用状況——共同販売会社（グループ化）の問題点

産構法の運用状況をみると，26業種が「特定産業」として政令指定されたが，そのうち11業種が特安法からの継続指定であり，15業種が新規に指定された。新規指定業種として，エチレン等石油化学5業種，砂糖，セメント，電線・ケーブルが含まれたことが注目される。過剰設備処理のための指示カルテルは7業種で実施されたが，目標達成率はこれらの業種でもまちまちであったとされており⁽⁷³⁾，カルテルの効果はやはり顕著なものではなかったとみられる。

産構法が構造改善の方法として事業集約化を重視したのは，「過剰設備処理，活性化投資等と有機的連携を保ちつつ，生産の受委託等による効率設備への生産集中，生産・販売の共同化，合併など事業の集約化を進め，規模の利益の確保などによるコスト低減を図ることが不可欠である」からであった。同時に，「中長期的な競争性の確保」を唱えつつも，事業集約化により「過当競争の激化から……収益の悪化に苦し」む状態から脱却させることも忘れなかった⁽⁷⁴⁾。

ここで独占禁止法上注目されるのは，①塩化ビニル樹脂，②ポリオレフィン，③セメント，④樹脂電線・ケーブルの業界において，実際には4〜6のグループごとの共同販売会社が設立されたことである（①は産構法制定前の昭和57年4/9月に設立）。本来，共同販売会社は，合併や共同生産会社と異なり，規模の経済性の発揮の余地に乏しく，共同販売会社参加会社間のみならず，共同販売会社が分立するときは業界全体におけるカルテルや協調化につながるおそれがある（これらの共同販売会社は共同生産を行う「実質化」が目標とされたが実現しなかった）。

ケース・スタディとして，ポリオレフィン業界をとりあげてみよう。ポリオレフィン（ポリエチレン，ポリプロピレンの総称）については，昭和58年（1983）7月，共同販売会社が次のようにほぼ同時に設立された⁽⁷⁵⁾。

三井日石ポリマー㈱	日本石油化学，三井石油化学，三井東圧化学が各33.3％出資（営業期間：昭和58年7月〜平成7年9月）

---

(73)　公正取引委員会事務局経済部調整課「産構法の運用状況」公正取引昭和61年11月号33頁。アルミ製錬は処理目標量79％と突出していたが，その後わが国からアルミ精錬業は消滅することになる。

(74)　産業構造審議会基礎素材産業対策特別委員会「基礎素材産業対策のあり方について（意見具申）」（通産省産業政策局編『産構法の解説——新たな産業調整へ向けて』（昭和58年）439頁）。

(75)　五十年史上巻・369頁。ポリオレフィン製造業の構造改善基本計画（昭和58年6月21日通産省告示232号）に共同販売会社4社を設立することが定められている。

第2章　低成長時代と独占禁止政策

ユニオンポリマー㈱	宇部興産，住友化学，チッソ，東ソーが各18％出資，トクヤマ，丸善ポリマーが各14％出資（同：昭和58年7月～平成7年6月）
エースポリマー㈱	旭化成，出光石油化学，昭和電工，東燃化学，日本ユニカーが各20％出資（同：昭和58年7月～平成7年6月）
ダイヤポリマー㈱	三菱化成，三菱油化が各50％出資（同：昭和58年7月～平成6年10月）

　このように4グループ化されたのは，産構法が事業提携計画の主務大臣の承認の要件として「適正な競争が確保されていること等により，当該特定産業における構造改善が促進されるものであること」を定めている（8条の2・3項2号）こともあるが，何よりも公取委の企業結合審査の事務処理基準が「25％ルール」（第4章5参照）を設け，特定産業の審査基準が上位3社の市場シェア70％を考慮要因としていたからであった。当初，石油化学業界は業界18社の3グループ化を計画し，公取委に打診したところ，三菱・昭和電工系の7社のグループ化については市場占拠率（3品目の合計シェア42％）が高すぎるとして公取委が難色を示したため，4グループとした経緯があった[76]。

　業界ぐるみのグループ化については，立法過程においてもカルテルの温床になるのではないかと懸念されていた。主務大臣が構造改善基本計画において事業提携の実施の大綱を定めること（産構法3条4号イ）について，次のような質疑があった[77]。

「○後藤委員　……私は，ここの「主務大臣があらかじめ広く」云々で事業提携の実施の大綱を作成するというのは，どうもカルテルの温床になっていきはしないかということを心配しているわけです。……
○高橋(元)政府委員　……その事業提携計画が承認されるかどうかの段階で独禁法との調整が12条によってなされる，こういう構成になっておりますから，御懸念のような，これがカルテルの温床になるということはないという理解でおります。」

---

[76] 昭和58年3月5日付け日本経済新聞記事「石化共販　4グループ化案固まる」，同年3月19日付け同記事「公取委が難色　シェアなお高い」。最終的に3品目のシェアは，住友・興銀系27％，昭和電工系22％，三井系18％，三菱系14％，共販対象外の特殊品15％，輸入品4％となった（昭和58年3月24日付け日本経済新聞記事「4グループ案推進」）。

[77] 昭和58年3月23日の衆議院商工委員会における後藤茂議員（社会党）の高橋元公取委員長に対する質疑。

第1部　競争政策は"社会正義"の理想を失ってはならない　1978～1988

　公取委は4グループ化を容認したが,「25％ルール」には大きな陥穽があった。それは企業結合後の集中度しか眼中になく,企業結合審査の事務処理基準の考慮事項とされていた集中度の変化[78]を無視していたことである。ポリオレフィン業界のハーフィンダール＝ハーシュマン指数（HHI）は,16社の4グループ化により大幅に上昇する（昭和56年の低密度ポリエチレンの生産能力でみると,1,137から2,720へ[79]）。急速に集中度が上昇するのは,業界において協調気運が一気に高まっていることを示している。

　実際,石油化学業界は,昭和57年（1982）10月2日から13日まで,大手13社の社長らが参加する欧州調査団を派遣したが,現地で社長会が頻繁に開催され[80],土方武調査団長（住友化学社長）は帰国後「エチレン,誘導品も（グループ化による再編を）やっていきたいという共通認識が欧州視察でできた思う」と語った[81]。この後,グループのメンバーの具体的な組合せなどの業界内の話し合いが急速に進展した。このような話し合いは,通謀による私的独占や不当な取引制限の疑いがあるのではないか？少なくとも米国では,社長たちがホテルに一堂に会して業界の協調について話し合うことはありえないことである。

　ポロプロピレンのメーカー7社は,平成13年（2001）同年3月に販売価格引上げのカルテルを行ったとして公取委から摘発された[82]。共同販売会社は10年余継続しその間に共販会社の内外において協調関係が形成されたとみられるが,解散後6年を経たこの価格カルテルの遠因となったかどうかは不明である。しかし,その可能性を否定できない。

---

(78)　「会社の合併等の審査に関する事務処理基準」（昭和55年7月15日,公取委事務局）においても,水平合併の考慮事項（第3・1(1)）として,「合併後の会社の市場占拠率,順位及びその競争者との格差並びにそれらの合併前と比較した変化の程度」（傍点筆者）が挙げられていた。「会社の株式所有の審査に関する事務処理基準」（昭和56年9月11日,公取委事務局）の第3・1(1)アにも,同様の定めがあった。

(79)　平林英勝「M＆Aと競争政策」産業経営（早稲田大学産業経営研究所）16号（平成2年）78頁から算定。

(80)　昭和57年10月2日付け日本経済新聞記事「石油化学トップ,試練の"欧州合宿"」,同10月14日付け同記事「過剰設備廃棄で一致」等参照。

(81)　昭和57年10月21日付け日刊工業新聞記事「「再編は4グループで」」。なお,平成20年12月12日付け朝日新聞記事「土方武さん　温和な人柄　業界まとめる」参照。

(82)　3社について,平成13年6月27日勧告審決,審決集48巻183頁,4社について,平成19年8月8日審判審決,審決集54巻207頁,平成21年9月25日東京高裁判決（請求棄却）審決集56巻第2分冊326頁,トクヤマについて,平成22年12月22日最高裁決定,審決集57巻第2分冊210頁（上告棄却・上告不受理）。公取委は,本件について刑事告発を検討したと伝えられている（第3部第4章3参照）。

セメント業界は、各地区で起こした価格カルテル事件[83]の後、昭和59年（1984）9月、メーカー22社により5グループ化する共同販売会社を設立した。その設立後まもなく、セメント・メーカーは北海道および中国地方において販売数量カルテルを行い、巨額の課徴金の納付を余儀なくされた[84]。

樹脂電線・ケーブル業界は、昭和60年（1985）8月から61年（1986）4月にかけて、27社を6グループ化する共同販売会社を設立した。その後、共同販売会社を呑み込むかたちで、平成13年（2001）以降、事業集約化が進展し、電力用電線分野では大手3社体制が築かれた。電線・ケーブル業界は、平成22年（2010）1月以降、電線、光ファイバ等について相次いでカルテルが摘発されている[85]。これも構造不況時のグループ化の延長上にあるといえる。

4　日本的産業政策の終焉

産業政策と競争政策の蜜月の時代——カルテル政策の限界と貿易摩擦

石油化学業界について、産業調整の結果を日米で比較してみよう。図1が米国のエチレンの生産能力とシェアであり、図2が日本のそれである[86]。

これをみると、わが国では政府の計画とカルテルにより過剰設備の処理はかなり進捗したが、生産の能力シェアはほとんど変わらず、エチレン・センターの12社体制は維持された[87]。これに対して、米国では合併・買収および売却

---

(83) 南関東・近畿・岡山県および広島県・九州の各地区におけるセメント・メーカーによる販売価格引上げカルテル事件、昭和58年4月21日勧告審決、審決集30巻10頁。
(84) 平成3年1月25日勧告審決、審決集37巻58頁。両事件で課徴金の総額は、112億3114万円であった（平成3年3月18日納付命令、審決集37巻174頁）。
(85) 平成22年1月27日排除措置命令・課徴金納付命令、審決集56巻第2分冊85頁（各電力会社発注の特定電力用電線）、同年5月21日排除措置命令・課徴金納付命令、審決集57巻第2分冊13頁（特定光ファイバ製品等）、同年11月18日排除措置命令・課徴金納付命令、審決集57巻第2分冊45頁（特定建設・電販向け電線）、平成23年7月22日排除措置命令・課徴金納付命令、審決集58巻第1分冊203頁（特定VVFケーブル）。
(86) 平林英勝「M&Aと競争政策」産業経営（早稲田大学産業経営研究所）（平成2年）75・76頁。図1は、Joseph P. Leonard著村上幸夫訳「米国化学産業のリストラクチャリングと事業売却の論理」化学経済平成元年1月号49頁の図から引用し、図2は化学経済昭和56年8月臨時増刊号30頁の第7表および同昭和63年8月臨時増刊号39頁の第7表に基づいて筆者が作成した。
(87) 設備処理量の割当方法として、①保有設備能力シェア、②前年の生産実績シェア、③過去3年間の販売実績シェアのうち、自社に最も有利な基準を選択できることにした（徳久芳郎「石油化学工業史の断片——その3、構造改善」化学経済平成6年1月号84頁）が、基本的には一律方式と大差なかったとみられる。なお、エチレンの構造改善基本計画による設備処理目標量は229万トン（36%）であり、処理量は202万トン（達成

第1部 競争政策は"社会正義"の理想を失ってはならない 1978〜1988

図1 米国エチレン事業（1981〜1988）

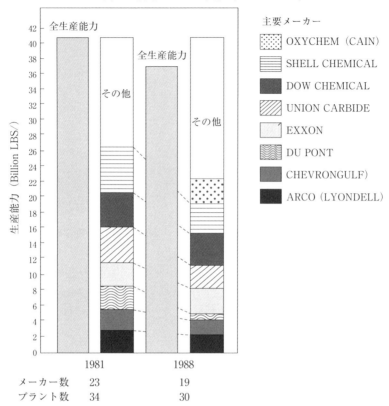

(注) 1988年には，2.4 Billion Lbs／年の能力を持つ Amoco もまた主要メーカーとみなされる。
(リストラクチャリングに至った主な事業活動)
① Du pont が Vista と Cain にその生産設備を売却したこと。また，Cain は CCPC からエチレン設備を取得したこと。Cain は Occidental に買収されたこと。
② Chevron がオレフィンを含む Gulf の資産を買収したこと。
③ ARCO がオレフィン事業を Lyondell Petrochemical に統合したこと。
④ 主要メーカーの多くが旧式な低効率プラントを休止（少なくとも一時休止）することにより生産能力を削減したこと。
⑤ Cities Services, Norchem および Chemplex がオレフィン事業から撤退したこと。結果として，そのプラントは Oxychem (Cities Services) と USI (Norchem および Chemglex) によって買収されたこと。(Joseph P. Leonard. 村上幸夫訳「米国化学産業のリストラクチャリングと事業売却の論理」化学経済平成元年1月号より)。

率88％）であった（昭和61年6月末現在。処理期限は昭和60年3月31日）（公取委事務局経済部調整課「産構法の運用状況」公正取引昭和61年11月号27頁）。

第2章 低成長時代と独占禁止政策

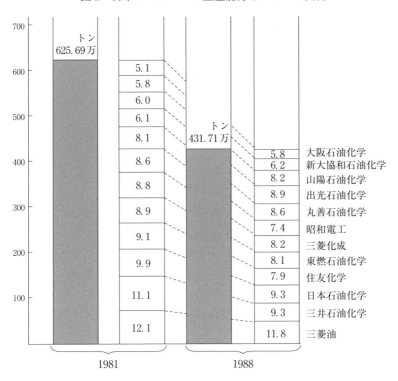

図2 日本のエチレンの生産能力とシェアの変化

（注） 浮島石油化学の生産能力は三井石油化学と日本石油化学に，水島エチレンと山陽エチレンの生産能力は三菱化成と山陽石油化学にそれぞれ2分1ずつ配分して計算した。

(M&A&D) によって劇的な事業再編が行われ，市場構造は大きく変化した。そのため，わが国では「過剰設備は片づいたが，産業構造そのものは変化していない。……日本的リストラは結局は，その場しのぎに終わってしまう危険のおそれもある」との否定的評価があった[88]。他方，最近では資本と労働の流動性が低い当時のわが国においてカルテルによる設備処理が「「囚人のディレンマ」的状況から脱却するのに大きな意味があった」とする肯定的評価もある[89]。

---

[88] 伊丹敬之・伊丹研究室『日本の化学産業　なぜ世界に立ち遅れたか』（平成3年）108頁。上田英志ほか「日本企業の「過当競争」」通産研究レビュー2号（平成5年）139頁も参照。

[89] 橋本規之「「産構法」に基づく設備処理と共同行為——石油化学工業のケース」経営史学37巻3号（平成14年）79頁。共同販売会社が及ぼした影響については，今後の課題とする。

第1部　競争政策は"社会正義"の理想を失ってはならない　1978～1988

業界自身共販体制の限界を認識したのであろう，平成6年（1994），三菱化成／三菱油化の合併による三菱化学の誕生，平成9年（1997）の三井石油化学／三井東圧化学の合併による三井化学の誕生によって共同販売会社は解散し，ようやく事業再編による産業調整が本格化していく[90]。

特安法および産構法下での構造不況産業対策，とりわけ産業政策と競争政策の協働，をどう評価すべきであろうか？

産業政策の立場からすれば，輸入制限，補助金，国有化といった措置をとらずに，共同行為による過剰設備の処理やグループ化（事業提携）を行ったことは，合理化に成果を挙げたとして「日本的な産業調整政策として有効・適切なもの」であったと評価することになろう[91]。経済法学者の中にも，公取委と通産省が「相互批判の契機を確保しながら問題解決にあたる」ことを「政策思想の競争がそこで展開される」として，産構法の「発想は高い評価に値する」との見解があった[92]。しかし，政策思想の競争は実際に行われたのであろうか？

公取委事務局の担当者は，「産業政策と競争政策の対立を回避する転換があったことは確かである」としつつ，「既に世界の先進各国が市場メカニズムに依拠した積極的調整政策と政府規制緩和の時代に入っていた時期に，従来の統制経済的色彩を引きずった伝統的な産業政策思想との対応を余儀なくされていたことは，現在までに我が国経済の構造改革が後手後手に回らざるを得なかった一因となっている」と批判的に述べている[93]。

産業政策と競争政策の蜜月の時代は，独占禁止法の歴史上かつてないことであった。ビーマンは，インタビューした通産省・公取委の元関係者がすべて，産業政策の競争政策への歩み寄りであって，その逆ではないと証言したと記してい

---

[90]　公取委は，共販の枠を超えた事業提携を禁止していたため，業界は思い切ったリストラクチャリングができなかった（徳永芳郎「石油化学工業史の断片――その4，構造改善(2)」化学経済平成6年3月号33頁参照）。

[91]　藤島安之「日本的産業調整策は有効」昭和59年7月14日付け日本経済新聞経済教室）。

[92]　来生新『産業経済法』（平成8年）498頁。「通産省と公取委との間における産業政策と独禁政策との調整の点では，独禁政策を尊重する方向への前進がみられる」（後藤晃＝鈴村興太郎編『日本の競争政策』（平成11年）54頁（古城誠執筆）），「独禁政策の原理は産業政策の哲学と実施においてそれ以前にみられたものよりも重要な役割が与えられた」（Beeman, p.112）との評価もある。

[93]　五十年史上巻・327頁。経済学者にも，競争政策重視の新しい側面と伝統的な産業政策の発想（過当競争重視，一国レベルのワンセット主義など）という二面性を指摘する見解があった（横倉尚「構造不況産業と競争政策――「産構法」の成立に寄せて」公正取引昭和58年6月号19頁）。

る⁽⁹⁴⁾。しかし，共同販売会社によるグループ化によって形成された協調ないしカルテル体制がその後長く影響を及ぼした副作用を考えると——結果論かもしれないが——競争政策による妥協であった面も否定できない。競争政策と産業政策の間に「厳しい緊張関係にあることが日本経済の発展にとって望ましい」という，かつて大平通産大臣が述べた言葉（上巻417頁）はこの時代にもあてはまったように思われる。

　米国の通商当局者は，わが国の産業調整政策に関して，次のように述べた。

> 「私たちは，衰退産業を保護し，または援助することを目的とした保護政策，また貿易に及ぼす影響について懸念している。非能率的な国内企業をもっと能率的な外国企業から隔離してしまうようなカルテルでは，自由貿易への日本のコミットメントの表明と，日本の全体的な経済的利益の相互に反する」（ブロック通商代表）⁽⁹⁵⁾

> 「……高コストの斜陽産業を再活性化させ強化すべく方策を講じる政府が，輸入品の流入を歓迎する筈がない。カルテルの目的はしょせんは価格を上げることに他ならず，安価な輸入品の流入はカルテルの基盤そのものを覆すことになるからである。従って，不況にもかかわらず，これら産業に外国製品による浸透が比較的少ないのも決して驚くに当たらない。」（プレストウィッツ商務省顧問）⁽⁹⁶⁾

---

(94)　Beeman, p. 198.

(95)　58年2月の日本記者クラブでの発言（植草益ほか鼎談「産業政策と競争政策の両立を求めて——新特安法と独禁法をめぐって」通産ジャーナル昭和58年5月号15頁（河野光雅発言から引用）。

(96)　プレストウィッツ・208頁。このような適用除外カルテルへの批判に対する公取委の反応は，次のようなものであった（公取委事務局官房渉外室「貿易摩擦問題に対する公正取引委員会の取組」公正取引昭和58年5月号12頁）。

> 「諸外国からの指摘の中には，以下のように独禁政策と関わりの深いものがある。例えば，我が国の不況カルテルをはじめ400件を超える適用除外カルテルが輸入制限等と結びついているのではないかとの批判がある。これについては，適用除外カルテルのうち輸入制限カルテルは2件だけであり，また不況カルテルの認可においては，輸入制限的効果を持つ行為は一切認められておらず，この批判は，我が国の適用除外カルテル制度に対する誤解から生じたものと思われる。」（傍点筆者）

公取委の反応は能天気なものであるが，プレストウィッツは，次のようにも記している（プレストウィッツ・206頁）。

> 「1984年4月，私は日本に赴いたが，その間，いくつかの不況産業の代表と会談する機会を得た。石油化学産業協会との会合は特に興味ぶかかった。協会の代表は，ポリエチレン製造設備の能力を約600万トンから400万トン見当に落とす計画を立てたと私に語った。……彼らは，最適操業率で工場を動かし，国内の全需要を満たそうと計画したのである。そこで私は輸入について聞いてみた。日本の石油化学工業が比較的コスト高であることがよく知られている以上，日本が貿易黒字を減らし，日本市場に外国人を受け入れる絶好の機会だと思ったからである。ところが，返っ

第 1 部　競争政策は"社会正義"の理想を失ってはならない　1978 〜 1988

　不況カルテルや設備処理カルテルといった市場原理に反する方法で不況を乗り切ることは，わが国の企業にとって桎梏となりかつ貿易相手国からも受け入れられないことが次第に明らかとなっていく。昭和 62 年（1987）に産構法は廃止され，その後の産業調整法として産業構造転換円滑化臨時措置法（昭和 62 年法律第 24 号）が制定された。同法は，産業ごとではなく個別企業の調整を支援するもので，指示カルテル制度のような独占禁止法の適用除外規定は設けられなかった。カルテル的手法に依存した日本的な産業政策の終焉であった。

てきた答えは，輸入品など国内製品が全部売り切れた後の需要を満たせばよい，というものだった。納得できずに私は食い下がった。どうしてそんなことを自信たっぷりに言い切れるのか。どうしてそんなにうまく差配できるのか。大丈夫，うまく処理できるというその答えは，不況産業政策の最も重要な部分をきわめて鮮明に浮かび上がらせてくれた。輸入品をコントロールするのは国内生産者だった。このような措置は商社と結託して内々に行われる場合もあるが，堂々と行われる場合もある。……」

第3章　政府規制をめぐる諸問題

1　規制緩和と競争政策——公取委の先駆者的役割

米国の規制緩和と英国の民営化——新自由主義の潮流

　米国における政府規制は，1887年（明治20）の州際通商法による鉄道規制を嚆矢とし，1930年代の大恐慌の時代に運輸，金融，エネルギー等の分野で多くの規制が導入され，1970年代に環境・安全・健康に関する社会的規制が増加した。これに対して，カーター民主党政権の時代に1977年（昭和52）航空貨物規制緩和法（Airline Cargo Deregulation Act of 1977）および航空規制緩和法（Airline Deregulation Act of 1978）が成立し，規制緩和が開始された。その結果，運賃および運航路線の自由化によって競争が激化したことにより，運賃は30％低下し，便数は9％増大し，乗客の利益は57億ドルに達した。他方，空港は混雑し航空会社の倒産が増加したものの，安全規制が緩和されることはなく安全性にまったく影響はなかった[1]。航空の規制緩和の実験は，大きな成功を収めたのである。

　カーター政権の規制緩和は，より多くの競争によって消費者の利益を増大させるというコンシューマリズムを背景とするものであったが，1980年（昭和55）に政権についたレーガン共和党政権は，規制が企業の負担となっていることを重視し，規制よりは市場を強く信頼するシカゴ学派の理論に基づいて規制緩和を本格的に推進した[2]。トラック運送，鉄道運送，金融，エネルギーおよび電気通信の分野における規制緩和がそれである。規制による便益はコストを上回らなければならないとの観点から，規制の見直しは経済的規制から社会的規制へと及んでいく[3]。

---

(1)　S.モリソン＝C.ウィンストン「航空規制緩和と公共政策」林敏彦編『公益事業と規制緩和』（平成2年）235頁，241頁。滝川敏明「米国の運輸業における参入・料金規制解除の効果——航空，トラック，タクシー（上）」公正取引昭和61年2月号20頁も参照。

(2)　R. Peritz, Competition Policy in America, Revised edition, 1996, p. 252, 262, 267. 米国の規制緩和の背景には，①米国経済の停滞と産業競争力の後退，②産業技術の変化・発展，③財政の悪化，④新保守主義の抬頭，があったとされる（山本哲三『市場か政府か——21世紀の資本主義への展望』（平成6年）43頁）。

(3)　米国における規制およびその緩和の歴史については，中村浩通・小松原茂郎・船橋和幸「米国における政府規制緩和の動向（上）(下)」公正取引昭和56年7月号18頁，同年8月号32頁等参照。

第1部　競争政策は"社会正義"の理想を失ってはならない　1978〜1988

英国では，戦後，1951年（昭和26）に労働党政権下でブリティッシュ・スチールの国有化が行われた（英国鉄鋼公社の設立。その後民営化と国有化が繰り返される）のをはじめ，保守党政権によっても国有化が行われ，経済における国有企業の比重は拡大していった。英国航空，英国ガス，英国鉄道，電力庁，石炭庁，郵便公社，全国バス会社，貨物運輸会社等々がそれである。まさに混合経済体制であった。しかし，英国経済が停滞し「英国病」が指摘されると，国有企業の非効率性が問題視されるようになった。国有化を推進した思想は，無秩序な競争経済を計画経済に代えて消費者の利益を実現し労働者の経営参加を確保するというものであった。とはいえ，利潤動機を欠いた国有企業はコスト削減の誘因がなく，企業経営は経済合理性ではなく政治的要請に左右されがちになった[4]。

1979年（昭和54）5月に首相に就任した保守党のサッチャーは国有企業の民営化政策を大胆に進めていく。当初は製造業分野における国有企業の政府持ち株の処分が中心であったが，その後公益事業分野の国営企業の民営化に発展していった。サッチャーにとり，民営化は英国経済再生の切り札であるだけでなく，社会主義と決別する手段であり，「自由の領域を増やすすべての政策の中心」であった[5]。

レーガンやサッチャーの政策は，新自由主義（neo-liberalism）と呼ばれる政治・経済思想に基づいていた。新自由主義とは何か？　経済地理学者デヴィッド・ハーヴェイは次のように述べている[6]。

「新自由主義とは何よりも，強力な私的所有権，自由市場，自由貿易を特徴とする制度的枠組みの範囲内で個々人の企業活動の自由とその能力とが無制約に発揮されることによって人類の富と権利が最も増大する，と主張する政治経済的実践の理論である。国家の役割は，こうした実践にふさわしい制度的枠組みを創出し維持することである。たとえば，国家は，通貨の品質と信頼性を守らなければならない。また，国家は，私的所有権を保護し，市場の適正な働きを，必要とあらば実力を用いてでも保障するために，軍事的，防衛的，警察的，法的な仕組みや機能をつくりあげな

---

[4]　滝川敏明「英国における国有企業政策の問題点と変化の動向」公正取引昭和56年7月号20頁。英国の脱国有化の背景には，①国有企業の失敗，②公共支出と行政コストの増大，③深刻化する英国病，④シティ（金融機関）の利害，⑤一部の官僚，国有企業経営者の熱意，があったとされる（山本前掲注(2) 48頁）。

[5]　マーガレット・サッチャー著石塚雅彦訳『サッチャー回顧録（下）』（平成8年）276頁。サッチャーは「社会などというものは存在しない。存在するのは男，女という個人だけだ」と有名な発言をし，社会的連帯を解体しようとしたと批判された。

[6]　デヴィッド・ハーヴェイ著渡辺治監訳『新自由主義──その歴史的展開と現在』（原著は，A Brief History of Neoliberalism, 2005）（平成19年）10頁。

ければならない。……だが、国家はこうした任務以上のことをしてはならない。市場への国家の介入は、いったん市場が創り出されれば、最低限に保たれなければならない。……」

それまで少数派であった新自由主義が抬頭する契機となったのは、1970年代のスタグフレーションであった。第2次大戦後の資本主義国家は、1930年代の大恐慌の再来を防止するために、完全雇用、経済成長、国民の福祉を目標とし、ケインズ流の積極的な財政金融政策によって景気変動を調整しようとした。しかし、1970年代には、景気が後退し失業率が上昇しても物価の高騰が続くというスタグフレーションが生じた。この傾向は、第1次石油危機によりさらに顕著となり、ケインズ流の財政金融政策は機能しなくなった。そこで登場したのが、物価の安定を最も重視して、通貨供給量を制御するマネタリズムであり、均衡財政主義であり、福祉予算支出の削減といった新自由主義の政策であった[7]。

新自由主義者は経済の統制や計画を拒否し、自由に至高の価値を置いたが、それは自由放任を意味するのであろうか？ 競争についてはどうか？ 新自由主義の源流となったハイエクは、1944年（昭和19）に、次のように書いている[8]。競争が個人の自由という基本原理と裏腹の関係にあり、競争法に重要な役割が与えられている。

「ここで重要なことは、今述べたような計画主義者の言う「計画」への反対と、凝り固まった「自由放任」の主張とを、混同してはならないということである。……自由主義の主張は、どんな分野であれ、有効な競争が作り出される可能性があるなら、それはどんなやり方にもまして、諸個人の活動をうまく発展させていくのだという、確信に基づいている。この競争が有利に働くためには、十分に考え抜かれた法的な枠組みを必要とすること、そしてこの点に鑑みれば、現在の、あるいは過去の法的ルールは、重大な欠陥を持っているということを、自由主義者は否定しないし、それどころかむしろ進んでそう主張するものである。……競争はほとんどの状況で、われわれが知っている最も効率的な方法であるということだけではない。より重要なのは、競争こそ、政治権力の恣意的な介入や強制なしに諸個人の活動の相互調整が可能になる唯一の方法だからである。まったくのところ、競争擁護論の主要点は、競争こそ、意図的な社会統制を必要としない、ということであり、……」（傍点筆者）

---

(7) ハーヴェイ前掲注(6) 21頁以下参照。
(8) F. A. ハイエク著西山千明訳『隷属への道』（平成4年）41頁（原著は、F. A. Hayek, The Road to Serfdom, 1944）。なお、新自由主義にはシカゴ学派とハイエクのようなオーストリア学派が含まれるが、オーストリア学派は動態的競争を重視するというように両学派に相違もある。

第 1 部　競争政策は"社会正義"の理想を失ってはならない　1978～1988

新自由主義の潮流は，英米だけでなく，世界に広がっていく[9]。しかし，そのあらわれ方は国によってさまざまである。わが国もその例外ではなかった。

OECD の理事会勧告——競争当局への期待

米国における大胆な規制緩和の動きをみて，OECD（経済協力開発機構）は，昭和54年（1979）9月25日，加盟国における規制緩和を推進すべく，次のような「競争政策と適用除外又は規制分野に関する OECD 理事会勧告」を採択した[10]。

「……規制されている経済分野及び制限的商慣行に関する法律の適用を全面的若しくは部分的に除外されている経済分野が，加盟国において国民産出高に重要な比重を占めていること，また，いくつかの加盟国が特定の規制又は適用除外の特別な必要性につき再検討を開始し，可能な場合には，競争と制限的商慣行に関する法律の適用とに一層依存し始めていることに留意し，かつ，規制と競争の正確なポリシー・ミックスは，経済的な考慮の他，社会的政治的な考慮にも依存していること，しかし，規制が競争又は制限的商慣行に関する法律にとって代わるのは，それぞれの状況の下で競争のみでは実現できないような公共政策上の目的を達成するために必要とされる範囲においてのみであることを考慮して，

I　加盟国政府に対して以下を勧告する。
　1　競争当局の参加のもとで，以下の点を考慮するために，規制制度及び制限的商慣行に関する法律の適用除外について再検討を行う。
　　(a)　規制又はその特定の側面をもたらした当初の理由，又は状況が現状でも妥当性を有しているかどうか
　　(b)　それらの規制制度，又はその特定の側面が，その目的を達成した程度，並びにその目的を規制により達成する場合の利益と比較した，真の社会的，経

---

[9]　ハーヴェイ前掲注(6)によれば，新自由主義は，チリの実験を経て，英米両国で本格的に実践に移されるが，金融危機を契機にメキシコ，タイ，マレーシア，インドネシア，韓国等にも不均等に拡散していく。ハーヴェイは，開放後の中国も「中国的特色のある新自由主義」を採用したという。新自由主義の実践においては，権威主義と両立可能なことに注意しなければならない。また，先進国においても，市場重視の新自由主義がもたらす社会的不安定を緩和するために新保守主義が唱えられることになる。

[10]　野口文雄「「競争政策及びその適用除外分野又は規制分野に関する理事会勧告」採択の経緯と背景」公正取引昭和54年10月号26頁（原文書は，Recommendation of the Council on Competition Policy and Exempted or Regulated Sectors, C(79)155 (Final)）。
　　この理事会勧告に先立ち，昭和54年3月，OECD の理事会は制限的商慣行専門家委員会が作成した「規制産業と競争政策」と題する報告書（生駒賢治「規制産業における競争政策——「OECD 制限的商慣行委員会報告書」の概要紹介」公正取引昭和54年4月号4頁）を採択したが，この報告書が本件理事会勧告の基礎となっている。以後，OECD のなかでも本委員会が規制緩和の推進力となっていく。

第 3 章　政府規制をめぐる諸問題

　　　済的，行政的コスト
　(c)　現状において同一の目的が制限的商慣行に関する法律による規制に服している競争の実施によって，又は，競争制限の程度がより少ない形の政府介入によって，実際に達成できないかどうか
　　　……
　　　　　　　　　　　　　　　　　　　　　　　　　　　」(傍点筆者)

　OECD 勧告は，加盟国（米国）の経験に基づき規制の見直しを勧告するという実務的観点に立ち，この段階では経済的規制に焦点があてられている。とはいえ，市場メカニズムに全面的に依存するというわけではなく，社会的政治的な公共政策にも配慮していることが特色である。競争当局にとって特に重要であったのは，勧告が規制の見直しと独占禁止法の適用除外は表裏一体の関係にあることを指摘し，その再検討にあたっては競争当局の関与を求めていることであった。

　この勧告を理事会に上程するにあたり，わが国と英国は，制限的商慣行専門家委員会において，次のように発言した上で合意した。すなわち，「この勧告は各加盟国が採るべき措置のガイドライン (a guideline for action to be taken by each Member country) を意味するものであって，手続事項を含めてその実施は各国の特殊事情にかんがみて各国の判断に委ねられるべきであるとの理解に基づいて，勧告案を支持する」，と[11]。この発言は本件のわが国における政府内調整が難航したことをうかがわせるものであり[12]，わが国における規制緩和の行方が楽観視できないことを暗示するものであった。ともかく，勧告が全会一致で採択されたことによって，規制緩和は西側先進国の国際的コンセンサスとなった。

　公取委の橋口委員長は，歴代委員長のなかでも国際感覚に富んでいたが，米国や OECD の動きに素早く反応した。橋口は，昭和 54 年（1979）6 月，「自由競争推進のために行政の規制をなくしていくという米国の政策は，世界の独占禁止政策の先駆けである」[13]，「現在の政府の許認可事業がすべて必要なものかどうか

---

[11]　昭和 54 年 6 月 28・29 日開催の第 36 回制限的商慣行専門家委員会の議事録およびその訂正（RBP/M (79) 1 および Corrigendum）参照。既にサッチャー政権が成立していた英国が勧告に消極的な日本に同調したのは奇妙に見えるが，勧告がガイドラインである——もともと OECD の勧告はそのような性質のものであるが——趣旨を確認することにより，勧告が全加盟国により円滑に採択されるように配慮したとみられる。なお，理事会前の執行委員会において，フランスも規制の見直しの勧告は規制を変更する目的をもつものでないとの理解に基づいて賛成する旨の発言をした（CE/M (79) 9 (Prov.)）。

[12]　理事会に先立って開催された外務省における会議において，公取委と規制官庁との間で長時間にわたる激論があったとされる（鈴木満「運輸業の規制緩和と独占禁止法——トラック・タクシー・バス事業を中心として」桐蔭法学 3 巻 1 号（平成 8 年）14 頁）。規制官庁とは運輸省のことである（苦難の時代の回顧録・250 頁（伊従寛発言））。

を見直すことは，80年代の世界の独禁政策の流れであり，（具体的に自由化が進めば），行政の簡素化にもつながる」と高く評価した[14]。行政の簡素化とは，当時既に財政再建が政府の重要課題となっており，ときの大平正芳政権も「小さな政府」の実現を掲げていたからである。

公取委はOECD勧告を政府内における規制緩和推進のよりどころとした。とりわけ，OECD勧告が競争当局に推進役となることを期待したことに鼓舞されたのである。

公取委による16業種の調査と問題点の指摘──関係省庁の対応は？

OECD勧告を受けて，まず公取委が考えたのは，行政管理庁と連絡調整のための合同検討会議の設置と政府規制業種の実態調査であった。行政管理庁との合同検討会議は昭和55年（1980）4月に実現し，定期的に会議が開催されたが，その成果は明らかでなく，情報交換の域を出なかったとみられる。

実態調査について，公取委は経済的規制について問題のある16業種について約2年間かけて行った。そして，自らも国際的協定・契約の届出範囲を縮小する，独占禁止法6条の改正（昭和57年法律第69号）を行った上で，昭和57年（1982）8月17日，政府規制制度の概要や問題点についての調査結果を公表した[15]。それによると，まず，政府規制制度全体の状況として，わが国の全生産金額における政府規制分野（参入・価格・数量または設備のいずれかについて規制が行われている分野）のウェイトは41.4％，政府規制の強い分野（参入規制とあわせて価格等についても規制が行われている分野）は18.7％であることを明らかにした（昭和50年の産業連関表から試算）。この数値は，米国の規制下にある産業が全産業の17％を占めていたこと[16]と比較しても相当高いといえよう。わが国においては，

---

(13) 昭和54年6月23日付け朝日新聞夕刊記事「競争制限見直しへ」。

(14) 昭和54年8月28日付け日本経済新聞記事「政府介入分野，自由競争に」。

(15) 「政府規制制度及び独占禁止法適用除外制度の見直しについて（概要）」独占禁止懇話会資料集Ⅷ（昭和59年）・1頁以下，清川寛「我が国の政府規制及び独禁法適用除外制度の概要と問題点」公正取引昭和57年11月号18頁。

しかし，政府規制の問題点を指摘した政府文書は，これが初めてではない。物価安定政策会議の提言である「行政介入と物価について」（昭和45年7月3日）経済企画庁物価政策課編『最近における物価安定政策（改訂版）』（昭和48年）352頁は，規制緩和という表現はしていないものの，行政介入が効率を妨げ，物価上昇をもたらしていると指摘している。

(16) 内橋克人とグループ2001『規制緩和という悪夢』（平成7年）16頁（1977年，GNP換算）。同書によると，その後の規制緩和により6.6％に低下したという。

昭和にはいってからの不況，戦時そして戦後復興といった経済の異常時に多くの政府規制が導入された[17]。

　公取委は，わが国の規制制度の特質として，いったん導入されると廃止されることなく拡大・強化される傾向（「規制が規制を呼ぶ」），行政庁への依存性が強まり事業者の自己責任の認識が薄れる傾向等を指摘した。ついで，競争政策上の弊害として，①既得権益の擁護，②業界全体の活力の減退，③過剰な行政介入，④国際競争力の減退および自由貿易主義違反，を挙げた。規制見直しの観点として，次のチェック・リストを提起した[18]。ここでは，既に経済的規制について，「原則自由，例外制限」の基本的考え方が前提となっている。とはいえ，過剰な規制が営業の自由を侵害するおそれがあるという憲法論に至っているわけではない。

「①政府規制制度の目的が今日においてもなお妥当性を有するか。
　②政府規制制度は今日なお有効に機能しているか。
　③企業間の取引は，政府規制によらず，企業の自主的判断に委ねられないか。
　④政府規制制度の目的達成の手段として規制は過剰になっていないか。
　⑤政府規制制度は消費者，ユーザーの需要に適切かつ迅速に対応しえないのではないか。
　⑥諸外国における政府規制緩和の事例に照らし，我が国においても改善すべき点はないか。」

　公取委は，蚕糸，食肉，銀行，証券，保険，酒類，通運，トラック運送，ハイヤー・タクシー，航空運送，海上運送，港湾運送，倉庫，データ通信，電気およびガスの16業種について個別に問題点の指摘を行った。

　たとえば，銀行業について，支店・営業所等の設置の認可制を大枠の設定にとどめるほか，小口・零細預金者保護のための規制を除いて預金金利規制についてできるだけ自由化の方向で検討すべきであるとした。証券業についても，支店・営業所等の設置の自由化のほか，委託手数料の認可制の自由化を検討するよう求めた。トラック運送・ハイヤーおよびタクシー・航空運送業については，参入規制の緩和のほか，料金規制について最高料金制など伸縮性のある制度を提言した。海上運送・港湾運送・倉庫業については，対企業取引で料金規制が実質的に機

---

(17)　糸田省吾「政府規制制度の見直し」ジュリスト778号（昭和57年）51頁。
(18)　公取委事務局編前掲注(15)3頁。政府規制は市場の失敗を是正するために導入されるが，政府規制が逆に弊害をもたらす場合を「政府の失敗」または「規制の失敗」と呼ばれることがある。公的規制を体系的に整理した文献として，植草益『公的規制の経済学』（平成3年）1頁参照。

第1部 競争政策は"社会正義"の理想を失ってはならない 1978〜1988

能していないとして,自由化(つまり廃止)の方向で検討する必要があるとした。電気業については,独占禁止法21条の規定が妥当性を有する限り,地域独占は変更の必要がないとしつつ,卸電気事業者から一般電気事業者への電力供給の自由化によって競争の導入の余地があるとした。ガス業については,LPガス事業との競合関係から自然独占の性格が変わっているとして,参入・料金規制の自由化の方向での検討を促した。

このように,指摘の対象は,公益事業といっても,金融や運輸のように,競争的市場構造——証券業のように大手4社の寡占となっているのもあったが——を有している産業が中心であった。この段階では,電力やガスのような自然独占産業に本格的にメスを入れるには至っていない。また,物流関係業種は取り上げても,後述する(本章3)ように,競争政策の見地からは問題の多い参入規制が行われていた小売流通は対象とされなかった。

公取委は,16業種の調査結果を関係省庁に提示し規制の見直しを要請したが,関係省庁の対応はどうであったか? 「関係省庁のほとんど顧慮する所とはなら」なかったのが,実情である[19]。公取委は調査のとりまとめにあたり各省の意見を相当尊重したつもりであった[20]が,まったく無視されたのである。

規制官庁の反応として,「参入を自由にすれば過当競争に陥るのは目に見えている。過積みや乱暴運転を助長するだけ」(運輸省自動車局,トラック運送業),新規参入を自由にすると,市場が混乱し酒税を安定的に確保できず,未成年者の飲酒防止や交通安全対策上問題を生じる(国税庁,酒類小売業),といった弊害が主張された[21]。しかし,このような過当競争の弊害論に対しては,そのような因果関係があるのか疑問であり,薬局開設の距離制限を違憲とした昭和50年(1975)の最高裁判決が既に否定していたところであった[22]。

---

(19) 五十年史上巻・330頁。
(20) 五十年史上巻・768頁(回想編,橋口収)。公取委は準司法機関ではないかとの反発もあったとされるが,公取委は法目的達成を任務としており(法27条1項),国会への意見提出権もある(法44条2項)ので,準司法機関であるとともに政策官庁でもある。ただし,公取委の発言は競争政策の観点からのものであって,他の政策について責任を負うものではない。
(21) 昭和57年11月1日付け日本経済新聞記事「緩和論議スレ違い」。関係省庁が「長い間維持してきた行政権限をそう簡単には手放せないという"防衛本能"のほかに,素人の公取委に言われても……」との感情的な反発」もあったとされる。
(22) 糸田前掲注(17)54頁。最高裁の判決(昭和50年4月30日判決,民集29巻4号572頁)は,薬局等の設置場所の距離制限について,原告が指摘する,薬局等の偏在→競争激化→一部薬局等の経営の不安定→不良医薬品の供給の危険または医薬品乱用の助長の

規制緩和に消極的であったのは規制官庁だけでなく，業界側も同じであった。公取委のアンケート調査によれば，もともと 16 業種の 6 割の企業が「規制を好ましい」と回答し（！），その理由として圧倒的に多い理由が「業界の秩序の安定（企業経営の安定を含む。）に寄与している」というのであった[23]。規制官庁と既存の業界の利害が過当競争の回避という点で一致し，厚い壁となって規制の見直しを阻んだといえる。規制緩和を推進するには，政府全体で取り組むという政治の強い意思がなければならなかった。

規制緩和は，法執行活動が必ずしも活発でない時期に，公取委が政策官庁として存在意義を高める格好のテーマであった。世論は公取委の指摘を歓迎し期待した[24]が，「規制緩和が社会全般の理解を得るにはなお 10 年近い時日を要し，公正取引委員会は，当時において知られざる先駆者として忍耐強い調査活動を続けていくこととなる」[25]。

政府規制との闘い——ヤマト運輸と MK タクシー

ここで，過剰な政府規制に対して革新的な事業者が果敢に挑戦した事業者として，ヤマト運輸と MK タクシーを紹介しよう。

ヤマト運輸が昭和 51 年（1976）1 月に「宅急便」の営業を開始するまで，家庭の主婦が荷物を送るには郵便小包か国鉄の手・小荷物によるしかなかった。それは郵便局や国鉄の駅まで荷物を持ち込まなければならなかったし，配達は一部を除き不確実で遅かった。これに対してヤマト運輸が開発した宅配便は，①電話 1 本で荷物をとりに来てくれる，②翌日（一部地域は翌々日）には配達になる，③地域ごとに区分されたわかりやすい料金制度，④市部，郡部とも隔たりのないスピードと統一料金，⑤紐かけや荷札のいらない手軽さなどがうけ，急成長をとげた[26]。「主婦が支持したサービス革命」[27]であった。陸運各社が宅配便に相次ぎ

弊害という立法事実があるか詳細に検討した上でこれを否定し，規制の必要性と合理性がないとして憲法 22 条 1 項（職業選択の自由）違反と判示した。

(23) 乾敏一「政府規制及び独占禁止法適用除外の見直しに関する調査（アンケート）の集計結果」公正取引昭和 57 年 11 月号 28 頁。ただし，16 業種でもばらつきは大きく，政府規制を好ましいとする企業が 7 割を超えるのは，通運，ハイヤー・タクシー，海運，港湾運送，倉庫の運輸関係の業種である。

(24) 昭和 57 年 8 月 20 日付け朝日新聞社説「政府規制の大胆な緩和を」，同年同月 22 日付け読売新聞社説「余計な政府規制が多すぎる」参照。

(25) 五十年史上巻・330 頁。

(26) 成田淳司「宅配便産業の規制緩和のプロセスと意義」公正取引昭和 62 年 10 月号 20 頁。

(27) 日経産業新聞編『宅配便戦争』（昭和 58 年）44 頁。

第 1 部　競争政策は"社会正義"の理想を失ってはならない　1978～1988

新規参入し，民間事業者間に活発な競争が生じた結果，郵政や国鉄といった官業の独占は圧倒されていく。

　ヤマト運輸が全国に集配ネットワークを完成するには，路線免許や運賃設定についての政府規制，そして同社に対する各地の業界の妨害行為と闘わねばならなかった。ヤマト運輸の小倉昌男社長は，のちに路線免許取得の問題について次のように語っている[28]。

> 「81 年 11 月に申請した北東北路線の免許も，やはりたなざらしにされた。運輸省に催促すると，「業者の反対を抑えれば，いつでも免許を出してやる」というような返事だった。
> 　許せないと思った。既存業者が反対したら免許は与えない。反対しなければ与えるというのでは行政権の放棄ではないか。広く消費者のことを考えるのが行政の使命ではないのか。怒りが臨界点を超えた。
> 　申請から 4 年たった 85 年 12 月，運輸相に対して行政不服審査法に基づく異議申し立てをした。これに対する運輸相の回答は「慎重に審査しているので，申請をいったん取り下げよ」というものだった。予期した通りだ。用意していた奥の手を出すことにした。
> 　86 年 8 月，橋本龍太郎運輸相を相手取り，東京地裁に「不作為の違法確認の訴え」を起こした。監督官庁に対する前代未聞の行政訴訟である。運輸省は裁判で勝つ自信がなかったのだろう。10 月には運輸審議会の公聴会が開かれ，12 月に免許が出た。」

　監督官庁を相手に訴訟を提起することがいかに勇気を要するかは察するに余りある。従来，運輸省は，既存業者の反対があると，（供給が需要に対して不均衡とならないことを定める）需給調整条項に基づき供給過剰になるとして新規参入の免許を与えなかった。結局，本件を契機に，既存業者の反対があっても必要な免許を行うという「免許行政の歴史的転換」[29]を図らざるを得なくなったのである。

　ヤマト運輸は，2 キログラム以下の P サイズの宅急便独自の運賃設定をめぐっても運輸省と衝突した。P サイズ宅急便の取扱い開始を予告していたが，運輸省がなかなか認可しないので業を煮やした小倉は，「6 月 1 日から取扱い開始を予定していました。しかし，運輸省の認可が遅れているため発売を延期せざるをえなくなりました」と新聞広告をした[30]。もちろん運輸省を怒らせたが，運輸省

---

[28]　日本経済新聞社編『私の履歴書　経済人 37』（平成 16 年）139 頁。ヤマト運輸株式会社『ヤマト運輸 70 年史』（平成 3 年）116 頁，小倉昌男『経営学』（平成 11 年）158 頁も参照。

[29]　ヤマト運輸株式会社前掲注[28]『ヤマト運輸 70 年史』117 頁。

第 3 章　政府規制をめぐる諸問題

も「事業者の創意工夫が急成長のもととなってきた」ことを認めざるを得ず，ヤマト運輸の自主的な運賃設定に認可を与えた[31]。

　ヤマト運輸の業界の妨害行為との闘いも興味深いものがある。公取委は，昭和58年（1983）3月，岡山県トラック協会に対して，審決を行った[32]。貨物自動車運送業を営む者は，貨物自動車の増車・減車，最大積載量・車種の変更，営業所等の移転・新設等の事業計画の変更を行う場合には，道路運送法の規定に基づき，権限行政庁の認可を受けまたは届け出なければならない。岡山県トラック協会は，会員が事業計画を変更しようとするときは事前に所属支部の了解を求めるとともに，認可申請書または届出書に支部長の意見書を添付して，協会を経由して権限行政庁に提出すること等を決定し実施させていたが，これが法8条1項4号違反とされた。「この一件は，ヤマト運輸が岡山での営業を拡大しようとしたのが発端だといわれている」[33]。

　ヤマト運輸は，富山県に進出するにあたり，路線認可が地元業界の反対で時間がかかるとみて，届け出だけで営業可能な軽車両だけで集配を行い，幹線輸送は地元の新潟運輸の協力を得ることにした。ところが，富山県トラック協会と北陸路線連盟がヤマト運輸の進出に協力しないと申し合わせ，新潟運輸に対し詰問する文書を送るという事件が起きた。ヤマト運輸は，この文書を入手し，昭和58年（1983）7月，公取委に申告したとされる[34]。

　こうしたヤマト運輸に対する妨害行為は，ダイエーなどの大手スーパーの進出に対する卸・小売業者の妨害行為を想起させる（上巻343頁・370頁参照）。公取委が「主婦が支持したサービス革命」を違反事件の審査によって——多少とはいえ——支援したことは記憶されてよいであろう。

　エムケイ株式会社（以下「MKタクシー」という。）は，昭和35年（1960）に京都市域においてタクシー事業に参入したが，青木定雄社長の下で，運転手の

---

(30)　昭和58年5月31日付け朝刊各紙。
(31)　昭和58年7月7日付け読売新聞記事「宅配便値下げ　業者判断を尊重」，日本経済新聞社編前掲注(28) 141頁，小倉前掲注(28) 164頁。
(32)　㈳岡山県トラック協会に対する件，昭和58年3月31日勧告審決，審決集29巻100頁。公取委は，運輸省に対して同種の行為が今後行われないよう関係機関への指導を要請し，これを受けて運輸省は，陸運局長，社団法人全日本トラック協会等に対して指導を行った（荒川正志「トラック運送事業に係る増車等の設備制限事件」公正取引昭和58年9月号40頁）。
(33)　日経産業新聞編前掲注(27) 103頁。
(34)　日経産業新聞編前掲注(27) 103頁。本件について法的措置はとられておらず，結末等は不明である。

第 1 部　競争政策は "社会正義" の理想を失ってはならない　1978〜1988

挨拶やドアの開閉など丁寧な接客サービスを打ち出したことで知られていた[35]。MKタクシーが政府規制への挑戦者として名をはせたのは，タクシー運賃の値下げ申請が却下されたことに対して，運輸省を相手に取消訴訟を提起して勝訴した[36]ときである。昭和56年（1981）に京都市域の全タクシー事業者は大阪陸運局の認可を受けてタクシー運賃の14.5％の値上げを行ったが，消費者のタクシー離れにより実車率が低下し，運転手の労働時間が長くなったにもかかわらず，収入はそれほど増加しなかった。そのためMKタクシーは運賃を値下げして旧来のものに戻すべく申請したが，大阪陸運局長はこれを却下した。

　というのも，運輸省は，昭和27年（1952）以降，道路運送法8条に基づくタクシー運賃の認可の行政方針として，全国の運賃ブロックごとに単一の運賃とし複数の運賃の存在を認めない「同一地域・同一運賃の原則」を採用してきたからである。それは，「タクシー事業の特殊性から，運賃に競争原理を導入した場合には，事業の不当な競争を誘発し，その結果，運転者の労働条件の低下をまねき，事業の適正かつ安全な運営が阻害されることとなり，ひいては……タクシーサービスの低下を招くことになる」ことを根拠としていた。

　これに対して，大阪地裁は，まず，道路運送法1条が「道路運送事業の適正な運営及び公正な競争を確保する」ことを目的に掲げ，「一定の限度で適正な競争をすることを認めている」し[37]，運賃の変更について「個別に申請し，大臣が個別に認可する建前をとっている」とした上で，同一地域・同一運賃の原則は経営内容に差がある場合において値上げの必要のない事業者の値上げも認可することになり，「タクシー利用者（消費者）の利益を無視してタクシー事業者の保護のみを招く一種のカルテル」であるとし，「適正原価，適正利潤の原則を定めた

---

(35)　MKタクシーが打ち出したサービスとしては，深夜ステーション（昭和47年），救急タクシー（同53年），小型料金の中型車（同54年），身体障害者割引（同58年）などがあった。その後も，タクシー待合室（平成元年），全車両禁煙（平成4年），乗合ジャンボタクシー（平成11年），きもの割引（平成15年）などがある（井本正人編著『公共交通とまちづくり』（平成14年）27頁（井本執筆）など参照）。なお，昭和52年のミナミタクシー㈱と桂タクシー㈱の合併によって，エムケイ㈱となった。
(36)　昭和60年1月31日大阪地方裁判所判決，判例時報1143号46頁。
(37)　今村成和は，道路運送法の目的規定にいう「公正な競争を確保する」とは，独占禁止法の目的規定の「公正且つ自由な競争を促進し」にならったもので，「自由」の語が抜けているのは需給調整を目的とする参入規制が存するからであるが，そのなかでも「公正な競争」は確保しようとする趣旨であると指摘している（今村「道路運送法と競争政策——京都MKタクシー訴訟事件と「一地域一運賃の原則」」公正取引昭和60年6月号43頁）。

第3章　政府規制をめぐる諸問題

法8条2項の趣旨に反する」と断じた(38)。判決は同一地域・同一運賃の原則を揺るがし，運輸省に衝撃を与えた(39)。平成5年（1993）5月，運輸政策審議会は40年余続いたこの行政方針を廃止し運賃の多様化を図ることを答申し，その結果各地に二重運賃が出現するに至る(40)。

ところで，従来，各タクシー事業者が事業者団体に白紙委任して運賃変更を一括申請するという「一括代理申請」が行われていた。一括代理申請は法3条または8条に抵触するから，公取委と運輸省との調整により個別申請に改められた（第1部第4章3参照）。そこで，MKタクシーは，前記昭和56年（1981）の京都市域における値上げの際に，当初値上げに同調しなかったところ，業界団体の京都乗用自動車協会がMKタクシーに値上げ申請するよう再三働きかけるということがあった。公取委は，この件について，同協会に対し独占禁止法違反の疑いがあるとして警告を行った(41)。

その後も，MKタクシーは，運輸行政に抗しつつ，サービスと低運賃を武器に東京など大都市に進出していく。かなりのちになるが，青木社長は次のように語っている(42)。

「──今の自由化の流れをどう見ますか。

　　規制緩和というのは，エムケイ1企業じゃなく，日本全体の問題でしょ。これをやらないと，日本が沈没する，という流れになった。気の毒に，運輸省もタクシー業界も，まったく孤立してしまいましたね。

　　規制緩和して何が悪いですか。車を奇麗にし，乗務員の服装を奇麗にし，言葉づかいを丁寧にし，快適に車を動かす。それで安いなら，お客様に喜んでもらえるん

---

(38) 経済法学者根岸哲はつとに同一地域・同一運賃の原則を批判していたが，本件訴訟において原告代理人の依頼によって鑑定書を提出した。当該鑑定書が本件判決に相当な影響を与えたことは想像に難くない（根岸哲「タクシー運賃の認可制と「同一地域同一運賃」の原則」ジュリスト833号（昭和60年）89頁。同『規制産業の経済法研究　第Ⅱ巻』（昭和61年）57頁に鑑定書が添付されている）。

(39) 昭和60年1月31日付け朝日新聞夕刊記事「タクシー地域内同一運賃は違法」，「「競争大歓迎」と利用者」。公取委は，同一地域・同一運賃の原則の行政方針が業界団体による値上げ申請の強要といった独占禁止法違反の行為を助長していたとして，本件判決を「画期的」と評価した（前記記事中の伊従寛事務局長談）。なお，本件訴訟は控訴審において和解が成立する（平成元年1月22日付け日本経済新聞記事「会社，運輸局と和解」参照）。

(40) 石崎仁志「旅客自動車運送事業に係る規制緩和と競争政策について」公正取引平成7年11月号25頁。

(41) 「㈳京都乗用自動車協会に対する件」公正取引昭和57年6月号55頁。

(42) 「お客様が喜んで何が悪いのか」アエラ平成9年1月27日号63頁。

第 1 部　競争政策は"社会正義"の理想を失ってはならない　1978 〜 1988

です。もちろん経営者は苦労せんならん。苦労したくないというのは，商売人じゃないということなんです。」

　MK タクシーは，「世界で類を見ない親切かつ安全なタクシー文化」を創出し，「日本のタクシー文化に革新をもたらした」と称賛された(43)。このような評価が妥当かはともかく，MK タクシーが消費者の支持を受け，規制緩和の流れを加速したことは間違いない。

2　第二臨調による規制緩和・民営化に関する答申

臨調の許認可に関する答申とその批判──「発想の転換が必要」

　公取委が 2 年をかけて 16 業種の調査を行っている間，第二次臨時行政調査会（以下「臨調」という。）が発足し(44)，行財政改革が進行を開始していた。低成長時代にはいって税収が不足し赤字国債が大量に発行されるようになったため，大平内閣は一般消費税の導入をもくろんだが，昭和 54 年（1979）秋の総選挙において自民党が敗北する結果となった。そのため，一般消費税の導入が困難となり，増税ではなく「増税なき財政再建」，そのための行財政改革が政府の重要課題となった(45)。

　大平首相の急死によって昭和 55 年（1980）7 月に鈴木善幸内閣が成立すると，鈴木内閣は，中曽根康弘行政管理庁長官の発議により，翌 56 年（1981）3 月 16 日，臨調を設置し，「小さな政府」を推進することにした。臨調の会長には土光敏夫経団連名誉会長が就任し，経済界は積極的に臨調による行財政改革を支えていくことになった。そこには 2 度の石油危機を「減量経営」で乗り切った経済界の自信が反映されていた(46)。国民の間でも民業の官業に対する優位というイメージが形成されつつあった。土光会長は就任を引き受けるにあたって，臨調が答申をまとめたら，必ず実行に移す決意で臨んでほしいこと等を要望し，鈴木首相もこれを受入れた(47)。これにより，臨調の答申は通常の審議会とは格段に異なる権

---

(43)　李洙任・角岡賢一「タクシー業界の異端児・MK タクシーの経営戦略：異文化経営学の視点から」京都産業学研究（龍谷大学）10 号（平成 24 年）47 頁。
(44)　「第 2 次」というのは，昭和 37 年に池田勇人内閣によって臨時行政調査会が設置され，行政改革に関して政府に意見を提出したことがあるからである。
(45)　橋本寿朗・長谷川信・宮島英昭『現代日本経済』（平成 10 年）185 頁・267 頁。
(46)　中村隆英『昭和経済史』（昭和 61 年）329 頁，大嶽秀夫『自由主義的改革の時代』（平成 6 年）12 頁。
(47)　昭和 56 年 3 月 11 日付け朝日新聞夕刊記事「7 月に中間答申」。
　　　土光会長のその他の要望事項は，②徹底した行政改革によって小さな政府をめざし，

威——「参政権の及ばない立法府」とも呼ばれた[48]——をもつことになった。

臨調は行財政改革に関して様々な提言を行うが，規制緩和に関しては公取委が期待するようには進展しなかった。第1次答申（昭和56年7月10日）において，行政の「簡素化，合理化」の観点から，「許認可等の整理合理化方策」として具体的に提言されたのは，自動車の運転免許証や車検の改善等にとどまっていた[49]。第2次答申（昭和57年2月10日）は，規制の廃止・緩和に言及はするものの，なお許認可等について「行政の責任領域の見直しの観点からはもとより，国民負担の軽減，行政事務の簡素合理化，民間活力の助長等の観点からも整理合理化を推進する」というものであった[50]。最終答申（昭和58年3月14日）も，銀行，貨物運送等の若干の事業規制の緩和を求めてはいるが，基本的に従前答申と同様の視点からのものであった[51]。

経済法学者実方謙二は，臨調のこのようなアプローチには「発想の転換が必要」であると根本的な批判を行った[52]。許認可事務の再検討は「行政の効率性の観点からの検討が検討の中心」となっているが，「行政介入が経済規制の手段として必要かつ有効であるかを問題」とすべきであり，「市場機構を中心とした経済運営により資源の適正配分と消費者利益の確保を図ろうとする接近方法」をとるべきであると主張したのである。臨調は行政効率の観点から個々の許認可を問題にしたからその提言は総じてピースミールなものであり[53]，当該産業の特質に照らして競争の導入・促進という経済法的・産業組織論的な視点から参入規制や価格規制が必要かどうかといった包括的な分析をすることがなかった。

このような視点から規制緩和を要請するようになったのは，臨調答申の実施状

増税によらない財政再建を実現してほしい，③国をあげての行政の合理化，簡素化が必要であり，地方自治体も無関係ではあり得ない，④特殊法人の民営移管など，官業と民業のあり方を見直し，民間の活力を生かすことが大事だ，というものであった。

(48) 牧太郎「臨調500日の軌跡」世界昭和57年9月号63頁。
(49) 財団法人行政管理研究センター『臨調緊急提言——臨時行政調査会第1次答申』（昭和56年）12頁・33頁。
(50) 臨時行政調査会『行政改革に関する第2次答申——許認可等の整理合理化』（昭和57年）2頁。
(51) 臨時行政調査会『行政改革に関する第5次答申——最終答申』（昭和58年）130頁以下。
(52) 実方謙二「行政改革と許認可の整理——経済規制再検討の視点から」ジュリスト750号（昭和56年）78頁以下（同『経済規制と競争政策』（昭和58年）所収）。
(53) 許認可等は約1万件あるとされ，臨調答申は253事項について指摘し，その7割にあたる177事項（車検の簡素化等）が実施されたという（臨時行政改革推進審議会「臨時行政調査会答申の推進状況について」自治研究61巻1号（昭和60年）152頁。

第1部　競争政策は"社会正義"の理想を失ってはならない　1978〜1988

況を監視する機関として設置された臨時行政改革推進審議会（以下「行革審」という。）が提出した「行政改革の推進方策に関する答申」（昭和60年7月22日）に至ってからである。この答申は、「政府規制の緩和について、市場機構による自動調整機能を根幹に据えて、論理を展開し」た「画期的なもの」であったと評された[54]。というのは、規制緩和の進め方として、次のような方針を示したからである[55]。

「①産業の育成や保護をはかるものについては、民間自己責任原則の徹底を図り、原則自由、例外制限の立場から、行政の介入は最小限にとどめる。
　②供給量や価格の安定化等、市場機構の補完を目的とするものについては、市場の自由な働きに委ねてよい分野が大きく拡大してきた状況にかんがみ、市場の動きを阻害しないという立場から、規制目的にも配慮しつつ、規制の全般的かつ抜本的な見直しを行う。
　③その他の社会的目的の達成の手段とされている規制については、目的の妥当性と規制の有効性を改めて見直すとともに、特に、社会情勢の変化や技術革新の進展等により従来の規制が意味を失ったものの合理化を急ぐ。」（傍点筆者）

この答申は、規制について経済的・社会的規制を区分しその基本的考え方を初めて示したといえる（①、②が経済的規制である）。個別分野において注目されるのは、運輸業の参入規制について「量的規制から質的規制に移行させること」を提言した[56]ことであり、それは資格があれば参入を認可し「需給まで政府が責任をもつべきではなく」[57]、市場メカニズムに委ねるという考え方に基づくものであった。

臨調はなぜ規制緩和について経済法的・産業組織論的視点をとらなかったのであろうか？　実は、臨調自身あまり規制緩和を重視していなかった。もともと臨調の関係者はもっぱら行政効率化によって財政再建を達成する行財政改革に熱心であった。のちに橋口元公取委員長は、次のように語っている。あるとき、土光臨調会長に面会し、「一番大切なのは許認可整理です、規制緩和です」と述べたところ、同席した瀬島龍三委員が「［規制緩和は―筆者注］あなた方みたいによく分かっている人にやってもらわないとできないんだ」と答えたという[58]。確か

---

(54)　厚谷襄児・中川幸次・鶴田俊正「座談会　政府規制制度の緩和――臨時行政改革推進審議会答申にみる政府規制の緩和」公正取引昭和60年9月号8頁（厚谷発言）。
(55)　臨時行政改革推進審議会「行政改革の推進方策に関する答申」地方自治453号（昭和60年）214頁。
(56)　臨時行政改革推進審議会前掲注(55) 220頁。
(57)　厚谷ほか前掲注(54) 12頁（中川発言）。

第 3 章　政府規制をめぐる諸問題

に臨調の委員，部会長，専門委員，参与，主査等には民間大企業関係者や官僚出身者が多数を占め，労働界代表や学界代表は少数で，消費者など市民代表は一人もいなかった。政治学者篠原一は，これを「日本的コーポラティズム」と批判した(59)。

3 公社の民営化に関する答申──JR，NTT および JT の誕生

臨調が最も力点を置いたのは，日本国有鉄道（以下「国鉄」という。），日本電信電話公社（以下「電電公社」という。），日本専売公社（以下「専売公社」という。）の 3 公社(60)の民営化，とりわけ国鉄の民営化であった。

国鉄は，昭和 39 年（1964）度に赤字を出して以来，その経営は悪化の一途をたどり，昭和 55 年（1980）度には 1 兆円を超える累積赤字を計上した。この膨大な赤字の原因を，臨調の「行政改革に関する第 3 次答申」（昭和 57 年 7 月 30 日）は，①モータリゼーションをはじめとする輸送構造の変化に対応が著しく遅れたこと，②国会・政府の過度の関与，地域住民の過大な要求，管理限界を超えた巨大な企業規模，国鉄自体の企業意識と責任感の喪失などから企業性を発揮できなかったこと，③労使関係が不安定で，職場規律の乱れがあり，合理化が進まなかったこと，に求めた(61)。その上で，次のように大胆な提言を行った(62)。

---

(58) 五十年史上巻・768 頁（橋口収発言）。
(59) 篠原一「第二臨調を批判する眼」世界昭和 57 年 9 月号 36 頁。
(60) 公社は，いずれも政府の全額出資の特殊法人で，政府の完全所有を通じて独占的事業を営むところに特色がある。事業の生活必需性と独占性を主たる理由に公的に所有される公企業の 1 形態であるが，財政収入の確保を目的とする専売公社はその意味では例外であった。公社は，いずれもその役員は原則として政府任命であり，収支予算は国の予算とともに国会の議決を要し，そのため経営の完全な自主性がなかった。公社の労働者は，公共企業体等労働関係法の適用対象であり，争議権がなかった。
(61) ㈶行政管理研究センター『臨調基本提言──臨時行政調査会第 3 次答申』（昭和 57 年）97 頁。
(62) ㈶行政管理研究センター前掲注(61) 98 頁。臨調がもともと国鉄の分割・民営化のアイディアを持っていたわけではない。このような画期的な答申が実現したのは，国鉄当局，国労・動労，運輸省，（大半の）自民党運輸族等の反対にもかかわらず，臨調の加藤寛部会長をはじめとする第 4 部会のメンバーおよび臨調事務局の奮闘，国鉄内部の改革派の協力，マスメディアの支持があったからである。国鉄の現状維持派は全国 1 社制で抵抗するが，国鉄再建監理委員会が分割民営化を具体化する最終答申を行って決着がつく。国鉄の分割・民営化のヒントとなったのは，戦後の電力の民営・地域分割であった（加藤寛『行財政改革への証言』（平成 14 年）37 頁）。
国鉄改革の政治過程については，草野厚『国鉄改革──政策決定ゲームの主役たち』（平成元年），飯尾潤『民営化の政治過程──臨調型改革の成果と限界』（平成 5 年）参照。

第1部　競争政策は"社会正義"の理想を失ってはならない　1978～1988

　「新しい仕組みについての当調査会の結論は，現在の国鉄を分割し，これを民営化するということである。その理由は，次のとおりである。
　①上記㈢［経営者，労働者，政治・地域住民の意識改革―筆者注］の実現を図る上で最も適しているほか，幅広く事業の拡大を図ることによって，採算性の向上に寄与することができる。
　②全社一体となり効率的経営を行うためには，現在の巨大組織では管理の限界を超えている。また，国鉄の管理体制は，ややもすれば地域ごとの交通需要，賃金水準，経済の実態から遊離し，全国画一的な運営に陥りがちである。分割によりそれが改善されるとともに，地元の責任と意欲を喚起することができる。」
（傍点筆者）

　臨調が国鉄の分割・民営化を主張した理由は，当事者能力を欠いた公社形態の問題性に加えて，管理の限界を超えた巨大組織[63]の非効率性――X非効率というべきか――にあった。既に他の輸送手段との競争にさらされていたから，必ずしも独占の非効率性が理由ではなかった。したがって，この主張が直接競争政策に基づくとはいえないし，分割・民営化をめぐる激しい論議のなかで，実際，公取委が関与する余地はなかった。

　国鉄の分割・民営化は，さらに国鉄再建監理委員会の答申を経て進められ，昭和61年（1986）11月，国鉄改革法案が成立し，翌62年（1987）4月1日，JRと呼ばれる旅客鉄道6社と貨物鉄道1社が発足した。民営化されたJR各社の業績はいずれも黒字であり（もっとも国鉄清算事業団に債務が継承される等のことがあったが），効率性は向上し乗客サービスも改善した[64]。消費者は――少なくとも大都市の消費者は――民営化を歓迎した。そして，国鉄の分割・民営化は，鉄道事業が採算のとれる事業となりうることを世界に示した[65]。

　これに対して，法的に独占が保障されていた電電公社と専売公社はどうか？電電公社について，臨調第3次答申は，「公社形態，完全独占による弊害」として「企業性を発揮しにくい」，「合理化意識の希薄化」等を指摘した上で，次のように提言した[66]。

---

(63)　国鉄の職員数は，昭和45年度の47.4万人から石油危機を経た同55年度においても42.0万人に減少しただけであった（草野前掲注(62) 20頁の図参照）。
(64)　国鉄改革が肯定的に評価される面として，経営状態の大幅な改善，長期債務問題の改善，鉄道産業の活性化があり，負の遺産として国労組合員の差別の問題があると指摘されている（飯尾前掲注(62) 233頁）。なお，地域分割について，JR各社間の競争意識（間接競争）が生まれ，経営合理化に作用しているという（同書，235頁）。
(65)　猪木武徳『戦後世界経済史』（平成21年）293頁は，フランス国鉄関係者の発言を紹介して日本の鉄道が新幹線と分割・民営化により世界の鉄道関係者に衝撃を与えたという。

「…今後，電電公社が国民必需の電気通信サービスを低廉な価格で供給し，しかも将来にわたって技術開発力を充実していくためには，
①十分な当事者能力をもち，徹底的に合理化された経営体であるべきであり，このため，その経営形態は基本的には民営化の方向で改革すべきである。
②電気通信事業のもつ技術的側面と技術革新の可能性に配慮しつつ，現在及び将来にわたり最も適切な競争の仕組みを設け，独占の弊害を除去すべきである。
③また，巨大経営体であることからくる経営の管理限界に配慮し，規模の適正化を図る必要がある。」（傍点筆者）

具体的には，「5年以内に，基幹回線部分を運営する中央会社と地方の電話サービス等を運営する複数の地方会社とに再編成する」というものであった。国鉄改革のように地域会社による水平分割にとどまらず，基幹回線の独占を維持しつつ，中央会社と複数の子会社である地方会社という垂直・水平分割を求めたものであった（将来，地方会社は独立させる）。このように国鉄と異なり基幹回線の独占を維持することにしたのは，鉄道と電気通信というネットワークの相違や技術革新への期待の相違といったことのほかに，電電公社は黒字である一方，民営化に労使ともに協力的であったことが背景にあった[67]。

昭和60年（1985）4月1日，電電公社の法的独占を規定していた公衆電気通信法が廃止されて電気通信事業法（昭和59年法律第86号）が施行され，電電公社は民営化されてNTTと呼ばれる日本電信電話株式会社となった。ただし，臨調が提言したNTTの分割は見送られ，5年後に見直しをすることとされた（日本電信電話株式会社法附則2条）。電気通信事業法は，すべての通信分野への参入を認め自由化を図る一方，公共性の高い通信回線を保有する第1種電気通信事業者について，参入は需給調整条項を規定した郵政大臣の許可制とし，かつ料金その他についても約款の認可制を敷いた[68]。

---

(66) ㈶行政管理センター前掲注(61) 106頁。
(67) 全電通が民営化に協力したことについて，大嶽前掲注(46) 120頁参照。臨調第4部会では，民営化にあたり「単独で1社独占というのは，とても認められない」という状況であった（臨時行政調査会OB会編『臨調と行革──2年間の記録』（昭和58年）217頁（鈴木良男発言））。にもかかわらず，その後分割が実現しなかったのは，民営化に協力的であった真藤恒電電公社総裁が「分割を口にすれば労働組合を抑えきれない。とりあえず民営化だけで勘弁してほしい」との言に妥協したことによるとの証言がある（加藤寛「臨調，電電公社の地域分割の先送り（私の苦笑い）」平成6年5月17日付け日本経済新聞）。
(68) 電気通信事業の制度改革の詳細については，根岸哲ほか『現代経済法講座9　通信・放送・情報と法』（平成2年）81頁（舟田正之執筆）参照。

第1部 競争政策は"社会正義"の理想を失ってはならない 1978〜1988

　こうして，電気通信産業は「独占体制」から「規制下の競争市場体制」に移行した。公取委は，昭和59年（1984）9月，「情報産業分野における競争政策に関する研究会」（植草益座長）を設置して，「規制下の競争」という競争政策上かつてない新たな課題について検討を開始した[69]。研究会は，翌60年（1985）5月に報告書を提出し，NTTの「市場支配力の濫用」に対し警戒しつつ，「規制を最小限にとどめ，市場の自由かつ公正な競争を促進することに最大の努力が払われるべきである」という，分割よりも規制緩和優先の方針を示した[70]。

　自由化により，長距離系の第1種電気通信事業者として3社（第二電電，日本テレコム，日本高速通信）が参入したが，市内通話部分を除いた中継区間の3社のシェア（平成元年度）は8.8％にとどまった[71]。そこで，NTTのあり方の見直しを前にして，郵政省を中心に，電気通信産業において有効な競争を創出するには垂直統合されたNTTを分割すべきであるとの分割論が高まった[72]。公取委の「情報通信分野競争政策研究会」（実方謙二座長）は，平成元年（1989）9月，ネットワークの規模および範囲の経済性を考慮しかつNTTの競争者に対する明白な排除行為が問題となっていないことから，当面は市内回線への平等なアクセス等の公正な競争条件の確保に努めることにし，現時点で分割の是非を検討するのは適切でないと慎重論をとった[73]。

　これに対して，郵政省の電気通信審議会は，平成元年（1989）10月2日，中間答申を公表し，「現在提起されている問題点の多くは，NTTの現行組織形態の構造自体から派生している問題であることから，……抜本的対策としてはおのずか

---

[69] たとえば，長距離系新規参入電気通信業者（NCC）は，最終ユーザーへのサービス提供にはNTTの市内回線網にアクセスせざるを得ないが，NTTに支払うアクセスの対価にNTTの市内通話部門の赤字分も負担に含めるかという「アクセス・チャージ」の問題があった。

[70] 公取委事務局経済部調査課「電気通信分野における競争政策の在り方と課題——情報通信産業分野における競争政策に関する研究会報告書（概要）」公正取引昭和60年5月号5頁，同編『新しい情報通信と独占禁止政策』（昭和60年）15頁，独占禁止懇話会資料集XI（昭和62年）・4頁。

[71] 根岸哲ほか前掲注(68)134頁（舟田執筆）。

[72] NTT分割論に影響を与えたのが米国の1983年のAT&T事件修正同意判決であり，同判決によってAT&Tは市内通話部門を各地域電話会社に分離することになった。

[73] 松山隆英＝松月宏之「電気通信分野における当面の競争政策上の課題」公正取引平成元年10月号10頁。経済学者も総じて分割には否定的であった。郵政省が「管理された競争」に乗り出し，NTTとNCCとの料金格差を維持するなどしてNCCの保護育成を図っているようにみえると厳しく批判するものとして，奥野正寛ほか編『日本の電気通信』（平成5年）13頁（鈴村興太郎・南部鶴彦執筆），53頁（古城誠・南部執筆）。

第3章　政府規制をめぐる諸問題

ら限界がある」として，NTT の再編成（地域別再編成方式，市内市外分離で市内全国1社方式または市内市外分離で市内複数社方式）を提言した(74)。しかし，中間答申の分割論が株価を下落させたと―― NTT 株式を売却する責任のある――大蔵省が批判し，政府は再編成を凍結し更に5年後に先送りすることにした(75)。NTT の組織的なありかたについては，持株会社の解禁の問題とも絡んで，第2部に持ちこされていく。

　専売公社については，財政収入の安定的確保の観点から，たばこと塩の専売事業を行ってきた。たばこについていえば，外国から市場開放要求を受ける一方，葉たばこの全量買取制度による国産葉たばこの過剰在庫や高価格といった問題を抱え，かつ公社形態のために企業性を発揮しにくいという状況にあった。臨調の第3次答申は，「基本的には民営とすべきである」としつつ，当面政府が株式を保有する特殊会社とし，分割までは求めなかった(76)。民営化するとしても分割まで求めなかったのは，たばこ耕作農家の保護の必要と自由化後の輸入たばことの競争を考慮した結果であった(77)。

　のみならず，激変緩和措置として，新会社の製造独占が維持され，葉たばこの全量買付契約制度や小売人許可制度・小売定価制度が設けられた。こうした競争制限的な仕組みは，独占禁止法の精神にもとるはずである(78)が，適用除外規定が設けられることはなく，たばこ事業法（昭和59年法律第68号）に法的手当てがなされるにとどまった。昭和60年（1985）4月1日，JT と呼ばれる日本たばこ産業株式会社が発足した。

---

(74)　電気通信審議会『今後の電気通信産業の在り方　中間答申』（平成元年10月2日）244頁。電気通信審議会最終答申（平成2年3月2日）は，市外1社のほか当面市内も1社とする2社体制を打出した。

(75)　平成2年3月27日付け朝日新聞記事「「NTT分割に反対」橋本蔵相明言」，同年同月30日付け朝日新聞夕刊記事「NTT分割を5年凍結」など参照。

(76)　㈶行政管理研究センター前掲注(61) 110頁。

(77)　加藤寛＝山同陽一『国鉄・電電・専売　再生の構図』（昭和58年）255頁。小野博義「たばこ事業法・塩専売法の改正」ジュリスト823号（昭和59年）42頁も参照。

(78)　臨調は，たばこ耕作農家や小売人への配慮など，専売公社改革についてかなり譲歩をした（臨時行政調査会OB会編前掲注(67) 221頁（住田正二発言））。公取委と臨調との意見交換が行われた模様であるが，公取委がその際どのような意見を述べたか明らかでない。専売公社に関する臨調答申が競争政策の見地からみて徹底を欠いたことは否定できない。そして，驚くべきことは，これらの競争制限的諸制度が現在も維持されていることである。

3　中小企業保護のための規制——大店法の問題

転換期における社会的弱者の保護と消費者の利益

　昭和50年代には，規制緩和・民営化を志向する潮流に逆らうように，中小企業保護のために大企業の参入規制を導入しまたは強化する流れがあった。

　独占禁止法が強化改正されたまさに昭和52年（1977）の通常国会において，中小企業の事業分野への大企業の参入を規制する中小企業事業分野調整法が成立した[79]。同法は低成長時代に入って伝統的に中小企業分野とされてきた軽工業部門に大企業が進出してきたことに対し[80]，中小企業団体がこれを阻止するための立法運動を展開した結果，与野党一致で成立した。

　中小企業事業分野調整法は，中小企業団体の申出に基づいて，大企業の事業の開始・拡大により中小企業者の経営の安定に著しい悪影響を及ぼす事態が生ずるおそれがある場合に，主務大臣が当該大企業に対し事業の開始・拡大の時期の繰り下げや事業規模の縮小を勧告しまたは命令することができるようにしたものである。同法については自由競争や消費者の利益との関連をめぐってさまざまに論じられたが，その後大企業が雪崩を打って中小企業分野に参入するということはなく，同法が懸念したような事態が頻発することはなかった[81]。

　より重大かつ深刻な問題となったのは，この時期に，中小小売業分野への大規模小売店舗による参入を規制する「大規模小売店舗における小売業の事業活動の調整に関する法律」（昭和48年法律第109号。以下「大店法」という。）が強化改正されかつ運用も強化されたことであった。

　わが国において，百貨店と周辺小売商をめぐる紛争は戦前からあり，既に昭和

---

[79]　同法の正式名は，「中小企業の事業活動の機会の確保のための大企業者の事業活動の調整に関する法律」（昭和52年法律第74号）である。大企業と中小企業の事業分野をめぐる紛争は以前からあり，その調整制度として，中小企業団体法に基づく特殊契約，小売商業調整特別措置法に基づくあっせんまたは調停があった。

[80]　大企業の進出が問題となった事例としては，豆腐，もやし，理化医ガラス，段ボール紙器，軽印刷，クリーニングなどがあった（渋谷修「「分野確保法」の制定運動と中小企業者の主張」ジュリスト623号（昭和51年）51頁）。

[81]　この点を見通していた発言として，松下満雄ほか「座談会　中小企業分野調整の問題点」ジュリスト623号（昭和51年）20頁の清成忠男発言，同古藤利久三発言参照。大企業は規模の経済性が発揮しにくい分野には参入しにくいとされる。同法が成立したのは，理論的というより「政治的にみると中小企業が票田として重要」であったからであった（松下満雄「中小企業分野調整法について」ジュリスト644号（昭和52年）55頁）。

12年(1937)に百貨店法の制定をみていたが，戦後，同法の統制的色彩が独占禁止法の趣旨に反するとして同法は廃止された。とはいえ，昭和31年(1956)に基本的に同じ内容の百貨店法が復活し，さらにスーパーの急速な進出を背景に，昭和48年(1973)に百貨店法に代えて大店法が成立した[82]。

大店法の規制の仕組みは，同一建物内の店舗面積1,500㎡（東京特別区および政令指定都市は3,000㎡。以下同じ。）以上の大規模店に入居しようとするすべての小売業態（百貨店，スーパー，ショッピングセンター，専門店等を含む。）について事前に届出させ届出内容を審査して，「その周辺の中小小売業の事業活動に相当程度の影響を及ぼすおそれがあると認めるとき」（7条1項）は，通産大臣が，関係審議会等の意見を聴いて，開店日の繰り下げ，店舗面積の削減，閉店時刻の繰り上げ，休業日数の増加を勧告しまたは命令することができるというものであった。

低成長時代に入って，出店しようとするスーパーと地元中小小売業との紛争が激化し，中小小売業団体は規制強化を求める政治運動を行った。昭和53年(1978)に大店法は改正され，店舗面積500㎡超1,500㎡未満のものも都道府県知事に届出させ，都道府県知事が勧告しまたは命令することができるように規制が強化された。のみならず，53年改正前から，相当数の地方公共団体は，条例・要綱により大店法規制対象の店舗面積以下の建物についても出店規制を行っていた（いわゆる「横出し規制」）。

それでもスーパーの出店の勢いは衰えず，中小小売業団体は出店を許可制にするよう与党に働きかけたが，昭和57年(1982)1月，通産省は，法改正によらずに，届け出前に事前説明を実施させ，一定の場合には出店を自粛すること等を指導することにした[83]（2年間の時限措置とされたが，その後も継続された）（いわゆる「上乗せ規制」）。この行政指導と大手スーパーの出店戦略の転換によって，翌

---

(82) 百貨店法は百貨店の新増設について許可制をとっていたのに対し，大店法は小売業態を広く取り込んで事前審査付き届出制とする一方，消費者の利益を配慮事項とした。
　　大店法およびその運用について，所管官庁の解説として，通産省産業政策局大規模小売店舗調整官付編『［増補］新・大規模小売店舗法の解説』（昭和58年），法学的な分析・検討として，今村成和ほか編『注解経済法［下巻］』（昭和60年）1081頁（宮坂富之助・本間重紀執筆），金子晃ほか著『現代経済法講座6　流通産業と法』（平成5年）81頁（土田和博執筆），経済学の視点からの実態批判として，三輪芳朗＝西村清彦編『日本の流通』（平成3年）283頁（鶴田俊正＝矢作敏行執筆），政治過程の分析として，草野厚『大店法　経済規制の構造』（平成4年）がある。

(83) 草野前掲注(82) 140頁以下。

第 1 部　競争政策は "社会正義" の理想を失ってはならない　1978 〜 1988

58 年（1983）以降ようやく大型店の出店は沈静化していく。

　大店法は，「消費者の利益の保護に配慮しつつ，大規模小売店舗における小売業の事業活動を調整することにより，その周辺の中小小売業の事業活動の機会を適正に確保し，小売業の正常な発達を図り，もつて国民経済の健全な進展に資すること」を法目的とする（同法 1 条）。すなわち，同法の直接目的は，大規模小売店舗の「周辺の中小小売業の事業活動の適正な機会を確保し，小売業の正常な発達を図る」ことにあるが，立法担当者によれば，それは「中小小売業の存立基盤が失われてしまうことのないように」しかつ小売業の各業態が「それぞれの特色に従い，その機能を十分に発揮しつつ，共存していく」ことを意味するとされた[84]。消費者の利益は，あくまでも配慮事項という位置づけにとどまった。

　大店法に関してはさまざまな見解があった[85]。興味深いのは，多くの経済法学者が——程度の差はあれ——肯定的に理解しようと努めたことである。たとえば，正田彬は，「大規模小売店舗の進出によって，公正かつ自由な競争が維持されていた市場から，市場支配力を持つ市場へと転化するおそれがある場合［が—筆者注］……制限を加えることが必要とされる典型的な場合」であるとして，公正かつ自由な競争秩序維持の観点から，消費者の利益と中小小売業の利益を両立・調和させようとした[86]。とはいえ，大店法の目的・仕組みはそのようになっていないし，新規参入は——不当な手段を用いないかぎり——基本的に競争促進的で消費者の利益となるのであり，参入規制はそもそも消費者の選択の自由を奪うのではないか？

---

(84)　通産省前掲注(82) 35 頁以下。

(85)　土田執筆前掲注(82) 86 頁以下は，大店法に関する見解を，①流通の近代化ないし経済効率性や参入障壁の観点から評価する撤廃ないし緩和論（経済企画庁・公取委の各研究会，多くの経済学者，米国通商代表部など），②社会的摩擦を回避するための緊急避難と解する説（松下満雄），③公正な競争秩序維持の観点から解する説（正田彬，木元錦哉，野木村忠邦），④スーパーの進出を商工自営業者の「生業権」の侵害ととらえる説（本間重紀），⑤大規模小売店舗の規制を都市計画の観点からのみ認める商業立地調整論（鶴田俊正など），に整理している。土田自身は，中小小売業の販売様式が消費者の「人間の論理」により近く，大店法がこれを不可欠の前提条件として各種業態の維持を担う法であると理解している（同書，101・105 頁）。なお，経済法学者でも根岸哲は，「出店規制の合理性には大きな疑問があり，規制の廃止をも含めた根本的な再検討が必要であろう」と主張していた（「日本の流通機構と法制度」神戸法学年報 1 号（昭和 60 年）167 頁）。

(86)　正田彬「大規模小売業者と競争秩序——大規模小売店舗法の問題点」公正取引昭和 63 年 2 月号 10 頁。同「現代における中小企業と法 3」法律時報 49 巻 5 号（昭和 52 年）129 頁も参照。

大店法がはらむ問題は，その運用実態が明かにされることによって，否定できないものとなった。通産省の行政指導により，大店法が予定している正式の審議の場である商業活動調整協議会（以下［商調協］という。）が前倒しされて，市町村の商工会議所（または商工会）内に置かれる事前商調協さらに事前説明（それが事々前商調協と化す。）が設けられ，それらが地元商店会等との非公式な調整・交渉の場となり，消費者の意見等が反映されなくなった。のみならず，事前説明の段階で出店者と地元小売業とが協定書，同意書を締結することが慣行化し，地方自治体は地元との合意がなければ届け出を受理しなくなった[87]。もともと大店法上の審査基準（「周辺中小小売業の事業活動に相当程度影響を及ぼすおそれがあるかどうか」）が不明確であり裁量の余地が大きいことが，運用の不透明さに拍車をかけたといえる。

　大店法に基づく出店調整により，多くの大規模小売店舗の出店は長期化し，店舗面積は計画より縮小された。長期化については要開店期間が平均4.3年，店舗面積については面積削減率が平均33.6％という調査結果がある[88]。地元商店会等との出店協定締結の条件として，商業振興協力金として多額の寄付が条件となることもあった[89]。

　エコノミストの鶴田俊正＝矢作敏行は，大店法の「基本的欠陥」を次のように厳しく指摘した[90]。すなわち，①行政指導の不透明性，②大店法による参入障壁が既存大型店の既得権益をも保護していること，③消費者の利益が確保されないこと，④市・町単位で調整が行われるため，リージョナリズム（地元優先主義）に偏りがちで，国民経済的観点が軽視されること，である。

---

(87)　鶴田＝矢作執筆前掲注(82) 283頁は，大店法の運用の歴史は「制度形骸化＝規制の強化と制度の不透明性が高まるプロセス」であったとする。ちなみに，第1種大規模小売店舗（店舗面積1,500㎡以上）の出店手続は，おおむね次のとおりであるが，（　）は法令によらないものである。
　　　（市町村に対する事前説明［事々前商調協による調整］）→建物設置者の都道府県知事への3条届け出→（事前商調協による調整）→大規模小売業者の都道府県知事への5条届け出→通産大臣の大規模小売店舗審議会への諮問・答申→正式商調協への諮問・答申→通産大臣の勧告・命令
(88)　鶴田＝矢作執筆前掲注(82) 300頁。出店調整の具体的な事例は，政府規制等と競争政策に関する研究会「規制緩和の推進について」鶴田俊正編『政府規制の緩和と競争政策』（平成元年）所収258頁，出店紛争の生々しい実態については，草野前掲注(82) 31頁参照。
(89)　鶴田編前掲注(88) 266頁。
(90)　鶴田＝矢作執筆前掲注(82) 315頁。

第1部　競争政策は"社会正義"の理想を失ってはならない　1978～1988

公取委そして消費者——大店法を廃止に追い込んだのは？

　公取委はどうか？　大店法の制定後15年間，同法による規制および運用が社会・政治問題となっているにもかかわらず，公取委が議論に登場することはなかった。公取委は，16業種の政府規制調査の対象に何故か流通を含めなかったし，競争制限的な行政指導に対して一般的に問題視しながら，大店法から乖離した通産省の行政指導に対して行政調整を行ったという事実は見あたらない。

　橋口公取委員長は，もともと大店法による規制について「大と小との緊張関係は増大しますから，やはり競争原理だけではいかない」と肯定的に考えていたし[91]，通産省の昭和57年（1982）の出店自粛指導について「［通産省は，一筆者注］この法の許される限界を越えないぎりぎりのところで対処しておられる」，「大規模小売店業者の出店に対する行政には，それほど大きな問題はない」と寛大な態度を示していた[92]。橋口の社会正義——この場合は（反競争的）社会的公正原理（第1部補論(1)参照）である——への志向が作用したとみることができる。

　昭和63年（1988）12月，第2次行革審は大店法の運用上の改善を要望するとともに，「大型店出店調整制度の在り方について検討する」ことを求めた[93]。ここに至ってようやく，公取委の「政府規制等と競争政策に関する研究会」（鶴田俊正座長）も，翌平成元年（1989）2月，運用の改善を求めるほか「将来的には大規模店の出店を自由化する方向で見直しすることが望ましい」との提言を行った[94]。

　もともと地元中小小売業者が事前同意に応じないため大規模小売店舗の出店を困難にしているならば，それは行政過程（行政指導）を利用した独占禁止法違反の競争者排除行為ではないか？　さらに次のような出店協定書[95]は，営業の自由

---

(91)　橋口收「"三越事件"は流通近代化への第一楽章だ」激流昭和54年3月号17頁。橋口は，「一概に，手放しで競争だけすればいいとはいえない気がします。社会の安定を害することにもなります。やはり，経済の論理だけではいかない面もありますね。」とも述べている。

(92)　昭和57年2月24日の衆議院商工委員会における中村重光議員（社会）の質疑に対する答弁。

(93)　臨時行政改革推進審議会『公的規制の緩和等に関する答申』（昭和63年12月1日）15頁。

(94)　吉武三男ほか「政府規制等と競争政策に関する研究会における検討状況について」公正取引4平成元年4月号37頁，政府規制等と競争政策に関する研究会「規制緩和の推進について」鶴田編前掲注(88)所収269頁。

(95)　あるスーパーが昭和57年に都内に出店する際の出店協定書の販売方法の項の一部である（鶴田＝矢作執筆前掲注(82) 306頁から引用）。

第3章　政府規制をめぐる諸問題

の侵害であり，明白な独占禁止法違の行為ではないか？[96]しかし，公取委が何らかの措置をとった具体的事例は見当たらない。

「1　特売回数は月3回とし，1回は3日以内とする。また，特売催事の特売は年4回とし，特売回数は合計で年40回とする。チラシの大きさは，開店時を除きB4版。
2　特売の宣伝はチラシのみとし，特売日と開店セール期間中にかぎる。開店の宣伝は開店日の1週間前まで行わない。
3　テナントを含め，スタンプサービス，ダイレクトメール，店外での手配りチラシの禁止，および屋外でのマイクならびに宣伝カーを使用しない。
4　セルフサービス方式で販売し，対面販売を行わない。
5　テナントを含め，呼び込み販売，割賦販売，出張販売，カタログ販売，および配達・配送は行わない。
6　閉店30分前までは，原則として投げ売りを行わない。
7　特売催事時を除いて，アトラクション等によるイベント行為は行わない。
　　……　　　　　　　　　　　　　　　　　　　　　　　　　　　　　」

消費者はどうか？　公取委の調査によると，消費者モニターの78％が大規模店の出店を望んでいると回答している[97]。問題なのは，出店がされないだけでなく，規制強化により競合店が出店しなくなったため，出店したスーパーが安売りをしなくなった——鶴田・矢作の前記指摘の②——ということである。地元中小小売業者との「一種のカルテル構造」ができあがり，スーパーの経営者は規制緩和を強く主張しなくなったし，大店法が物価高の一因と指摘されるようになった[98]。

---

[96]　ただし，この場合の法律構成は容易でない。地元小売業者が協定当事者の場合，競争の実質的制限に至っていると認められるとしても，出店者に対する一方的拘束であるので不当な取引制限の適用は難しく，通謀による排除型私的独占該当となろう。実質的制限が認められない場合は，共同の取引妨害（平成21年改正前の不公正な取引方法の一般指定15項）該当が考えられる。事業者団体が協定当事者の場合，8条1項5号適用は難しく，競争の実質的制限が認められるときに同条同項1号が適用されると考える。
[97]　その理由として，「品揃えが良くなる」69％，「街に活気が出る」64％，「値段が安くなる」62％，「サービスが良くなる」52％等であった（政府規制等と競争政策に関する研究会前掲注(88)鶴田編前掲注(88)所収267頁）。
[98]　「時の経済　規制緩和を求められる大店法」ジュリスト923号（昭和63年）61頁。政府規制等と競争政策に関する研究会前掲注(88)鶴田編前掲注(88)所収260頁の出店調整の事例Aについて，「当該店は，生鮮食品等一部商品の価格について，地元小売業者と同程度に設定しているといわれている」と記述している。経済企画庁経済研究所『大規模小売店の参入規制と小売価格の変動（要旨）』（平成4年）3頁は，昭和52年と62年を比較して，大型店における生鮮食品の価格の上昇が顕著なことを指摘している。

第 1 部　競争政策は "社会正義" の理想を失ってはならない　1978～1988

　大店法及びその運用は，社会的弱者とされる中小小売業者が政治的影響力を行使して自らの既得権の確保を図った規制であった。競争原理の苛烈な作用がもたらす痛みを緩和する試みともいえるが，最も弱い立場の一般消費者のことを考えれば，（反競争的）社会的公正原理が好ましくないかたちで顕現したというほかない。とはいえ，1980年代の公正から効率への原理的転換期にあって，大店法が非効率かつ消費者の利益に反するものとして，次第に批判にさらされるのは必然であった。結局，大店法は，平成3年（1991）に緩和改正され，同10年（1998）に周辺地域の生活環境の保持を目的とする大規模小売店舗立地法（平成10年法律第91号）が制定されたのに伴い廃止されるに至る。しかし，その原動力となったのは，日米構造問題協議における米国の批判や規制緩和の流れであって，国内における競争政策でもなければ消費者の力でもなかった。

4　規制緩和・民営化の意義

「自由主義的改革」がもたらしたもの——修正資本主義から古典的資本主義へ

　昭和55年（1980）7月18日，自民党の鈴木善幸新首相は組閣後の記者会見において，次のように述べた[99]。

> 「日本は今日，一応の経済発展によって生活の向上を果たせたが，そのなかで，なお恵まれない環境に苦しんでいる人がいる。より以上の豊かさを求める政治よりも，むしろ恵まれない人の不平不満を解消することに目を向けなければならない。つまり，足らざるを憂える政治よりは，等しからざるを憂える政治——という心構えで取り組んでいきたい。社会的公正さを追求しながら，社会的，経済的不平不満を解消し，国民が連帯と協調をし，互に助け合って，安定を求める方向に方向で政治を進めていきたい。」（傍点筆者）

　このような社会的公正を重視する発言は，鈴木が水産業における協同組合運動に長く従事し，戦後，社会党から立候補して衆議院議員に当選した経歴を思えば，驚くに値しない。鈴木は，三木武夫，福田赳夫（上巻514・515頁参照）と同様，保守政党にありながら，弱者への配慮や社会福祉を忘れない個性を持ち続けていた。公害問題や物価上昇などの時代状況を考えれば，保守政党が左派的対応をとる必然性があったし，その代表例が三木および福田の手によって実現した昭和52年（1977）の独占禁止法改正であった[100]。

---

(99)　昭和55年7月19日付け読売新聞記事「鈴木首相の記者会見内容」。
(100)　大嶽前掲注(46) 10頁参照。

第3章　政府規制をめぐる諸問題

ところが，鈴木はすぐに「転向」を余儀なくされる。昭和55年（1980）10月3日の所信表明演説では，草案にあった「社会的公正の確保」が削除され，「思いやりのある社会を築く」ことに変更された。官房長官の宮沢喜一が気づいていたように，「社会的公正の確保」が「機会の平等」ではなく「結果としての公平」と誤解されるおそれがあったからであった[101]。社会福祉の充実といった「大きな政府」の目標は，もはや財政再建が必要な時代にそぐわなかった。鈴木は，行政改革に「政治生命をかける」と発言し，臨調を軸に行政改革を推進していく。鈴木の「転向」は，わが国の経済運営の理念が「社会的公正」から「経済的効率性」へ移行することを示す象徴的なエピソードであった。

次の中曽根康弘首相はどうか？行政管理庁長官の時代に次のように語っている[102]。

　「……日本の国の性格を見ると，……私は日本は混合経済の社会だと思っているんです。「フリードマンよ，こんにちは，ケインズよ，さようなら」というのが世界的風潮になっていますけれども，やはり日本もあまりにも肥大化しすぎて外科手術を要するようになっている。そのいまのテンポラリーというか，当面の外科手術の処方箋にフリードマン先生が必要なのであって，手術後のあり得べき日本の体質という面を見れば，やはり混合経済というものがある。……日本にはイギリスやアメリカに比べてみて，まだ社会資本や社会補償[ママ]やそのほかのストックが非常に少ないので，私は，そういう面からも混合経済的性格は基本にあるべきだと思っているわけです。」（傍点筆者）

中曽根にとって，「小さな政府」を目指す行政改革は当面の課題であって，わが国はなお公共事業や社会福祉を必要とする「大きな政府」（本人が「混合経済」と言っているのは正確でない。）が基本だというのである。確かに行政改革を推進した中曽根であるが，政治家としての実像は複雑であり，新自由主義者とも言い切れないところがある[103]。「レーガン政権，サッチャー政権の場合とは違って，日本においては，この自由主義思想は，80年代においても政権の中心的形成力をなしていたわけでは必ずしもなかった」[104]のである（新自由主義に最も近い政

---

(101)　宇治敏彦『鈴木政権・八六三日』（昭和58年）75頁。
(102)　中曽根康弘「行政改革への抱負」経済人35巻5号（昭和56年）6頁（臨調委員との懇談会における挨拶）。
(103)　中曽根が国鉄改革や行政改革に果たした役割は実際には大きなものでなかったとの指摘として，草野前掲注(62) 218頁，大嶽前掲注(46) 341頁参照。中曽根が行政改革に乗り出したのも，長官に大物政治家を迎えた行政管理事務次官が第二臨調の設置を示唆したからである。

第1部　競争政策は"社会正義"の理想を失ってはならない　1978～1988

策をとったのは小泉純一郎政権であるが，それも思想的・イデオロギー的なものではない（第3部第2章1参照））。

わが国において規制緩和・民営化を推進したのは，新自由主義の思想ではなく，直接的には財政再建や3公社の経営の効率化の必要性から生まれた経営者や官僚のプラグマティズムであった[105]。しかし，その背後にうかがわれる思想ないしイデオロギーがないわけではない。それは，石油危機を克服して，企業性悪説の批判からの復権をめざす経済界の自由（放任）主義であったといってよい。自由（放任）主義は，行政改革の文脈において，「民間活力の活用」というスローガンとなってあらわれた。臨調の第1次答申は，行政改革の理念として，「活力ある福祉社会」を掲げ，「自由経済社会の持つ民間の創造的活力を生か」すことが前提となると述べた[106]。

「民間活力」論には，限界があった。それは，民間企業に対し自由な行動を促せば自ずから経済が活性化するとの楽観論であり，自由に伴う企業行動の規律や責任という洗練された含意はない[107]。これを端的に示すのは，行政改革を推進した関係者が規制緩和や民営化後の市場における競争秩序の確保，すなわち独占禁止法の適用や強化についてまったく視野になかったことである[108]。むしろ，経団連は独占禁止法の緩和を主張したくらいであった（第1部第1章5参照）。

臨調は，国鉄と電電公社の民営化を主張した。しかし，これらの公社が提供していた公共サービス——たとえば，過疎地の赤字路線や通信サービス——をどうするかについて，臨調答申はまったく触れるところがなかった。効率性本位であり社会的公正性＝所得の再分配への配慮が皆無であったことを示している。

「小さな政府」は世界的な潮流であり，わが国の行政改革もその流れに掉さしていた。規制緩和・民営化という「自由主義的改革」[109]は，一応成功した。資

---

(104)　大嶽前掲注(46) 292頁。

(105)　鉄道の民営化が行われたのは日本だけであることは，日本の民営化が海外と異なる起源を持っていることを示している（飯尾前掲注(62) 269頁）。

(106)　㈶行政管理研究センター前掲注(49) 11頁。ここで活力ある「福祉社会」と言っているのは，福祉切り捨て批判に配慮したものである。「福祉国家」でなく「福祉社会」と述べていることに，注意する必要がある。

(107)　民間活力の利用と称して行った土地規制の緩和が地価の異常な上昇を招いたことはその典型であろう。「民間活力」という即物的表現は，企業家の欲望や野心という制御されない「アニマル・スピリット」に近い印象を与えるものがある。

(108)　臨調の「活力論」について，暉峻淑子「「行革」は生活を破壊する」世界昭和57年9月号97頁は，「国民には，自助自立を土台とする競争のバイタリティーを要求しながら，それを可能にする経済界の独占の排除を要求するわけでもな」いと批判する。

第 3 章　政府規制をめぐる諸問題

本主義を改革したのは，伝統的な保守主義でもなければ，リベラル左派，社会民主主義でもなかった[110]。以後わが国の資本主義は，戦後のケインズ型修正資本主義から古典的資本主義への回帰に向けて大きく舵をきる。

---

(109)　大嶽前掲注(46) 11 頁は，規制緩和・民営化を推進した経済界のイデオロギーを「経済的自由主義」と呼び，これらの改革を「自由主義的改革」と名付けている。
(110)　国鉄改革によって急進的労働組合であった国鉄労働組合（国労）が解体されたことに象徴されるように，わが国において以後社会民主主義は急速に衰退し，その後新自由主義に対抗する強力な思想軸は形成されなかった。

第1部　競争政策は"社会正義"の理想を失ってはならない　1978〜1988

第4章　法執行活動の停滞と進展

1　審決件数の激減と行政指導的法運用

課徴金制度の効果か？　カルテルの潜行化か？

　第1部の公取委の審決件数およびその法条別内訳は下表のとおりである[1]。ピークの昭和48年度審決件69件と比べるべくもないが，件数の激減ぶりがわかる。特に末期の3年間の低調が著しい。その理由として，異常なインフレの終息により低成長時代に入って（価格引上げ）カルテル自体が少なくなったことや，悪質な違反行為でなければ法的措置をとらないという公取委の「予防行政」の方針（第1部第1章2参照）があったと考えられる。加えて，昭和52年法改正によって導入された課徴金制度の影響があった。

　すなわち，業界も安易にカルテルに走らないよう注意を払うようになり，他方カルテルが巧妙化し証拠を残さなくなり，「課徴金制度によるカルテル抑止力が働いている」からであったとされる[2]。とはいえ，この当時の課徴金の額の水準は低く，課徴金制度によるカルテル抑止力を過大に評価することはできない。第2部・3部において明らかになるように，わが国企業のカルテル・談合体質は根深く，多くの場合カルテルが潜行しただけであったとみられる。他方，昭和52年改正への反発を回避するために，公取委がカルテルに対する法的措置を慎重にしたという面も否定できない。

　その結果，カルテルについては，中小企業カルテルが多かったが，大企業によるまたは市場規模の大きなカルテルの摘発は少なく，ソーダ灰，セメント，医療用医薬品などにとどまった[3]。入札談合事件が次第に取り上げられるようになっ

---

(1)　五十年史下巻・254頁の表から作成。

(2)　川井克倭『カルテルと課徴金』（昭和61年）ii頁。暫定的ではあるが，課徴金制度のカルテル抑止力を評価するものとして，元永剛「課徴金制度の現状と動向」ジュリスト751号（昭和56年）47頁，逆に疑問を提起するものとして，三代川敏三郎「カルテルの規制と課徴金制度」公正取引昭和55年4月号30頁。

(3)　旭硝子㈱ほかソーダ灰製造業者3名に対する件，昭和58年3月31日勧告審決，審決集29巻104頁，秩父セメント㈱ほかセメント製造業者8名に対する件［南関東地区］，昭和58年4月21日勧告審決，審決集30巻10頁（他に近畿地区，岡山県・広島県，九州地区の事件がある。），日本製薬工業協会に対する件，昭和58年6月30日勧告審決，審決集30巻35頁。

第4章 法執行活動の停滞と進展

たが，静岡県の建設談合事件でいったん挫折を経験することになる。私的独占や企業結合に関する審決は皆無であった。

　審決件数が少なくても，その内容には進展がみられた。非製造業分野への独占禁止法の適用拡大であり，自由業や政府規制分野へと独占禁止法による措置の射程が広がった。不公正な取引方法事件が比較的多かったが，そのなかでは製品差別化された消費財の再販売価格維持行為事件が大きな割合を占めた[4]。三越事件[5]や東洋精米機事件[6]のように独占禁止法の歴史にとり重要な意義をもつ事件もあった。

　この時期は，以上のような意味で「法執行活動の停滞と進展」という，一見相矛盾する表現がふさわしいと考える。

第1部における審決件数およびその法条別内訳

年度	3条（前段）（私的独占）	3条（後段）（不当な取引制限）	8条1項各号（事業者団体）	4章（企業結合）	19条（不公正な取引方法）	7条の2（課徴金関係）	景品表示法	計
53	0	1	2	0	4	0	1	8
54	0	3	10	0	4	0	0	17
55	0	4	8	0	3	0	1	16
56	0	6	4	0	3	0	0	13
57	0	5	7	0	7	0	1	20
58	0	5	2	0	4	1	0	12
59	0	4	5	0	0	0	0	9
60	0	1	3	0	7	6	0	17
61	0	3	1	0	0	0	1	5
62	0	0	5	0	1	0	0	6
63	0	5	0	0	1	0	0	6

(4) 主なものとしては，ドリンク剤類似の清涼飲料水について大塚製薬㈱に対する件，昭和58年3月31日勧告審決，審決集29巻96頁，家庭用電子玩具について任天堂㈱に対する件，昭和58年4月20日勧告審決，審決集30巻3頁，パンについて山崎製パン㈱ほかパン製造販売業者1名に対する件，昭和60年5月15日勧告審決，審決集32巻7頁などがある。
(5) ㈱三越に対する件，昭和57年6月17日同意審決，審決集29巻31頁。
(6) ㈱東洋精米機製作所に対する件（審決取消・差戻），昭和56年7月1日審判審決，審決集28巻38頁，昭和59年2月17日東京高裁判決，審決集30巻136頁，昭和63年5月17日同意審決，審決集35巻15頁。

第1部　競争政策は"社会正義"の理想を失ってはならない　1978～1988

行政指導の多用——官僚文化と法的規制文化

法的措置の減少の反面として，比較的重要でない案件は行政指導案件——法的調査権限を行使しない任意審査によって調査する——として処理され，警告や注意という措置がとられた[7]。橋口委員長は，「勧告も警告もそう効果は変わらない」として，しばしば勧告にこだわる担当官に対し警告への格下げを指示したという[8]。こうした行政指導を多用する手法は橋口委員長が唱えた「予防行政」の方針（第1部第1章1参照）に基づくが，わが国独特の法執行活動であった。橋口は，委員長就任後間もない時期に，次のように述べている[9]。

　「……日本における独禁法の運用は，どうしても日本人のメンタリティとか国民性をふまえてやらなければ駄目なんです。大体，独禁法はアメリカに源流がある。これはいってみればプロテスタンティズムの精神の産物，ピューリタニズムの生み出したものですね。……プロテスタンティズムの倫理は，情緒型人間の日本人になかなか馴染みにくいんです。……したがって独禁法の運用も日本的にならしていかないといけない。それが行政指導への習熟ということだと私は思うのです。」（傍点筆者）

日本人の国民性が行政指導を求めているという橋口の見解には，疑問がある。わが国における行政指導は，昭和6年（1931）の重要産業統制法に基づく商工省のカルテル形成の指導に始まり（上巻21頁），戦後も連綿として行われたもので，公取委の行政指導的運用も昭和28年の緩和改正の動きに対応して公取委がとった方針によるという歴史的産物にすぎない（上巻249・486頁）。橋口の頃の行政指導的運用も，同法を受け容れないわが国経済社会との妥協であり，執行活動の

---

[7]　やや後になるが，警告と注意について次のように説明されている（平成4年度公取委年次報告16頁）。すなわち，警告とは，「法的措置を採るに足る証拠が得られなかった場合であっても，違反の疑いがあるときは，関係事業者に対して警告を行い是正措置を採るよう指導している」とあるように行政指導である。注意とは，「違反行為の存在を疑うに足る証拠が得られないが将来違反行為が行われるおそれがある場合には，未然防止を図る観点から注意を行っている」とあるが，実際には当該行為が継続しているときはとりやめを指導しているとみられるので，やはり行政指導であるということができる。日米構造問題協議以降，警告は原則として公表されることになっている。

　　警告件数は，昭和53年度には26件であったが，同57年度には151件に達し，その後は減少をたどり，同63年度は65件となっている。なお，不当廉売事件についてはこれとは別に口頭による警告が行われた（本章4参照）。注意は昭和62年度から処理区分に現れるが，昭和62年度28件，63年度17件である（以上，五十年史下巻・253頁）。

[8]　昭和57年9月6日付け日本経済新聞記事「法律より"行政指導"」。

[9]　「この人と1時間橋口収　独禁法は自由体制の"希望の星"」エコノミスト昭和52年12月20日号42頁。

第 4 章　法執行活動の停滞と進展

弱さの反映でしかない。

　経済法学者根岸哲は、「行政的運用には、運用が不透明性を伴わないか、運用が安易にながれないかといった問題点」があると疑問を提起し、外国で日本では独占禁止法が十分運用されていないという批判の一因は行政的運用にあるとして、司法的運用を試みる必要があることを指摘した[10]。

　ややのちになるが、米国の反トラスト法研究者ハリー・ファーストは、日米の規制文化を比較し、米国はルールに基づき裁判所が個別に処理する法的規制文化（legalistic culture）であるのに対し、日本は国民経済的見地から官僚が指導する官僚文化（bureaucratic culture）であると指摘した上で、次のように述べた[11]。

　　「公取委の問題を通産省対公取委の紛争の次元でのみ見ることは、米国が直面することはなかったが、日本の反トラスト法施行が直面するより深い問題を覆い隠すことになる。日本においては、法的な反トラストは官僚的規制文化の文脈に置かれた。裁判所を潜在的な味方として活用するのではなく、公取委自身既存の官僚システムに適合させ、裁判所による法施行を無視したのである。」（翻訳・傍点筆者）

　行政指導を批判する公取委自身が、実は通産省と同様、官僚システムに組み込まれているという指摘は衝撃的である。それまで、孤立する公取委が国内において反トラストの立場から同情はされても厳しく批判されることはなかった。第1部おいて、反トラストは政策の問題であって、法執行の問題ではなかった。日本的独占禁止法の運用が問題視されるのは、日米構造問題協議においてである（第2部第1章4参照）。

---

(10)　根岸哲「競争政策40年の歩みと今後の課題」公正取引昭和62年12月号8頁。
(11)　Harry First, Antitrust Enforcement in Japan, Antitrust Law Journal, Vol. 64, 1995, p. 178. なお、平林英勝「公正取引委員会は法施行機関となりうるか──ファースト教授の批判を手がかりとして」厚谷襄兒先生古稀記念論集『競争法の現代的諸相（下）』（平成17年）955頁（同『独占禁止法の解釈・施行・歴史』（平成17年）所収）参照。

第1部　競争政策は"社会正義"の理想を失ってはならない　1978〜1988

慎重な課徴金制度の運用——具体的競争制限効果基準の生成

課徴金制度の運用状況をみると，下表のとおりである[12]。

昭和 年度	事件数	納付命令数[注]	(対象事業者数)	課徴金額（万円）
52	0	0		0
53	1	4		507
54	5	134		15億7,174
55	12	203		13億3,111
56	6	148		37億3,020
57	8	166		4億8,354
58	10	93		14億9,257
59	2	5		3億5,310
60	4	38		4億0,747
61	4	32		2億7,554
62	6	54		1億4,758
63	3	84		4億1,899

　（注）　課徴金の納付を命じる審決を含み，審判手続の開始により失効した課徴金納付命令を除く。

　カルテルの摘発の停滞を反映して事件数も課徴金額も少ないが，特に後半の高橋元委員長時代の低調ぶりが目立つ。これは同委員長が行政指導主義へ一層傾斜したことを反映している。56年度がやや突出しているのは，製紙業界の価格カルテル事件が3件あったからである。

　課徴金制度は，公取委に課徴金を課すか課徴金の額をいくらとするかについて裁量がない制度として設計された。とはいえ，実際には公取委は調査権の行使を通じてカルテルの存在やその実行期間の事実認定を行うことにより課徴金の賦課や金額について事実上裁量を発揮した（上巻・540頁参照。当時は実行期間について3年上限の定めはなかった）。公取委には，「課徴金をとるためには，「確実な証拠」のあるものについてだけ審決を命ずべきとの政策判断」があったとも言われた[13]。

　公取委事務局審査部長伊従寛は，昭和58年(1983)に次のように述べている[14]。

---

(12)　五十年史下巻・386頁。
(13)　菊地元一「いま求められる"強い"公取委」エコノミスト平成2年1月23日号52頁。
(14)　伊従寛「最近の独禁法問題について」経済人昭和58年8月号23頁。

第4章　法執行活動の停滞と進展

「この課徴金制度の運用については，法律の規定で裁量が許されていないのですが，そうかといって私達も決して形式的，画一的な運用をしているわけではなく，準罰則である課徴金の運用についてはそのための事実認定や証拠等を一層慎重な態度で取り扱っているというのが実情です。ですから，課徴金の納付命令についても，最近では業界の方も・一・応・は・納・得・し・て・下・さ・っ・て・い・る場合が多いのではないかと思います。」(傍点筆者)

公取委が課徴金制度の運用に慎重であったのは，経済界に昭和52年改正に反発する空気が強く，緩和改正の動きを警戒したからである（第1部第1章5参照）。そのため，相手方企業に争っても勝ち味がないと思わせるほど十分証拠がある場合に法的措置をとりかつ課徴金の額もやむをえないと思わせる相当な額にとどめたとみられる[15]。そうでなければ，第1部の10年余の期間中の900件を超す納付命令に対して不服申立てがあったのはわずか7件のみであったことが理解できない（不服申立に係る課徴金納付命令審決に対し取消請求訴訟は1件も提起されなかった）。

さて，課徴金納付命令が争われた数少ない事件として，レンゴー事件[16]と自動火災報知器事件[17]がある。重要なのは後者の審決である。課徴金の計算の基礎となる売上額について，公取委は，当初から，カルテルの対象とされたすべての商品・役務が含まれるとする立場（実行不要説）から課徴金の算定を行ってきたが，学説にはカルテルの実行としての事業活動の対象となった商品・役務に限られるとする説（実行必要説）があった[18]。本件審決は，法7条の2第1項にい

---

(15) 公取委幹部談として，段ボール業界のカルテルの課徴金総額は当初50億円と算定されたが，古い期間については認定不十分として21億円へ減額修正されたことが伝えられている（昭和57年9月6日付け日本経済新聞記事「法律より"行政指導"」）。
　　加えて，8条1項1号ではなく課徴金の適用対象とならない同条同項4号を適用するという方法もある。たとえば，日本製薬工業協会に対する件，昭和58年6月30日勧告審決，審決集30巻35頁は，1号適用が十分可能であったと指摘されており（根岸哲「昭和57年および58年度審決総評（上）」公正取引昭和59年8月号48頁），課徴金を課せば巨額となるため，慎重を期して4号が適用された可能性がある。
(16) レンゴー㈱に対する件（昭和59年2月2日審判審決，審決集30巻56頁）。本件において，親子会社間の取引が課徴金の対象となるかどうかが争われたが，本件において親子会社間の取引もカルテルの共同意思の範囲内と認められるとしつつ，全額出資の子会社に対する売上げが「同一企業内における加工部門への物資の移動と同視し得る」ような場合には「市場への出荷」ではなく課徴金の対象から除外されるとの判断を示し，この点についての先例となった。
(17) 能美防災工業㈱に対する件ほか5件，昭和60年8月6日審判審決，審決集32巻14頁。
(18) 川越憲治「独禁法と課徴金制度(3)」NBL189号（昭和54年）35頁。商品や取引先の

III

う「「当該役務」とは「当該行為」の対象とされている役務と解され……売上額は，右「当該役務」に係る売上額について計算される」との文理解釈から，実行不要説をとった。公取委は，当初から実行不要説をとって運用してきたとみられるが，実行必要説では個別の取引についてカルテルの影響を認定する必要があり，公取委の実務に大きな困難を強いることになったであろう。

とはいえ，本件自動火災報知器事件審決は，実は――審判における争点になっていないが――実行必要説に近い判断をしていたのである。本件違反行為は民間企業の発注に関して受注予定価格および受注予定者を決定した受注調整であるが，受注予定者の決定には至らなかった物件（「親無し物件」）および決定されたものの受注予定者以外の者が受注した物件（「非親受注物件」）については「その後の事情によって」基本決定の対象ではなかったとみなして，課徴金の算定対象外であるとしたからである。

もともと昭和52年法改正時に，受注調整ないし入札談合が通常は基本合意とそれに基づく個別調整の二重構造であることを認識せずに課徴金制度を導入した。そのため，基本合意に従って受注予定者が決定され受注予定者が落札するという場合以外の事態が生じた場合が課徴金の対象となるのかどうか明らかでなく，公取委は個別に事例判断を積み重ねていくほかなかった（それは現在まで続いている）。しかし，本件審決のように，事後的に基本合意の対象ではなかったというレトリックには無理がある。

そこで，経済法学者実方謙二は，受注調整行為の二重構造を踏まえ，「受注調整にあっては，基本決定の対象となる商品や役務を決定しても，それにより当然に，対象商品や役務のすべてについて具体的な制限効果が及ぶわけではない。……調整手続に上程されて制限効果が具体化する」のだから，調整手続に上程されなかった物件は受注調整の対象外であり上程されても実質的に調整が成立しなかった物件は受注調整の対象となっていないと考えるべきであると主張した[19]。

ここに受注調整・入札談合事件における具体的競争制限効果基準の生成をみることになった。通常のカルテル事件と異なり，これらの類型の事件においては個別調整の結果受注することにより不当利得が発生するから，この基準は不当利得

　一部について実行された場合にも全売上高に対して課徴金を徴収すると不当利得額との差が大きくなりすぎることを理由とする。川井前掲注(2) 164頁も参照。なお，審決は「当該行為の実行としての事業活動」は実行期間の始期・終期を特定するための要件であると解する。

(19)　実方謙二「課徴金の対象となる「当該役務」の売上額」公正取引昭和60年10月号10頁。

第4章　法執行活動の停滞と進展

の徴収という課徴金制度の趣旨により適合する[20]。それは協和エクシオ事件審判決[21]の採用する基準となり，さらに曲折を経て最近の多摩地区土木工事入札談合事件における最高裁判決[22]が支持するところとなった。

2　入札談合の摘発と挫折——静岡建設入札談合事件

青天の霹靂の立入検査と建設業界への激震

公取委は，昭和56年（1981）9月28・29日，静岡県下の建設業5団体が官公庁の発注する建設工事に関して入札談合を行っている疑いがあるとして，立入検査を行った。㈳静岡県建設業協会会長の中村一雄は，次のように回想している[23]。

「昭和56年9月28日は，その日は極めて爽快な秋晴れの日でした。が晴天のへきれきという言葉どおり，突如，全く突如，公取委は独禁法違反容疑で，県建設業協会及び静岡，清水，沼津の3地区建設業協会と沼津市の清風会（県協会の組織外）の5団体（……）を急襲して立入検査をしました。検査を受けたのは，前記の各事務所と各団体の会長，副会長会社といった主な会社で，県協会長の私の会社も当然の事ながらそのらち外ではありません。

強制立入検査というのは，戦場でいうならば不意に敵襲を受けたのと同じようなもので全く周章狼狽しました。……

公取が立入検査に乗りこんだ翌日の9月29日，各新聞は一斉に「公取委，談合にメス」とか「談合行為で立入検査」といったように「談合」の字句を用いて，大々的に悪意にみちた報道をしました。

その後もキャンペーンをはって，連日，これでもか，これでもかと，建設業者をあたかも悪の権化であるかのごとく罵り続けたのです。それによる屈辱感というか，無念さは未だに忘れることができません。……」

立入検査は，「静岡建設業界はもとより，全国の同業者協会を襲う激震となった」[24]。中村会長をはじめ県業界団体関係者の疑問は，何故静岡が立入検査を受けたのかということであった。というのは，県協会は立入検査の2カ月前に業界

---

(20)　売上高は企業会計原則に則って算定され，通常は引渡し基準によるが，受注調整・入札談合事件については実際の不当利得に近づけるために契約基準が適用されることになっていた（第1部第1章1参照）。

(21)　㈱協和エクシオに対する件，平成6年3月30日審判審決，審決集40巻49頁，同審決取消請求事件東京高裁判決（請求棄却），平成8年3月29日，審決集42巻424頁。

(22)　㈱新井組ほか3名による審決取消請求事件最高裁判決（原判決破棄・自判），平成24年2月20日，審決集58巻第2分冊148頁。

(23)　中村一雄『静岡県下の建設業独禁法違反事件の回想』（昭和58年）12・22頁。

(24)　㈳静岡建設業協会『四十年のあゆみ——歴史と未来像』（昭和61年）67頁。なお，㈳静岡建設業協会は静岡市を地区とする建設業者の団体である。

第1部　競争政策は"社会正義"の理想を失ってはならない　1978〜1988

の近代化に取り組んだとして全国で唯一建設大臣表彰を受けたばかりであり(25)，かつ「全国の他業者にも申し訳ない」という思いがあったからであった(26)。静岡県内の建設業者が狙われたのは具体的な情報が公取委に寄せられたからである(27)が，注目されるのは，業界関係者には談合により発注者や納税者に損失を与えてきたことを謝罪する気持ちは微塵もなく，立入検査を受けたことがただ全国の業界に迷惑をかけたとして遺憾に思っていることである。つまり，全国の建設業者も談合をしているということにほかならない。

県建設業協会は，弁護士を含む公取対策委員会を設置して公取委の審査に対応するとともに，中央の建設業団体に支援を要請しかつ建設省や自民党の議員にも陳情した。公取委に対して，当初は，課徴金や指名停止につながる「勧告」ではなく「重大警告」とするよう懇願したが，これが受け入れられないとみるや課徴金の減額運動を展開した(28)。その結果かどうか明らかでないが，公取委は，高額にならぬよう配慮した模様であり，昭和57年（1982）9月に3団体に対し勧告審決，翌58年（1983）3月に3団体の構成事業者111名に対し総額2億8,747万円の課徴金納付命令を下した(29)。

違反行為は，受注価格の低落防止，受注機会の均等化を目的に，会員に話し合

---

(25)　中村前掲注(23) 19頁。
(26)　静岡建設業協会前掲注(24) 67頁。ちなみに，「「外部に洗いざらいもれてしまうような静岡のやり方はまずかった」というのが業界の一般的な受け取り方」であった（昭和56年10月17日付け朝日新聞記事「他地域への波及を心配」）。
(27)　菊池兵吾「静岡県下における建設業団体の談合事件について」NBL264号（昭和57年）39頁。
(28)　中村前掲注(23) 35・40頁。中村によると，公取委は課徴金総額6.8億円を内示したが業界が拒絶したため，勧告時には概算額3.4億円となり，最終的には2.9億円弱になったという。入札談合は相当以前から行われていたが，違反行為の始期を最近の基本合意の内容が決定された時点とし，実行期間をそれ以降の1年半程度とすることにより，このような課徴金の額となったとみられる。橋口委員長は退任時に，「法を厳密に適用すると課徴金額が経済的制裁の限界を超えてしまう。静岡の談合のケースなど，課徴金が余りに巨額にならぬよう苦労した」と述べている（昭和57年9月10日付け朝日新聞記事「使い分けた剛と柔」）。
(29)　審決は，㈳静岡建設業協会に対する件，昭和57年9月8日勧告審決，審決集29巻66頁，㈳清水建設業協会に対する件，同，同70頁)，清風会に対する件，同，同74頁。各団体の会員に対する課徴金納付命令は，いずれも昭和58年3月25日，審決集29巻のそれぞれ151・162・175頁。勧告を「応諾したのは証拠を握られ，審判，そして高裁──最高裁に持ち込んでも勝ち目がない，とあきらめたこと，課徴金が予想以上に低かったため，といわれている」（昭和57年8月26日付け朝日新聞記事「談合排除受入れたが……」）。

第4章　法執行活動の停滞と進展

いにより受注予定者を定めさせることを決定しこれを実施していたことが，不当な取引制限とされた。本件の特色としては，基本合意は「内規」や「申し合わせ事項」として団体の理事会又は役員会において決定され，かつ円滑に話合いをし受注予定者を決定するために団体役員が関与するなど，業界団体が主体的組織的に構成事業者に談合を行わせていたことである。入札談合が半ば公然と行われ，関係者に入札談合の違法性の意識が乏しかったことを示している。

　静岡の建設業界は，「協会の受注活動の主体性が失われ，一時的には混乱に落ち入ったが，その後会員同士のモラルの向上と，生活権の防衛を願う気持ちが高まり，平静さを取り戻すようになった」[30]。これは何を意味するのであろうか？ 談合がなくなったのであろうか？

　公取委の審査中も処分後も，静岡において談合が続いていると全国紙に報道されていた[31]。後述するように中央で自民党による談合問題の検討が開始され，公取委のガイドラインが出されるという情勢の変化があった。そして，昭和62年（1987）1月，静岡市の建設業者5人が談合罪の疑いで逮捕されるという事件があった[32]。さらに，20年後の平成15年（2003）に，㈳清水建設業協会事件において課徴金納付命令を受けた事業者らが旧清水市発注の土木工事および舗装工事について入札談合を行っていたとして公取委によって再び摘発された[33]。こうしてみると，公取委の措置によって業界団体が談合に直接関与することはなくなったものの，事業者によるさまざまかたちでの秘密裡の談合に姿を変え，20年間も連綿と続いていた可能性がある。

　何故，公取委の静岡の業界への立入検査が建設業界全体への激震となったのか？　実は，入札談合のような取引先制限カルテルは，本件が初めてではない。既に占領期にも入札談合を独占禁止違反とした事例が存在するが，審査活動が活発化した昭和40年代以降，価格カルテルの実効確保手段として民間企業の引合い（買手からの取引条件の照会）や見積り合わせがあった場合の受注調整行為が

(30)　静岡建設業協会前掲注(24) 68頁。
(31)　昭和57年1月25日付け朝日新聞記事「潜る談合　電話や空き家で密議」，同年11月21日付け同新聞記事「性懲りもなく談合」参照。
(32)　昭和62年1月15日付け静岡新聞記事「建設業者5人逮捕」，「黒い構図，森田が主導」。本件は，特定個人主導の談合で談合金の配分もあったと報道されている。
(33)　鈴与建設㈱ほか23名に対する件，平成15年12月8日勧告審決，審決集50巻403頁，平成16年9月10日課徴金納付命令，審決集51巻800頁，㈱大嶋組ほか10名に対する件，平成15年12月8日勧告審決，審決集50巻409頁，平成16年9月10日課徴金納付命令，審決集51巻805頁。なお，㈱大石組に対する件，平成18年4月12日審判審決，審決集53巻3頁，同12月15日東京高裁判決（請求棄却），同1000頁。

第1部　競争政策は"社会正義"の理想を失ってはならない　1978～1988

取り上げられるようになり，昭和45年（1970）のコンクリート・パイル事件以降，受注調整行為単独でも不当な取引制限と構成されるようになった[34]。昭和50年代に入ると，官公庁の入札に関する談合事件，そして昭和54年（1979）の熊本道路舗装事件をはじめとする建設業の談合事件が次第に摘発されるようになった[35]。それらはいずれも道路舗装工事，管工事，電気工事等の専門工事に関するものであったが，公取委の審査が土木一式工事，建築一式工事等の多種類の工事を包含する工事――これを行うのがいわゆるゼネコン（general contractor（総合工事業者），元請負人）――に及ぶのは論理必然的であり，時間の問題であった。静岡の事件は，わが国の建設産業の中核をなすゼネコンが関与した入札談合が最初に摘発された事件であった[36]。

公取委がそれまで取り上げなかった謎――そして独禁法が談合規制の主役へ

昭和50年代に至るまで建設業界における入札談合を公取委が取り上げなかったのはなぜなのか？　今村成和は，「殆ど公知の事実の如く談合が行われていたとされる土木建築業界が何故聖域のように扱われてきたのかは，寧ろ理解に苦しむ」（傍点筆者）と述べた[37]。

この謎を解くには，入札談合の規制と業界の実態の歴史的変遷をみる必要がある。戦前から戦後のある時期まで，談合は個別物件ごとに関係業者が話し合って調整していたが，話合いにはしばしばいわゆる「談合屋」が介在したり，高額の談合金の分配を約す者が受注予定者となることが行われた[38]。そこで，業界で

---

[34]　実方謙二「取引先制限カルテルに対する規制強化の動向と問題点(2)」公正取引昭和51年3月号11頁。独占禁止法の再生途上期には，物価対策との関連もあって価格カルテルの規制が重視され，数量カルテル，取引先制限カルテルなども価格カルテルと一体として違法性の評価が行われる傾向にあった。

[35]　入札談合に関する審決の一覧として，樋口嘉重「入札談合と独占禁止法」ジュリスト759号（昭和57年）46頁，鈴木・入札談合の研究・1頁がある。

[36]　鈴木・入札談合の研究・54頁（ただし，大手ゼネコンは本件とは別の談合ルールに従って談合を行っていた模様であるが，公取委は当該談合には措置を採らず，本件談合について課徴金納付命令の対象となった大手ゼネコンは1社であった）。

[37]　今村成和「独禁法改正後10年――その軌跡と評価」経済法学会年報8号（昭和62年）11頁。

[38]　㈳土木工業協会・㈳電力建設業協会編『日本土木建設業史』（昭和46年）542頁（飯田清太，飯吉精一，木内嘉四郎発言）。
　　入札談合の歴史については，武田晴人『談合の経済学――日本的調整システムの歴史と論理』（平成6年）に詳しい。入札公告の最も古い記録は寛文4年（1664）の江戸・八丁堀の鉄砲安土工事の町触れで，その頃には既に談合も行われていたという（同書

は，談合屋を排除し談合金をやめて業界内部だけで話し合い，順に工事を受注する公平化によって共存共栄を図るようになった[39]。昭和16年（1941）に刑法上の談合罪（96条の3第2項）が導入された[40]が，昭和43年（1968）の大津地裁判決[41]が談合金の授受がないかぎり事実上談合罪に問われないこととなるような判断を示し，このような業界の動きに拍車をかけた。すなわち，継続的に発注される物件をその都度話し合って受注予定者を決定することとし，この基本合意に基づいて個別物件の調整をするという，ルール型ないし基本合意型談合の誕生でありそして浸透である。

公取委についていえば，入札談合は1回限りの個別談合であって，それでは一定の取引分野を構成するか疑問があるし，談合行為が終了すれば——昭和52年（1977）法改正までは——既往の違反行為となり独占禁止法上排除措置を命じられないと考えていたとみられる。業界の方でルール型談合に変化したことが十分認識されなかった可能性がある。かりに認識されていたとしても前記のように昭和45年（1970）頃までは取引先制限カルテルを単独で違法と踏み切るには躊躇されたことであろう。要するに，公取委が入札談合を摘発するまで年月を要したのは，業界の実態についての認識不足と法執行の慎重な姿勢ないし消極性という時代状況が理由であったと考えられる。

しかし，時代は変わった。財政再建そして行政改革が政府の重大な課題となるなかで，入札談合をなくせば年間約20兆円にのぼる公共事業費を節約できるのではないかとの疑問が生じ，入札談合が国民的関心事になったからである[42]。

119頁)。
(39) 共同通信社社会部編『談合の病理』(平成6年) 134頁。
(40) 政府の当初案では，談合行為をすべて違法としていたが，帝国議会において「公正ナル価格ヲ害シ又ハ不正ノ利益ヲ得ル目的ヲ以テ談合シタル者」と目的犯に修正された。そのことが，談合は悪との規範意識を確立することにならず，かつ違法の基準を不明確なものにした（武田前掲注(38) 195頁)。
(41) 昭和43年8月27日大津地裁判決（下級裁判所刑事裁判例集10巻8号866頁，確定)。判決は，過当競争により粗悪な工事や工事中途で倒産などの結果を招くとして，これを避けるために，「最も低廉な実質に通常利潤」を加えたものを「公正なる価格」とみなし，これを最低入札価格とする協定をすることも「業界の合理的慣行」であるとして是認した。
　最高裁や通説は，既に談合罪にいう「公正なる価格」とは公正な自由競争によって形成されるべき価格と解していた（最高裁昭和28年12月10日決定，刑集7巻12号2418頁，団藤重光『刑法綱要各論』（昭和39年）60頁）が，業界では自らに都合のよい大津地裁判決の解釈によって談合を正当化していた。
(42) 鈴木満「入札談合カルテルと課徴金」ジュリスト759号（昭和57年）54頁。同論文

第1部　競争政策は"社会正義"の理想を失ってはならない　1978〜1988

公取委は個別物件の談合情報を指摘されても、「個々の入札談合を取り上げますのは独占禁止法上必ずしもなじまないというふうに考えている」と対応していた[43]が、それでは持ちこたえられなくなった。昭和57年（1982）3月、橋口委員長は国会で次のように答弁した[44]。

　「入札などに関連いたしまして、建設業界のいろいろな方がいろいろなことを言っておられるらしいことは承知をいたしておりますし、……土工協のある幹部の方が、一定の取引分野については、個々の工事への談合は該当しないということをおっしゃっております。それから、公共の利益に反していわば談合を行うのが独禁法違反になるというようなことをおっしゃっておられますので、その点につきまして簡単に申し上げてみたいと思います。
　一定の取引分野と申しますのは、ある程度の地域的時間的広がりを持った談合のルールが最も典型的に該当するという意味で、一定の取引分野を制限するというものを私どもとしては第一に取り上げておるわけでございまして、たとえば個々の工事につきましての談合が法律上独禁法違反にならないということを明らかにしたものではございません。個々の談合につきましても、その背後にルールの存在する場合もございますし、また、たとえ個々の工事でございましても、相当程度の規模であるとかあるいは地域経済に対する影響が至大であるとかいろいろな要件がございますから、これはケース・バイ・ケースに判断すべきものでございまして、……何か個々の工事の談合がすべて許されるというようなことが仮に言われているとすれば、これは全くの誤解でございます。
　それから、公共の利益に反しない談合があり得るのではないかというまた強弁があるようでございますけれども、……公共の利益というのは、いわゆる独禁法秩序、競争秩序、自由経済秩序ということでございまして、……独禁法秩序を阻害してもあるいは侵害しても構わないという意味で理解しておられるとすれば、これまた大

　　は、国民的関心事となった背景として、行政改革のほか、情報公開を求める動き、政治・行政倫理との関連を挙げている。
(43)　昭和56年11月12日衆議院建設委員会における中村茂議員（社会）の質疑に対する樋口嘉重第一審査長の答弁。
　　個々の入札に一定の取引分野が成立するかについて、学説上肯定説と否定説とがあった。否定説は、一定の取引分野を「競争が行われる場、すなわち市場」として広がりのあるものとらえ、「入札は一つの取引方法」にすぎないとみる（金子晃「談合入札と独占禁止法（下）」NBL252号（昭和57年）35頁）のに対し、肯定説は、入札制度の仕組みや運用から「人為的制度的に」個々の入札対象を一つの取引分野としていると考えた（舟田正之「談合入札」法学教室19号（昭和57年）91頁）。一定の取引分野について、否定説は通説的理解に立ち入札も通常の取引と変わらないとする一方、肯定説は入札市場の独自性を認めようとする新たな見解であった。
(44)　昭和57年3月13日参議院予算委員会における志苫裕（社会）議員の質疑に対する答弁。

変な誤解でございまして，そういう点につきましては，この席をかりまして一般の蒙を開くことをお許しいただきたいと思います。」（傍点筆者）

この答弁で重要なことは，個別談合でも一定の場合には不当な取引制限を構成することがある(45)ことや「公共の利益」の解釈もさることながら，個別談合の背後にはルールの存在する場合もある――実際にはほとんど常に存在するのであるが――という認識であろう。1回かぎりの調整が成立するには，談合金の授受等の利益提供がなければならず――それは談合罪で処罰される――，それができないとすれば受注予定者とならなかった入札参加者に将来の受注が期待できるように配分を保証する何らかのルールが必要となるからである。

そうすると，行為の性格から，ほとんどすべての入札談合は独占禁止法違反となることになり(46)，基本合意をとらえて不当な取引制限と構成することによって個別談合行為を一網打尽にし根元から断つことができる。談合罪の適用には大津地裁判決のような限界があったし，同罪には両罰規定がなく事業者の責任を問えない難点があった。独占禁止法ならば排除措置のみならず課徴金を事業者に課すことができ，自然人及び法人を刑事罰に処すこともできる。こうして，入札談合に対する取締りは刑法ではなく，独占禁止法が主役となる道が開かれた。

公取委は，建設業界を必ずしも聖域視していたわけではない。むしろ，建設業界の摘発が持つことになる政治的意味を十分認識していなかった(47)。業界および政界の反発は公取委の予想をはるかに超えることになる。

建設業ガイドラインの作成――自民党建設族対公取委

公取委の静岡県建設業界の立入検査を契機に，談合批判の世論の嵐が巻き起こった。そして，昭和56年（1981）12月，日本土木工業協会（以下「土工協」という。170社が加盟）の会長と2名の副会長――いずれも大手ゼネコンの副社長――の辞任表明に発展した(48)。土工協の裏組織である建設同友会が全国の公共事業

---

(45) 1回限りの入札談合を違法とした審決は独占禁止法制定直後のものが4件あったが，いずれも取引規模の大きな1回限りの特殊な入札であり，そのうち2件は当該取引の規模が大きいことを認定した上で，それぞれ「進駐軍向け合板供給の取引分野」，「真珠売買の取引分野」における競争の実質的制限を認定している。
(46) 植木邦之「受注調整行為と独占禁止法」公正取引昭和52年1月号15頁。
(47) 橋口委員長は，のちに「あれほどの大問題になるとは思わなかった」と回顧している（五十年史上巻・771頁）。
(48) 昭和56年12月26日付け朝日新聞夕刊記事「談合疑惑の土工協」，「「談合組織の頂点」解体」。もともと土工協は，昭和13年に談合金なしに談合を行う合法的組織として発足

の配分を取り仕切り，最終的にはこれら土工協の長老が調整していたとされる。のみならず，翌57年（1982）2月，衆議院予算委員会において，公明党の矢野絢也書記長が，昭和47年（1972）から向こう10年間の建設省および水資源公団発注予定の48のダム工事について，土工協の裏組織が談合表を作成していたという疑惑を追及した[49]。

自民党の建設族が動き始めた。昭和57年（1982）5月，自民党の建設部会に「建設業等に関する契約問題小委員会」（委員長玉置和郎参議院議員）を設置して談合問題の検討を開始し，同年8月，「建設業等の契約問題について」と題する見解[50]を公表した。この自民党見解は，「指名を受けた建設業者は，……競合する他業者との間で，技術力，現場条件，経済性などをめぐる営業上の競争を情報交換を通じて行うのが普通であり，その結果適当と認められる業者がしぼりこまれてくる」として，この「調整行為」により「競争契約の趣旨とされる競争性は確保されている」が，それが容れられないならば「関係法令の改正或いは，適用除外の措置について検討することが必要となる」と述べた。公取委に対しては，「公共工事を受注する建設業界の……実態と特殊事情を十分考慮して，独占禁止法の運用について適切な配慮を加えるべきである」と要求した。

昭和58年（1983）3月には，独占禁止法改正問題を検討する斎藤調査会（第1部第1章5参照）において，建設業諸団体が「調整行為」の解釈または立法による合法化を要望した[51]。

した（㈳土木工業協会・㈳電力建設業協会編前掲注(38) 544頁（飯田清太発言））。本件について，公取委は関係者から事情聴取を行ったが，昭和57年12月28日に警告を行うにとどまった。

(49) 昭和57年2月2日衆議院予算委員会における質疑。同日付け朝日新聞夕刊記事「ダム工事に談合表」，「巨額の"ミツ"群がる業者」。48件のうち19件が既に発注されていたが，18件について談合表のとおりに業者が受注していたという。

驚くべきことに，この談合表を作成したのは，当時の田中角栄首相本人であったという証言がある（共同通信社社会部編前掲注(39) 62頁（自民党建設族の天野公晴議員談））。

(50) 昭和57年8月20日付け建設通信に全文掲載されている。

(51) 斎藤栄三郎編著『自民党　独禁法改正』（昭和59年）189頁。業界の主張としては，昭和58年4月に土工協が「建設業に関する独禁政策」と題する見解を公表している（㈳日本土木工業協会『日本土木建設業史Ⅱ』（平成12年）418頁）。

それによると，公共工事の請負契約は，契約対象物の特殊性（工事の質と納期の確保の要請），市場構造の特殊性（慢性的な過当競争など），現行契約制度上の制限（予定価格による上限など）により自由競争になじまず，他方，無理に競争を強いるならば，赤字受注により粗雑工事や手抜き工事を誘発し，労働者や下請業者への影響を生じるという弊害があるという。とはいえ，競争入札制度が競争を前提とする以上，競争を否定す

第 4 章　法執行活動の停滞と進展

　建設族は公取委にガイドラインの原案を示し，それをもとに建設族と公取委事務局とでガイドラインの作成が行われた(52)。昭和59年（1984）2月21日，次のような「公共工事に係る建設業における事業者団体の諸活動に関する独占禁止法上の指針」(53)が公表された。

　「……公共工事に係る建設業における事業者団体が行う下記に掲げるような情報提供活動，経営指導活動等は，事業者団体の各構成事業者の計画的な事業の実施等経営の合理化に資するものであり，競争入札において，一定のルールを定める等により受注予定者又は入札価格を決定したりするようなこととならない限り，独占禁止法に違反することとはならない。
　　　　　　　　　　　　　記
　以下に掲げるものについては，原則として独占禁止法違反とならない。
1　情報提供活動
　　……
　(2)　構成事業者から公共工事についての受注実績，受注計画等に関する情報を任意に徴し，これを提供すること。
　　……
　　　　　　　　　　　　　　　　　　　　　　　　」（傍点筆者）

　問題となったのが，ガイドライン中の「受注計画」の意味であり，これが個別工事に関するものを含むとすれば，「しぼり込み」調整行為——まさしく受注予定者の決定行為である（！）——を容認することになる。公取委事務局担当課長は，「各事業者が将来について設定する概略の受注の計画を表現したもの」と説明した(54)。他方，ガイドラインの作成に関与した井上孝参議院議員は「調整行為はしてもいいと読めるように作った」と述べ(55)，業界もそのように受けとった。政治的妥協の文書は常に玉虫色である。与党議員と公取委が独占禁止法の解釈について調整するということは本来ありえないはずであるが，議員らが議員立法で入札談合の適用除外を迫るなかで，瀬戸際の攻防であった(56)。

　　　　るこのような主張はそもそも成り立たないはずである。
(52)　共同通信社社会部編前掲注(39) 143頁。建設族の首領金丸信議員が橋口前公取委員長に原案を示したという。
(53)　植松勲編『建設業と独占禁止法』（昭和59年）148頁，植松勲「「公共工事に係る建設業における事業者団体の諸活動に関する独占禁止法上の指針」について（下）」公正取引昭和59年6月号51頁。
(54)　植松編前掲注(53) 86頁，植松前掲注(53) 46頁。
(55)　井上孝『国土とともに——井上孝回顧録』（平成11年）100頁。井上議員は元建設事務次官で，自民党の「建設業等に関する契約問題小委員会」の事務総長であった。
(56)　公取委首脳は，建設業が適用除外になれば，「独禁法の一角が崩れる」と判断したと伝えられる（昭和59年2月21日朝日新聞記事「談合禁止　大幅に後退」）。

第1部　競争政策は"社会正義"の理想を失ってはならない　1978〜1988

しかし，結果は明らかに公取委の敗北であった。静岡の事件の摘発以後，公取委は多数の入札談合の申告を受理したはずであるが，6年後の昭和63年（1988）の米海軍横須賀基地事件審決——この事件の摘発は米国からの強い働きかけによるといわれる（第2部第3章4参照）——に至るまで，建設業の入札談合事件について1件も審査に着手しなかった。公取委は，わが国の官庁工事をめぐる政官業の強固な複合体という虎の尾を踏んでしまったのである。とはいえ，静岡の建設談合事件に法的措置をとり，ともかくも入札談合が違法であることを広く宣言したことは，第2部において規制を再開する上での大きな実績となった。

3　独占禁止法の適用範囲の拡大——非製造業分野へ

自由業への適用——建築家，医師，そして？

橋口および高橋両委員長は，昭和40年代後半以降，わが国の産業が製造業から非製造業へ構造変化をしつつあることを指摘して，非製造業分野への競争政策の展開の必要をしばしば唱えた[57]。公取委の流通分野（第1部第1章3）や建設業（本章2）への取組みは既に触れたので，以下ではそれ以外の分野へ独占禁止法の適用範囲が拡大していったことをみることにしよう。

はじめに，自由業に対する独占禁止法の適用があった。公取委は，高橋俊英委員長時代の昭和50年（1975）12月に㈳日本建築家協会に対し，正会員の設計，工事管理等に関する業務に関し，報酬基準および設計競技への参加の制限を定めていたことが，法8条1項4号に違反するとして勧告を行った。協会が勧告を拒否したので，公取委は，審判手続を経て，昭和54年（1979）9月に審決を行った[58]。

注目されるのは，自由業に対して，通説は「企業的性格をもたない」——市場における競争を通じて役務の質的向上や価格の低下を期待できない——として

---

(57)　橋口収「1980年代の独禁政策」経済人昭和54年12月号19頁，高橋元「独禁政策・当面の諸問題」公正取引昭和59年10月号9頁。高橋によると，日本のGNPで第3次産業が占める割合は，付加価値で5割，就業者数で5割5分くらいになっているという。

(58)　昭和54年9月19日審判審決（違法宣言），審決集26巻25頁。協会は，5年以上の実務経験のある一級建築士を正会員としていたが，正会員には個人で建築士事務所を開設している者，会社組織の建築士事務所の代表者である者が存在したが，建築士事務所は報酬を得て設計等の役務を反復継続して提供する経済活動を行っているので，前者は法2条1項前段の「事業者」に，後者は同条同項後段の「みなし事業者」にそれぞれ該当し，結局協会は事業者団体に該当すると判断された（田中真「㈳日本建築家協会に対する審決紹介」公正取引昭和55年2月号16頁）。なお，建築家協会に所属する一級建築士の数がわが国の一級建築士全体のごくわずかな部分を占めるにすぎないこともあり，8条1項1号は適用されなかったとみられる。

第 4 章　法執行活動の停滞と進展

「事業者」に該当せず独占禁止法の適用を否定し(59)，公取委もまた長い間独占禁止法を適用してこなかった(60)。先進諸国においても，専門職業に対して競争法を適用するのは消極的であった(61)。公取委は，本件において初めて適用し，以後自由業の競争制限行為に対して規制する道を開いた。のみならず，先進国当局のなかで，わが国の公取委は比較的早い時期に専門職業を独占禁止法の射程に入れたのである(62)。

　次いで，公取委が従来の解釈を変更して(63)自由業に対し法適用を行ったのが，医師および歯科医師である。公取委は，昭和55年（1980）に千葉市，豊橋市および和歌山市の各医師会に対して審決を行った(64)。いずれの審決も，市内のほとんどの開業医――「事業者」である――が会員となっている医師会に加入しないで開業することが困難な状況を認定した上で，医師会が医療機関の適正配置を審議する委員会を設けて会員または非会員から病院・診療所の開設・移転，診療科目の追加・変更，病床の新増設等を申し出させて承認・不承認の決定を行っていたことを法8条1項3号および4号違反とした。翌56年（1981）には，札幌市

---

(59)　今村［旧版］29頁。なお，今村はその後自由業への独占禁止法の適用を支持するに至っている（同「自由業と事業者」公正取引昭和55年7月号12頁）。学説上は積極説（正田彬『独占禁止法』（昭和41年）79頁）も存在していたが，公取委は問題となる行為との関連で個別的具体的に判断する折衷説の立場をとった（独占禁止懇話会資料「事業者の範囲について」公正取引昭和50年6月号25頁，佐藤一雄「独禁法の適用対象である「事業者」の範囲について」商事法務709号（昭和50年）23頁参照）。

(60)　川井克倭「自由業の団体と独禁法の適用」ジュリスト846号（昭和60年）58頁。

(61)　「自由業」とは，医師，弁護士を典型例とするように，公益奉仕を目的とし，高度の学識に支えられ，職能団体として自己規制を行うなどの特色をもつものである（高橋岩和「日本建築家協会による独占禁止法違反事件」ジュリスト705号（昭和54年）33頁）。わが国では自由業の概念がやや広くとらえられがちであるが，一般サービス業と区別された専門職業と理解されるべきである。

　　なお，OECDの制限的商慣行専門家委員会は競争政策と専門職業に関して詳細な報告書を作成し，競争法の適用を推奨している（OECD, Competition Policy and the Professions, 1985）。

(62)　自由業に対する競争法の適用が確定したのは，米国では1975年のゴールドファーブ事件最高裁判決であり，西独では1976年の建築家協会事件連邦最高裁判決である（富本美知子「海外主要国の自由業に対する判例紹介」公正取引昭和55年2月号18頁。

(63)　昭和46年に日本医師会が保険医の一斉辞退を指令した際，公取委は，医師が「事業者」にあたらないとして，独占禁止法の適用は困難であるとの見解をまとめたと伝えられている（昭和46年7月13日付け朝日新聞記事「独禁法適用はムリ」参照）。

(64)　㈳千葉市医師会に対する件，昭和55年6月19日勧告審決，審決集27巻39頁，㈳豊橋市医師会に対する件，昭和55年6月19日勧告審決，審決集27巻44頁，㈳和歌山市医師会に対する件，昭和55年9月29日勧告審決，審決集27巻58頁。

第 1 部　競争政策は"社会正義"の理想を失ってはならない　1978 〜 1988

の歯科医師会の同様の行為に対して審決を行った(65)。

　こうした措置にもかかわらず，医師会の活動に関する申告事案は跡を絶たず，昭和56年（1981）8月7日，公取委は「予防行政の一環として」ガイドラインを作成公表した(66)。「医師会の活動に関する独占禁止法上の指針」がそれである。この指針は，医師会が行う新規開業等の制限行為のほかに，会員または非会員の様々な事業活動への妨害行為，自由診療・文書料金の決定行為，診療時間や広告の制限について，独占禁止法上の考え方を示している。

　医師会に対する独占禁止法の適用について，各地の医師会は驚き，その後諦めの境地に入ったが，開業医の現状と将来への不安から「割り切れないという気持ちがついてまわ」ったという(67)。意外であったのは，中央の日本医師会——強力な圧力団体として名を馳せていた——が積極的な姿勢をとったことである。公取委の立入り検査について，武見太郎会長は「ぼくの方は公取委が問題にする前から問題にしている。ついこの間も（地域医師会に）警告を発している」と述べ，公取委はこの発言を公取委への激励を受けとめていると伝えられた(68)。官僚統制嫌いで知られた武見会長の「自由開業医制度を維持する」との信念に基づく見解とみられる(69)。

　その後，第2部においても医師会および歯科医師会の独占禁止法違反事件の摘発が続くが，平成13年（2001）10月に，公取委は規制改革との関連もあり，弁護士等について「資格者団体の活動に関する独占禁止法上の指針」というガイドラインを公表した(70)。

---

(65) ㈳札幌歯科医師会に対する件，昭和56年2月18日勧告審決，審決集27巻103頁。
(66) 塚田俊三「「医師会の活動に関する独占禁止法上の指針」について」公正取引昭和56年10月号42頁。
(67) 高木安雄「医師会の開業制限問題とこれからの医療サービス」公正取引昭和55年12月号4頁。
(68) 「ニュースの目　自由業にも独禁法適用の嵐」朝日ジャーナル昭和54年10月26日号6頁。「法律違反の疑い」日医ニュース昭和54年4月5日号1頁も参照。日本医師会は，既に昭和41年に開業規制は「自由競争を建前とする法の理念に矛盾する」と通知を発していた。
(69) 武見太郎「医師会と地域医療向上の問題」日医ニュース昭和55年4月5日1頁。
(70) このガイドラインは，法律上業務独占が認められ資格者の団体が自主規制を行うことになっている事務系の8つの専門職業（公認会計士，行政書士，弁護士，司法書士，土地家屋調査士，税理士，社会保険労務士および弁理士）について，資格者団体が報酬，広告および顧客に関して行う活動について独占禁止法上の考え方を示したものである。
　　なお，水先人も専門職業とされるが，公取委は，平成27年4月15日，東京湾と伊勢三河湾の各水先人会が会員の利用者との水先引受けを制限していること等に対して排除

第4章　法執行活動の停滞と進展

　ところで，わが国においては自由業に芸能，スポーツ関係者も含めて論じられるが，これらの者が独占禁止法上「事業者」か「労働者」かが問題となる[71]。昭和53年（1978）にプロ野球のドラフト制度が問題となった[72]とき，独占禁止法との関係について国会で次のような質疑があった[73]。

「○寺田熊雄君　最近話題になっております野球界の憲法と言われる野球協約というのがございますね。この野球協約の中に規定されているドラフト制度，このドラフト制度は独禁法第2条第6項の「不当な取引制限」に当たるかどうか，公取のお考えを承りたい。
　○政府委員（戸田嘉徳君）　ただいまお尋ねのドラフト制度でございますが，これはプロ野球球団が相互に野球選手契約の相手方について一定の制限を課すると，そういうことを内容としているものと考えられるわけでございます。ところが，この野球選手契約というのは，先ほど申し上げましたように，一種の雇用契約に類する契約と，かように私どもは判断いたしますので，独占禁止法第2条第6項または第8条第1項第1号というようなところに言いますところの規定には該当しないと，かように解しておる次第でございます。」（傍点筆者）

　野球選手契約が雇用契約に類するものであり，独占禁止法にいう「取引」では

措置命令を行った。
(71)　かつて映画会社のいわゆる5社（一時6社）協定が独占禁止法上問題となったことがあった。5社協定とは，昭和32年8月1日に申し合わされたもので，映画監督・俳優等を各映画会社の専属とし，違反者の出演した映画は配給・興行しないという内容であり，当時もその後も社会的関心を集めた。公取委は独立プロの申告を受けて審査を開始したが，長沼委員長の下の委員会は審査を中止したとみられ，その後昭和38年3月に至って協定から被疑条項が削除されたとして不問に付した（野口雄一郎「映画産業のからくり——「異母兄弟」事件と六社協定」中央公論昭和33年10月号250頁以下，昭和41年2月23日の衆議院商工委員会における板川正吾議員（社会）の竹中喜満太公取委事務局長に対する質疑参照）。
(72)　ドラフト制度とは，契約金の高騰防止，球団戦力均等化を目的に，新人選手選択会議を開いて各球団が新人選手を指名し契約交渉権を獲得する仕組みをいい，日本プロフェッショナル野球協約に定められ，昭和40年から実施されている。昭和52～53年の江川事件で関心を集めた。
(73)　昭和53年3月2日の参議院法務委員会における寺田熊雄議員（社会）の戸田嘉徳公取委事務局長に対する質疑。平成12年5月11日の参議院経済・産業委員会における梶原敬義議員（社民）の根来泰周公取委員長および山田昭雄公取事務局経済取引局長に対する質疑も参照。
　米国では，1922年の連邦リーグ事件最高裁判決（Federal Baseball Club v. National League, 259 U.S. 200 (1922)）により，野球は州際商業ではないとして反トラスト法の適用除外とされたが，最近では適用除外の範囲を縮小する下級審判決や立法がある。適用除外はスポーツ・ビジネスでも野球に限られている。

なく——選手は「事業者」ではなく労働者である——，独占禁止法の適用はないというのが公取委の見解である。しかし，競争制限を行うのは事業者である球団であり，このような解釈には再検討の余地がある[74]。スポーツや芸能のビジネスに対する独占禁止法の適用は今日なお未開拓の分野となっている。

運輸業への独占禁止法の適用——許認可制度とカルテル

発端は，北海道の消費者であった。昭和52年（1977）3月，札幌陸運局がタクシー運賃の引上げを認可したところ，北海道消費者協会が公取委札幌地方事務所に調査を依頼した。消費者協会の主張は，「道路運送法8条によれば，運賃の改定は各事業者が個々に申請すること，となっており，道乗用自動車協会が一括して行っているはおかしい」というものであった[75]。道路運送法は個別申請が建前になっているというのは，まさに問題の核心を突く指摘であった。

公取委は北海道での運賃改定を契機に運輸省と行政調整を行った結果，昭和52年（1977）6月，運輸省は事業者団体による一括代理申請方式を認めないよう業界を指導することを関係者に通知した[76]。当時，運輸省は同一地域同一運賃の原則に基づく認可方針をとっていた（第3章1参照）こととあわせ，一括代理申請方式は「認可を利用して一種の強制カルテル制度を採用しているのと同じ結果をもたらすもの」とつとに批判されていたところであった[77]。

事業法が定める運賃等の許認可が個別申請・個別認可を建前とするなら，許認可申請カルテルは独占禁止法に違反するはずであるが，何故それまで公取委は問題視しなかったのか？　それは，「申請する値上げ率を定めてもそれだけでは料金は値上げされることなく，個々の事業者に対する認可が必要だから」という因果関係中断説[78]に公取委が影響されていたからである。しかし，事業法の下で

---

(74) 雇用契約であっても，優秀な選手の獲得が球団にとって重要な競争手段であるとすれば，事業者である球団が行うその制限は独占禁止法上不当な取引制限となるとも考えられる（選手が事業者かどうかは関係がない）。ただし，スポーツ・ビジネスはある種の共同事業であり，ドラフト制度により戦力が均等化して白熱した好試合が期待でき消費者利益につながるとすれば，それとの比較衡量によって競争の実質的制限が判断されることになろう。
(75) 昭和52年4月3日付け朝日新聞（北海道版）記事「地域制無視した暴挙」。
(76) 昭和52年度公取委年次報告18頁。
(77) 根岸哲「政府規制産業における規制と競争機能との交錯(二)」神戸法学雑誌19巻3・4号（昭和45年）447頁（同『規制産業の経済法研究第1巻』（昭和59年）所収）。
(78) 厚谷襄児「独占禁止政策と公共料金」ジュリスト335号（昭和40年）42・44頁。なお，届出制度の場合は届け出による因果関係の中断はなく，独占禁止法の適用に問題は

認可申請は個々の事業者のイニシアティヴで行われ——申請なければ認可なし——，規制官庁も一定の要件を充たせば申請の範囲内で認可しなければならないのであるから，申請カルテルと運賃引上げ等の結果とは因果関係があることになる[(79)]。

こうして因果関係中断説を克服した公取委は，運輸業に関する認可申請カルテルの摘発を開始した。昭和56年（1981）の新潟市ハイヤータクシー協会事件（タクシーの増車等の認可申請の制限）[(80)]，昭和57年（1982）の群馬県ハイヤー協会事件（タクシー運賃の認可申請の制限）[(81)]および㈳岡山県トラック協会事件（貨物自動車の増車等の認可申請等の制限）[(82)]がそれである。ただし，いずれも8条1項4号違反とされ，課徴金は課されなかった。

平成に入り，公取委は道路運送法上違法な運賃に係るカルテルに対し独占禁止法を適用することは可能かという難問に直面する。貸切バス（主催旅行）の実勢運賃が認可された運賃を大幅に下回っていた状況で，大阪バス協会がその引上げを決定したが，それでも認可運賃を超えることはなかったという事件である[(83)]。審判官は，一般法・特別法論を否定し，事業法によって自由な競争が否定されて

ない。
(79) 樋口嘉重「政府規制産業と独占禁止法」ジュリスト685号（昭和54年）75頁，野口敏雄＝五十嵐秀雄「タクシー事業に係る増車等の設備制限カルテル」公正取引昭和56年6月号41頁，鈴木満「運輸業の規制緩和と独占禁止法」桐蔭法学3巻1号（平成8年）61頁。
(80) 昭和56年4月1日勧告審決，審決集28巻3頁。
(81) 昭和57年12月17日勧告審決，審決集29巻82頁。本件審決は，法令の適用において，協会が「会員が認可申請すべき内容を決定し，これに基づいて会員に認可申請させ」（傍点筆者）たと認定し，本来個別に申請すべきものであることを念のため明らかにしている。
(82) 昭和58年3月31日勧告審決，審決集29巻100頁。
(83) ㈳大阪バス協会に対する件，平成7年7月10日審判審決，審決集42巻3頁。一般法・特別法論を否定した根拠は，道路運送法上の運賃等の認可が行政法学上の下命行為ではなく，私人間の取引の法律上の効力を完成させる補充行為にすぎないから，競争秩序に関する規範を定立するものでなく，独占禁止法が定める競争秩序と無関係であるというものである。本件審決は公取委の審決としては異例の精緻な理論構成に基づいている（裁判所から出向の成田喜達審判官関与）。もっとも，審決が説く「補充行為」論は「往時の概念法学」であり，そのような構成をしなくても，道路運送法と独占禁止法は規制対象が異なるので一般法・特別法を論じるまでもないとの批判があった（舟田正之本件審決評釈ジュリスト平成7年度重要判例解説208頁）。
　その後，事業法上違法な状態での競争制限行為に対する独占禁止法の適用の問題は生じていない。現在では，かりに独占禁止法と事業法が一般法・特別法の関係にあるとしても，両法は矛盾することなくどちらも適用可能であるとする考え方（相互補完説）を公取委や多くの学説が支持している。

いる範囲においても独占禁止法の適用が排除されないとした上で，排除措置を命じても違法な状態は解消せず独占禁止法の目的に沿わないから，特段の事情がない限り排除措置の対象とならないと判示して，問題を解決した（本件においては，審査官による特段の事情の存在についての証明がないとされた）。

このような判断に対しては，学説から事業法上違法な取引に係るカルテルを合法化するとして強い批判があった[84]。とはいえ，審決は，そのような場合でも規制が形骸化している場合には独占禁止法が適用されることを明言しており，その限りでは規制で保護された業界に対して警告を発するものであった[85]。また，事業法と独占禁止法との関係について学説上の議論を進化させた点でも意義があった。

金融業への適用——消極性の背景と公取委の人事問題

運輸業と並んで規制や行政指導の網の目が張られていた金融業に対する独占禁止法の適用はどうか？　独占禁止法適用の第1号は銀行の金利協定事件であり（上巻176頁参照），その後銀行の優越的地位濫用事件（同256頁）等もあったが，昭和30年代後半以降，歩積・両建預金等の拘束預金に対する調査・指導以外に公取委が金融業界に介入することはほとんどなかった[86]。

銀行の金利については，臨時金利調整法（以下「臨金法」という。）に基づく大蔵省告示により最高限度が定められているが，それ以下であれば各行が自主的に定めることができることになっていた。しかし，実際には，預金金利については，昭和45年（1970）以降，日本銀行が告示の枠内で預金種別・預入期間別の最高限度を決定公表し，これを遵守するよう要請し，大蔵省も日銀ガイドラインを尊重するよう指導していたので，各行とも日銀のガイドラインの上限に張り付くように金利の設定を行っていた[87]。これは明白な法的根拠のない大蔵省・日銀の

---

(84) 古城誠本件審決評釈公正取引平成7年11月号18頁，川濱昇同私法判例リマークス13号（平成8年）120頁，岸井大太郎同百選［第5版］93頁。古城は，違法価格を制限するものでも，私的団体による価格管理は消費者の利益に反する，道路運送法は違反運賃を同法所定の手段で取り締ることを定めているにすぎず，カルテルを認める趣旨でない，という。

(85) 矢部丈太郎ほか「座談会　最近の独占禁止法違反をめぐって」公正取引平成8年5月号8頁（実方謙二発言）参照）。

(86) 公取委が独占禁止法を発動しなかったことが，銀行業界に協調体質に基づく競争制限的慣行を定着させたとの指摘として，根岸哲「金融取引と独禁法」ジュリスト1095号（平成8年）53頁。

(87) 根岸哲『規制産業の経済法研究第1巻』（昭和59年）245頁，鶴田俊正編『政府規制

第4章　法執行活動の停滞と進展

行政指導に基づく同調的な金融商品の価格設定であった。公取委の沢田委員長は，「自由化への第一歩であるということで，一応これを了承して現在に至っておる」と苦渋の答弁をした(88)。

　貸出金利についても，短期貸出金利について大蔵省告示により最高限度が定められていたが，実際には，昭和30年（1955）以降，全国銀行協会連合会（全銀協）において短期プライムレート（短期最優遇貸出金利）を申し合わせていた。さすがに，昭和50年（1975）に至り，これは独占禁止法に抵触するのではないかと国会で問題とされ(89)，全銀協は申し合わせをとりやめたが，その後も会長行が公定歩合に連動する形でこれを決定し，各行がこれに追随する形がとられた（リーディング・バンク方式）(90)。カルテルからプライス・リーダーシップ（？）に代替されただけで，競争原理が機能していないことに変わりはなかった。

　こうしたカルテル的金融体制は，戦後のわが国が高度経済成長のために，大蔵省と日本銀行が人為的な低金利政策と護送船団行政を行っていたからである(91)。しかし，石油危機を契機に低成長時代にはいると，競争制限的な金融システムが金融業の革新を損ない非効率なものであるから，金利の自由化等の規制緩和や独占禁止法の適用によって競争原理を導入する必要性が次第に認識されるようになる。

　公取委は，昭和53年（1978）11月15日，有力都市銀行6行が現金自動支払機（cash dispenser）の営業時間の延長について話し合ったとして，口頭警告を行った(92)。翌54年（1979）4月，臨金法に基づく大蔵省告示の対象外で自由金利の新商品である譲渡性預金について，各行の金利が横並びにならないよう次期全銀協会長らに対して要請を行った(93)。さらに，56年（1981）3月，全銀協が大蔵

　　　の緩和と競争政策』（平成元年）134頁。
(88)　昭和52年5月19日の参議院商工委員会における斎藤栄三郎議員（自民）の質疑に対する答弁。橋口委員長も，金融分野の競争促進には規制緩和するしかないと発言している（昭和57年9月10日付け朝日新聞記事「使い分けた「剛」と「柔」」）。
(89)　昭和50年1月31日の衆議院予算委員会における矢野絢也議員（公明）の高橋俊英公取委員長に対する質疑および同年3月26日の参議院予算委員会における玉置和郎議員（自民）の佐々木邦彦参考人に対する質疑参照。
(90)　根岸前掲注(87) 245頁，鶴田編前掲注(87) 135頁。
(91)　池尾和人『開発主義の暴走と保身──金融システムと平成経済』（平成18年）16頁は，人為的低金利政策と護送船団行政を組み込んだ戦後日本の金融システムを「開発主義金融」と名付けている。
(92)　横田直和「CDの営業時間の制限と独占禁止法」公正取引昭和54年4月号34頁。
(93)　昭和54年4月18日付け日本経済新聞記事「CDの金利を監視」。譲渡性預金

129

第1部　競争政策は"社会正義"の理想を失ってはならない　1978〜1988

省の指導に基づいて歩積・両建預金の自粛金利を決定していたことについて改善を求めた[94]。公取委はいずれも法的措置をとったわけではなく，そもそも独占禁止法違反被疑事件として扱わずに事務局経済部が処理した。

このような公取委の金融業への対応には，通産省の行政指導があっても厳しい姿勢で臨んだ製造業に比べ，生ぬるいとの厳しい批判があった。あるジャーナリストは，統制と競争制限が行われている現在の金融体制は大蔵省・日銀を頂点とする「幕藩体制」が形成されているとし，「公取委は……要職はほとんど大蔵省の出向者で押さえられ，植民地化されている」と批判した[95]。経済法学者松下満雄は，「金融分野への独禁法の適用が積極的でなかったのは，大蔵省との人的つながりが背景にあったとみておかしくない」と述べた[96]。このことは，ビーマンのインタビューに対し公取委事務局の元幹部たち（匿名）も認めている[97]。

そうであったとしても，大蔵官僚が競争政策の強化に一定の役割を果たしたことを認める見解があった。たとえば，公取委事務局出身の経済法学者菊地元一は，「逆説的だが，大蔵省の力がなかったら［昭和52年の——筆者注］法改正は実現しなかっただろう」と語った[98]。その当時においては，通産省や産業界に対抗しかつ自民党をも牽制できるのは大蔵省しかなかったからである。公取委の金融業界に対する消極性はその代償であったといえる。

日米構造問題協議を経て，平成3年（1991）秋，梅沢節男委員長——やはり大蔵省出身であった——率いる公取委は矢継ぎ早に，株式所有制限を潜脱した野村証券事件[99]および顧客に損失補填した4大証券事件[100]について法的措置をとり，さらに横並びの社債受託手数料に関して主要7銀行に注意を行った[101]。こ

　　（certificate of deposit）とは，譲渡可能な定期預金証書で，一般の定期預金と異なり，購入者は金融市場で自由に売買できる。
(94)　昭和59年3月17日付け日本経済新聞記事「銀行の金利協議にメス」。ただし，公取委の指摘を受けて大蔵省は新たにガイドラインを提示することにした。
(95)　山池連平「"幕藩体制"下の金融制度」週刊東洋経済昭和50年10月25日号26頁。やや後になるが，公取委事務局はえぬきの糸田省吾経済部長は，「製造業だから競争制限行為は法律違反になる，金融業の場合はケースによっては違反にならないという問題では全然ない」と強調している（植草益ほか「座談会　金融・資本市場と競争政策のあり方について」公正取引平成4年3月号9頁）。
(96)　平成4年1月13日付け日本経済新聞記事「金融攻防4　動き出す公取委」。
(97)　Beeman, p.125.
(98)　日本経済新聞前掲注(96)の記事。
(99)　野村証券㈱に対する件，平成3年11月11日勧告審決，審決集38巻115頁。
(100)　野村証券㈱，大和証券㈱，日興証券㈱および山一証券㈱のそれぞれに対する件，平成3年12月2日勧告審決，審決集38巻134頁，138頁，142頁および146頁。

れらの調査および措置も実質的に事務局経済部が行ったとみられ，審査部が立入検査を行って金融分野（広義）に本格的にメスを入れたのは，平成9年（2007）——当時は検察出身の根来泰周委員長であった——の日本機械保険連盟事件[102]まで待たなければならなかった。とはいえ，その後も銀行業界に対しては，経済取引局による行政調整または調査という従来の手法による処理が依然として続いている可能性がある[103]。

4　不当廉売とバイイング・パワーの規制

中部読売新聞不当廉売事件と一般指定6項——二重の基準の意義

　読売新聞社は，昭和52年（1977）に日刊新聞発行部数日本一，そして世界一となった[104]。しかし，そこに至る過程ではしばしば独占禁止法との摩擦を経験しないわけにいかなかった。読売新聞社は東京を本拠とする有力な新聞紙であったが，関西方面での部数拡大にあたって，昭和30年（1955）に大規模な景品付き販売を計画し，これが独占禁止法19条違反（一般指定6号（不当な顧客誘引）該当）とされた[105]。20年後の昭和50年（1975），今度は東海3県に進出するにあたり，惹起したのがここで取り上げる不当廉売事件である[106]。その後も，読売新聞社の部数拡大意欲は強く，他の新聞社の対抗もあって，昭和50年代末か

---

(101)　平成3年12月17日付け日本経済新聞夕刊記事「7銀行に厳重注意」。
(102)　日本機械保険連盟に対する件，平成9年2月5日勧告審決，審決集43巻339頁。このとき公取委は構成事業者28社に対し総額54億6,354万円の課徴金を課した。
(103)　審査局が法的措置をとった事件として，㈱百十四銀行ほか5名に対する件，平成16年7月27日勧告審決，審決集51巻476頁（香川県所在の金融機関による学費システムに係る口座振替手数料の決定事件）および　三井住友銀行事件（平成17年12月26日勧告審決，審決集52巻436頁）がある。
　他方で，平成15年の大手銀行4行による土曜日のＡＴＭ利用手数料の有料化についての経済取引局の注意（平成15年3月12日，公取委発表）による処理がある。
　なお，平成20年（2008）に発覚したLIBOR（London Interbank Offered Rate, ロンドン銀行間市場金利）の不正操作問題に関連して，TIBOR（東京銀行間市場金利）についても銀行間の共謀が疑われたが，公取委は沈黙しその対応に疑問が提起されている（栗田誠「TIBORと独占禁止法（下）」国際商事法務42巻3号（平成26年）403頁）。
(104)　読売新聞社社史編集室『読売新聞発展史』（昭和62年）126頁。
(105)　㈱大阪読売新聞社に対する件，昭和30年11月5日東京高裁決定，審決集7巻169頁，昭和30年12月8日同意審決，同96頁。ただし，大阪読売新聞社も，既存の新聞社から種々の妨害を受けた。
(106)　このときも，読売新聞は競合紙から妨害を受けた（㈱伊勢新聞社及び新聞販売店12名に対する件，昭和51年5月13日勧告審決，審決集23巻25頁，㈱中日興業に対する件，昭和54年9月13日審判審決，審決集26巻1頁参照）。

第 1 部　競争政策は"社会正義"の理想を失ってはならない　1978 〜 1988

ら平成にかけて各地の系列新聞販売店が景品表示法違反事件を起こすことになる。

　読売新聞社は東海 3 県に新規参入するにあたり，中部読売新聞社を設立したが，同社は昭和 50 年（1975）3 月 25 日から「中部読売新聞」（朝刊のみ）の発行を開始した。中部読売新聞社は，6 か月後の販売目標を 50 万部とし，月極め購読料金を 500 円と定めた。競合する新聞紙の購読料金は 1,300 円（全国紙・ブロック紙統合版。地方紙朝刊は 1,000 円）であったから，中部読売新聞社の同年 4 月の販売部数はたちまち 18 万 2,914 部に達した。公取委は，競合新聞社の申告を受けて，独占禁止法 67 条に基づき東京高裁に対して緊急停止命令の申し立てを行った。同年 4 月 30 日，東京高裁は中部読売新聞社の行為を同法 19 条違反（一般指定 5 号（不当廉売）該当）とし，原価である 812 円を下回る価格での販売を禁止する命令を発した[107]。公取委はその後審判開始決定を行ったが，昭和 52 年（1977）1 月，同社からの申し出を受けて，1,000 円を下回る価格での販売を禁止する同意審決を行った[108]。

　本件を審議した当時の公取委の委員であった呉文二は，「委員会での議論が熾烈であった」と述べている[109]。それによると，まず中部読売新聞社と読売新聞社との関係が問題となった。両社は資本，役員等の関係はなかったが，中部読売新聞社は読売新聞社から「業務提携による強大な援助」を受けていた。委員会の大勢は，中部読売新聞社を子会社とみるのは困難であるとし，その結果法令の適用は新聞業における特殊指定（地域・相手方による異なる定価の設定の禁止）ではなく，不当廉売となった[110]。

　原価の算定について，読売新聞社からの援助という特殊事情がない一般の独立の事業者を基準として算定し，販売目標の 50 万部を前提に行い，月極め 500 円の購読料金は原価を下回ることで委員会の意見は一致した[111]。公正競争阻害性

---

[107]　㈱中部読売新聞社に対する件，昭和 50 年 4 月 30 日決定，審決集 22 巻 301 頁。
[108]　㈱中部読売新聞社に対する件，昭和 52 年 11 月 24 日同意審決，審決集 24 巻 50 頁。
[109]　呉文二「中部読売新聞社不当廉売事件」ジュリスト 658 号（昭和 53 年）95 頁。三十年史・758 頁以下（呉発言）も参照。
[110]　新聞業の特殊指定が同一の定価を要求したのは，全国紙が地域的差別対価により地方紙を圧迫することを防止するためである。読売新聞社は，特殊指定を意識して，子会社とはいえない中部読売新聞社を設立して参入を図ったとみられる。本件を地域的価格差別とみるものとして，小原喜雄本件審決評釈ジュリスト昭和 52 年度重要判例解説 229 頁。
[111]　原価を算定する際の販売部数は，価格設定時の合理的予測に基づくが，その予測は困難である。そこで，とりあえず中部読売新聞社が予測した部数を採用したとみられる（廉売が実行された後は販売実績を考慮したとみられる。なお，舟田正之「不当廉売に

第4章　法執行活動の停滞と進展

について，エコノミストの呉自身は中部読売新聞社が新規参入であり全国紙の協調体制を崩すことになるので，「不当廉売とすることには懐疑的であった」(112)。

委員会で最も議論が沸騰したのは，原価を下回らない購読料金はいくらかであった。原価は想定する販売部数によって変化するからである。呉によると，①35万部（その後の販売実績とみられる—筆者注）でも原価は1,300円を越えるから競合紙並みの1,300円，②50万部を前提にした820円（812円を修正），③中間の1,000円，の3案あった。結局，委員会の結論が得られず，主文の記載が困難となったため，「勧告を出さずに審判を開始するという異例の措置」がとられることになったという(113)。

本件は，不当廉売について公取委が初めて取り上げた事例であり，東京高裁の決定がその後の重要な先例となった。東京高裁の判示で注目されるのは，不当廉売の価格要件について，「いわゆる不当廉売とは単に市場価格を下回るというのではなく，その原価を下回る価格をいうと解すべき」であると述べ，原価割れを要するとしたことである。加えて，原価とは「経済上通常要すべき費目によって算定されるべき」であるとし，いわゆる総販売原価を採用したことである。

このことは何を意味しているのであろうか？　中部読売事件以前，学説上多数説は，不当な対価として，原価割れに限らず，原価を上回る価格であっても，大企業が行う競争者排除目的の低価格販売であれば公正な競争を阻害するものとして違法と考えられていた(114)。しかし，本件決定は原価割れを要することで，過度に競争者保護に傾斜することなく，価格競争を促進し消費者利益を図ったことになる。

　　　　おける原価の算定方法と構成要素——ヤマト運輸対日本郵政公社事件控訴審判決」ジュリスト1374号（平成11年）93頁参照）。
(112)　呉前掲注(109) 97頁。とはいえ，本件廉売の購読料金や期間は，消費者に中部読売新聞の試読を促すという新規参入に必要な範囲を逸脱していたと思われる。
(113)　呉前掲注(109) 99頁，昭和50年9月10日付け朝日新聞記事「中部読売は不当廉売」。同意審決は原価を下回らない価格として1,000円を採用した。呉は，不当廉売にならない価格の決定の難しさを教訓に，公取委は具体的な価格決定に関与しないよう勧めている。
(114)　今村［旧版］106頁，正田彬『独占禁止法』（昭和41年）246頁。なお，公取委は，昭和48年8月25日，指定再販の縮小とあわせて，「小売業における不当廉売に関する特殊指定案」を公表したが，同案は当該商品の通常の仕入原価に直接販売費（6％と推定）を加えた金額未満の価格での販売を禁止するものであり，総販売原価基準を採っていた。この特殊指定案は，その後に物価高騰があったため，指定は見送られた（三十年史・376頁）。

第 1 部　競争政策は"社会正義"の理想を失ってはならない　1978 〜 1988

　公取委は，昭和 57 年（1982）6 月，独占禁止法研究会の報告書を受けて，不公正な取引方法の一般指定の全面改正を行った（第 1 部第 1 章 4 参照）。不当廉売については，「正当な理由がないのに，商品又は役務をその供給に要する費用を著しく下回る対価で継続して供給し，その他不当に商品又は役務を低い対価で供給し，他の事業者の事業活動を困難にさせるおそれがあること」と規定された（一般指定 6 項）。前段が典型的な場合であり，後段が個別判断を要する場合である。このような 2 つの場合を規定したのは，廉売を歓迎する意見と厳しく取り締まることを求める意見があり，公取委としては「両方の意見を踏まえてその中間のところに行政としてやるべき守備範囲がある」と考えたからであった[115]。

　指定当時は「供給に要する費用」とは総販売原価であるとされていたが，価格の費用基準は必ずしも明らかでなかった。昭和 59 年（1984）の「不当廉売に関する独占禁止法上の考え方」において，（小売業についてではあるが）「供給に要する費用を著しく下回る」典型的な場合は仕入価格を下回る価格がこれに当たるとされた（3(1)）。

　仕入価格は限界費用（実務では平均可変費用＝変動費で代替）に近いから，結局一般指定は限界費用基準と総販売原価基準という二重の基準を設けたことになる[116]。限界費用基準は競争の促進と消費者保護を徹底させた考え方であるが，総販売原価基準を維持したことは，その限りで競争者の保護にも配慮したことになる。平 21 年（2009）の法改正および新たに作成された「不当廉売に関する独占禁止法上の考え方」のいずれもこのような二重の基準を採用していく。

　このように，わが国の不当廉売の規制原理は，二重の基準を用いて，競争原理を基本としつつも，社会的公正原理もとりいれたわが国の独禁法思想を反映した

(115)　橋口收（聞き手名和太郎）「国民経済の中に定着した独禁行政」激流昭和 57 年 7 月 16 頁。
(116)　米国では，1975 年に限界費用基準（アリーダ＝ターナー・ルール）を唱える学説が発表されると論争を呼んだだけでなく，下級審判決に大きな影響を及ぼした（金子晃「米国における不当廉売規制」公正取引昭和 59 年 8 月号 23 頁，中川寛子『不当廉売と日米欧競争法』（平成 13 年）27 頁参照）。
　　　価格が変動費を下回っていれば当該商品を販売すればするほど損失が増大するので，競争者を排除して独占を形成しようとする意図が推定できる（限界費用基準）。しかし，企業が存続するためには，変動費だけでなく何らかの方法で固定費も回収する必要がある。価格が変動費を上回っていれば固定費の一部を回収できることになるので一応合理性があり，廉売行為の目的，行為者の市場における地位等を考慮した総合判断が必要となる（総販売原価基準）。
　　　EU の判例（1991 年の AKZO 判決および 1996 年の Tetra Pak II 判決）は，二重の基準を採用しており（中川前掲書・189 頁参照），わが国の基準に近い。

ものとなっている。

牛乳の不当廉売事件——中小企業・零細企業のいらだち

　低成長時代にはいり，スーパーの進出や供給過剰の背景の下，醤油，豆腐，クリーニングなどの不当廉売の申告が増加した。そのなかで最も深刻であったのは，牛乳であった。スーパーは牛乳のコスト割れ販売によって損失を生じても集客効果によって店舗全体では利益を挙げることができる（おとり廉売）が，宅配を主とする牛乳専売店は大きな打撃を受ける。

　こうした事態に対して，全国牛乳商業組合連合会がスーパーの廉売に対して公取委への告発運動を行い，1件2千円の奨励金を提供した[117]こともあって，昭和55年（1980）度の牛乳の不当廉売に関する情報件数は約10万7千件という驚くべき数字に達した[118]。公取委は，申告があった場合，スーパーに仕入価格を確認し，販売価格が仕入価格を下回っているときは，独占禁止法上問題があると口頭で警告することにより処理した[119]。

　公取委は，昭和57年（1982）7月，一般指定の改正に先立ち，スーパーのマルエツとハローマートによる牛乳の廉売合戦が牛乳専売店の事業活動を困難にするおそれがあるとして，勧告審決を行った[120]。本件におけるスーパー2社と牛乳専売店の牛乳1本の仕入価格・販売価格の状況は，次のようなものであった。

	マルエツ上本郷店	ハローマート上本郷店	周辺牛乳専売店
仕入価格	155円・158円	157円・160円	185円程度
通常販売価格	178円	178円	190円〜230円程度（店頭価格）
廉売価格	1本目100円，2本目から150円	1本目100円，2本目から150円	──

---

(117)　昭和56年2月3日付け朝日新聞記事「スーパーの牛乳安売り　全乳連が告発奨励金」。
(118)　昭和56年5月14日の衆議院物特委における武部文議員（社）の質疑に対する妹尾明公取委審査部長の答弁。このうち口頭で警告したのは，292件とみられる（昭和55年5月14日の衆議院商工委員会における小林政子議員（共産）の質疑に対する橋口委員長の答弁）。
(119)　昭和54年5月24日の衆議院物特委における草川昭三議員（公明）の質疑に対する妹尾明審査部長の答弁。
(120)　㈱マルエツに対する件，昭和57年5月28日勧告審決，審決集29巻13頁，㈱ハローマートに対する件，同日勧告審決，審決集同巻18頁。

第 1 部　競争政策は"社会正義"の理想を失ってはならない　1978 ～ 1988

　ここで驚くべきことは，スーパーと牛乳専売店の仕入価格の圧倒的な差である。周辺牛乳専売店の仕入価格（185 円程度）は，スーパーの消費者への通常販売価格（178 円）よりも高いのである！　このような仕入価格の格差がスーパーの大量仕入れに基づくものであるとすると，「通常の企業努力では到底対抗できない」牛乳専売店の退場は時間の問題であった。本件は極端な廉売であったから，世論は廉売が規制されることを警戒しつつ公取委の勧告に対して理解を示した[121]。

　しかし，消費者の利益と中小企業の利益をどのように均衡させるのか？　前記のように大量の申告に対して，公取委は仕入価格を基準に迅速な処理を心がけ，指導でとりやめさせた。それによって中小企業保護を求める政治の要請[122]に応えつつ，極端な場合を除いて法的措置は控えることによって廉売を委縮させることのないよう配慮した。ここにも，消費者の利益を念頭に置く一方，「中小企業・零細事業者のいらだち」に一定の応答をしようとする橋口流の社会的公正原理（第 1 部補論(1)参照）をみることができる。

　平成に入ってからは，牛乳に代りビールなどの酒類やガソリンの不当廉売の申告が増大していく。与党議員からの公取委に対する取締りの圧力はますます高まり，公取委は，平成 9 年（1997）に審査局に不当廉売事案を専門的に処理する「公正競争監視室」設けて対応していく[123]。ガソリンについては，法的措置もとられることになる[124]。公式に違法が認定される場合はともかく，膨大な事案が違反につながるおそれがあるというだけで廉売がとりやめられる[125]のは，消費者利益を損なうおそれがある。しかし，消費者側からそのような強い批判がな

---

(121)　昭和 57 年 5 月 14 日付け日本経済新聞社説「牛乳安売りへの公取委の排除勧告」，同年同月 15 日付け朝日新聞「今日の問題　安売りと消費者」。実方謙二「不当廉売の規制」ジュリスト 775 号（昭和 57 年）101 頁は，本件の極端な安売りの事案の処理に反対ではないが，大手乳業の系列下の牛乳専売店を維持することがそれ自体で競争政策の目的となるか疑問を呈している。
(122)　野党議員からは，牛乳の不当廉売に関する特殊指定の制定を求める声があった（昭和 55 年 4 月 8 日の衆議院物価問題等に関する特別委員会における橋口委員長に対する宮地正介議員（公明）の質疑など）。
(123)　平成 9 年 3 月 27 日付け日本経済新聞記事「公正取引委員会，「公正競争監視室」を新設」。不当廉売の規制を熱心に推進した議員として，佐藤剛男議員（自民）が知られていた。
(124)　㈱濱口石油に対する件，平成 18 年 5 月 16 日排除措置命令，審決集 53 巻 867 頁，㈱シンエネコーポレーションに対する件，平成 19 年 11 月 27 日排除措置命令，審決集 54 巻 502 頁，㈱東日本宇佐美に対する件，同，同 504 頁。
(125)　不当廉売事案で迅速処理により注意がなされた件数は，平成 23 年度 1,772 件，24 年度 1,736 件，25 年度 1,366 件である（平成 23 ～ 25 年度・公取委各年次報告）。

第 4 章　法執行活動の停滞と進展

されることは，その当時もその後もなかった。

三越事件——大規模小売業の優越的地位の濫用規制の確立

　低成長時代に移行して，百貨店は軒並み売上げの伸び悩みに直面した。老舗百貨店三越の辣腕岡田茂社長が考えたのは，仕入先の納入業者から「買う」だけではなく納入業者にも「売る」ということであった。逆転の発想であった。売るのは，高級品・奢侈品であり(126)，これらの商品のマージン率は高いが，仕入先に値引き販売をするわけではなく，売上高や利益額を伸ばす手っ取り早い販売方法であった(127)。岡田社長はアイディア社長でもあった。映画会社と共同製作した映画の入場券や軽井沢での花火大会の入場券の購入，そして「パリ三越開店七周年記念ツアー」等への参加も，納入業者に要請した(128)。

　ワンマン社長の下の三越は，百貨店の店舗の売場の改装費用，大売り出し等を行う際の催事の費用，商品の販売を直接の目的としない催事の費用についても，納入業者に負担を求めた。大阪支店が行った「さくらまつり」という催事のために納入業者が負担した協賛金の総額は，その費用総額よりも多かった！(129) これも，販売経費を縮減し利益額を多くする最も効率的な方法であった(130)。

　昭和 53 年（1978）11 月 28 日，公取委は三越の本店・支店の立入検査を行ったが，翌日，三越は「決して強制していない。正常な商行為である」と反論した(131)。確かに三越は納入業者を威圧することはしなかったが，納入業者はそのような商品購入や協賛金の要請に悲鳴を挙げていた(132)。納入業者は，どうして

---

(126) ㈱三越に対する件，昭和 57 年 6 月 17 日同意審決，審決集 29 巻 31 頁，審決第一・二㈠イおよび別表一・二参照。三越が納入業者に購入を要請したのは，宝石，陶器・漆器，絨毯，高級腕時計，絵画，紳士服，毛皮，ネクタイ，呉服，電化製品，ハンドバッグ，紳士・婦人靴，ゴルフ用品，別荘地，置物等々であるが，何故か「救急セット」，「墓碑」，「男爵じゃがいも」といったものも含まれていた。

(127) 鈴木満「三越事件が提起した法的諸問題」NBL262 号（昭和 57 年）15 頁。

(128) 前掲注(126)審決第一・二㈠ロ，ハ，ニ。このツアーでは，パリ郊外のベルサイユ宮殿で大パーティが開かれたが，日本からの旅行団 860 人のほとんどが納入業者であり，そのためのタキシードも三越から買わされたという（早川和廣『三越残酷物語』（昭和 54 年）106 頁以下）。

(129) 前掲注(126)審決第一・三および別表七。

(130) 鈴木前掲注(127) 15 頁。

(131) 昭和 53 年 11 月 29 日付け朝日新聞記事「強制してない」（三越広報部長談）。

(132) 昭和 54 年 4 月 17 日付け朝日新聞記事「改められるか悪慣習」。「仕入れ部の窓口で，月 5 万円も買わされ，生活にも響いている」，「割り当てられた商品や映画切符を，お客や知人に売りさばかなければならず，ノイローゼになりそう」などの電話や投書が新聞

137

第 1 部 競争政策は"社会正義"の理想を失ってはならない 1978〜1988

不当な要求を拒否できないのであろうか？ 当時，百貨店やスーパーといった大規模小売業者が納入業者に対して揮う力は「バイイング・パワー（buying power（購買力，仕入力））」と呼ばれた[133]が，どうしてそのような力が可能なのであろうか？

審決によれば，三越は売上高において百貨店業界において第 1 位，小売業界全体において第 2 位を占め，老舗として高い評価を得ているため，納入業者にとって三越は極めて有力な取引先であり，納入業者は同社との取引を望んでいる状況にあった。しかも，納入業者は，三越との納入取引を継続して行う立場上，要請された商品の購入を余儀なくされるという事情があった。バイイング・パワーは，買手寡占的な市場構造と継続的取引という取引の性格から発生したということができる。しかし，三越は——通常買手市場支配力の行使として想定されるような——仕入れる商品を競争水準以下に買い叩いたというのではない。押し付け販売や協賛金といった力の行使の態様をどう考えるべきか？

経済法学者松下満雄は，「三越事件でとりあげられているのは，百貨店と納入業者との<u>固有な取引関係とは別次元の局面で圧迫行為が行われている</u>」ことであり，「<u>近代的な商業倫理の面から大きな問題を提起する</u>」（傍点筆者）と指摘した[134]。公取委事務局の利部脩二は，「百貨店関係者の中には，その設備，販売

　社に次々と寄せられたという。三越の無理難題の押し付けに反発して三越から撤退したのが，配送業務を請け負っていたヤマト運輸である（日本経済新聞社編『私の履歴書 経済人 37』（平成 16 年）136 頁（小倉昌男））。
　　公取委がその後行った大規模小売業者に関する調査によると，商品の購入要請をやめて欲しいと考えている納入業者は，大手百貨店で 70.8 ％，大手スーパーで 78.8 ％に達している（利部脩二「三越独禁法違反事件とバイイングパワーの濫用」ジュリスト 775 号（昭和 57 年）87 頁）。
(133) OECD, Buying Power — The Exercise of Market Power by Dominant Buyers, 1981 が「バイイング・パワー」という語を使用していたので，わが国でも広まった。公取委事務局官房渉外室「購買力に関する OECD レポートについて」公正取引昭和 56 年 9 月号 34 頁にその部分訳がある。購買力についての包括的研究として，金子晃ほか『現代経済法講座 6 流通産業と法』（平成 5 年）157 頁「第 3 章 大規模流通業者と購買力」（和田健夫執筆）がある。
(134) 松下満雄「「優越的地位の濫用規定」の射程距離(3)」NBL184 号（昭和 54 年）27 頁。昭和 54 年 4 月 17 日付け日本経済新聞社説「三越への公取委勧告」は，「本来，商品を仕入れて販売する立場にある企業が，取引上の地位を利用して納入業者に逆に売り付けたり，多額の資金を要求するといった商法は，商売の常識を越えたものである」と述べた。また，大型店のバイイング・パワーに関わる問題が日本の社会構造から生じる面があることを指摘するものとして，十合昹「大規模小売業者とバイイング・パワーの問題点」ジュリスト 775 号（昭和 57 年）94 頁。

第4章　法執行活動の停滞と進展

のノウハウ，ネームバリューを納入業者に利用させて，納入業者にその商品を売らせてやっているものだという意識を持ち，従って，協賛金の徴求を当然視する者が多い」（傍点筆者）と観察した(135)。

　欧米でも，メーシー百貨店事件(136)で知られるように，協賛金の要求といった事例がないわけではない。しかし，わが国ほどこうした商慣行が蔓延していたわけではない。ドイツにおいては，そうした行為は競争法ではなく善良な習俗が基準となる不正競争法の対象であり，非道徳的行為（sin）として自主規制が行われていた(137)。

　橋口には自信があった。押付け販売や協賛金の要求は三越だけでなく，他の百貨店も大手スーパーも行っていたが，苦情は三越関係が抜きん出ていたし，橋口自身直接見聞していた(138)。立入検査の翌日，橋口は「経済的強者の地位乱用を取り締まることは，独禁政策最大の眼目」と自らの哲学を語った(139)。橋口は，わが国は一見近代化したようにみえるが，取引の実態は依然として非合理な面が残っており，「あまりにも非近代的，因襲的な側面は是正していく必要」があると述べた(140)。

　三越事件は，立入検査から4年後の昭和57年（1982）6月，同意審決で決着した(141)。百貨店業界に対しては従来特殊指定などを背景に指導が行われていたが，三越事件は最初に単独で優越的地位の濫用を適用して法的措置をとった事件であった。その後，大規模小売業者を中心に，優越的地位の濫用事件の摘発が相次ぎ，独占禁止法の一大規制領域を形成していく。三越事件はわが国において優越的地位の濫用規制を定着させ確立する先がけとなった。そして，優越的地位の濫用規制には，わが国の取引慣行を近代化していくという歴史的な意義があるとの見方があった(142)。とはいえ，大規模小売業者による優越的地位の濫用行為が

---

(135)　利部前掲注(132) 88頁。
(136)　米国で第1位の百貨店メーシーが開店100周年記念行事に際して納入業者に協賛金を要求したことが，連邦取引委員会法5条違反とされた（R. H. Macy & Co, v. FTC, 326 F. 2d 445（2d Cir. 1964））。
(137)　OECD, supra note 133, p. 81, 84 参照。
(138)　五十年史上巻・771頁（橋口発言）。
(139)　昭和53年11月29日付け日本経済新聞記事「不公正解明に全力」。
(140)　橋口収「80年代の独禁政策の課題」激流昭和55年3月号23頁。
(141)　岡田社長は，審決後まもない昭和57年9月，取締役会において代表取締役を解任され，その後特別背任罪の容疑で刑事訴追を受けるなど，失脚する（河村貢『解任――三越顧問弁護士の証言』（昭和60年）など参照）。
(142)　経済学者植草益は，「わが国の流通業やサービス業における商慣行には，非近代的な

わが国特有の非近代的な慣行とみるべきかは，検討の余地がある（第3部第4章4参照）。

5　企業結合規制の整備と25％ルール

「事務処理基準」の作成——規制確立への第一歩

昭和55年（1980）7月15日，公取委は，次のような「会社の合併等の審査に関する事務処理基準」[143]を公表した。公取委は当時合併，営業譲受等を含めて年間1,500件の多数の届け出を受理していた——会社の合併はすべて届け出義務があった——ため，重点的な審査を行って審査の効率化を図るための選別基準を作成し，かつ審査の際の考慮事項をできるだけ整理，明確化する必要があった[144]。ガイドラインではなく「事務処理基準」とされたのは，合併に独占禁止法を適用した事例が非常に少なく，「ガイドラインを出すのは現段階ではきわめて難しい」と判断されたからであった[145]。

> 　　　　　　　　　会社の合併等の審査に関する事務処理基準
> 　第1　届出様式を簡略にする合併　……
> 　第2　通常の届出様式による合併の事務処理上の選別基準
> 　　　…合併については，次に掲げる基準のいずれか一に該当するものを重点的に審査することとする。
> 　　1　当事会社のいずれかが属する市場において，当事会社のいずれか1社の市場占拠率又は当事会社の市場占拠率の合計が，①25％以上である場合，②第1位であり，かつ15％以上である場合又は③第1位であり，かつ第2位若しくは第3位の会社の市場占拠率と比較して，その格差が大きい場合
> 　　2　当事会社のいずれかが属する市場において，当事会社のいずれか1社の市場占拠率又は当事会社の市場占拠率の合計が，上位第3位以内に含まれ，かつ当該上位第3位までの会社の市場占拠率の合計が50％以上である場合

　　　ものが残っている。……三越事件も医師会の参入制限行為も，建設業の談合問題でもそうであった。非近代的な商慣行が残存しているのは，独禁法が必ずしも十分運用されなかった分野であるという感じさえもつ。そういう意味で，この分野での独禁法運用強化は，日本経済全体の近代化とも結びついているのである」と述べている（植草益「低成長下　独禁政策の新たな視点——構造変化で広がる役割」エコノミスト昭和57年9月28日号13頁）。
- [143] 「会社の合併等の審査に関する事務処理基準」公正取引昭和55年7月号5頁, 同ジュリスト726号（昭和55年）34頁, 同旬刊商事法務878号（昭和55年）99頁。
- [144] 「会社の合併等の審査に関する事務処理基準について」公正取引昭和55年7月号4頁。
- [145] 伊従寛＝正田彬＝藤堂裕「会社の合併等の審査に関する事務処理基準をめぐって」ジュリスト726号（昭和55年）14頁（伊従発言）。

3　当事会社のいずれかが属する市場における競争者の数が相当程度少数の場合
　　4　当事会社のいずれかの総資産が1,000億円以上であり，かつ他の当事会社の総資産が100億円以上である場合
　　　（注）…
第3　合併の審査に当たっての考慮事項
　　前記第2の基準により選別された案件について，当該合併によって一定の取引分野における競争を実質的に制限することとなるか否かの審査に当たっては，原則として，水平合併，垂直合併又は混合合併の形態別に審査することとし，各形態ごとに次の事項について考慮する。……
　　（注）1　水平合併とは，競争者間の合併をいう。
　　　　　2　垂直合併とは，例えば製造業者とその製品の販売業者間の合併等取引関係にある会社間の合併をいう。
　　　　　3　混合合併とは，例えば異業種に属する会社間の合併，地理的市場を異にする会社間の合併等水平合併又は垂直合併のいずれにも該当しない合併をいう。
　1　水平合併
　　水平合併については，競争単位が減少し，競争に対する影響が最も直接的であり，次の(1)を中心とし，(2)の事項を併せて考慮する。
　(1)　合併後の会社の市場占拠率等
　　　合併後の会社の市場占拠率，順位及びその競争者との格差並びにそれらの合併前と比較した変化の程度
　(2)　当事会社の属する市場における競争の状況等
　　ア　当該市場における競争の状況
　　　　競争者の数，市場占拠率の変動状況，参入障壁の程度等当該市場における競争の状況
　　イ　当該市場に関連する市場の状況
　　　　代替品の有無及びその程度，当該市場に地理的に隣接する市場の状況等当該市場における競争に影響を及ぼす市場の状況
　　ウ　当事会社の総合的事業能力等
　　　　当事会社の原材料調達能力，技術力，販売力，信用力等総合的事業能力，その経営状況（業績不振の程度を含む。）等当該市場における競争に及ぼす影響の程度
　　エ　当該市場の性格及び環境
　　　　当該市場の発展性その他の性格及び国内における取引の状況，海外における同種の市場の状況等当該市場をとりまく環境に関する諸事情
　2　垂直合併
　　垂直合併については，原則として，次の事項について考慮するほか，併せて前記1の水平合併の考慮事項に掲げるものについて考慮する。
　(1)　当該市場の閉鎖性の程度　……

第 1 部　競争政策は"社会正義"の理想を失ってはならない　1978 ～ 1988

　　　(2)　参入障壁の増大の程度　……
　　3　混合合併
　　　混合合併については，原則として，次の事項について考慮するほか，併せて前記 1 の水平合併の考慮事項として掲げるものについて考慮する。
　　　(1)　当事会社間の潜在競争の程度　……
　　　(2)　合併後の会社の地位の有利性の程度　……
　　　(3)　参入障壁の増大の程度　……
　第 4　営業譲受等への準用　……　　　　　　　　　　　　　　　　　　　　　」

　この事務処理基準は，単に事務処理の迅速化をねらっただけではなく，「合併規制の強化をも意図している」とみられた[146]。確かに，当事会社の市場占拠率が 25 ％以上であれば重点審査の対象としていることは公取委が昭和 47 年に公表した 25 ％ルール（上巻・418 頁参照）を規定したものであるし，1 位かつ 15 ％以上の選別基準は 25 ％ルール以上に厳格なものである。明らかに八幡製鉄／富士製鉄合併事件審決――いわゆる「新日鉄審決理論」――を克服し，寡占的市場構造の形成防止を意識したものであった。競争の実質的制限の判断基準について言及がないが，これは東宝・スバル事件東京高裁判決――東宝・新東宝事件東京高裁判決ではなく――が当然の前提とされた[147]。従来ほとんど規制した例のない垂直合併や混合合併も審査しようとする意欲も注目された[148]。ただし，企業結合審査に重要な市場（「一定の取引分野」）の画定方法については示されなかった。

　25 ％ルールについて，公取委事務局の担当官は「もとより，この基準に該当することによりただちに，競争の実質的制限に該当するものではないが，このような合併は，その危険性が高いものと考えられる」と述べた[149]。実際，特殊鋼 3 社の合併事件[150]やユニード／九州ダイエーの合併[151]の審査にあたっては，

---

(146)　実方謙二「アメリカにおける合併規制」ジュリスト 726 号（昭和 55 年）51 頁。
(147)　関根芳郎「会社の合併等の審査に関する事務処理基準について」ジュリスト 726 号（昭和 55 年）38 頁参照。東宝・新東宝事件判決は「いいかえれば」以下が障害となるので東宝・スバル事件判決が引用されたが，両事件判決に関与した浅沼武判事が「前後両方を比べると，整備された後の方が正確なのではないか」との発言（三十年史・489 頁）があり，平成 6 年の事務処理基準では東宝・新東宝事件判決が引用されている。
(148)　公取委は，「現段階でいわゆる純粋型の混合合併で競争制限につながるものがあるかどうかということについては，不明というのが私たちのほうの態度」であるが，「大規模な合併の場合には，事例をもう少し慎重に見るだけは見て，よく分析しようという考え」であった（伊従ほか前掲注(145) 22 頁（伊従寛発言））。混合合併（商品拡大型）として調査を行った案件として，ライオン歯磨＝ライオン油脂の合併（昭和 54 年度年次報告 154 頁）があるが，問題なしとされた。
(149)　渡辺豊樹編『新独占禁止法の実務』（昭和 56 年）224 頁。

第4章　法執行活動の停滞と進展

合併当事会社の市場シェアが25％を超えることが主たる判断基準となった。また，産構法に基づく事業提携として共同販売会社を設立するにあたり各グループの市場シェアが25％を越えないようにする基準としても使われた（第1部第2章3参照）。こうして公取委関係者の思考の枠組みでは，市場シェア25％が目安のとされたので，昭和47年（1972）から平成5年（1993）までを一応「25％ルールの時代」と名付けることができよう（平成6年に企業結合規制に新たな展開が生じる）。

とはいえ，市場シェア25％を超えたとしても，業績不振等の特別の要因があるとして容認された事例が多数あった[152]。特別の要因がないか弱ければ，問題解消措置が求められたが，そうした事例は必ずしも多くはなかった。問題解消措置といっても，株式所有比率の引き下げ[153]などゆるやかなものにとどまり，競争制限が解消されるか疑問が残るものであった。たとえば，ユニード／九州ダイエーの合併の場合，合併会社に対するダイエーの持株比率を32％から25％未満に引き下げることで足りるとした例がそれである。

公取委は，昭和56年（1981）に，①「小売業における合併等の審査に関する考え方」[154]および②「会社の株式所有の審査に関する事務処理基準」[155]，昭和58年（1983）に③「特定産業における合併等事業提携の審査に関する基準」をそれぞれ作成公表した。①は大規模小売業者を中心とする合併等の増加が予想される——ダイエーが地方スーパーの合併・買収を重ねていた——が，小売業には多種多様な事業者が混在することから「一定の取引分野」の画定についての考え方を示した。②は，株式所有について競争制限の審査の前提として結合関係の有無の判断が前提となることから，結合関係の有無の審査基準が設けたことが特色であった[156]。③は産構法の制定に伴い，通産省の要請に基づいて作成されたもの

---

(150)　公取委昭和51年度年次報告162頁。榛澤孝夫「特殊鋼3社の合併について」公正取引昭和51年10月号19頁。
(151)　公取委昭和56年度年次報告137頁。
(152)　平林英勝「わが国における企業結合規制の進展と課題」経済法学会年報24号（平成15年）134頁。
(153)　他に，東海カーボン／東洋カーボンの合併（公取委年次報告平成3年度・141頁），十條製紙／山陽国策パルプ（同平成4年度・150頁），王子製紙／神崎製紙（同平成5年度・186頁）などがあった。
(154)　公取委事務局「「小売業における合併等の審査に関する考え方」について」公正取引昭和56年9月号31頁。
(155)　「会社の株式所有の審査に関する事務処理基準」公正取引昭和56年11月号26頁。
(156)　結合関係の概念は法文上の要件ではなく，株式所有と競争の実質的制限との間に因

第1部　競争政策は"社会正義"の理想を失ってはならない　1978～1988

である（第1部第2章3参照）。これらの「考え方」や「基準」はいずれも会社の合併等の審査に関する事務処理基準が基礎になっており，それを補完するものであった。

　株式所有規制に関して一言すると，この当時，合併のように事前届け出制ではなく，一定規模以上の事業会社は毎事業年度終了後その所有する株式を公取委にまとめて事後に報告する仕組みとなっていた（法10条2項）。大量の株式報告書に基づいて逐一審査するには無理があった。企業側から事前相談があった場合はともかく，そうでなければ株式取得後時日が経過し既成事実化した場合，公取委があとから問題視するのはきわめて困難であったとみられる。そのことは，合併を容認する理由として，「株式取得等を通じて両社はすでに一体関係にあること」がしばしば挙げられている(157)ことに端的に示されている。

　この25％ルールの時代をどう評価すべきか？　この時期に法的措置がとられた案件は1件もないが，公取委が法施行活動をしていなかったわけではない。事前相談に対する回答と相手方の対応措置の申し出，その了承という非公式な行政指導的運用がとられていた。非公式な手続が多用されたのは，合併等は事前規制であって事前相談になじみ企業側が歓迎したばかりでなく，公取委も「予防行政」の方針をとっていたから指導で効率的に処理することを歓迎したとみられる。

　とはいえ，25％という市場シェア基準を重視しそれに基づいて指導することは，過剰規制であったのではないかとの疑いを生ぜしめる(158)。他方，軽微な問題解消措置や株式所有規制のゆるさにかんがみると，過少規制であったとの見方も可能である。25％ルールという一見厳格な規制のようでも，内実は必ずしもそうでなかったかもしれない。思うに，価格カルテルや談合といったハードコア・カルテルですら原則違法が社会的に確立していたわけではないのに，効率性の向上が見込まれる企業結合を公取委が違法と断定するには相当慎重にならざるを得なかったのであろう。そして，高度経済成長期には企業結合によって寡占体制が形成されるという懸念が強かったが，低成長時代への環境変化によりそうし

　　　果関係があれば足りるとの批判があるが，公取委は結合関係を因果関係の有無を事務処理上ふるい分けるための基準と取り扱ってきている（田辺治「企業結合審査における「結合関係」概念」商事法務1991号（平成25年）7頁）。
(157)　たとえば，王子製紙／東洋パルプの合併（公取委年次報告昭和63年度・78頁），クラレ／協和ガス化学の合併（同平成元年度・112頁）。
(158)　「25％という数字が当事者・公取委担当者の間で一人歩きし，または事業者が過度に抑止的となったという可能性は否定できない」との指摘がある（泉水文雄「企業結合規制の課題（下）」公正取引平成9年8月号55頁）。

第 4 章　法執行活動の停滞と進展

た懸念よりも業績不振の企業の存続が無視できなくなった。公取委にとり幸いなことに，八幡製鉄／富士製鉄の合併事件（昭和44年同意審決）以降平成の半ばまで，真剣に取り組まざるを得ないような大型合併事件は——構造不況産業における共同販売会社設立問題（第1部第2章3）を除けば——ほとんどなかったのである(159)。

そうしたなかで，公取委が事務処理基準等を作成して企業結合案件の審査体制を整備したことは，わが国において企業結合規制を確立していく上で必要な第一歩であった。25％ルールについても，当時なおSCPパラダイム（市場構造→市場行動→市場成果の密接な因果関係を認める考え方）が支配的な時代において，企業結合規制を前進させる一定の役割を果たしたということができる。ちなみに，公取委が合併等の事務処理基準を作成したのは，米国でレーガン政権が従来の厳格な合併規制を大きく転換する直前の時期にあたる(160)。欧州において合併規制が緒に付いたのは，ようやく1970年代に至ってのことである(161)。

---

(159)　昭和47年度〜平成5年度の間の構造不況産業を除くめぼしい大型企業結合案件としては，大同製鋼／日本特殊鋼／特殊製鋼の合併（公取委年次報告昭和51年度・162頁），伊藤忠商事／安宅産業の合併（同昭和52年度・145頁），大協石油／丸善石油／コスモ石油の合併（同昭和60年度・107頁），山下新日本汽船／ジャパンラインの合併（同昭和63年度・78頁），三井銀行／太陽神戸銀行の合併（同平成元年度・112頁），三菱金属／三菱鉱業セメントの合併（同平成2年度・100頁），日本鉱業／共同石油の合併（同平成4年度・151頁），アンハイザー・ブッシュと麒麟麦酒の合弁・提携事業（同平成4年度・150頁）があった程度である。

(160)　レーガン政権下の司法省が1968年の合併ガイドライン——既に使われなくなっていたが——を破棄して，新たな合併ガイドラインを作成したのは1982年のことである。なお，米国で合併の事前規制が導入されたのは1976年のハート＝スコット＝ロディノ法の成立からである。

(161)　欧州で合併規制が導入されたのは，英国は1965年（独占及び合併法），ドイツは1973年（第2次競争制限禁止法改正），フランスは1977年（1977年7月19日の法律）である（OECD編山本哲三＝平林英勝訳『M&Aと競争政策』（平成元年）（原著は，OECD, Merger Policies and Recent Trends in Mergers, 1984）参照）。欧州石炭鉄鋼共同体（ECSC）は1951年のパリ条約以来合併を許可制としていたが，欧州経済共同体（EEC）が合併規制の理事会規則を採択するのは1989年のことである。

第1部　競争政策は"社会正義"の理想を失ってはならない　1978〜1988

補論(1)　シカゴ学派の衝撃と橋口收

シカゴ学派の衝撃と橋口收

　1981年（昭和56年）1月にレーガン政権が発足し反トラストの「保守的反革命（conservative counterrevolution）」が始まったことは，米国のみならずわが国においても衝撃であった[1]。というのは，過去90年間反トラスト法は厳格化の一途をたどってきたが，シカゴ学派が反トラスト当局を支配し企業に有利なゆるやかな新しいルールに書き換えようとしたからである[2]。その背景には，米国企業が世界市場で日本企業との競争によってシェアを失いつつあるということがあった。

　シカゴ学派は「反トラスト法の目的は専ら経済効率性にある」，「独占は通常その企業が競争者よりも優れているからである」，「再販を含め垂直的制限は原則合法である」など，従来の独占禁止法の常識——ハーバード学派の考え方である——とまったく異次元の主張をした[3]。

---

(1) この補論は，平林英勝「わが国独占禁止法における社会的公正原理の形成・定着と再検討」中央ロー・ジャーナル11巻1号（平成26年）65頁に加除・修正を行ったものである。

(2) Rewriting Antitrust Rules-William Baxter is leading a counterrevolution with a huge impact on business, Newsweek, August 29, 1983, p. 30. レーガン政権の反トラスト政策については，遠藤美光「1982年会計年度における司法省反トラスト局の活動方針」国際商事法務9巻7号（昭和56年）364頁，ハンター・D・ヘイル著編集部訳「レーガン政権下の反トラスト政策」国際商事法務9巻9号（昭和56年）433頁，松下満雄「米レーガン政権の新独禁政策」ジュリスト751号（昭和56年）53頁，上杉秋則「米国独禁思想の変化の潮流」ジュリスト766号（昭和57年）74頁，小西唯雄「アメリカにおける二つの反トラスト政策論」公正取引昭和58年1月号14頁のほか同編著『産業組織論の新展開』（平成2年）など同氏の一連の著作参照。

　シカゴ学派の反トラストの実務への影響はレーガン政権の登場によって突如始まったわけではなく，1977年のシルヴァニア事件最高裁判決にみられるように既に顕在化していた。

　なお，反トラスト法の目標をめぐる1965年（昭和40年）のハーバード学派とシカゴ学派の論争が有名である（Bork & Bowman and Blake & Jones, The Goals of Antitrust: A Dialogue on Policy, Columbia Law Review, Vol. 65, No. 3, 1965. この論争の紹介として，土井紀夫「反トラストの目標をめぐって(1)(2)」鹿児島経大論集21巻3号（昭和55年）121頁・21巻4号（同56年）131頁）。その後の両派の論争については，谷原修身『独占禁止法の史的展開論』（平成9年）137頁が詳しい。

(3) シカゴ学派とハーバード学派の考え方の相違は，次のように対比される（Eleanor Fox and Lawrence Sullivan, Anchoring Antitrust Economics—A Lexion, in Revitalizing

補論⑴　シカゴ学派の衝撃と橋口收

Antitrust in Second Century, edited by H.First, E. Fox and R. Pitofsky, 1991, p. 68 から17項目のうち6項目について筆者が要約して作成)。

シカゴ学派	リアリスト，伝統主義者 ［ハーバード学派］
1　なぜ反トラストか？ 　　反トラスト法は，市場の効率性を改善することを目的とする。反競争的行為は効率性を低下させるから禁止される。反トラスト法は非効率的であるから反競争的行為を禁止する。同法は非効率的な行為のみを禁止するように解釈しなければならない。	反トラスト法は，競争過程を維持することを目的とする。反トラスト法の中核概念は競争であって，効率性ではない。競争は，資源配分的・生産的・動態的効率性を向上させるから，競争と効率性との緊張はない。
2　効率性とは何か？ 　　効率性は，消費者余剰と生産者余剰の和であり，社会の富の総体である。ビジネスは，効率性か市場支配によって利益を得ようとするが，市場支配力はまれにしか得られない。ビジネスのすることは効率的と推定できる。	資源配分的効率性＝富の最大化モデルは誰が富を得るかに無関心であるが，法はそうではない。ビジネスは効率性のみでなく，多様な理由で行動する。法は結果よりも過程を評価し，競争が効率性の向上に最善のメカニズムであるから，競い合いの過程を信頼すべきである。
3　市場支配力とは何か？ 　　市場支配力とは，産出量を人為的に減少できる力である。これは顧客を失わずに一定期間価格を引き上げることができる力に反映される。反トラストが懸念するのは非効率な行為によって得られた力のみである。企業が市場支配力を有しているとすれば，それはおそらく最も効率的であるからである。	市場支配力とは，他の人々の人生や運命を支配する裁量権である。市場支配力には，価格を引き上げる力，品質を低下させる力，何を供給するかを決める力，競争者を排除する力を含む。巨大企業は政治力も行使してきた。合併法は，競争制限的な合併の禁止を通じて政治的経済的な力を制御することを意図している。
4　高度の集中は懸念すべきか？ 　　かつて経済学者も政策立案者も高度の集中は競争の減少を意味すると考えた。しかし，経済的知見はこの仮説を否定した。集中は独占となるかカルテルを促進する場合のみ問題となる。	高度の集中は，通常非競争的な成果を意味する。それはしばしば独占利潤をもたらし革新のインセンティヴを減殺する。特に参入障壁が高いと明白になる。反トラストは，高度集中産業の経済的政治力について伝統的に懐疑的であった。

第1部　競争政策は"社会正義"の理想を失ってはならない　1978〜1988

そのために，わが国の経団連は反トラスト法の緩和と早合点した[4]が，それが間違いであるとすぐに気付いた。というのは，レーガン政権の司法省はカルテルや談合については刑事罰をもって臨むなど従来にも増して厳格な態度をとったからである[5]。通産省の担当者は，経済的効率性重視の反トラスト政策の緩和を歓迎しつつ，レーガン政権にも通産省の産業政策や行政指導について理解が得られたと述べている[6]。とはいえ，市場への介入に躊躇しない通産省の態度と

5	カルテルはなぜ違法か？ 　　カルテルは，産出量を減少させ価格を引き上げる力を共同で所有するから，非効率的である。カルテルは，カルテル破りやアウトサイダーの参入によって成功しないし，成功しても一時的である。	カルテルは，価格設定力を手中にする。市場の中枢神経を損ない，消費者から生産者へ富を移転させる。OPECのようにカルテルは長続きするし，短期的でも有害である。
6	垂直的制限は反競争的でありうるか？ 　　垂直的制限が反競争的であることはほとんどない。メーカーが販売業者に制限を課す目的はその製品の流通を改善するためであるとみられる。というのは，メーカーは制限を課しても自らの既存の力を増大させることにならないし，販売業者に利益を提供するインセンティヴもないからである。メーカーが価格が上昇するような制限を課すのは，販売業者が追加的収入を販売促進やサービスに使う場合のみである。廉売業者が販売サービスについてただ乗りするのは，最適な商品およびサービスの提供を妨げるから排除しなければならない。	垂直的制限はしばしば反競争的である。反トラスト法は低価格を歓迎し，廉売店に開かれた流通チャネルを歓迎する。同法は事業者の自主性やアクセス，そして消費者の選択の自由を評価する。シカゴ学派はただ乗り効果を過大に評価している。ただ乗りの効果は実際にはわずかである。

(4) 昭和57年10月に来日したレーガン政権のスミス司法長官と経団連が懇談した際，経団連は米国政府が「独禁法の弾力的運用方針」へ転換したと受けとめた（昭和57年10月23日付け日本経済新聞記事「稲山教祖「満悦の日」」，昭和58年7月29日付け毎日新聞記事「不可解な経団連の独禁法改正論」）。

(5) バクスター反トラスト局長は，カルテルを行った会社役員に対して実刑判決を求めると議会で証言した（ハンター・ヘイル前掲注(2) 436頁）。司法省は高速道路工事の談合に対し，総額4700万ドルの罰金および127名に累計47年の拘禁刑を科した（supra note 2, p. 32）。

(6) 藤島安之「緩和進む米国の独禁政策」昭和57年10月1日付け日本経済新聞「経済教室」。

補論(1)　シカゴ学派の衝撃と橋口收

市場メカニズムを信頼し政府介入を嫌うシカゴ学派の考え方とは本来水と油の関係にある。

公取委はどうか？　橋口收委員長は、昭和56年（1981）9月の日米独禁当局意見交換の後の記者会見において、レーガン政権の反トラスト政策について、次のように述べた。すなわち、確かにこれまでより緩和されようが、「これまでの厳しすぎる運用からの転換」で、「後退ではなく、いわば日本並みにしようとしているのではないか」、と[7]。これはやや我田引水的な受けとめ方であるが、とりあえずはそれで自らを納得させたとみられる。しかし、橋口には経済的効率性重視の反トラスト政策には気になるところがあったのであろう、その後まもなく、昭和57年（1982）の「年頭所感」において「独禁政策を風化させないために」と題し、次のように自らの見解を吐露した[8]。

「さて、反トラスト政策にたいする現政権の基本的スタンスはなにか。

それは、ひとことでいえば、反トラスト政策の基礎に"経済的効率性"（economic efficiency）をおくということである。もうすこし正確にいうと、経済的効率性を従来以上に重視するということである。いいかえれば、競争奨励策としての反トラスト政策は、経済の効率性の向上に寄与するかぎりにおいておこなえばよいということである。その含意は、いままでの反トラスト政策は、ある事案にたいして、そのもたらす経済効果をあまり顧慮することなく、主として純法律的見地から違法・適法の判断を下してきた、という反省にもとづいている。したがって、法律学より経済学を、ロイヤーよりエコノミストを！　ということになり、連邦取引委員会の新委員長に就任したミラー氏は、エコノミストであり、実力者である司法省のバクスター新反トラスト局長は、経済学からスタートして反トラスト法の専門家となったひとである。

わたくしも、アメリカのニュー・モードには賛成である。それは、競争当局があまりにも強大な陣容（約2,600人、日本は428人）と多額の予算（日本の10倍）を有し、しかも多くの事件を時間のかかる訴訟に依存する司法的処理の限界を痛感するがゆえにである。

しかし、経済的効率性を尊重するのあまり、反トラスト政策のもうひとつの柱である"社会的正義"（social right）の理念を見失ったり、打ち棄てたりするとすれば、それは問題である。このことは、シャーマン法が成立するにいたる19世紀末のアメリカの社会状況を想像すれば、それでじゅうぶんであろう。つまり、巨大企業や独占体の横暴や弱肉強食にさらされた中小・零細事業者や労働者、一般市民などのもつ不安、無力感といらだち、いわば失われた"社会正義"の回復こそが、法成立の原

---

[7] 安田靖「反トラスト政策のニュー・モード」公正取引昭和57年1月号26頁。
[8] 橋口收「年頭所感　独禁政策を風化させないために」公正取引昭和57年1月号2頁。

第1部　競争政策は"社会正義"の理想を失ってはならない　1978〜1988

動力であったことを，われわれは忘れていないからである。
　"社会正義"の理想を失った競争政策は，速度計はあるが高度計をもたない，冒険飛行のようなものである。賢明なレーガン政権が，その愚を犯すとは思わないが，わが国では，"経済的効率性"と"社会正義"との双方の理念を実現する独禁政策を堅く持してきたし，今後もそうあるべきものと思う。
　なぜかならば，それこそが，独禁政策の原点であり，また1980年代における独禁政策の風化を避けるみちでもあるからである。」（傍点原文）

　この見解は，わが国の独占禁止政策が，経済的効率性を重視しつつも，社会正義も追求するということを確認する重要な歴史的意義があったと考える。もっとも，米国の新政策が「司法的処理の限界を痛感」するがゆえに生まれたという誤解——それは行政指導重視の橋口の姿勢の裏返しである——もあるが。
　この補論は，わが国の独占禁止法における「社会正義」——それは社会的公正原理と言い換えることができる——の形成と定着の過程を検証し，わが国における独占禁止思想の一角を形成していることを明らかにする。併せて社会的公正原理と対極にあるシカゴ学派が独占禁止法の実務にもたらした影響を探ることにしよう。

社会的公正原理とは何か？　独占禁止法における社会的弱者の保護

　多くの人が「社会的公正」とか「経済的弱者・強者」について語ってきた。しかし，その内容は必ずしも明らかでないし，橋口も「社会正義」の意味について述べるところがない。この補論（そして本書全体）においては，こうした人たちが語る内容を，一般消費者，中小企業，農民のいわゆる社会的または経済的弱者を独占禁止法の体系において保護しようとする考え方であると定義し，これを「社会的公正原理」と名付けることにしよう。
　社会的「公正」原理と名付けるのは，一定の場合にはこれらの者を保護することが「公正」であると考えられていることに基づく。大企業のような社会的強者を保護する制度は，社会的公正原理に該当しない。「社会的」というのは，不公正な競争手段一般を問題視するのではなく，このような社会的弱者の利益を不当に損なう場合に焦点をあてるからである。
　社会的公正原理は，競争原理との関係において三分することができる。まず，広義の社会的公正原理がある。これは，独占禁止法の基本原理である競争原理そのもののことである。これを社会的公正原理というのは，たとえば大企業のカルテルを規制しまたはその規制を強化することは，競争メカニズムを通じて間接的

に一般消費者，中小企業，農民等の社会的弱者の利益となる。社会的弱者の観点からとらえた競争原理が広義の社会的公正原理ということにするが，単に「競争原理」ということもあることにしよう。

これに対して，反競争的な社会的公正原理という考え方もある。これは，たとえば中小企業を保護するための適用除外カルテル制度のように，明白に競争原理と対立し，同じく社会的弱者である一般消費者の利益を害するものである。それ故に深刻な問題をはらむことになるが，このような場合を「反競争的」社会的公正原理と呼ぶ。

狭義の社会的公正原理とは，不公正な取引方法のひとつである優越的地位の濫用の規制や下請法の規制を指す。優越的地位の濫用規制は，公取委，多数説は公正競争阻害性を「自由競争基盤の侵害」に求める（第１部第１章４参照）ので，競争原理と整合的であるように見える。しかし，優越的地位の濫用規制の「優越的地位」とは取引の相手方に対する相対的優越性で足り，「濫用」とされる行為による競争への影響について立証を必要としないし，排除措置も当該濫用行為の差止めにとどまる。そうすると，競争原理との関係は間接的で弱く，実質的には一定の場合に取引上劣位にある事業者の保護を目的としているとみることができ，そこで広義の社会的公正原理と区別し，狭義の社会的公正原理に基づく規制ということにしよう。

競争原理に基づく規制であっても競争者保護に傾斜した運用——たとえば不当廉売の規制はそのように傾斜しがちである——が行われ，結果的に中小企業保護になっていれば，これも狭義の社会的公正原理に含めることができよう。

ここで主として検討の対象とするのは，狭義の社会的公正原理についてである。

a 広義の社会的公正原理 ——競争原理そのもの	私的独占，不当な取引制限，不公正な取引方法（優越的地位の濫用規制を除く。），企業結合などの規制
b 狭義の社会的公正原理 ——競争原理と必ずしも整合的でない	優越的地位の濫用，下請法，一定の不当廉売規制
c 反競争的社会的公正原理 ——競争原理と明白に対立	適用除外カルテル制度・再販売価格維持制度

第1部　競争政策は"社会正義"の理想を失ってはならない　1978〜1988

社会的公正原理の形成——独占禁止法を政治的社会的に支える理念

　昭和22年（1947）に制定された原始独占禁止法は，ほとんど競争原理で支配され，特に社会的弱者を保護する規定はなかった。むしろ占領軍司令部のジェファソニアン・デモクラシーの思想に基づき，独占禁止法全体が小生産者からなる経済体制を理想とし（上巻・126頁），大企業への対抗というかたちで，消費者の利益と中小企業・農民の利益が一致すると考えられた（広義の社会的公正原理）。ただし，消費者の利益と中小企業の利益が対立する場合にどう考えるべきかは必ずしも明確ではなかった（上巻・204頁）。そして，独占禁止法第1条に規定する「公正かつ自由な競争を促進し」の「自由な競争」が司令部の要求によって挿入されたことにみられるように，日本側関係者は「公正な競争」を重視していた（上巻・125頁）。独占禁止法を競争原理のみならず，（あらゆる意味での）社会的公正原理の観点から考える土壌が当初からあった。

　わが国において，中小企業保護の観点から独占禁止法の適用除外が最初に導入されたのは，昭和27年（1952）に議員立法によって成立した特定中小企業安定臨時措置法である。同法は，上流市場の綿糸について通産省が勧告操短を行ったため原料高の製品安に苦しむ下流市場の零細家内工業的経営が多数を占める綿織物業界に対しカルテルや主務大臣の勧告・命令を認めるものであった（上巻・198頁）。競争原理の苛烈な作用を緩和しようとする（反競争的）社会的公正原理に基づく立法であった。以後，中小企業保護のための適用除外立法が相次ぐことになる。

　昭和28年（1953）には独占禁止法の改正によって，優越的地位の濫用規制（法2条9項5号，一般指定9号および10号）が導入された。導入の趣旨は，「元来，独禁法上の不公正な取引方法は，・経・済・的・強・者・た・る・立場にあるものが主として行い得るもの……であるが，この新設の経済力濫用禁止の規定はこれを端的に示すものである」（傍点筆者）と説明された[9]ように，百貨店の納入業者や大手メーカーの下請事業者といった経済的弱者の保護を目的としていた。優越的地位の濫用規制は米国にはないわが国独自のものであるが，公取委の関係者は経済的弱者の保護は独占禁止法の社会政策的意義としてまたは経済民主化のために積極的に取り組むべきものと考えた（上巻・225頁）。

　昭和30年（1955）には，下請取引における優越的地位の濫用規制を発展させた下請代金支払遅延等防止法が成立した。同法の目的は，「親事業者の下請事業

---

(9)　公正取引委員会事務局編『改正独占禁止法解説［唯人社版］』（昭和29年）58頁。

補論(1) シカゴ学派の衝撃と橋口収

者に対する取引を公正ならしめるとともに，下請事業者の利益を保護し，……」とある（1条）ように，取引の公正化を通じて下請事業者を保護することにあった。

　独占禁止政策の意義についても，横田正俊委員長が述べるように，独占禁止政策には，経済的意義だけではなく，「経済力の濫用や，独占組織の圧力に対して，中小企業者，農民，一般消費者等の経済的弱者をまもるという社会的意義があ」（傍点筆者）る，と考えられた（上巻・255頁）。

　そして時代は飛ぶが，昭和52年の独占禁止法の強化改正は，過剰流動性と石油危機に伴う急激な物価上昇のなかで，大企業のカルテルに対する社会的批判が高まったことを背景に行われた。改正を推進した三木武夫首相は「資本力をもっているものが強く，弱いものが負けるというのではたまらない。そのための重要なルールの第一が独禁法だ」と発言した（上巻・514頁）。これは（広義の）社会的公正原理が独占禁止法の強化を促した最も顕著な例である。

　こうしてみると，社会的公正原理は，競争原理になじみのないわが国に独占禁止法を定着させるために，ときには競争原理と明白に対立する適用除外カルテルなども受容しながら，必ずしも競争原理と整合しない優越的地位の濫用規制や下請法なども取り込みつつ形成されたということができる。それは，社会的・経済的弱者の期待に応えることを通じて，大企業および産業官庁の独占禁止法の緩和に抵抗するという意味合いがあり，社会的公正原理は競争原理以上に政治的社会的に独占禁止法を支える理念であったということができる。言い換えると，「競争原理」という純粋な法の理念と，法に期待し法を支える現実の社会意識との間に相当な乖離が存在し[10]，それは現在においても続いているのである。

---

(10) この点で，次のような調査結果がある（平成10年9月5日付け朝日新聞記事「市場経済　光と影　世界システムの行方②」。電通総研調べ。18～69歳の男女2,801人が回答）。

「目指すべき社会像」について　　　　　　　　　　　(％)

	貧富の差の少ない平等社会	どちらともいえない	意欲や能力に応じた自由競争社会	無回答
日本	35.9	42.0	22.1	0.1
米国	13.2	15.0	68.3	3.5
英国	23.9	13.7	60.0	2.5
フランス	50.0	26.0	23.1	1.0
ドイツ	51.0	16.8	30.9	1.3
スウェーデン	41.1	33.6	22.9	2.5

アングロ・サクソン諸国が競争重視，大陸諸国は平等重視といえる。わが国は平等に傾斜しているが，「どちらといえない」が最も多く，明確な志向を持たない人が多いの

第1部　競争政策は"社会正義"の理想を失ってはならない　1978〜1988

　橋口が冒頭に引用した年頭所感において「わが国では，"経済的効率性"と"社会正義"との双方の理念を堅く持してきた」というのは，以上のようなことを指すのであろう。

社会的公正原理の定着――橋口時代の公取委

　三越事件については，既に紹介した（第1部第4章4）ところであるが，その際，委員長の橋口は，「経済的強者の地位乱用を取り締まることは独禁政策最大の眼目」（傍点筆者）であると述べ，さらに，1980年代の独占禁止政策を問われて，「成長のパターンが変化する［低成長になる――筆者注］ので，成長の成果をできるだけ公正に分配するという要請が，一層強まるとみています。したがって，そこにおいては，優越的地位の乱用，力の濫用……については，従来以上に厳しい態度で臨まなければならないと思っています」（傍点筆者）(11)と答えた。

　このように，橋口は，優越的地位の濫用規制を（狭義の）社会的公正原理に基づく規制ととらえた。そして，三越事件の摘発は，大規模小売業者に対する優越的地位の濫用規制をわが国において定着させかつ確立することになった。

　（狭義の）社会的公正原理に関連して注目される独占禁止法の運用として，不当廉売の規制があった。これも既に紹介したところである（第1部第4章4）が，不当廉売に対する公取委の対応は，中小企業保護を求める政治の要請に応えつつ，極端な場合を除いて法的措置を控えることによって廉売を委縮させることがないように配慮した。消費者の利益を念頭に置く一方，冒頭で引用した橋口の見解がいう「中小企業・零細業者のもつ不安，無力感といらだち」に一定の応答をしようという社会的公正原理の発露をみることができる。このような不当廉売に対する公取委の姿勢は，強い政治的要請もあって，現在に至るまで続くことになる。

　公取委は，昭和57年（1982）6月，不公正な取引方法の一般指定の全面改正を行った（第1部第1章4）。優越的地位の濫用行為（一般指定14項）については，三越事件を踏まえて濫用行為の類型化が図られた。不当廉売については，典型的な場合（一般指定6項前段）は限界費用基準，個別判断を要する場合（同項後段）は総販売原価基準をとることにより，競争促進および消費者の利益を図りつつ，競争者保護に一定の配慮をした。

　こうした中でのシカゴ学派の衝撃であった。橋口が動揺し，社会正義＝社会的公正原理を後退させ，効率性本位の独占禁止法の運用をする方向に転換する選択

　　であろう。
(11)　橋口收（聞き手名和太郎）「80年代の独禁政策の課題」激流昭和55年3月号22頁。

補論(1)　シカゴ学派の衝撃と橋口収

肢もありえないわけではなかった。しかし、橋口はそうしなかった。それは何故であろうか？　橋口は、委員長退任後まもなく、次のように述べている(12)。

> 「……われわれの生きる近代国家は、じつに多様な任務を背負わされており、また、つぎからつぎへの［ママ］その任務の範囲をひろげてきたわけです。……ただ、ひとつの基本原理に集約するとすれば、わたくしは、どうも「公正としての正義」に帰着するような気がするのです。
> 　もっと平たくいえば、国際社会でも、国内施策でもそうなのですが、「最大多数の最大幸福」ではなく、「最大多数の最少不満足」が招来されれば、それはなにがしかの公正感を呼びおこし、いま正義が実現されているという、いちおうの充足感がうまれてくるのではないでしょうか。つまり「小不満は多くのひとがもっているにしても、大不満をもっているひとのすくない社会」が現出すれば、そこに国際的平和もうまれ、国内社会の安定度も増すのではないでしょうか。現代政治の理念や、行政の導きの星は、どうやら「公正としての正義」にあるような気がするのです。」
> （傍点筆者）

橋口は米国の著名な法哲学者ジョン・ロールズの著作「公正としての正義」(13)から示唆を受けて功利主義を否定し「最大多数の最少不満足」と言っているが、要は社会的弱者の不満にも誠実に応答するということであろう。それはわが国の保守的な政治家や官僚が伝統的にとってきたバランス感覚とリアリズム──悪くいえば権力的パターナリズム──の所産である（これと対照的なのが、自己責任を主張する新自由主義である。）が、橋口はとりわけこの点について意識していたといえよう。

とはいえ、橋口は（狭義の）社会的公正原理に終始していたわけでは無論なく、競争原理も積極的に推進した。橋口の功績として、英米の動向にすばやく反応し

---

(12)　橋口収『若き官僚たちへの手紙』（昭和58年）182頁。橋口は、「最大多数の最少不満足」がよほど気に入ったのであろう、他でも同様のことを述べている（橋口収『二十一世紀へのメッセージ──若きビジネスリーダーへ』（平成3年）217頁、同「書評「企業とフェアネス」公正取引平成13年6月号104頁、同「「幸福」は「公正」のなかにある」文芸春秋平成13年9月臨時増刊号209頁）。

(13)　ジョン・ロールズ著田中成明訳『公正としての正義』（昭和54年）（主著は川本隆史ほか訳『正義論［改訂版］』（平成22年））。ちなみに、ロールズの「公正としての正義」は、平等な自由の原理（第一原理）と格差原理および公正な機会均等の原理（第二原理）からなる。橋口のいう「最大多数の最少不満足」は、「不平等が許容されるのは、最も不利な状況におかれた人の利益となる場合のみである」（同書133頁参照）という平等主義的な格差原理に由来するのであろう。この格差原理が平等を考慮せずに「最大多数の最大幸福」を唱える功利主義に対する批判であることはいうまでもない。

第1部　競争政策は"社会正義"の理想を失ってはならない　1978〜1988

て政府規制の緩和を提唱したことがある（第1部第3章1参照）。さらに，建設業界の入札談合事件——静岡建設談合事件——に着手した（第1部第4章2）ことも橋口の功績に挙げることができよう。

　他方で，橋口は，政府規制の緩和を求めながらも，大規模小売店舗法に基づくスーパーの出店規制および通産省の指導に対しては寛大な態度をとった（第1部第3章3）。彼の社会正義——この場合は（反競争的）社会的公正原理である——への志向が作用したとみることができる。

　その後，優越的地位の濫用規制や下請法の規制は活発化し，社会的公正原理は競争原理に次いで独占禁止法を支える二大原理の一つになっていく（第3部第4章4参照）。

革命ではなく目に見えないかたちでのシカゴ学派の影響

　橋口はシカゴ学派の衝撃を巧みにかわしたが，それではわが国の独占禁止政策にまったくシカゴ学派の影響はなかったのであろうか？　シカゴ学派それ自体の検討や学説の反応は経済法学者の研究にゆだねることにして[14]，ここでは独占禁止法の実務への影響を検証する。

　まず，流通系列化に対する規制への影響である。独占禁止法研究会の報告書が厳格に規制すべきことを提言したが，公取委は流通系列化に対する規制に消極的な態度をとるようになる。それにはさまざまな背景や要因があるが，シカゴ学派のわが国の経済法学者が激しく反発したことや米国においてシカゴ学派の影響を受けて垂直的制限に対して規制が緩和されたこともそのひとつであったというこ

---

[14]　わが国においてシカゴ学派の見解を紹介し賛意を示した経済法学者の文献として，村上政博『アメリカ独占禁止法——シカゴ学派の勝利』（昭和62年）など一連の著作のほか，野木村忠邦「アメリカ独禁政策の新潮流（上）（中）」経済セミナー361号（昭和60年）39頁・363号（同）44頁，来生新「市場メカニズムと消費者の保護」エコノミア93号（昭和62年）14頁がある。

　シカゴ学派の考え方に懐疑的ないし批判的な見解として，根岸哲「独占禁止法運用における法学・経済学——反トラスト法の経験に照らして」ESP146号（昭和59年）20頁（同『独占禁止法の基本問題』（平成2年）所収），川浜昇「「法と経済学」と法解釈との関係について(一)〜(三)」民商法雑誌108巻6号（平成5年）22頁・109巻1号（同）1頁・同2号（同）1頁，土田和博「アメリカ反トラスト法と新自由主義・シカゴ学派」高橋岩和＝本間重紀編『現代経済と法構造の変革』（平成9年）159頁がある。

　なお，米国の裁判所がシカゴ学派の考え方と先例との調和に苦悩しているとの指摘として金子晃＝田村次朗「米国反トラスト政策の動向」公正取引昭和60年12月号9頁。実方謙二「反トラスト法による独占行為の規制——シカゴ学派は勝利したのか」公正取引平成8年8月号36頁も参照。

補論(1)　シカゴ学派の衝撃と橋口收

とができる（第1部第1章3）。

　シカゴ学派の直接的な影響があったのは，流通系列化ないし垂直的制限の規制くらいであったと思われる（もっともその後まもなく日米構造問題協議を受けて流通系列化に関し厳格な流通・取引慣行ガイドライン（平成3年）が作成されるが）。とはいえ，シカゴ学派の圧倒的な影響を受けた米国の反トラスト政策がわが国に間接的に影響を及ぼしたことは否定できない。それは，SCPパラダイム[15]の大きな修正である。

　その具体例を合併ガイドラインにみることができる。昭和55年（1980）7月に公表した公取委の最初の合併ガイドライン[16]では，合併当事会社の市場シェアが25％を超える場合に重点審査を行うという市場構造重視の基準であったが，平成6年（1994）8月の改定ガイドライン[17]では25％を超えるのみでは直ちに問題となるものではないことが明記された。これは産業界の誤解を払拭するための記述であるが，市場シェアだけでは判断しないことを端的に示すものであった。改定ガイドラインには，市場を画定する方法や効率性を考慮すること（ただし，「効率性の改善が競争を促進する方向に作用する」場合のみ。）も盛り込まれた。これは，レーガン政権下の司法省が1968年の合併ガイドラインを破棄し，集中度や市場占拠率のほかに参入の容易さ，効率性等の種々の要素を考慮する1982年および1984年の合併ガイドラインの考え方が反映されたとみることができる。独占禁止法の行政文書において「効率性」の概念が初めて登場した。

　昭和52年（1977）の法改正はSCPパラダイムに基づいて行われたと言っても過言ではないし（上巻・531頁），昭和50年代前半までは，低成長時代への移行に伴い，寡占体制が形成されることへの警戒が強かった。実際には集中が進行することはなく[18]，寡占体制への懸念は薄らいで行った。その反面，カルテルや入札談合に対する取締りの重要性が再認識され，規制が強化されていく。こう

---

[15]　SCPパラダイムとは，S（市場構造）→C（市場構造）→P（市場成果）の密接な因果関係を認めるハーバード学派の思考の枠組みである。これに対して，シカゴ学派は，寡占企業の高い市場シェアは効率性の反映であるというP（市場成果）→S（市場構造）の関係を主張する。

[16]　公取委事務局「会社の合併等の審査に関する事務処理基準」公正取引昭和55年7月号5頁。

[17]　公取委事務局「会社の合併等の審査に関する事務処理基準」公正取引平成6年9月号35頁。

[18]　公取委の集中度調査によれば，昭和54年以降平成4年までの間市場集中度は安定的であり，高まる方向にはないとの結果が得られている（五十年史上巻・437・631頁）。ただし，一部の高度寡占業種は問題を残していた（同638頁）。

第 1 部　競争政策は"社会正義"の理想を失ってはならない　1978〜1988

したパラダイムの修正や政策の変化は，シカゴ学派の影響を否定できないものの，わが国の経済実態——経済のグローバル化による輸入の増大——や社会意識の変化——納税者の談合への厳しい目——とともに独自に進行したというべきであろう。

　それ故に，シカゴ学派の影響を過大に評価するのは適切ではない。公取委がシカゴ学派の人たちによって支配されたわけではないし，もともと実務家はプラグマティックなものである（理論より実態重視）。わが国の独占禁止法 1 条は政治的社会的目的を明記しているから，誰も——シカゴ学派の経済法学者でさえも——独占禁止法の目的がもっぱら経済的効率性にあると唱えることはできない。その意味でわが国おいて「反トラスト革命」は起こらず，シカゴ学派の実務への影響は徐々にほとんど目に見えず意識されないかたちで生じたのである。そして，1990 年代に入ると米国においてもシカゴ学派の行き過ぎが指摘され，ポスト・シカゴの時代に移行していく[19]。

---

[19]　ポスト・シカゴ学派（新産業組織論）は，戦略行動論や情報の経済学の発達により様々な市場行動が市場構造に影響を及ぼすC（市場行動）→S（市場構造）の関係を認める。

補論(2) 石油価格協定刑事事件最高裁判決の意義

わが国の社会経済思想史における記念碑的意義？

　昭和59年（1984）2月24日，最高裁は，石油ヤミカルテル（価格協定）刑事事件について，石油元売り9社とその役員10名に対し，不当な取引制限の罪で有罪とした原審東京高裁判決を支持して上告棄却の判決を言い渡した[1]。その他元売り2社と役員1名については，原判決を破棄自判し無罪とした[2]。本判決は，10年前とはいえなお消費者の怒りの記憶が残る第1次石油危機前後の5回にわたる石油元売り業界の価格協定に対する判断であったから，大きく報道され社会的にも広く反響を呼んだ。

　経済法学者丹宗昭信は，本判決について，「明治以来の日本の資本主義経済は，カルテル的体質を強く持った経済体制であった」とした上で，「この度の最高裁判決は，かような伝統的経済体質の上で行われてきたカルテル的行為を，企業犯罪として明確に宣言した判決として，社会経済的，思想的側面においても劃期的意義をもつもの」，「日本の社会経済思想史の中において記念碑的な意義をもつもの」と高く評価した。さらに本判決が「社会経済に与えるであろう影響」について，次のように述べた[3]。

　「本件最高裁判決は，先ず第一に，独禁法の競争秩序維持の精神を，経済界，政府，法律や経済の学界，さらに一般消費者・国民の間に一層定着させる上に大きな意義

---

(1) 出光興産㈱ほか25名に対する独占禁止法違反（価格協定）被告事件，審決集30巻244頁。原判決は，昭和55年9月26日東京高裁判決，審決集28巻別冊299頁。なお，同時期に告発，起訴された石油生産調整事件については，同年同月同日，東京高裁により無罪の判決が下された（確定。審決集28巻別冊177頁）。また，行政事件（勧告審決取消訴訟）については，最高裁により，昭和53年4月4日元売り6社敗訴の判決，昭和57年3月9日，石油連盟敗訴の判決がそれぞれ下されていた（審決集25巻59頁，同28巻165頁）。民事事件（いわゆる東京・鶴岡の灯油裁判）については，本判決当時，上告審または控訴審に係属中であった。
　石油ヤミカルテル事件の行政・刑事事件については上巻・469頁，民事事件については同・487頁をそれぞれ参照。
(2) 被告会社太陽石油およびその被告人役員は価格協定が行われた会合に出席していたが，同社には価格の決定方法などに特殊事情があり価格協定に加わっていなかった合理的疑いが払拭できないとされた。被告会社九州石油は他の会社により吸収合併されて消滅し，刑事責任を追及できないとされた。
(3) 丹宗昭信「石油ヤミカルテル刑事事件最高裁判決の意義と独禁法上の問題点」公正取引昭和59年4月号14頁。

第1部　競争政策は"社会正義"の理想を失ってはならない　1978〜1988

を持つであろう。いいかえれば，独占禁止の思想をあるべき社会経済的思想として，日本の風土により着実に定着させる礎石となるであろう。

　第二に，カルテルや私的独占のような競争制限は，社会経済的「犯罪」であるという思想の定着により，消費者の権利利益保護の理論を今後一層発展させ，さらに独禁法の私人による運用（私人による損害賠償訴訟の提起等により）等への展開により広い道を開くことになろう。

　第三に，経済官庁によるカルテルの保護助長的姿勢と経済界の官庁依存的姿勢とに強く反省をせまることになるであろう。そのことは，市場機構を中心とする自由経済体制の確立を一層推進する契機となるであろう。そうは言っても，明治以来のカルテル的体質が一朝一夕に消え去るものとは考えられない。それだけに，この判決の意義は今後も重みを持つであろうし，また重みを持つことが強く期待されるところである。」（傍点筆者）

このような肯定的評価と楽観的見通しに対して，他方では本判決を「きわめて危険な判決」[4]と警戒する見解もあった。果たして，今日の時点で本判決にいかなる評価が与えられるべきであろうか？　独禁法関係主体ごとに本判決に対する反応とその後の動きを検証しよう。

公正取引委員会——最初で最後の刑事告発？

本判決が下された当日朝，「東京・霞が関の公正取引委員会にはホッとした空気が流れた」と伝えられた[5]。確かに，万一最高裁が無罪の判決を下していたら，独占禁止法の存在理由はなくなり，公取委のこれまでの長年の努力も水泡に帰することになろう。その意味で本判決に独占禁止法と公取委の存在がかかっていたといっても過言ではない。

そして，そのような懸念は必ずしも杞憂とはいえなかった。というのは，本件において被告人ら業界が本件共同行為は通産省の行政指導への協力行為であって違法性が阻却されるとの主張を展開し，最高裁がどのような判断をするか予断を許さなかったからである。しかし，最高裁は，業界が値上げの希望案を合意するかぎりでは協力行為として容認されるとしつつ，被告人らの行為は，「希望案に

---

[4]　本間重紀「石油カルテル（価格協定）最高裁判決の問題点—独占禁止法と行政指導との関係を中心に」経済法学会年報6号（昭和60年）21頁。というのは，本判決が「「協力行為」，「適法な行政指導」，それに最高裁のいわゆる「独禁法の目的」という3つの抽象的な言葉概念を用意することによって，そのどこからでも違法な共同行為や行政指導を適法と認定しうる途を開いた」（同論文35頁）からである。

[5]　昭和59年2月24日付け毎日新聞夕刊「ホッと……公取委」，同日付け読売新聞夕刊「厳正な運用に努めたい　公取委」。

補論(2)　石油価格協定刑事事件最高裁判決の意義

対する通産省の了承の得られることを前提として，一定の期日から，右了承の限度一杯までいっせいに価格を引き上げる旨の合意をしたものであって，これが，行政指導に従いこれに協力して行われたものと評価することのできないことは明らかである」と判示し，被告人らの行為はそもそも行政指導への協力行為ではないと断じたのである[6]。

高橋元公取委員長は，国会において本判決についての見解を問われ，次のように述べた[7]。

> 「判決の内容について注目すべき点を申し上げれば多々あるわけでございますが，……司法府の最高判断として，本件のカルテルは刑罰に相当するものである，そういうことが確定したことは我が国の独禁政策にとって大きな意義を有するという考えを持っております。
> 　公正取引委員会といたしましては，この判決によって自由経済の基本ルールである独禁法への理解がさらに深まることを期待いたしておりますとともに，違法なカルテルに対しては今後とも厳正な法の運用を図ってまいりたい，そういうふうな所存でございます。」(傍点筆者)

確かに，本件カルテルが影響が大きく悪質なもので刑罰に相当するものであったことは明らかである。石油製品という国民経済および国民生活にとり重要な物資について，5回も繰り返し価格協定を行い，その態様においても，摘発をおそれて，各社別に値上げの発表日をずらしたり，カルテルの会合で資料を回収しメモをとることを禁止したり，文書に小鳥のマークを付して公取委を警戒したりしていたからである[8]。しかし，委員長の答弁によれば，刑罰に相当するのは「本件」カルテルなのであって，カルテル一般が犯罪である——少なくとも犯罪になりうる——とは考えていなかったことに注意しなければならない[9]。

---

(6) 理由第10。このように値上げ希望案の合意と値上げの合意を区別することに対しては学説から批判が強かった（たとえば，今村成和「行政指導の適法な限界とは」昭和59年3月15日付け朝日新聞論壇）。このような区分は実態に即しないし，本件は希望案の合意にとどまらなかったから，行政協力行為に関する判示（「価格に関する事業者間の合意が形式的に独禁法に違反するようにみえる場合であっても，それが適法な行政指導に従い，これに協力して行われたものであるときは，その違法性が阻却されると解するのが相当である」）は傍論ともいえるものであった。そのためであろう，この部分の判示が懸念されたような悪影響を及ぼすことはなかった。
(7) 昭和59年4月6日の参議院商工委員会における対馬孝且議員（社）の質疑に対する答弁。
(8) 原判決理由第三・三㈡1(2)ニ，ホ，ヘ。
(9) 判決当日の委員長談話では，「価格カルテルが刑罰に相当するものであることが確定し

第 1 部　競争政策は"社会正義"の理想を失ってはならない　1978〜1988

　公取委が石油業界を告発した昭和49年（1974）当時と本判決が下された昭和59年（1984）とは，経済社会の環境も公取委の姿勢もまったく変わっていた。前年には経団連と与党斎藤調査会による独占禁止法緩和の動きがあったし（第1部第1章5参照），入札談合の摘発は建設業界と与党の反発によって頓挫していた（同第4章2）。消団連の大野省治事務局長は，「今の公取委は弱腰すぎる。十年前の気迫はどこへいったのか。あの後も石油業界には疑わしい動きが何度もあるのに，告発権という"伝家の宝刀"を二度と抜こうとしない」と非難した[10]。

　事実，「この事件は，独禁法違反に直接犯罪の成立を認めたものとして我国で最初のものであるだけでなく，もしかしたら最後のものとなるかもしれない」とまで言われたのである[11]。公取委事務局職員のなかには，「今の公取にあんな力はないよ。手放しでは喜べない」といった声もあった[12]。当時の公取委の法の執行は高橋元委員長の下で極めて低調であり，判決はその低調ぶりを逆照射することになった。

　しかし，7年後の平成3年（1991），公取委が告発を円滑に再開できたのも，本判決があったから可能になったことは否定できない。

通産省──「行政指導型政策」の時代とその終焉

　石油ヤミカルテル事件判決は，通産省の石油業界に対する行政指導の実態を白日のもとにさらけ出した[13]。生産調整事件東京高裁判決は，通産省の担当官らが業界において生産調整を行っていることを知っており，業界に対し生産調整の早期とりまとめを要請，援助したり，部分的に配分に介入したことをもって，「通産省は本件各行為を容認し，これを需給調整の行政に利用した」と認定した[14]。

　　　　た」となっていた（傍点筆者。昭和59年2月24日付け毎日新聞夕刊記事「大きな意義ある」，読売新聞記事前掲注(5)）。
(10)　昭和59年2月24日付け朝日新聞夕刊記事「「当時は力あった」」。
(11)　林幹人「石油カルテルの刑事責任」ジュリスト813号（昭和59年）16頁（その理由として，課徴金によってかなりの程度威嚇されていることによる。ただし，「いつの日か再び刑事問題化する日が来るのかもしれない」とする。），本間前掲注(4)35頁（その理由は，本判決が「共同行為と行政指導の現状を肯定的に追認するもの」であることによる）。
(12)　朝日新聞記事前掲注(10)。
(13)　行政指導に関する文献は数多いが，通産省の石油業界に対する行政指導の実態と法的問題点を包括的に検討したものとして，佐伯彰洋「石油行政における行政指導」同志社法学37巻6号（昭和61年）134頁がある。
(14)　判決理由第七・三・1。

補論(2) 石油価格協定刑事事件最高裁判決の意義

そして,「これ[事業者に対する一律的な行政指導—筆者注]が行われた場合,業者の行為のみが違法であるとは言い難いであろう。また,このような方法は,国家統制的な色彩が強く,営業の自由の侵害となる疑いを生ずる」と通産省の責任にも言及した(15)。

価格カルテル事件の最高裁本判決も,通産省が業界に対して値上げをするときは事前に了解を求めるよう指示していたことを認め,それは「積極的・直接的介入は,できる限り回避していこうとする態度」であったものの,「行政指導が必ずしも弱いものであったことを意味するものではない」と評した(16)。

しかし,通産省が反省することはなかった(17)。公取委が,昭和56年(1981)3月,生産調整事件東京高裁判決に基づき行政指導が問題となる場合を整理した「独占禁止法と行政指導との関係についての考え方」を公表した(18)とき,通産省

---

(15) 判決理由第七・二・3。
(16) 判決理由第四・二。
(17) 正田彬は,「行政指導は従来どおり変更する必要がないというのは,従来どおり犯罪行為の誘発はやりますよということになるのではないかと思います。少なくとも,法治国家の行政庁であれば,裁判所にあれだけはっきり指摘されれば,行政指導が独占禁止法違反をもたらしたことについての反省…が出てきて当然であると思うのです」と批判した(伊従寛・正田彬「対談 独占禁止法と行政指導との関係」公正取引昭和56年4月号8頁)。
(18) 「独占禁止法と行政指導との関係についての考え方」(昭和56年3月16日,公取委)公正取引昭和56年4月号19頁,ジュリスト741号(昭和56年)37頁。この「考え方」は,次のようなものであった。
「 ……
1 具体的な法的根拠が定められていない行政指導
　各省設置法以外に具体的な法的根拠が定められていない行政指導により,事業者の自主的な事業活動が制限され,価格,数量等の市場条件に影響が及ぶ場合には,次のように独占禁止法との関係において問題がある。
(1) 事業者団体に対する行政指導
　事業者団体に対する行政指導はカルテルを最も誘発し易い。
(2) 個別事業者に対する行政指導
　個別事業者に対する行政指導であっても,カルテルを誘発する場合がある。例えば,一律に数量を制限する等の画一的な基準を定め,又は個々の事業者の数量を指示した割当表を示す等の方法による行政指導は,各事業者が他の事業者もこれに従うことを前提としてのみ従おうとする場合が多いので,カルテルを招く危険がある。
　なお,事業者間に競争制限について暗黙の了解又は共通の意思が形成され易い状況において,それとの関連において行われる行政指導は,カルテルを招く危険がある。
　(備考) ……

第1部　競争政策は"社会正義"の理想を失ってはならない　1978〜1988

はこれに強く反発した。「行政指導は、……これまでも我が国経済の発展過程において重要な役割を演じえたのであり、今後ともその有用性は変わることはないと考える」、「当省としては、……今後とも、必要な行政指導は行っていく考えである」との見解[19]を表明したのである。

政府は第1次石油危機時には行政指導により石油製品の上限価格の設定と広汎な価格引上げの事前了承制を敷いたが、第2次石油危機においては基幹物資・生活関連物資の価格・需給動向の把握や監視を行うにとどまった[20]。とはいえ、実際には、資源エネルギー庁は、昭和54年（1979）3月から57年（1982）4月までの間、便乗値上げ防止のため元売会社別に石油製品の仕切価格の上限価格制度を実施していたのである[21]。通産省は、この時期、業界を問わず、価格、数量、設備等に関し、様々なレベルで日常的に行政指導を行っていた可能性がある[22]。

　　2　具体的な法的根拠が定められている行政指導
　(1)　法律に命令、認可、勧告、指示等の規定があって、その規定を発動する場合のほか、法律の運用として、その規定を発動する実体要件が存在するときに、発動の前段階又はその代替として行う行政指導は、独占禁止法との関係において問題はない。
　(2)　上記(1)以外の行政指導であって、価格、数量等の市場条件に影響を及ぼすものは、前記1の行政指導と同様の問題がある。

　　この「考え方」によれば、具体的な法的根拠が定められていない行政指導はカルテルを誘発しないかぎり制約なく行えるかのように読めるが、「行政指導により、自由な事業活動が制限され、……実質的に同様の競争制限効果が生ずるならば……市場秩序が侵害されることとなるので問題がある」ことが含意されている（本城昇「「独占禁止法と行政指導との関係についての考え方」の解説」公正取引昭和56年4月号26頁）。この点については、後述参照。

(19)　「行政指導についての考え方」（昭和56年3月、通商産業省）ジュリスト741号（昭和56年）37頁。行政指導が有用であった場合として、「石油価格高騰時の生活関連物資の値上げ自粛要請、通商摩擦回避のための輸出自粛要請、需給逼迫時増産指導」を例示している。

　　公取委と通産省の考え方については、厚谷襄児＝雄川一郎＝金子晃＝塩野宏＝鳥居原正敏「座談会　行政指導——独禁政策と産業政策」ジュリスト同号15頁以下が興味深い。
(20)　『通商産業省年報（昭和54年度）』123頁。
(21)　昭和57年4月27日付け燃料油脂新聞「シーリング撤廃」、同年4月29日付け日本経済新聞記事「石油製品価格、上限廃止で全面見直し」、石油連盟『戦後石油産業史』（昭和60年）298頁。上限価格制度について実施当時新聞報道は見当たらず、行政指導の閉鎖性・不透明性をよく示している。上限制度廃止によって、石油製品の価格は第1次石油危機以降初めて自由価格体制へ移行した。
(22)　通産省の生活産業局紙業課長は、昭和56年、公取委の警告の方針を無視して、紙パルプの設備の新増設の凍結を行政指導で実施した（通商産業政策史1980－2000 第3巻・268頁（是永隆文執筆）、昭和56年8月28日付け日本経済新聞記事「公取、行政指導

補論(2)　石油価格協定刑事事件最高裁判決の意義

そして公取委自身，行政指導に対して当該官庁に対し警告を行うことはあっても，行政指導がからんだカルテルに対して正式の審査事件として法的措置をとることはほとんどなかった(23)。

とはいえ，通産省の前記見解は，「［行政指導の—筆者注］実施に当たり，事業者間で共同行為等の独禁法違反行為が行われることのないよう十分注意すべきことは当然のことである」(24)とし，東京高裁判決以後，通産省は事業者団体を通じての行政指導はとりやめ，事業者に対して個別に行うようになった——個別に行えば問題が解消されるわけではないが——とされる(25)。

さて，価格協定事件の最高裁本判決は，価格に関する行政指導に関し，次のように述べた(26)。

「物の価格が市場における自由な競争によって決定されるべきことは，独禁法の最大の眼目とするところであって，価格形成に行政がみだりに介入すべきでないことは，同法の趣旨・目的に照らして明らかなところである。しかし，……［通産省設置法および石油業法は—筆者注］行政が石油製品価格の形成に介入することを認めている。そして，流動する事態に対する円滑・柔軟な行政の対応の必要性にかんがみると，石油業法に直接の根拠を持たない価格に関する行政指導であっても，これを必要とする事情がある場合に，これに対処するため社会通念上相当と認められる方法によって行われ，「一般消費者の利益を確保するとともに，国民経済の民主的で健全な発達を促進する」という独禁法の究極の目的に実質的に抵触しないものである限り，これを違法とすべき理由はない。」（傍点筆者）

この最高裁の判示は，「価格形成に行政がみだりに介入すべきでない」としつつ，厳格な条件（必要性，手段・方法の相当性，目的の正当性）の下で行政指導を適法とするもので，それまでの通産省，公取委のいずれの見解とも異なる「新たな見解」(27)であった。通産省は，価格に介入する行政指導は原則として問題があると指摘されたにもかかわらず，基本姿勢を変えなかった。小此木彦三郎通産大臣は，国会において見解を問われ，次のように答弁した(28)。

に警告」など）。
(23) Beeman, p. 117.
(24) 通産省前掲注(19)。
(25) 昭和59年2月25日付け毎日新聞記事「通産，行政指導に自信」。
(26) 判決理由第一〇。
(27) 木谷明「石油カルテル（価格協定）事件上告審判決について」ジュリスト813号（昭和59年）20頁，『最高裁判所判例解説昭和59年度刑事篇』139頁（木谷明調査官執筆）。
(28) 昭和59年2月28日の衆議院本会議における山下八洲夫（社会）議員の質疑に対する答弁。

第1部　競争政策は"社会正義"の理想を失ってはならない　1978〜1988

「○国務大臣（小此木彦三郎君）　行政指導に関するご質問でございますが、通産省といたしましては、変動する経済社会に適切に対応していくために、相手方の理解と協力を得ながら行政指導を行うことが必要であると考えておりまして、今後とも積極的にこれを行ってまいります。また、その実施に当たりましては、事業者間で独禁法違反が行われることのないよう十分注意してまいりますし、このため、必要に応じまして公正取引委員会と十分連絡調整を図ってまいる所存でございます。」
（傍点筆者）

ここで注目されるのは、通産省が公取委と連絡調整すると明言する——実際にはそれまでも問題があるような場合は公取委に事前に協議していたのではあるが——というように微妙に変化したことである。この間、山中貞則大臣の下で通産省が公取委との協調姿勢に転じた（第1部第2章3参照）ことが反映されている。そして、通産省の産業政策は市場原理重視に次第に転換し、石油政策についても「平常時の石油供給は石油産業の自律的活動にゆだね、政府は緊急時に供給安定を確保するように民間の活動を補完する役割を果たす」[29]ことになり、石油業法に基づかないさまざまな行政指導は廃止されるに至る。緊急時の行政指導は最高裁の本判決でも認められていたことであったが、結局その後行政指導を必要とするような緊急事態は発生しなかった。

こうして「行政指導型政策」の時代は終焉を迎え、1990年代の「市場ルール整備型政策」の時代へと産業政策も姿を変えていく[30]。それは時代の大きなうねりであったが、最高裁の本判決がそれに重要な貢献をしたことは明らかである[31]。

公取委は、平成6年（1994）6月、前記「独占禁止法と行政指導との関係についての考え方」を廃止し、「行政指導に関する独占禁止法上の考え方」[32]を公表した。行政手続法が制定され行政指導のありかたが規律されることになったこと

---

(29)　昭和62年6月18日付け日本経済新聞記事「石油審報告」（石油審議会石油産業基本問題検討委員会報告「1990年代に向けての石油産業、石油政策のあり方について」の要旨）。その結果、平成元年にガソリン生産枠指導、灯油の在庫指導、平成4年に原油処理枠指導、がそれぞれ廃止された（通商産業政策史 1980-2000 第10巻・122頁（橘川武郎執筆））。ただし、昭和63年3月に競争原理が働きにくい液化石油ガス小売業界に対して円高差益還元の行政指導を行っている（昭和63年3月13日付け日本経済新聞記事「通産のLPG小売価格下げ指導」）。
(30)　通商産業政策史 1980-2000 第1巻総論・311頁（尾高煌之助執筆）。
(31)　Beeman, p. 118.
(32)　「行政指導に関する独占禁止法上の考え方」（平成6年6月30日、公取委）公正取引平成6年8月号25頁。

に伴い，独占禁止法の観点からも，それまでの経験を踏まえ，基本的な考え方を変えずにより包括的かつ詳細なガイドラインに改めたものである。しかし，この行政指導ガイドラインは最高裁の本判決に言及していない。これは，本判決が価格等に介入する行政指導を容認するのは例外的な場合に限定しているが，拡大解釈されるおそれがあることから触れられなかったとされている(33)。

石油業界と消費者団体

本判決に対し，被告人らは，「悪いことはしていないし，当時の特殊事情もある。もう昔の話だ」，「日本の石油産業のために当時，使命感を持って経営にあたっただけで，悪事を働いたとは思わない」と語ったと伝えられ(34)，まったく反省がみられなかった。また，被告人らが事件のために会社を辞めたり，重役の座を追われることもなかった(35)。このように独占禁止法遵守の姿勢がまったくみられなかったことが，15年後の平成11年（1999）の防衛庁燃料入札談合事件という石油元売り業界による再度の告発事件を招くことになった。

永山時雄石油連盟会長は，本判決に強い不満を示しつつ，「今後も行政指導はあってしかるべきだ」との考えを示した(36)。海外からは，既に東京高裁判決の時点で，「判決は日本における通産省と産業界の密接な協働関係にとって深刻な脅威（a significant threat to the close working relationship between the MITI and the business community in Japan）となることを意味する」との反響があった(37)。確かに本判決は通産省と産業界との協力・癒着の関係にとり転機となるはずのものであったが，石油業界の行政依存体質が是正されるには，なお規制緩和の時代まで待たなければならなかった。

消費者団体はどうか？　第1次石油危機のとき，消費者団体は公取委に対し告発を要求した（上巻・470頁）のであるから，最高裁の本判決を当然歓迎した。主婦連の中村紀伊副会長は，「カルテルが犯罪行為であるという最高裁判決は日

---

(33) 原敏弘「「行政指導に関する独占禁止法上の考え方」の解説」公正取引平成6年8月号6頁。昭和49年の「価格カルテルと行政指導に関する政府統一見解」は，引き続き添付されている。
(34) 昭和59年2月24日付け日本経済新聞夕刊記事「日本的ビジネス風土に一石」。
(35) 日本経済新聞記事前掲注(34)。ホワイト・カラー犯罪の特色については，本書上巻473頁参照。
(36) 昭和59年2月24日付け読売新聞夕刊記事「審議不十分の感」。
(37) Notes, Trustbusting in Japan: Cartels and Government-Business Cooperation, 44 Harvard Law Review, 1981, p. 1064（執筆者不明）。

本では初めての画期的なことと高く評価する」として，通産省には行政指導の自粛を，公取委には積極的な告発をそれぞれ求めた(38)。とはいえ，消費者には依然として行政指導による——たとえば灯油の——価格安定を求めるところがあり(39)，消費者が市場メカニズムへの信頼へと意識を変えるにはなお時日を要した。

消費者団体の一部には当時係属中であった灯油裁判への好影響を期待する声もあった(40)。しかし，昭和62年（1987）の東京灯油裁判および平成元年（1989）の鶴岡灯油裁判の最高裁判決は消費者の期待をまったく裏切るものであり（上巻・491頁），消費者の冬の時代はなお続く。

法解釈上の意義——カルテル原則違法の確立と弊害規制主義の終止符

本判決は，行政指導の適法性やそれに従った行為の違法性阻却に関する判示のほか，3条と8条との適用関係，不当な取引制限の「相互に事業活動を拘束し」および「公共の利益に反して」の要件の解釈，不当な取引制限の罪の既遂時期等に関していずれも独占禁止法の施行にとって重要な意義をもつ判断を明らかにした。これらは独占禁止法関係者にとって周知のことであるからここでは特に言及しないが，本判決が示した「公共の利益に反して」の解釈および行政の価格介入に関する措辞に関して若干付言しておきたい。

被告人らは，「公共の利益に反して」とは独占禁止法の定める趣旨・目的を超えた「生産者・消費者の双方を含めた国民経済全般の利益に反した場合」をいうと解すべきであると主張したが，これに対し本判決は次のように答えた(41)。

「……独禁法の立法の趣旨・目的及びその改正の経過などに照らすと，同法2条6項にいう「公共の利益に反して」とは，原則としては同法の直接の保護法益である自由競争経済秩序に反することを指すが，現に行われた行為が形式的に右に該当する場合であっても，右法益と当該行為によって守られる利益とを比較衡量して，「一般消費者の利益を確保するとともに，国民経済の民主的で健全な発達を促進する」という同法の究極の目的（同法1条参照）に実質的に反しないと認められる例外的な場合を右規定にいう「不当な取引制限」行為から除外する趣旨と解すべきであり……」（傍点筆者）

---

(38) 昭和59年2月24日付け日本経済新聞記事「画期的判決と評価」。
(39) 本判決前のことであるが，昭和56年11月28日付け日本経済新聞記事「消費者代表，通産幹部と懇談——「灯油価格の価格安定を」と厳しい質問・要望相次ぐ」。
(40) 昭和59年2月24日付け読売新聞夕刊記事「灯油裁判にも好影響」（甲斐秀水かながわ生協灯油裁判原告団長談）。
(41) 判決理由第六。

補論(2)　石油価格協定刑事事件最高裁判決の意義

　この解釈は，それまで公取委や多数説がとってきた①自由競争経済秩序そのものに反すると解する立場でもなく，通産省や経済界がとってきた②自由競争経済秩序を超えた国民経済全般の利益に反することと解する立場でもない，第三の立場をとっている(42)。しかし，①の立場を原則とし②の立場を例外としたことから，ほとんど①の立場に近いということができる。判決当時例外が認められる事案があるか極めて疑問視されていた(43)し，実際，その後価格協定等のハードコア・カルテルが公共の利益に反しないとされた事例は見当たらない(44)。

　このことは，最高裁がカルテル原則違法を確認したものであり，戦後公取委を長く悩ませてきた通産省・経済界がとるカルテル弊害規制主義の考え方（上巻208・260・265・274・338頁等）に終止符を打つものであった(45)。そして，判決が示した競争制限的利益と非競争制限的利益の比較衡量の手法は，非ハードコア・カルテルの違法性判断の手法として使われることになる（ただし，「公共の利益」の要件ではなく，「競争の実質的制限」の要件の適用として。第2部第4章3参照）。これは本判決が意図しなかった効用である。

　さて，行政指導に関連して，本判決がいう「価格形成に行政はみだりに介入すべきでない」とはどういうことであろうか？　この点について，既に公取委の昭和56年（1981）の行政指導ガイドラインの公表時に，公取委事務局調整課長厚谷襄児は，「価格，数量，設備というような，……市場メカニズムの基本的な事項に対する介入というのは，法律事項」であるとし，「法律事項であるのは，相手方にとっての法的な利益の侵害になると同時に，消費者の法的な利益の侵害になる」からであると指摘した(46)。それ故に具体的な法的根拠のない価格介入的

---

(42) 本判決の調査官解説は，両説のバランスをとり，①説と②説の中間を，法益の比較衡量という違法性阻却説の手法を借りることによって実現しようとしたものとする（最高裁判所判例解説前掲注(27) 129頁（木谷明執筆））。

(43) たとえば，舟田正之「石油カルテル刑事事件の最高裁判決について」商事法務1004号（昭和59年）7頁。

(44) 平林英勝『独占禁止法の解釈・施行・歴史』（平成17年）63頁，経済法判例・審決百選・本件評釈17頁（舟田正之執筆）。

(45) 筆者は，本判決が「公共の利益」を「生産者・消費者双方を含めた国民経済全般の利益」と解することを原則として否定したことにより，独占禁止法は違法基準として経済学者が主張する総余剰基準をとってはいないと解する。

(46) 厚谷襄児ほか「座談会　行政指導——独禁政策と産業政策」ジュリスト741号（昭和56年）30頁（厚谷発言）。この見解は，従来公取委や多数説が行政指導は事業者に事実上強制することになる，カルテルを随伴することになる，から好ましくないと考えていたのに対して，行政指導それ自体をはっきりと違法視したところに新味がある。ただし，「市場メカニズムの基本的な事項に対する介入」のみを取り上げていることに注意を要

第1部　競争政策は"社会正義"の理想を失ってはならない　1978〜1988

な行政指導はそれ自体，独占禁止法の保護法益を侵害する違法な行為であることになる。みだりに行政が価格形成に介入することは独占禁止法の趣旨・目的に反すると最高裁が述べるのは，まさにこの趣旨であるということができる。

平成6年（1994）の「行政指導に関する独占禁止法上の考え方」は，さらに一歩進めて，法令に具体的な根拠のない行政指導が問題となる場合を，行政指導の目的・内容・方法そして類型別に，独占禁止法違反行為を誘発する場合だけでなく「公正かつ自由な競争が制限され，又は阻害される」場合を含めたかたちで明らかにした。すなわち，市場メカニズムに直接影響を及ぼす行政指導は違法であり，それ自体行うべきではないことを間接的に述べているということができる(47)。消費者の利益や営業の自由を重視する本書の立場からすれば，法律に基づかない行政指導によるこれらの利益・自由の侵害は法治主義に反する違憲の問題を生じることになる――「法律事項」とはそういうことである――が，今回も行政指導と独占禁止法をめぐる一連の議論において憲法論にまで深まることはなかった(48)。

本判決の意義――独占禁止法を定着させる「礎石」

本判決は，「危険な判決」として懸念されたような副作用を起こさなかったものの，判決が下された当時の独占禁止法の執行が低調な状況においては，通常の意味での「記念碑」の意義――過去の出来事を記念して後世に伝える――にとどまりかねなかった。本判決によりわが国のカルテル体質が一朝一夕に改まったわけではないが，カルテルが違法であり犯罪でもありうるというようにわが国の風土

する。
　　この点について，既に根岸哲「産業行政と行政指導」ジュリスト628号（昭和52年）148頁は，次のように重要な指摘を行っていた。「競争制限的行政指導は，相手方企業の任意性に制約を加え，自主的な競争機能を制限する点にも問題があることはもちろんであるが，それよりもより重要な問題は，当該行政指導の関連事業者や一般消費者に与える競争制限的効果にあるからである。……したがって，関連事業者や一般消費者という第三者に不利益を与えることを本質とする競争制限的行政指導について，単に相手方企業の主体的な意思決定が制約されていないという理由のみから，直ちに「法律による行政」の原理に反しないとしてきた行政法的アプローチは，再検討する必要があると思われる。」
(47)　「考え方」はこのような場合行政指導自体が行われるべきでないことを明確にする必要があったと指摘するものとして，正田彬「行政指導と独占禁止法との関係についての公正取引委員会の「考え方」」公正取引昭和59年8月号12頁。
(48)　第1次石油危機時の行政指導をめぐる論争については，上巻・474頁参照。

や意識を次第に改革し独占禁止法を定着させる——丹宗が期待したように——「礎石」となったことは間違いない。それによって，次にやってくる日米構造問題協議においてわが国市場の開放を受け入れる素地が形成されたということができる。

第2部

日本に求めているのは自由で開放された市場である

1989～2000

── 第2部はいかなる時代であったか──「風向きの変化と出港」の時代 ──

　第2部の平成元年～同12年（1989～2000）は，貿易摩擦が頂点に達した日米構造問題協議で幕を開ける。独占禁止法にとりこれは思いがけない追い風となり，停滞を脱する改革への契機となる。

　東西冷戦が終了する一方，欧州統合やWTOの発足もあり，経済のグローバル化が進展する。米国経済は再生し，新興国経済が興隆する。しかし，日本経済はバブルの崩壊とともに，「失われた10年」といわれる長期停滞の時代に入る。自民党の長期政権が終了し，日本的経済システムの改革が開始される。

　独占禁止法は「外圧」による改革の時代は短く終わり，「内圧」によって内容の充実を図る安定期に移ることになる。第2部は，風向きも潮目も変わり，いざ出港の時を迎えた時代であった。

　第2部の時代の委員長は，次の通りである。

　　梅澤節男（在任期間：昭和62年9月24日～平成4年9月23日（任期満了））は，大蔵官僚出身であり，国税庁長官を経て，公取委員長。

　　小粥正巳（同：平成4年9月24日～同8年8月27日（定年による任期満了））は，大蔵事務次官を経て，公取委員長。

　　根来泰周（同：平成8年8月28日～平成14年7月30日（再任後，定年による任期満了））法務・検察官僚出身であり，法務事務次官，東京高検検事長を経て，公取委員長。

第1章　日米構造問題協議と競争政策

1　貿易摩擦と独占禁止法

対米自動車輸出自主規制——通産省・業界が最も懸念した米国・反トラスト法

　戦後，米国は世界経済において圧倒的な地位を占めていたが，1960年代以降いくつかの産業分野で日欧の企業，とりわけ日本企業，が米国の技術水準に追いつきかつ追い越して米国企業と激しい競争を展開するに至った[1]。わが国からの輸出の急増に対して米国やECによる輸入制限を回避するために，わが国が自主的に輸出を制限する輸出自主規制が行われるようになった。輸出自主規制の対象は，わが国産業の構造変化を反映して，繊維製品を皮切りに，鉄鋼製品，自動車，工作機械そして半導体へと及んでいく[2]。

　ここでは，独占禁止法の観点から，昭和56年（1981）に始まった自動車の対米輸出自主規制をケース・スタディとしてとりあげよう。わが国の自動車生産は，昭和46年（1971）から55年（1980）の10年間に581万台から1,104万台へ2倍に増加し，55年には米国を抜いて世界一となった。昭和52年（1977）以降，輸出比率は50％を超え，その大部分は北米向けと欧州向けであった[3]。

---

(1)　猪木武徳『戦後世界経済史』（平成21年）101頁。

(2)　伊藤元重『ゼミナール国際経済入門2版』（平成8年）313頁。輸出自主規制については，滝川敏明『貿易摩擦と独禁法』（平成6年）149頁，松下満雄『国際経済法［改訂版］』（平成8年）75頁参照。

　　戦後の日米貿易摩擦は「ワンダラー・ブラウス事件」に始まり，昭和32年に最初に輸出自主規制が行われた。昭和42年の日米繊維協定は，交渉が難航しその後国内でも紛糾した。輸出自主規制には，①政府間協定（orderly marketing agreement）に基づいて行うもの，②輸入国政府の非公式の要請に基づいて輸出国政府が行うもの，③純粋に輸出国の企業が行うものなど，多様な形態がある。政府が行う輸出自主規制はガット上「灰色措置」とされていた。なお，外国企業の対日輸出自主規制が問題となった例として，韓国製ニット製品の輸入急増問題があった（昭和63年度公取委年次報告・19頁）。

(3)　通商産業政策史12巻・443頁。日本車が欧米市場で成功したのは，二度の石油危機によりガソリン価格が上昇し消費者の需要が小型車に移行するなかで，品質・価格・燃費効率が優れていたからである。のみならず，日本の自動車産業が国際競争力を向上させた要因として，国内市場においてメーカー11社が国内市場そして輸出戦略において激しい競争を展開したこと，メーカーの部品の内製率が低く中間組織的な垂直的分業体制（いわゆる生産系列である）が効率的な生産を可能にしたことが指摘されている（同書447頁）。生産性を向上させたシステムとして，生産工程の在庫を縮小させる「ジャスト・イン・タイム」方式が有名である。

第2部　日本に求めているのは自由で開放された市場である　1989～2000

　米国の自動車産業は，長い間米国経済を支えかつ労使関係のモデルケースとして「国民的産業」であった(4)。しかし，世界の自動車生産王国も石油危機以降揺らぎはじめ，昭和55年（1980）には日本車が米国市場で191万台販売され，21.3％のシェアを確保するに至った(5)。米国メーカーの業績が悪化し——ビッグ・スリーの一角クライスラーは破産の危機に陥った——失業者が増大すると，日本車に対する批判が急速に高まった。米国の国際貿易委員会（ITC）が米国自動車産業の不振の「実質的原因」は需要の小型車への変化等によるもので輸入車ではないと決定した(6)ものの，連邦議会には多数の輸入制限法案が提出され，日本車の輸入は深刻な政治問題となった。

　昭和56年（1981）1月，カーター民主党政権からレーガン共和党政権に交代したが，レーガン政権内では輸入車の規制を求める意見と自由貿易主義の意見が対立した。結局，レーガン政権は，米国政府は輸入制限措置を採用せず，相手国にもそうした措置の採用を公式には要請しないが，相手国が自主的に採用する輸出規制は歓迎するという妥協案を選択した(7)。日本政府の側でも，輸入制限法案が成立し一方的な輸入規制が行われることは自由貿易体制の維持のためにも回避すべきであると判断し，米国側の意を汲んで自主規制をするという方向で解決されることになった。わが国の自動車業界は当初抵抗していたが，通産省の説得に応じた(8)。

　昭和56年（1981）5月1日，田中六助通産大臣は，対米乗用車輸出規制措置として，最初の昭和56年度の輸出枠を168万台とし，3年間実施することを発表した。その方法としては，通産省が①行政措置として各社に個別の指示を行い，

---

(4)　猪木前掲注(1)108頁。
(5)　通商産業政策史12巻・453頁。以下，自主規制の経緯については同書による。
(6)　全米自動車労働組合とフォードは，米国の自動車産業は輸入車の急増によって重大な被害を被っているとして，1974年通商法201条に基づいてITCに対し，調査を行って大統領に救済措置を勧告するよう提訴した。しかし，ITCは，昭和55年11月，「輸入車の増大が米国自動車産業の不振の主たる原因ではない」との決定を下した。
(7)　その理由は，ITCが被害認定せず大統領に勧告しなかったために，米国内法上米国政府に日本政府と通商交渉する権限があるか疑義があったことから，米政府としては日本側に自発的に措置をとらせるかたちをとり，かつ米国政府の役人が反トラスト法違反に加担する疑いを回避するためであったとされる（松下満雄「日米自動車交渉と米国の独禁法（上）(下)」昭和56年5月26日・27日付け日本経済新聞経済教室，同「自動車通商摩擦の法律問題」商事法務914号（昭和56年）173頁）。
(8)　対米自動車輸出自主規制交渉の内情については，天谷直弘「ソープ・ナショナリズムを排す」文芸春秋昭和56年7月号318頁が興味深い。

第 1 章　日米構造問題協議と競争政策

外国為替及び外国貿易管理法（以下「外為法」という。）に基づいて各社から報告を毎月徴収する，②①の措置を担保するため，今後万一必要が生じた場合は速やかに乗用車の対米輸出を同法に基づく輸出承認制度の対象とするものとする，という二段構えのものであった[9]。

通産省と業界が輸出自主規制を決定し受け入れる過程で最も懸念したのは，輸出自主規制が米国反トラスト法に違反するのではないかということであった[10]。輸出自主規制の方式としては，①業界の自主規制（輸出カルテル），②行政指導による自主規制，③輸出入取引法に基づく輸出カルテル，④外為法および輸出貿易管理令に基づく規制，が考えられた[11]。①は明らかに米国――「効果主義」をとっているから行為地が域外でも法を適用できる――およびわが国の独占禁止法に抵触する。②は，通産省を軸に各社間で共謀が成立（hub-and-spoke conspiracy）したとして，シャーマン法1条違反となるおそれがある[12]。③は日本法の下で合法であったとしても，輸出カルテルの結成は任意であるから米国法の下ではやはり違法となるおそれがある。

当初，通産省は得意の②の行政指導に自信を見せていた[13]。しかし，田中通産大臣の国会での行政指導発言がなされるとすぐさま米国の輸入車ディーラー協会の弁護士が「行政指導では米国反トラスト法をクリアできず」必ずや私訴

---

(9)　昭和56年5月2日付け日本経済新聞「通産相発表の全文」，通商産業政策史12巻・483頁。

　　当時の法令を参照すると，外為法48条1項および2項は政令により通産大臣が「外国貿易及び国民経済の健全な発達に必要な範囲」で特定の貨物を輸出する者に承認を受ける義務を課すことができることを規定し，政令の輸出貿易管理令1条が輸出承認制を定めている。同法48条の規定に基づく命令の規定による承認を受けないで輸出した者に対しては，同法70条29号に罰則の定めがある。

　　通産省は，昭和56年6月24日に各社別の輸出配分枠を決定したとされるが，配分枠は公式に発表されていない。米国での訴訟提起を懸念したのかもしれないが，行政指導の不透明さを示すものである。

(10)　田中通産大臣は，国会で「私どもが実は恐れておるのは，あなたが指摘するように独禁法なんです」と答弁している（昭和56年3月19日の参議院予算委員会における栗林卓司議員（民社）の質疑）。

(11)　昭和56年3月21日付け日本経済新聞記事「貿管令が適当」。

(12)　実際，通産省は本件自主規制を業界の合意を取り付けつつ行ったし，「自工会の理事会の了承を受ける際，あるメーカーが難色を示したが，日産の割当の一部をそのメーカーに回して納得してもらった」（石原俊（当時日産自動車社長・自工会会長）「私の履歴書　対米自粛，自社枠譲る」平成6年11月27日付け日本経済新聞）。

(13)　昭和56年3月18日の参議院予算委員会における寺田熊雄議員（社会）の質疑に対する田中通産大臣の答弁参照。

第 2 部　日本に求めているのは自由で開放された市場である　1989 〜 2000

が提起されるだろうとの談話が報道され[14]，通産省や業界関係者の肝を冷やした。しかし，政府強制措置が望ましいというスミス司法長官の書簡をブロック通商代表が公表した[15]ことから，日本政府も④の措置を選択せざるを得なくなった。昭和 56 年（1981）4 月 27 日，通産省の天谷直弘通商審議官は④の規制方法をバクスター司法省反トラスト局長に説明し，同局長から「米独禁法に触れる恐れの少ないやりかた」であるとの評価を得ることができた[16]。

日本政府はこれを文書で確認することとし，同年 5 月 7 日，大河原良三駐米大使の照会に対する回答として，スミス司法長官から次のような書簡を得て公表した[17]。

「……これらの状況の中で，私達は，通商産業省によって指示される輸出制限を日本の自動車会社達が守る事は，その主権の中で行動する日本政府によって強制されているものと適切にみなされるであろうと信じます。司法省は，最大輸出可能台数の通商産業省による企業間の配分を含む日本政府によるこのような輸出抑制の実施と日本の自動車会社達によるその計画の遵守は，米国の反トラスト法違反を生じないであろうという見解を持っています。私達は，そのような状況の中で反トラスト法を解釈する米国の諸裁判所はその見解を支持するであろうと信じます。」（傍点筆者）

政府が強制すれば反トラスト法違反が免責されるというのは，米国判例法上国家行為の理論（act of state）または外国政府強制理論（foreign sovereign compulsion）として承認された法理である。本件において日本政府の措置の第 1 段階の台数割当ては行政指導にすぎないが，割当てが守られなければ第 2 段階で輸出承認制に移行する意思が明白に示されているので，政府強制に該当すると判断されたのである[18]。

わが国の独占禁止法との関係はどうか？　公取委の橋口委員長は，まだ輸出自

---

(14)　U.S. May Seek Voluntary Two-Year Cut In Shipments of Autos From the Japanese, The Wall Street Journal, March 19, 1981, 昭和 56 年 3 月 25 日付け毎日新聞「記者座談会　日米自動車摩擦」（A 記者発言）。
(15)　昭和 56 年 3 月 19 日付け日本経済新聞夕刊記事「法律による自主規制を」，同日付け朝日新聞夕刊記事「暗に自主規制望む」，The Wall Street Journal, supra note 14。
(16)　昭和 56 年 4 月 28 日付け朝日新聞記事「独禁法抵触は解消」。
(17)　1981 年 5 月 7 日付けの大河原大使宛てのウィリアム・フレンチ・スミス司法長官の書簡（日本機械輸出組合『自動車対米通商問題情報資料集』（昭和 56 年）277 頁）。
(18)　松下満雄『アメリカ独占禁止法』（昭和 57 年）358 頁。とはいえ，司法省の見解が裁判所を拘束するわけではなく，実際，日本車のあるディーラーは反トラスト法に基づいて提訴した。

第1章　日米構造問題協議と競争政策

主規制の方法が具体化しない段階であるが，「自動車の対米輸出問題は国内マーケットの問題ではなくて，アメリカの国内マーケットの問題でございますから，……アメリカの国内マーケットを守るのはアメリカの独禁当局であるというのが原則的な考え方でございます」と述べた[19]。

このように日米の独占禁止当局は，輸出自主規制問題に対し批判的な態度をとらず，独占禁止法の適用回避に協力的であったことが注目される[20]。更なる保護主義を回避するための政治的知恵であったとしても，独占禁止当局が声を大にして批判すれば，異なる展開がありえたかもしれない。そこで，危機感を持ったのが，OECD（経済協力開発機構）である。OECDの制限的法慣行専門家委員会は，昭和59年（1984）に「競争政策と貿易政策――その相互作用」と題する報告書を作成し，「輸出自主規制は，国内製造業者への競争圧力を減少させ既に集中している市場に特別な問題を生じさせるおそれがあるため，競争政策の基本目的と相反することとなる」とし，「競争当局は，国内市場の構造への有害な影響を防止する上で重要な役割を有する」と競争当局の奮起を促した[21]。

わが国の輸出自主規制によって米国議会の保護主義的圧力は急速に鎮静化した[22]。自動車の対米輸出自主規制は米国自動産業の「息つぎの場」として3年間の予定であったが，昭和59年（1984）度以降も日本政府の独自の判断で継続

---

[19] 昭和56年3月17日の参議院予算委員会における和田静夫議員（社会）の質疑に対する答弁。当時の公取委の考え方からすれば，輸出入取引法の認可を受けないかぎり行政指導があっても独占禁止法上違法となる。ただし，通産省の行政指導が守られなければ罰則が発動され強制されることが明白であれば，わが国においても――この点必ずしも明確ではないが――競争の余地はなく独占禁止法の適用はできないことになろう。

[20] 天谷前掲注(8) 325頁は，「日米間の独禁法問題に関して，米司法省がこのように積極的態度をとったことは前例のないことであった」とし，「米政府が自動車問題の解決にいかに熱心な期待を抱いていたかを推察することができる」と述べている。他方，滝川前掲注(2) 168頁は，「司法省反トラスト局は，競争制限行為を監視する役目を放棄して，反トラスト法適用から逃れるのを助けたことになる」と批判する。

[21] OECD制限的商慣行専門家委員会編公取委事務局官房渉外室訳『競争政策と貿易政策――その相互作用』（OECD, Competition and Trade Policies – Their Interaction, 1984）（昭和62年）75頁。同書に添付された1986年10月23日採択のOECD理事会勧告も参照。

[22] 輸出自主規制は日本の自動車メーカーの現地生産を促すことになった。その過程で，トヨタとGMの合弁会社（NUMMI）の設立が米国反トラスト法審査の対象となったが，昭和59年に連邦取引委員会は，3対2の票決により生産台数で世界1位と2位の自動車メーカーの小型車生産の合弁事業を同意審決で承認した（中出孝典「トヨタ・GM合弁事業計画に対する連邦取引委員会（FTC）の同意審決案について」公正取引昭和59年2月号47頁）。

第2部　日本に求めているのは自由で開放された市場である　1989～2000

され，平成5年（1993）度まで実施された。米国の自動車メーカーのみならず日本のメーカーも，「輸出自主規制のカルテル効果」によって，多大の利益を得ることになった(23)。それは米国の消費者の大きな犠牲の上に成り立ったのであり，保護主義が巨額の経済的損失をもたらすという教訓となった。

輸出自主規制は，その後輸出企業の現地生産が進みかつ平成6年（1994）に採択されたWTO協定付属のセーフガード協定（11条1項(b)項）がこれを全面的に禁止するに及んで，歴史的遺物となってしまった。とはいえ，当時通産省は通商摩擦回避のために行政指導の有用性を強調していた（第1部補論(2)参照）ところであるが，通商分野においても行政指導は内外の独占禁止法の壁に突き当たることが明らかになった。通産省は国際通商の分野においても行政指導型政策からルール志向型政策へと転換を迫られていく(24)。

「公正貿易論」と公取委の対応

わが国の貿易収支・経常収支が大幅な黒字となる度に，欧米との貿易摩擦が過熱した。第1回目の波は昭和46・47年（1971・72），第2回目は昭和52・53年（1977・78），そして第3回目は58・59年（1983・84）であったとされる。第3回目の黒字が爆発的に拡大したために，米国・欧州等は一斉に広い分野にわたってわが国の市場開放を強く要求した(25)。

もともと，米国の貿易収支・経常収支の大幅な赤字の原因は，米国政府の財政赤字と「ドル高円安」というマクロ経済の問題にあり，わが国の市場の閉鎖性といったミクロの問題ではないはずであった(26)。しかし，対日貿易赤字の大き

　　なお，欧州での自動車摩擦について付言すると，日本製自動車の輸出急増に対しかねて伊，仏，英の諸国は事実上の抑制措置をとっていたが，対米輸出自主規制に伴い欧州への振替え輸出が増大することが懸念された。そこで，昭和56年6月，田中通産大臣とEC委員会首脳が会談し，通産省が自動車メーカー各社の輸出見通しをとりまとめこれを各国政府に伝えるという「天気予報」方式で一応の決着をみた（通商産業政策史12巻・489頁）。

(23)　伊藤元重・伊藤研究室『通商摩擦はなぜ起きるのか』（平成12年）205頁（荒井悟執筆）に米国の研究者による推計の結果が報告されている。Winstonによると，米国車は8％，日本車は20％価格が上昇し，消費者は1985年に140億ドルの損失を被ったという。雇用も増加しなかったとされる。

(24)　通商産業政策史1980-2000 第1巻・542頁。

(25)　恩田宗「最近の貿易摩擦」公正取引昭和60年3月号34頁。昭和59年の日本の貿易収支は，336億ドルの黒字であり，対米，対ECはそれぞれ331億ドル，100億ドルの黒字であったが，対中東は188億ドルの赤字であった。もともと二国間で貿易・経常収支が均衡しなければならないわけではないし，赤字が問題というわけでもない。

第1章　日米構造問題協議と競争政策

さ等から，米国内には保護主義が抬頭し，自由貿易主義と国論を二分するようになった。そこで登場したのが，昭和60年（1985）9月23日のレーガン大統領の演説を契機とする「公正貿易論」である(27)。レーガン大統領は，「自由貿易とは定義上公正な貿易である（"free trade is, by definition, fair trade"）。国内市場が他国の輸出者に閉ざされているとき，それはもはや自由貿易ではない」と述べた(28)。保護主義を抑えるために貿易相手国に対して「機会均等」を求めることがレーガン政権の貿易政策の基調となった。これにより，わが国にとっても貿易摩擦の課題は，輸出の抑制ではなくむしろ国内市場の開放へと変化していく(29)。

政府は，昭和56年（1981）以降繰り返し対外経済政策を発表し，昭和60（1985）年7月には市場アクセス改善のために「アクション・プログラム」を策定した。また，米国側の提案に基づき，個別分野ごとに製品規格，政府調達等の政府規制を中心に総合的に検討するMOSS協議を開始した(30)。昭和61年（1986）4月には国際協調のための経済構造調整研究会の報告書（「内需主導型の経済成長」への転換を求めたいわゆる「前川レポート」）が公表され，政府に対して「市場原理を基本とする施策を行う。そのため，市場アクセスの改善と規制緩和の徹底的推進を図る」ことを提唱した(31)。

　　　　なお，本章の以下の叙述は，平林英勝「日米構造問題協議と独占禁止法」『筑波大学法科大学院創設記念・企業法学専攻創設15周年記念　融合する法律学下巻』（平成18年）643頁を大幅に加筆修正したものである。
(26)　この点の内外の誤解を解くために書かれたのが，小宮隆太郎「日米経済摩擦と国際協調――「誤解」の克服と正しい対策（上）（下）」週刊東洋経済昭和61年6月7日号52頁・6月14日号96頁である。小宮は，日本が非難の対象となる理由として，日本経済の存在が大きくかつ欧米諸国からみて異質感があること，日本が経済的に成功しているのに防衛や自由貿易体制に「ただ乗り」をしていること，工業における「日本の挑戦」が米国人の心理に大きな衝撃を与えていることの3点を挙げた。
(27)　香西泰「アメリカの貿易政策の展開方向――「公正貿易」の主張について」経済法学会年報9号（昭和63年）66頁。
(28)　Remarks at a White House Meeting With Business and Trade Leaders September 23, 1985, Public Papers of the Presidents: Ronald Reagan, 1985 Ⅱ, p. 1127. なお，演説にも使われているlevel playing fieldとはフットボールの平らな競技場のことで，「対等な競争条件」を意味し，その後しばしば使われるようになった。
(29)　香西前掲注(27) 70頁。
(30)　日米構造問題協議に至るまでの日米貿易摩擦については，小峰隆夫『経済摩擦――国際化と日本の選択』（昭和61年）119頁，島田克美『日米経済の摩擦と協調』（昭和63年）146頁などを参照。MOSS協議とは，Market Oriented Sector Selective（市場指向型個別協議）のことで，電気通信，医薬品・医療機器，エレクトロニクス，林産物の4品目について総合的に検討する方式であった。

第 2 部　日本に求めているのは自由で開放された市場である　1989 〜 2000

公取委も政府の市場開放策の一環として競争政策の見地から貿易摩擦問題に取り組むことになり，次のように三度にわたって取りまとめを行った[32]。

① 「貿易摩擦問題に対する公正取引委員会の取組」（昭和 58 年（1983）4 月）[33]

　　輸入関連独占禁止法違反事件の重点的審査，輸入関連商品（輸入自動車，医療用機器，スポーツ用品）や輸入総代理店の実態調査，総合商社や輸入関連事業者団体の実態調査をそれぞれ行った。その結果，ソーダ灰の輸入制限カルテルに対して審決を行ったが，輸入関連の流通機構調査において不当に輸入品を制限している行為は見られなかった。また，総合商社を中心とした企業集団の系列内取引の割合は高いものではなく，不当に輸入を制限している行為も見られなかった。事業者団体についても，外国事業者を差別する行為は見られなかった。

② 「市場アクセス改善のための競争政策上の対応」（昭和 61 年（1986）5 月）[34]

　　輸入制限行為を監視し，適用除外カルテルに厳正に対処するほか，流通分野における市場の開放性の維持・増進に取り組む方針を明らかにした。この方針に基づき，百貨店・チェーンストア業界における返品についてのガイドライン[35]を作成し，関連業界に対して指導を行った。また，景品提供の制限について，新規参入を容易にする観点から見直しをし，関係業界に対して公正競争規約の見直しを指導した。比較広告についてガイドライン[36]を作成公表した。並行輸入についてもガイドライン[37]を作成公表した。参入の困難さが欧米諸国から指摘されていた紙の流通実態調査を行い，輸入制限行為が行われることのないよう監視する方針をとった。

　　昭和 62 年（1987）4 月には，わが国における継続的取引の実態についても調査・検討を行った[38]。

③ 「流通問題に対する競争政策上の対応」（昭和 63 年（1988）12 月）[39]

　　流通分野における，競争的な価格形成の推進，外国事業者の参入促進・外国製

---

(31) 　国際協調のための経済構造調整研究会『報告書』（昭和 61 年 4 月 7 日）2 頁。
(32) 　五十年史上巻・373 頁以下。貿易摩擦は，米国との間だけでなく，EC との間でも生じていた。1980 年代半ばに深刻化するが，その内容は米国の場合と重複することが多かった。EC 特有の競争政策上の問題としては，輸入総代理店（メーカー輸入），原産国表示の規制（ワインなど）等があった。
(33) 　公取委事務局官房渉外室「貿易摩擦問題に対する公正取引委員会の取組」公正取引昭和 58 年 5 月号 12 頁。ソーダ灰の輸入制限カルテル事件に関しては，本章 4 参照。
(34) 　公取委事務局官房渉外室「市場アクセス改善のための競争政策上の対応」公正取引昭和 61 年 6 月号 4 頁，独占禁止懇話会資料集 X（昭和 63 年）5 頁。
(35) 　「不当な返品に関する独占禁止法上の考え方」（昭和 62 年 4 月 21 日）。
(36) 　「比較広告に関する景品表示法上の考え方」（昭和 62 年 4 月 21 日）。
(37) 　「並行輸入の不当阻害に関する独占禁止法上の考え方」（昭和 62 年 4 月 17 日）。
(38) 　小峰隆夫「我が国企業の継続的取引の実態について」公正取引昭和 62 年 4 月号 28 頁。
(39) 　独占禁止懇話会資料集 XIV（平成 5 年）72 頁。

第 1 章　日米構造問題協議と競争政策

品の輸入促進，景品提供・表示の適正化，政府規制等の見直しといった事項について，それぞれ問題意識を明らかにし，今後取り組むべき内容を提示した。たとえば，価格形成に関して，内外価格差の大きい品目について，取引慣行や競争の実態について調査し，関係業界を是正指導することにした。外国企業の参入についても，わが国の取引慣行に参入抑制要因があるか実態調査し，問題点があれば改善を図ることにした。

以上のような公取委の対応について，次の 3 点を指摘できよう。

第一に，公取委は競争政策の見地から検討する姿勢を崩さなかった。たとえば，リベートについて，「弾力的な価格形成を促進する多面的な機能を有していることから，それ自体は参入抑制的な慣行とはいえない」としつつ，「市場における有力な事業者が支給するリベートであって，……専売店化を促進する等新規参入抑制的な効果をもつおそれがあるもの」を競争政策上問題があるとした。返品や派遣店員といった大規模小売業者の慣行も参入・販売促進的な効果があることを認め，不当なものだけを規制することにした。景品規制についても，「景品付販売は景品提供の態様条件によっては，消費者に新規参入や新製品を知る機会を提供し，消費者の商品選択の機会を増やすという効果を持つ場合があるので，不当な顧客誘引の弊害が生じない範囲において」許容することにした[40]。

このような公取委の対応については，「どちらかと言えば，日本の取引慣行の合理性を説明することに重点が置かれており，指摘された競争政策上の問題点について，直ちに是正策を講じるものでなく，「弊害が生じないように事態の推移を監視する」のに止まる場合が多かった」との指摘があった[41]。

第二に，取り組む手法としては，主として，実態調査を行って問題点を明らかにし，必要に応じてガイドラインを作成公表しつつ，関係業界を指導するというものであった。これは，公取委が昭和 50 年代から流通問題等において採用した手法であった。当時は独禁法上のルールが必ずしも明らかでなく，独禁法に対する理解が十分でない状況にかんがみれば，必要かつそれなりに効果的な手法でもあった。

しかし，そのことの反面として，輸入関連の独禁法違反事件で法的措置がとられたのは，ソーダ灰事件だけにとどまった[42]。輸入制限行為に対し厳正に審

---

(40) 公取委事務局官房渉外室前掲注(34) 6・7 頁。
(41) 実方謙二「日米構造協議・日本市場の開放と流通問題」経済法学会年報 11 号（平成 2 年）2 頁。
(42) 法的措置ではなく警告をした事件として，国内の合成ゴムメーカーが台湾からの合成

183

査するとの方針を表明しながら，実際に立件され審決が行われたケースは極めて少なかった。端緒となる情報が少なかったとも考えられるが，外国企業にすれば，公取委の規制能力に疑問がある上，日本の独禁法の下では違反行為の立証が難しいし，証拠を集めようとすれば相手企業の知るところとなり，報復が怖い——公取委はかくも頼りにならない存在であった！——，ということになる[43]。そもそも輸入品の排除のようなボイコット事件では，外国企業の申告や協力が不可欠であるし，公取委も実態調査ではなく，立件して立入検査をしなければ真相の究明は困難である。

　第三に，公取委の対応は，いずれも現行法の枠内での対応であり，かつ貿易相手国からの指摘に対応した対症療法的なものであった。この時点では貿易相手国がわが国における独占禁止法ないし競争政策全般の見直しを迫っていたわけではないし，わが国においても構造不況の後で独占禁止法の緩和論が唱えられていた（第1部第1章5参照）くらいであったから，全般的な強化見直しの客観条件は存在しなかった。

修正主義——独占禁止法に対する冷めた態度

　昭和60年（1985）9月22日（前記レーガン大統領の「公正貿易」演説の前日）に主要5か国蔵相・中央銀行総裁会議においてドル高是正のための協調介入が合意された（いわゆる「プラザ合意」）。それ以降円高が続くが，それでも米国の対日貿易赤字は高水準を維持した。そのため，米国議会が行政府に突き付けたのが，1988年包括貿易・競争力法であった。

　同法は1974年通商法を改正し，「不合理な」外国政府の措置として輸出ターゲッティングや反競争的行為を黙認することを例示した（レギュラー301条）が，これは明らかにわが国を念頭に置いたものであった[44]。また，同法は，通商代表が89年・90年にそれぞれ外国の貿易障壁に関する報告書を議会に提出し，一定の貿易障壁を特定して調査し当該外国政府と交渉を開始することを義務付ける（交渉不調の場合には制裁措置をとるという悪名高い一方主義（unilateralism）である。）規定も導入した（スーパー301条）。

　　　ゴムの輸入を制限していた事件があった（昭和59年7月25日警告，公正取引昭和59年9月号63頁）。
(43)　上杉秋則「日米構造協議シンポジウム（東京会場）について」公正取引平成2年5月号10頁（アラン・ウルフ弁護士の主張），ウィリアムズ第7回・95頁。
(44)　松下満雄『国際経済法［初版］』（昭和63年）129頁。

第1章　日米構造問題協議と競争政策

　そして，米国内においては，「公正貿易論」よりも一層貿易相手国に対して強硬な「修正主義（revisionism）」の主張が勢いを増していた。修正主義とは何か？ここでは，ジョンソン，ウォルフレン，プレストウィッツおよびファローズの4人（「4人組」といわれた）の修正主義者たちのマニフェスト的宣言[45]を紹介しよう。それによれば，4人に共通する基本的見解は次の6項目であった。

① 日本と世界の経済上産業上の関係が持続的に不均衡になっていることは，国際通商体制と日米の政治的関係に対して脅威（threat）である。
② われわれは，日本が変わることを求めているのではない。欧米の基本的問題は，日本が消費者志向で個人主義的なシステムへいずれは進化するであろうという誤った想定に基づいていることである。
④ 日本のシステムは，企業のために消費者を犠牲にし，（米国流の反トラストが解体しようとしてきた）経済力の集中を奨励している。日本では，個人の権利よりも社会全体の利益を推進しがちである。日本では，人種差別や女性差別に関心が乏しく，西欧型の民主的資本主義モデルとはいえない。日本のシステムが異質である（different）ということは，日本を非難したり批判することではない。日本の経済へのアプローチは，日本人が英語ではなく日本語を話すのと同様，公正というわけでもなく不公正というわけでもない。
⑤ 日本の現在の諸ステムは強固で安定しており，日本の相手国は日本が大変な緊張と衝撃に耐えてきた価値観を変えると想定するのは僭越（presumptuous）である。
⑤ 米国人は管理貿易や産業政策を受け入れがたいものとしてきたが，米国その他の先進国は実は両方とも既に実施してきた（米国と日本の貿易は管理されているし，農業や宇宙産業でも産業政策があった。）のであり，タブー視すべきではない。
⑥ グローバル化による相互依存が進んでいるが，現在の貿易・産業の流れが続けば，米欧は，自律的な経済・政治行動ができなくなろう。米国には，競争力を強化したり貿易政策を変更することによりこの傾向を是正する責任がある。

　修正主義とは一言でいうなら，日本は資本主義に共通する市場原理が機能しない国である（「日本異質論」）から，日本に対しては自由貿易のルールを適用すべきではない（「管理貿易論」）ということにある。
　それでは，修正主義者たちは本書の関心事項であるわが国の独占禁止法をどうみたか？

---

[45] Beyond Japan-Bashing, US News & World Report, May 7, 1990, p. 54. 参照。なお，日本が輸入しないで輸出ばかりすることを「敵対的」貿易として警告した著名な経営学者による論文として，Peter Drucker, Japan and Adversarial Trade, The Wall Street Journal, April 1, 1986 があった。

第2部　日本に求めているのは自由で開放された市場である　1989～2000

　ジョンソンは，日本経済の研究者であるが，4人のなかでは早くから日本の資本主義の特殊性に着目していた。すなわち，日本の資本主義は欧米型でも共産主義型でもない「発展指向型」であって，経済発展が最優先の目標であった。そのため，「産業政策の実施にあたっては，国家は，その優先的政策目標と両立できる程度の競争を存続させるよう配慮する必要がある」(傍点筆者)[46]が，発展指向型国家においては，規制指向型国家と異なり，独禁法はそれ自体に価値があるというよりは，経済発展という優先的政策目標に役立つ限りで効用があるのであり，日本において産業政策は有効であり，経済的成功に貢献した，と。

　ウォルフレンは，「ジャパン・プロブレム」なる問題提起をした[47]ことで知られるオランダのジャーナリストであるが，次のように述べた[48]。すなわち，日本では，表向きの現実と実際の現実との違いが甚だしく，それが制度化されているとして憲法の例を挙げ，「公式の現実では，独占禁止法や公正取引委員会がカルテルを防ぎ，司法が民主主義的な自由と個人の権利を守るはずである。……ところが実際には，独立した司法も，労働者の利益を第一に代表する労働組合も，経済界と官僚の市場操作を防止する効果的な保障もいっさい存在しないという事実は，隠されたままである。このように制度化された表向きと実際の現実との相違がなければ，戦後の経済的な"奇跡"はありえなかっただろう」，と。独占禁止法は建前でしかなく，それ故に日本は経済的成功を収めることができたという痛烈な皮肉である。

　ファローズもジャーナリストであるが，「日本の貿易慣行についての標準的な不満は，それが偽善的であるということだ。日本の製造業者は米国で自由に売っているのに，外国のメーカーが日本で売るためには，公的および私的なカルテル

---

(46)　チャーマーズ・ジョンソン著矢野俊比古監訳『通産省と日本の奇跡』(昭和57年) 358頁。ジョンソンは日本経済に関する多くの論稿を発表したが，「系列という産業組織は，日本が近代資本主義に対して行った最も重要な貢献の一つである。しかし同時にこれは，アンチ・トラストという西側の概念に明らかに反しており，"市場の力"の働きを根拠にしている経済理論を小馬鹿にしている」と述べたものがある(「自由貿易体制の破壊者・日本」エコノミスト平成元年5月30日号32頁)。ジョンソンの日本異質論に対する論評として，福島政裕「日本異質論」『松下満雄先生還暦記念・企業行動と法——経済法・通商法による調整の現代的課題』(平成7年) 407頁。

(47)　Karel G. Van Wolferen, The Japan Problem, Foreign Affairs, winter 1986/87, p. 288. 本論文において，ウォルフレンは，西側企業と日本企業との国際分業協定(市場分割カルテル)を提案している。

(48)　カレル・ヴァン・ウォルフレン著篠原勝訳『日本／権力構造の謎(下)』(平成2年) 12頁。

第1章　日米構造問題協議と競争政策

を突破すべく悪戦苦闘しなければならない」と記した(49)。

　商務省の顧問として MOSS 協議などの対日交渉にあたっていたプレストウィッツは，より具体的に次のように述べた(50)。すなわち，過当競争は米国では歓迎されるのに，日本では忌み嫌われる。「駐留軍は日本に公正取引委員会をもたせたが，独占禁止法もこの公取も，日本には全く根を下ろしていない。過当競争を抑えるために，日本は一連の巧妙な手立てを開発し合法的なカルテルを作らせて，協同[ママ]の生産調整や設備廃棄のような協調的活動を各企業に行わせている」，と。

　企業集団に関連しては，「[三井・三菱・住友・安田の四大財閥が―筆者注] 1945年までというもの日本経済の大半を牛耳ってきた。アメリカ占領軍当局による独占禁止法の導入もその後の流れを食いとめることにはならなかった。日本の社会が本来もっている力がそうさせたのである」（傍点筆者）(51)と述べ，企業集団（系列）の閉鎖性を縷々例示していく。

　そして，日本の産業政策の成功により米国企業は圧倒されたのだから，米国も反トラスト法を緩和して政府と経済界は協調すべきことを説く。「経済界と政府とが従来通り互いに猜疑心と敵意を持ち続ける限り，アメリカがうまくいくことはありえない。……特に，反トラスト法は国際的現実に照らした上で見直しと全面改定をはかるべきだろう。……新たな反トラスト法を制定する以外にも，産業協議会のようなものを発足させ……いくことも必要となるだろう」（傍点筆者）という(52)。

　修正主義者は，日本市場に自由貿易や市場原理は浸透しないとみていたから，独占禁止法は個々の製品輸入の増大のための道具でしかなく，冷めた態度をとっていた。そして日本に対抗すべく産業政策の採用や反トラスト法の緩和さえ主張したが，これは異質と指摘したものを自ら採り入れようとするものであるから，修正主義者の主張は自己矛盾をはらむものであったといえよう(53)。

　ところで，知日派の米国人がすべて修正主義者であったわけではない。たとえば，サクソンハウスは，自由貿易主義の見地から，日米の通商問題は日本が異質

---

(49)　ジェームズ・ファローズ「日本封じ込め」中央公論平成元年7月号73頁。
(50)　プレストウィッツ・203頁。
(51)　プレストウィッツ・224頁。
(52)　プレストウィッツ・476頁。
(53)　それ故に，修正主義者たちは，後に開始された構造問題協議に否定的な見解をとった（ウォルフレン「根本的解決望めぬ」平成2年3月19日付け朝日新聞，C. Prestowitz, George and Toshiki, The Odd Couple, New York Times, March 10, 1990）。

であるからではなく米国の管理貿易に原因があると，修正主義に反対していた[54]ことを付言しておこう。

2 日米構造問題協議の開始と経過

ブッシュ政権の選択──構造問題協議の開始

修正主義は，レーガン政権下の商務省や通商代表部に影響を及ぼし，昭和61年（1986）の日米半導体協定[55]となったばかりでなく，ジョージ・ブッシュ（父ブッシュ）政権が発足して間もない平成元年（1989）2月，通商政策・交渉に関する大統領諮問委員会（ACTPN）がスーパー301条を使用して日本に対して分野別輸入目標を達成するよう求めることを勧告したことで，ブッシュ政権に対し結果志向の管理貿易を迫ることになった[56]。

しかし，「"管理貿易" は，ブッシュ政権と USTR［合衆国通商代表―筆者注］にとっては，論外の選択であった」[57]。ブッシュ政権が日米構造問題協議の開始を決定したのは，平成元年（1989）5月22日の大統領臨席の下での経済政策閣僚会議であった。席上，カーラ・ヒルズ通商代表とモスバッカー商務長官は議会が納得しないことを理由に日本をスーパー301条の優先交渉国に指定するよう主張したが，「純粋経済派」のダーマン行政・予算管理局長とボスキン経済諮問委員会委員長はこれに反対した。その結果，スーパー301条については，日本の不公正慣行として人工衛星およびスーパー・コンピューターの政府調達，木材製品の技術的障壁という3項目とし，それ以外の構造障壁等は301条の枠外で協議を開始することが決定された[58]。

ブッシュ政権は，一方に議会，他方に日本という板ばさみに陥っていた。議会の有力議員たちは，日本を優先交渉国にしなければ1988年包括・競争力法は無

---

[54] ゲイリー・R・サクソンハウス「リヴィジョニズム（修正主義）への反論」通産ジャーナル平成3年10月号25頁，同「自由貿易への原点に戻れ」平成3年10月21日付け日本経済新聞経済教室。

[55] この協定は，付属書において，両国政府は5年以内に日本における半導体外国製品のシェアが20％以上となるよう努力することを約束する最初の自主輸入拡大（VIE）であった。

[56] Schoppa, p. 69, S・フクシマ・55頁, 藪中三十二『対米経済交渉──摩擦の実像』（平成3年）93頁。

[57] ウィリアムズ第3回・94頁。

[58] Schoppa, p. 73, 佐藤英夫『日米経済摩擦 1945-1990年』（平成3年）167頁。不公正慣行国として日本だけ指定する衝撃を回避するため，ヒルズ代表はブラジルとインドも加えた。

第 1 章　日米構造問題協議と競争政策

意味になると主張し，逆に日本政府の担当官は日本を特定することは日米間の緊張状態をさらに悪化させることになると警告していた。そこで，日本をスーパー301条の優先交渉国に指定し議会を満足させる一方，不公正慣行としては日本政府にとって解決しやすい政府の管理下にある3品目を選んだ。流通制度，企業系列，独占禁止法の手ぬるい運用など，日本経済内部の「構造的障壁」に係わる問題は，スーパー301条によって解決するにはあまりに難しい問題であったから，その枠外で構造問題協議を別途行うことにしたのである(59)。

構造問題協議のアイディア自体は，米国・財務省に由来する。財務省は日本問題に関して，円ドル委員会やMOSS協議を通じて相当の貢献をしていたが，昭和60年（1985）9月のプラザ合意以後の大幅な円高にもかかわらず，対日赤字はほとんど減少せず，日本の物価動向にも変化がみられなかった。そのため，財務省関係者はマクロ経済的アプローチが機能するには，政府規制，流通制度の非効率性，系列企業内の排他的取引といった構造的障壁と取り組まなければならないと考えるに至った。この構造的障壁のアプローチは当初財務省の下級職員が唱えていたものであるが，ブッシュ政権の発足に伴い新しい対日戦略が求められる中で同省内において支持されるようになった(60)。

他方，通商代表部内でも個別交渉の限界が指摘されていた。次席代表に就任したシドニー・リン・ウィアリアムズはかねて日本における実務経験から構造的障壁の存在を感じていたから，財務次官のダラーラと構造問題協議開始で一致した(61)。

修正主義の主張が高まりつつも，ブッシュ政権は構造問題協議の開始を決定した。ブッシュ政権のこのような自由貿易主義の強さは，前のレーガン政権による対日自動車輸出自主規制，半導体協定や，その後のクリントン政権の日米包括経済協議にみられるような結果志向と比べて際立っている。やはり米国（行政府）における自由貿易思想の根強さである。第2次大戦後，米国は自由貿易体制を構想し推進した（上巻・39頁参照）し，レーガン，ブッシュ政権の国際通商における最優先の課題は野心的なウルグァイ・ラウンド交渉を成功させることであった。

---

(59)　S・フクシマ・199頁。Structural Impediments Initiative（SII）の訳語として日本側では一般に「構造（問題）協議」が使われるが，米国側によれば日本側がImpedimentsの訳の「障壁」を嫌って省略したという（ウィリアムズ第10回・106頁，S・フクシマ・206頁）。この点について，日本側で交渉にあたっていた藪中は，隠された意図はないという（藪中前掲注(56) 152頁）。

(60)　Schoppa, p. 72.

(61)　ウィリアムズ第4回・113頁，Schoppa, p. 78。

189

第 2 部　日本に求めているのは自由で開放された市場である　1989 ～ 2000

議会は選挙民の利害にさらされやすく保護主義に傾斜しがちであるが，行政府の自由貿易へのこだわりは強固であった。

ブッシュ政権のカーラ・ヒルズ代表とウィリアムズ次席代表は，反トラスト法弁護士出身であり[62]，修正主義や管理貿易を強く拒否していた[63]。ヒルズ代表は，次のように発言した。

「リビジョニストたちは，市場原理は頼りにならないとし，日本の場合，文化や伝統の違いが障害だというのだ。彼らは日本と協定を結び市場を分け合おうと考えているが，これは管理貿易であり，私は絶対に反対だ。むしろ，アメリカと同じように市場を開放するよう日本を説得すべきだ。……

日本の消費者は，本来支払うべき価格より高い物を買わされている。早い話が，日本は自由貿易によって世界第二の市場をもつ大国になっていながら，そのシステムを破壊するような経済政策をとり，しかもそのツケを国民に払わせているのだ。」[64]

「米国が日本に求めているのは自由で開放された市場であり，世界のどの国もが競争できる市場である。……ソニーのウォークマンがあれだけ売り込みに成功したのは，海外で自由かつ積極的に競争できる市場があったからだ。」[65]（傍点筆者）

レーガン政権がイデオロギー的であったのに対し，ブッシュ政権は同じ共和党でもプラグマティックな（実務重視といってもよい）保守主義を志向した[66]。

ヒルズもウィリアムズも，日本市場が米国市場と根本的構造的に相違し，十分開放されていないと認識する点で変わらなかった[67]。修正主義者と異なるのは，日本が米国と根本的な価値観において相違するかどうかについてであった。ウィリアムズは，次のように述べている[68]。

「日米両国とも資本主義国家であるし，私有財産，勤労，教育，地域社会，競争といった価値観を共有するからである。われわれの相違は，繁栄をいかに達成するかという手段にかかわるものである。特に，競争，調達，政府の開放性についての考

---

[62]　ヒルズは，Antitrust Adviser, 1971 という実務家向けの反トラスト法解説書を編集している。

[63]　それ故に，対日強硬路線を主張していた商務省のプレストウィッツや通商代表部のフクシマらは，行政府を去ることになったのであろう。

[64]　News Week［日本版］1989 年 9 月 7 日号 32 頁。

[65]　平成元年 10 月 13 日付け毎日新聞夕刊記事「ヒルズ代表，市場開放を厳しく迫る」，Japan regarded as insensitive to fair trade, The Japan Times, October 14, 1989, 平成 25 年 3 月 21 日付け日本経済新聞「私の履歴書　カーラ・ヒルズ第 21 回」。

[66]　宮里政玄／国際大学日米関係研究所編『日米構造摩擦の研究』（平成 2 年）78・90 頁。

[67]　ウィリアムズ第 3 回・94 頁。

[68]　ウィリアムズ第 3 回・94 頁。

第1章　日米構造問題協議と競争政策

え方と，消費者対生産者の力関係において，相違は顕著である。」

　修正主義者が日本は異質で変わりようがないと考えたのに対して，ウィリアムズたちは価値観を共有するのだから日本の制度・慣行を変えることは可能と考えた。

　スーパー301条を制定した議会にとっても，通商代表部をはじめ構造問題協議を構想した者たちにとっても，外国製品の参入を妨げるカルテルやボイコット，それに系列取引こそ「典型的な構造的障壁」[69]であり，これらを規制する独占禁止法や競争政策が重要であったのは当然であった。ウイリアムズたち通商交渉担当者は，日本において競争制限的な行為により自由な競争が妨げられたという話を何度も聞かされていた。

　いわく「外国の輸出者は既存の流通経路を通じてしか販売店と直接話ができない，競争相手の日本企業が外国企業に注文を出した日本企業に嫌がらせをする，アメリカの会社が日本市場での販売価格と数量をあらかじめはっきり告げられた，競争力のある外国企業が何十年努力しても５％以下の低いマーケットシェアしかとれない，アメリカ企業の新聞広告がUSTRから抗議を受けて通産省が介入するまで日本の競争企業の妨害で掲載できなかった，という話は数えきれないほどある。」[70]

　しかし，日本の公取委は違反行為に対して法に基づいた正規の措置をとらず非公式な警告で処理するのが常であり，刑事告発は1970年代半ばの１件だけであるし，損害賠償請求訴訟で勝訴した原告は40年間で皆無であった。「私たちは，日本で独禁法が十分用いられていないことに大きな懸念を抱き，独禁法が十分に機能するようにならない限りは，SIIが成功して，日米間の差異が減少したとは言えないと考えていた」[71]。

日本の消費者を味方につける

　ウィリアムズとヒルズは，日本との交渉にあたり，日本の消費者に直接訴え，味方につける戦略をとった[72]。たとえば，かれらは土地問題を取り上げた。こ

---

(69)　Schoppa, p. 216.
(70)　ウィリアムズ第７回・94頁。
(71)　ウィリアムズ第７回・96頁。
(72)　ウィリアムズ第１回・79頁，Schoppa, p. 81。なお，平成元年９月６日付け朝日新聞記事「消費者との"連帯"打ち出す」参照。これに対して，日本の消費者団体は「当たっている部分もある」と期待感を示した（同記事）。

191

第2部　日本に求めているのは自由で開放された市場である　1989～2000

れは日米の貿易問題とほとんど関係がなかったが，地価の高騰に悩まされ住宅の取得が困難な消費者の支持を集めることになった。消費者物価を上昇させていた大店法の規制も取り上げた。

こうした問題提起は，経済大国になっても豊かさを実感できずにいた日本の消費者の共感を呼んだ。その典型的な例が内外価格差の問題であった。昭和63年（1988）当時，景気拡大と円高によってわが国のドル建ての一人あたり国民所得は米国のそれを上回るようになったが，物価水準は米国の約1.4倍もあった[73]。

そうした中で，日本の消費者や事業者が日本の政策の変革を「外圧（gaiatsu）」に期待するのも必然的であった[74]。世論調査によれば，日本の生活の質を改善することになるなどを理由に，政府は米国の要求に前向きに対応すべきであると回答した者は，85.9％に達した[75]。

ウィリアムズは，日本のマスコミと一般大衆が構造問題協議に否定的反応を示すのではないかと一抹の懸念を抱いていたが，「結果的には，日本のマスコミと大衆は，たいへん正直に反応してくれた。しかもその反応は概ね好意的で，時には熱狂的ですらあった」[76]。

しかし，もちろん，米国側の真のねらいが日本の消費者利益の向上にあったわけではない。日本経済を生産者志向，輸出志向でなくすることによって，日米間の貿易上の緊張を解消しようとしたのである。とはいえ，日本側からみれば，交渉

---

(73) 増渕勝彦「内外価格差の実態と縮小のための方策〜物価レポート'89」公正取引平成元年11月号66頁。経済企画庁の調査によると，約400品目の小売価格の水準は，東京を100とすると，ニューヨーク72，ハンブルグ68であったという（為替レートは1988年平均の，1ドル約128円，1マルク約72円による）。食料品が概ね日本では割高で，工業製品でも日本のほうが割高なものが多かった。

(74) ウィリアムズ第4回・110頁。ウィリアムズは，東京のタクシーの運転手から「構造協議，頑張ってくださいね」と握手を求められたという。一部のスーパーが大店法の規制緩和を求めて在日米大使館に接触していたとされる（Schoppa, p. 83）。

(75) 平成2年3月27日付け日本経済新聞記事「前向き対処85％求める」。これより前，EC委員会の対日基本戦略をまとめた秘密文書が日本人のことを「うさぎ小屋よりひどい住居に住む仕事狂い」と揶揄した（昭和54年3月30日付け日本経済新聞夕刊記事「EC，秋に輸入規制も」，平成26年11月15日付け朝日新聞夕刊「あのときそれから『ウサギ小屋』流行語に」）ことがあった。これを聞いて多くの日本人は自嘲的に肯定せざるを得なかったであろう。それ故に，宮沢内閣は「生活大国5ヵ年計画」（平成4年）を作成しなければならなかった。

(76) ウィリアムズ第10回・107頁。沢田克己「独占禁止法と行政・政治の相克」法政理論28巻3号（平成8年）74頁は，米国政府は日本の消費者を代弁した「白馬の騎士」であったという。

第1章　日米構造問題協議と競争政策

担当者も認めるように，構造問題協議は「国民の「真の豊かさ」を追求する作業」でもあった(77)。

構造問題協議の経過

平成元年（1989）5月，米国政府は，日本政府に対して構造問題協議を提案し発表した。その後，両政府間の事前調整を経て，同年7月14日，ブッシュ大統領と宇野宗佑首相が協議開始に合意した。協議事項は，日本側の要求により双方向とされ，日本側の構造問題は米国側が指摘した6項目──「貯蓄・投資パターン」，「土地利用」，「流通」，「価格メカニズム」，「排他的慣行」および「系列関係」──であった(78)。

両国代表団にはそれぞれ多数の省庁が参加したが，日本側には公取委も参加した。公取委が参加したのは，米国側代表団に公取委の相手方である司法省が加わったからであるが，司法省が加わったのは，通商代表部が日本の公取委を交渉の席につけようとしたからであった(79)。

平成元年（1989）9月4・5日と11月6・7日に構造問題協議の最初の2回の全体会合が開催された。これらの会合において，米国側の指摘事項に対し日本側は現状の説明に終始した(80)。そのため，米国側は，日本側が日本には一切構造問題は存在しないとの立場をとるものと受けとった(81)。米国側は日本に対して自ら具体的な提案をするしかないと判断し，同年末米政府内の関係者が会合して200項目を超す詳細な「政策実行計画提案」を作成した。日本側代表はその提案に衝撃を受け，公式の受け取りを拒否した(82)。そのため，米国側は翌平成2

---

(77)　藪中前掲注(56) 202頁。
(78)　「価格メカニズム」の項目で取り上げられたのは，内外価格差問題である。なお，日本側が指摘した米国の構造問題は，「貯蓄・投資パターン」，「企業の投資活動と生産力」，「企業ビヘイビア」，「政府規制」，「研究・開発」，「輸出規制」および「労働力の教育及び訓練」の7項目であった。
(79)　ウィリアムズ第5回・91頁。司法省からは，ジェームズ・リル司法次官補（反トラスト局長）が構造問題協議に参加した。
(80)　藪中前掲注(56) 162頁。
(81)　ウィリアムズ第10回・109頁。
(82)　Schoppa, p. 340. ウィリアムズ第11回・829頁。200項目の米側提案はリークされ，3月末には日米の各紙に報道された（全文は，朝日ジャーナル平成2年4月20日号86頁・同月27日号75頁・5月4−11日号75頁・同月18日号99頁に掲載されている）。この提案は，日本の前川レポートや経済企画庁，公取委の調査報告などを利用して作成された。

193

第 2 部　日本に求めているのは自由で開放された市場である　1989 〜 2000

年（1990）2 月 22・23 日の第 3 回全体会合において口頭で提案の説明を行ったが，日本側はなんら譲歩しなかった。

　会合終了後の数時間後ただちに，ブッシュ大統領から海部俊樹首相に電話が入り，急遽パームスプリングスで日米首脳会談を開くことになった。3 月 2・3 日に同地で開かれた首脳会談において，大統領は，首相の政治的決断を促し，重要項目として独占禁止法の強化，流通規制の撤廃，投資市場の相互開放を挙げた[83]。首脳会談終了後，海部首相は構造問題の解決を内閣の最優先事項と位置づけ，自らリーダーシップをとることを明らかにした[84]。官邸が調整しつつ局面打開が図られることになり，3 月 14 日深夜の関係閣僚会議において独占禁止法を改正して課徴金を引き上げることが決定され[85]，翌 15 日に発表された構造問題協議中間報告の政府改善案に盛り込まれた[86]。三木派に属し昭和 52 年法改正を見ていた海部首相には独占禁止法に関し一定の理解があった[87]。

　ブッシュ政権は 5 月にスーパー 301 条に基づく二度目の決定を行わなければならなかったから，米国側はその前に構造問題協議について一定の成果を示す中間報告書を作成する必要があった。4 月の第 4 回全体会合において，双方の精力的な作業にもかかわらず，2 日の日程が 4 日間に延長されて，ようやく中間報告書がまとまった。とりまとめにあたって，公共投資，大店法，独占禁止法が懸案の課題であったが，公共投資はすんなりと決着し，大店法も段階的に出店調整を緩和し，その後同法を見直しすることで米国側の理解が得られた。独占禁止法に関しては，日本側は既に課徴金の引き上げ等米国側の要求に前向きの姿勢を打ち出していたが，交渉では激しいやりとりが交わされた[88]。課徴金について米国側

---

[83]　平成 2 年 3 月 5 日付け朝日新聞記事「米，首相に政治決断迫る」。

[84]　薮中前掲注(56)・167 頁，Schoppa p. 106，佐藤前掲注(58) 178 頁。

[85]　課徴金の引上げは，3 月 14 日の構造問題関係閣僚会議において事務局案が了承されることにより決定された（平成 2 年 3 月 16 日付け朝日新聞記事「カルテル課徴金引き上げ」，同日付け毎日新聞記事「独禁法，91 年度に改正」）。

[86]　平成 2 年 3 月 15 日付け日本経済新聞夕刊「構造協議中間報告の政府改善案（要旨）」。

[87]　海部首相は，昭和 52 年改正に尽力した山中貞則，田中六助議員にも根回ししたようである（海部俊樹（聞き手北岡伸一）「日本外交インタビューシリーズ(7)」国際問題 520 号（平成 15 年）76 頁）。族議員に対しては，小沢一郎幹事長が抑えたようである（御厨貴・渡辺昭夫（聞き手）『首相官邸の決断──官房副長官石原信雄の 2600 日』（平成 9 年）62 頁）。

[88]　ウィリアムズは「まるで，終わりの見えない地上戦といった趣があった」と評している（ウィリアムズ第 13 回・87 頁）。これは，課徴金の額をどのくらい引き上げるかについて，政府与党内で未調整であったからであろう。

第 1 章　日米構造問題協議と競争政策

はどのくらい引き上げるかに強い関心を示し，結局「違反行為の抑止効果を強めるため，平成3年度中をメドに，カルテルに係る課徴金を効果的なものにするための引き上げについて，独占禁止法の改正を予定する」ことで決着がついた[89]。

中間報告書の公表により，日米関係の危機は回避され，ブッシュ政権は平成2年（1990）について日本をスーパー301条に基づく指定をしないことを決定した。最終報告書の作成に向けては，構造問題協議を今後も続けるかどうかが争点となった。今後最低3年間，初年度3回，それ以降年2回の協議を行い，3年後から先は再度決定することで合意が成立し，毎年度年次報告を作成することも決定された。最終報告書は，6月25〜27日の第5回全体会合においてとりまとめられ，6月28日に公表された[90]。

梅澤委員長の決意——市場経済発展の絶好の機会

公取委は，構造問題協議の会合において，他の参加省庁と同様，当初消極的対応をしていた。独占禁止法に関する米国の最大の要求は課徴金の引上げであったが，公取委はそのための法改正を拒否し続けた[91]。梅澤節男委員長は，平成2年（1990）1月の時点で，「いままさに課徴金という制度が定着しかけている段階だから，われわれとしては，いまの課徴金で十分抑止効果として機能しうる，したがって法改正をするという考えはないと判断している」と述べた[92]。

こうした発言の背景には，経団連などが独占禁止法の運用強化に反対しており[93]，自ら法改正に動けば経済界，与党から強い反発が生じることを懸念したことがあるとみられる。事実，中間報告後も，課徴金の引上げに与党，通産省から慎重論が続出し[94]，構造問題協議の最終段階においても公取委は「米国側に嫌々譲歩を迫られたと装わざるを得なかった（forced to pretend that it was making grudging concessions to U.S.）」[95]し，引上げ幅を最終報告書に盛り込むこ

---

(89) 藪中前掲注(56)・177頁，平成2年4月7日付け日本経済新聞「日米構造協議中間報告の要旨」。
(90) ウィリアムズ第15回・120頁，藪中前掲注(56) 191頁。構造問題協議の各会合の模様については，佐藤前掲注(58) 170頁参照。
(91) ウィリアムズによれば，公取委のスタッフは予算・人員の増大を含め米国側の要求を支持していると思われたが，それでも政治的な理由から米国の要求をすべて呑めないと考えていたとしている（ウィリアムズ第13回・87頁）。
(92) 梅沢節男「独占禁止法は改正しない」エコノミスト平成2年1月23日号49頁。
(93) 平成元年11月25日付け朝日新聞記事「経団連　独禁法運用強化に反対」。
(94) 平成2年6月13日付け朝日新聞記事「カルテル課徴金アップ　はや慎重論続出」。
(95) Schoppa, p. 239.

第 2 部　日本に求めているのは自由で開放された市場である　1989 〜 2000

とができなかった。

　とはいえ，公取委にとり競争政策の強化は本来歓迎すべきことであり，拒否する理由はない。ブッシュ＝海部の首脳会談後，前記のような政府の局面打開の方針に従い，課徴金引上げの法改正を行うことに転換した。経団連も日米関係の緊迫に配慮し，反対しないことにした(96)。

　法改正には消極的であったが，公取委は，構造問題協議開始とともに，既に周到に準備を重ね，動き出していた(97)。平成元年（1989）9 月，ただちに有識者からなる「流通・取引慣行等と競争政策に関する検討委員会」（館龍一郎会長。以下「検討委員会」という。）を設置し，構造問題協議の進行と並行して米国側等から指摘された問題点と採るべき方策について検討を続けた。検討委員会は，二つの分科会と起草委員会を含め 19 回の会合を開催し，翌平成 2 年（1990）6 月，構造問題協議最終報告書の公表前に報告書（以下「検討委員会報告書」という。)(98)を公表した。

　検討委員会報告書は，わが国における流通・取引慣行についての考え方をとりまとめ，公取委がとるべき方策を提言したものであるが，とりわけ後の流通・取引慣行に関するガイドライン作成の基礎となる考え方を示したものとして重要であった。提言の内容は，構造問題協議最終報告書に盛り込まれた。

　こうした万全の準備の背後には，公取委関係者は，表向きには断じて言えないものの，内心では米国側の要請を独占禁止法の強化の絶好の機会と考えていたことは間違いない(99)。梅澤節男委員長は，前記ブッシュ＝海部首脳会談後の 3 月 8 日，国会において次のように答弁している(100)。

---

(96)　平成 2 年 3 月 29 日付け朝日新聞記事「「罰則強化，反対せぬ」」。
(97)　構造問題協議開始に合意したブッシュ＝宇野会談直後に，公取委はガイドラインの作成や実態調査を行う方針であることを明らかにした（平成元年 7 月 19 日付け朝日新聞記事「新基準や指針作成へ　日米構造協議に備え流通見直し急ぐ」）。
(98)　流通・取引慣行等と競争政策に関する検討委員会『流通・取引慣行とこれからの競争政策——開かれた競争と消費者利益のために』（平成 2 年 6 月 21 日）。報告書の概要については，公正取引平成 2 年 7 月号 62 頁参照。報告書の背景や考え方については，公正取引平成 2 年 8 月号掲載の「特集　流通・取引慣行と競争政策」の関係者の座談会や担当官の紹介論文を参照。報告書の作成にあたり，検討委員会の会員であった経済法学者および経済学者が多大の貢献をしたが，再販売価格維持行為，流通系列化等に関しては実方謙二第一分科会長の考え方が盛り込まれている。
(99)　Schoppa, p. 239（伊従寛元委員に対するインタビューなど）。
(100)　平成 2 年 3 月 8 日の衆議院予算委員会における近藤鉄雄議員（自民）の質疑に対する答弁。

第1章　日米構造問題協議と競争政策

「○梅澤（節）政府委員　今回の日米構造協議で競争政策なり独占禁止政策の問題を議論を交わしておるわけでありますけれども，私は，やはりその背景には，日本の経済社会なり取引社会に果たして自由で公正な競争ルールが作動しているのかというアメリカ側の危惧なり疑念があるということが背景にあると思います。ただしかし，この問題は，……日米でそういう議論が出たからという議論ではありませんで，そもそもが日本の市場経済の今後の発展のために，なかんずく我が国の消費者の利益のために何をなすべきかという問題でありまして，その点からいえば，公正取引委員会といたしましては，まず現行の独占禁止法の運用をより強力なものとするということと，もう一つは行政運用万般を含めまして透明度を高める，内外ともにわかりやすいものにしていくという努力が必要であると考えておるわけであります。」
（傍点筆者）

米国に言われたからするではなく，日本の市場経済の今後の発展や消費者の利益のために日本側が主体的に競争政策ないし独占禁止法を強化するというのである。ここに梅澤の並々ならぬ決意をうかがうことができよう。

他方，それは米国の修正主義者がいう日本異質論を逆手にとって日本的慣行が合理的であると開き直ることでは，無論ない。梅澤が後に，「自国のシステムを徒に自己否定するのではなく，同時にリビジョニスト風の議論には対応を誤らないようにすることが大切であるというのが，当時の公正取引委員会の考え方であったと思います」と述懐している[101]のは，そのような趣旨であろう。

最終報告書の概要

日米構造問題協議の最終報告書のうち，競争政策に関する項目は次のように整理することができる（実施済みのものも含まれている）[102]。前記のように構造問題協議の主要項目は6項目あったが，そのうち4項目が競争政策に関連していた。

① 流　　通
　ア　景品に関する公正競争規約が新規参入の妨げとならないよう見直しし，必要に応じ緩和する。
　イ　公取委は，「流通・取引慣行等と競争政策に関する検討委員会」の提言を踏まえ，流通取引おける独禁法ガイドラインを作成・公表する。
② 排他的取引慣行
　a　独占禁止法およびその運用の強化

---

(101) 梅沢節男「日米構造協議の頃のことなど」公正取引平成9年7月号40頁。
(102) 外務省『日米構造問題協議最終報告書』（平成2年）に基づき筆者が要約。最終報告書のうち，競争政策関係部分の抜粋については，公正取引平成2年7月号74頁参照。

197

第2部　日本に求めているのは自由で開放された市場である　1989〜2000

　　　ア　公取委は，法的措置に基づき，違反行為の排除を積極的に行う（公式決定の一層の活用）。
　　　イ　法的措置内容はすべて公表し，警告についても例外を除き公表する（措置内容の透明性の確保）。
　　　ウ　公取委の審査部門の機構・定員の着実な整備・充実に努める。
　　　エ　課徴金の引上げに関する独禁法改正案を次期通常国会に提出する予定である。
　　　オ　公取委は，今後刑事罰の活用を図る。告発にあたり，検察当局と公取委の間に意見・情報交換する場を設ける。公取委は，刑事告発方針を公表した。
　　　カ　公取委は，独禁法25条に基づく損害賠償請求訴訟において積極的役割を担う。公取委は，裁判所の要請により，必要な資料を提供する。
　　　キ　発注機関は，談合防止のため，指名停止等の措置を積極的に適用する。公取委は談合に対して独禁法を厳正に適用する。談合罪の罰金刑の引上げを検討する。
　　ｂ　政府慣行
　　　ア　政府規制の緩和の推進に鋭意努力してきている。政府は，行政指導の透明性・公正性を確保するため，行政指導の内容が市場閉鎖的でなく公正な競争を阻害しないことを保証する。
　　　イ　独占禁止法適用除外制度は，必要最小限度のものとし，適用対象範囲の見直しを進める。
　　ｃ　民間企業の調達慣行
　　　　民間企業の調達活動は，独禁法に違反せず，内外無差別で行われるべきである。経団連の「購買取引行動指針」（平成2年4月24日発表）を支持する。
　　③　系列関係
　　　ア　公取委は，系列関係にある事業者間取引において公正な競争が阻害されないよう監視を強化する。反競争的慣行の存在が明らかになった場合，適切な措置を講じる。
　　　イ　公取委は，「流通・取引慣行等と競争政策に関する検討委員会」の提言を踏まえ，事業者間取引慣行についての独禁法ガイドラインを作成・公表する。
　　　ウ　公取委は，系列グループ調査を定期的に実施し公表する。
　　　エ　官房長官は，系列関係が公正な競争および取引の透明性を阻害せず，外国企業の市場参入が円滑に行われるよう，各般の施策を実施するとともに，企業にも協力を呼びかける談話を発表する。
　　④　価格メカニズム
　　　　政府・与党は，内外価格差対策本部を設置した。内外価格差是正の具体的な方策として，流通についての規制緩和，独占禁止法の厳正な運用等による競争条件の整備を図ること等をとりまとめた。

以後，公取委と政府はこれらの約束事項を実施していく。たとえば，課徴金の引上げに関する独占禁止法の改正は平成3年（1991）4月に成立し，流通・取引慣行に関するガイドラインは同年7月に作成・公表された。

3　日米構造問題協議の内容①——流通機構および系列取引

外資系企業からみた日本市場の実態

わが国の市場は，参入しようとする外資系企業からみてどのような実態にあったのか，公取委が平成元年（1989）11月に行ったアンケート調査[103]によれば，外資系企業は次のような流通構造・取引慣行等に対応困難と感じている。

①	品質	24.4	（顧客の品質に関する要求が厳しいこと）
②	納期・納入方法	20.7	（顧客の納期や納入方法に関する要求が厳しいこと）
③	価格	20.3	（顧客の価格に関する要求が厳しいこと）
④	人材・事務所	19.0	（人材，事務所等の確保が難しいこと）
⑤	人間関係	15.7	（顧客が人間関係等で容易に取引先を変更しないこと）
⑥	アフターサービス	14.1	（広範なアフターサービス，苦情処理等が求められること）
⑦	複雑な流通経路	13.5	（流通経路が複雑で適当な販売戦略がたてにくいこと）
⑧	グループ	13.4	（顧客の取引先が株式所有関係，グループ化等により固定化していること）
⑨	同一価格追随	13.4	（低価格を提示しても競争業者が直ちに追随して取引先に同一価格を提示すること）
⑩	複雑な取引慣行	13.0	（取引慣行等が複雑で不慣れなこと（メーカー希望小売価格，建値，リベート，値引，返品，決済方法等））
⑪	政府規制	12.5	（法律，行政指導等の政府規制があること）
⑫	同一価格引出し	12.4	（低価格を提示しても顧客が従来の取引先から同様の条件を引き出すこと）
⑬	流通マージン	11.3	（流通マージンが高いこと）

---

(103)　松本嘉和＝龍宮克宏「外資系企業からみた日本市場の実態について」公正取引平成2年8月号55頁，公取委平成元年度年次報告84頁。外資50％以上の日本法人および外国企業の日本支社・支店に対するアンケート調査の結果で，数字は有効回答のあった1,274社に対する割合である（複数回答可）。

第2部 日本に求めているのは自由で開放された市場である 1989～2000

⑭ 流通系列化	10.7	(流通業者が系列化により特定メーカー以外の商品を取り扱わないことが多いこと)
⑮ 長期の安定供給	10.4	(長期にわたり安定的な供給が求められていること)
⑯ 日本的な商談の進め方	9.7	(日本的な商談の進め方になじめないこと(個人的な付き合いや接待等を求められること,商談に行ってもなかなか責任のある人に会えないこと,商談に行っても取引のポイントがなかなか明らかにならないこと等))
⑰ 撤退イメージ	8.2	(外国企業には状況が変化すればすぐに撤退するというイメージがあること)
⑱ 有力企業とのつながり	7.1	(有名企業や金融機関とのつながりの有無が重視されること)
⑲ 競争業者の妨害	5.9	(競争業者の直接,間接の妨害があること)
⑳ 事業者団体	4.4	(事業者団体の活動等に問題があること)
⑳ 相互取引	4.1	(顧客の製品を購入していないことを理由に取引できないことが多いこと)
㉒ 販売促進手段の制限	3.3	(販売促進の手段が制限されていること(景品,広告等))

このように参入困難な要因には多様なものがあり,外資系企業自身の競争力の問題というべきものがあるが,種々の競争阻害要因があることも否定できない(104)。

日本的な流通機構や取引慣行は合理的かつ普遍的か？

まず,このアンケート調査結果にみられる複雑な流通経路(前記⑦)や流通マージン(同⑬)といった流通機構に関する問題について検討しよう。わが国の流通機構に対する批判として,その過多性・零細性・多段階性が流通費用を高め,流通系列化や(市場取引とはいえない)疑似組織的・長期的取引関係が参入障壁

---

(104) これに対して,日本人ビジネスマンの発言として,「アメリカでビジネスをやってきた経験から言えば,本当に体感的にビジネスの世界は非常に自由です。例えば,流通業者の自由度が高い。たとえばメーカーとディストリビューターの関係でも,基本的には対等意識なのです」と述べているのが興味深い(田島義博ほか「座談会 日本的取引慣行をめぐって」ジュリスト950号(平成2年)19頁(住友商事取締役石井光春発言))。

となっているというものであった(105)。

　この点については，既に公取委の流通系列化国際比較研究会（鶴田俊正会長）が昭和61年（1986）に報告書を提出し，欧米の郊外型大型商業に対するわが国の駅前商店街の形成について，「人口密度，都市形成パターン，公共交通機関の発達の程度，商業とモータリゼーションの結合の強弱等」や消費者の「多頻度小口購買」といった行動から明快に説明された(106)。とはいえ，わが国における流通革命の特色も触れられているものの，流通機構の効率化や消費者利益の確保を阻む最大の要因である大店法による規制——すなわち，流通革命の不徹底——に言及がないのは物足りないというべきであった。

　外資系企業が対応困難なグループ（前記⑧）や流通系列化（同⑭）といった系列取引(107)についてはどうか。多くの経済学者が，系列取引が合理的普遍的であることを強調した。伊東光晴は，「伝統的理解は，系列支配は公正な競争関係をつくりださない」というが，「日本の企業間取引は現代経済に即応する普遍性を持っている」（傍点筆者）と積極的に評価した(108)。浜田宏一は，「もし従来の取引慣行が非効率的であるならば，新規参入者（たとえば外国企業）はそこで利益を得て，非能率的な慣行にうち勝つことができるはずである」と指摘した(109)。今井賢一も，企業グループないし系列が，「その閉鎖性を取り除き，オープンかつ柔軟なネットワークを進化させることが可能ならば，それは世界の資源配分

---

(105)　田村正紀『日本型流通システム』（昭和61年）5頁，小山周三「日本型流通システムの構造・行動・評価」公正取引平成元年9月号4頁。本論文もわが国の流通機構や企業行動の合理性を説明することに重点が置かれている。

(106)　流通系列化国際比較研究会報告「流通構造・取引形態の国際比較と競争政策(1)〜(3)」公正取引昭和61年5月号15頁・6月号60頁・9月号50頁，独占禁止懇話会資料集Ⅹ（昭和63年）76頁。

(107)　「系列（keiretsu）」という場合，メーカーによる垂直的な企業間関係である流通系列または生産系列をいうときと，多数の大企業による業種横断的な企業集団または大企業を頂点とする独立系の企業集団を含めて使用されるときがあるので，注意を要する。業種横断的な企業集団としての六大企業集団については，第2部第2章2参照。系列の包括的な研究として，根岸哲＝辻吉彦＝横川和博＝岸田雅雄『現代経済法講座4　企業系列と法』（平成2年）がある。

　　なお，より広くかつ中立的な概念として「継続的取引」という語も頻繁に用いられた。わが国における継続的取引の実態とその理由については，小峰隆夫「我が国企業の継続的取引の実態について」公正取引昭和62年4月号28頁参照。

(108)　伊東光晴「日米構造協議に異議あり」世界平成元年11月号136・128頁。

(109)　浜田宏一「日米摩擦「いらだちの構造」をみる」エコノミスト平成2年5月8日号91頁。

第2部　日本に求めているのは自由で開放された市場である　1989〜2000

を担う普遍的なグローバル・ネットワークとなりうる」と系列の可能性に期待した(110)。やや後になるが，小宮隆太郎も，系列は日本に特有の現象ではないし，系列が閉鎖的で外国企業の参入を阻止していることはなく，日本の顧客のニーズにかなっていれば外国企業にもビジネス・チャンスはあると述べた(111)。

　政府の経済白書も，日本の企業システムの合理性・普遍性を強調した。白書によれば，「それが公正な競争を妨げているのであれば，厳しく是正していかなくてはいけない」としつつ，「最近の経済環境のもとでは技術開発力を高め，生産効率を向上させ，長期的な企業収益を最大化させるといった側面からみれば，合理性にかなっており，相対的に優れた面が多々ある。……我が国に多くみられる企業システムがこの意味での普遍性を持つ」(傍点筆者) と述べた。海外からみてわが国市場が参入困難とされる点については，「程度の差はあれどの国にもあるとみられ，こうした点について，進出企業側にも適切な対応が求められる」とし，進出企業の努力を促した(112)。

　以上のような経済学者や経済白書の主張は，流通機構や系列取引がわが国特有なもののように見えても，実際には各経済主体の合理的選択の結果であって，理解可能なことを内外に説明しようと意図したものであったろう(113)。しかし，日本的な構造や慣行が当事者にとっては効率的・合理的であっても，参入阻害的なものなっていないかという参入のしやすさの視点や，価格維持を容易にし消費者の利益を損なってはいないかの視点が不足していたことは否めなかったのではないか。その結果，既存の構造や慣行を改革する必要を認めない現状肯定的なものとなり，その点では米国の修正主義者の見解と奇妙に一致していた。

　こうした経済学者等の系列擁護論を果敢に批判したのが，アカデミズムとは無縁のエコノミスト奥村宏であった。奥村によれば，「それ［系列──筆者注］は対等な立場での協同の関係ではなく，あくまでも親会社による系列支配のもとでの話」で，「これを協同の関係というのは親会社の言い分」であるとし(その例として大企業が系列企業の工場を検査し改善を要求するのを権利と考えていることを挙げる。)，「外国の企業にはそれはまねのできるものではない。……企業の自立性にかかわる問題であり，企業間の関係の公正の問題でもある」と指摘した(114)。

---

(110)　今井賢一「有用だが，変革は不可避」週刊東洋経済平成2年5月26日号56頁。
(111)　小宮隆太郎『貿易黒字・赤字の経済学──日米摩擦の愚かさ』(平成6年) 76・77頁。
(112)　経済企画庁編『経済白書［平成2年版］』209頁。
(113)　経済学者が合理性に基づいて説明する理由について，三輪芳朗＝西村清彦編『日本の流通』(平成3年) 17頁 (三輪＝西村執筆) (合理性に基づく理解が可能であっても，消費者の利益と必ずしも一致するわけでないことは認める)。

第1章　日米構造問題協議と競争政策

　そして，総じて経済法学者も系列の閉鎖的側面を指摘し，系列を開放的なものとするための独占禁止法の適用可能性を探ることに努めたといってよい(115)。
　ところで，構造問題協議を含む貿易摩擦関連の会合において，欧米諸国から系列が争点となってもわが国の下請制度について特に問題提起されることがなかった(116)。かりに提起されたとしたら，わが国とり重大かつ深刻な問題となったであろう。また，それ故に現在においても下請取引の公正化は未解決の課題となっている。

検討委員会報告書の立場——世界に通用する取引慣行を

　公取委の検討委員会は，このような状況にあって，次のような立場をとった(117)。

　「日本経済は，量的な面では世界の高水準に達した今，国民的課題として，経済活動を更に発展させるとともに所得水準の向上に見合った生活の質を充実し，真の豊かさを実現することに大きく転換すべき時を迎えている。この観点から見た場合，これまで形成されてきたシステムや慣行が消費者のニーズにこたえられるものになっているかどうか，生産性・効率性の成果が国民生活の担い手である消費者の利益に反映されているかどうか，といった方向に十分配慮して政策を進めていく必要がある。……
　これまで日本は自由貿易体制の下，大きな発展を遂げてきた。今後の世界経済の発展の在り方をみると，政府により人為的に市場をコントロールしようとする管理された貿易体制によるのではなく，これまで同様，自由貿易を通じた各国相互の市

---

(114)　奥村宏「正当化できない「系列」の合理性」エコノミスト平成2年7月10日号83・84頁。島田克美「系列の功罪と展望（上）（下）」公正取引平成3年9月号13頁・10月号33頁も，生産系列の効率性のメリットが上下関係によって親企業に帰属することを指摘する。

(115)　たとえば，根岸哲「系列取引と競争政策」ジュリスト950号（平成2年）44頁，舟田正之「系列取引，違法性の排除を」平成2年9月5日付け日本経済新聞経済教室，同「わが国の流通システムにおける取引の固定性」経済法学会年報11号（平成2年）25頁，金井貴嗣「排他的取引慣行と独占禁止法——輸入総代理店制と専売店制について」同51頁，滝川敏明「系列への独禁法による規制（上）（中）（下）」NBL487号（平成3年）6頁・489号（平成4年）28頁・490号（同）50頁。

(116)　正田彬「下請取引における「買いたたき」の規制について」公正取引昭和62年3月号9頁は，西ドイツにおいてわが国の輸出商品の生産における下請関係の人件費の低さが問題とされた経験を語っている。加藤雅「誰も言わない日本異質論の効用」知識平成2年8月号100頁は，貿易摩擦において提起されていない日本的経営の差異点として，系列のほか，企業別組合，会社人間，企業に対する社会的対抗力がないことを指摘している。

(117)　検討委員会報告書2頁。

第2部　日本に求めているのは自由で開放された市場である　1989〜2000

場の拡大発展によるべきものと考える。このためには，日本市場における新規参入を容易にし，価格を中心とした市場メカニズムが十分機能するような方向に施策を推進していくことが必要である。……

　……経済活動が急速に世界的な広がりをもって展開していることを考えれば，各国における制度や慣行は，各々の独自性を持ちながらも，それが同時に世界全体の市場で通用する普遍性・合理性を持ったものであることが期待され，そうした制度や慣行の下では，各国市場への新規参入がより容易になるものと考える。日本の流通・取引慣行等もそのような普遍性・合理性の角度から十分に検討される必要がある。

　例えば，継続的取引や系列取引など特有の「日本的企業間関係」と指摘されるものも，それが経済合理性の側面を有していることは否定できない。したがって，問題は，それが市場において公正かつ自由な競争を阻害する弊害をもたらしていないかどうか，また，そのような要因となっている場合にはいかなる対応をなすべきか，さらに各国の事業者にも公正なものと理解される制度や慣行となっているかどうか検討することである。」（傍点筆者）

ここにみられるのは，日本市場は異質として管理貿易を主張する修正主義者や系列取引の合理性を強調する経済学者の見解を否定し，世界に通用する普遍性・合理性を持った制度や慣行に改革しようとする強い意志である[118]。ここにも前述のような梅澤委員長をはじめとする公取委の意図が反映されていることは明らかである。

そして，検討委員会も公取委自身も，公正かつ自由な競争の促進という競争政策こそ，世界に通用する制度や慣行を形成することになると考えた。リベート，返品，派遣店員等の日本的とされる慣行についてもそれ自体肯定も否定もすることなく，競争政策の見地から検討して問題となる場合を明らかにした。

系列取引について，米国側は「日本企業間での有形，無形の結びつきがグループ内の取引を優先させ，排他的な取引を促進し，外部の企業が日本市場に参入することを妨げている」と認識し，関係企業間の取引についての情報開示の促進，株式持合いの規制強化（独禁法11条・9条の2の規制強化等），反競争的系列取引の調査と処罰，対日投資規制の緩和，株主の権利の強化等々の政策を実行するよう要求していた[119]。

これに対して，検討委員会は，「継続的取引」それ自体は問題がないとする一

---

(118)　実方謙二・鶴田俊正・高橋祥次「座談会　流通・取引慣行とこれからの競争政策」公正取引平成2年8月号5頁も参照。
(119)　「政策実行計画提案（全文）③」朝日ジャーナル平成2年5月4日号103頁。

第1章　日米構造問題協議と競争政策

方,「系列取引」（報告書は，株式の一方的所有や相互持合いといった「株式所有関係にある事業者間の取引」といっている。）については，不公正な取引方法に用いるなど競争秩序に影響がある場合のみを問題とし，どのような場合に問題となるかを指摘するにとどめた[120]。たとえば，株式の一方的または相互持合いについて，「市場において有力な事業者が株式所有関係の有無を理由として，取引拒絶，差別的取扱い等を行うならば，不公正な取引方法として違法となるおそれがある」としている。そしてガイドラインを作成しそれに盛り込むべき事項を提言するものの，それ以上に踏み込まなかった。企業集団についても，実態調査を要請するにとどまった。このような検討委員会の立場が構造問題協議最終報告書に反映されることになった。

「系列関係」は，構造問題協議における対日要求6項目のうちで，日本側がほとんど譲歩せず，米国側からみて最も成果が乏しい項目であった。米国側は，水平的系列（「企業集団」）や垂直的系列（メーカーとその下請企業）という系列グループが共同ボイコットなどの「反競争的行為の温床」と考えていたようである[121]。しかし，競争政策の見地から，企業結合規制を超えて系列関係自体を問題にすることは極めて難しいことは否定できない。この点，ウィアリアムズ自身，構造問題協議をふり返り，系列取引に関する考え方が明確でなく，取り上げ方がまずかったことを認めている[122]。

系列関係の問題は，最終的に，競争政策上の問題というよりは，外国企業によるわが国市場への参入促進のための対日直接投資の問題やTOB制度の見直し，系列取引の透明性・開放性を確保するためのディスクロージャーの改善および会社法の見直しの問題として，構造問題協議のフォローアップ会合の課題となっていく[123]。

---

[120]　検討委員会報告書72頁。検討委員会第二分科会座長であった経済学者鶴田俊正は，株式持合いに関し市場において実質的な競争が確保されていることの重要性を指摘している（鶴田俊正「企業集団・系列の問題点と競争政策」公正取引平成3年2月号4頁）。
[121]　ウィリアムズ第8回・110頁。
[122]　ウィリアムズ第9回・105頁は，垂直的系列がなぜ好ましくないのか消費者に説明するのが難しかったし，当時も今もうまく説明されていないという。
[123]　日米構造問題協議を契機とした会社法上の諸問題についての商法学者の検討として，「特集　日米構造摩擦と企業法制のゆくえ」法学セミナー442号（平成3年）28頁，河本一郎ほか「座談会「系列」をめぐる法律問題（上）（下）」商事法務1258号（平成3年）4頁・1259号23頁（平成3年），「特集　市場開放と会社立法」法律時報65巻7号38頁（平成5年），龍田節「企業系列の法的規制」公正取引平成4年2月号10頁，遠藤美光「日米構造協議と企業組織法の課題」『石田満先生還暦記念論文集　商法・保険法の

第2部　日本に求めているのは自由で開放された市場である　1989～2000

　検討委員会は，企業に対して，独占禁止法の遵守規則を作成したり，企業行動指針を作成するよう提言した[124]。独占禁止法遵守マニュアルは既に米国企業においては普及しているが，検討委員会の勧告を受けて，以後公取委も遵守マニュアルの作成を推進していくことになる。企業行動指針については，「公正かつ透

　　現代的課題』（平成4年）84頁などがある。
(124)　検討委員会報告書100頁。なお，経団連の「購買取引行動指針」（平成2年4月24日）（沖田正「求められる公正・透明な購買行動」経団連月報平成2年6月号22頁に添付）も参照。
　　継続的取引や系列取引の不透明性などの問題は，日本的な契約慣行についての私法上の検討を促すことになった。柏木昇ほか「日本の取引と契約法（上）（下）」NBL500号16頁・501号16頁（平成4年）など参照。国内調達と海外調達について，次のような相違があることが実務家によって指摘されている（西尾隆（住友重機械）「海外調達の基礎知識前編その2」資材管理昭和63年11月号2頁）。興味深いので，そのいくつかを紹介しておこう。

	国内調達	海外調達
通　　信	電話が主体	文書が原則
ＮＥＧＯ	発注後のネゴ可能	発注後ネゴという考え方は無い
契　　約	「基本契約書」締結により都度契約書不要	都度契約書（または発注書）作成必要
価　　格	包括的価格体系，追加・変更に対し弾力的 赤字受注も辞せず "値引き"がセールスポイント，値引きシロ含む	"コスト積み上げ"価格体系のため，弾力性なし 赤字受注はしない "入札"の考え方が基本，値引きシロが小さい
品　　質	仕様の確認は売手側 品質の基準が特に不明確，外観も重要	標準品が基本，仕様の確認は買手側 性能重視主義で基準が明確
納　　期	"納期厳守"がセールスポイント 無理がきく，残業，徹夜作業も期待可	標準納期，コントロールできないものは不可抗力 残業，徹夜作業は期待不可（法律・慣習による）
クレーム	売り手／買手間の話し合いで解決	話し合いがつかねば仲裁・裁判に持ち込む
全体作業	文書，帳簿数は少なくて済む 一般的には「日本の常識」をベースにできる	文書，帳簿数多く，非常に手間をくう 国際ルールが原則

第1章　日米構造問題協議と競争政策

明性のある取引を行う姿勢を内外に示す」ために，契約の文書化の促進等が望ましいとしている。

4　日米構造問題協議の内容②―独占禁止法の運用強化

独占禁止法の運用に対する不信――「かみつかない番犬」

日米構造問題協議の第1回会合において，独占禁止当局間で，次のようなやりとりがあった(125)。

> 「司法省・リル次官補［反トラスト局長―筆者注］アメリカの，質が高く競争力のある製品が日本ではうまくいかず，いらだちを覚えます。……われわれは日本において独禁法の恩恵を受けるよりも被害者となっているのです。グループボイコットや排他的取引，談合などいろいろなケースがありますが，ソーダ灰のケースでは，公正取引委員会が，4社が共同で日本への参入を阻害したとして指導をしたが，懲罰はありませんでした。公共事業の談合についても1988年に課徴金を課し，警告を出しましたが，日本では刑事罰を科せるにもかかわらず，課していません。……日本では反トラストに対する懲罰はいったいどうなっているのでしょうか。最大でも売り上げの2％と聞いていますが，それでは少なすぎるのではないでしょうか。また，ひと握りの人しか対象にならないと聞いています。行政指導で効果があるということなのでしょうが，警告だけ終わってしまえば，警告だけですむならという発想につながり，抑止効果がないのではないですか。……
> 　**公正取引委員会・糸田審議官**　多くの批判がありましたが，流通分野の競争を高めるためには公正で自由な競争が必要という点については，アメリカと何ら認識の違いはないと思っています。先ほど刑事罰の話が出ましたが，かつて第1次石油ショックの際，価格カルテルについて刑事訴追され有罪判決が出たケースがあります。このように日米の独禁法は何ら違わないのです。日本では，違反行為の排除を行い，行政処分に従わなければ，刑事罰の対象になるのです。
> 　**司法省・リル次官補**　われわれは，公正取引委員会に与えられた権限そのものを問題にしているのではなく，与えられた権限の実施が十分なのか，ということです。わが国の経験からすると，警告ではなく，重い罰金でなくては抑止力がないと思うのです。日本では独禁法が本当にうまく機能しているのか考えさせられてしまうのです。」（傍点筆者）

かねて米国は，日本には反競争的慣行が広く行われているのに対して，これを

---
(125)　NHK取材班『NHKスペシャル　日米の衝突』（平成2年）266頁（日米構造問題協議の第1回～3回の模様を，NHKが独自に入手した資料と関係者への取材に基づき再現したもの）。なお，リル次官補がソーダ灰事件について公取委が指導をしたというのは正確でなく，勧告審決を行っている。

第2部　日本に求めているのは自由で開放された市場である　1989〜2000

取り締まる公取委の独占禁止法の運用——権限ではなく——が極めて弱いことを痛感していた[126]。それを裏付けたのが、リル次官補が持ち出したソーダ灰輸入制限カルテル事件である。

本件は、昭和58年（1983）の公取委の審決[127]によれば、わが国の合成ソーダ灰メーカーの4社が、割安な天然ソーダ灰（「トロナ灰」）が「無秩序に輸入されることを防ぐため、秩序ある輸入体制を確立する」こととし、総合商社を巻き込みかつ輸入ソーダ灰の専用サイロを建設することにより輸入をコントロールする強固な体制を作り上げたことが、不当な取引制限に該当すると認定された事件である。審決は、排除措置として、今後ソーダ灰の輸入に関して共同行為をしないこと、不当にサイロの利用制限をしないこと等を命じたが、課徴金の賦課は命じなかった[128]。

4社によるソーダ灰の本件輸入体制は昭和48年（1973）に確立された。しかし、公取委は米国政府から本件についての申告[129]があるまで長い間気付かなかった。通産省も輸入体制の確立に関与していた[130]から知らないはずはなかったが、公

---

[126]　日本の公取委の執行の弱さは、英国のエコノミスト誌（Up, Fido, up, The Economist, September 16, 1989, p. 86）が公取委を「噛み付かない番犬」と揶揄し、ブリタンEC副委員長も使用した（平成元年10月5日付け朝日新聞記事「公取委はかみつかぬ番犬」）ことから知られるようになった（わが国では「吠えない番犬」と言われた）。この部分の原文は、"The law itself has teeth in plenty; the problem is that its designated watchdog has been trained not to bite."である。これに対する反論として、梅澤節男「独占禁止法は改正しない」エコノミスト平成2年1月23日号47頁。

[127]　旭硝子㈱ほかソーダ灰製造業者3名に対する件、昭和58年3月31日勧告審決、審決集29巻104頁。審決は、本件行為をメーカー4社が輸入ソーダ灰の輸入数量、引取比率および輸入経路を制限したことが、わが国のソーダ灰の輸入取引分野における競争を実質的に制限する不当な取引制限としたが、国内のソーダ灰市場の寡占体制を維持するために、競合品である輸入ソーダ灰を一定限度に抑制しかつその流通経路を統制したのであるから、ソーダ灰の販売分野において通謀によって競争者を排除した私的独占と構成すべきものであった（加藤良三・百選［第3版］41頁、今村成和・昭和58年度重要判例解説225頁、松下満雄・百選［第5版］53頁など、私的独占を指摘する評釈が多い）。本件は輸入カルテルが違法とされた最初の事例でもあった。

　　なお、公取委は勧告と同時に、4社に対し専用サイロを所有する東光ターミナルの一定の株式を処分し支配力を弱め、米国メーカーもサイロを利用できるよう指導した（昭和58年7月29日付け朝日新聞記事「ソーダ灰輸入カルテル是正」、同日付け日本経済新聞記事「公取委、輸入ソーダ灰の取引正常化を発表」）。

[128]　本件は購入量制限カルテルであって、当時の法7条の2が定める課徴金対象カルテルに該当しないと考えられたからであろう。

[129]　プレストウィッツ・233頁。当初、米国政府は通産省に訴えたという。

[130]　昭和48年2月の産業構造審議会の70年代の化学工業についての答申は、「これら

第1章　日米構造問題協議と競争政策

取委が審査を開始するまで米国の主張は誤解に基づくと反論し続けた[131]。問題は，公取委の審決後も尾を引いたことである。審決後ソーダ灰の輸入は一時的に増大するものの，米国政府は輸入を一定量に抑制するカルテルが依然として業界に存在する疑いがあるとして公取委に対して再び調査を申し入れた[132]。公取委は二次にわたり監査を行い，昭和62年（1987）11月に業界に対し口頭で注意を行った[133]が，法的措置をとることはせず，米国側はその後もカルテルの存在について疑念を持ち続けた[134]。

外国製品を排除する共同ボイコットが疑われたのは，ソーダ灰だけではなかった。構造問題協議を前にして，米国政府は，自動車ガラス，建設，牛肉，ポリシリコンの各業界における集団不買を問題にすると日本政府に通告した[135]。

また，米国政府は，日米建設協議（第2部第3章3参照）を通じて，日本では入札談合（dangō）が蔓延し，発注官庁もこれを黙認していることに気づいた[136]。しかも，大胆不敵にも，米国政府の足元でも談合を行っているとは！　米海軍横須賀基地入札談合事件である。本件には大手ゼネコンが関与していたが，公取委が本件審査を開始したのは米国政府の強い働きかけがあったとみられている[137]。公取委は，昭和63年（1988）12月，ゼネコンを含む建設業者70社に対し総額2億8,980万円（実行期間中の売上額の1.5％）の課徴金納付命令を行った[138]。そ

　　　　ソーダ関連製品の輸入は直接に需給バランスに影響を及ぼし，生産に打撃を与える場合があるので，国内生産の秩序と需給バランスに大きな影響を与えないで円滑に輸入できる計画的輸入体制をつくる必要がある」と述べていたという（青木光男「ソーダ灰の輸入取引に関する独占禁止法違反事件について」公正取引昭和58年5月号47頁による）。
(131)　昭和57年3月6日付け日経産業新聞記事「米国のソーダ灰市場開放要求，一転二転する言い分」，同年9月2日付け日本経済新聞記事「ソーダ灰，輸入カルテルの疑い」。
(132)　昭和59年6月13日付け日本経済新聞記事「ソーダ灰輸入，「日本の業界，再びカルテル」」。
(133)　五十年史上巻・375頁。昭和62年11月26日付け朝日新聞記事「カルテル存在せず，ソーダ灰で公取委，4社には口頭注意」。
(134)　通商代表部が平成2年3月に公表した「貿易障壁年次報告」は，「米業界は依然として輸入を抑える共謀行為があると確信している」と述べている（平成2年3月30日付け朝日新聞記事「米の貿易障壁報告の日本関係部分＜要旨＞」）。
(135)　平成元年8月30日付朝日新聞夕刊記事「「独禁法運用強化を」」。しかし，これらの通告がその後どうなったかは不明である。
(136)　Schoppa, p. 232.
(137)　鈴木・入札談合の研究・60頁，昭和63年12月9日付け朝日新聞記事「背景に米側の要請　公取委，久々の措置」。なお，米海軍調査局は日本の建設業者一人を内部協力者にしておとり捜査をしたという（平成5年7月31日付け朝日新聞夕刊記事「基地での摘発，米の強い意志」）。

第2部　日本に求めているのは自由で開放された市場である　1989〜2000

の後も，米国政府は，佐世保基地，厚木基地および横田基地での入札談合事件に対して，相次いで損害賠償請求をするなど厳しい姿勢をとっていく[139]。

　米国ならば入札談合や価格カルテルに対しては刑事罰を科すところ，公取委が軽微な課徴金を課すことで本件が終了したことに米国政府関係者は違和感を覚えた。海土協事件に関連して，国務省のマロット日本部長は，「米国では犯罪はペイしないというが，日本では犯罪はペイするということか」と述べた[140]。そのためであろう，それまでわが国においては，入札談合に対し発注者や住民が損害賠償請求をすることはなかったが，米国政府は横須賀基地入札談合事件に関与した建設会社に対し米国納税者への損害として総額50億円の賠償請求をした（これは98社が約47億円を支払う和解で決着した）[141]。

---

(138) 米軍工事安全技術研究会の会員69名及び鹿島建設㈱に対する件，昭和63年12月8日課徴金納付命令，審決集35巻57頁。

(139) 佐世保基地事件では，27社が約1億円余の支払いで和解した（平成5年7月31日付け朝日新聞夕刊記事「米，佐世保基地で談合摘発」）。厚木基地事件では，米国政府は26社に対し約6億8千万円の損害賠償を求めて提訴したが，東京地裁は原告が個別調整について主張立証を行わなかったとして請求を棄却し（平成14年7月15日判決，審決集49巻720頁），東京高裁も控訴を棄却した（公取委平成18年度年次報告146頁）。横田基地事件では，11社について約39億円の賠償で和解が成立した（平成11年9月30日付朝日新聞記事「米政府，日本企業を提訴」）。和解に応じなかった協和エクシオに対し提訴したが，同社は結局1億円の和解金を支払った（平成15年3月18日付け朝日新聞記事「横田基地談合訴訟，米国と業者が和解」）。横田基地事件については，公取委が3社に対し総額約2億7千万円の課徴金納付命令を行っている（平成3年5月8日，審決集38巻187頁）。

(140) 平成元年11月19日付け日本経済新聞記事「構造協議　総選挙後に要求詰め」。海土協事件とは，海上埋立土砂建設協会に対する件（平成元年9月12日勧告審決，審決集36巻26頁）のことである。本件の課徴金納付命令の名宛人には鹿島建設ら横須賀基地入札談合事件に関与したゼネコンが含まれていたが，課徴金額は6名に対し総額2億9,889万円であった。

　なお，この当時米国ではシャーマン法違反に対する刑事罰およびその執行が強化されていた。法人に対する罰金額として，1984年罰金施行法により違反により得た利益または与えた損害の2倍までという代替的な基準が導入された（1990年のシャーマン法改正により最高額が100万ドルから1,000万ドルに引き上げられたが，代替的基準はその後も有効）。刑罰ガイドラインは，ハードコア・カルテルに対して企業に関係した違反行為の取引額の20〜50％の罰金（最低10万ドル）を科さなければならないことにしていた（栗田誠「米国反トラスト法の最近の動向について（上）」公正取引平成3年4月号21頁）。わが国の課徴金額の算定率と比較されたい。

(141) 平成元年11月22日付け日本経済新聞記事「98社，47億円賠償で和解」。この和解交渉の内情については，小泉貞彦「あまりに日本的　建設談合賠償金始末記」エコノミスト平成元年12月12日号20頁参照。

第1章　日米構造問題協議と競争政策

　米国の独占禁止当局（司法省および連邦取引委員会）は，平成元年（1989）末の日米独禁当局意見交換において，公取委に対し，わが国の課徴金の額が低いのみならず，刑事告発も石油ヤミカルテル事件以来行っておらず，警告や注意といった軽い措置がほとんどであることを問題視した[142]。

　ウィリアムズは，構造問題協議において，「私たちは，より正式な手段による規制，より高額な課徴金，より多くの刑事訴追，そして，より強力な公正取引委員会の権限を要請した」と語っている[143]。

日本的法運用との決別──「公式決定の一層の活用」

　米国側の指摘に対し，検討委員会報告書は，次のように述べた[144]。

　「日本の独占禁止法は，昭和22年の制定以来，幾多の変遷を経ながら今日に至っている。この間，一時的には法規制の緩和の時があったものの，昭和52年改正により規定が強化され，この結果，現行独占禁止法は基本的制度においては国際的にみても十分整備されている。

　独占禁止法の運用に当たって，公正取引委員会は，その時々において最善を尽くしてきたものと考えるが，それでもなお，その活動に対し，様々な意見が寄せられているところである。……

　この意味で，国内外から強く求められている公正かつ自由な競争を促進するためには，公正取引委員会が，競争政策上の問題を的確に把握，検討し，この法律を厳正に運用することこそが現下の何よりも基本的な課題であるものと考える。特に価格カルテルや談合については厳格に対処するとともに，不公正な取引方法についても迅速かつ的確な処理を一層推し進めていくことが必要である。

　公正取引委員会による独占禁止法の運用をより強力な，かつ，効果的なものとするためには，基本的には運用の透明性の確保及び執行力の強化が必要である。」（傍点筆者）

　経済法学者根岸哲は，従来の法運用を「独禁法のルールをほどほどにしか機能させない日本的運用」（傍点筆者）と評し，その特色を「本来予定されていた争訟を前提とする司法的運用ではなく，公取委と企業との間で行政指導的あるいは半ば和解的に事件を処理する行政的運用」（同）にあるとした[145]。法的措置

---

(142)　平成元年12月3日付け日本経済新聞記事「独禁政策　日米の認識ミゾ深く」。米国側の批判に対し，梅澤委員長は「米国は刑罰を科すことに重点を置いているが，日本は違法な状態の排除を主な目的としている」と日米の独禁政策の基本的な違いを強調したという。

(143)　ウィリアムズ第11回・831頁。

(144)　検討委員会報告書・6頁。

第2部　日本に求めているのは自由で開放された市場である　1989～2000

をできるだけ控えるという日本的法運用といっても，昭和20年代の末に法の緩和改正を回避するという状況の中で選択された政策の歴史的産物に過ぎない（上巻・249頁参照）。それが独占禁止法の運用が強化されつつあった昭和40年代以降においても審査実務に長く用いられ，昭和50年代には公取委の「予防行政」の一環として位置づけられた（第1部第4章1）。

構造問題協議最終報告書は，次のように述べた(146)。

「(1)　公式決定の一層の活用
　　公正取引委員会の審査体制を拡充・強化し，違反行為に対する証拠収集能力を高めることによって，法的措置に基づき，違反行為の排除を積極的に行う。なお，特に価格カルテル，供給量制限カルテル，市場分割協定，入札談合，グループボイコット等に対しては厳正に対処し，違反行為が認められれば，法的措置を取る。……　」

これによれば，ハードコア・カルテルにすら必ずしも法的措置がとられていなかったことがわかる。いうまでもなく，警告や注意といった行政指導では実効性や透明性を欠き，ルール型社会の欧米人からはまったく評価されない(147)ことについて公取委関係者は認識を欠いていた（警告が外国企業に対してまったく通用しなかった第1次マイクロソフト事件について，第2部第4章4参照）。

しかし，公式決定の「一層の活用」であり，警告や注意がなくなることまで約束されたわけではない。米国側の「政策実行計画提案」にあった「単に非公式な警告を発することに代えて，独占禁止法違反に対しては公式の処分を行うという基本政策を公取委が採択する」（傍点筆者）(148)には至らず，警告という方法は維持され原則公表するにとどまった。それ故に，現在においても，公取委はなお相

---

(145)　根岸哲「執行体制の充実が必要」平成2年7月25日付け日本経済新聞経済教室。同「競争政策40年の歩みと今後の課題」公正取引昭和62年12月号8頁も参照。
(146)　最終報告書Ⅳ-1頁。公式決定（formal actions）とは，勧告，審判開始決定または審決という法律に基づく措置のことをいう。
(147)　栗田誠「競争法執行の実効性と透明性――日本の独占禁止法執行に関する内外の認識差の原因と結果」菊地元一先生退職記念論文集法学新報109巻11・12号（平成15年）10頁。本論文は，非公式な措置の問題点として，①事実認定および法適用において詰めを欠いた処理がなされる，②正式な違反事件審査と二重の判断基準が適用されるおそれがある，③情報の入手，コンプライアンスの確保のための実効的な権限を欠く，④裁判所に提訴できず手続的な保障に欠ける，⑤分析枠組みや法理論が未発達のままとなる，⑥関係事業者にとり予測可能性が確保されない，を挙げている。さらに，非公式措置では25条訴訟の機会がなくなることも加えることができよう。
(148)　「政策実行計画提案（全文③）」朝日ジャーナル平成2年4月11日号99頁。

第1章　日米構造問題協議と競争政策

当数の事件を警告または注意によって処理している[149]。とはいえ，平成2年度以降，審決件数は顕著に増大し（第2部第4章1参照），わが国の独占禁止法の運用が本格化していく。日本的法運用との決別であった。

構造問題協議最終報告書は，独占禁止法およびその運用の強化として，公式決定の一層の活用のほか，一層の透明性の確保，予算の充実，課徴金，刑事罰の活用，損害賠償制度，談合に対する効果的抑止の項目を掲げている。次に，米国側が特に重視した損害賠償制度（私訴）を取り上げよう。

私訴の充実——一般市民がもっと訴訟を

ウィリアムズは，次のように述懐している。

　「中間報告をめぐる果てしない交渉を続けているうちに，日本の独禁法の規制が効力を持つためには，その運用を公取委だけに任せておいては駄目だと考えるようになった。公取委自身がいくら本気で取り組んだとしても，である。そして，独禁法に基づいて私人が訴訟を起こすことを可能にすることに，より大きな精力を注ぐことにしたのである。」[150]

　「私たちは，さらに，一般市民が独禁法に基づいてもっと容易に訴訟を起こせるようにするための提言を数多く行った。……日本の独占禁止法は違反行為によって損害を被った者が賠償を求めることを許している。しかし，実際にこの権利を行使した者は，日本人にも外国人にも1人もいない。その理由はなかなか複雑で，一言では言えない。訴訟を起こすための費用が高いこと，挙証責任がきついこと，証拠の収集が困難であることなど，いろいろある。」[151]

米国側の主張の背景には，米国では私訴が活発で，反トラストにおいて政府よりも私人による訴訟提起件数が圧倒的に多い[152]ことがある。それだけ反トラスト法が米国市民に浸透しているということであり，日米の独占禁止法の施行水準の著しい格差の原因のひとつとなっていた。そしてこともあろうに，構造問題協

---

(149) 平成25年度に処理した審査事件140件の内訳は，法的措置18件，警告1件，注意114件，打切り7件であった（不当廉売事案で迅速処理を行ったものを除く。）（平成25年度公取委年次報告29頁）。

(150) ウィリアムズ第13回・87頁。

(151) ウィリアムズ第11回・831頁。文中，独禁法違反行為者に対して損害賠償請求訴訟を提起した者がいないかのように述べているが，正確には勝訴した者がいないということである。

(152) 米国では私訴の提訴件数は，1971〜1985年の間毎年1,000件を超えていた（その後減少する）（村上政博「執行力の日米比較」経済法学会年報13号（平成4年）60頁表4参照）。

第2部　日本に求めているのは自由で開放された市場である　1989～2000

議の真只中の平成元年（1989）12月，最高裁が消費者敗訴の鶴岡灯油裁判判決を下し（上巻・491頁参照），わが国では独占禁止法の被害者の救済がいかに困難であるかを米国側に見せつけることになった。

　公取委は，これに先立つ平成元年（1989）11月に「独占禁止法に関する損害賠償請求制度研究会」（平井宜雄座長）を発足させ，独占禁止法25条訴訟のあり方について検討を依頼していた。翌2年（1990）6月に同研究会から提出された提言は，公取委に対し，求意見（84条1項）に対する対応の充実，裁判所および原告（被害者）に対する積極的な資料提供等を要請するものであった。何故，公取委は民事訴訟にも関与すべきなのか？　報告書によれば，独占禁止法25条訴訟——民法709条訴訟も同じである——が認められているのは，損害が除去されることにより「競争秩序の回復と違反行為の抑止が同時に図られる」ことにあるのだから，「独占禁止法の目的を達成するために設置された行政機関（27条）として，当該訴訟に積極的に関与することが求められている」からであった[153]。

　こうした研究会の提言は構造問題協議最終報告書に盛り込まれ（Ⅳ・Ⅱ1(6)），公取委は，さらなる具体的措置として，平成3年（1991）5月，被害者や裁判所等からの資料提供の求めがあった場合の取り扱い基準[154]を公表した。

　ウィリアムズは，私訴の充実に関して，「独禁法そのものの改正を伴わない限り，独禁法の規定に基づいて私人が提訴できる可能性はほとんどないといってよい。中間報告でも，その後も，法改正は実現していない」とやや悲観的な見通しを持っていた[155]。とはいえ，即効性はなくとも，日米構造問題協議を契機に独占禁止民事訴訟が胎動し（第4章5参照），第3部の時代に入って，一挙に活発化する。

流通・取引慣行ガイドラインの策定とその内容

　検討委員会報告書は，独占禁止法の運用を厳正かつ効果的なものとするためにガイドラインの作成を提言した。報告書は，法の運用は「審決，判決の積み重ねにより明らかにされるべき性格のものである」が，「経済活動が急速に進展する

---

(153)　公取委「独占禁止法に関する損害賠償制度研究会報告書」独占禁止懇話会資料集XIII（平成4年）51頁。
(154)　公取委「独占禁止法違反行為に係る損害賠償請求訴訟に関する資料の提供等について」独占禁止懇話会資料集前掲注(153) 95頁。公取委は同時に，研究会の「独占禁止法第25条に基づく損害賠償請求訴訟における損害額の算定方法等について」と題する報告書（独占禁止懇話会資料集前掲注(153) 69頁）も公表した。
(155)　ウィリアムズ第13回・87頁。

この現代社会においては，……審判決の積み重ねのほか，競争政策の当局が法運用についての考え方を，できる限り具体的に，かつ，分かりやすい形で示していくことが望まれる」と述べた(156)。つまり，わが国では審判決の蓄積が乏しく，公取委のガイドラインといういわば準立法的手段によって，法の空白を一挙に埋めないしは法の形成の遅れを即座に取り戻すことを求めたのである。

　検討委員会報告書は，消費財の流通分野における取引，輸入総代理店，事業者間の継続的取引等に大別し，それぞれガイドラインに盛り込むべき行為類型やそれらについての考え方も示した。こうした報告書の骨子は，構造問題協議最終報告書に盛り込まれた。

　公取委は，報告書の提言に基づきかつ原案に関し内外から募った意見(157)も踏まえ，1年間かけて慎重に検討した上で，平成3年（1991）7月11日，「流通・取引慣行に関する独占禁止法上の指針」(158)を公表した。そのポイントは，次のとおりであった(159)。

「ポイント1
　今回のガイドラインで独占禁止法の考え方が従来より一層明確にされた行為類型
　第1部［事業者間取引の継続性・排他性に関する独占禁止法上の指針―筆者注］
　　○共同ボイコット
　　　事業者の市場への参入の自由を侵害するものであり，原則として違法となること
　　　共同ボイコットは，一定の取引分野における競争を実質的に制限する場合には，カルテルに該当すること

---

(156)　検討委員会報告書7頁。
(157)　国内から65，海外から21の政府関係機関，民間団体からコメントが寄せられた。公取委は，平成2年9月，従来の輸入総代理店および並行輸入に関するガイドラインを見直して新たな「輸入総代理店契約等における不公正な取引方法の規制に関する運用基準（原案）」を作成公表したが，輸入品のみを対象とするのは「差別的取り扱い」であるとの――おそらくは海外からの――指摘を受けて，総代理店一般についての指針として流通・取引慣行ガイドラインに統合した（山田昭雄＝大熊まさよ＝楢崎憲安編著『流通・取引慣行に関する独占禁止法ガイドライン』（平成3年）5・7頁，川井克倭「流通・取引慣行に関する独占禁止法上の指針――その評価と問題点」名古屋経済大学法学部開設記念論集（平成4年）606頁）。なお，原案に対する米国法曹協会反トラスト部会・国際法部会の合同コメントが Antitrust Law Journal, Vol. 60, 1991, p. 291 に掲載されている。
(158)　公正取引平成3年8月号10頁，独占禁止懇話会資料集XIII（平成4年）・150頁。
(159)　公取委事務局「ガイドラインのポイント」公正取引平成3年8月号8頁，独占禁止懇話会資料集XIII（平成4年）・217頁。

第2部　日本に求めているのは自由で開放された市場である　1989～2000
　　　　○不当な相互取引
　　　　　　……
　　　　○取引先事業者の株式取得・所有を手段とする競争阻害行為等
　　　　　　株式所有関係を手段として取引先事業者に自己とのみ取引させる行為や，株式所有関係がないことを理由として取引を拒絶する等，株式所有関係を手段として又はその有無を理由として不公正な取引方法に該当する行為を行うことは違法となること
　　　　　　……
　　第2部［流通分野における取引に関する独占禁止法上の指針―筆者注］
　　　　○再販売価格維持行為
　　　　　　メーカーの示した価格で販売することについて，メーカーの流通業者に対する一方的な拘束により行われる場合だけでなく，両者間の合意により行われる場合にも違法となること
　　　　○流通業者に対し，マーケッティングの手段として行う制限行為
　　　　　　非価格制限行為，リベートの供与，流通業者の経営に対する関与などできるだけ行為類型を具体化して違法となる場合を明確化したこと
　　　　○小売業者の優越的地位の濫用行為
　　　　　　……
　　第3部［総代理店に関する独占禁止法上の指針―筆者注］
　　　　○競争者間の総代理店契約
　　　　　　……
　　　　○並行輸入の不当阻害
　　　　　　並行輸入の阻害の行為類型を具体的に示し，価格を維持するために行われる場合に違法となること
ポイント2
　原則として違法となる行為類型（……）と違法性の判断に当たって市場における競争に与える影響を個別具体的に検討することを要する行為類型（……）とを明らかにしたこと
　後者の行為類型を，次の3類型に大別したこと
　①　市場閉鎖効果に着目して違法性が判断されるもの（例，取引先事業者に対する自己の競争者との取引の制限，……）
　　　市場閉鎖効果が生じるか否かの判断基準として「市場における有力な事業者」を導入。
　　　　「市場における有力な事業者」の定義を明確化（シェア10％以上又は順位3位以内）するとともに，「市場における有力な事業者」に該当しなければ，通常，違法とはならない旨を明らかにしたこと
　②　価格維持効果の有無に着目して違法性が判断されるもの（例，流通業者の販売地域に関する制限，……）
　③　優越的地位の濫用に該当するか否かによって違法性が判断されるもの（……）

第1章　日米構造問題協議と競争政策

ポイント3
　流通・取引慣行に係る事前相談制度を設置したこと」

　このガイドラインには，次のような特色があった。
　形式について。ガイドラインは，各行為類型についてどのような場合に「違法となる」「違反する」または「違法とはならない」かという，指導基準ではなく違法基準を明らかにすることで貫かれている[160]。これは予防行政のためではなく，法運用の透明性を高めることにあるのであるから，当然のことである。また，その基本的な方法は，効果ではなく外形に基づくアプローチ（第1部第1章2参照）をとっている。
　重点を置いた行為類型について。作成の目的が市場開放にあるから，ガイドラインは主として競争者排除型の違反行為を対象にしている。そして，共同ボイコットが競争の実質的制限となる場合には不当な取引制限に該当するとある[161]ように，共同ボイコットを課徴金および刑事罰の対象とすることも可能であることを示唆して，規制の強化を意図している[162]。従来公取委は価格カルテルを最

---

[160]　川井前掲注(157) 608頁。
[161]　第1部第2・2および3。従来公取委は共同ボイコットを不公正な取引方法にのみ該当すると考えていた。共同ボイコットが不当な取引制限にもなりうるとすると，取引先事業者との共同ボイコットは，行為者が競争関係になく相互拘束の内容が同一でないことになり，不当な取引制限に関する判例（昭和28年の新聞販路協定事件東京高裁判決）と整合性を欠くことになるが，ガイドラインは相互拘束性について「行為者すべてに同一である必要はなく，……特定の事業者を排除する等共通の目的の達成に向けられたものであれば足りる」と注目すべき新解釈を示した（同第2・3注(3)）。とはいえ，現在に至るまで，公取委が共同ボイコットに対して不当な取引制限該当とした事例は存在しない。
　なお，流通・取引慣行ガイドラインが共同ボイコットについて競争の実質的制限となるのは被排除者が価格・品質面で優れた商品を製造販売している等の一定の状況がある場合に認められる（同第2・2注(2)）としていることに対し，従来排除型私的独占に関して行為者の市場支配的地位から競争の実質的制限を認定していることと均衡を失しているとの批判があった（金井貴嗣「流通・取引慣行ガイドラインをめぐる独占禁止法上の論点」ジュリスト992号（平成3年）100頁）。この問題は，共同ボイコットの違法性を，特定の事業者を市場から排除することに求めるか，行為者の取引先選択の自由の制限に求めるかについての見解の対立と関係する（根岸哲「共同ボイコットと不当な取引制限」『正田彬教授還暦記念論文集　国際化時代の独占禁止法の課題』（平成5年）431頁，山田昭雄「共同ボイコットに関する一考察」同447頁）。前説の立場からは，共同ボイコットを競争回避型行為である「カルテル」というのはミスリーディングということになる。
[162]　構造協議中間報告の政府改善案（平成2年3月15日付け日本経済新聞夕刊）は，「グループボイコットについては，競争を実質的に制限する場合はカルテルとして規制

も悪質な行為類型と考えていたが，競争者排除型の違反行為も違法性の強い行為と認識するようになったのは市場開放が求められた構造問題協議以降のことである。

系列取引について。ガイドラインの系列取引に関する部分（第1部第7）は，株式の取得・所有を手段として行う競争阻害行為がどのような場合に不公正な取引方法に該当するかを提示している。しかし，参考にすべき過去の事例もほとんどなく，苦心の作といえるが，机上の産物であることは否めない。もともと系列取引が独占禁止法上問題となるのは，垂直的企業結合または垂直的取引制限（排他的取引または相互取引）として市場の閉鎖効果が問われる場合である。これを，ガイドラインのように，株式の取得・所有の有無による取引拒絶や価格差別の問題としてとらえるのは，違法基準の設定自体が困難であるし，規制の実効性も欠くことになる。

垂直的制限について。再販売価格維持行為に関する部分（第2部第1）は審決の実績があるため，ガイドラインにおいて実態に即した最も成功した部分となっている。垂直的非価格制限の違法性判断については，①市場閉鎖効果基準と②価格維持効果基準が採用されている。①はブランド間競争への影響が問題となる行為類型で，（市場における有力な事業者が行う場合）＋（競争者にとり代替的な流通経路を容易に確保できなくなるおそれがある場合）の2つの要件からなる。「市場における有力な事業者」は，市場シェア10％以上または上位3位以内の事業者とされ，かなり厳しいものであった。独占禁止法研究会の流通系列化に関する報告書の量的実質性（第1部第1章3参照）の考え方の延長上にあるが，違法性を推定するにはシェア基準が低すぎてセーフハーバーとして機能することになる。

②はブランド内競争への影響が問題となる行為類型であるが，価格維持効果基準（価格が維持されるおそれがある場合に違法となる）をとった理由は必ずしも明らかでない。内外価格差問題にかんがみて，各行為類型の価格維持機能に着目したことによるとみられる[163]。この点については，価格競争だけではなく顧客獲

を行うこととし，価格に影響がある場合には課徴金の対象となる」と記されており，公取委は一定の場合に共同ボイコットに対し課徴金を課すことをねらいに不当な取引制限と構成しようとしたことがわかる。

(163) 検討委員会報告書は，内外価格差問題に関心が集まっていることに指摘し（16頁），ガイドライン作成の基本的視点として「特に，事業者間の価格競争を促進すること」（18頁）や輸入総代理店について「内外価格差という新しい視点」を取り入れるべきこと（49頁）を挙げた上で，しばしば各行為類型の価格維持機能について言及している。

なお，ガイドラインは，並行輸入の阻害に関して，価格維持効果ではなく価格維持

第 1 章　日米構造問題協議と競争政策

得競争も保護されるべきであるとの批判(164)，それとは逆に価格維持の排除が先行し過ぎているとの批判(165)を生むことになる。

　流通・取引慣行ガイドラインに示された考え方は，流通分野の違反事件において一定の展開をみることになった(166)が，その他の分野ではガイドラインは参照されることもなくほとんどかえりみられなかった。その後，わが国の経済構造は系列の解体，大規模小売業者の経済力の拡大等大きく変化した。他方，「失われた20年」というゼロ成長とデフレ経済が続いた。

　ほぼ四半世紀を経た平成27年（2015）3月，流通・取引慣行ガイドラインの一部改定が行われた。これは，規制改革会議が，垂直的制限に係る規制が「違法性の判断基準が曖昧で事業者に委縮効果を与えている」こと等にかんがみ，公取委に対して違法性判断基準の明確化を求めたことによる。その背景には，「多様化した消費者のニーズに対応するため，メーカーと流通業者の連携を促進し，……付加価値の高い商品が提供できる」ようにするという垂直的制限規制を緩和するねらいがあった(167)。

　これに対して，公取委は，垂直的制限行為の判断基準として，5つの考慮事項を示したほか，特に垂直的制限の競争促進効果としてフリーライドの防止を特記した。再販売価格維持行為が適法とされる「正当な理由」については，「実際に競争促進効果が生じてブランド間競争が促進され，それによって当該商品の需要が増大し，消費者の利益の増進が図られ，……より競争阻害的でない他の方法によっては生じ得ないものである場合において，必要な範囲および必要な期間に限り，認められる」と述べた（第2部第1・2(2)）(168)。改正ガイドラインは，一見

　　　　目的（価格を維持するために行われる場合に違法となる）を基準としている（第3部）。その趣旨は必ずしも明らかでないが，外国メーカーによる市場開拓努力に並行輸入業者が「タダ乗り」するのを助長しているとの米国政府の批判（平成3年5月6日付け日本経済新聞記事「独禁法ガイドライン，米，改善求め意見書」）に配慮したとみられる。この点については，並行輸入の阻害の目的は，価格維持だけでなく，並行輸入業者の排除それ自体にあるとして，批判が強い（根岸＝舟田・311頁）。

(164)　金井前掲注(161) 103頁。
(165)　川井前掲注(157) 616・618頁（再販売価格維持行為としてならともかく，拘束条件付取引として規制することに疑問を呈する）。
(166)　楢崎憲安＝田中久美子「最近における流通関連事件の審決の整理検討について」公正取引平成5年11月号11頁。とりわけ拘束性や公正競争阻害性のとらえ方について新たな展開がみられるとする。
(167)　規制改革会議「規制改革に関する第2次答申」（平成26年6月13日，内閣府HP）。
(168)　「「流通・取引慣行に関する独占禁止法上の指針」の一部改正について」（平成27年3月30日，公取委）。

垂直的制限を広く容認するかにみえるが，実際には現行の基本的な判断枠組みを維持するもので，規制を緩和したとはいえないとみられる。

5　日米構造問題協議の意義

競争政策の改革の開始——独占禁止法運用強化への転回点

　日米構造問題協議の評価として，日米の政治学者はほぼ一致している。すなわち，日本側が相当の譲歩をした分野がマクロ経済，流通制度，ある程度妥協した分野が土地政策，最小限の譲歩をした分野が排他的取引慣行，ほとんどまったく譲歩しなかった分野が系列関係であった，と（価格メカニズムは実質的に交渉の対象ではなかった）[169]。

　ショッパによれば，排他的慣行（競争政策）と系列関係について譲歩が小さかった原因は米国の主張を支持する日本国内の支持が弱いかほとんどなかったからであり[170]，その結果これらの分野では成果が乏しく，平成9年（1997）の執筆時点において，競争政策に関し「根本的な改革はなお起きていない（fundamental reform has not yet happened）」と結論付けた[171]。

　確かに米国側は，構造問題協議のフォローアップにおいて，特に排他的取引慣行と系列についてその後進展がないことに失望した[172]。排他的取引慣行に関し，「米国政府は公取委が取った措置を評価するものであるが，いくつかの分野において日本政府による改善が遅いことに強い関心を有している」とコメントした。

　すなわち，課徴金の算定率は引き上げられたが，「6％の水準でも，独禁法に違反して不当に得た利益を完全に剥奪する効果は望めない」，公取委と法務省との間に告発に向けた仕組みは設けられたが，「現行の罰金は低すぎるため，膨

---

(169)　Schoppa, p. 88, 鈴木一敏『日米構造協議の政治過程』（平成25年）145頁。交渉当事者のウィリアムズも同様の評価を行っている（ウィリアムズ第15回・121頁）。ただし，政治学者の分析は米国の要求の内容の妥当性を吟味せずに実現割合をみている。

(170)　Schoppa, p. 236, 302. これは，ショッパの国内・国外の2次元ゲーム（two-level game）の理論に基づく分析である。

(171)　Schoppa, p. 252. 栗田誠「国際的脈絡における日本の独占禁止法——日米構造問題協議以降の発展の功罪」新世代法政策学研究17号（平成24年）244頁は，日米構造問題協議によって「独占禁止制度のグランドデザインを描くという面では十分機能してこなかった」とし，それが「独占禁止法の手詰まり」につながっているという。筆者は，運用面ですら十分でなかった当時の現状にかんがみると，制度の根本的な見直しは到底現実的ではなく，その後の「手詰まり」の一因を構造問題協議に求めるは酷と考える。

(172)　日米構造問題作業グループ『日米構造問題協議フォローアップ第1回年次報告』（平成3年5月22日）（日本側措置に対する米側コメント）。

第1章　日米構造問題協議と競争政策

大な利益を生む独禁法違反（企業の場合は特に）対し効果のないものとなっている」，公取委が損害賠償訴訟を容易にする行政措置を実施したことは歓迎されるが，「原告が必要な証拠を入手するための効果的手段の付与，損害とその因果関係についての立証責任の転換……等の立法措置が取られないかぎり……被害者が救済を得られない状況が続く」などと厳しく指摘した[173]。のみならず，公取委の独占禁止法の運用に関しても，価格カルテル中心で，米国が関心を持っていた入札談合，垂直的制限，共同ボイコットに重要な進展がみられなかったことに不満が残った[174]。

とはいえ，第3章以下にみるように，公式決定の増加，賦課する課徴金の高額化，刑事告発の実施等々改革は──さまざまな障害に遭遇しつつも──徐々に進行した。米国は短期的な成果を焦りすぎたきらいがある[175]。中長期的な視点で見れば，構造問題協議は昭和50年代の法運用の停滞から平成以降の運用強化への転回点となったのであり，根本的な制度改革が直ちに行われなかったとしても，運用面での競争政策の改革が開始されたことは事実である（第2部第4章1も参照）。

最も譲歩がなかったとされる系列関係については，米国の主張が的を射たものではなかったし，競争政策による対応には限界があり企業法制の見直しというかたちで進展していくことは前記のとおりである。もっとも，その後，企業が株式の持合いを減少させ，系列の解体に向かわせたのは，こうした構造問題協議関連の措置というよりも企業会計制度の変更（時価会計の導入）と経済のグローバル化によるものであったろう[176]。

経済法学者松下満雄は，構造問題協議を，「国家間の経済調整の手法の一類型」と位置付け，その特徴は「国境措置ではなく［企業行動や商慣習などの──筆者注］国内的事項に及んで」いることであるとした[177]。国内問題に深く立ち入ったこ

---

(173)　日米構造問題作業グループ前掲注(172)「4　排他的取引慣行」。
(174)　Schoppa, p. 244.
(175)　その焦りと苛立ちの典型的な現れが，平成4年4月3日，米国・司法省が効果理論を逸脱するような域外適用の方針を公表したことであろう（第3部第3章3参照）。
(176)　『独占禁止法研究会報告書』（平成13年）12頁参照。平成11年に日産自動車が部品の購入先を集中させ系列会社の株式を処分する再建計画を発表したことが，系列の解体として衝撃を与えたことは記憶に新しい（平成11年10月19日付け日本経済新聞記事「日産，3年計画発表，再生へゴーン流系列破壊」）。
(177)　松下満雄「日米構造問題協議と経済制度調整」ジュリスト965号（平成2年）15・18頁。ただし，独占禁止法の調整ないし調和といっても，協議の対象はもっぱらわが国の執行水準の底上げにあった。米国側の措置としては，共同研究開発に加えて共同生産についても反トラスト法上の3倍賠償責任を軽減する措置が含まれているのみである

第 2 部　日本に求めているのは自由で開放された市場である　1989 〜 2000

とから構造問題協議が内政干渉であるとの批判もあったくらいである(178)。独占禁止法とその運用も国内に係わることであるが，外国政府から本格的な指摘を受け外交交渉の対象となるのは同法の歴史上初めてのことであった。

　公取委やこれに協力した経済法学者は，米国側の指摘や要求に対しナイーヴなくらい誠実に取り組んだ。構造問題協議は日本政府と米国の行政府による米国議会の保護主義立法を阻止するための共同作業であったとのシニカルな見方もあった(179)が，独占禁止法関係者は構造問題協議への対応をそのような政治的思惑に基づく一時しのぎの彌縫策とは考えなかった。梅澤委員長の決意は前記のとおりであるが，実方謙二も「この要求に誠実に対応することが，日本が自由貿易社会の一員として留まり，自由貿易原則から生じる便益……を享受するためには必要不可欠なのである」と認識していた(180)。

　他方，公取委や経済法学者に当惑もなくはなかった。根岸哲は，次のように米国の主張の矛盾を指摘した(181)。すなわち，「日本に対し，一方ではカルテル規制の厳格化を要請しながら，他方では輸出自主規制という名のカルテルを行わせたり，……垂直的取引制限について反トラスト法による規制を大幅に緩和しているが，日本に対しては，再販売価格の拘束，流通や下請けの系列取引などの垂直的取引制限について，独禁法の厳格な規制を要請している」，と。とはいえ，垂直的取引制限についていえば，日米の流通構造には大きな差があり(182)，わが国では流通系列化が長い間問題視されてきた現実があった。平成 4 年（1992）の時点においても自動車業界において事実上の専売店制が行われていた（第 1 部第 1 章 3 参照）のである（日米包括経済協議でも問題となった）。

　　　　が，これは構造問題協議以前から提案されていたもので，1993 年に法改正が実現した（「国家共同研究生産法（National Cooperative Research and Production Act of 1993）」）。
(178)　しかし，相互依存が進んだ日米が双方合意の上で協議を開始し交渉の結果に法的拘束力はないのであるから，内政干渉との批判はあたらない（薮中三十二「日米構造問題協議」ジュリスト 965 号（平成 2 年）47 頁，道垣内正人「日米構造問題協議の法的位置づけ」商事法務 1258 号（平成 3 年）29 頁参照）。
(179)　S・フクシマ・212 頁。
(180)　実方謙二「日米構造協議・日本市場の開放と流通問題」経済法学会年報 11 号（平成 2 年）3 頁。
(181)　根岸哲「執行体制の充実が必要」平成 2 年 7 月 25 日付け日本経済新聞経済教室，Schoppa, p. 238（伊従寛元公取委委員へのインタビュー）。村上政博「公取委，カルテル重点に摘発を」平成 4 年 5 月 27 日付け日本経済新聞経済教室も，米国の動向にかんがみて系列取引よりもカルテルの取締りに重点を置くべきであるとする。
(182)　矢部丈太郎ほか『流通問題と独占禁止法』（平成 8 年）90 頁（上杉秋則執筆）。

第1章　日米構造問題協議と競争政策

市場開放によりグローバル経済へ——わが国は特殊でも異質でもない

　丹宗昭信は，構造問題協議における米国の要求を「かなり徹底した自由主義経済体制の確立を要求するもの……言いかえれば，伝統的・産業保護的・官僚主導的市場構造の体質を温存している日本に対して……構造改革にも近い要求を出し」たとし，日本政府がこれにかなり応ずる回答をしたことを高く評価した。また，「消費者の利益優先が経済民主主義の原則であることを認識させたこと」が，今後の経済運営の基調を変えさせるものとして期待した[183]。

　確かに構造問題協議において，独占禁止法だけでなく，過剰な政府規制，行政指導，系列取引，民間の商慣行といったわが国特有の政治・行政・経済システム——日本型資本主義といってもよい——全般が問われることになった。それが外圧によらなければ変われないというのは，なおわが国における民主主義の限界を示すものであったろう。

　構造問題協議が行われていた当時，グローバルな規模で市場統合が加速されようとしていた。ウルグァイ・ラウンド交渉は後半に入り，平成2年（1990）にはガットに代る国際機関（現在のWTO）の設立が閣僚会議において提案された。欧州共同体（EC）では，同3年（1991）にマーストリヒト条約が合意され，政治統合・通貨統合をめざす欧州連合（EU）が発足するはこびとなった。世界第2の経済規模を有するわが国がこのような流れに逆行することはできず，日米構造問題協議はわが国の市場を開放することにより一体化しつつある世界市場に組み込むために必要不可欠な過程であったとみることができる[184]。

　こうした時期に，日本特殊性論や日本的慣行合理性論に立って改革を拒絶しわが国が「要塞化」[185]していれば，世界において孤立し，発展途上国にとり好ま

---

[183]　丹宗暁信「構造協議と独占禁止政策——消費者重視の政策転換に向けて」公正取引平成2年8月号44頁。菊地元一「日米構造協議と独占禁止政策の行方」法学セミナー429号（平成2年）17頁は，最終報告書の内容を「生産者社会から消費者社会への転換のために必要不可欠」とする。滝川敏明『貿易摩擦と独禁法』（平成6年）198頁も，日米構造問題協議が既得権益を擁護する政治メカニズムを打破したと評価する。

[184]　ヒュー・パトリック（コロンビア大学教授）の「日本を孤立されることは最悪の選択であり，日本を世界の経済秩序にインテグレートさせることこそ正しい選択である」との発言がある（小島明「構造協議シンポジウム（ワシントン会場）の報告」公正取引平成2年5月号16頁）。米国の要求が「基本的に正当であり，世界的市場経済法制の確立を示唆する」との指摘がある（小島康裕「市場法，商事契約法および消費者保護法」法学54巻6号（平成3年）65頁）。

[185]　中谷巌「日本，不可欠な制度改革」平成2年4月23日付け日本経済新聞経済教室は，制度改革により要塞化を避けなければ，国際的に孤立すると警告する。

しくないモデルとなったであろう[186]。わが国は特殊でも異質でもなく，欧米諸国と同様，独占禁止法があたりまえのように執行される市場経済と消費者保護の国となっていく。

そして，構造問題協議は，「競争原理が資本主義の普遍的原則である」[187]ことを日本人――とりわけ産業官庁や経営者――に認識させることになった。競争原理へのパラダイム転換はすでに1980年代から始まっていたが，日米構造問題協議が決定打となった。それによって，90年代以降の経済の停滞――「失われた10年」，さらに「失われた20年」――に対し，競争原理に基づく構造改革が可能となった。

6　日米包括経済協議――結果志向の通商政策

クリントン政権の強硬姿勢と競争政策

レーガン政権下の通商代表部において日米貿易摩擦の交渉担当者であったグレン・フクシマは，次のように述べた。「「冷戦は終わった。日本が勝利をおさめた」――チャーマーズ・ジョンソン教授の言葉である。……この意見は，日米関係を見つめる多くの米国人の気持ちを実にうまく表現している」，と[188]。フクシマは，構造問題協議についても，「最も利益を受けるのは日本の消費者」であり，「日本をさらに効率的にして，長期的に見れば世界経済における競争力をさらに強化する結果になる」として，「米国人の立場からすれば，……欠陥だらけの対策だった」と酷評した[189]。

平成5年（1993）1月，クリントン民主党政権が誕生した。冷戦が終了し経済が優先事項となる時代となった。日米関係は，米国経済の不振が続き，協調から対立に転じた[190]。ブッシュ政権の通商関係者がルール志向（rule oriented）であったとすれば，新政権の通商関係者は結果志向（result oriented）の修正主義者たちであった[191]。同年7月10日の宮沢＝クリントン日米首脳会談において日

---

(186)　A. B. Lipsky, Current Developments in Japanese Competition Law, Antitrust Law Journal, Vol. 60-18（1991），p. 282 は，日米構造問題協議が輸出志向の東アジア諸国との今後の貿易紛争を解決するモデルとなるであろうとしている。
(187)　実方謙二「流通制度――流通系列化と流通慣行」ジュリスト965号（平成2年）28頁。
(188)　S・フクシマ・1頁。
(189)　S・フクシマ・217頁。
(190)　日米包括経済協議については，通商産業政策史1980−2000第2巻・89頁，石川理那「アメリカの対日通商政策の変遷（1980〜90年代にかけて）：その諸相(2)」商研紀要（愛知学院大学）26巻1号（平成15年）11頁参照。

第 1 章　日米構造問題協議と競争政策

米包括経済協議（Japan-US Framework for a new Economic Partnership）を開始することが合意されたが，合意文書には個別分野において市場参入を促す措置や政策の実施状況を評価する「客観的基準」を導入することが明記された[192]。しかし，「客観的基準」が将来の数値目標なのかどうか不明確なままの玉虫色の合意であった[193]。

その後の協議において，米国側は「客観的基準」として将来達成すべき数値目標を主張したが，日本側は管理貿易につながるとして一貫してこれを拒否した[194]。しかし，米国側は強硬であり，翌平成 6 年（1994）2 月 11 日の細川＝クリントン首脳会談において客観的基準をめぐって対立したため，包括経済協議は決裂した[195]。同年 5 月に至って協議は再開されたが，シェア目標のような数

(191)　畠山襄『通商交渉　国益を巡るドラマ』（平成 8 年）53 頁。クリントン大統領自身，戦略的通商政策で知られるローラ・タイソン等の影響を受け，結果志向の政策をトップダウンで実施した（日本貿易振興会『クリントン政権の管理貿易』（高瀬保・八木三木男執筆（平成 5 年度）10 頁，森山昌俊「結果重視のアプローチ修正の可能性も」日本経済研究センター会報平成 7 年 6 月 43 頁）。
(192)　平成 5 年 7 月 10 日付け日本経済新聞夕刊「包括協議　合意の全文」。包括協議の対象は，(1)マクロ経済，(2)個別分野・構造問題，(3)地球の展望に立った協力のための共通課題とされ，(2)についてはさらに①政府調達，②規制緩和及び競争，③個別分野，④経済的調和，⑤既存協定の 5 分野から成っていた。協議の対象が広範囲であったので，作業部会は 30 以上に及んだ。
(193)　平成 5 年 7 月 10 日付け日本経済新聞夕刊記事「日米，包括協議枠組み合意」。
(194)　平成 5 年 9 月 25 日付け日本経済新聞記事「客観基準　並行線のまま」，同年 10 月 17 日付け同新聞記事「客観基準で紛糾も」，同年 10 月 23 日付け同新聞記事「数値目標でズレ鮮明に」。
　　　日本側が拒否し続けた背景には，日米半導体協定の悪夢があったからであろう。日米半導体協定は，日本市場における外国製半導体の参入機会の拡大等を目的に昭和 61 年に締結されたが，米国政府によると協定には日本市場における外国企業のシェアを 20 ％にする努力目標が記載された秘密の付属文書（実際には駐米日本大使の書簡）が存在していた。米国政府は，日本市場への市場参入が改善されないというわが国の協定不履行を理由に（レギュラー）通商法 301 条に基づきパソコン等に 100 ％の関税を課すという報復措置をとった。さらに平成 3 年に第 2 次協定が結ばれたが，この協定は，日本市場における外国系半導体のシェアが 20 ％を超えると「米国半導業界が期待していることを，日本政府は認識し，この期待は実現されうると考える。日本政府はこれが実現されることを歓迎する」と明記する一方，この数値が「市場シェアを保証するものではない」旨も明記した（小原喜雄「日米経済摩擦の法的検討」法の支配平成 9 年 3 月号 32 頁）。とはいえ，米国側はこれを日本政府の約束ととらえ，しかも実際に市場シェアが 20 ％を超えたため，数値目標が有効であるとの信念を米国側に抱かせることになった（畠山前掲注(191) 68 頁）。
(195)　平成 6 年 2 月 12 日付け日本経済新聞夕刊「日米　包括協議物別れ」。

第2部　日本に求めているのは自由で開放された市場である　1989～2000

値目標とはせずに，定性的・定量的基準を組み合わせて総合評価すること等が合意された(196)。その後も交渉は難航するが，平成7年（1995）6月28日，橋本龍太郎通産相とミッキー・カンター通商代表との間で自動車・同部品の分野について最終的に合意に達し(197)，これにより包括経済協議全体も事実上終息した。

　結果志向の市場開放策とはいかなるものか，両国の最大の関心事であった自動車・同部品の分野の合意についてみてみよう。日米共同声明における合意と両論併記部分は，次のようなものであった(198)。

「＜自動車及び同部品＞
　　……両大臣はさらに，完成車，主要部品及びサブアセンブリーの海外生産を増大し，部品の調達をさらに現地化し，組み付け部品及び補修部品として日本において使用される競争的な外国製品の購入をさらに増加する計画を，日本の自動会社が最近追加的に発表したことを歓迎する。
　　……両大臣は，米国または日本の企業により新たに発表された計画が約束でなく，いずれの国の貿易の是正に関する法律の対象でもないことを認識し，理解する。
　　……
　1　カンター代表は，これらの個別企業の北米市場に関する計画に基づいて，以下の見積りを行った。
　(1)　北米製部品の購入は，1998年までに（67億ドル）増加する。
　(2)　これら企業は北米における完成車生産を1998年までに（210万台）から（265万台）に増加させる。
　(3)　これら企業は北米製完成車の日本に対する輸出を1998年までに（＊）から（＊）に増加させる。
　　　また，カンター代表は，これらの日本企業が日本における使用のために外国製部品の購入を1998年までに（60億ドル）増加させることを見積もった。
　2　橋本通産相は，日本国政府はこの見積もりの計算に関与していない旨を述べた。なぜならば，この見積もりの計算が政府の責任の範囲を超えたものであるからである。

---

(196)　平成6年5月25日付け日本経済新聞「車・保険直ちに交渉」。
(197)　平成7年6月29日付け朝日新聞記事「「数値目標」両論を併記」。
(198)　平成7年6月29日付け日本経済新聞夕刊「「自動車」共同発表の要旨」（引用文は＜自動車・同部品＞と＜ディーラーシップ＞に整理している）。なお，通産大臣が日本の自動車ディーラーに対し独占禁止法により外国製自動車を販売する自由があることが保証されている旨の手紙を送ることも合意した（前同日付け日本経済新聞夕刊「通産相・米通商代表共同会見の要旨」）。米国側が自動車の流通における事実上の専売制（第1部第1章3参照）に対し疑念が解消していないことを示している。
(199)　平成7年6月29日付け朝日新聞記事「米国で生産増強」。

第 1 章　日米構造問題協議と競争政策

＜ディーラーシップ＞
　　……
　1　……特に米国政府は，米国自動車メーカーと日本のディーラーとの間の直接的なフランチャイズ契約の増加によって，1996 年末に約 200 の新しい販売拠点が，また，2000 年末までには新しい販売拠点の数が，合わせて約 1000 に達することを見込んでいる。
　2　橋本通産相は，この予測が政府の範囲と責任を超えるものであることから，日本国政府は，この予測に何ら，関与をしていないと述べた。……　」((　)は米国側見積り。(＊)は米国側発表でも空欄)

　かろうじて数値目標を回避できたのは，日本の自動車メーカー 5 社が最終合意の前日に海外での事業計画を発表したことが切り札となったからであった。これらのメーカーの計画は米国政府の要求を充たすことが実施の前提となっており[199]，通産省の行政指導の下に横並びで作成されカルテル的な性格のものであることは明らかであった[200]。

　このように輸入国が通商摩擦を回避するために自主的に輸入を拡大する措置を「輸入自主拡大（Voluntary Import Expansion）」という。米国は自動車・同部品交渉において通商法 301 条に基づく制裁措置の発動を辞さない強硬な態度をとった——現に最終段階では制裁の発動を決定し日本側が WTO に提訴する事態となった——が，こうした脅しの下での輸入拡大は「自主的」とはいえず事実上の強制となる。このような一方的措置は，平成 7 年（1995）1 月 1 日に発効した WTO 協定（「紛争解決に係る規則および手続に関する了解」23 条）が禁止していたから，EU その他の諸国は米国に対して批判的であった——もっともわが国の市場の閉鎖性についても同時に批判的であったが[201]。

　もともと結果志向の通商政策は自由貿易主義や市場原理に反するものである。日本政府や日米の経済学者はこれを管理貿易と批判した[202]が，米国もこうした

---

(200)　滝川前掲注(183) 204 頁は，数値目標による輸入自主拡大が「官庁と企業による日本のカルテル体質をますます強めるので，市場の閉鎖性をかえって強化してしまう」と指摘した。
(201)　小原前掲注(194) 43 頁。
(202)　平成 5 年 9 月，サムエルソンらノーベル経済学賞の受賞者 4 名を含む日米の経済学者 40 名が管理貿易を拒否するようクリントン大統領と細川首相に対して公開書簡を提出した（山田久「細川首相・クリントン大統領への公開書簡」エコノミスト平成 5 年 11 月 2 日号 18 頁）。平成 6 年 1 月，日本の経済学者ら 154 名が声明を発し，「日本が数値目標を受け入れても達成できなければ米国の制裁措置を受け，達成すれば日本異質論に根拠を与えることになる」とした（平成 6 年 1 月 28 日付け朝日新聞記事「数値目標

第 2 部　日本に求めているのは自由で開放された市場である　1989 〜 2000

批判に抗しきれず結局数値目標を設定することはできなかった[203]。世界の潮流も日本の通商政策もルール重視に変化したことについてクリントン政権に誤算があった。日本側も細川非自民政権の誕生により外圧がなくても自ら変わりうると自信を持ちはじめていた[204]。

　個別分野での協議がこのように反競争的であったとしても，クリントン政権の対日通商政策が競争政策一般について積極的でなかったということではない。規制緩和・競争政策作業部会において，日米双方が相手国の競争政策上の問題点について議論を行い，合意文書を作成するに至らなかったものの，米国側は3回にわたり次のような要望事項を提出し，政府の規制緩和推進計画に盛り込むよう求めた[205]。

①　刑事告発件数の増加を含む独占禁止法の厳正な運用
②　公正取引委員会の組織・権限の強化
③　行政指導に関する公正取引委員会と他省庁との調整機構の導入
④　独占禁止法適用除外制度の廃止
⑤　入札談合の防止
⑥　国際契約届出制度の廃止
⑦　損害賠償に関する民事訴訟制度の改善
⑧　景品規制の緩和・見直し

　このような米国の圧力——構造問題協議より日本側の危機感は著しく弱まったとはいえ——が，1990年代における競争政策の改革を引き続き維持する要因となった。ちなみに，②に関して，自動車・同部品の交渉の最終段階において，カンター代表が橋本通産相に対し公取委の機能強化と定員増加を求め，橋本通産相が村山富市首相の了解を得てこれを約束するということがあった[206]。ちょうど

　　　「脅しに屈するな」」）。
(203)　自動車・同部品の交渉担当であったガーテン商務次官も日本政府の管理貿易批判に米国側は立ち直れなかったという（通商政策史1980-2000 第2巻・100頁）。クリントン政権のほうが強硬であったが，成果は乏しかった（Schoppa, p. 301）。
(204)　Schoppa, p.306. 通商代表部の交渉担当者も，冷戦終了後に米国への配慮がなくなった霞が関の空気の変化を感じていた（チャールズ・レイク「寝るな休むな合意せよ④」平成7年3月18日付け朝日新聞夕刊）。
(205)　五十年史上巻・499頁。なお，平成6年3月15日付け日本経済新聞「米の対日要求リスト概要」も参照。
(206)　平成7年7月4日付け朝日新聞記事「公正取引員会の機能強化を米に約束」，同年8月26日付け産経新聞記事「公取，パワーアップへ始動」，同年8月29日付け日本経済新聞記事「組織拡大へ動く公取委，事務総局構想」。

第1章　日米構造問題協議と競争政策

村山政権の与党行革プロジェクト・チームが公取委の強化を検討していたがところであり，日米の閣僚の合意が公取委の事務総局制への格上げの追い風となった。事務総局制の実現は必ずしも容易ではなかった（第2部第2章2参照）が，通産省が公取委の強化を支持するのは画期的なことであった[207]。

---

(207) カンター代表の公取委強化のアイディアは，日本側が提供したものだという（Freyer, p. 217（公取委および通産省関係者へのインタビューによる））。

第2部　日本に求めているのは自由で開放された市場である　1989〜2000

第2章　規制緩和の本格化と独占禁止法

1　規制緩和の本格化——競争政策との一体的関係

規制緩和を本格化させた要因と平岩レポート

　第1部において緒に就いた政府規制の緩和は、第2部に入って本格化した。それには、いくつかの要因があった。第1は、冷戦の終了である。平成元年（1989）にはベルリンの壁が撤去され、ソ連・東欧の社会主義圏が崩壊した。それは政治的にはリベラルな民主主義の勝利を意味したが、経済的には計画経済の失敗——「政府の失敗」——を強く印象付けることになった[1]。

　第2は、「外圧」である。日米構造問題協議において米国側が主張したことは、前川レポート、行革審答申等においた指摘されながら十分実行されなかったものが中心であり[2]、大店法の大幅な規制緩和などが外圧によって実行された。その後も日米包括経済協議において米国は規制緩和を主張し日本政府に迫った[3]。

　第3は、「内圧」である。平成3年（1991）のバブル崩壊とともに経済成長が頓挫し、「失われた10年」と呼ばれる日本経済の低迷が続く。他方、米国経済はIT産業を中心に復調し、東アジアの新興国も急成長を開始する。そのため、規制緩和による経済の活性化を求める「内圧」が高まった。とりわけ、非製造業の内外価格差が製造業のコストを高めていることがわが国企業の国際競争力の弱体化につながると懸念されるようになった[4]。

　第4は、非自民連立政権の成立である。自民党政権下においても規制緩和は進められてきたものの、大部分は手続上管理上の規制緩和であって市場における競争促進につながるものは少なかった[5]。平成5年（1993）8月9日の細川護熙内

---

(1)　鶴田俊正『規制緩和』（平成9年）9頁。ソ連型計画経済の下においては、国有企業は「中央の計画を遂行する「行政的下部単位」にすぎず、自己決定権を持たなかったし、市場での競争圧力がなかったから、技術革新、品質向上やコスト引下げに関心がなかった（岡田進「ソ連型「社会主義」体制とその崩壊」北原勇ほか編『資本論体系10　現代資本主義』（平成13年）442頁）。社会主義計画経済が「平等」という大義のために個人的な「働きがい」を考慮していなかったことが致命的欠陥であったとされる（猪木武徳『戦後世界経済史』（平成21年）320頁）。

(2)　藪中三十二「日米構造問題協議」ジュリスト965号（平成2年）49頁。

(3)　平成6年3月15日付け日本経済新聞記事「米が要求リスト」参照。なお、EUとの間でも「規制緩和対話」が行われた。

(4)　通産省産業政策局編『21世紀の産業構造』（平成6年）71頁。

閣の成立⁽⁶⁾によって，規制緩和は新たな展開を見せる。細川首相は最初の所信表明演説において，自ら金権・利権政治を排除する「政治改革政権」と名付けて次のように述べた。

すなわち，「政治腐敗の温床となってきた，いわゆる政・官・業の癒着体制や族議員政治を打破するために全力を尽くしてまいります」とする一方，「我が国は，これまで経済的発展に最大の重点を置き，その本来の目的であるはずの国民一人一人の生活の向上や心の豊かさ，社会的公正といった点への配慮が十分でなかった」と反省し，「……規制緩和等消費者重視の政策を積極的に推進」する，と⁽⁷⁾。細川のいう規制緩和は，戦後の政治・経済体制の改革の一環であり，それも──第二臨調のような──経済界・官僚のエリートによる効率本位のプラグマティズム（第1部第2章4参照）に加えて，消費者ないし生活者の利益の重視というポピュリズム的な色彩を帯びたものとなった⁽⁸⁾。規制緩和重視の方針は，その後の内閣に受け継がれた。

第5は，第3の理由と関連するが，経団連と通産省の変身である⁽⁹⁾。経団連は，その自由（放任）主義的立場からすれば当然規制緩和を主張することになるはずであるが，特に有力メンバーである（自動車など）輸出大企業が規制によって国際競争上不利な高い（電力，ガスなど）インフラ・コストの負担を余儀なくされていることから，規制緩和を強力に唱えるようになった⁽¹⁰⁾。その場合独占禁止

---

(5) 中条潮『規制破壊』（平成7年）はしがき（ただし，細川政権後の評価である）。

(6) 細川内閣の与党となったのは，社会党，公明党，新生党，日本新党，民社党，新党さきがけ，社会民主連合，民主改革連合の8会派であった。細川内閣の成立によって，自民党一党支配の「55年体制」は終焉を迎えた。非自民政権はその後羽田孜内閣を生むが，後継の村山富市内閣は自民党，社会党，さきがけによって構成され，自民党が政権に復帰した。

(7) 平成5年8月23日の第127特別国会の衆議院における細川首相の所信表明演説。

(8) 大嶽秀夫「細川政権を生んだ2つの政治潮流」エコノミスト平成5年10月19日号39頁は，細川政権の規制緩和は，「鉄の三角形」に対する上からの批判と，消費者（都市サラリーマン層）の下からの批判の結合であるという。ただし，消費者団体が規制緩和に賛成したということではない。わが国の消費者団体は安全規制の緩和を何よりも懸念していたからである。

(9) 平成5年3月16日付け朝日新聞記事「よみがえる独禁法1　国も経済界も変身した」。経団連が平成3年（1991）9月に採択した「経団連企業行動憲章」の「公正なルールを守る5原則」は，その冒頭において「とりわけ自由市場経済の基本ルールである独禁法の趣旨を社内に徹底し，独禁法遵守プログラムを作成する」を掲げていた（経団連月報平成3年11月号25頁）。ただし，同5原則には「経済的合理性を欠く過当な競争をしない」も含まれているのが，経団連らしい。

(10) Freyer, p. 205, 206（経団連職員に対するインタビューによる）。

法との関係が問題となるが，日米構造問題協議をみてもはや独占禁止法緩和論は通らないと判断したのであろう，「規制緩和と独禁法の運用強化は表裏一体」とまで主張するようになった[11]。

通産省は，グローバル化が進展する中，アジアの工業化の急速な向上，米国製造業の復活等により「我が国産業の国際競争力の相対的な低下が急速に進むことが憂慮されている」と判断し，マクロ構造調整とともに「規制緩和・民間慣行是正とその結果としての内外価格差是正を柱とするミクロ経済改革」の必要を訴えた[12]。そこで新たに打ち出したのが，市場機能の充実と改善が必要であるとして，規制緩和と独禁・会社・労働法制等の「市場制度の整備と改善」に取り組むということである[13]。市場機能重視およびルール重視への転換であり，この点で公取委の競争政策と一致することになる。橋本通産相が公取委の強化を約束したことは前記のとおりである（第2部第1章6）。

とはいえ，独占禁止法の強化を求める経団連も通産省も，独占禁止法が禁止する持株会社については解禁を求めることになる。

以上のようなさまざまな要因によって，規制緩和が本格化していく。細川内閣成立後，平成5（1993）年11月8日，総理の諮問機関である経済改革研究会（座長平岩外四経団連会長）[14]は，次のような「規制緩和について（中間報告）」[15]，いわゆる平岩レポート，を細川首相に提出した。

「Ⅱ　規制緩和をどう考えるか
　1．経済的規制は「原則自由に」
　　　経済的規制については，「原則自由・例外規制」を基本とする。
　　　需給調整の観点から行われている参入規制，設備規制，輸入規制及び価格規制については，後に述べる手順によりできるだけ早い時期に廃止することを基本とする。……
　　　例外制限のものについては，公正，簡素，透明性の原則の下に次のように考える。

---

(11) 弓倉礼一（経団連産業問題委員会独禁法部会長）「独禁法の運用強化と規制緩和は表裏一体」経団連月報平成3年5月号32頁。
(12) 通産省産業政策局編『21世紀の産業構造』（平成6年）11頁・13頁。
(13) 通商産業政策史1980－2000 第1巻・324頁（尾高煌之助執筆）。
(14) 細川政権のポピュリズム志向にもかかわらず，経済改革研究会の15名のメンバーは，経済学者，マスコミ関係者および労働組合代表が含まれていたものの，大半は官僚OBや大企業経営者であって，中小企業，消費者および地方を代表する者はいなかった。これも日本的コーポラティズム（第1部第3章2参照）との批判を免れない。
(15) 経済改革研究会『規制緩和について（中間報告）』（平成5年）1頁。

(1)　電力・ガスについては，事業者の創意工夫を活かし，競争原理の導入と消費者利益のために分散型電源の活用など規制の弾力化を図る。
　(2)　石油に係る規制は必要最小限のものとし，可能な場合は「平常時自由・緊急時制限」方式を導入する。
　(3)　公共料金，価格支持制度などの価格規制は必要最小限の商品・サービスに限定する。また，規制の方法として幅価格制，上限価格制を導入する。
　(4)　国際運賃等国際共通ルールに基づいて行われる規制については，国際共通ルール以上の規制（上乗せ規制，横出し規制）は行わない。
　2．社会的規制は「自己責任」を原則に最小限に
　　安全・健康の確保，環境の保全，災害の防除などの社会的見地から行われる規制は，不断に見直しを進め，本来の政策目的に沿った必要最小限な規制内容とし，その透明な運用を行う。
　(1)　参入・設備等に関する規制については，既得権益の保護や参入抑制にならないよう，事業者の資格要件・設備要件を規制する最小限の規制とする。
　(2)　消費者保護のために行われる規制は，自己責任原則を重視し，技術の進歩，消費者知識の普及などを踏まえ，必要最小限の範囲，内容にとどめる。
　(3)　安全・環境保全の見地から行われる規制も，(2)と同様最小限にとどめる。
　　　　……
　Ⅲ　規制緩和の効果を高めるために
　1．独占禁止法の厳正運用を徹底する。再販売価格維持制度，個別法による適用除外カルテルは5年以内に原則廃止する。……
　2．規制緩和を促進するため，製造物責任（PL）制度を含む総合的消費者被害防止・救済制度の確立を急ぐ。
　3．規制及び行政指導の運用の迅速性，透明性を確保するため，「行政手続法」の的確な運用を図る。……　　　　　　　　　　　　　　　　　」（下線は原文）

　平岩レポートは，経済的規制は「原則自由，例外規制」，社会的規制は「自己責任を原則に必要最小限に」という規制緩和の基本原則を宣言したマニフェストであった。具体的には，経済的規制について，需給調整条項の早期廃止を求め，電力・ガスの公益事業に踏み込み，かつ公共料金の自由化等を提言した。社会的規制についても，企業のみならず消費者にも自己責任を求めたことが注目される。

公取委と規制緩和——「競争政策の積極的展開」

　規制緩和に対する関心が高まるにつれて，公取委は再び活動を開始した。昭和63年（1988）7月に「政府規制等と競争政策に関する研究会」（座長鶴田俊正）を発足させ，同研究会は翌平成元年（1989）10月に「競争政策の観点からの政府規制の見直し」と題する報告書を公表した[16]。この報告書は，個別分野における

第2部　日本に求めているのは自由で開放された市場である　1989～2000

規制の問題点を指摘し改善の方向を示しているが，ここで注目すべきなのは，規制緩和の意義や必要を体系的に説いた総論部分と公取委自身への提言であろう[17]。

「Ⅰ　総論
　1　競争と規制
　　　我が国がよりどころとする自由経済体制は，消費者及び事業者が自らの自主的な判断に基づき自由な経済活動を行うことにより，市場メカニズムを通じた経済の活力ある発展，消費者の多様な選択及び豊かな国民生活が達成されるとの考え方に基づいており，その経済運営においては，事業者の公正かつ自由な競争の維持・促進を図ることが基本となっている。
　　　一定の分野においては，事業者の参入，価格決定その他の事業活動に対する規制が行われているが，経済活動については，本来，自由を原則とすべきであって，例外的に規制が必要な場合においても，事業者間の競争を制限する効果を最小限とすること，あるいは可能な限り競争が機能する余地を残すことによって，競争によって得られるべき経済活動の活力及び消費者の利益を確保すべきである。
　　　　　……
　4　規制の問題点
　　(1)　適正な資源配分の阻害　……
　　(2)　競争制限的体質の助長
　　　　規制の下では，事業者間の協調行動がもたらされやすくなる。規制が事業の一定部分に限って行われている場合にも，規制により業界横並び的な意識を持つようになり，こうした業界の協調的体質が原因となって，規制が行われていない部分についても競争を避けようとする傾向が生じやすい。また，規制対象業種において，行政当局が各事業者に対し画一的な指導を行ったり，さらには，事業者団体を通じて指導を行う場合には，事業者間のカルテルを誘発しやすい。
　　(3)　既得権益の擁護　……
　　(4)　規制変更の困難性　……
　　(5)　規制の不透明性　……
　5　規制に関する基本的考え方　……
Ⅱ　各分野における政府規制の問題点と改善の方向　……
おわりに
　　　……また，規制緩和後において，市場原理を有効に機能させるためには，独占禁止法の厳正な運用が不可欠である。

---

(16)　政府規制等と競争政策に関する研究会「競争政策の観点からの政府規制の見直し」鶴田俊正編『政府規制の緩和と競争政策』（平成元年）5頁。

第2章 規制緩和の本格化と独占禁止法

公正取引委員会に対しては，今後とも，独占禁止法適用除外制度を含む政府規制の見直しを推進することと併せて，規制分野及び規制を緩和した分野のいずれにおいてもカルテル等の競争制限行為，不公正な取引方法等の競争阻害行為に対し，独占禁止法に基づき厳正に対処するなど，競争政策をより一層かつ積極的に運営していくことが期待される。　」

ここには，規制緩和と独占禁止法の運用強化とは表裏一体の関係にあることが既に明確に述べられている。平成6年 (1994) の年頭所感において，公取委の糸田省吾事務局長は，「規制緩和の基本理念は競争原理の徹底にありますから，大事なのは，緩和後において，独占禁止法を厳正に運用することであります」[18]と強調した。規制がなくなっても業界において競争制限が行われていたのでは，規制緩和の意味がないからである[19]。公取委は規制緩和を独占禁止法ないし競争政策を前進させる絶好の機会ととらえた。そうして政府への働きかけが功を奏したのであろう，同年2月8日の細川内閣による「今後における行政改革の推進方策について」[20]のなかに，次のように「競争政策の積極的展開」が独立の項目として採用された。

「(5)　競争政策の積極的展開

　　個別法による独占禁止法の適用除外カルテル等制度について，5年以内に原則廃止する観点から見直しを行い，平成7年度末までに結論を得るとともに，再販売価格維持制度についても，同様の観点から見直しを行い，再販指定品目については，平成10年末までにすべての商品の指定を取り消す方向で見直しを進める。また，事業者団体の活動に関する独占禁止法上の指針の改定作業を進める。

　　その他，独占禁止法の厳正・的確な運用を通じた競争条件の整備を図る。」

これは，政府が規制緩和と一体として競争政策を推進することを公約したものとして重要である。競争原理を徹底するなら独占禁止法の適用除外制度の見直しは当然であり，公取委もその調査検討は既に進めていた。とはいえ，ここに記載

---

(17)　公取委事務局「競争政策の観点からの政府規制の見直し（概要）」政府規制等と競争政策に関する研究会前掲注(16) 312頁。なお，本書では個別分野における規制緩和について言及しないが，文献としてはジュリスト1044号（平成6年）の「規制緩和の課題と論点」，同1082号（平成8年）の「規制緩和推進と法」の特集などを参照。

(18)　糸田省吾「公正で自由な事業慣行をめざして」公正取引平成6年1月号6頁。

(19)　規制緩和後の競争制限的な慣行を，民による民の規制として当時「民民規制」と呼んだ。

(20)　『今後における行政改革の推進方策について』（平成6年2月8日，行政改革推進本部決定）。

第2部　日本に求めているのは自由で開放された市場である　1989〜2000

されていないが，独占禁止法中の規制である持株会社の禁止をどうするかという困難な問題が登場する。それについては次項で検討するが，その前に規制緩和の是非をめぐる論争を紹介しておこう。

規制緩和をめぐる論争——日本経済の活性化か？　階層の二極分化か？

　規制緩和に対しもろ手を挙げて賛成する議論ばかりではなかった。規制緩和を批判する内橋克人とグループ2001は，次のように報告した[21]。米国の航空自由化が，当初予想もしえなかった「破壊的競争の激化と，それに続く寡占の進行」をもたらし，その結果，運賃は下がらず終身雇用制は終わりを告げ——失職したスチュワデスの話が印象的である——，富の二極分化が進行する一方，新しい産業は生じなかった，と。その上で，規制緩和は「これまでの労使慣行，雇用形態，文化といったいわゆる日本型資本主義と呼ばれてきたものとまったく相反する概念である」とし，平岩レポートが規制緩和の負の面を「短期的には経済社会の一部に苦痛を与えるが」の一言で片づけていると非難した。

　これに対して経済学者の中谷巌＝伊藤隆敏は，確かに米国の航空業界は寡占化したが新規参入の圧力にさらされ安易に運賃の値上げはできないし運賃の多様化も進んでいて，自由化は一般に好意的に受けとめられていると指摘した。その上で，失業者が出たり保護されていた業界が一時的に窮地に陥ることもやむを得ないが，「長期的には業界全体，あるいは経済全体でみるとプラスに働くと考えるべき」であり，「規制緩和は万能ではないが，日本経済を活性化する大きな起爆剤になることは確実」であると反論した[22]。

　その後本格的に実施段階に移行した国内の規制緩和に対し，内橋らはさらに批判を加えた。すなわち，規制緩和が地方の衰退をもたらしているとして，離島航空路線を運行する独立コミューター会社の失敗やスーパーの出店攻勢により倒産する酒販店の例を挙げた。化粧品による消費者被害の実例を踏まえて，自己責任原則に基づく安全規制対策として制定された製造物責任法の欠陥について考察した。さらに規制緩和がもたらす最大の問題として雇用を取りあげ，航空会社のスチュワデスを正社員から契約社員に切り替える動きを追及した。結論として，日本でも「階層の二極分化」が始まっているが，「健全なる中間層が厚い層を構成

---

(21)　内橋克人とグループ2001『規制緩和という悪夢』（平成7年）14頁以下（原論文は文芸春秋平成6年8月号掲載）。引用部分は同書19頁・43頁。

(22)　中谷巌・伊藤隆敏「規制緩和は「悪夢」か「福音」か」エコノミスト平成6年8月30日号46頁。中谷は平岩レポートを作成した経済改革研究会のメンバーであった。

第2章　規制緩和の本格化と独占禁止法

している社会でなければ，民主主義はうまく機能しない」と警告した[23]。

これに対して，「最もラディカルな規制破壊論者」を自認する経済学者の中条潮は次のように反論した。すなわち，緩和はすべての規制を破壊することが目的ではなく，問題となっているのは経済的規制，特に競争抑制的な規制である，スチュワデスの給与が高かったのは規制に守られて高い運賃の収受が可能であったからできた，内部補助をやめて競争に任せれば不採算路線から撤退する部分も出てくるが，社会的に必要なサービスを維持するには「競争抑制＋内部補助」よりも「競争＋直接補助金」のほうが効率的である，地元小売店が衰退するのは顧客ニーズに対応した経営政策をとっていないからであり，競争によって淘汰されるのは非効率な企業・産業であって社会的弱者はむしろ競争によって価格低下等の恩恵を受ける，競争を導入しても安全規制を独立に行うことは可能である，「規制の最も大きなコストとは自由を失うこと，そして社会が活力を失うことである」，規制緩和は世界の流れであり「与件」である，と[24]。

この規制緩和論争の両者の差異はみかけほど実質的に大きくなく，違いは規制緩和によって多数者が受ける利益を重視するか少数者が受ける負の影響に注目するかによって生じている。思想的には，最大多数の最大幸福を重んずる功利主義か，少数者の権利・自由の侵害を看過しないリベラリズムかの違いであったと思われる。日本経済が長期停滞にはいり経済の活性化が課題となった1990年代においては規制緩和推進論が圧倒的な支持を集めることになるが，2000年代には内橋らの懸念——雇用や所得格差の問題——も次第に現実化していく（第3部第2章参照）。

内橋らは，規制緩和を主張する財界人や経済学者の「独占禁止法に対する無関心」をも批判した。とりわけ経済学者や財界人が純粋持株会社の禁止解除を熱心に唱えていることを問題にした[25]。中条は「独禁法の強化は公的規制の緩和を

---

(23)　内橋ほか前掲注(21) 77頁（原論文は文芸春秋平成7年2月号）。引用部分は同書108頁。
(24)　中条潮『規制破壊』（平成7年）3頁。引用部分は同書28頁。中条の反論は，内橋らの主張だけでなく飯田経夫「資本主義を超えて「規制緩和」大合唱は国を誤る」サンサーラ平成6年11月号20頁以下に対する反論でもある。
(25)　内橋ほか前掲注(21) 88頁・119頁。なお，内橋らは，米国の航空自由化の失敗の原因としてレーガン政権下の反トラスト法の緩和を挙げ，コンテスタビリティーの理論（参入や退出に回収不可能な費用がかからず常に潜在的参入圧力が存在する市場では独占でも超過利潤を得られないとして独占を容認する理論）に基づいて合併を容認したり，略奪的価格を不問に付したり，大手企業に有利なマイレージサービス（FFP）を取り上げなかったと指摘している。

第 2 部　日本に求めているのは自由で開放された市場である　1989～2000

主張する場合には常識」[26]であるとしたが，ほとんどの規制緩和推進論者は持株会社の解禁に賛成した。

消費者団体はどうか？消団連の太田吉彦事務局長は，「既得権の擁護になっていたり，あまり意味がないような規制は緩和すべきだと思う」としつつ，「社会的規制について，「自己責任」「必要最小限」を強調しているが，なんでも消費者に責任を押しつけるのでは困る」，「値段が安くなる一方で，安全や環境が犠牲にされるなら，反対だ」と述べた[27]。わが国の消費者団体にはこれまでの経験から価格低下よりも安全性を重視する伝統があった。

経済法学者はどうか？　経済法学者は，総じて規制緩和を支持したと思われるが，懐疑的な意見も少なくなく[28]，少数ながら強い反対意見があった。本間重紀は，労働法，社会保障法，独禁法などの規制緩和を「社会法の解体」と，借地借家法，消費者法などの規制緩和を「「市民法の修正」の再修正」と呼んだ。そして，「市民法の復古とでもいうべきおそるべきアナクロニズムが流行している」と憤った[29]。確かに，規制緩和は市場原理の回復が目的であるから「社会法の解体」の側面があることは否定できないが，それは19世紀型自由放任への逆戻りを目指すものではないことも明らかである。とはいえ，本間の批判は，第 2 部に登場する新自由主義的な市場万能論に対する警鐘でもあった。

2　持株会社の解禁——規制緩和と経済民主主義の相剋

六大企業集団の盛衰——高度成長期のビジネスモデル？

持株会社解禁の問題に入る前に，本書上巻でほとんど触れることがなかった企業集団[30]について記しておこう。経済民主化政策として財閥は徹底的に解体さ

---

(26)　中条前掲注(24) 21 頁。
(27)　平成 5 年 11 月 9 日付け日本経済新聞「安全と環境　歯止めは？」（平岩レポートに対する太田事務局長のコメント）。なお，鈴木深雪「生活者重視の規制緩和」公正取引平成 7 年 5 月号 4 頁，同「安全性確保のための規制の緩和と消費者」経済法学会年報 16 号（平成 7 年）62 頁も参照。
(28)　正田彬「規制緩和と国民生活」ジュリスト 1044 号（平成 6 年）36 頁。なお，『特集　規制緩和と消費者』経済法学会年報 16 号（平成 7 年）掲載の諸論文参照。
(29)　本間重紀『暴走する資本主義』（平成 10 年）15 頁。
(30)　企業集団の指標として，公取委は，①社長会の開催，②株式の持合い，③役員の相互派遣，④系列融資，⑤集団内取引，⑥新規事業への集団としての進出，⑦共通の商標等の管理，シンボルの展示を挙げたことがある（「総合商社に関する第 2 回調査報告」（昭和 50 年。独占禁止懇話会資料集Ⅴ（昭和 54 年）187 頁）。これにおおむねあてはまるのがいわゆる 6 大企業集団であった。これらは業種横断的でゆるやかな結合であったが，

第2章　規制緩和の本格化と独占禁止法

れたが、早くも占領終了前後に三井、三菱および住友の3グループにそれぞれ社長会が結成され[31]、同系企業間の株式の持合いが進められた[32]。当時は間接金融の時代であり、「金融系列」とも呼ばれたように旧財閥系企業の結合に銀行の果たす役割が大きかった。資本自由化が進むと安定株主対策として株式の持合いはさらに強化され、昭和40年代初めには富士、三和、第一＝勧銀の都市銀行を中心とする社長会が結成され、非財閥系企業集団が形成された[33]。これらの旧財閥系・非財閥系企業集団は、あわせて「六大企業集団」と呼ばれた。

　ここで注意すべきことは、かりにかつての財閥本社を復活しようとしても、持株会社の設立は独占禁止法9条によって禁止されていたから不可能であったし、財閥解体後登場した意欲的な若手経営者らが財閥本社の支配に服することを望んでいなかったと思われることである。

　公取委は当然ではあるが経済力の集中に関心を有し、継続的に一般集中度調査を行ってきた。昭和55年度の調査結果によると、わが国の一般集中度は低下傾向にありかつ欧米と比較しても必ずしも高くはなかった[34]。六大企業集団との関連では、商社問題を契機に行った調査の結果、銀行と並んで総合商社が企業集団において地位を高めていることが明かになり、昭和52年の法改正により大規模事業会社の株式保有総額の制限が導入された（9条の2）（上巻・498頁・535頁）。この規制の一つの目的は、持株会社の禁止と同様、経済力の集中の抑止にあった。

　公取委は、昭和52年（1977）度を対象に開始して以降、しばしば六大企業集団の実態調査を行ってきたが、ここでは平成元年（1989）度を対象にした調査結

　　特定の産業における垂直的で強い結合関係にある企業グループ（たとえば、トヨタグループ）は独立系企業集団と呼ばれた。
(31)　奥村宏『日本の六大企業集団』（平成6年）112頁、橋本寿朗ほか著『現代日本経済』（平成10年）103頁。
(32)　公取委が行った調査によると、昭和32年3月末において旧財閥系3グループの構成会社30社の株式はほとんどが同系内の金融機関と主要会社によって所有されており、「金融機関と主要会社とが、解体時の家族・本社にかわり、グループの中心的な存在になっている」としている（公取委・昭和32年度年次報告181頁）。
(33)　奥村前掲注（31）114頁、橋本ほか前掲注(31)106頁。
(34)　公取委事務局経済部企業課「一般集中調査の調査結果の概要（上）（下）」公正取引昭和57年11月号50頁以下および同12月号24頁。わが国の非金融業総資産みると上位100社が占める割合は21.4％、製造業総資産でみると上位100社が占める割合が33.8％（いずれも昭和55年度）であるのに対し、米国の鉱工業上位200社の総資産集中度は62.4％（1977年）であり、英国の製造業上位100社の純生産額集中度は41％（1977年）、西ドイツの非金融業売上高上位100社の売上高集中度は24.2％（1978年）であった。後藤晃＝鈴村興太郎編『日本の競争政策』（平成11年）238頁（後藤執筆）も参照。

239

第2部 日本に求めているのは自由で開放された市場である 1989～2000

果の概要[35]を紹介しよう。

六大企業集団の社長会メンバー企業数（平成2年3月末現在）

三井	三菱	住友	芙蓉	三和	第一勧銀	計（重複加入除く）
二木会	三菱金曜会	白水会	芙蓉会	三水会	三金会	
24	29	20	29	44	47	188

六大企業集団の株式持合率[注]（％）（平成元年度）

三井	三菱	住友	芙蓉	三和	第一勧銀	平均
19.46	35.45	27.46	16.39	16.46	14.60	21.64

(注) 株式持合率とは，企業集団のメンバー企業が同一企業集団のメンバー企業によって所有されている株式の比率の平均である。

金融機関を除いた集団内取引比率（％）（平成元年度）

	三井	三菱	住友	芙蓉	三和	第一勧銀	平均
集団内売上比率	6.54	14.34	12.23	6.37	3.62	4.84	7.28
集団内仕入比率	7.65	16.07	12.84	7.07	4.15	5.29	8.10

六大企業集団のわが国経済に占める地位（％）

	資本金	総資産	売上高
昭和56年度	14.57	15.10	15.78
昭和62年度	15.19	13.28	14.68
平成元年度	17.24	13.54	16.23

以上の調査結果に対して，公取委は，「総じてメンバー企業間の株式所有関係や役員派遣関係は強いものではなく，しかもその関係の程度は低下してきている」，集団内取引について「メンバー企業と同一企業集団に属さない企業との間で広く取引が行われていることを示して」いるとのまとめを行った。他方で，「六大企業集団の我が国経済に占める地位は依然として大きく，かつそれぞれの業種においていずれも有力な企業がメンバーとなっていることにかんがみ，競争政策の見地から引き続き企業集団の機能等を検討するうえで，今後とも定期的に

---

[35] 公取委事務局「六大企業集団の実態調査結果の概要」公正取引平成4年4月号51頁および独占禁止懇話会資料集XII（平成4年）311頁第19表参照。

第2章　規制緩和の本格化と独占禁止法

実態の把握に努める必要がある」と述べた。

　戦後の企業集団の特色は，戦前の財閥のようなピラミッド型の支配構造にあるのではなく，メンバー企業間の株式の相互持合いによる「相互支配」の構造にある(36)。それ故に，企業集団の第一の目的は，結成の経緯から見ても安定株主対策（乗っ取り防止）にある。確かに日本経済の15％を支配する各企業集団が毎月秘密の社長会を開いていることは，分権的な経済社会を理想とする立場——独占禁止法1条もそのような立場と解される——からすれば好ましいことではない。しかし，緩やかな結合であり，競争制限効果が明らかでない以上，企業集団の構造自体を独占禁止法上問題とすることは困難である。構造はともかく，さまざまな社長会の活動や企業集団の機能(37)に問題はなかったのか？

　日米構造問題協議において，企業集団は系列関係の1類型として問題となった。公取委は集団内取引の比率が高くないと言っているが，高低の基準がないので，何とも言えない。独占禁止法上の問題は，競争者排除効果を有する差別的・排他的または相互的な取引が集団内で行われているかどうかである。三菱商事の三村庸平会長は「他の条件が同じなら，グループ会社に発注する。それはあるかもしれない」と語った(38)。それはまさしくグループ会社優先であり，「市場において有力な事業者が株式持合い関係の有無を理由として差別的取扱いを行うなら

---

(36)　奥村前掲注(31) 129頁。企業集団の法学的文献としては，『現代経済法講座4　企業系列と法』（平成2年）54頁以下（根岸哲執筆），『同3　企業結合と法』（平成3年）207頁以下（本間重紀執筆）等がある。

(37)　御園生等『日本の独占禁止政策と産業組織』（昭和62年）272頁は，社長会の機能を次のように整理している。ただし，そのような事例が見られるといった程度のものも多く，かつ企業集団によって差がある（特に旧財閥系と都市銀行系）ことに注意しなければならない。

「1　情報，連絡機能
　　(イ)情報交換，(ロ)共同調査，宣伝，(ハ)商標，商号の管理，(ニ)政財官との関係調整
　　(…)
2　共同事業，共同出資
　　(イ)技術開発協力，共同研究機関の設立，運営，(ロ)海外投資，プロジェクトチーム，ジョイント・ベンチュアの編成(ハ)共同投資会社の設立
3　企業間調整
　　(イ)分野調整，製品交換(ロ)競合投資の調整(ハ)技術提携，業務提携
4　管理統制
　　(イ)安定株工作，乗っ取りに対する共同防衛，(ロ)同一集団内業績不振企業の救済，(ハ)メンバー企業の首脳人事への関与介入　　　　　　」

(38)　「「ケイレツ」——あまりに日本的・それでも普遍的」週刊東洋経済平成2年7月28日号24頁。

ば，不公正な取引方法として違法となるおそれがある」[39]のではないか？

　日米構造問題協議最終報告書は，企業集団に関し，「社長会の会合については，その活動内容を対外的に明らかにする等透明度を高めることが望ましい」とし，かつ公取委に対して定期的な調査とその結果の公表を求めた[40]。公取委は六大企業集団の調査を第7次（平成13年公表）まで行ったが，第7次調査によれば「六大企業集団の我が国経済に占める地位は相対的に低下しており，資本・人的関係及び取引関係による結付きは，……総じて弱まる傾向にある」とのことであった[41]。

　六大企業集団の弱体化の契機となった要因としては，企業が資本市場からの資金調達を増大させ銀行融資への依存を低下させたこと，時価発行増資等が公募によって行われ大株主の持ち比率を低下させたこと，産業構造の変化により重化学工業への巨額の設備投資が必要でなくなり銀行の果たす役割や企業間取引の仲介において総合商社の果たす役割が小さくなったことがあったとされる[42]。「企業集団は高度経済成長期に有効なビジネスモデルであり，低成長期にはその存在意義が失われ」たということができる[43]。

　この関連で注目されるのは，企業集団の中核であった銀行の3大メガバンクへの統合である。平成12年（2000）に第一勧銀，富士銀行および日本興業銀行が共同で持株会社「みずほフィナンシャルグループ」を設立しようとしたとき，公取委が企業集団内の事業者間の結び付きが維持・強化されるとの懸念があると指摘したことに対し，3行から「中立的かつ開かれた金融グループとして事業活動を行うことにしており，同グループが中心となって排他的な企業集団を形成していくことは考えていない」（傍点筆者）として「銀行を中心に運営される形での企業グループは，解消を含め，運営の見直しを行う」との申し出があった[44]。他方，その他のメガバンクは，公取委の同様の指摘について，「排他的な企業集

---

(39)　検討委員会報告書・78頁。
(40)　日米構造問題協議最終報告書（平成2年）Ⅶ1(2)。
(41)　伊藤正敏「「企業集団の実態について（第七次調査報告書）」の概要」公正取引平成13年8月号33頁。
(42)　奥村宏『徹底検証　日本の三大銀行』（平成26年）65頁。
(43)　菊地浩之『企業集団の形成と解体──社長会の研究』（平成17年）401頁。
(44)　公取委平成12年度年次報告259頁。具体的には，富士銀行，第一勧銀がそれぞれ社長会の事務局・幹事役を外れ，開催場所も銀行本店から他所に変更するという。なお，メガバンク統合の機会に公取委は企業集団の終焉に向けた措置をとるべきであると主張するものとして，匿名コラム「視点　企業集団の終焉に向けて」公正取引平成11年12月号38頁があった。

第2章　規制緩和の本格化と独占禁止法

団を形成する意思はない」等として，社長会に関して何らかの措置をとろうとはしなかった(45)。

3大銀行への統合再編を契機に，「企業集団は崩壊・解体にむかっている」(46)，「六大企業集団が並存する体制は崩壊した」(47)，「企業集団体制そのものが崩れだした」(48)と言われている。後発資本主義に一般にみられる財閥がわが国の高度成長期に変型再生したのが六大企業集団であり，わが国の資本主義の成熟とともに天命を全うしたと言えるかもしれない。六大企業集団はもはや競争政策の関心の対象外となり，その現状は明らかでない。とはいえ，驚くべきことは，少なくとも三菱金曜会は現在も非公開の社長会として開催されていることである！(49)

持株会社解禁の行政過程──公取委の方針転換とその背景

独占禁止法9条は持株会社を全面的に禁止していた(50)が，同法の他の諸規定が緩和されても「わが国の独占禁止政策における一つのかなめ」(51)として長く維持されてきた。わが国の独占禁止政策の原点は財閥解体にあり，経済民主化政策の象徴的な規定が9条──戦争放棄を定めた憲法9条と並び称された──であった(52)。公取委は9条の運用に慎重な姿勢をとり，同条違反として法的措置をとっ

---

(45)　UFJグループについて，平成12年度年次報告271頁，三菱東京フィナンシャル・グループについて，同278頁，三井住友銀行について，同294頁。
(46)　菊地前掲注(43) 395頁。
(47)　鈴木健『六大企業集団の崩壊──再編される大企業体制』(平成20年) 43頁。
(48)　奥村前掲注(42) 69頁。
(49)　ホームページ (http://www.mitsubishi.com/kinyokai/) 参照。三菱金曜会は自らを懇親会であるとしている。
(50)　平成9年改正前の9条は，次のように規定されていた。
　　　「第9条　持株会社は，これを設立してはならない。
　　　　②会社（外国会社を含む。以下同じ。）は，国内において持株会社となってはならない。
　　　　③前2項において持株会社とは，株式（社員の持分を含む。以下同じ。）を所有することにより，国内の会社の事業活動を支配することを主たる事業とする会社をいう。」
　　　このように，株式を所有することにより他の事業者を支配することを主たる事業とするいわゆる「純粋持株会社」は規模を問わず禁止される一方，主たる事業としない会社は「事業（兼営）持株会社」として許容された。以下において，持株会社とは純粋持株会社のことをいう。
(51)　今村成和「持株会社と独占禁止法」公正取引昭和42年5月号4頁（同『私的独占禁止法の研究(三)』(昭和44年)所収）。
(52)　持株会社の解体は4大財閥だけでなく中小・地方財閥も対象となったこと，保有株式

243

第2部　日本に求めているのは自由で開放された市場である　1989～2000

た事例はないが，注意や改善指導を行っていたようである[53]。

　9条が維持されたとはいえ，この間しばしば持株会社禁止に対して緩和を求める意見が繰り返された。昭和42年（1967），欧州経済使節団（団長大屋晋三帝人社長）が，資本自由化を前に国際競争力強化・企業規模拡大の集中提携の方式として持株会社の容認を主張した[54]。昭和57年（1982）には，公取委の橋口委員長自ら持株会社解禁を提唱して，独禁法関係者を驚かせた[55]。昭和62年（1987）には，円高を背景とする経済環境の変化に対し，経済界において再び持株会社復活運動が起こった[56]。経団連は，水平的な企業統合やリストラクチャリング（事業の再構築）が容易になりかつ海外展開の手段として好適であるとして，持株会社の活用を提言した[57]。これに対して，高橋元委員長は次のように批判した[58]。

　「現状でも財産管理会社は認められているし，事業会社の株の持ち合いや経営多角

　　　の処分は会社証券保有制限令により制限会社等事業会社にも広汎に及んだこと，それを受けて原始独占禁止法は持株会社を禁止するだけでなく事業会社が他の会社の株式を保有することを原則として禁止していたことが想起されるべきである（上巻・62頁・139頁）。昭和24年に会社の株式保有制限が緩和されると，わが国においては事業会社が盛んに株式を保有するようになり，事業持株会社が一般化することになる。

[53]　9条の運用状況は明らかでないが，日本ミネチュアベアリングの親会社の高橋商会の運営が「持株会社的で問題がある」と公取委が注意したと伝えられたことがある（「第二の三光汽船"狙う高橋式"株価経営"」週刊東洋経済昭和47年9月30日号38頁）。

　　　なお，大手メーカーの創業家の持株機関（財産保全会社）や都市銀行のダミー会社といわれるものがあったが，これらの疑似持株会社は他に事業活動を営んでおり，公取委は他の会社の事業活動を支配することを「主たる事業」とする会社ではないと解釈しているとみられていた（奥村宏『新版　法人資本主義の構造』（平成3年）164頁）。

　　　第9条に関連するガイドラインとして「ベンチャー・キャピタルに対する独占禁止法上の取扱について」（昭和47年11月9日公表）とこれを全面改正した「ベンチャー・キャピタルに対する独占禁止法第9条の規定の運用についての考え方」（平成6年8月23日公表）があった。

[54]　欧州経済使節団「産業体制近代化に関する提言」経団連月報昭和42年3月号66頁。なお，この時期における持株会社と独占禁止法の関係についての比較法的研究として，鞠子公男『持株会社』（昭和46年）がある。

[55]　昭和57年5月7日付け朝日新聞記事「公取委員長　独禁法の改正提唱」。

[56]　このとき，山中貞則自民党独禁法特別調査会長が「国際的な立場から独禁法再検討の意見を出す」と発言したことが注目された。昭和62年1月31日付け日本経済新聞記事「独禁法改正へ要求強める財界」，渡部慶一「突っ走る山中貞則氏の狙いは？」エコノミスト昭和62年2月24日号25頁。しかし，山中会長はこの時点で自らの見解を明らかにしなかった。

[57]　弓倉礼一「経済環境の変化と競争政策のあり方」経団連月報昭和63年2月号44頁。

[58]　昭和62年3月7日付け朝日新聞記事「独禁法改正は不要」。

第 2 章　規制緩和の本格化と独占禁止法

化もできている。あえて法改正して，持ち株会社を認める必要はない。戦前の財閥支配をなくした独禁法第 9 条は戦後の経済民主化の出発点ともいえ，これを捨てることは外国からの批判を招くなど危険の方が大きすぎる。」

　平成 4，5 年頃，バブル崩壊による景気の低迷の状況下，経済界において三度目の持株会社論議が起こった[59]。今回の解禁論は，規制緩和の本格化のなかで，規制緩和の一環として主張された。そして，持株会社解禁の実現に向かう直接の契機となったのは，平成 7 年（1995）2 月の通産省の企業法制研究会（松下満雄座長）報告書[60]である。

　この報告書は，「戦前と異なり政治経済のあらゆる制度が極めて民主的なものとして定着した今日，独占禁止法によって規制すべきは，基本的には一定の取引分野における競争の実質的制限である」と一般集中規制の必要性に疑問を提起しつつ，持株会社には「多角化・多国籍化等に対応した効率的企業組織の実現と円滑な人事・労務管理の実現（新規事業展開及びリストラの促進）」等のさまざまな経済的効用があることを挙げ，かつ企業が持株会社を選択すべきでないという理由はなく，「企業がこれを選択する合理性は，市場で判断されるべき性格のもの」と指摘した。そして，「その廃止に向けた具体的検討に着手」するよう政府に求めた。

　これに対して，公取委は当初は持株会社解禁に全面的に反対していた[61]が，その後公取委は持株会社問題について検討することに応じた。その契機となったのが，平成 7 年（1995）3 月 20 日の橋本通産相と小粥公取委員長の隠密の会談であったとされる。その席で，小粥は持株会社解禁に肯定的な発言をするとともに，公取委の組織強化を要請し橋本がこれを了承したとされる[62]。真相は明らかで

---

(59)　持株会社解禁の経緯については，松下満雄監修・阿部泰久・和田照子著『持ち株会社解禁』（平成 8 年）37 頁，鵜澤恵子「持株会社規制等の見直しの概要について」公正取引平成 9 年 8 月号 4 頁，下谷政弘『持株会社解禁』（平成 8 年）61 頁参照。
(60)　報告書は，通産省産業政策局編『企業組織の新潮流』（平成 7 年）に収められている。引用部分は，同書 28・31・37・60 頁。
(61)　平成 7 年 3 月 6 日の参議院予算委員会における峰崎直樹議員（社会）の質疑に対する小粥委員長の答弁参照。公取委の担当課長の主張として，舟橋和幸「持ち株会社禁止は必要」平成 7 年 3 月 24 日付け日本経済新聞経済教室も参照。
(62)　朝日新聞「変転経済」取材班編『失われた＜ 20 年＞』（平成 21 年）58 頁。なお，同会談に同席した当時の公取委事務局長糸田省吾は，「規制緩和を進める中で公取委の組織強化は絶対必要でした。ただ，持ち株会社解禁は別問題です。……［財閥復活といった］幻影におびえて規制を続けていては，企業の負担が大きくなりすぎる。どこかで取り払わないといけない，と考えていました」と証言している（同書・61 頁）。委員長退

ないが，こうして通産省と公取委の間に暗黙の了解が成立したのであろう，平成7年（1995）3月31日，村山連立内閣は，「規制緩和推進計画」に持株会社と公取委の体制強化に関して，次のように盛り込んだ(63)。

「5　競争政策の積極的展開
　　……
　(9)　持株会社問題に関する検討
　　　公正取引委員会は，持ち株会社規制について，事業支配力の過度の集中を防止するとの趣旨を踏まえ，「系列」，企業集団等の問題に留意しつつ，我が国市場をより開放的なものとし，また，事業者の活動をより活発にするとの観点から，持株会社問題についての議論を深めるため，検討を開始し，3年以内に結論を得ることとしている。
　　……
　(11)　公正取引委員会の体制の強化
　　　規制緩和に伴い競争政策の徹底を図り，公正な競争を確保する観点から，公正取引委員会の組織，人員等の面で体制の強化を図ることとしている。」（傍点筆者）

公取委は，各種実態調査を行いつつ，同年11月8日から，独占禁止法第4章改正問題研究会（座長館龍一郎，座長代理正田彬）を開催した。研究会の開催中であったが，12月14日，行政改革委員会は「純粋持株会社の禁止は合理的根拠を欠き，不当に企業活動を制約するものと考える」とし，規制の廃止を求めた(64)。公取委の研究会は，同月27日，6回の会合を経て，次のような中間報告書を公表した(65)。

「4　持株会社禁止制度の目的
　　……上記持株会社禁止制度の目的について今日的観点から検討すると，……今日では，戦前と同じような形での財閥の再現の可能性は事実上想定しがたいところである。

　　任後まもなく，小粥は公取委の組織強化に橋本通産相が多大の貢献をしたことを記している（小粥正巳「委員長時代の思い出」公正取引平成9年7月号41頁）。なお，古賀茂明『日本中枢の崩壊』（平成23年）271頁も参照。
(63)　山田昭典「規制緩和推進計画と競争政策の積極的展開について」公正取引平成7年7月号10頁。持株会社問題については閣僚間に意見の不一致があり，山口鶴男総務庁長官（社会）が持株会社解禁に反対していた。
(64)　行政改革委員会『規制緩和の推進に関する意見（第1次）――光り輝く国をめざして』（平成7年12月14日）62頁。
(65)　『独占禁止法第4章改正問題研究会中間報告書』（平成7年）。

第2章　規制緩和の本格化と独占禁止法

　他方，……我が国では上記(1)のような経済実態がみられるので，このような状況下で，仮に持株会社という経済力集中の手段となりやすい会社形態を全面的に認容することとすると，持株会社が大規模な企業集団や「系列」を統括する存在となり，これにより，企業間の株式所有関係が現状以上に進んだり，株式保有を通じた企業間関係がより強固なものになることが懸念され，このような場合には，海外等から我が国市場への参入が妨げられたり，企業集団に属する企業とその他の企業との間で公正かつ自由な取引が行われ難くなる可能性があると考えられる。
　したがって，持株会社禁止制度の在り方について検討する場合，持株会社が経済力集中の手段となりやすいという性格を踏まえ，かつ，現在，我が国市場の開放性・透明性を向上させることが求められていることを併せ考えると，今日においても，その枠組みを基本的に維持することは重要であると考えられる。
5　持株会社禁止制度の見直し論の検討
　……以上を踏まえると，持株会社禁止制度の在り方を見直すに当たっては，事業支配力の過度の集中防止という第1条の目的規定を踏まえつつ，それに反しない範囲内で見直すことが妥当であると考えられ，具体的には，以下のような視点から検討を進めるのが妥当と考えられる。
　ア　現在の規制が持株会社禁止制度の目的に照らして過剰となっていないか，同制度の目的に反しないと考えられる類型の持株会社があるのではないか。
　イ　我が国の法制等との関係から，持株会社形態を採ることに，固有のメリットが存在するか，このような固有のメリットを達成する上で他に有効な方法はないか，その場合に事業支配力の過度の集中の防止を図るという観点から問題がないといえるか。
6　持株会社制度の在り方について
　……上記5(4)ア，イの観点から現行の規定を見直すこととした場合，持株会社禁止制度の目的に反しないと考えられる類型の持株会社としては，次のようなものが考えられる。
　ア　一定規模以下の会社が持株会社となる場合　……
　イ　純粋分社化の目的で持株会社を利用する場合　……
　ウ　ベンチャー・キャピタルが持株会社となる場合　……
　エ　金融業において，異業態間の相互参入方式等として持株会社形態を利用する場合……　　」（傍点筆者）

　この内容は，従来の公取委の改正不要論から一転して4類型の持株会社を容認する部分解禁論であった。実は，11月の研究会第1回会合の当日朝，公取委の部分解禁の方針が既に新聞報道されていた[66]。何故，公取委はかくも性急に部分解禁論に転じたのであろうか？

---

(66)　平成7年11月8日付け日本経済新聞記事「持ち株会社部分解禁」。

第2部　日本に求めているのは自由で開放された市場である　1989～2000

注目すべき二つの動きがあった。一つは，公取委の組織強化策の進展である。前記「規制緩和推進計画」公表の後，日米包括経済協議における橋本＝カンター会談の合意もあり（第2部第1章6参照），同年夏頃には，政府・与党関係者の間で理解が得られつつあった。とはいえ，「公取委は自民党の有力派閥が公取委の組織強化を承認するには9条の廃止または緩和が少なくとも部分的には条件となることを知らされた」という[67]。こうして，公取委は組織強化のために持株会社の一部容認に踏み切ることを決断したのであろう，それによって平成8年度予算編成において公取委事務局の事務総局への格上げが盛り込まれることになったとみられる[68]。

もう一つは，金融持株会社解禁の動きである。金融制度改革により業態間の相互参入のためには持株会社方式の活用が考えられていたが，独占禁止法9条の禁止があるため業態別子会社方式が採られていた[69]。また，バブル経済崩壊後の不良債権問題により金融機関の破綻が相次ぎ，持株会社形態による金融機関の統合・再編が課題となった。そこで，持株会社禁止の見直しが始まったのを受けて，大蔵省は金融持株会社の実現に向けて急遽積極的な姿勢をとることになった[70]。持株会社が解禁された最大の理由は，金融システムの再編プロセスを円滑に進めることにあったとの見解もある[71]。

年が明けると，公取委の部分解禁論はさらに政治によって翻弄される。

持株会社解禁の政治過程――社民党の抵抗から与野党も原則解禁へ

村山富市（社会党）首相は，平成8年（1996）1月5日退陣を表明し，同月11

---

(67) Freyer, p. 221（公取委関係者等のインタビューによる）。政府関係者も，「公取委は……組織強化を要望している。それなら持ち株会社解禁を前倒しすべきだ，との意見が与党，政府，経済界から寄せられ，公取委も受け入れた」と打ち明けたという（平成7年12月15日付け朝日新聞記事「解禁急浮上　思惑絡み」）。
(68) 平成7年12月24日付け日本経済新聞記事「公取委事務局総局に格上げ」。
(69) 金融制度調査会答申「新しい金融制度について（平成3年6月25日）」金融平成3年7月号28頁。平成5年に金融制度改革法が成立し，業態別子会社方式が可能になった。
(70) 平成7年11月22日付け日本経済新聞記事「金融持株会社が急浮上」。
(71) 下谷政弘『持株会社と日本経済』（平成21年）80頁。解禁に向けて，財界，通産省のほかに大蔵省も加わったことが決定的であったという。公取委の研究会の館座長は金融制度調査会にも関与し，平成7年12月末に同調査会会長に就任した。公取委の中間報告書は，相互参入のための持株会社は競争政策上積極的に評価できるとしつつ，破綻金融機関の救済方式としての持株会社については例外的に認容できるとするが歯切れが悪い。

第 2 章　規制緩和の本格化と独占禁止法

日，橋本龍太郎（自民党）内閣が成立した。持株会社問題について，自民，社会およびさきがけの連立与党 3 党は「企業のリストラの促進，ベンチャー企業の振興等を図るため，独占禁止政策に反しない範囲で持ち株会社を解禁する」ことで合意した[72]。

公取委は，同年 1 月 18 日，研究会の中間報告に基づく独占禁止法改正の基本方針を自由民主党の独禁法特別調査会に説明したところ，強い反発を受けた。自民党側からは「これでは全面禁止の現状とほとんど変わらない」，「海外では認められているのだから，原則として解禁すべきだ」との意見が相次いだ[73]。修正要求の中心となったのは山中貞則会長であり[74]，ここでも政治家山中が決定的な役割を果たした。

そのため，公取委は部分解禁から原則解禁へ再度方針転換を図ることにした。すなわち，公取委が 2 月 7 日に与党に提示した独占禁止法改正案の骨子によると，事業支配力の過度の集中を招く場合にかぎって持株会社の設立を禁止する，「過度の集中」についてはガイドラインを作成する，資産総額 5,000 億円を超える持株会社グループは設立後公取委に届け出させ，毎事業年度終了後に株式所有状況を公取委に報告させる，というものであった[75]。

どうして公取委は「豹変」し「迷走」したのか？「法案には公取委の組織強化も盛り込まれるが，政府内部や自民党に反対があっては，法案提出自体が危ぶまれる。追い込まれた公取委が，全面自由化に転じたのが真相だ」と報道された[76]。

---

(72)　平成 8 年 1 月 8 日付け日本経済新聞「与党 3 党の新政策合意要旨」，鵜瀞惠子編『別冊商事法務新しい持株会社規制』（平成 9 年）341 頁。

(73)　平成 8 年 1 月 19 日付け朝日新聞記事「「原則は自由に」自民党，公取委の持ち株会社部分解禁に反発」。

　　ちなみに，欧米では持株会社に関して特別の規制はないが，米国では特定の事業分野について公益事業持株会社法と銀行持株会社法による規制がある。実際には，欧州では持株会社を頂点とする企業グループも少なからずみられるが，米国では事業会社の傘下の子会社を統括する中間持株会社として利用する例がほとんどである（『独占禁止法第 4 章改正問題研究会中間報告書』（平成 7 年）資料 5 および 14 頁）。米国では，持株会社ではなく，事業部制を採る大企業が多い。欧米では，持株会社の子会社はほとんど 100 ％子会社である。韓国には，独占及び公正取引に関する法律にわが国の 9 条のような持株会社禁止規定が存在していたが，その後の 1999 年の法改正により実質的に容認するに至っている（中山武憲『韓国独占禁止法の研究』（平成 13 年）293 頁）。

(74)　平成 8 年 1 月 24 日付け日本経済新聞記事「政官民スクラム組み圧力」。

(75)　平成 8 年 2 月 7 日付け朝日新聞夕刊記事「与党に骨子提示」。

(76)　平成 8 年 1 月 24 日付け朝日新聞記事「公取委，1 カ月で豹変」。公取委に対する批判として，平成 8 年 1 月 27 日付け朝日新聞社説「こんな公取委では信頼できぬ」，同年 2

第2部　日本に求めているのは自由で開放された市場である　1989〜2000

　公取委の原則自由化案に対して，今度は連立与党の社会民主党（旧社会党が党名変更。以下「社民党」という。）が，「戦後の民主化の柱。憲法9条にも匹敵する，もう一つの9条だ」と撤回を求めた(77)。のみならず，反対論として浮上してきたのが労働問題であった。連合は「企業リストラや労働条件に関する事項が持株会社の意向に左右され，当該企業の労使交渉では解決できない事態を招く恐れがある」として国民的議論が不十分なまま解禁が強行されることに異議を唱えた(78)。

　そこで与党3党は，同年2月15日，独占禁止法改正問題について，公取委の組織強化部分は切り離して法案を先行提出し，持株会社解禁問題は3党によるプロジェクト・チームを発足させ，結論を得ることで合意した。プロジェクト・チームによる調整は難航し，労働法制等の整備を一体的に処理すべきかどうか，解禁すべき持株会社の範囲等について合意できず，結局第138回国会への法案提出は断念された(79)。

　他方，公取委の組織強化に関する独占禁止法改正案等は，同年6月7日成立した。こうして，公取委は大規模な事務局組織体制が実現可能になり，今日に至っている(80)。と同時に，公取委が解禁反対→部分解禁→原則解禁と方針を転変させたことは，公取委が持株会社問題という独占禁止政策の根幹にかかわる重要問題について信念を欠いているのではないかという疑念を生じさせることになった(81)。

　膠着状態となった持株会社問題は，平成8年（1996）末に再び動き出した。同年10月，小選挙区・比例代表並立制の下で最初の総選挙が行われた結果，政治的変動が生じた。自民党は過半数に及ばなかったものの第1党を確保する一方，

　　　月1日付け日本経済新聞社説「しっかりしろ公取委」。
(77)　平成8年1月31日付け朝日新聞記事「社民党が撤回求める」。
(78)　平成8年2月1日付け日本経済新聞記事「持ち株会社の解禁，連合は反対談話」。
(79)　平成8年4月27日付け朝日新聞記事「持ち株会社解禁法改正，今国会は断念」。
(80)　具体的には，平成8年6月14日から，公取委の事務局が事務総局に昇格し，官房，経済部，取引部および審査部の従前の体制が，官房，経済取引局，審査局，取引部および特別審査部の体制へ拡大再編成された。委員会に特に事務総局を置くために国家行政組織法の改正が行われた（同法7条8項の追加）。また，中央省庁の官房および局の総数には上限が定められている（国家行政組織法23条）が，公取委事務局の官房および局についてはその枠外で認められた。行政改革のなかで異例のことであった。
(81)　公取委事務局OBの菊地元一は，組織強化にあたり，公取委官僚に向けて，次のように述べた（菊地元一「組織強化機に，立法の原点に戻れ」週刊東洋経済平成8年8月3日号75頁）。

第2章　規制緩和の本格化と独占禁止法

社民党およびさきがけは分裂によって大幅に議席を減らした。選挙後の3党与党体制は維持されたが，社民党とさきがけは閣外協力に転じ，解禁反対の社民党の影響力は弱まった(82)。

同年12月5日，郵政省とNTTは，長年の懸案であったNTTの分離・分割問題（第1部第3章2参照）について，持株会社解禁を先取りするように，NTTを持株会社の下の長距離通信1社と地域通信2社に再編成することで合意した(83)。12月6日，課題となっていた労働問題に関して，労働省が報告書をまとめ，これまでも一定の場合には親会社が子会社の労働者の使用者責任を負うべきとの判例があるとして，持株会社が解禁されても新たな法的問題は生じないと結論づけた(84)。

翌平成9年（1997）2月25日，与党3党による独禁法協議会は，次のような「独禁法改正に関する三党合意」を形成した(85)。

「1　独禁法が過去50年間において公正かつ自由な競争を確保することにより日本経済発展に果たしてきた役割を高く評価する。しかしながら，今日では経済構造改革，金融改革を進めることが強く求められている。企業経営の多角化・多様化を図ることは，大競争時代といわれる国際競争時代を考えても必須である。従って，持株会社を解禁することとしたい。

2　解禁に際し，事業支配力の過度の集中を招く持株会社は排除されなければならない。そのメルクマールとしては，戦後過度経済力集中排除法その他の立法により解体された財閥が復活することがなきよう考え，また，不当な系列取引等をも

　　　　「公取委の歴史には，試練に耐え，独占禁止政策が，現代経済社会の"良心"であると認識し，不遇のなかで，廉潔に，信念に生きる官僚像を築きあげた時代があった。"省益あって国益なし"の状況のなか，経済民主主義と一般消費者の利益確保を理念とする公取委は，政策的には各省との闘争なしに競争政策の実現をすることはできない。独占禁止行政は強力にして透明性を確保し，常に消費者の声に耳を傾けるべきである。

　　　　独禁政策を動かす中核が，公取委官僚である以上，事務局組織の強化は，積極的で，開放的で，不撓不屈の信念を持つ官僚像を築くことによって，初めて目的が達成される。」

(82)　自民党単独政権ならば経済界の要望に応えて全面解禁＝9条の廃止という結果をもたらした可能性があることを考えると，社民党が連立与党であったことが解禁に一定の歯止めの役割を果たしたということができよう。Beeman, p. 177は，左翼の退潮が解禁を可能にした主な要因であるという。

(83)　平成8年12月6日付け朝日新聞記事「NTT，分離・分割に合意」。

(84)　平成8年12月6日付け日本経済新聞夕刊記事「持ち株会社解禁，労使に影響せず，労使関係専門家会議」。専門家会議の報告書は，鵜瀞前掲注(72) 323頁。

(85)　鵜瀞前掲注(72) 352頁。

第 2 部　日本に求めているのは自由で開放された市場である　1989 〜 2000

たらすことのないよう経済力の過度の集中に配慮しなければならない。　……　」

　政府は，この趣旨を踏まえて，独占禁止法改正案を作成し，国会に提出した。国会審議において，持株会社原則解禁について，その条件整備が必要となるものの，（共産党を除く）与野党間に異論はなかった。わが国経済の低迷に加え，経済のグローバル化によりわが国企業が厳しい国際競争に直面し，リストラクチャリングや経営の多角化の必要性について認識が共有されたといえよう。

　さて，持株会社解禁論議において注目されるのは，一般集中規制に対する基本的な考え方である。次のような質疑があった[86]。

「○渡辺周君　民主党は，持ち株会社解禁について，それが再び経済力集中の手段として用いられる懸念を生じさせない範囲に限定することが必要と考えてまいりましたが，本改正法案提出に至る与党内の協議や行政改革委員会等では，第九条や第九条の二の一般集中規制はもはや不要であり，持ち株会社等の弊害については他の個別市場集中規制条項で十分対応できるとする全面解禁・規制撤廃論が一部に根強くあったと聞いております。これに対して，法案が部分的な解禁にとどめた理由，第九条と第九条の二を廃止した場合に生じるであろう問題点，……について，総理にお尋ねいたします。……
　○内閣総理大臣（橋本龍太郎君）……
　　独占禁止法第九条は，事業支配力の過度の集中の防止という目的を有しておりますことから，今回，この規制の目的に反しない範囲での解禁を行うこととしたものでありまして，我が国における公正かつ自由な競争の確保促進を図るため，事業支配力が過度に集中することとなるような持ち株会社は引き続き禁止する必要があると考えております。
　　第九条と第九条の二を廃止した場合に想定される問題点，これは，この規制を全面的に削除致しまして，事業支配力が過度に集中することとなるような持ち株会社などの存在が許されました場合，市場への自由な参入，取引先の選択の自由や取引条件の自主的な設定というものが制約されることとなり，市場メカニズムの機能が妨げられるおそれが生じるものと考えております。」（傍点筆者）

　答弁は法目的に即しただけの平凡なものであるが，総理大臣が一般集中規制の必要を認めたことは重要な意義があったし，その理由を市場メカニズムと関連付けたことも時代を反映していた。一般集中規制の意義については，後にまた検討する。

　独占禁止法改正法案は，平成 9 年（1997）6 月 11 日，賛成多数で可決成立した。

---

(86)　平成 9 年 4 月 18 日の衆議院本会議における渡辺周議員（民主）の橋本総理大臣に対する質疑。

第 2 章 規制緩和の本格化と独占禁止法

国会審議において、持株会社制度の導入にあたって、持株会社の弊害を除去しその効用を高めるために、関連法制の整備が必要となることが多くの議員から指摘された。衆議院において、次のような付帯決議が採択された[87]。

「政府は、本法施行に当たり、特に次の諸点について適切な措置を講ずべきである。
1 事業支配力が過度に集中することとなる持株会社に関するガイドラインの作成に当たっては、国民の意志を代表する立法府の意見を踏まえ、禁止される持株会社の解釈をより明確にし、個別の持株会社に関する公正取引委員会の審査における行政裁量の余地を極力排除すること。
 なお、事前相談については、透明性を確保する観点から、その経過や結果等を適当な方法で開示すること。
2 金融持株会社については、競争政策の観点とともに金融政策の観点から引き続き検討を行い、その解禁に当たっては、金融関係法制の整備等の必要な措置を講じること。
3 持株会社によるグループ経営における連結ベースのディスクロージャーの充実等情報開示制度の見直しを行うとともに、持株会社株主の子会社事業への関与や子会社関係者の権利保護のあり方等について検討を行うこと。
4 持株会社の解禁に伴う労使関係の対応については、労使協議の実が高まるよう、労使関係者を含めた協議の場を設け、労働組合法の改正問題を含め今後 2 年を目途に検討し、必要な措置をとること。
 なお、右の検討に当たっては労使の意見が十分に反映されるよう留意すること。
5 持株会社の設立や企業の分社化等のリストラクチャリングに伴う企業組織の変更が円滑に行われるよう、資産譲渡課税に関する圧縮記帳の優遇措置や連結納税制度等の税制上の検討を進めること。
6 持株会社の設立等の企業組織の変更が利害関係者の権利等に配慮しつつ円滑に行われるよう、会社分割制度や株式交換制度等について検討を行うこと。」

改正 9 条の規定とガイドライン、そして 11 条の空洞化

改正された独占禁止法 9 条の骨子は、「事業支配力が過度に集中することとなる」持株会社の設立・転化を禁止することを規定し（同条 1・2 項）、一定の規模（持株会社およびその子会社の総資産額が 3,000 億円）以上の持株会社について毎事

---

(87) 平成 9 年 5 月 14 日の衆議院商工委員会における決議。なお、持株会社の弊害除去のために会社法制の不備を是正することが商法学者によって強く指摘された。たとえば、浜田道代「会社法と持株会社規制」経済法学会年報 17 号（平成 8 年）48 頁、江頭憲治郎「純粋持株会社をめぐる法的諸問題」商事法務 1426 号（平成 8 年）2 頁、上村達男「独禁法関連法体系は未整備 "解禁" につきまとうこれだけの危険」エコノミスト平成 9 年 4 月 1 日号 44 頁。

業年度終了後の事業報告書の届け出義務と設立時の届け出義務をそれぞれ課すものである（同条6項・7項）。

ここで，「持株会社」とは，総資産の50％超が子会社の株式である会社をいい（同条3項），「事業支配力が過度に集中すること」とは，持株会社グループ（同条5項。持株会社＋子会社＋実質子会社）が3つの類型のいずれかに該当しかつ「国民経済に大きな影響を及ぼし，公正かつ自由な競争の促進の妨げとなること」をいうとしている（同条5項）。

3つの類型とは，①「持株会社が株式所有により事業活動を支配している国内の会社の総合的事業規模が相当数の事業分野にわたって著しく大きいこと」（旧財閥・六大企業集団型），②「これらの会社の資金に係る取引に起因する他の事業者に対する影響力が著しく大きいこと（金融支配型），③「これらの会社が相互に関連性のある相当数の事業分野においてそれぞれ有力な地位を占めていること（関連事業グループ型），と規定されている。

公取委は，3類型がどのような場合かをより具体的に示したガイドライン[88]を公表しているが，それらは次のようにイメージされている[89]。

図1　9条ガイドラインにより禁止される3類型

第1類型（旧財閥の復活・六大企業集団の持株会社化）

グループ総資産15兆円超，かつ5以上の主要な事業分野でそれぞれ総資産3,000億円超の大規模会社をもつ場合

第2類型（大規模金融会社と大規模一般事業会社をもつ場合）

総資産15兆円超の大規模金融会社と総資産3,000億円超の一般事業会社をもつ場合

---

[88] 「事業支配力が過度に集中することとなる持株会社の考え方」（平成9年12月8日，公取委）公正取引平成10年1月号30頁。
[89] 杉浦市郎「企業結合の制限(1)」経済法講座第2巻・251頁。

第2章　規制緩和の本格化と独占禁止法

第3類型（相互に関連性のある相当数の有力企業をもつ場合）

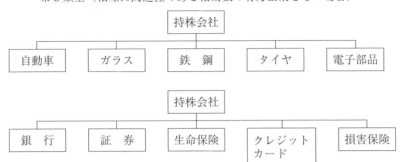

相互に関連する5以上（金融などでは3以上）の主要な事業分野（出荷額6,000億円超）のそれぞれで有力会社（シェアが10％以上または上位3位以内）をもつ場合

　持株会社解禁の過程で，見過ごされがちなもうひとつの重要な問題があった。金融会社の株式保有を制限する（銀行等は5％，保険会社は10％）独占禁止法11条が金融持株会社にも適用されるかどうかである。公取委の研究会の報告書は，金融持株会社にも「11条の制限が及ぶようにしておけば，持株会社禁止制度の目的に反しない」とし（6⑶エ⑺），11条を適用することが金融持株会社を容認する当然の前提と考えていた。

　しかし，大蔵省との調整の結果なのであろう，公取委は，11条は金融会社単体に対する規制であり，金融会社でない会社にまで株式保有制限を及ぼすのは規制強化になりかねないとして，11条の改正を行わなかった[90]。その結果，金融持株会社は金融会社でないから5％ルールは適用されず，金融持株会社に対する独占禁止法上の規制は大幅に緩和された9条の規制と10条等の市場集中規制のみとなった（その後，銀行法の改正によって銀行持株会社および傘下の会社の株式保有は合算して15％までとする規制が設けられた）。

　これは明らかに，金融会社（主として銀行）が事業会社を支配し系列化するのを防止し，あわせて両者間の癒着を未然に防ぐ（銀行と商工業の分離）という，「11条の規制を空洞化」するものである[91]。結局，公取委は，独占禁止法によっ

---

[90]　鵜瀞恵子「持株会社解禁に係る独占禁止法改正の概要」ジュリスト1123号（平成9年）12頁。金融持株会社の登場によって，それまで生じなかった金融会社の親会社の問題が現実化する（金融持株会社の問題は金融親会社の問題であることを喝破するものとして，川浜昇「金融持株会社について」ジュリスト1123号（平成9年）38頁）。

[91]　多くの経済法学者がこの点を批判した。ジュリスト1123号（平成9年）「持株会社解

て与えられた金融業に対する自らの競争政策上の役割から撤退し（大蔵省による銀行経営の健全性行政に委ねる）[92]，一般的な市場集中規制に徹する道を選んだのである[93]。

持株会社解禁とその意義——規制緩和と経済民主主義の相剋

持株会社がほぼ全面的に解禁されるに至る間の論争[94]をおおまかに整理すると，通産省の研究会の報告書にみられるように，解禁賛成論は経済環境の変化にかんがみ企業の多様な組織形態の一つとして持株会社の必要を唱えた現実論ないし経済論であった。これに対して，公取委の研究会の報告書にみられるように，解禁反対論は独占禁止法の事業支配力の過度の集中防止という法目的を重視し，その観点から持株会社が系列取引を強化することを懸念する理念論ないし法律論であった。それ故に，宮内義彦オリックス社長（行革委規制緩和小委委員）は，公取委の研究会中間報告書を次のように批判した[95]。

「規制緩和の基本である「経済的規制は原則自由」の考えに対し，今回の報告書は原則禁止のままだ。仮に，禁止すべき純粋持ち株会社があるなら，その理由を具体的に示し，こういうケースはこのような弊害があるから禁止する，とすべきである。ところが報告書では「事業支配力の過度の集中をもたらす恐れがある」という，あまりに抽象的な根拠しかない。……

禁と今後の課題」特集掲載の根岸哲，舟田正之，川浜昇の各論文，伊従寛「持株会社をどう監視するか」論争東洋経済平成9年9月号63頁，泉水文雄「金融持株会社と独占禁止法の諸論点」公正取引平成10年11月号22頁，杉浦前掲注(89) 261頁。平成9年5月13日の衆議院商工委員会における中野清議員（新進）の塩田薫範公取委経済取引局長に対する質疑も参照。

(92) 11条は金融会社による金融会社の株式所有も規制対象とするが，公取委はこの場合無条件で認可することにした（公取委「独占禁止法第11条の規定による金融会社の株式保有の認可についての考え方」第1・1(2)（平成9年12月8日）参照。この点は平成14年法改正で明定された）。

(93) この点について，「これまでは，独禁法の負担が重すぎた」として理解を示す見解もあった（古城誠「持株会社ガイドラインと運用」ジュリスト1123号（平成9年）36頁）。

(94) 持株会社解禁をめぐる論争については，谷原修身『独禁法九条の改正と問題点』（平成9年）が詳しい。

(95) 平成7年12月28日付け毎日新聞記事「禁止すべきもの具体的指摘ない」。企業法制研究会をはじめとするこのような具体的な弊害の説明を求める議論に対して，法律学者は9条が過去の経験的事実に基づく予防的規定であり，経済力集中の危険性の可能性が否定できない限りまた解禁の強い必要性が示されない限り廃止されるべきでないと反論していた（金子晃「持株会社解禁論をめぐって」公正取引平成7年7月号22頁。舟田正之「持株会社の一部解禁について」ジュリスト1123号（平成9年）23頁も参照）。

第2章　規制緩和の本格化と独占禁止法

世界の企業が純粋持ち株会社を利用して先進的な経営を行っている中，なぜ4つの類型だけにとどめようとするのか。企業の経営手法の多様化をこのような形で抑制すべきではない。」

　このような見解の相違の根底には，市場原理の徹底という規制緩和の論理と独占禁止法の経済力の集中防止という経済民主主義の思想の相剋・対立があった。公取委の研究会の舘座長は，「規制緩和と競争政策の観点は異なる」と説明した[96]が，規制緩和の本格化のなかで市場原理はわが国の法制度の隅々に浸透していく。

　公取委の研究会中間報告書でさえ，「我が国市場における公正かつ自由な競争を維持・促進し，市場メカニズムが十分に機能するためには，……これらの諸規定［法第4章中の個別集中に関する規定—筆者注］による規制だけでは十分であるとはいえない」[97]と，持株会社禁止規定を個別市場における競争制限に対する予防的規定として位置づけそれを根拠に必要性を説明しようとした。改正された9条自身，禁止される持株会社の第2および第3類型は傘下の事業会社の個別市場における競争が歪むおそれを懸念したものであるし，共通要件として「公正かつ自由な競争の促進の妨げとなること」が加えられたのも——「競争」という以上——個別市場への悪影響を想定している[98]。

　しかし，歴史的にも原理的にも，一般集中の規制が市場原理の機能発揮のために補完的な役割を果たすにとどまったわけではない。独占禁止法は母法シャーマン法のジェファソニアン・デモクラシーの思想を継承したし（上巻・127頁），一般集中の規制の根底には「少数者による産業支配を排除する目的，経済的には巨大企業が支配している社会では政治的にも民主主義は保てないという経済民主主義的な発想が存在する」[99]のである。いいかえると，分権的な経済構造がリベラル民主主義の基盤をなすという考え方である。とはいえ，公取委も学説も一般集

---

(96)　平成24年1月24日付け朝日新聞記事「公取委1カ月で豹変」。
(97)　『独占禁止法第4章改正問題研究会中間報告書』（平成7年）8頁。
(98)　共通要件についての解釈については，根岸＝舟田・136頁参照。それ故に，改正9条は一般集中規制の理念のほかに市場集中規制の理念も入り込んでいるとの指摘あった（川越憲治編『持株会社の法務と実務』（平成10年）31頁（川越執筆））。
(99)　杉浦前掲注(89)243頁。これが現在でも通説的見解といってよい（今村成和『独占禁止法入門［第4版］』（平成5年）42頁，根岸哲「持株会社と独占禁止法」財団法人資本市場研究会『持株会社の法的諸問題』（平成7年）5頁，川浜昇「持株会社解禁と独占禁止法」旬刊経理情報783号（平成8年）26頁，実方謙二『独占禁止法［第4版］』（平成10年）5頁，根岸＝舟田・4頁，岸井他・7頁（岸井執筆），金井他（泉水執筆）・10頁）。

257

第2部　日本に求めているのは自由で開放された市場である　1989～2000

中規制について，その歴史的意義を認めつつ，次第に個別市場への悪影響防止の観点から説明していくことになる。

歴史的原理的にそうであるとしても，現代において持株会社の全面的禁止を維持するのが適切であるだろうか？　この点について，経済法・行政法学者古城誠は，次のように述べた[100]。

　「持株会社が好ましくない形で用いられる危険は，かなり小さくなっている。その理由の一つは，市場競争が厳しくなった現在では，企業形態も効率的なものを選択せざるをえず，効率とは無関係に，巨大な企業グループが形成される条件が失われたことであり，もう一つは，独禁法その他の法規制の結果，持株会社形態を利用して，不当な利益をあげることが，格段に難しくなっていることである。」

また，経済学者後藤晃は，次のように説いた[101]。

　「民主主義を保障するために，結社の自由，表現の自由，報道の自由の確保や，政治資金の規制，公平な選挙制度の確立……などの，民主的な政治プロセスを実現させるための様々な制度が適切に整備されかつ執行されることが第一義的に重要である。これに加えて純粋持株会社を禁止……することの限界的意義はどの程度であろうか。民主的な政治プロセスを保障する上記のような諸制度がそれなりに整備された状況のもとでは，それほど大きなものではないであろう。」

経済的には市場競争の激化，政治的には民主主義の成熟によって，経済民主主義の観点からする持株会社の規制はもはや杞憂であるというのである。戦後50年を経てこのような時代認識・現実認識に一定の説得力があったことは確かである。

とはいえ，立法者は，節々の与党合意や法案審議にもみられるように，持株会社を全面的に解禁することはせず，事業支配力を過度に集中することとなる場合の禁止を残すことにした。それが象徴的なものにすぎないとはいえ，経済民主主義の理想を維持することで一貫していた。一般集中の規制は，市場原理の優位が昂進した第3部において規制の撤廃が論じられるまでに至る（本書第3部第1章1参照）が，それでも実現しなかった。こうしてわが国の独占禁止思想は，現在においても経済民主主義の理想をかろうじて維持することになったのである。

---

(100)　古城誠「持株会社禁止の根拠と合理性」経済法学会年報17号（平成8年）90頁。外部金融市場の改善により企業グループによる内部金融市場の優位性が失われたともいう。

(101)　後藤晃＝鈴村興太郎編『日本の競争政策』（平成11年）242頁（後藤執筆）。

第2章　規制緩和の本格化と独占禁止法

　さて，平成9年（1997）の持株会社解禁により，今日では，「〇〇ホールディングス」とか「〇〇グループ」といった商号が珍しくないし，上場企業の約1割が持株会社に移行したとされる(102)。公取委が9条違反として問題視した事例は見あたらない（メガバンク統合も9条5項が規定する3類型にあたらないとされた）。超巨大企業グループでなければ禁止される類型に該当しないから当然なのであろう。それとともに，公取委や独占禁止法関係者の9条への関心は遠のいて行った。
　持株会社解禁は，わが国の現代経済史においてどのように位置づけられるのか？　経済学者下谷政弘は，平成21年（2009）に次のような見解を吐露している(103)。

　「……持株会社の解禁とは，あたかも「パンドラの箱」を開けたようなものであった。その後に企業買収が続発するようになったからである。そして，連続する大型の経営統合の結果として，市場からは大手のライバル企業がつぎつぎと退場を迫られ，姿を消してきた。銀行の数は減り続け，百貨店の数は減り続けてきた。……
　財界や大企業は，バブル崩壊と経済危機の嵐をかいくぐるなかで「規制緩和」や「構造改革」の大合唱を繰り広げてきた。その成果として，今日では往時にくらべて企業は大幅に「経営の自由」を獲得することとなっている。さきに本書で，バブル経済崩壊は戦後の日本経済史にとって大きな転換となった，と述べたのはその意味においてである。そして，その決定的な転換点になったものこそは，ほかならぬ「持株会社解禁の実現」であった。持株会社という戦後日本経済にとっての象徴的な存在を解禁し，さらにはそれを消し去ることによって，今日の日本経済は新たなステージに立っている。」

　次のステージとは，グローバル資本主義のことである。持株会社の解禁によって，会社の買収や売却は容易になり，従業員のリストラも実行しやすくなった。会社は株主のものであり，資本の論理が貫徹するようになった。好むと好まざるとにかかわらず，日本型資本主義からグローバル資本主義へと時代は回転しつつあった(104)。

---

(102)　平成20年12月10日付け日本経済新聞記事「検証持ち株会社上」。それ故，規模や業種を問わず利用され，世界でもわが国は「持ち株会社大国」であるという。もちろん，現在でも大部分の日本企業は持株会社形態をとっていない。岡村東芝元社長によれば，東芝はカンパニー制をとっていたが，持株会社化は「求心力を失い，東芝のDNAが保てなくなる」とし，「総合力を発揮するには東芝の中に主要事業がとどまり，シナジーを追求した方がいい」として持株会社化をしなかった（岡村正「私の履歴書」平成26年3月20日付け日本経済新聞）。
(103)　下谷政弘『持株会社と日本経済』（平成21年）252・254頁。
(104)　ここで，想起すべきは，韓国のサムスン・グループである。グローバル化経済にお

259

3　適用除外制度の整理・縮小

適用除外カルテル制度の廃止──「独占禁止法の戦後」の終焉

　独占禁止法の適用除外制度を再検討すべきことは，既に昭和54年（1979）のOECD勧告に含まれていた（第1部第3章1参照）が，それがわが国において本格化するのは平成2年（1990）の日米構造問題協議最終報告に盛り込まれて（第2部第1章2）からのことである。平成3年（1991）7月，公取委の政府規制等と競争政策に関する研究会（鶴田俊正座長）は，「独占禁止法適用除外制度の見直し」と題する，各適用除外制度を詳細に検討した報告書を公表した。

　それによると，平成3年6月現在，適用除外制度は，42法律に基づく68制度あり，そのうち37法律に基づく56制度が適用除外カルテル制度であった。これらの法律に基づき実施されているカルテル件数は，昭和40年度末の1,079件をピークに減少傾向にあり，平成3年6月現在実施されているものは，次のように6法律に基づく247件であった[105]。

適用除外カルテルの実施状況（公取委が認可等手続に関与しているもの）

法　律	件数	内　訳　等
中小企業団体の組織に関する法律	170 (10)	繊維9業種169件（生産設備の制限），金属食器1件（出荷数量の制限）
輸出入取引法	34 (34)	輸出カルテル（鉄鋼，機械，石化製品，繊維等）30件，輸入カルテル（繊維）1件，貿易連合（繊維）3件
環境衛生関係営業の運営の適正化に関する法律	37 (1)	理容業37件（料金，営業方法の制限）
漁業生産調整組合法	3	さんま，いわし等，さば（漁船の登録，陸揚げ数量の制限
輸出水産業の振興に関する法律	1	さば・いわし缶詰（販売数量，価格の制限）
内航海運組合法	2	内航海運業（保有船舶の制限カルテル，沖縄航路の配船制限
計	247 (50)	

　いて覇者となったサムスンは韓国の輸出の約2割を占め，その経済力の集中が韓国を「サムスン共和国」と呼ばしめる存在となっている（平成26年7月26日付け朝日新聞記事「試されるサムスン」参照）。

第2章　規制緩和の本格化と独占禁止法

　適用除外制度の約9割近くが，昭和20～30年代に導入されたものであった。その8割以上を，30年以上のものを含め，20年以上の長期間にわたって実施されるものが占めていた。その問題点の一端については既に触れた（上巻・341頁）が，ここでは前記表中の最初に掲げられた中小企業団体法に基づく繊維9業種の生産設備の制限の驚くべき実態について紹介しよう。

　繊維9業種の生産設備の制限とは，中小零細企業の過度の競争による経営の不安定などから，生産設備の凍結を目的とした「設備登録制」（生産設備を組合に登録させ，登録した設備以外での生産を禁止するもの）であり，昭和20年代末から30年代にかけて開始された。しかも，こうした設備制限カルテルは，アウトサイダーに対する安定命令，すべての事業者に対する設備新設の制限命令によって実効性が担保されていた。その結果，設備の新設は原則としてスクラップアンドビルドでしか認められず，「競争力を失った競合設備さえ登録権の対象としてプレミアムが生じ」（傍点筆者），生産設備はプレミアム付きの価格で売買が行われることになった[106]。それが生産設備を現状固定的なものにし，設備の近代化を遅らせたことは明らかである。ある経済学の研究グループは，次のように述べた[107]。

　「……なぜ，これほどまで長期にわたり守られてきたのであろうか。
　長期的に登録制が必要な理由として，(1)産地組合の組織の維持が困難となり，組合組織がバラバラとなる。(2)業者間の競争が激しくなり，零細企業は倒産する。(3)産地産業としての性格が崩壊し，地域経済に大打撃を与える。……
　これらの理由は，いずれもいかに登録制によって産地の組合，中小企業が守られてきたかを述べているといっていいだろう。つまり，繊維産業の発展に手を打つ産業政策というより，地域社会のことを考えての社会政策的な色彩の濃い政策なのである。
　社会政策は社会政策として必要である。しかし，そうした社会政策にあまりの長期間守られてきた産業に国際競争力がつくとは思いがたい。しかも，この設備登録

---

(105)　政府規制等と競争政策に関する研究会『独占禁止法適用除外制度の見直し（総論）』（公取委事務局編『独占禁止法適用除外制度の現状と改善の方向』（平成3年）所収）6頁・13頁・14頁。
(106)　政府規制等と競争政策に関する研究会前掲注(105)（各論）52頁以下。9業種とは，綿スフ織物業，絹人絹織物業，毛織物業，麻織物業，タオル地織物業，リボン等織物業，編みレース製造業，メリヤス生地及び同製品製造業およびねん糸製造業のことである。
(107)　伊丹敬之＋伊丹研究室『日本の繊維産業　なぜこれほど弱くなってしまったのか』（平成13年）265頁。繊維産業は戦後わが国の輸出の花形産業であったが，最近では国内市場も中国産に押されて輸入超過産業になっている。なお，設備登録制は平成7年10月末までに段階的に廃止された。

第2部　日本に求めているのは自由で開放された市場である　1989〜2000

制度がなんと95年まで40年以上も続いた。それも繊維産業の中核である織物業で続いたという歴史的事実は重い。それが，その同じ40年の間の繊維産業のリーディング産業から衰退産業への凋落を象徴しているように見える。」

公取委の研究会が提言しても，適用除外制度を定める当該法令を所管する省庁が動かなければ見直しは進まない。平成5年（1993）11月以降，内閣内政審議室の主宰によって「独占禁止法適用除外制度の見直しに係る関係省庁連絡会議」が随時開催され，適用除外制度の処理方針が各省庁に提示された[108]。その結果，20法律35制度について適用除外制度の廃止等を行う一括整理法案が国会に提出され，平成9年（1997）6月，国会で可決成立した。とはいえ，平成8年度末に実施されていた適用除外カルテルは12件に激減しており，一括整理法によって廃止等の対象となったものの多くは運用実績のないものであった[109]。

残された適用除外制度についても，平成11年（1999）6月，第2次一括整理法が成立し廃止等の措置がとられた。今回の措置は，不況カルテル・合理化カルテル制度および独占禁止法適用除外法を廃止し，海上運送法等について適用除外の範囲の限定等を行うものであった[110]。不況カルテル・合理化カルテル制度は，個別法に基づく適用除外カルテル制度より一般性があり最後の拠りどころとされたために後回しになったのであろう。

不況カルテルは，戦後のわが国において景気後退の都度「安全弁」として実施されてきた（上巻・424頁参照）が，何故かくも簡単に廃止されたのであろうか？ わが国企業が自己資本を蓄積して不況に対する耐久力を身に付けたこと，経済の国際化によりカルテルを実施しても輸入品の流入によって効果が乏しくなったこと，カルテルの使用について貿易相手国の批判が強いことが考えられる。何よりも，業界も産業官庁もカルテルは効率化のための体質改善をかえって遅らせることを自覚するようになった意識の変化が大きいであろう。既に平成元年（1989）9月に最後のカルテル（鋼船，舶用ディーゼルエンジン）が実施をとりやめて以降，認可申請も跡を絶ち，不況カルテルは歴史的役割を終えていた。

廃止に問題があったとすれば，むしろ合理化カルテルであったかもしれない。

---

[108]　渡辺恵理子「独占禁止法適用除外カルテル等制度の見直し」公正取引平成10年5月号8頁。

[109]　有泉秀「独占禁止法適用除外の見直し——いわゆる一括整理法の成立」公正取引平成9年8月号20頁。適用除外カルテルの件数が激減したのは，通産省が繊維産業の前記設備登録制を廃止したことが貢献している。

[110]　佐久間正哉「適用除外制度整理法の概要について」公正取引平成11年8月号31頁。

第 2 章　規制緩和の本格化と独占禁止法

第 2 次一括整理法案の審議において，次のような質疑があった[111]。

「○海野義孝君　……合理化カルテル制度の改廃という問題は，産業とか企業の効率化，国際競争力，国際連携，技術開発，環境対策などとも関係するわけですので，欧米の実績を見ながら慎重に検討すべき問題ではないかと思いますけれども，単に適用除外を合理化カルテル制度について全廃する，こういうことでいいのかどうか，この点についてひとつ御見解をお聞きしたいと思います。
○政府委員（山田昭雄君）……環境に対応するような合理化カルテル，いろいろあるのではないかという御指摘でございますが，事業者の利便に合致致しました規格の標準化であるとか，環境問題に対応するための共同行為，自主的な基準の設定というようなものにつきましては，これはカルテル制度によらなくても現行の独占禁止法の枠内でも違反にはならないわけでございまして，すなわち現行の独占禁止法の枠内でも十分行うことができるわけでございます。……」

独占禁止法の適用除外制度の見直しはその後も行われた[112]が，なお残されたものもあり，平成 25 年度末において，適用除外は 17 法律 24 制度が存在し，カルテルの実施件数は 28 件となっている[113]。平成 25 年度に消費税転嫁対策特別措置法やタクシー特別措置法改正（第 3 部第 2 章 4 参照）により新たな適用除外カルテルが導入されるということがあった。

現在独占禁止法中に残されている適用除外制度は，①知的財産権の権利行使

---

(111) 平成 11 年 4 月 20 日の参議院経済・産業委員会における海野義孝議員（公明）の山田昭雄公取委事務局経済取引局長に対する質疑。合理化カルテルも昭和 57 年 1 月まで実施された合成繊維用染料の生産分野カルテルが最後であった。

(112) 平成 12 年 5 月に独占禁止法が改正され，自然独占に関する適用除外の規定（21 条）が削除された。21 条についても，「自然独占事業者の独占的地位は，政府による参入規制の結果，獲得，維持されているものであって，事業者自身の行為に基づくものとはいえず，このような独占的地位及びそれに必然的に伴う独占的な供給は本来独占禁止法の禁止規定の構成要件に該当しないことを宣言的，確認的に規定したものであり，実質的な意味における適用除外ではない」（政府規制等と競争政策に関する研究会前掲注(105)・183 頁））の考えの下，電力，ガスの自由化が進められていることから，適用除外が廃止された。

(113) 平成 25 年度公取委年次報告・137 頁。実施されているのは，保険業法に基づく保険プール等による共同保険・共同再保険，損害保険料率算出団体に関する法律に基づく同団体による基準料率の算出，著作権法に基づく商業用レコードの二次使用料等に関する取り決めといった特殊な業界に係わるもの，海上運送法に基づく適切な運航時刻等の設定のための共同経営，道路運送法に基づく生活路線維持等のための共同経営など地域住民に必要な輸送を確保する等のものである。なお，カルテル実施件数に算入されていないが，海上運送法に基づく外航海運カルテル，航空法に基づく国際航空カルテルといった国際的カルテルにわが国の事業者の参加を可能にする適用除外が存在する。

為（21条），②一定の組合の行為（22条），③一定の再販売価格維持契約（23条）である。いずれも重要な適用除外であるが，何故廃止されなかったのであろうか？ ③については，次項で検討することにして，①および②はいずれも本来的適用除外と位置付けられてきた規定である。

①については，公取委の前記研究会報告書は，「独占禁止法23条［現21条―筆者注］の規定は，特許法等による権利の行使と認められる行為が独占禁止法違反を構成することはないこと，無体財産権制度の趣旨を逸脱し，特許法等による権利の行使と認められない行為があれば独占禁止法が適用されること，を確認的に規定したものであり，独占禁止法に違反する行為を実質的に適用除外するものではない」として，見直しを求めなかった[114]。平成11年3月の「規制緩和推進3か年計画」においても同様の方針が採られた。

②についても，研究会報告書は，「単独では大企業に伍して競争することが困難な小規模事業者や消費者が協同組合を組織して，市場において有効な競争単位として競争すること」は，独占禁止法の目的に積極的な貢献をする[115]として，適用除外の廃止を示唆することはなかった。協同組合がしばしば地域独占として市場支配力を行使する実態にかんがみ，見直しを求める見解もないわけではなかった[116]が，協同組合の適用除外は協同組合組織の性格の根幹にかかわることと考えられたからであろう。

とはいえ，価格協定等の統制事業（「単なる価格協定」）が適用除外となる「組合の行為」かどうか，そして独占禁止法適用除外法による適用除外との二重の適用除外といった複雑な問題があった（上巻348頁以下参照）。前記「規制緩和推進3か年計画」は，適用除外法を廃止するとともに，「適用除外の範囲の限定・明確化を図るため，ただし書規定の整備を行うこととし，そのための検討を引き続き行う」とした[117]。しかし，その後，但し書の整備は行われなかった。

適用除外カルテル制度は――遅きに失したが――おおむね廃止された[118]。それ

---

[114] 政府規制等と競争政策に関する研究会前掲注(105)（各論）184頁。学説上は，21条により確認することの意義を認める見解が多い。
[115] 政府規制等と競争政策に関する研究会前掲注(105) 11頁。
[116] 平林英勝『独占禁止法の解釈・施行・歴史』（平成17年）38頁。24条（現22条）は「本来的」適用除外ではなくなったともいう。
[117] 渡辺前掲注(108) 12頁。
[118] とはいえ，残された適用除外制度に問題がないわけではない。公取委は，平成26年3月18日，国土交通省に対して，外航海運事業者の独占禁止法違反事件に関連し，海上運送法に基づく特定の適用除外カルテルの廃止等を要請した。

第2章　規制緩和の本格化と独占禁止法

はわが国の政策原理がかつての過当競争論から市場原理＝競争原理へ転換したことを示すが，法的にみれば「独禁法は名実ともに「経済憲法」にふさわしい位置付けを与えられつつある」[119]ということができる。適用除外カルテル制度の廃止により独占禁止法の構造も変化し，同法中の「公共の利益」の解釈によってハードコア・カルテルを合法化する余地はなくなったとの見解もあった[120]。

独占禁止法の適用除外制度は，社会的安定を損なわないように配慮しつつ，先進国へのキャッチアップを急ぐ後発資本主義国の政策の所産であった（上巻・248頁）。その廃止は，長かった「独占禁止法の戦後」の終焉でもあった[121]。

著作物再販の見直しの挫折——市場原理対文化政策？

「独占禁止法の戦後」が終わらなかったのが，著作物の再販売価格維持行為の適用除外である（24条の2（現23条）第4項参照。法定再販）。指定再販については平成9年（1997）4月にすべて取り消される[122]が，ここでは公取委の見直しの試みが挫折した著作物の再販について取り上げることにしよう。

著作物の再販適用除外制度は昭和28年（1953）の法改正により導入されたが，その理由は，おとり廉売等の不当な競争から小売店を保護する必要が強く意識されるなかで（上巻・221頁），定価販売の慣行がみられた著作物について問題がないことを明確化することにあった[123]。その後，再販適用除外に対する批判が高まり，昭和48年（1973）に指定再販の大幅見直しが行われた（上巻・377頁）が，

---

(119) 根岸＝舟田・37頁。
(120) 平林前掲注(116) 24頁。
(121) 筆者がたまたま不況カルテル制度を廃止する第2次一括整理法の成立を政府規制等と競争政策に関する研究会の鶴田俊正座長に伝えたとき，同座長は即座に「これで独占禁止法の戦後が終わったね」と語ったことが記憶に残る。
(122) 公取委の指定により再販売価格維持行為が独占禁止法の適用除外となる商品（24条の2（現23条）第1項参照。指定再販）は，昭和48年（1973）に大幅に縮小された（上巻・378頁）が，平成3年現在，なお一般用医薬品は26品目，化粧品は小売価格1,030円以下の24品目存在していた。公取委は，平成4年4月に指定商品の全面的見直しを行い，その結果指定商品はおおむね半数が段階的に整理された。さらにその後政府の閣議決定や各種審議会により再販制度の見直しが相次いで決定されたことに伴い，平成9年4月1日にすべて指定は取り消された。これによって戦後40年余り続いた指定再販制度の実施は終了したが，制度自体は現在も残っている。
(123) 昭和28年3月9日の衆議院経済安定委員会において中村高一議員（右社）の質疑に対し，横田委員長は「現在行われておりますあの定価制度が独禁法上問題はないということをはっきりいたす趣旨にほかならない」と答弁している。なお，著作物の法定再販を別項で規定したのは主として法技術的理由によるとされる。

第2部　日本に求めているのは自由で開放された市場である　1989～2000

「法定再販品は，その文化的意義などの見地から，当面存続させる」との方針がとられた(124)。昭和54年（1979）には出版業界にすべての出版物が再販契約の対象でなければならないとの誤解があったことから，公取委は部分再販，時限再販が可能なように契約の修正を指導した(125)が，実際にはほとんど成果を挙げなかった。

平成3年（1991）7月の公取委の政府規制等と競争政策に関する研究会の報告書は，指定再販について「指定の取り消しを含め抜本的な見直しを行うべきである」としながらも，書籍・雑誌および新聞については——問題点を指摘しつつ——「今後とも実態把握に努めるとともに，……消費者の利益を損なうことのないよう監視を続ける必要がある」と慎重な態度をとった(126)。公取委は，平成4年（1992）4月，CDのように新しい情報媒体を含む新商品が現れるたびに再販適用除外が認められるかどうか問題となるので，「著作物」の範囲を立法措置によって対応するのが妥当であるとして，そのために総合的な検討に着手する方針を表明した(127)。

公取委の方針を受けて検討を行った同研究会再販問題検討小委員会（金子晃座長）は，平成7年（1995）7月，次のような中間報告書を作成公表した(128)。

　「……現在，我が国市場の開放性を高め，消費者利益を確保する観点から，政府規制の緩和と併せて独占禁止法適用除外制度の見直しが重要な課題になっているが，著作物に係る再販制度の趣旨についても，こうした制度導入以降の経済・社会状況の変化を踏まえ，再度検討される必要があると考えられる。この場合，再販制度が

---

(124)　三十年史・293頁，五十年史上巻・263頁。
(125)　五十年史上巻・435頁。なお，当時の橋口委員長は，自らの著書『美のフィールドワーク』を非再販本として出版した。
(126)　政府規制等と競争政策に関する研究会前掲注(105)（各論）・204頁。
(127)　公取委「レコード盤，音楽用テープ及び音楽用CDの再販適用除外の取扱いについて」（平成4年4月15日）。このとき，公取委は，法24条の2第4項が規定する「著作物」とは，書籍，雑誌，新聞，レコード盤および音楽用テープであると解釈してきたが，音楽用CDについては立法措置によって明確にされるまでの間当面レコード盤に準じて取り扱うことにした。なお，本書では以下書籍・雑誌と新聞について検討することにする。
(128)　政府規制等と競争政策に関する研究会再販問題小委員会『再販適用除外が認められる著作物の取扱いについて（中間報告）』（平成7年）20頁（ジュリスト1086号（平成8年）48頁に資料として掲載）。なお，中間報告に対し詳細な批判的検討を行ったものとして，内田耕作「著作物再販制度見直しの評価（その1）～（その5）」彦根論叢307号（平成9年）35頁，308号（同）19頁，310号（同10年）1頁，313号（同）41頁，314号（同）1頁がある。

第 2 章　規制緩和の本格化と独占禁止法

本来独占禁止法上原則的に違法な行為を例外的に許容するものである以上，何らかの特別な要因によってそれを必要とするのであれば，国民各層が納得し得るような明確かつ具体的理由が必要である。
　本小委員会は，……同制度〔著作物再販制度—筆者注〕については，寡占的市場構造の下での協調的企業行動がみられるほか，制度の硬直的運用の下で消費者ニーズへの対応が不十分なものとなり，流通システムの固定化やサービス水準の低下，価格設定の硬直化，非効率的な取引慣行の助長などの具体的弊害が生じているおそれがあると考えられる。他方，これまでの関係事業者の主張等を前提とする限り，再販制度が店頭陳列の充実，戸別配達の維持など消費者が商品を購入する機会の確保等を通じて我が国の文化の普及等の効果をもたらすかどうかについて，疑問があると考えられるものである。……」（傍点筆者）

　この報告書は「主として理論的側面から取りまとめたもの」であって，問題提起の意味合いがあり，「活発な議論が行われ」「国民的合意が形成されることを期待して」公表されたものであった。とはいえ，市場原理の理論的正当性を前提とし，その観点から著作物再販制度維持の必要を主張する側に立証責任を求めた——それは法律論としては当然のことではあるが——ため，長い間再販制度に慣れてきた出版業界や新聞業界に衝撃を与え，激しい反発を招くことになった。ここでは，新聞協会，日本書籍出版協会，日本雑誌協会，文部省，文化庁で構成される活字文化懇談会が平成 7 年（1995）11 月 24 日に発表した「著作物再販制度の役割と意義」[129]という見解を紹介しよう。

　「……著作物の再販制度廃止に係わる意見については，そもそも次のような根本的な問題があると考える。
　○著作物は，商品としての性格を持ってはいるが，その本質は，新聞社や雑誌社の編集方針に基づく報道・評論，あるいは著作者の思想，信条を表現し，多くの人々に伝えるための媒体であり，表現の自由とのかかわりにおいて他の商品とは全く異なる性格を持つものである。再販制度の廃止は，国民の知る権利や思想・信条の自由を侵すおそれがあるが，この点についての認識が全く欠如している。
　……
　○…再販制度が廃止されれば，発行が一部の売れ筋のものに絞られるため専門書・学術書の発行が困難になり，著作者・研究者の知的創造活動が抑制され，あるいは特定の新聞がシェアを独占するなど，多種多様な知識・情報を新聞，書籍，雑誌から容易に入手したいという，国民の知る権利が制限され，新たな「規制」が生まれることになり，結果として国民，消費者の利益が大きく損なわれる。」（傍

---

(129)　活字文化懇談会「著作物再販制度の役割と意義」新聞経営平成 11 年 5 月号 7・8 頁，平成 7 年 11 月 25 日付け読売新聞。

第2部　日本に求めているのは自由で開放された市場である　1989〜2000

点筆者）

　政府の行政改革委員会規制緩和小委員会も著作物再販廃止を検討しているとみられたことから，日刊新聞全国紙各社は同年11月末から文化人等を動員して一斉に再販維持のキャンペーンを展開した(130)。このような紙面を使っての一方的な報道は，新聞業界が自ら標榜する「公正な報道」に矛盾することは言うまでもない(131)。その勢いにたじろいだのであろうか，規制緩和小委員会も行政改革委員会も，「この例外措置の妥当性について，引き続き，検討課題として議論を深めていくこととする」と問題を先送りした(132)。

　こうして著作物再販制度をめぐって，関係業界はもちろん，作家，評論家，一般企業経営者，経済学者，法学者，メディア研究者，消費者，政治家等を巻き込んで論争が繰り広げられた(133)。これは再販という本来市場における競争制限の問題であったが，論争はしばしば著作物に市場メカニズムはなじむかという文化の問題に拡散したため，論点はかみ合わず，必ずしも生産的な論争にならなかった。経済学者は総じて否定する側に与したが，経済法学者の見解は分かれた(134)。

---

(130)　平成7年11月28日付け読売新聞記事「活字文化と再販（井上ひさし氏インタビュー）」，同年12月8日付け同新聞記事「活字文化維持に不可欠」，同年12月3日付け朝日新聞記事「知る権利制約する恐れ」，同年12月5日付け日本経済新聞記事「民主社会の発展支える」。

(131)　著作物再販制度に批判的な鶴田俊正『規制緩和——市場の活性化と独禁法』（平成9年）は丸善からの出版が校了直前に中止され，筑摩書房から出版された（鶴田俊正「著作物再販制度，「存続」より「廃止」が妥当——その存廃を巡る攻防の記録」経済学（東京経大学会誌）225号（平成13年）50頁）。なお，平成8年6月5日の衆議院規制緩和に関する特別委員会における金子晃参考人および渡辺恒雄参考人の公述および質疑も参照。

(132)　平成7年12月8日付け読売新聞記事「「再販制」結論先送り」，行政改革委員会『規制緩和の推進に関する意見（第1次）——光輝く国をめざして』（平成7年）63頁。

(133)　著作物再販制度に関する文献は多い。主要なものとして，公正取引平成7年10月号「特集著作物再販の見直しについて」，三田評論平成8年2月号「座談会　出版物の再販売価格維持制度の見直しをめぐって」など，ジュリスト1086号（平成8年）「特集出版物再販制度の課題」，経済セミナー512〜514号（平成9年）「連載特集　著作物再販を問う」。

(134)　著作物再販制度廃止の積極論として，稗貫俊文「著作物の再販売価格維持行為の適用除外の意義の再検討」公正取引前掲注(133)23頁，根岸哲「出版物の法定再販制度」ジュリスト前掲注(133)37頁，高橋岩和「書籍の流通：ドイツと日本」経済セミナー前掲注(133)513号67頁，消極論として正田彬「書籍の再販制について」ジュリスト前掲注(133)31頁，「座談会出版物の法定再販制度について」ジュリスト前掲注(133)8頁以下における舟田正之発言。

第2章　規制緩和の本格化と独占禁止法

　このような状況にかんがみ，公取委は，再販問題検討のための政府規制等と競争政策に関する研究会（鶴田俊正座長）において改めて検討を行うことにし，その際には「競争政策の観点にとどまらず，憲法的視点や著作物の文化的・公共的性質に特に配慮」することにした[135]。平成10年（1998）1月に公表された報告書は，各業界の実態や現実を踏まえ，多くの論点について詳細かつ多面的に検討を行ったものであった。

　報告書は，結論として，一方では，「競争政策の観点からみて，それぞれの著作物再販制度が必要であると指摘されている根拠については説得力が十分でない」と断定した[136]。すなわち，再販制度が必要とされる主な理由として，書籍・雑誌については，書店での品揃えの充実の必要性，出版社の出版企画の多様性が主張されるが，委託返本制がこのような機能を果たしているのであって再販制度と直結しない，新聞については，戸別配達制度の維持に必要であると主張されるが，戸別配達は読者の需要が大きいのでほとんどの地域で維持できる，と。

　他方，報告書は，文化・公共的観点からは，次のような現実的配慮を見せた[137]。

　「このような少部数出版物を含めて多種多様な書籍・雑誌が，安定的かつ円滑に発行・流通されることが担保されることは，文化・教育政策という観点にもかなうことであり，少なくとも，ほとんど出版社は，再販制度の下で固定的・安定的な流通

　　　伊従寛公取委元委員は，一貫して文化政策の見地から著作物再販制度擁護の論陣を張った（伊従寛「著作物の再販全廃に疑問」平成7年8月4日付け読売新聞，同「出版再販制はなぜ許されるべきか」世界平成9年3月号90頁（同『独占禁止政策と独占禁止法』（平成9年）所収），同『著作物再販制と消費者』（平成12年）など）。

　　　なお，この当時，米国，英国に再販制度はなく，ドイツに書籍・雑誌および新聞，フランスに書籍について再販制度が存在した。ただし，制度が存在しても運用状況は日本ほど硬直的でなかった。

(135)　再販問題検討のための政府規制等と競争政策に関する研究会『著作物再販適用除外制度の取扱いについて』（平成10年）はじめに。研究会には，経済評論家の内橋克人，作家の江藤淳，憲法学者の清水英夫もメンバーに加えられた。

　　　なお，憲法学者等によって作成された日本新聞協会・新聞再販問題研究会報告書「新聞再販制度の見直しは必要か？——憲法的視点と「中間報告」の問題点」（平成9年）新聞経営平成11年5月号61頁，要旨は平成9年4月2日付け朝日新聞掲載）は，新聞の戸別配達制度を「ユニバーサル・サービス」として「それ自体，表現の自由の重要な局面を構成しているといえ，そのような流通システムは憲法21条の保障を受ける」と述べた。このようないわば制度的保障論に対する批判として，石岡克俊『著作物流通と独占禁止法』（平成13年）56頁。

(136)　再販問題検討のための政府規制等と競争政策に関する研究会前掲注(135) 55頁。

(137)　再販問題検討のための政府規制等と競争政策に関する研究会前掲注(135) 27頁・39頁。

第 2 部　日本に求めているのは自由で開放された市場である　1989～2000

システムが確保されているからこそ安心感をもって出版企画することができると認識していることは否定できない。このような状況下で，再販制度を一挙に廃止した場合，急激な変化に対応できない出版社が現れる可能性があり，この点にも配慮する必要があると考えられる。」（傍点筆者）

「……新聞の公共性，特に民主主義の維持・発展という観点からみると，一定の地域において多様な言論機関が複数保たれていることに意味があり，市場競争が激化することにより一部の発行本社が市場から淘汰・駆逐されることは極力回避されるべきとの考え方も強く存するところである。……このようなことを考えると，発行本社間で部数競争が行われているという現状の下で，市場原理に基づく競争だけにゆだねることに否定的な考え方も成り立ち得るであろう。現在は，再販制度のほか，厳格なテリトリー制等の競争制限的な慣行も行われており，このような状況の下で一挙に再販制度を廃止すると一部の発行本社は市場競争に即応することができず，経営が困難になる可能性も一概に否定できない。」（傍点筆者）

報告書は「制度改革に当たって関連事業者に対する影響についても十分配慮する必要がある」としたが，それはとりもなおさず，言論・出版市場における競争単位の複数性・多様性の維持を考慮に入れたとみることができよう。結局，報告書は，著作物再販制度は「競争政策の観点からは，……基本的に廃止の方向で検討されるべきである」が，「文化・公共的な観点からは，……直ちに廃止することには問題がある」とし，「関係業界において，各種の弊害の是正に真剣な取組みを開始すべき」であると結論付けた[138]。

これを受けて，公取委は，平成 10 年（1998）3 月 31 日，著作物再販制度の存廃については一定期間経過後に結論を得ることとし，関係業界に対しては再販制度の硬直的・画一的な運用の是正を求めることした[139]。公取委は，関係業界と対話を実施するとともに，国民各層からの意見を募集した上で，平成 13 年（2001）3 月 23 日，次のような最終結論を発表した[140]。

「……独占禁止法の運用を含む競争政策を所管する公正取引委員会としては，規制

---

(138)　再販制度検討のための政府規制等と競争政策に関する研究会前掲注（135）39 頁・56 頁。各種の弊害とは，書籍・雑誌については，取次寡占の問題，画一的・固定的な流通（その結果として，書籍で 36.1％，雑誌で 27.1％に及ぶ返品・廃棄）等のことであり，新聞については，長期購読割引等の価格設定の多様化がないこと，強引な勧誘や過大な景品競争，全国紙の同調的な価格の引上げ等のことである。
(139)　公取委事務局経済取引局取引部取引企画課「著作物再販制度の取扱いについて」公正取引平成 10 年 5 月号 16 頁。
(140)　公取委「著作物再販制度の取扱いについて」（平成 13 年 3 月 23 日），西川康一「著作物再販制度の取扱いについて」公正取引平成 13 年 5 月号 31 頁。

第 2 章　規制緩和の本格化と独占禁止法

改革を推進し，公正かつ自由な競争を促進することが求められている今日，競争政策の観点からは同制度を廃止し，著作物の流通において競争が促進されるべきであると考える。
　しかしながら，国民各層から寄せられた意見をみると，著作物再販制度を廃止すべきとする意見がある反面，同制度が廃止されると，書籍・雑誌及び音楽用 CD 等の発行企画の多様性が失われ，また，新聞の戸別配達制度が衰退し，国民の知る権利を阻害する可能性があるなど，文化・公共面での影響が生じるおそれがあるとし，同制度の廃止に反対する意見も多く，なお同制度の廃止について国民的合意が形成されるに至っていない状況にある。
　したがって，現段階において独占禁止法の改正に向けた措置を講じて著作物再販制度を廃止することは行わず，当面同制度を存置することが相当であると考える。」
（傍点筆者）

　こうして，著作物再販制度は維持され，今日に至っている。しかし，著作物の流通は大きく変貌した。書籍・雑誌についてみれば，中小書店の激減と大型書店の増加が顕著であり[141]，再販制度があっても中小書店を守ることはできなかった（中小書店の専門店化は進展しなかった）。新古本が流通に参入したし，インターネットによって書店を経由しなくても迅速容易に入手できるようになった。電子書籍も登場した。大型書店が中小書店を圧倒したのは，書籍・雑誌の販売においては品揃え・展示が最も重要であって，価格競争によらなくても店舗面積の大きい大型書店が有利であるからである。豊富な品揃え・展示そして多様な発行企画を可能にするのは，出版物の取引における委託販売制（返品条件付き売買）である[142]。とはいえ，大型書店でも再販制度があるためにベストセラー本の値引き販売は見当たらない。
　新聞についても，発行部数が大幅に減少しており，それに伴い宅配をする新聞販売所も減少している[143]。インターネットの利用（検索サイトのニュース，新聞社のニュースサイト等）が普及し，若者の新聞離れが進んでいる。全国紙の一部

---

[141] 書店数は，平成 11 年に 22,296 であったが，平成 25 年には 14,241 へ約 4 割減少した（柴野京子「書店をめぐる現在」情報の科学と現在 63 巻 8 号（平成 25 年）310 頁）。
[142] 真正の委託販売ならば再販行為をしても正当な理由があることになるが，出版業界においては代金の早期回収等のために真正の委託販売は行われていないという（公取委事務総局『再販問題検討のための政府規制等と競争政策に関する研究会　資料編』（平成 10 年）5 頁）。
[143] 新聞の発行部数は，平成 12 年に約 5,370 万部であったが，平成 25 年には約 4,699 万部へ約 12％減少した（1 世帯あたり部数も減少している）。新聞販売所は，平成 12 年の 22,141 から同 25 年の 18,022 へ約 18％減少した（日本新聞協会 HP）。

第2部　日本に求めているのは自由で開放された市場である　1989〜2000

は夕刊を廃止した（公共性といっても需要がなければ撤退する）。コンビニでの一般紙の販売も見られるようになった。それでも再販制度によって，値引きは行われず，画一的硬直的な価格である状況は変わらない。全国紙上位3社の購読料金は同一価格でありかつ一斉休刊日にみられるようにカルテル体質は依然として残っている。景品や無代紙による購読勧誘も盛んに行われている。

　それでは，競争政策の見地からは正当であるはずの著作物再販制度の廃止の試みが挫折したのは何故であろうか？　そこからどのような教訓を見出すべきであろうか？

　第一に，論争が市場原理か文化・公共性かといった二項対立となったことが敗因であることを認識すべきである。市場メカニズムの活用も文化の普及も，どちらも本来消費者＝読者の利益の確保を目的とするものであり，基本的に矛盾対立するものではないはずである。公取委の研究会の中間報告は「「文化の普及」とは，消費者が商品を購入する機会の確保等という点に帰着する」ととらえている[144]が，消費者＝読者が多様な著作物を廉価で購入できるのはまさに市場メカニズムの作用によってである。もちろん市場メカニズムでは不十分であれば補助金等による補完が必要となるが，それが文化政策というものであろう。

　それでは，何故，公取委やその研究会の正論が受け入れられなかったのか？結局，市場メカニズムに対する不信が根強くある（自由競争になれば，品質が低下する，独占・寡占が形成されるといった言説が受容される）ところに，新聞や出版物の文化性・公共性をアピールしたことが功を奏したからであるとみられる。それは文化に係わる業界関係者の職業倫理のなせるわざかもしれないが，世論操作のプロによる巧妙な戦略であった可能性もある。

　第二に，廃止ができなかった決定的要因は政治が賛成しなかったからであることを知るべきである。廃止について国民各層の合意が形成されなかったというが，

---

[144]　再販問題検討小委員会前掲注(128) 13頁。筆者は，著作物には商品的価値（価格）と非商品的価値（文化）があるとして対立させ，どちらを重視するかという議論のたて方は適切でないと考える。再販制度をはずしても著作物の文化的価値が維持されることは変わらない。
　　小委員会の金子晃座長は，次のように述べている（金子晃「著作物再販の課題——中間報告の真意」RIRI流通産業28巻4号（平成8年）2頁）。すなわち，「……現に，出版物・新聞に競争が存在しているし，競争を通じて優れた内容の出版物・新聞が提供されているのである。もっと重要なことは，市場機能に任せることにより，国家による介入を排除し，出版・表現の自由が確保されているという事実である。出版物・新聞が他の経済的財と異なり市場機能になじまないという主張は，文化に優劣をつけたり，国家の介入を招く根拠となることを認識すべきである。」，と。

第 2 章　規制緩和の本格化と独占禁止法

国民が問題の所在を正確に理解していたとは思えない[145]。著作物の再販制度の適用除外は法定されているから，その変更には立法府の合意が必要となる。しかし，政府内で文化庁が反対しているだけでなく，与野党の中で廃止に賛成する政党は皆無であった[146]。これでは法案提出の見込みすら立たないことになる[147]。新聞業界が一致して抵抗すれば政治権力もなすすべがないことを，このとき公取委や廃止論者は認識したはずである。

とはいえ，公取委は，平成 17 年（2005）から 18 年（2006）にかけて，新聞業の特殊指定（「新聞業における特定の不公正な取引方法」（平成 11 年公取委告示第 9 号）を廃止しようとした——これは発行本社に異なる定価の設定を可能にし販売業者にも定価からの値引きを可能にして再販制度に風穴をあけようとするものであった——が，新聞業界とこれを支援する与野党の強硬な反対によって，公取委は撤回を余儀なくされた[148]。ここでも著作物再販問題と同じ権力関係の構図がみられたといえる。

---

(145)　公取委の意見公募に対して，再販制度維持の意見が 99 ％を占めたが，これは業界関係者が組織的に意見を寄せた結果とみられる。
(146)　たとえば，平成 7 年 12 月 3 日付け朝日新聞掲載の水野清（自民），永井哲男（社会），中島章夫（新党さきがけ），渡部恒三（新進），吉井英勝（共産）の各議員の見解参照。
(147)　鶴田前掲注(131) 56 頁は，「公取委委員長の不退転の決意」がなければ「法改正は望むべくもなかった」という。確かに根来委員長は規制緩和に熱心とはいえなかったが，政治の状況にかんがみれば，誰が委員長であっても，困難であったのではなかろうか。
(148)　新聞の再販契約は独占禁止法の適用除外となるだけでなく，特殊指定により，発行本社の定める再販売価格を遵守しなければ不公正な取引方法に該当するというかたちで，その遵守が国家権力によっても担保されていた。特殊指定の廃止は公取委の権限で可能であるが，与党自由民主党は独占禁止法を改正して特殊指定の廃止を阻止しようとした。これをめぐる問題については，平林英勝「公正取引委員会の職権行使の独立性について——事例の検討と法的分析」筑波ロー・ジャーナル 3 号（平成 20 年）84 頁，内田耕作「新聞特殊指定の見直し（2005 年〜2006 年）と公取委のスタンス」彦根論叢 385 号（平成 22 年）4 頁参照。

第2部　日本に求めているのは自由で開放された市場である　1989～2000

第3章　入札談合との闘い

1　埼玉土曜会事件と梅沢委員長

刑事告発を断念した理由は何か？

　建設業における入札談合の摘発は，昭和63年（1988）の米海軍横須賀基地事件によって再開され，かつ平成2年（1990）の日米構造問題協議最終報告書によって入札談合への独占禁止法の厳正な適用が日本政府の国際公約となった。以後，公取委は建設談合を含め入札談合との闘いに乗り出すが，早くも埼玉土曜会事件で大きな困難に直面する。本件はさまざまな意味で重要なので，まず紹介しよう。

　公取委は，平成3年（1991）5月27・28日，埼玉県内の公共事業について，大手建設業者らが談合をしている疑いがあるとして，同県内の支店，営業所等数十か所を立入り検査した[1]。同年11月には，担当官を15名に増員し，本件の審査態勢を強化したほか，談合組織を作ったとされる9社の本社に対して報告命令を行った。翌平成4年（1992）5月15日，公取委は66社に対して勧告を行い，これらの者が勧告を応諾したので，同年6月3日審決[2]を行った。審決が認定した違反事実の概要は，次のようなものであった。

　66社は各社の営業責任者等で組織する土曜会を設けていたが，埼玉県が指名競争入札の方法により発注する特定土木工事について，遅くとも昭和63年（1988）4月以降（若干の者はそれ以降），受注価格の低落防止を図る等のため，土曜会会員が複数指名されることが予想されかつ自社が受注を希望するものについて，「PRチラシ」を作成して土曜会に提出し，指名を受けた会員は「点呼」もしくは「研究会」と称する会合を開催して話合いにより受注予定者を決定し，入札価格を相互に連絡することにより受注予定者が受注できるように協力するとの合意の下に，あらかじめ受注予定者を決定し，受注予定者が受注できるようにし，埼玉県発注の特定土木工事のほとんどを受注していた。公取委が審査を開始したところ，平成3年（1991）6月10日，66社は土曜会を解散した。

---

(1)　平成3年5月31日付け朝日新聞記事「建設大手など談合容疑」など。
(2)　鹿島建設㈱ほか65名に対する件，平成4年6月3日勧告審決，審決集39巻69頁。埼玉県内の市町村発注の土木工事についても談合の疑いがあったので，公取委は66社に対して警告を行った。

第3章　入札談合との闘い

　公取委は，66社の行為は，埼玉県発注の特定土木工事の取引分野における競争を実質的に制限していたものであって，不当な取引制限に該当し法3条の規定に違反するとして，前記合意に基づく行為をとりやめた旨，今後受注予定者を決定せず，自主的に受注活動を行う旨を埼玉県および同県内に所在する土木工事業者並びに自社の役員および従業員に周知徹底すること等を命じた[3]。さらに，公取委は，平成4年（1992）9月18日，66名のうち43名の者に対し総額10億667万円の課徴金納付命令を行った[4]。

　本件入札談合の対象は埼玉県発注の特定土木工事であるが，これは埼玉県だけのローカルな事件とみるべきではなかった。違反行為にはわが国を代表する大手ゼネコン業者のほとんどが加わっており，しかも米海軍横須賀基地事件や海土協事件[5]に加功した者が相当数含まれていたから，公取委は「建設業界全体にかかわる重大な問題として認識」した[6]。平成2年（1990）6月20日に既に刑事告発を積極的に行う方針を公表しており（第2部第4章2参照），その第1号として平成3年（1991）11月6日には業務用ストレッチフィルム事件について告発を行っていたが，市場規模や悪質性からみて，埼玉土曜会事件も当然に告発が検討されるべき事案であった。

　公取委は平成3年（1991）秋頃から告発の検討に入り，翌同4年（1992）1月末には公取委が告発を検討していることが報道されるようなった[7]。しかし，同年5月の勧告の発表時に，公取委は告発を断念したことを公表した。梅沢委員長は，感想を求められて「当然，個人的気持ちでは残念にきまってます」と述べた[8]。告発を断念した理由として，公取委は新聞発表文において次のように説明した[9]。

---

(3)　従業員への周知徹底について，公取委は66社の10万名を超す全社員の署名・捺印を求めた模様である（平成4年6月24日付け日本経済新聞記事「談合防止 全社員の署名要求」）。再度入札談合を行えば，確定審決違反の罪に問いやすくなるからであるという。
(4)　埼玉県所在の建設業者に対する件，平成4年9月18日課徴金納付命令，審決集39巻363頁。
(5)　海上埋立土砂建設協会に対する件，平成元年9月12日勧告審決，審決集36巻26頁。ただし，本件は入札談合事件ではなく，関西国際空港島築造工事のための山砂海送工事受注量・受注単価を決定した数量・価格カルテル事件である。
(6)　岡村靖朗・田辺陽一「鹿島建設㈱ほか65社による独占禁止法違反事件について」公正取引平成4年9月号65頁。
(7)　平成4年1月31日付け朝日新聞記事「公取委，建設談合で告発検討」。
(8)　平成4年6月16日付け朝日新聞記事「宝刀抜けず「残念」」。
(9)　公正取引情報1358号（平成4年5月18日）1頁。

第 2 部　日本に求めているのは自由で開放された市場である　1989〜2000

　「本件につき，排除勧告と併せて告発を行うか否かに関し，当委員会が『独占禁止法違反に対する刑事告発に関する公正取引委員会の方針』を公表した平成 2 年 6 月 20 日以降における事実について，検察当局とも意見交換を行った上，法律上，事実認定上の問題を検討してきた結果，同日以降において独占禁止法の規定に違反する犯罪ありと思料し告発を相当とする具体的事実を認めるに至らなかった。よって，本件については，告発を行わないこととした。」（傍点筆者）

　このような重大事案について公取委が告発を断念した理由がわかりづらいこともあり，罰金引上げの改正法案の国会上程との関係で政治的圧力があったのではないかとの疑念も呼んだ。しかし，梅澤委員長はきっぱりと否定した[10]。公取委は，国会において，野党側から追及され，次のように答弁した。「企業ベースとして，いわゆる土曜会ルールというものに基づいて調整が行われたということにつきましては，十分に立証できるということで法的措置に踏み切った」[11]が，「個々の談合については，程度問題ということになりますが，十分に究明はできておらない」[12]，「談合の個人的行為，個人の特定なり個人の事実行為というのはどういう手口にかかわったところが一番問題になるかということなのでございますね。それが今回の事件は非常に難しかった。」，と[13]。

　その真相は，平成 9 年（1997）の中村喜四郎議員斡旋贈収賄事件の東京地裁判決によって，明らかになる。判決によると，平成 4 年（1992）1 月下旬，公取委が法律問題について東京高検に相談したところ，高検側から「告発対象は平成 2 年 6 月 20 日の告発方針公表後の合意をとらえ，競争制限的な合意の存在を具体的に立証する必要があり，それを裏付ける個別物件等の審査についても，告発方針公表後におけるものとする必要がある」との指摘があり，公取側は審査の見通しは相当難しいと受けとめた。それでも公取委審査部は告発方針公表後の基本ルールの合意について審査を行ったが，十分な証拠が得られず，同年 4 月および 5 月の協議において東京高検は，「個々人の行為を特定するのは証拠上難しい。刑事事件としては証拠不十分である。告発を役員会社に絞っても他の会員会社と

---

(10)　平成 4 年 5 月 16 日付け日本経済新聞記事「公取委員長会見,「勧告に意義」強調——政治的圧力はない」,「編集長インタビュー梅澤節男氏」日経ビジネス平成 4 年 6 月 15 日号 73 頁。
(11)　平成 4 年 6 月 3 日の衆議院商工委員会における森本晃司議員（公明）の質疑に対する地頭所五男公取委事務局審査部長の答弁。
(12)　前掲注(11)の答弁。
(13)　平成 4 年 6 月 3 日の衆議院商工委員会における小岩井清議員（社会）の質疑に対する梅澤公取委員長の答弁。

第3章　入札談合との闘い

の合意を調べねばならず，実態は同じである」と回答した(14)。

　この経過をみると，本件が入札談合について最初の刑事事件であったこともあり，高検から告発方針後(15)の基本ルールの合意を個人レベルで認定することを求められ，公取委は大いに戸惑ったとみられる。基本ルールはそれ以前から存在していたから，新たな基本合意の形成——その確認や変更でもよい——を認定する必要があるというのであるが，この考え方は入札談合を状態犯(16)ととらえる刑事法関係者に根強い発想によるものである。公取委は，土曜会役員会において今後も談合を続けるがルールの一部を変更するとの合意がなされたことをつかんだようであるが，それが会員66社にどのように伝わり全体の合意と認定する上では証拠不十分であった模様である(17)。自然人行為者の特定については身柄の拘束ができない公取委には一定の限界がある。もともと，公取委は事業者レベルの審査を中心に行い経済法的観点から告発し，検察当局が行為者レベルの捜査を行い刑事法的に構成して起訴する(18)のが，公取委と検察当局の役割分担なのではないか？

　しかし，「この事件の告発に対しては，検察側は終始消極的であった」(19)。検

---

(14)　平成6年刑(わ)第509・571号斡旋贈収賄被告事件東京地裁判決（平成9年10月1日判時1627号47頁）理由第三・三・1・㈠。

(15)　告発方針発表後の行為についてのみ告発対象となる理由は，公取委の説明によれば，昭和52年法改正以降カルテルに対しては課徴金によって対処するというのが政府の一貫した方針であり，法的安定性を考慮したからであるとされる（前掲注(13)の梅沢委員長の答弁）。しかし，告発方針に告発方針発表後の行為のみを告発するとは書かれていない。

(16)　状態犯とは，窃盗罪のように，法益侵害の発生によって犯罪が終了し，公訴時効が進行するものをいう。これに対して，継続犯とは，監禁罪のように，法益侵害が継続している間犯罪は終了せず，公訴時効も進行しないものをいう。入札談合を状態犯とすると，基本合意を形成した時点で犯罪が終了し時効が進行するので，昔から行われている談合ほど時効（当時は3年，現在は5年）にかかりやすくなるという矛盾がある。判例は，その後これとは別の争点との関連で継続犯であると判示している（第1次水道メーター事件東京高裁判決，平成9年12月24日，審決集44巻753頁，橋梁談合事件東京高裁判決，平成19年9月21日，審決集54巻773頁）。

(17)　公取委の委員会懇談会における酒井享平審査長の説明（前掲注(14)同所）。なお，66社間の合意でなくとも，相当数の事業者間の合意であって競争を実質的に制限する実効性のあるものであれば不当な取引制限は成立すると考えられる。

(18)　法人事業者のみを処罰することも考えられる（江口公典「建設業者の入札談合カルテル——埼玉建設談合事件」ジュリスト1072号（平成7年）182頁）。

(19)　郷原信郎『検察が危ない』（平成22年）87頁。郷原は，当時出向検事として本件の公取委と検察の連絡役となっていた。

第2部　日本に求めているのは自由で開放された市場である　1989～2000

察が独占禁止法違反事件に慎重になる次のような事情があった。すなわち，①公取委の長期間の調査後に告発を受けて捜査を開始しても犯罪事実に関する新証拠を収集できる可能性は非常に少ないとみられること[20]，②独占禁止法違反事件は通常被疑者が多数に及び多くの取り調べ検事を動員する必要があること[21]，③かりに不起訴になった場合検事総長はその理由等について法務大臣を経由して内閣総理大臣に報告しなければならない（法74条2項）こと[22]，があった。そして，検察には，昭和49年（1974）の石油価格協定事件において，公取委から十分な打ち合わせなしに持ち込まれ，大がかりな捜査を余儀なくされた挙句，生産調整については無罪となった苦い経験があった（上巻・472頁参照）。

以上のような理論上事実上の困難があったとしても，本件の事案の重大性にかんがみれば，検察にも挑戦する価値があったのではないか。検察関係者には政界汚職とは異なる経済犯罪の重大性について理解が不十分であったのではないか。にもかかわらず，梅沢委員長は，「検察との意見の不一致は一切なかった」と公取委の判断で告発を見送ったことを強調した[23]。明らかに検察をかばったのである。梅沢には，脱税犯罪についての国税庁と検察との連携を公取委と検察の間にも実現したいとの思いがあった[24]。梅沢は，国会で次のように答弁している[25]。

「問題は，それでは，違法性がある，したがって後は検察当局の捜査なり起訴判断に任せるという運用がいいかといいますと，私はそうではなくて，今後とも検察当局との連絡をさらに強化していくという形でこそ初めてこの独占禁止法の刑事告発の運用というのは軌道に乗るということを考えているわけでございます。……告発権を行使しながらそれが起訴に結びつかなかったという場合には，やはり公正取

---

(20)　平野龍一ほか編『注解特別刑法補巻(3)（平成8年）23頁（小木曽国隆執筆）。
(21)　平成6年3月9日付け日本経済新聞記事「汚職構造を徹底解明」は，埼玉土曜会事件は「関係する企業数が66社で，関係者も膨大な数に上った。当時の公取委関係者によると，検察当局は当社から難色を示していた」と伝えている。しかし，被疑者が多数にのぼる犯罪規模の大きな事件ほど手をつけないというのは，本末転倒というべきである。
(22)　平野龍一ほか編前掲注(20)24・25頁（小木曽執筆）。不起訴の場合の内閣総理大臣への報告義務は本来検察官の起訴便宜主義を制約するものであったが，実際には検察当局の同意がなければ事実上告発できず，公取委の専属告発権を制約するものとして機能している。検事総長への告発の規定とあいまち，この規定が「重々しい」として削除を求める検察関係者の見解が多い。
(23)　平成4年5月16日付け日経産業新聞記事「埼玉の建設談合疑惑」，平成4年5月29日の衆議院商工委員会における小岩井清議員（社会）の質疑に対する梅沢委員長の答弁。
(24)　平成4年6月3日の衆議院商工委員会における江田五月議員（進歩民主連合）の質疑に対する梅沢委員長の答弁。
(25)　前掲注(24)の梅沢委員長の答弁。

第 3 章　入札談合との闘い

引委員会の行政運用に対する信用を根底から失ってしまうということになりかねない。」

　こうして梅沢委員長は公取委と検察の連携関係の確立に腐心し，それは一定の成果を挙げたということができるが，後にみるように（第 2 部第 4 章 2）常に円滑であったというわけではない。埼玉土曜会事件で告発が見送られたことにより，大手ゼネコンの入札談合——ひいては建設業における入札談合全般——を壊滅する絶好の機会を逸したのである。談合はなくならず，むしろ深く潜行することになった[26]。

自民党建設族の政治的圧力——梅沢委員長の孤独な闘い

　埼玉土曜会事件の告発見送りに政治的圧力はなかったと，梅沢委員長は断言した。確かに見送りは政治的圧力によるものではなかったが，政治的圧力は存在した。いわゆるゼネコン汚職[27]の捜査の過程で，次のような事実が判明したのである。すなわち，鹿島建設の清山信二代表取締役副社長が中村喜四郎衆議院議員に対し梅沢委員長に埼玉土曜会事件について告発をしないように働きかけを依頼し，その報酬として現金 1 千万円を供与し，中村議員は働きかけを承諾し現金の供与の趣旨を知りながらこれを収受したというものである。中村議員は自民党建設族の有力議員であり，かつ当時党独占禁止法特別調査会の会長代理という要職にあった（その後，平成 4 年 12 月〜同 5 年 8 月，建設大臣に就任）。

　この斡旋贈収賄事件の東京高裁判決によると，梅沢元委員長はその働きかけ——2 回の働きかけのうち平成 4 年（1992）1 月中旬か下旬の 1 回目のもの——について，次のように証言した[28]。

---

(26)　たとえば，東京都多摩地区のゼネコンの談合組織が埼玉土曜会事件を機に解散したが，解散後も談合は続けられた（大成建設㈱ほか 33 名に対する件，平成 20 年 7 月 24 日審判審決，審決集 55 巻 174 頁）。

(27)　ゼネコン汚職とは，平成 5 年，金丸信自民党副総裁が脱税容疑で逮捕され，その捜査の過程で，副総裁に献金していた大手ゼネコンが仙台市長，茨城県知事，宮城県知事に公共工事にからんで贈賄していた疑いが明らかになり，これらの関係者が逮捕された事件のことである。贈賄側には，日本建設業団体連合会会長で清水建設会長を含む大手ゼネコン 8 社の会長，社長，副社長らが起訴された（藤永幸治「ゼネコン疑獄事件（上）（下）」法令ニュース 32 巻（平成 9 年）9 号 50 頁・同 10 号 50 頁）。首長が受注予定者に関して意向——「天の声」——を出してもそれに業界が協力しなければ当該受注予定者は落札できないから，その背後には必ず談合組織が存在しているはずである（もっとも，業界にとって「天の声」は絶対であり，逆らえない）。しかし，検察もマスメディアも談合には関心がなかった。

第 2 部　日本に求めているのは自由で開放された市場である　1989〜2000

「(被告人 B［中村——筆者注。以下同じ］は，D［梅沢］と，応接セットのソファーに向かい合って座った後)，C 会事件［埼玉土曜会事件］のことを持ち出しまして，いきなり，告発をやめてもらえませんか，と言われました。……これは非常に唐突な申し出で，いきなり，告発をやめてもらえませんか，ということですから，大変驚きました。その話は駄目ですと，強くお断りを致しました。告発をやめて欲しいと申出を何度も繰り返されました。……ひたすら，懸命に，何とかして C 会事件の告発をやめさせたいという気迫のようなものを私は感じました。……（最後は）さっと席を立って私の部屋から出ていかれました。むっとしたような表情で出ていかれたと思います。」

東京高裁は，公取委の委員長および委員が「職務を独立して適正に執行すべき職責を負っているのであり，したがって，国会議員等の外部の者が……告発すべき事案か否かにかかわりなく，告発しないように働きかけることは，公取委に対する不正な働きかけとしてそれ自体も違法視される」と判示した上で，中村議員の働きかけを，単なる陳情行為ではなく，「国務大臣［科学技術庁長官—筆者注］の経験を有する有力な国会議員であり，L 2 党［自由民主党—筆者注］独禁法調査会の会長代理であるという地位及びその影響力を背景に」，「単刀直入に執拗に告発見送るように迫った」「不正な働きかけ行為」であったと断定した[29]。最高裁も，東京地裁・高裁の判決を支持し，被告人両名に対して懲役 1 年 6 月の刑が確定した——元副社長に執行猶予が付いたが，中村元議員は実刑判決となった[30]。

当時，梅沢委員長はもうひとつ難題を抱えていた。独占禁止法の刑事罰の強化であり，公取委は日米構造問題協議フォローアップ会合（平成 4 年 2 月 26 日に開催予定）をにらみながらその実現を目指していた。しかし，前年の平成 3 年（1991）に課徴金引上げの法改正をしたばかりであり，与党内には強い反対があった（第 2 部第 4 章 1 参照）。梅沢は，平成 4 年（1992）2 月 5 日に宮沢喜一総理に報告したときの様子を次のように証言している[31]。

---

[28]　平成 10(う)360 号斡旋贈収賄被告事件，平成 13 年 4 月 25 日東京高裁判決理由（判タ 1068 号 248 頁）第 2・4(1)②。埼玉土曜会をめぐる斡旋収賄事件の経過や背景については，村山治『市場検察』（平成 20 年）13 頁が詳しい。

[29]　前掲注(28)東京高裁判決理由第 3・2・②。梅沢証言の信用性について地裁・高裁判決ともに高く評価している（特に高裁判決）。

[30]　平成 13(あ)884 号事件，平成 15 年 1 月 14 日最高裁決定（刑集 57 巻 1 号 1 頁）。中村元議員は刑が確定し服役したが，その後衆議院議員に当選し，本書執筆現在現職の国会議員である。

[31]　前掲注(28)東京高裁判決理由第 2・4(3)③。

第3章　入札談合との闘い

「1月中に，一方では非常に法案が難航しておると。で，一方で非常に強い告発見送りのご要請があると。で，2月に入って，……5日に官邸にお伺いして，……この法案がどうも非常に難しい瀬戸際に来ているというような報告をした……その時，本当に私もはっとその時思い当って驚いたんですが，(D2)〔宮沢—筆者注。以下同じ〕総理が，どうもWさん〔金丸信自民党副総裁〕あたりがこの法案に協力すると，もし埼玉を見送ればというようなこと言っているようですね，これは正につぶやくようにおっしゃったわけですね。だから私はそこでもう，はっと思ったわけです，これはいかんと。つまり，共倒れの状況を恐れたわけですね。……私はその時に，もうこの時点で何か手を打って，自分の判断でやるしかないなということで，……検察の理解を求めて，告発を見送るようにしたいということを私はそこで総理に申し上げたと思います。」

こうして，「告発と独禁法改正の双方ができなくなるという最悪の事態」を回避しなければならないと考えた梅沢は，埼玉土曜会事件の告発が困難な状況を踏まえ，刑事罰強化の法改正を優先することにした[32]。建設族のドンといわれた実力者の金丸信副総裁と中村議員に告発見送りを内々に示唆して法改正の了承を取り付けたのである。その結果，曲折はあったものの，与党の商工部会，建設部会および独禁法調査会の了承を得て，同年3月改正法案は閣議決定され，国会審議を経て，同年12月に法案は成立した。

この一連の行動について，梅沢は「公取委の組織としてでなく，全く私一人の行政官としての判断と責任で行ったこと」と証言した[33]。こうした梅沢の政治との虚々実々の駆け引きには異論もあろうが，そうでもしなければ対外公約の独占禁止法の強化が図れないというわが国の政治・社会状況での公取委員長の孤独な闘いとみることができる[34]。

本件は，政治が公取委の職権行使の独立性を脅かそうとした典型的な事件で

---

(32)　この点については，緊急性のない罰金額の引上げよりも大手ゼネコンの告発追求を優先すべきではなかったかとの見方もありうる。郷原信郎『告発の正義』(平成27年) 100頁は，「公取委には告発に関して法律上強大な告発権限が与えられているのであり，委員長さえその気になれば，検察側の消極姿勢を吹き飛ばすことは十分に可能だった」とする。梅沢は，今後の検察との関係を考えて，告発を強行することを避けたとみられる。
(33)　前掲注(14)東京地裁判決，理由第五・四・1・㈡(1)。この点について，地裁判決はやや批判的である。
(34)　平成4年4月24日の公取委の委員会懇談会で委員から「これだけの証拠があって告発できないのは納得できない」との意見が出て，梅沢は土曜会の役員会社9社に絞って告発できないか高検の意見を聞くように審査部に指示した（前掲注(14)東京地裁判決理由第三・三・1㈠)。委員会としてはそれまで何ら正式決定をしていなかったからである。梅沢自身は既に告発を断念していたから，複雑な心境であったろう。

第 2 部　日本に求めているのは自由で開放された市場である　1989～2000

あった[35]が，その政治を逆手にとって独占禁止法強化が実現されたという歴史上特異な事例でもあった（第 2 部第 4 章 3 参照）。

住民訴訟の提起——市民運動と弁護士の連携

ところで，土曜会事件の地元埼玉県では，現職知事と建設業界との癒着や知事選候補をめぐる不透明な動きについて疑惑が生じていた。そこへ公取委の告発見送りが報道され，県内の市民運動と弁護士が手を組んで，土曜会の談合追及に立ちあがることになった。談合の被害者である埼玉県が損害賠償請求をしないため，県監査委員会に対し監査請求を行ったが却下され，平成 4 年（1992）8 月，61 名の住民が県に代位して 63 社に対し損害額 66 億円を県に返還するよう求める住民訴訟を浦和地裁に提起した[36]。

訴訟当初の焦点は，原告の談合の事実の立証のために不可欠な証拠について，裁判所の文書送付嘱託に対し公取委が応じて提出するかどうかであった。本件は，公取委が独占禁止法違反に対する損害賠償請求を支援する方針（第 2 部第 1 章 4 参照）の発表後，最初のケースとなった[37]。公取委は，代位訴訟ではあったが，主要な供述調書数点を含む必要最小限の証拠を裁判所に提出した。しかし，その後の訴訟の争点は，住民の監査請求が請求期間内になされたかどうかに終始し，平成 12 年（2000）3 月に至って，浦和地裁は監査請求が期間内になされず適法でなかったという形式的理由で請求却下の判決を下した[38]。東京高裁は，平成 13 年（2001）4 月，地裁判決を支持し[39]，最高裁も，同 15 年（2003）6 月，上告棄却・不受理決定をした[40]。

---

(35)　ビーマンは，埼玉土曜会事件について，公取委の法執行をとりまく困難な政治的環境を生々しく示す例（a vivid example of the difficult political atmosphere in which the FTC continued to operate）であるとしている（Beeman, p. 167）。公取委の職権行使の独立性については，平林英勝「公正取引委員会の職権行使の独立性について——事例の検討と法的分析」筑波ロー・ジャーナル 3 号（平成 20 年）67 頁参照。

(36)　訴訟の途中経過までの記録として，田島俊雄＝山口広『ドキュメント埼玉土曜会談合』（平成 7 年），山口広「公共入札談合と損害賠償請求——埼玉土曜会談合事件住民訴訟」自由と正義 45 巻 4 号（平成 6 年）77 頁。

(37)　それ以前に公取委が裁判所に資料提供した例として，米海軍横須賀基地事件の損害賠償請求訴訟に係る横浜地裁川崎支部からの文書送付嘱託がある（田中眞「日本における独占禁止法の運用の変化」横田直和ほか『日米構造問題協議の影響の再検討 I』（平成 25 年）40 頁。

(38)　平成 12 年 3 月 14 日付け読売新聞記事「埼玉土曜会談合で訴え却下」。

(39)　平成 13 年 4 月 27 日付け読売新聞記事「東京高裁，原告の控訴を棄却」。

(40)　公取委年次報告平成 15 年度・180 頁。

第3章　入札談合との闘い

　本件訴訟は，入口で敗北したとはいえ，入札談合に対する最初の住民訴訟であった。しかも，住民と弁護士の連携による独占禁止法の実現の試みとして，市民オンブズマン運動の先駆けをなすものであった。

2　入札談合の摘発の本格化と談合防止の取組み

入札談合摘発の本格化

　公取委は，埼玉土曜会事件に法的措置を採った平成4年（1992）度頃から本格的に入札談合の摘発の乗り出した[41]。公取委が調査し措置をとったことが公表されることにより談合情報が公取委に集まり，さらに公取委が動くという好循環が働いていく。

　主な建設業界における事件を紹介すると，平成5年（1993）に川崎市発注工事に関して4件の審決があり，そのうちの特定土木工事についての入札談合は，124名の多数の事業者が関与していた[42]。平成6年（1994）には，山梨県建設業協会の8支部の事業者団体事件があり，各支部がそれぞれ地域内の山梨県発注の特定土木工事について入札談合を行っていた[43]。同年の㈳宇都宮建設業協会事件[44]においては，宇都宮市発注の特定土木・建築工事について入札談合を行っていた106名の事業者に対して総額約14億8千万円の課徴金が命じられた。その後も，豊橋市等[45]，浜松市等[46]，名古屋市等[47]，金沢市等[48]発注の公共工

---

(41)　鈴木・入札談合の研究・62頁。本書は，入札談合事件審決の時期別形態別の詳細な分析を行っている。なお，向田直範「独占禁止法による「入札談合の規制」」『北海学園大学四十周年記念論文集　変容する世界と法律・政治・文化　上巻』（平成19年）155頁，稗貫俊文「日本の行政機関における競争文化の欠如——公共入札談合を例として」新世代法政策学研究17巻（平成24年）311頁も参照。

(42)　浅川建設工業㈱ほか123名に対する件，平成5年11月12日勧告審決，審決集40巻136頁。

(43)　山梨県建設業協会甲府支部に対する件，平成6年5月16日勧告審決，審決集41巻151頁ほか7件。

(44)　㈳宇都宮建設業協会に対する件，平成6年11月25日勧告審決，審決集41巻220頁。課徴金については，同協会の構成事業者に対する件，平成7年11月6日課徴金納付命令，審決集42巻338頁。

(45)　愛豊土建砂利㈱ほか72名に対する件，平成7年8月8日勧告審決，審決集42巻126頁ほか3件。

(46)　㈱飯尾組ほか97名に対する件，平成8年5月17日勧告審決，審決集43巻217頁ほか5件。

(47)　大有建設㈱ほか61名に対する件，平成10年4月23日勧告審決，審決集45巻55頁ほか2件。

(48)　㈱アスムコンストラクションほか140名に対する件，平成10年5月12日勧告審決，

第 2 部　日本に求めているのは自由で開放された市場である　1989～2000

事に関する入札談合事件が続く。摘発されるのは，土木・建築工事だけでなく，電気・舗装・塗装・造園・水道配管等の小規模な工事にも及んだ。これらはいずれも地元業者によるローカル談合であった。

　第 2 部において，大手ゼネコンの大規模な談合に公取委が立ち向かう機会がもう一度あった。平成 9 年（1997）2 月，「関西建設談合のドン」とも呼ばれた平島栄（西松建設取締役相談役）が自ら談合を行っていた（！）として，資料を添えて公取委に申告し，業界を震撼させたことがあった[49]。この前代未聞の異例の事態を受けて，公取委は同年 9 月に任意で審査を開始し，翌同 10 年（1998）6 月，大手建設業者 31 社に対して警告を行った[50]。公取委は，31 社が「中央クラブ」（平島栄会長）において官公庁等が発注する土木工事について受注調整を行ってきたが，埼玉土曜会事件を契機に解散しとりやめたこと（そのため，3 年の措置期間経過），その後は平島の発案で設立されたエム・アイ・エス近畿㈱が工事について受注を希望する者の情報を収集しこれを他の者に提供していたことをつかんだものの，同社を舞台に受注調整を行っていた具体的な供述は得られなかった模様である[51]。任意審査にしてはよくやったというべきであるが，ここでも大手ゼネコンを取り逃がしたのである[52]。

　建設業だけではなく，さまざまな業界における入札談合が明るみに出された。たとえば，平成 7 年（1995）には，わが国を代表する大手電機メーカー 3 社が官公庁等発注の大型カラー映像装置について談合をしていた事件[53]，総合商社等

審決集 45 巻 79 頁ほか 2 件。
(49)　平成 9 年 3 月 9 日付け朝日新聞記事「公共事業「156 社が談合」と平島氏申告」。平島が公取委に申告したのは，平島が関西土木業界の談合組織の仕切り役として強引な運営をしたことに大手ゼネコンが反発し新談合組織を結成しようとしたため，平島が巻き返しを図ったとみられている（同年 3 月 7 日付け朝日新聞記事「大手ゼネコン，西松建設の平島氏外し新談合組織」など参照）。その後，平島は申告を取り下げ，談合を全面否定した。
(50)　公取委「近畿地区に所在する主要な建設業者 31 社に対する警告について」（平成 10 年 6 月 17 日）公正取引平成 10 年 7 月号 84 頁。
(51)　平成 10 年 6 月 18 日付け日本経済新聞記事「関西建設談合 31 社に警告」。
(52)　平成 9 年 6 月 12 日の参議院商工委員会における梶原敬義議員（社民）の質疑に対し，根来公取委員長は「独禁法で認められている立入検査権というのは極めて弱い」ことを本件の任意審査の理由に挙げ，公取委の調査権限の強化を求めている。
(53)　松下電器産業㈱に対する件ほか 2 件，平成 7 年 3 月 28 日課徴金納付命令，審決集 41 巻 387 頁。ソニー㈱に対する件は，不服申立により，平成 10 年 5 月 13 日審判審決，審決集 45 巻 3 頁。本件において，受注調整には製造子会社の松下通信工業が関与していたが，親会社の松下電器産業も同社と緊密な連絡をしつつ入札に参加し受注調整に協力

第3章　入札談合との闘い

が国際協力事業団発注の特定技術協力機材について談合をしていた事件(54)，がそれぞれあった。平成8年（1996）には，老舗百貨店が東京都等発注の贈答品，被服，什器・備品，防災品等について「回し」という方法で談合を行っていたことが発覚した(55)。平成12年（2000）には，国立病院等発注の医療事務の受託について大手4社が受注調整していた事件があった(56)。もちろん中小企業の分野における入札談合も多数摘発された。「入札あるところ，談合あり」の観を呈していた。

埼玉土曜会事件の告発は見送られたが，第2部において公取委は入札談合に関して4件の告発を行った。告発事件については次章で検討するが，4件というのはいかにも少ないし，談合体質が強固で――しかも談合屋や業務屋が跳梁する！――建設業が1件もないというのは明らかにバランスを欠いていた。

公取委の談合防止の取組み――公共入札ガイドラインなど

埼玉土曜会の元会長は，国会において，「我々は公共工事に関してガイドラインというものを提示されてございます。そのガイドラインに基づいて営業なり受注なりしておりましたので，そういう意味では間違ったことをしなかった，こう思っているわけでございます」と開き直った(57)。ここにいうガイドラインとは，公取委の「公共工事に係る建設業における事業者団体の諸活動に関する独占禁止法上の指針」（昭和59年）のことである。建設業界はこれによって調整行為が許容されると受けとめていた（第1部第4章2）から，入札談合に対する厳正な独占禁止法の適用の障害となっていた。

それ故，公取委は，建設業を含めた公共入札一般を対象とし，事業者団体だけ

　　していたので違反行為者とされ，発注者との契約の相手方であった同社が卸売業者として算定率1％（他社はメーカーとして6％）の課徴金納付命令を受けた。
(54)　兼松㈱ほか36名に対する件（平成7年4月24日勧告審決，審決集42巻107頁。本件は，公取委が政府開発援助に初めてメスを入れた事件とされる。
(55)　㈱東急百貨店ほか12名に対する件，平成8年4月23日勧告審決，審決集43巻193頁。「回し」とは，受注予定者となって受注した者（親）が，仕入先→他の指名業者（子供A）→他の指名業者（子供B）……→親→発注官公庁等と取引経路を設定し，当該物件の他の指名業者らも売り上げおよび利益を確保できるようにすることである（石垣照夫＝荻堂信代「株式会社東急百貨店ほか12名の百貨店業者に対する件について」公正取引平成8年8月号93頁）。「回し」は談合金と同じような機能を果たしていることになる。
(56)　㈱ニチイ学館ほか3名に対する件，平成12年4月24日勧告審決，審決集47巻255頁。
(57)　平成6年6月3日の参議院予算委員会における合馬敬議員（自民）の質疑に対する廣瀬透参考人の答弁。

第 2 部　日本に求めているのは自由で開放された市場である　1989 ～ 2000

でなく事業者相互の行為も含み，かつ白の行為だけでなく灰色および黒の行為も記載した包括的なガイドラインを作成する必要があるとして[58]，平成 5 年（1993）10 月に新ガイドライン策定の方針を発表し，その後原案について内外の意見を求めた上で，翌同 6 年（1994）7 月 5 日，「公共的な入札に係る事業者及び事業者団体の活動に関する独占禁止法上の指針」[59]を公表した（旧ガイドラインは「建設業ガイドライン」，新ガイドラインは「公共入札ガイドライン」と呼ばれた）。

　公共入札ガイドラインは，建設業ガイドラインで「受注予定者を決定したりするようなこととならない限り，独占禁止法に違反することとはならない」とされた「受注実績，受注計画等に関する」情報交換について，次のように定めた。すなわち，原則として違反となる「受注予定者の決定等」の「留意事項」として，「受注意欲，営業活動実績，対象物件に関連した受注実績等」の情報交換は，「受注予定者を決定するための手段となるものであり，又は受注予定者に関する暗黙の了解または共通の意思の形成につながる蓋然性が高いものであり，違反となるおそれが強い」（第 2・1(2)1），と。

　こうして公取委は，巧妙に入札談合に対する規制を事実上強化した。もちろん，建設業ガイドラインの作成を余儀なくされた昭和 59 年（1984）当時とは状況は大きく違っていた。日米構造問題協議・包括経済協議および建設協議を通じて入札談合に対し厳しい追及があったし，公取委の相次ぐ摘発にも広く社会的な支持が得られるようになった。のみならず，ビーマンは，新ガイドライン作成当時「自民党の建設族が政府与党からいなくなった［非自民連立政権が成立していた—筆者注］ことが政治的抵抗を除去し，公取委の仕事をずっとしやすくしたということは大いにありうる」と指摘している[60]。

　今日，公共入札ガイドラインはほとんど参照されることがない。もともと入札談合は悪質で正当化の余地がなく，独占禁止法違反が明確な行為である。ガイドラインで「留意事項」とされた前記情報交換や「違反となるおそれがあるもの」とされた行為（たとえば，業界において，事業者が指名を受けたことや入札予定について報告を求めること）は，受注予定者の決定を認定する間接事実となるもので，法令を遵守しようとする事業者ならば本来行ってはならないものである。入札談

---

[58]　平成 5 年 10 月 28 日の参議院予算委員会における杏掛哲男議員（自民）の質疑に対する小粥公取委員長の答弁参照。
[59]　指針とその解説については，公正取引平成 6 年 8 月号 31 頁の小川秀樹論文および同 37 頁の資料，小川秀樹編著『入札ガイドラインの解説』（平成 6 年）参照。
[60]　Beeman, p. 170.

第3章 入札談合との闘い

合に関してガイドラインなどはもともと不要なはず――世界でも例を見ない！――である。社会の意識改革のために必要というのであれば，先進国の経済水準に到達しながら，なお独占禁止法後進国の姿をそこにみることができる。

　公取委は，入札談合に対し独占禁止法違反事件として排除するだけでなく，未然防止の観点からの取組みも行った。事業者に対する啓蒙活動や発注者との協力体制の確立である。発注者との関係では，談合情報の公取委への提供や研修の実施などのほか，入札制度やその運用のあり方についても関係省庁に意見を述べた[61]。当時の公取委の担当課長が業界での講習会について次のように回顧しているが，業界の雰囲気を知る上で興味深いものがある[62]。

> 「……建設業取引適正化推進機構ができて，その第1回の講習会が仙台で開催されました。会場に300人に近い人が集まって，立ち見も出るほどでした。私の話の前に地元の業界団体の会長が挨拶をして，「独禁法が厳しくなった。これからは公取に訴えた者も処罰される」と言いました。申告するなという牽制です。私は「ええっ！」と思ったのですが，素知らぬ顔で話しました。「談合をしても見つからないと思っているかもしれませんが，ある日公取委の審査官が晴天の霹靂のようにやってきますよ」と脅かしてやりました。実際，その年の夏から秋にかけて，仙台でゼネコン汚職が発覚したのです。……
> 　他のところで話をしても，談合をやっているなとわかるのです。あるとき，中小建設会社の若手経営者の集まりということで，ホテルでの昼食会に呼ばれました。皆さんなごやかに食事をしていたのですが，私が話すことになって開口一番，「談合は犯罪ですよ」と申し上げたら，その場が凍りついたのです。……」

3　入札・契約制度の改革

日米建設摩擦――指名競争入札と「金権政治」

　入札問題に対する建設省の対応は生ぬるかった。昭和56年（1981）の静岡談合事件の摘発を受けて談合に対する社会的批判が高まると，建設省は入札・契約制度の改革に取り組むこととし，建設大臣の諮問機関の中央建設業審議会から昭和57年（1982）3月および翌58年（1983）3月の2回にわたり答申を受けた。そ

---

(61)　平林英勝＝原敏弘「最近における入札談合問題に対する公正取引委員会の対応」公正取引平成6年3月号4頁。
(62)　平林英勝「入札談合の規制と公正取引委員会」（平成21年3月14日，筑波大学最終講義）（テープ録音）。財団法人建設業取引適正化推進機構は，独占禁止法等の関係法令の講習会事業を行うこと等により業界の健全な発展に寄与する目的で，中村議員の着想に基づいて設立された。

第2部　日本に求めているのは自由で開放された市場である　1989～2000

の柱は，指名基準・積算基準の公表，指名競争入札の経緯・結果の公表といった「情報の公開」と，資格審査・指名審査の厳格化，指名停止の合理化といった「公正さの確保」にあった[63]。しかし，入札制度そのものについては，一般競争入札は，建設業者間の事前調整が困難であり，業者指名をめぐる疑惑を招かないという利点がある反面，不誠実な業者を排除できない，過当競争を招きまた一部有力業者に受注が偏るおそれがある，入札参加者数の増大で事務処理が困難という問題があるとして，「一般競争契約を一般的に採用することは，困難である」と見送った[64]。

　建設省や建設業界にとり思いがけないことに，純然たる国内産業の建設業にも「外圧」がやってきた。日本の企業が米国の建設市場で活発に活動しているのに，世界最大の建設市場である日本市場[65]に米国企業の参入が果たせないことから，「日米建設摩擦」が始まった。昭和61年（1986）5月にヤイター通商代表が関西国際空港プロジェクトに国際公開入札の実施を強く求めたことから生じたが，昭和63年（1988）5月，日本政府が17件の大型公共プロジェクトについて指名競争手続に特例措置を設けることで合意し（大型プロジェクト協定（ＭＰＡ）），決着した。平成元年（1989）7月，この協定の対象に新たに17のプロジェクトが追加された。この間の日米交渉は，建設業という政治と密接な業界がからむ問題であったから，官僚レベルだけでなく，日米の総理や大統領，議会を巻き込むものとなった[66]。

---

[63]　亀本和彦「公共工事と入札・契約の適正化——入札談合の排除と防止を目指して」レファレンス平成15年9月号17頁。入札・契約制度の変遷や日米建設摩擦については，本論文のほか，鈴木・入札談合の研究・159頁，参議院企画調整室「建設市場の国際化と外国企業参入の課題」立法と調査別冊平成6年3月号43頁，建設省五十年史編集委員会『建設省五十年史(1)』（平成10年）142頁参照。

[64]　中央建設業審議会「建設工事の入札制度の合理化対策等について」（昭和58年3月16日）（建設省建設経済局建設業課監修入札制度問題研究会編著『新公共入札・契約制度実務ハンドブック［改訂3版］』（平成11年）所収281頁）。

[65]　平成2年の建設市場の規模は，日本81.6兆円，米国60.9兆円，欧州14カ国94.6兆円，韓国5.1兆円であった（参議院事務局企画調整室前掲注(63)45頁）。ちなみに，平成3年度のわが国の建設業許可業者数は52万業者，就業者数は600万人を超え，総労働人口の9.5％を占めた（「図説・公共事業」世界平成5年12月号53頁）。

[66]　フクシマ・349頁。米国側を怒らせたのは，指名競争入札に参加するには工事の実績が必要とされ，日本国内で実績のない外国企業はそもそも指名が受けられないことが差別的と映ったからである（前田邦夫『談合国家は衰亡する』（平成5年）97頁）。特例措置は，17件について，指名競争入札に公募手続を採り入れかつ外国企業の外国での実績を国内での実績と同様に取り扱うことにした。

第3章　入札談合との闘い

　この間の日米建設協議に関与したグレン・フクシマは，この過程でさまざまな問題が浮かび上がったとして，平成4年（1992）に次のように述べた[67]。

　「……第三は，……交渉の初期段階に米国は，指名競争入札は入札に関する自由市場的アプローチに矛盾しないものだ，と考えていた。ところが時がたつにつれてこの二つの方式は相容れないものであるという結論に達した。しかし，指名入札制度が，あまりにも深く日本のシステムの中に深く浸透しているため，この制度の排除はほとんど不可能であった。

　第四は，「談合」の問題である。少なくとも私のUSTR在勤中，日本政府は「談合」というものが存在すること自体，公式には決して認めなかった。最初のうち米行政府は，極めて素朴に日本政府の主張を信じていた。ところがしばらくすると米行政府も，「談合」が実は広く行われていることを認識し，……日米構造障壁協議で独占禁止法問題が米国側の要求の中できわめて重要なものとなったのは，建設交渉における「談合」問題のためである。しかし，建設業界における「談合」の排除は，日本の産業界における「系列」排除と同じくらい困難なことらしいと思われた。」

　日米構造問題協議において，米国政府は入札談合に対して独占禁止法の厳正な適用を求めた（第2部第1章2参照）ほか，発注機関に対しても指名停止の積極適用や公取委への談合情報の提供を求めた。指名停止について要求したのは，米海軍横須賀基地事件でも，建設省および運輸省の処分は業界に実質的な影響がほとんどない1ヵ月の軽い処分であったからであった[68]。平成2年（1990）5月，中央省庁等の発注機関は独占禁止法違反行為に対する指名停止を2ヵ月以上に強化した[69]。

---

(67)　フクシマ・336頁。

(68)　昭和63年12月10日付け朝日新聞記事「処分，実質は"骨抜き"米軍工事談合」。公取委の納付命令を受けて，建設省は94社に1ヵ月，11社に2ヵ月（他の不正行為があったため）の指名停止を行った。年末年始でもともと仕事が少ない期間であった。公取委は，最高9カ月の指名停止を要望したという。

(69)　公共工事契約制度運用研究会『中央公契連指名停止モデルの解説』（平成6年）19頁。中央公共工事契約制度運用協議会（中契連）の指名停止モデルに基づいて関係省庁等もそれぞれ指名停止要領を通達することになっている。平成2年のモデルの改正までは，独占禁止法違反行為等は「不正又は不誠実な行為」に該当するとして，「1カ月以上9カ月以内の指名停止であったが，改正により独占禁止法違反行為および刑法上の談合は別建てになり，独占禁止法違反行為については「特に悪質であると認められるときは，2カ月以上9カ月以内（全国対応有）」等と規定された。指名停止モデルは，埼玉土曜会事件を受けて平成4年7月，ゼネコン汚職を受けて平成6年4月にもそれぞれ強化改正された（横田直人「入札談合に対する指名停止措置の強化とその運用」横田ほか前掲注(37) 57頁）。

第2部　日本に求めているのは自由で開放された市場である　1989〜2000

とはいえ，日米建設摩擦や埼玉土曜会事件を受けてなされた平成4年（1992）11月の中建審建議においても，一般競争入札の導入には否定的であり，指名競争入札について，「従来通り指名競争入札方式を運用上の基本とすべきである」とし，指名競争入札の多様化（技術情報募集型，意向確認型等）を提案するかたちで，改革を再度先送りした(70)。

平成5年4月30日，クリントン政権下の通商代表部は，突然，1988年包括貿易・競争力法の政府調達条項に基づいて，わが国の建設工事等の調達について対米差別国であると認定し，60日の猶予期間を経ても解決しない場合は制裁の対象とすると日本政府に通告した(71)。長年日本の建設市場問題に関心を持ってきたマカウスキー上院議員は，読売新聞に寄稿し，次のように述べた(72)。

「……非競争的，慣れ合いの行為に対して，日本では「談合」という独特の呼び名まであり，特に政治腐敗と関連して，日本のマスコミで公然と議論されている。ある最近の日本の政治風刺漫画は，テーブルを囲みヒソヒソばなしをしている"談合少年"たちを，米国企業が窓越しに眺め，建設省の役人らしき日本人がカーテンを引いて目隠しをしようとしている図を描いていた。

こうした腐敗した制度で最も損失をこうむっているのは，日本の納税者たちだ。……同氏［ジョン・マクミラン氏—筆者注］は，日本の談合構造が16〜33％の超過利益をもたらすと推計した。最低値の16％をとっても，超過利益は92年1年間だけで約500億ドル（約5兆3,500億円）に相当する。……

では，米国は何を望んでいるのか。第一に，我々は，米国企業が日本の公共事業に一定程度しか入札できない状況下では，「日米建設アレンジメント［MPAのこと—筆者注］」をご破算にしたい。……第二に我々は，米国企業が合弁企業内で従属的パートナーへと追いやられ，日本での入札で主導的役割をとれないような制度をご破算にしたい。最後に，自由貿易と日本の納税者・消費者の利益のため，日本は指名入札制度をやめる時に来ている。同制度は，日本の公共事業入札のために優先業者が選抜的にあげられている（前もって認可されている）。同制度は，日本の腐敗した金権政治と一体のものだ。……」（傍点筆者）

(70)　中央建設業審議会「入札・契約制度の基本的在り方について」（平成4年11月25日）（入札制度問題研究会編著前掲注(64)所収287頁）。
(71)　平成5年5月1日付け朝日新聞記事「公共事業　米，日本を制裁対象に」。猶予期間は同年6月30日までであったが，その後，同年11月1日までに，さらに翌同6年1月20日までに延期される。
(72)　フランク・マカウスキー「日本も競争入札制に」平成5年6月18日付け読売新聞。文中のジョン・マクミランの談合による超過収益の推計は，同「建設業界の"談合"が生み出す不当利得」エコノミスト平成2年5月29日号48頁に掲載されている。マクミランによると，日本政府の建設契約額は3,000億ドルで，超過収益額は480〜990億ドルに達するが，これに対して消費税による年間増収は310億ドルであるという。

第 3 章　入札談合との闘い

「腐敗した金権政治」とは，同年 3 月の金丸自民党副総裁逮捕で明らかになった政官業の癒着構造を指す。この寄稿文が掲載されて約 10 日後の 6 月 29 日，仙台市長が逮捕され一連のゼネコン贈収賄事件が発覚する。

一般競争入札の導入──歴史的な改革？

建設省は，ゼネコン汚職により「公共工事の執行，ひいては公共事業そのものに対する国民の信頼が著しく損なわれるに至った」と危機的状況を認識し，「思い切った改革に着手する」こととした[73]。平成 5 年（1993）7 月，中建審に有識者からなる特別委員会を設置して検討を開始したが，公取委の矢部丈太郎事務局経済部長は特別委員会において次のように述べた[74]。この発言が中建審の審議にどの程度影響があったか明らかでないが，公取委の審査経験に基づくものであり，問題提起の意義はあったとみられる。

「1　発注官庁の運用の問題
　(1)　発注官庁の指名や発注に伴う問題
　　ア　指名競争入札制度のもとにおいて，発注官庁の指名には次のような問題がある。
　　　①　入札参加者の指名に当たって，発注官庁によっては指名の基準が明確でない場合や合議機関が設置されていないなど指名手続が不明確な例が見られる。また，業界団体等が指名に何らかの関与をするような場合には入札談合を誘発するおそれがある。このため，客観的な指名基準を作成・公表することにより指名業者の選定の客観性，公平性，開放性を確保するとともに，入札結果を公表し，その透明性の確保を図る必要がある。
　　　②　［発注官庁の情報管理の問題］
　　イ　また，発注に当たって，次のような問題がある。
　　　①　［分割発注の問題］
　　　②　［赤字発注の問題］
　　　③　必要以上に共同企業体の結成を求めたり，グループごとに予備指名した上で共同企業体の結成を求める場合には，入札談合につながるおそれがあるので，共同企業体の在り方について検討を行う必要がある。

---

(73)　中央建設業審議会「公共工事に関する入札・契約制度の改革について」（平成 5 年）1 頁。
(74)　公取委「独占禁止法の運用からみた入札制度やその運用の在り方について」公正取引平成 5 年 11 月号 73 頁。なお，発言中の工事完成保証人制度というのは，落札業者に工事完成の保証人として競争業者（相指名業者のこともある。）を立てさせるもので，談合破りに対しては保証人となることを拒否することにより，談合の実効確保手段となる極めて反競争的な制度であった。平成 8 年度以降，建設省はすべての工事について工事完成保証人制度を廃止し，金銭保証または履行ボンドに移行した。

第2部　日本に求めているのは自由で開放された市場である　1989〜2000

　(2)　工事完成保証の問題
　　　入札談合に参加せずに落札した場合に工事完成保証人を選定できないおそれがあるとして談合行為に参加している業者も少なくなく，特に，相指名業者を工事完成保証人とすることは，入札談合行為を行いやすくしている。……
2　入札制度の問題
　現行の指名競争入札制度のもとでは，業界の安易に競争を回避する姿勢とともに，発注官庁によっては本来の趣旨に沿った指名や発注が行われていないことがあるため，指名業者が一定の範囲の者に片寄りがちとなり，業界の協調を促し，入札談合を行いやすくしている面がある。他方，資格のある者ならば誰でも入札に参加できる機会が確保されている場合には，絶えず競争者の参入の可能性があるため，入札談合を困難にすると考えられる。
　どのような入札制度を採用するかは個々の工事の実態に即して第一義的には発注官庁が検討すべき問題であるが，競争入札制度本来の趣旨を十分生かすとともに入札談合の防止を図る見地からは一般競争入札制度が好ましいと思われる。もちろん，入札制度やその運用を見直すことのみをもって，入札談合がなくなるものとみているわけではなく，独占禁止法の厳正な運用が重要であると考えている。……」（傍点筆者）

　8月に発足した細川非自民連立政権は，とりあえず米国による制裁を回避するため，10月26日，一般競争入札の導入等を内容とする「公共事業入札・契約手続の改善に関する行動計画の骨子」を発表した[75]。12月21日，中建審は特別委員会の審議結果に基づき，「公共工事に関する入札・契約制度の改革について」と題する建議を行った。建議は，今回の改革の意義を次のように述べている[76]。

　「我が国においては，明治33年の指名競争方式創設から数えれば約90年，公共工事の入札・契約制度としては，指名競争方式を基本としてきた。
　指名競争方式それ自体は諸外国でも行われており，正しく使われれば効率的な制度である。住宅・社会資本整備が遅れている我が国において，効率的に，良質のストックを形成するのに指名競争方式は貢献してきた。しかし，今回，一連の不祥事が明らかにされる中で，指名競争方式の根幹である，発注者は「公正で中立である」という前提に大きな不信が投げ掛けられた。「信頼のできる業者を選ぶ」と同時に「不正が起きにくい」システムを構築するために，今まさに公共工事の入札・契約制度に関する従来の考え方の転換に踏み切るときがきた。
　すなわち，公共工事の入札・契約制度の改革の柱として一般競争方式を本格的に採用するときが来たと考えるべきであろう。……
　今回の改革は部分的な修正ではなく，抜本的な改革を目指したものである。入札・

---

(75)　平成5年10月26日付け日本経済新聞記事「一般入札導入柱に」。
(76)　中建審前掲注(73) 1頁。

第 3 章　入札談合との闘い

契約制度の改革は，単に指名競争方式を一般競争方式に変えれば済むといものではなく，システム全体の改革であり，その意味で歴史的な改革である。」(傍点筆者)

　建議は，一般競争入札の採用のほか，指名競争入札の改善（「公募型」，「工事希望型」の導入），工事完成保証人制度の廃止（履行ボンドの検討），共同企業体制度の改善（予備指名の廃止，単体発注の原則の徹底），入札監視委員会の設置等を提言した。翌平成 6 年（1994）1 月 18 日，この建議を踏まえて，政府は「行動計画」[77]を閣議了解し，これを受けて米国政府は制裁措置の発動を最終的に見送った。

　しかし，一般競争入札の導入がそれほど「歴史的な改革」[78]なのであろうか？もともと，現行会計法も一般競争入札を原則とし，指名競争入札は例外と位置付けている（同法 29 条の 3 第 1 項・3 項。地方自治体については，地方自治法 234 条 1 項・2 項）。指名競争入札を実際上の原則とする理由として，①不良業者の排除，②中小企業または地元企業の保護，③事務負担の軽減，が挙げられるが，①は競争参加資格の適切な設定と監督・検査体制の充実，②は競争性を確保した地域要件の設定やランク制の実施（ただし，中小企業や地元企業の振興は本来別途行われるべきものである），③は IT 化による業務の効率化，によってそれぞれ対応可能である[79]。競争政策や納税者の見地からすれば，一般競争入札の導入は至極当然

---

(77)　「行動計画」については，入札制度問題研究会編著前掲注(64) 300 頁。この行動計画により，国については 450 万 SDR（邦貨換算額 7 億 3,000 万円）以上，政府関係機関については 1,500 万 SDR（同 24 億 3,000 万円）以上の大規模工事について一般競争入札によることになった。都道府県および政令指定都市については，1,500 万 SDR（同 24 億 3,000 万円）以上の大規模工事について一般競争入札を勧奨することにした。
　　なお，平成 5 年 12 月 15 日，WTO 協定と並行して新政府調達協定が実質的に妥結したが，新協定によれば，内外無差別の原則と透明性の確保の下に，必ずしも公開入札（一般競争入札）によらなくても選択入札（指名競争入札）も許容され，一定の場合には限定入札（随意契約）によることもできることになっている。
(78)　細川首相も，「行動計画」を決定した閣議において「明治 33 年以来の指名競争入札を抜本的に改め，経済，社会に及ぼす影響を考えると歴史的変革をもたらすものだ」と，その意義を強調した（平成 6 年 1 月 18 日付け朝日新聞記事「入札改善へ行動計画」）。
　　なお，そもそも明治 22 年（1889）制定当初の会計法は競争入札を原則としていたのであり，その後業界における談合による価格つり上げや手抜き工事があったために，明治 33 年（1900）の勅令により国務大臣が不利と認める例外的な場合に指名競争入札によることができるようにした経緯がある。その結果，実際には指名競争入札が一般化することになった（平林英勝『独占禁止法の解釈・施行・歴史』（平成 17 年）334 頁）。これをとらえて，「西欧の政府契約制度の日本的同化現象」との評価がある（勝田有恒「談合と指名競争入札——法文化史的アプローチ」一橋論叢 111 巻 1 号（平成 6 年）3 頁）。
(79)　公共調達と競争政策に関する研究会『公共調達における競争性の徹底を目指して』（平成 15 年）23 頁・25 頁。なお，鈴木・入札談合の研究・267 頁も参照。

第2部　日本に求めているのは自由で開放された市場である　1989〜2000

のはずではなかろうか。

　入札制度改革は一般競争入札の導入を中心に行われたが，その効果はどうか？指名競争入札の下では入札企業数が10社程度であったが，一般競争入札では80社が入札したケースもあり入札企業数が増加した。それに伴い落札価格も低下した。仮に落札価格が低入札価格調査の対象となる価格または失格となる最低制限価格まで下がると仮定すると（最高で国は予定価格の85％，地方自治体は同80％），国および地方自治体の建設投資37兆8,300億円（平成6年度見通し）のうち3兆3,200億円が節約される（消費税率1％＝2兆4,000億円で換算すると1.4％に相当）という[80]。落札価格が低下すると手抜き工事が増えると言われたが，落札率と工事の成績評点との間に相関関係はないとのデータもある[81]。

　もちろん入札改革によって談合が解消されるわけではない。その後一般競争入札について談合が行われた事例が生じてくる。「新入札制度の導入は，入札談合防止対策の必要条件ではあっても，十分条件ではない」[82]のである

　それはともかく，こうして入札・契約制度の改革の基礎ができ，国や特殊法人など政府関係機関においては，建設省と歩調をそろえて改革が進行した。しかし，地方公共団体においては，都道府県や政令指定都市は別として，市町村レベルにおいては改革が遅れている状況にあった[83]。そこで，政府は，国，特殊法人だけでなく，地方公共団体が発注するすべての工事について，改革の方向性を示すこととし，平成12年（2000）11月，「公共工事の入札及び契約の適正化の促進に関する法律」（公共工事入札契約適正化法）を制定した（平成12年第127号）。いわば公共工事の入札・契約に関する「通則的な規定」である[84]。

---

(80)　平成6年10月10日付け日本経済新聞記事「公共事業一般競争入札の効果は？」（節約額は，さくら総合研究所の試算による）。

(81)　大川隆司「談合とたたかった8年」全国市民オンブズマン連絡会議『第10回全国市民オンブズマン仙台大会資料』（平成15年）90頁（「落札率と工事成績店数の関係（宮城県における平成14年度発注建設工事についてのもの）」）。

(82)　鈴木・入札談合の研究・253頁。

(83)　鈴木・入札談合の研究179頁は，地方自治体に対する大規模な実態調査の結果を報告している。自治体によっては独自の取組みによって成果を挙げているところもあり，公取委『入札談合防止に向けた国・地方公共団体における入札・契約制度改革の取組について』（平成14年）はそうした自治体についての調査報告書である。一般競争入札と電子入札によって成果を挙げた自治体として，横須賀市が著名である（佐藤清彦「横須賀市の入札談合防止への改革と効果」公正取引平成14年8月号15頁参照）。

(84)　国土交通省建設業課「「公共工事の入札及び契約の適正化の促進に関する法律」について」ジュリスト1197号（平成13年）28頁。

第3章　入札談合との闘い

　公共工事入札契約適正化法は，入札・契約の適正化の基本原則として，①透明性の確保，②公正な競争の促進，③適正な施行の確保，④不正行為の排除の徹底，を明示した（3条）。そして，すべての発注者に一定の事項の実施を義務づけた（4～14条）——その中には談合情報を公取委に通知する義務も含まれる（10条）——が，そのほかに発注者が取り組むべきガイドラインとして政府が「適正化指針」を定めることとした（15条）。とはいえ，適正化指針は，一般競争入札の長所・短所を指摘した上で，「一般競争入札の適切な活用を図るものとする」と述べるにとどまっている（第2・2(1)①）。

　しかし，公共工事入札契約適正化法には，談合を防止するための行政の責任が努力義務にとどまるという重大な不備があった[85]。いわゆる官製談合の問題である。これについては後に改めて検討しよう。

4　市民オンブズマンの活動

情報公開，住民訴訟そして制度改革

　ゼネコン汚職事件以降であろうか，談合疑惑をはじめ談合問題に関する報道が連日新聞紙上を賑わせることになった。やや後になるが，平成9年（1997）7月21日，朝日新聞は1面に「公共工事9割に談合疑惑　市民オンブズマン会議が推定」と題して，次のように報じた[86]。

　「都道府県が1995，96両年度に発注した公共工事の請負業者を入札で決めた際，うち90％以上が談合によって落札されたと推定できる——全国市民オンブズマン連絡会議が各都道府県から情報開示を受けた入札結果調書を分析したところ，こんな疑いが明らかになった。20日から2日間の日程で福岡市で始まった市民オンブズマン全国大会で報告された。入札が1回で決まらず，2回以上の複数回になった場合，

---

[85]　横川和博「公共入札と談合」経済法講座第2巻368頁。適正化指針では，「職員が談合に関与することはあってはならないこと」とし，「不正行為の発生しにくい環境の整備を進めるとともに，……教育，研修等を適切に行」い，かつ「警察本部，公正取引委員会等との連携の下に，不正行為の発生に際しては，厳正に対処するものとする」（第2・3(5)）にとどまっていた。

[86]　談合が存在すれば入札を複数回行っても1番札は変わらないので，「1位不動の原則」と呼ばれる。これを「発見」したのは，三重県四日市で談合問題を調査してきた松野謙三弁護士であるという（全国市民オンブズマン連絡会議編『日本を洗濯する——自治体を市民の手にとりもどす方法』（平成10年）161頁，平成9年4月30日付け毎日新聞記事「入札「1位不動の法則」」）。以後，民事訴訟において談合の存在を推認する間接事実として「1位不動」が用いられることになる。なお，この当時は予定価格が公表されていないため，落札率の算定にあたって予定価格の推計に苦労している。

第 2 部　日本に求めているのは自由で開放された市場である　1989 〜 2000

1 回目に 1 位だった業者が 2 回目以降も変わらず 1 位となる割合が約 98 ％を占めた。落札価格の平均は発注者が設定した予定価格の平均 99 ％に当たるぎりぎりの価格であることがわかるなど，談合が裏付けられたとしている。

　データが得られた 37 都道府県文について調べた。東京都など大規模事業が多い 5 都道府県では落札価格 5 億円以上の入札結果調書に絞り，ほかは 1 億円以上や 5 千万円などの区切りをつけて開示請求し，計 1 万 4,234 件分を分析した。オンブズマン連絡会議は「談合は，公知の事実」としながらも証明は難しいとして，「状況証拠」を積み上げる手法で分析した。……」

全国市民オンブズマン連絡会議は，平成 6 年（1994）に結成された後，各地の市民オンブズマンや市民グループと連携して，「官々接待」や「カラ出張」を追及してきたが，公費の無駄遣いという点では，公共事業における入札談合のほうがはるかに大規模であった[87]。

そこで，平成 7 年（1995）の第 2 回名古屋大会から談合問題に取り組むこととし，運動を「落札率」の情報公開請求から開始した。落札率（落札価格／予定価格× 100）は，「談合の有無を見分けるバロメーター」であるが，当時は予定価格が事前にも事後にも公表されていなかった。そこで，平成 9 年（1997）の第 5 回福岡大会において予定価格の少なくとも事後公表を求める決議を行い，各地で情報公開請求訴訟を提起し，6 件の勝訴判決を得ることになる[88]。

次のオンブズマンの闘いは，入札談合の被害者である自治体に代位して損害賠償請求を行う住民訴訟を提起することであった。平成 7 年（1995）の下水道事業団談合事件および上水道計装設備談合事件[89]について，大手電機メーカーを相手に各地で住民訴訟を提起し，平成 15 年（2003）までに 18 件の勝訴判決または和解により約 6 億 9 千万円の賠償金を回復したとされる[90]。市民オンブズマンが全国レベルで提起した次の一連の住民訴訟は，大規模なごみ焼却施設談合事

---

(87)　大川隆司「全国市民オンブズマン連絡会議の運動」法律時報 70 巻 6 号（平成 10 年）50 頁。

(88)　以上の記述は，大川隆司「談合とたたかった 8 年」全国市民オンブズマン連絡会議・第 10 回全国市民オンブズマン仙台大会資料（平成 15 年）1 頁以下による。なお，予定価格の事後公表は問題がないが，事前公表については落札価格を高止まりさせ談合を容易にする一方，職員の予定価格漏洩事件をなくすことになる。国は事後公表にとどめたが，地方公共団体によっては事前公表するところもあった。

(89)　計装設備の製造業者に対する件，平成 7 年 8 月 8 日課徴金納付命令，審決集 42 巻 307 頁。

(90)　大川隆司「談合との闘いの現状と課題」全国市民オンブズマン連絡会議『第 11 回全国市民オンブズマン函館大会資料第 2 分冊』（平成 16 年）287 頁。

第 3 章　入札談合との闘い

件であるが，これについては第 3 部（第 4 章 2）において紹介しよう。もちろん，各地の市民オンブズマンや市民グループが公取委の行政処分なしに競売入札妨害罪や贈収賄事件の刑事事件記録を手がかりとして入札談合を立証し，住民訴訟を提起し勝訴判決を得る事例もあった(91)。

　市民オンブズマンの闘いのもうひとつの柱は，入札・契約結果の分析を通じた制度改革の推進である(92)。やや後になるが，平成 16 年（2004）に入札調書を分析して全国の都道府県の平均落札率を次のように公表した(93)。

(％)

		平成 14 年度	同 15 年度			平成 14 年度	同 15 年度
1	長野県	92.8	75.6	25	茨城県	95.2	94.9
2	宮城県	86.8	81.8	26	山口県	96.4	95.1
3	鳥取県	93.4	88.3	27	岐阜県	95.5	95.2
4	大分県	96.2	88.6	28	栃木県	97.3	95.3
5	長崎県	93.2	89.5	29	広島県	95.8	95.3
6	岡山県	96.2	90.0	30	佐賀県	96.0	95.4
7	高知県	91.8	90.3	31	秋田県	95.7	95.7
8	埼玉県	95.5	90.7	32	愛知県	96.2	95.8
9	兵庫県	92.4	91.7	33	静岡県	93.5	95.9
10	青森県	95.6	92.8	34	香川県	92.6	96.1
11	滋賀県	92.1	92.9	35	福島県	97.2	96.4
12	岩手県	93.8	93.4	35	群馬県	96.3	96.4
12	千葉県	95.8	93.4	35	宮崎県	96.0	96.4
14	三重県	93.8	93.5	38	沖縄県	97.5	96.5
15	和歌山県	95.8	93.6	39	鹿児島県	98.3	96.8
16	東京都	96.2	93.7	40	北海道	97.1	97.0
17	神奈川県	94.7	93.8	40	福井県	96.5	97.0
18	京都府	93.6	94.1	40	山梨県	96.0	97.0
18	愛媛県	95.0	94.1	40	奈良県	97.0	97.0
18	福岡県	94.8	94.1	44	石川県	97.6	97.2
21	徳島県	94.9	94.3	45	熊本県	98.0	97.4
22	新潟県	98.1	94.4	46	富山県	97.1	97.5
23	山形県	93.7	94.5	47	島根県	98.0	98.2
24	大阪府	93.4	94.8		全国	95.3	94.0

---

(91)　大川前掲注(90) 280 頁（たとえば，大阪の市民グループ「見張り番」による平成 16 年 7 月 16 日の大阪府発注高校体育館改築工事事件大阪地裁判決（請求認容）など）。
(92)　かねて日本弁護士連合会も入札改革に関して関心を持ち，『入札制度の改革と談合防止に関する中間報告書』（平成 8 年 3 月），『入札制度改革に関する提言と入札実態調査報告書』（平成 13 年 2 月）を公表している。

297

第 2 部　日本に求めているのは自由で開放された市場である　1989 〜 2000

　これを見ると，長野県と宮城県の落札率が急速に下落していることがわかるが，オンブズマンの報告書は「一般競争入札を徹底する長野県および宮城県をはじめとする先進自治体と，落札率が旧態依然としている後進自治体との差がますますはっきりと開いた」と分析した[94]。この時期，両県ではいわゆる改革派知事により入札改革が実施され[95]，談合組織が崩壊したとみられる。オンブズマンたちは，長野県の落札率と全都道府県の落札率の差（18.4 ％）に相当する分だけ地方自治体全体の建設工事請負契約額が低下すれば，約 1 兆 5,600 億円の節約になるとの試算も行った[96]。

　住民訴訟や入札結果の分析は地方自治体の入札談合に対する姿勢を次第に変えさせていった。全国市民オンブズマンの談合問題のリーダーであった大川隆司弁護士によれば，公取委の行政処分が確定すれば，監査委員会も首長に対して損害賠償請求を勧告することになり，違約金条項があれば損害賠償請求がしやすくなるし，さらには公取委の処分の対象ではなかった場合でも公取委の摘発を契機に損害賠償訴訟を提起するというように，「自治体がみずから談合を追求［ママ］する萌芽」が生じたとしている[97]。もちろん一般競争入札制度の導入や拡大など入札改革も促したことであろう。こうしたオンブズマンの活動は，第 3 部においてさらに活発化していく。

「市民的な力」による入札談合との闘い

　このような市民オンブズマンの活動をどう評価すべきであろうか？　住民訴訟

---

(93)　全国市民オンブズマン連絡会議「入札調査の分析結果についての報告」全国市民オンブズマン連絡会議前掲注(90)所収 23 頁。
(94)　全国市民オンブズマン連絡会議前掲注(90) 22 頁。公共工事と民間工事の価格には大差があり，公共工事の価格が 30 ％下がっても民間工事の常識の範囲内であるという。
(95)　宮城県は，浅野史郎知事の下，無作為抽出型指名競争入札，ダイレクト型一般競争入札等を導入し，長野県は，田中康夫知事の下，工事希望型競争入札を開始した。両県において改革が成功した要因の政治学的分析として，三田妃路佳『公共事業改革の政治過程』（平成 22 年）127 頁。
(96)　全国市民オンブズマン連絡会議前掲注(90) 22 頁。
(97)　大川前掲注(90) 281 頁。違約金の率は請負代金の 10 ％が多いが，20 ％の自治体もある。公取委の行政処分なしに損害賠償請求をした事例として，横浜市が東京都水道メーター事件を受けて提訴したケースがある。ただし，裁判所は基本合意の推認を否定し，原告敗訴とした（平成 22 年 9 月 15 日横浜地裁判決（請求棄却），審決集 57 巻第 2 分冊 418 頁，平成 24 年 10 月 11 日東京高裁判決（控訴棄却，確定），審決集未登載）。本件は，公取委の確定処分や確定刑事判決がないと原告の入札談合の立証が困難なことを示している。

を提起し制度改革を推進することにより，公取委の法執行活動を補完し，独占禁止法の実現に相当の貢献をしたということができる。それは公権力によるのではなく，被統治者としての市民の立場からの独占禁止法の実現であった。政治や行政に対して選挙を通じてしか意思を反映できない市民が「真の主権者」たらんとして立ちあがったのがオンブズマンの運動であるという[98]。政府や経済界による上からの行政改革ではなく，住民自治による下からの行政改革の運動であった。

これを，昭和40年代から50年代にかけてのカラーテレビ買い控えや灯油裁判といった消費者運動と対比してみよう。かつての運動は，消費者団体を中心とした組織力を背景として消費者の権利を実現しようとする社会運動であった。経済法学者正田彬は，これを消費者の「社会的な力」と呼んだ（上巻・375頁参照）。この度の市民オンブズマンは，各地の住民グループが連携し，とりわけ法律専門家である弁護士が主導することによって，行政の不正を糺そうとする運動である。「法的な力」を武器に，「市民的な力」[99]を発揮しようとするものであった。

とはいえ，市民オンブズマンは，国や地方公共団体の不正を住民ないし納税者の立場から監視し是正することを目的としていた[100]。市民オンブズマンが住民や納税者の利益を損なう入札談合に十分な対応をしない国や自治体を追及するのは当然であったが，独占禁止法との関係では活動範囲は入札談合の分野に限られることになった。市民オンブズマンは，「消費者オンブズマン」でも「独占禁止オンブズマン」でもなかった。それ故に，談合問題が一段落すれば独占禁止法の担い手の役割は終えることになる。

5　官製談合と「談合国家日本」

北海道農業土木談合事件と官製談合防止法の制定

平成11年（1999）10月20日，公取委は，北海道上川支庁が発注する農業土木工事および測量設計業務に関する入札談合の疑いで，旭川農業土木協会・旭川測

---

(98)　辻公雄『実践的市民主権論――市民の視点とオンブズマン活動』（平成10年）1頁参照。オンブズマンの運動はポピュリズムの1形態といえようが，弁護士中心であることによって専門性を発揮する一方，大衆的広がりを欠くことになったかもしれない。

(99)　昭和40年代においても，日本消費者連盟の運動は，消費者個人重視の「市民的な力」をめざしたということができる（上巻・377頁）。

(100)　全国市民オンブズマン連絡会議の規約第2条（目的及び活動）は，「本会は，国，地方公共団体等にかかる不正・不当な行為を監視し，これを是正することを目的とする市民オンブズマンの情報交換，経験交流や共同研究等を行う」としている（全国市民オンブズマン連絡会議編前掲注(86) 259頁）。

量設計業協会，両団体加盟の土木業者28社に対し立入検査を行ったほか，北海道農政部および上川支庁に対しても立入検査を行った[101]。本件は道内過去最大の入札談合事件であるばかりでなく，道庁が入札談合に関与していたとして，大きな衝撃を与え[102]，以後1年近く道庁を揺るがす事件となった。

翌同12年（2000）5月15日，公取委は上川支庁発注の農業土木工事と測量設計業務に関し入札談合を行っていたとして，それぞれ事業者203名，同94名に対して勧告を行った。農業土木工事についてみると，上川支庁の担当者は北海道農政部の担当者と調整しつつ，事業者ごとの年間受注目標額を設定し，目標額を達成できるように，物件ごとに受注業者に関する「意向」を旭川農業土木協会の事務局長に示し，事務局長はこれを当該事業者に伝え，203名はこの事業者を受注予定者とし，受注できるようにしていたというものである[103]。測量設計業務に関する入札談合もほぼ同様の仕組みであった[104]。

道庁による「本命割り付け」であった。「目標額を決める際には，業者の過去の実績に加え，道退職者を受け入れている企業に手厚くするという対応もあった」が，その背景には道OBの天下り先を確保するという目的があった[105]。のみならず，道農政部は農業土木事業の総発注額の6％を国会議員や道議会議員の「口きき枠」として用意し，政治家から働きかけがあれば特定の業者が受注できるようにしていた[106]。

---

(101) 平成11年10月20日付け北海道新聞夕刊記事「道など立ち入り検査」。
(102) 後に，堀達也北海道知事は，「全庁を挙げて入札改善の取り組みを進めていたところだっただけに，発注者である道が公的機関の調査を受けたことに大きな衝撃を受けました」と語っている（堀達也「『官製談合』に衝撃，構造改善に強い決意」日経ビジネス平成12年10月16日号145頁）。北海道では，建設工事に関連して道職員の収賄事件等が発生するたびに道庁が「本命割り付け」を行っていることが取りざたされ，その度に内部調査を行い改善策を採っていた（山口正弘「北海道上川支庁発注の農業土木工事の施工業者等による独占禁止法違反事件について」公正取引平成12年9月号68頁）。
(103) タカハタ建設㈱ほか202名に対する件，平成12年6月16日勧告審決，審決集47巻273頁。課徴金の額は，193名に対し総額12億1,566万円であった（審決集47巻497頁）。
(104) やまざきコンサルタント㈱ほか93名に対する件，平成12年6月16日勧告審決，審決集47巻289頁。課徴金の額は，59名に対し総額1億9,715万円であった（審決集47巻520頁）。
(105) 平成12年5月16日付け北海道新聞記事「天下り確保も目的」（公取委の記者会見）。なお，排除勧告を受けた297社のうち99社に169人の天下り職員が在職していた（平成12年5月18日付け朝日新聞記事「OB在職に配慮」）。
(106) 「北海道経済危機再び！」週刊ダイヤモンド平成12年7月1日号150頁，平成12年6月8日付け朝日新聞記事「政治家やOB「口利き」年十数件」。

第3章　入札談合との闘い

　公取委は，勧告と同時に，北海道知事に対しても，次のような要請を行った[107]。

「2　本件審査の過程において，北海道における農業農村整備事業に係る者の行為として，以下の事実が認められた。
　(1)　北海道農政部および各支庁の農業土木工事およびそれに伴う測量設計業務について，各事業者の過去の受注実績や北海道を退職した職員の受入状況を勘案して各事業者の年間受注目標額が設定されていた。
　　……
3　北海道農政部等における農業農村整備事業に係る業務担当者等による前記2の行為は，本来，公正な入札を確保すべき立場にある者がその職責を果たさずに，自ら競争入札制度の本質をないがしろにするものであるばかりか，前記1の農業土木事業者及び測量設計業者による独占禁止法違反行為を前提としつつ行われていたものであり，あってはならないことである。……
　　北海道では，……公正な入札を確保するための基本方針を改めて確認し，北海道及び各支庁など下部機関の幹部及び入札に関係する職員の意識改革の徹底を図るとともに，監督体制を見直し，入札における情報管理の徹底を始めとして，入札における公正かつ自由な競争を確保し，適切な入札が行われるために有効な制度及び組織の構築等の改善措置を講じることを強く要請する。……」(傍点筆者)

　この文書からも，公取委は，上川支庁はおろか農政部，ひいては他の部を含む北海道全体で同様の行為が行われていたと認識していることが読み取れるし，北海道の行為を言語道断の悪質なものと異例の非難をしていることがわかる。どうして，発注者によってかくも組織的構造的な入札談合が行われたのであろうか？その背景には，「北海道は明治の開拓期以降，官主導により開発されてきた歴史があるため，官への依存傾向が強く，我が国の中でも公共事業への依存度が非常に高い地域であるという特性がある」と指摘された[108]。

　北海道に特殊事情があるとしても，発注者またはその職員が入札談合に関与していたことが表面化したのは本件が初めてではない。既に前記下水道事業団事件で見られたし，平成9年（1997）の首都高速道路公団発注建築工事事件[109]にお

---

(107)　平成12年5月15日付け公取委事務局審査局長から北海道知事宛て「入札等における独占禁止法違反行為の再発防止の徹底について」（北海道HP）。この要請を受けて，平成12年6月22日付け文書により北海道が採った様々な措置について公取委へ報告がなされている（同）。
(108)　山口前掲注(102) 67頁。堀前掲注(102) 147頁も同旨。道庁のみならず，北海道開発局も本命割付けを行っているというのは公知の事実であった（平成4年3月2日付け読売新聞記事「北海道開発局が落札者すべて指定」）。
(109)　共立建設㈱ほか10名に対する件，平成9年8月6日勧告審決，審決集44巻264頁，

第2部　日本に求めているのは自由で開放された市場である　1989〜2000

いては，公団職員が発注工事ごとに受注業者に関する「意向」を建設業界に天下りした公団元職員に示すという現役・OB一体となった談合が行われていた。平成10年（1998）の郵政省発注郵便区分機事件[110]においては，同省職員が入札執行前に一定の入札情報を入札参加業者に示して受注調整を容易にしていた。平成11年（1999）の防衛庁発注石油製品事件[111]においては，同庁職員が入札不調後の新たな入札の予定価格を指名業者に事実上伝達していたということがあった。

　こうして「官製談合」という言葉が作られ，定着していく（ただし，官製談合といっても，発注者の職員が入札談合に関与する態様は様々であることに注意する必要がある）。そして，業界の談合はもちろん非難されるべきものであるが，談合を助長しさらには談合を自ら行わせることによって天下り先を確保しようとする行政を厳しく批判する動きが強まっていく。

　北海道農業土木事件において，談合を主導した道庁が改善要請を受けただけであったことに対し，道庁職員を刑事告発すべきであると意見[112]や独占禁止法の不備を指摘する声[113]が高まった。根来公取委員長は，告発しても「行政の末端にいる職員が処分されるだけで，現行法では談合に関与した行政庁の構造的な責任を問うことができない」ことを強調し，独占禁止法の見直しを求めた[114]。さらには政府の官製談合対策が進まないことを見てとり，政治家が動くことで立法措置が進むことを期待した[115]。

　こうして，翌平成13年（2001）3月，公取委に勧告権を与える公明党案が公表され，かつ与党3党（自民，公明および保守）によるプロジェクト・チーム（林義郎座長）が設置されて検討が開始された。しかし，談合の責任を自ら問われる

　　　公取委「首都高速道路公団発注の建築工事の指名業者12名に対する勧告等について」（平成9年6月30日）。本件については，告発が検討されたという（山田昭雄ほか『座談会　最近の独占禁止法違反事件をめぐって』公正取引平成10年6月号14頁（山田発言））。
(110)　㈱東芝および日本電気㈱に対する件，平成10年11月12日勧告，同年12月4日審判開始決定，審決集45巻219頁。
(111)　㈱ジャパンエナジーほか7名に対する件，平成11年12月20日勧告審決，審決集46巻352頁，公正取引平成11年12月号80頁。
(112)　平成12年5月17日付け日本経済新聞社説「官製談合に刑事告発を」，佐藤道夫（参議院議員，元札幌高検検事長）「公取委は道庁の責任もきちんと刑事告発すべきだ」週刊ダイヤモンド平成12年7月1日号154頁。
(113)　平成12年5月17日付け日本経済新聞記事「「想定外」独禁法に限界」など。
(114)　平成12年5月30日付け日本経済新聞記事「「独禁法見直し必要」」。
(115)　「公取委・根来委員長インタビュー　官製談合対策　法整備が必要」平成10年10月19日付け日本経済新聞。

ことになる各省庁は官製談合防止法案の制定に消極的であり[116]，地方公共団体も官製談合対策は独自に行っているとして慎重であった[117]。これに対し，プロジェクト・チームは「政治，行政に対する国民の信頼が揺らいでいる状況を踏まえれば，発注者が襟を正すという意味で，最低限遵守すべき事項を定めたものとして，本法の制定が必要である」と判断した[118]。自民党内の調整が難航したが，結局，平成14年（2002）7月24日，3党共同提案の議員立法により「入札談合等関与行為の排除及び防止に関する法律」（平成14年法律101号，「官製談合防止法」）が成立した。同法の主な内容は，次のとおりであった[119]。

- 対象とする発注機関は，国，地方公共団体およびこれらが2分の1以上出資している法人とする（法2条1・2項）。
- 対象とする入札談合等関与行為とは，これらの機関の職員が事業者または事業者団体に入札談合等を行わせること，受注予定者について意向を表明すること，発注に係る秘密情報を漏洩することである（法2条5項）。
- 公正取引委員会が，入札談合事件の調査の結果，入札談合等関与行為があると認めるときは，発注機関に対し，その排除のために必要な改善措置を要求することができ，公取委の要求を受けた発注機関は必要な調査を行い，改善措置を講じなければならない（法3条）。
- 発注機関は，入札談合等関与行為を行った職員に故意または重過失があったときは，当該職員に対し速やかに損害賠償を求めなければならない（法4条4項）。
- 発注機関は，当該職員に懲戒処分ができるか否か調査を行わなければならない（法5条1項）。

本法の意義は，従来公取委が事実上行っていた改善要請に対し，「発注機関が十分な対応を行わない事例も見受けられることから，……改善要求として制度化した」ことにある[120]。このような立法例はおそらく外国では見られないものであろう。本法に基づく公取委の改善要求は，早くも平成15年（2003）1月に北海道・岩見沢市に対して行われることになる。

政治家のいわゆる「口利き」により利得を得る行為を処罰する法も制定された。

---

[116] 平成13年6月8日付け日本経済新聞記事「官製談合対策及び腰の「官」」，同年12月22日付け同新聞記事「公取委，機能強化に足踏み」。
[117] 平成14年2月7日付け朝日新聞記事「官製談合防止案，地方から慎重論」。
[118] 林義郎ほか監修『詳解入札談合等関与行為防止法』（平成14年）23頁。
[119] 本法制定の経緯や内容について，林義郎ほか前掲注(118)，磯寿生「入札談合等関与行為の排除及び防止に関する法律（官製談合防止法）の制定」公正取引平成14年8月号31頁。
[120] 林義郎ほか前掲注(118) 59頁。

第 2 部　日本に求めているのは自由で開放された市場である　1989～2000

　平成 12 年（2000）6 月 30 日，中尾栄一前衆議院議員・元建設大臣が大臣在職中に業者の入札の便宜を図ったとして受託収賄罪の容疑で逮捕された[121]。「あっせん利得罪」を創設する法案は既に野党各党から提出されていたが，この事件を契機に世論が高まり，同年 11 月，議員立法によって「公職にある者等のあっせん行為による利得等の処罰に関する法律」（平成 12 年法律第 130 号，「あっせん利得処罰法」）が制定された[122]。刑法上の賄賂罪は公務の公正とこれに対する国民の信頼を保護法益とするのに対して，あっせん利得処罰法は国会議員，地方自治体の議員および長の「政治活動の廉潔性，清廉潔白性を保持し，これによって国民の信頼」を保護法益とする[123]。政治家も入札をめぐって倫理が厳しく問われたのである。

「談合国家日本」の解体と独占禁止法

　さて，何故，建設省は米国企業のわが国の建設市場への参入に抵抗し，かつ指名競争入札制度の維持にこだわり続けたのであろうか？　指名競争入札制度は発注者に「指名権」という業界をコントロールする裁量権を与えるから，天下り先の確保のための強力な手段となる。建設省だけでなく国の発注機関や地方公共団体を含めて指名権をなかなか手放したがらないのは理解しやすい。

　これに対して，米国企業の参入に抵抗した理由については，説明を要する。これは大手ゼネコンが嫌っただけでなく建設省も反対したのは，特に同省の技官たちの権益を侵害するおそれがあったからだとされる。というのは建設省の技官たちが公共工事の設計業務を事実上独占していたからである[124]。何も米国企業は

---

(121)　平成 12 年 7 月 1 日付け日本経済新聞記事「中尾元建設相を逮捕，受託収賄容疑」など各紙記事。建設省発注の工事について若築建設を指名するよう請託を受け，その見返りに 3 千万円を収受したというもの。

(122)　西田典之＝鎮目征樹「あっせん利得処罰法」法学教室 252 号（平成 13 年）125 頁。本法のあっせん利得罪は，刑法上のあっせん収賄罪と異なり，あっせん先の公務員に不正な職務行為がない場合にも処罰対象とし，また受託収賄罪と異なり，あっせん行為をした政治公務員に職務権限を要しないことにしている。あっせん利得処罰法は国会議員の公設秘書の口利きも処罰の対象としていたが，平成 18 年の改正により私設秘書にも拡大された。

(123)　平成 12 年 10 月 31 日の衆議院政治倫理の確立及び公職選挙法の改正に関する特別委員会における亀井善之議員（自民）の提案理由説明。

(124)　Brian Woodall, Japan under Construction, Corruption, Politics and Public Works, 1996, p. 133. これは，戦前において，技術，設計能力を有していた内務省が直営方式で工事を直接管理していたことに由来する。とはいえ，戦後は公共投資が急増して直営工事がなくなり，技術力は官側よりもゼネコンなど民間側が上回るようになった（間宮

第3章　入札談合との闘い

日本市場に参入して自ら工事を施工しようというのではなく、コンストラクション・マネジメント方式（CM、建設工事の総合管理方式）[125]での参入を目指していた[126]。これに対して、平成4年（1992）の中建審の建議は「日本の公共事業の場合、発注機関の技術者が、コンサルタントを活用しながら設計業務、管理業務を行っていること、……等から、CM方式を直ちに導入する状況にはない」として問題を先送りし、事実上拒否した[127]。

しかし、これは単に指名競争入札制度やCM方式の問題にとどまらない。実は背後にわが国における談合構造が存在していた。談合は欧米でも存在する。しかし、談合が国中に蔓延しているのは先進国において日本くらいなものであろう[128]。その違いをもたらすのは、「独禁法執行の熱意」の差である[129]ことは明らかであるが、なぜそのような独禁法執行の違いが生じるのか？　わが国おいては、談合を政府が黙認し助長してきただけでなく、入札改革が始まるまで談合システムによって公共工事が遂行されることにより国や地方自治体の統治作用が機能していたのである。その意味で、「談合国家日本」と言わなければならない。

その談合システムとは、周知の政官業の癒着構造のことであり、「鉄の三角形」

　　淳「道半ば！明治以来の入札改革」週刊東洋経済平成7年5月13日号82頁）。最近では、すべて官庁内部で設計業務が行われるのではなく、相当程度外注されるようになっている。
(125)　CM方式とは、発注者の代理人として、事業全体にわたり、設計の検討、工程管理、品質管理、費用管理などプロジェクトのマネジメントを行う方式である（中建審「入札・契約制度の基本的在り方について」（平成4年11月25日。入札制度問題研究会編著前掲注(64)所収296頁）。公共工事の一括外注・民間委託である。米国ではCM方式が主流であり、連邦政府には、特殊部局を除いて、建設省に相当する技術官庁は存在しない。前田邦夫『談合国家は衰亡する』（平成5年）33頁は、「中央官庁にトンカチ機能は必要ですか？」と問うている。
(126)　前田前掲注(125) 226頁参照。
(127)　中建審前掲注(125)入札制度研究会編著前掲注(64)所収296頁。日米建設協議において、そもそも「建設」の定義が日米で異なっており、米国側はソフト面を念頭に置いたのに日本側はハード面を中心に考えていたとされる（S・フクシマ・335頁）。
(128)　平成5年8月29日付け朝日新聞記事「談合列島、今後も取材」は、談合の広がりのすさまじさを「列島は談合の海の中にある」と表現した。
　　ただし、ウッドオールは、先進国で公共工事に関して組織的かつ広汎な共謀がみられるのは、日本のほかにイタリアがあるとして、日本とイタリアを比較している（Woodall, supra note 124, p. 12, 138）。日本もイタリアも自民党やキリスト教民主党の一党支配が長く続き政治腐敗が見られる点で共通するが、日本では能力本位の官僚制が確立していたのに対し、イタリアでは縁故採用が行われるなど、日本と異なる部分もあるという。
(129)　マクミラン前掲注(72) 50頁。

第 2 部　日本に求めているのは自由で開放された市場である　1989 ～ 2000

と呼ばれたものである(130)。発注者の官僚は指名権を行使しまたは予定価格を漏洩することにより，天下り職員を受け入れる民間業者を優遇する。建設業者は天下り職員を受け入れたり，発注者の能力不足やミスの対処に協力する一方，予定価格の情報を入手したり談合を見逃してもらう。民間業者が指名を得たいときは，政治家に依頼し発注官庁に口利きをしてもらう。時には直接政治家に「天の声」を出してもらう。政治家は口利きや「天の声」の見返りとして，建設業者から政治献金や選挙の際に支援を受ける。官僚は政治家の要請を受け入れる代わりに，予算の獲得や法案の成立に協力してもらう。

こうした関係を成立させたのは，新規参入を制限し談合がしやすい指名競争入札制度であり，再就職先を用意して早期退職させる公務員制度であり，そして政策で争うよりも与党候補間で地元利益の誘導を競う中選挙区制度という，3 つの制度的要因の相互作用の結果であった(131)。これらの制度を結合させ機能させるには，コストがかかる。その費用を賄うのが談合による公共工事の高価格受注であり，談合がこれらの制度間の潤滑油になっていた。談合によって生じる超過収益を政官業が分かち合っていたということができる。そしてこれがわが国の建設コストを高いものにした(132)。

---

(130)　政官業の癒着や「鉄の三角形」に関する文献は多い。前田前掲注(125) 87 頁，カレル・ヴァン・ウォルフレン『日本／権力構造の謎』（平成 6 年）255 頁，Woodall, supra note 124, p. 133，小林道雄＝坂本衛「「官」がつくる談合」世界平成 6 年 1 月号 251 頁，田中宇「業界だけが悪いのか」法学セミナー 470 号（平成 6 年）18 頁，鈴木・入札談合の研究・296 頁，曽根威彦「政・官・業の癒着をめぐる構造汚職」季刊企業と法創造 1 巻 3 号（平成 16 年）149 頁，ウィリアム・ブラック著西藤輝ほか訳「談合は踊る(1)～(3)」経営倫理 43 巻（平成 17 年）7 頁，44 巻（同 18 年）8 頁，45 巻（同 18 年）9 頁，ベンジャミン・フルフォード「「政・官・業・ヤクザ」支配を解体するのは国民の怒りだ」世界平成 16 年 8 月号 102 頁等がある。外国人の論説はいずれも日本の癒着構造を手厳しく批判している。ウッドオールの著書が詳細で包括的な分析を行っており，参考になる。その実態や実例については，平成 5 年 8 月 3 日～ 8 月 29 日朝日新聞連載「負の遺産　公共事業」，平成 9 年 8 月 9 日付け読売新聞記事「特集：土建王国（下）」，平成 13 年 4 月 7・9・10 日付け朝日新聞（宮城県版）記事「闇の群像（上）～（下）」など参照。

(131)　Woodall, supra note 124, p. 18, 139.

第3章　入札談合との闘い

　米国の日本研究者ウッドオールは、わが国の政治経済を「開発主義国家（developmental state）」と「えこひいき国家（clientelist state）」の二重の顔をもっていたという(133)。「開発主義国家」とはチャルマーズ・ジョンソンが呼んだもの（第2部第1章1参照）で、政府と産業の協力の下に主として市場志向の政策により日本や東アジアの高度成長をもたらした国家の顔である。国際競争力の強化が政策目標とされ、政治の介入からは免れていた分野である。これに対して、「えこひいき国家」とは、官僚や政治家が選別的な再分配政策を行うのと引き換えに民間業界から支援や利益の提供を受ける国家の顔である。ウッドオールのいう政治的「えこひいき主義（clientelism）」とは、全体の利益をよりも部分の利益を優先する特殊主義（particularism）、政治的腐敗（political corruption）そして非効率性（inefficiency）からなる。自民党の地元利益誘導の政治がえこひいき主義であり、公共工事がその主役のひとつであった。それが昭和30年（1955）から平成5年（1993）までの自民党の一党支配を可能にした。

　「えこひいき主義」の非効率性にもかかわらず、何故日本は高度成長を遂げることができたのであろうか？　この逆説を、ウッドオールは、次のように説明する。すなわち、談合システムが非効率な中小建設企業を保護することにより、政治的安定、社会的平等および政府と業界との互恵的関係を促進したからである、と(134)。このような再分配政策は、建設業者にかぎらず、補助金で保護された農民や（大店法によって保護された）零細小売業者に対しても行われた(135)。公共工事についていえば、工事の価格に一定の歯止めがあり質も一応確保されたので、談合システムが経済を破綻させるほど決定的な弊害をもたらしたわけでもなかった——それ故に問題として真剣に取り組まれなかった——ことを指摘しておく必要があるだろう(136)。

---

(132)　わが国の建設コストは米国よりも約3割高いとされ、平成9年4月4日、政府は「公共工事コスト縮減対策に関する行動指針」を決定し、コストを10％以上削減するために平成11年度末までに採るべき措置を完了することにした（平成9年4月4日付け日本経済新聞夕刊記事「公共工事コスト10％削減」）。国内においても、官庁工事が民間工事より高いのは周知の事実である。

(133)　Woodall, supra note 124, p. 3 以下。clientelism の語は古代ローマ時代の clientela（私的な恩寵支配関係、親分子分関係）に由来するが、ここでは「えこひいき主義」と訳しておいた。

(134)　Woodall, supra note 124, p. 50.

(135)　官製談合のほか、再販適用除外、大店法が社会の安定装置として機能したとの指摘として、稗貫俊文編著『競争法の東アジア共同市場』（平成20年）219頁（稗貫執筆）。

(136)　金本良嗣編『日本の建設産業』（平成11年）92頁（金本＝城所幸弘執筆）は、日本

第 2 部　日本に求めているのは自由で開放された市場である　1989 〜 2000

「えこひいき主義」の埒外にありかつその被害者であったのは，消費者，労働者や都市のサラリーマンである。汚職や談合に対するこれらの人たちの怒りが政権交代をもたらし，改革を余儀なくさせた。政権交代後の中建審は，平成 5 年（1993）12 月の建議を締めくくるにあたって，次のように述べた[137]。

　「今回の建議は，入札・契約制度全般に亘る思い切った改革を提案したものであるが，言うまでもなく，公共工事にまつわる不正は，これらの制度の改革のみによって防止できるものではない。広く関係者の意識改革を始め，政治改革の実施，不正行為の取締りの強化等総合的な取組みが不可欠である。」（傍点筆者）

建議は，入札改革はもちろん，関係者の意識改革，政治改革，不正行為の取締りの強化——これには独占禁止法の適用強化の当然含まれる——に言及しているが，これは政官業の癒着構造を念頭に置き，総合的な改革を求めた文書であった。建議は政権交代によって初めて可能になったといえる[138]。総合的な改革にあたり，独占禁止法が「談合国家日本」の解体に重要な役割を果たす[139]ことは明らかである。そのことは独占禁止法が市場経済と民主主義を維持する上で不可欠な存在であることを目の当たりに示している。

　　　の公共工事が少なくとも見かけ上はうまく機能してきたのは，予定価格という談合による価格上昇の歯止めが存在し，かつ手抜き工事をすれば長期間指名停止となるので工事の品質が確保されたことがあったという。
(137)　中央建設業審議会「公共工事に関する入札・契約制度の改革について」（平成 5 年）23 頁。
(138)　五十嵐広三建設相（社会）は，「政権交代した今こそ政官業の関係を改める契機」と述べた（平成 5 年 12 月 23 日付け日本経済新聞記事「断てるか不正（上）」）。
(139)　イタリアには 1990 年に「競争及び公正取引に関する法律」が制定されるまで，競争法がなかったことが想起される。

第4章　法運用の改革とその展開

1　法運用の改革と運用状況

審決件数の急増など——本来の姿に戻っただけか？　運用改革か？

　日米構造問題協議によって競争政策の改革が開始された。本章は，その具体的な展開を検証しよう。本節は，第2部全体を俯瞰するが，日米包括経済協議は平成7年（1995）に終息するから，「外圧」の直接的な影響は第2部の前半までとみるべきであり，後半は「内圧」によって改革の充実が図られる。

　日米構造問題協議において，「排他的取引慣行」の項目の下に「独占禁止法およびその運用の強化」のために，日本政府および公取委が採るべき措置として，①「公式決定の一層の活用」，②「一層の透明性の確保」，③「予算の拡充」，④「課徴金」，⑤「刑事罰の活用」，⑥損害賠償制度，⑦談合に対する効果的抑止，が約束された。

　第2部における審決件数を見ると，下表のとおり，平成2年度（1990）から5年度（1993）まで，審決件数は急増している（第1部第4章1の表と対比）[1]。その理由として，日米構造問題協議の効果としての①と③が考えられる[2]が，⑦による入札談合事件の積極的な摘発も貢献していよう。③については，審査部門を中心に公取委事務局の大幅な定員増が図られた[3]。しかし，その後の審決件数の水準は横ばいであって（平成12年度は課徴金関係審決が急増しているがこれは異例である），高原状態となっている。

---

[1]　のみならず，審査処理件数全体に対する法的措置件数の割合も高まっている（田中真「日本における独占禁止法の運用の変化」横田直和ほか『日米構造問題協議の影響の再検討Ｉ』（平成25年）45頁の「法的措置率」のデータ参照）。

[2]　五十年史上巻・510頁。事務総局および審査部門の定員は，平成元年度にそれぞれ461名，129名であったが，12年度にはそれぞれ564名，263名となった（田中前掲注(1)47頁）。11年間で，事務総局は全体として約2割強の増であったが，審査部門は倍増した。平成8年度に審査部が審査局に格上げされるなど，組織面の整備も図られた。

[3]　田中前掲注(1)43頁。

第2部　日本に求めているのは自由で開放された市場である　1989～2000

第2部における審決件数およびその法条別内訳

年度 (平成)	3条(前段) (私的独占)	3条(後段) (不当な取引制限)	8条1項各号 (事業者団体)	4章 (企業結合)	19条 (不公正な取引方法)	7条の2 (課徴金関係)	景品表示法	計
元	0	4	3 (1)	0	3	0	0	10
2	0	4	7 (4)	0	6	0	0	17
3	0	12 (2)	6	1	9	0	1	29
4	0	23 (15)	11 (4)	0	4	0	0	38
5	0	22 (11)	2 (1)	0	5	1	0	33
6	0	8 (8)	14 (9)	0	1	0	2	25
7	0	11 (9)	5	0	4	0	0	20
8	1	15 (12)	8	0	1	5	0	30
9	2	15 (10)	3 (1)	0	8	1	0	29
10	1	14 (13)	2 (1)	0	7	1	0	25
11	1	23 (16)	3	0	3	2	1	33
12	0	17 (12)	3	0	6	24	0	50

（注）　平成12年度公取委年次報告32・33頁の表から作成。（ ）は入札談合事件数であるが，各審決集から作成。平成5年度には，法66条に基づく審決が3件あった。

しかし，法的措置の件数だけではなく，その内容も見てみる必要がある。平成4年度以降入札談合事件が著しく増え，違反事件審決の大部分を占めるに至る。入札談合は最も悪質な事件であるが，入札談合が蔓延している状況下で，定型的に処理がしやすいことが件数を増加させた面がある（第2部における入札談合事件については第3章2参照）。入札談合以外では，引き続き運輸[4]，医療[5]，教育[6]，保険[7]，倉庫[8]等の政府規制関連業種におけるカルテル事件があった。

---

(4) ㈳三重県バス協会に対する件，平成2年2月2日勧告審決，審決集36巻35頁（会員の貸切バス運賃等の決定等），㈳福島県トラック協会に対する件，平成8年2月29日勧告審決，審決集42巻189頁（会員の貨物運送運賃等の引上げを決定し届け出させた）など。

(5) ワタキューセイモア㈱ほか6名に対する件，平成6年2月9日勧告審決，審決集40巻180頁（福岡県・佐賀県における病院向け寝具等の賃貸単価の引上げ決定等），㈳浜北市医師会に対する件，平成11年1月25日勧告審決，審決集45巻185頁（会員の広告活動の制限）など。

(6) 丸善㈱ほか6名に対する件，平成8年5月31日勧告審決，審決集43巻314頁（国立6大学向け洋書の納入換算率における最低マークアップ額の決定），㈱日本標準ほか5名に対する件，平成10年1月16日勧告審決，審決集44巻314頁（小学校で使用する図書教材の規格・学校納入定価を決定）など。

第4章　法運用の改革とその展開

　平成8年度以降，新たに私的独占事件が5件登場するようになり，かつ不公正な取引方法についても多様な行為類型に対して法的措置がとられるようになった。それらの特色は，競争者排除行為に関する事件が増えたことであり，これは独占禁止法の適用が価格カルテル等の競争回避行為から次の段階に進化したことを意味する。また，知的財産（特許権，商標権，著作権，ノウハウ等）に関する事件や外国に所在する企業への法適用といった国際的事件について審決が行われた。

　こうしてみると，審決件数は第2部後半に安定期に入るとしても，審決の質としてはかなり充実するようになったといえよう。

　④の課徴金制度については，第2部の運用状況は下表のとおりである[9]。賦課された課徴金の総額は，平成2年度の課徴金額が突出しているが，これはセメント・メーカーによる北海道地区及び中国地区での数量制限等のカルテルの摘発（約112億円）があったからである[10]。平成8年度がやや多いのは，大手鉄鋼メーカーの関係会社によるガードレールの価格カルテル事件（約48億円）の寄与が大きいことによる。課徴金の総額は平成8年度までは逐年増加する勢いをみせたが，その後いったん低下しまた増加している。審決と同様，課徴金納付命令も安定期に入ったといえよう[11]。平成3年（1991）には，課徴金額の大幅な引上げの法改正が行われた。

---

(7)　日本機械保険連盟に対する件，平成9年2月5日勧告審決，審決集43巻339頁（会員の機械保険・組立保険の保険料の認可申請内容の決定等）。

(8)　㈳日本冷蔵倉庫協会に対する件，平成12年4月19日審判審決，審決集47巻3頁（会員が届け出る冷蔵倉庫料金の決定）。

(9)　平成12年度公取委年次報告・118頁。

(10)　平成3年3月18日納付命令，審決集37巻174頁・178頁。2件の課徴金の最高額は，小野田セメント㈱の23億9,517万円であった。セメント業界は今回5回目のカルテル（昭和41年（全国），同48年（石川県），同49年（全国）および同年58年（4地区4件））を行っていたことになるが，平成2年6月の告発方針の発表前に本件カルテルを終了していたので告発対象とならなかった。

(11)　平成9年度に課徴金の総額が急減しているが，これは日本機械保険連盟事件関係の納付命令総額54億5,066万円が不服申立により失効したからであり，当該課徴金については平成12年度に納付を命じる審決が行われている。

第2部　日本に求めているのは自由で開放された市場である　1989～2000

課徴金制度の運用状況

年度	事件数	納付命令数(注) (対象事業者数)	課徴金額（万円）
平成元年度	6	54	8億0,349
2	11	175	125億6,214
3	10	101	19億7,169
4	17	135	26億8,157
5	21	406	35億5,321
6	26	512	56億6,829
7	24	741	64億4,640
8	14	368	74億8,616
9	16	369	28億3,289
10	16	576	31億4,915
11	20	335	54億5,891
12	16	719	85億1,668

（注）課徴金の納付を命じる審決を含み，審判手続を開始した者を含まない。

⑤の刑事罰の活用について，告発方針が作成されて告発が再開され，平成4年（1992）に刑事罰強化の法改正が行われた（次節参照）。⑥については，公取委の資料提供方針が示され，住民訴訟が提起されるようになった。⑦の談合に対する効果的抑止については，前章で見たとおりである。

公取委事務局OBの田中真は，データを詳細に分析して，日米構造問題協議最終報告書に掲げられた独占禁止法の運用強化措置について「それなりに対応が行われている」とし，「運用強化の結果を踏まえて，独占禁止法の強化改正が図られた」として，「構造協議は，我が国の独占禁止法の歴史において，第1次石油危機の石油カルテル刑事事件とともに，大きな役割を果たした」と評価した[12]。

他方，経済法学者根岸哲は，平成6年（1994）に次のように述べた[13]。

「このように，主として日米構造問題協議を受けたものとはいえ，独禁法および公取委による独禁法の総合的執行力・抑止力は，従来に比較すると，大きく改善されつつある。しかし，これは，独禁法が本来予定していた適正な執行・運用のあり方にようやく立ち戻りつつあるものにすぎないともいえる。」（傍点筆者）

---

[12]　田中前掲注(1) 43頁。
[13]　根岸哲「公取委と独禁法の執行力・抑止力の強化」法律時報66巻7号（平成6年）25頁。

第 4 章　法運用の改革とその展開

確かにようやく本来予定した独占禁止法の執行・運用に立ち戻りつつあったにすぎないと評価することはできよう。とはいえ，それまでの行政指導的な「日本的法運用」と決別し，低水準の方の適用・執行を脱して，今日まで続く強化へと流れを変えた「法運用の改革」と評価して差し支えないであろう。しかし，そのような改革の時代は短く，「外圧」が弱まるとともに相対的安定へと移行する。公取委は長い間独占禁止法の守りに徹していたから，「内圧」はあったものの，自ら制度改革に乗り出す発想に乏しく，それは第 3 部の立法改革を待つしかなかった[14]。

課徴金引上げの法改正

課徴金の引上げについては，日米構造問題協議中間報告書に平成 3 年度中を目途に法改正を行うことが盛り込まれ，平成 2 年（1990）6 月に内閣官房長官の下に「課徴金に関する独占禁止法改正問題懇談会」（館龍一郎座長）が設置されて検討が行われた。同年 12 月 21 日に公表された懇談会の報告書[15]によれば，研究会において課徴金の引上げだけが審議されたのではなく，基本的な考え方についても検討が行われ，課徴金が刑事罰や損害賠償制度と併存し役割分担をしていること，そして課徴金の賦課につき公取委の裁量を認めないことが改めて確認された。

その上で，課徴金の額が現行方式ではカルテルによる経済的利得を十分に反映していないとして，算定率の基準を現行の売上高経常利益率ではなく売上高営業利益率によるべきであるし，2 分の 1 を乗じることも現時点では不要であるとした。その結果，具体的な算定率として，原則 6 ％を提言した[16]。他方，私的独

---

(14)　栗田誠「競争法執行の実効性と透明性——日本の独占禁止法執行に関する内外の認識差の原因と結果」法学新報 109 巻 11・12 号『菊地元一先生退職記念論文集』（平成 15 年）19 頁は，今後は公取委自ら執行体制・活動の強化を図っていかなければならないという。
(15)　独占禁止懇話会資料集 XIII（平成 4 年）・8 頁。
(16)　課徴金制度導入にあたり売上高経常利益率が参照されたのは，当時企業は外部資金に依存する割合が高く本来の事業活動による利益をみる場合であっても金融収支を勘案した指標を用いることに合理性があったからであり，現在では，カルテルの実行としての事業活動に係る利益を直接反映する指標としては売上高営業利益率が適切であると説明されている。6 ％の水準は，卸・小売業を除く全業種の一定規模以上の企業の昭和 53 年から平成元年までの平均売上高営業利益率 5.9 ％に基づいて設定された（平成 3 年 3 月 13 日の衆議院商工委員会における林義郎議員（自民）の質疑に対する矢部丈太郎公取委事務局官房審議官の答弁）。

占や不公正な取引方法をカルテルと同等に扱うことはできず，課徴金対象に拡大することは適当でないとした[17]。

報告書の公表に先立ち米国のリル司法省反トラスト局長は「不当利得は当然売上高の最低10％とみるのが妥当だ」と語っていたし[18]，構造問題協議フォローアップの会合においても米国側は6％では独占禁止法違反の効果的抑止に不十分であると批判した[19]。新聞の社説には，「このやりかたでは悪質なカルテルほど得する」との指摘があった[20]。懇談会においてカルテルによる実際の利得について具体的な推計は行われなかった模様であるが，行われていれば引上げ額はより高くなっていた可能性がある。とはいえ，課徴金が不当利得の徴収と位置付けるかぎり，その制裁的機能には限界がある。内外の批判を受けて，公取委は総合的な抑止力を高めるため，次節に述べるように刑事罰強化の法改正に乗り出していく。

報告書を受けて改正法案が作成され，平成3年（1991）2月26日，国会に提出された。課徴金の引上げは，日米構造問題協議への対応として，海部内閣によって既に決定されていた（第1章2参照）から，与党内からさしたる反対もなく，同年4月19日，改正法は全会一致で成立した[21]。改正によって，課徴金の算定率は次のように引き上げられた（建設業などの大企業は4倍に引き上げられた）。

現　行	改正後	
―	大企業	中小企業
原　則　1.5％	6％	3％
製造業　2.0％		
卸売業　0.5％	1％	1％
小売業　1.0％	2％	1％

（注）　改正後，製造業には原則算定率が適用される。

---

(17) なお，カルテルの実行期間について当時の法律に定めがなく，認定できるならば昭和52年にまで遡ることが可能であったが，報告書は3年程度の上限を設けることを示唆した。法律関係の社会的安定が理由であるが，これにより上限が明確になり実務上も適切な処理が可能になった
(18) 平成2年12月2日付け日本経済新聞記事「カルテルへの課徴金売上高の最低10％に」。
(19) 『日米構造問題協議フォローアップ第1回年次報告』（平成3年）（日本側措置に対する米側コメント，4　排他的取引慣行）。
(20) 平成2年12月23日付け朝日新聞社説「これでカルテルが防げるのか」。
(21) 社会党は課徴金を10％に引上げる等の法案を提出していたが，採決直前に撤回した。

課徴金制度の法的確立と実務処理のルール

　課徴金制度に関しては，第1部の10年余の間，公取委が控え目な運用を行ったために，争われることがほとんどなく，裁判所により法的判断が示されることがなかった。課徴金の法的性質については，カルテルによる不当利得を剥奪することによって社会的公正を確保する側面と，経済的不利益を課すことによりカルテルに対する抑止力として期待される側面の二面性を有していた[22]。後者の制裁的機能に着目すると，二重処罰を禁止する憲法39条に違反するのではないかという問題を惹起する。

　社会保険庁シール談合事件課徴金審決取消訴訟において，原告らは，刑事罰が確定した上に課徴金も課すことは憲法39条に違反すると主張したのに対して，東京高裁は次のように述べた[23]。

　「……課徴金制度にはカルテル行為に対する一定の抑止効果が期待されているという側面があり，それは社会的には一種の制裁としての機能をもつことを否定できないが，課徴金の基本的な性格が社会的公正を確保するためのカルテル行為による不当な経済的利得の剥奪という点にあることは明らかである。

　したがって，課徴金は，カルテル行為の反社会性ないし反道徳性に着目し，これに対する制裁として，刑事訴訟手続によって科せられる刑事罰とは，その趣旨・目的，性質等を異にするものであるから，本件カルテル行為に関して，原告らに対し刑事罰として罰金を科すほか，さらに，被告において，

　……課徴金の納付を命ずるとしても，それが二重処罰を禁止する憲法39条に違反することになるものでないことは明らかといわなければならない」(傍点筆者)

　この判示は，課徴金の制裁的機能を認めつつも，基本的性格は不当利得の剥奪であると断言するもので，前記懇談会報告書，そして立法趣旨に沿うものであって，最高裁もこれを支持した[24]。これにより，課徴金制度の法的性質と合憲性が確定し，わが国の法制において極めてユニークな独占禁止法上の課徴金制度が

---

[22] この点をとらえて，のちに郷原信郎「独占禁止法違反に対する制裁の現状と課題」経済法学会年報22号（平成13年）87頁は，「ぬえ」的と評している。

[23] 平成9年6月6日東京高裁判決，審決集44巻521頁。課徴金の性格が不当利得の剥奪であるとすると，本件において国が民法上の不当利得返還請求をすることは二重に経済的不利益を課すことになりかねない。この点についても，東京高裁は民法上の不当利得制度は専ら公平の観点から権利主体相互間の利害調整を図る私法上の制度であって，課徴金制度とは趣旨・目的を異にするとして両者の調整を要しないと判示した。なお，社会保険庁シール談合事件不当利得返還請求訴訟判決（平成13年2月8日東京高裁判決，審決集47巻690頁）も参照。

[24] 平成10年10月13日最高裁判決，審決集45巻339頁。

行政だけでなく司法レベルでも定着していく（ただし，平成17年の法改正による課徴金の法的性格の変更については，第3部第1章3参照）。

実務的にも重要なルールが審決によって示された。平成8年（1996）の中国塗料課徴金事件審決は，カルテルの合意後に発売された新商品であっても，同一の範疇に属しかつ代替性があって競合関係にあるならば，特段の事情がないかぎり，合意の対象商品と推定されると判断した[25]。平成12年（2000）の水田電工課徴金事件審決も，入札談合事件において，基本合意の対象の範疇に属する個別物件は，特段の事情がないかぎり，基本合意の拘束を受けて受注予定者の決定が行われたと推定されるとの考え方を示した[26]。こうした推定とこれを破る特段の事情のルールによって，特段の事情があれば相手方に主張させるという取扱いが明確化されることになり，大量の課徴金案件の効率的な処理に役立つことになった。

2　刑事罰の強化──法改正と告発

刑事罰強化のための法改正──市場経済重視の刑事司法へ

刑事罰強化のための法改正は，日米構造問題協議の最終報告書に含まれておらず，日本側が自主的に行ったものである。すなわち，平成2年（1990）12月，「課徴金に関する独占禁止法改正問題懇談会」の館座長が報告書を公表した際，同懇談会において刑事罰の強化も併せて検討すべきであるとの意見が出されたとし，座長としても検討を強く要望したいと発言したことを契機とする[27]。公取委は，すぐさま翌同3年（1991）1月，「独占禁止法に関する刑事罰研究会」（正田彬座長）を設置して検討を開始し，同研究会は，同年12月18日，報告書を公取委に提出した。その内容は，カルテル等の違反行為をした法人等の事業者に対し両罰規定（法95条）によって科す罰金刑の上限を500万円から数億円程度に引上げるべきであるというものであった。

公取委は同日公表する予定であったが，前日の12月17日に自民党独禁法特別調査会において説明したところ，課徴金を7月に大幅に引き上げたばかりでありその効果を見極めるべきである，数億円という金額は中小企業の企業生命を左右するなどと，議員から強い反発を招いた[28]。そのため，梅沢委員長は，記者会

---

[25]　平成8年4月24日審判審決，審決集43巻3頁。特段の事情の主張が認められた事例として，東京無線タクシー協同組合事件，平成11年11月10日審判審決，審決集46巻119頁。

[26]　平成12年4月21日審判審決，審決集47巻37頁。

[27]　加藤秀樹「独占禁止法違反行為に対する抑止力の強化」公正取引平成4年7月号19頁。

第4章　法運用の改革とその展開

見を開いて報告書の公表を延期すると述べざるを得なくなった[29]。公取委の研究会が刑事罰の強化を検討していることは，既に構造問題協議フォローアップ会合の第1回年次報告に盛り込まれており，公取委は苦しい立場に置かれることになった。前章1で述べたように，複雑かつ微妙な経過をたどった上，平成4年(1992) 12月に至り，法人等の事業者に対する罰金刑の上限を1億円に引き上げる法案が国会において成立した[30]。

刑事罰研究会の報告書は，画期的なものであった。わが国においては，従来，法人等の事業者は両罰規定によって責任が問われるが，その罰金刑の上限は従業者等の行為者に対する罰金刑の上限と連動する法形式をとっていた[31]。報告書はこれを切り離すことを提言するもので，「両罰規定の在り方を抜本的に変更」するものであった[32]。

ここで注目されるのは，法人等の事業者に対する罰金刑の上限の引上げの理由である。報告書は，カルテルを例にとり，①企業の事業活動そのものとして行われ，利得も企業に帰属すること，②その動機が違法手段による利益追求にあること，③「我が国社会の基本である自由経済秩序に対する侵害の度合いが非常に高く，国民経済に対する影響も重大」（傍点筆者）であること，④今日，消費者の利益を確保するため独占禁止法の実効性の確保が強く望まれていること，⑤わが

(28)　中村喜四郎議員斡旋収賄罪事件東京地裁判決（平成9年10月1日）第五・三。
(29)　平成3年12月18日付け日本経済新聞記事「自民"圧力"で延期」。結局，報告書は，平成4年2月20日，衆議院商工委員会による公取委に対する提出要求に基づき，3月2日に提出され，公表された。
(30)　社会党は，政府提出法案に反対して，両罰規定に定める罪について，法人または法人でない団体に対する罰金刑の上限を100倍（89条の罪については5億円となる）に引上げる等の法案を提出した。
(31)　連動型の両罰規定は昭和7年の資本逃避防止法に始まるもので，それまでは従業者の違反行為を前提に業務主を処罰する規定となっていた（転嫁罰規定）。なお，法人処罰をめぐる法的諸問題については，芝原邦爾ほか「座談会独占禁止法の刑事罰強化をめぐる問題」公正取引平成5年2月号38頁，岩村修二「法人罰金重課に係る法改正とこれをめぐる問題点」判例タイムズ809号（平成5年）36頁，西田典之「独占禁止法における刑事罰の強化について」経済法学会年報13号（平成4年）71頁，金子晃「刑事罰の強化」同89頁。

　なお，法人に犯罪能力はないから「監督責任」を95条の両罰規定によって問われることになり，従業者等の自然人行為者は事業者ではないからやはり同条の両罰規定により処罰される。自然人事業者は「行為責任」を89条により，「監督責任」を95条によりそれぞれ問われる。
(32)　志田至朗「独占禁止法違反行為に対する罰則規定の強化改正の考え方」公正取引平成4年7月号25頁。

国の経済をより開かれたものにする必要性が高まっていること，を挙げている[33]。

報告書によれば，独占禁止違反の法人等の事業者に重い罰金刑を科すのは，カルテル等が何よりも市場経済に対する重大犯罪であるからである。法人等の重課は実質的に独占禁止法が先鞭をつけたのであり，刑事司法における市場経済重視の流れを促したといってよい[34]。

告発方針の公表と告発の再開——検察の新潮流

公取委は，日米構造問題協議において，独占禁止法違反に対する刑事告発の積極化を求められ，告発に関する手続等について検討を行うため，平成2年（1990）4月，法務省刑事局との間に「独占禁止法違反に係る刑事罰の活用に関する連絡協議会」を設置した。そして，同協議会での検討を経た上，公取委は，同年6月20日，次のような「独占禁止法違反に対する刑事告発に関する公正取引委員会の方針」を決定した[35]。これと歩調を合わせるように，同日，長谷川信法務大臣は検察長官会同において，独占禁止法違反事犯について「厳正に対処すべき」ことを訓示した[36]。

「公正取引委員会は，独占禁止法違反事件の告発及び刑事訴追が適切に行われるよう，平成2年4月，法務省刑事局との間に告発に関する手続等を検討するための連絡協議会を設置し，年内に結論を得ることを目途に検討を進めている。
　公正取引委員会は，今後，
(1) 一定の取引分野における競争を実質的に制限する価格カルテル，供給量制限カルテル，市場分割協定，入札談合，共同ボイコットその他の違反行為であって国民生活に広範な影響を及ぼすと考えられる悪質かつ重大な事案
(2) 違反を反復して行っている事業者・業界，排除措置に従わない事業者等に係る違反行為のうち，公正取引委員会の行う行政処分によっては独占禁止法の目的が達成できないと考えられる事案について，積極的に刑事処罰を求めて告発を行う方針である。

---

(33) 「資料　独占禁止法に関する刑事罰研究会報告書」公正取引平成4年7月号27頁。
(34) 公取委の研究会の検討と並行して，法制審議会刑事法部会においても検討が行われ，平成3年12月2日，法人と自然人との資力の格差にかんがみ，両者の罰金多額に差を設けることが了承された（岩橋義明「法人等企業に対する刑事罰の在り方」公正取引平成4年7月号8頁）。なお，独占禁止法改正法の成立に先立ち，平成4年5月29日，損失補填等の証券不祥事を踏まえて法人に対する罰金額を引上げる証券取引法の改正が行われたが，議論は独占禁止法が先行していた。
(35) 独占禁懇話会資料集XIII（平成4年）22頁。
(36) 平成2年6月20日付け日本経済新聞夕刊記事「独禁法違反　厳正対処を」。

第 4 章　法運用の改革とその展開

　なお，今後，告発に当たり，検察当局との間に，個々の事件の具体的問題点等についての意見・情報を交換する場を設けることにしている。」

　告発方針を作成したことは，公取委が刑事告発に積極的な姿勢へ転換したことを世に知らしめるとともに，専属告発権という裁量的処分に自ら一定の枠をはめつつ透明性を確保しようとするものであった。その内容は，告発対象をいわゆるハードコア・カルテルおよび共同ボイコットを原則とし，累犯と確定審決違反を加えたもので，当然とはいえ経済法的観点からのものである。

　ところで，告発は，昭和 49 年（1974）に石油業界に対して行われた後，16 年間も行われていなかった。石油ヤミカルテル事件での公取委と検察当局の連携が円滑に行かず（上巻・472 頁参照），公取委はカルテルの抑止を昭和 52 年（1977）改正で導入された課徴金制度に期待するようになった。検察関係者も石油ヤミカルテル事件がトラウマとなり，「手間ひまのかかる厄介な事件」[37]の独禁法違反事件を扱うのには消極的になっていた。そのような検察が何故公取委の告発に積極的な姿勢を進んで受け入れたのであろうか？

　日米構造問題協議を受けて，政府全体として独占禁止法の運用強化が課題となり，法務省も協議に参加していた。こうした動きを見て，法務・検察内部に「独禁法運用強化の必要性と必然性をすぐに理解し，検察の新たな領域にしていこう」[38]とする新たな潮流が生まれた。法務省側から告発方針の作成に関与した，のちの検事総長松尾邦弘刑事課長もそのひとりであった。以後，こうした市場経済重視の潮流は次第に大きくなり——曲折はあるが——，検察が独占禁止法違反事件に前向きに取り組むことになっていく。

　翌平成 3 年（1991）1 月 10 日，公取委および検察の関係者で構成される「告発問題協議会」が設置され，「告発するに当たり，その円滑・適正を期するため，当該個別事件に係る具体的問題点等について意見・情報の交換を行う」ことになった[39]。

---

(37)　宗像紀夫「検察の独禁法違反事件捜査の実際——橋梁談合事件を読み解く」中央ロー・ジャーナル 2 巻 4 号（平成 18 年）101 頁。
(38)　村山治『市場検察』（平成 20 年）60 頁。この当時の原田明夫人事課長，松尾邦弘刑事課長および但木敬一司法法制調査課長は，いずれも在外勤務や対外交渉の経験があり，のちに 3 代続けて検事総長となる。松尾課長の下で告発方針の作成に関与した岩村修二検事は，「今後悪質な同法［独占禁止法—筆者注］違反事案が発生することもあり得るところであり，これへの同委員会［公取委—筆者注］及び検察の厳正かつ的確な対処が，国民により，強く期待されている」と述べている（岩村修二「独占禁止法の抑止力強化の動向について」判例タイムズ 737 号（平成 2 年）38 頁）。

第 2 部　日本に求めているのは自由で開放された市場である　1989 ～ 2000

このような枠組みができたのは,「石油カルテル事件において「事前の話し合い」での検察の了解がないままに告発が行われたことで公取委と検察との間で混乱と軋轢が生じた反省から」であった[40]。これは,ある意味では,告発を両当局の合意が得られたものに限定し,本来公取委が自由に行使できる権限の行使を「自己抑制」することを前提としたものであった[41]。そのため,公取委は検察の了解が得られない場合は告発を断念せざるを得ず,しかもその社会的批判を公取委が受けることになった。両当局それぞれが相手方の考え方を——とりわけ検察が経済法的考え方を——理解すれば,告発,起訴が円滑に行われてこうした枠組みは有用なものとなるはずであった。しかしながら,後にみるように(第 3 部第 4 章 3),告発を行うかどうかはその時々の検察内部の事情や関係者の考え方によって左右されることになる。

第 2 部において行われた告発は次の 6 件であった[42]。

　　①　平成 3 年 11 月 6 日　　業務用ストレッチフィルム(ラップ)価格協定事件(三井東圧化学㈱ら 8 社,役員ら 15 名)
　　②　平成 5 年 2 月 24 日　　社会保険庁発注支払通知書等貼付用シール談合事件(トッパンムーア㈱ら 4 社)
　　③　平成 7 年 3 月 6 日　　日本下水道事業団発注電気設備工事談合事件(日立製作所ら 9 社,受注業務に従事していた者 17 名,事業団職員 1 名)
　　④　平成 9 年 2 月 4 日　　第 1 次東京都発注水道メーター談合事件(㈱金門製作所ら 25 社,受注業務に従事していた者 34 名)
　　⑤　平成 11 年 2 月 4 日　　ダクタイル鋳鉄管シェア配分協定事件(㈱クボタら 3 社,受注業務に従事していた者 10 名)
　　⑥　平成 11 年 10 月 13 日　　防衛庁調達実施本部発注石油製品談合事件(コスモ石油㈱ら 11 社,受注業務に従事していた者 9 名)

告発再開の第 1 号である①の事件は,一般消費者になじみの深い商品で市場規模も大きかったし,短期間に二度大幅な値上げを実施したこと,過去に審決を受けた事業者が 5 社含まれていること,行為の態様が悪質であったこと等から告発方針に該当することは明らかであった[43]。のみならず,価格協定の合意の内容

---
　(39)　独占禁止懇話会資料集 XIII (平成 4 年) 23 頁。
　(40)　郷原信郎『独占禁止法の日本的構造』(平成 16 年) 60 頁。
　(41)　郷原前掲注(40) 60 頁。
　(42)　平成 12 年度公取委年次報告付属資料 35・36 頁から作成。
　(43)　鈴木孝之「業務用ストレッチフィルム製造販売業者の独占禁止法違反事件について」

第4章　法運用の改革とその展開

も認定しやすかったことなどから刑事事件として構成が容易で，初めての告発問題協議会は順調に進み(44)何ら問題がなかった。

ところが，第3章1で見たとおり，公取委は平成4年（1992）に埼玉土曜会事件において告発を断念せざるを得ず，大きな挫折を味わった。検察も独占禁止法違反事件の難しさを再確認した。にもかかわらず，平成7年（1995）の下水道事業団事件以降の事件はいずれも，被疑者が多数で——④は中小または零細企業25社，34名である！——捜査コストがかかり，公訴時効の壁もありうる入札談合事件が相次いで告発，起訴されているのは何故であろうか？

この点について，あるジャーナリストによれば，中村喜四郎議員の斡旋収賄罪事（第3章1参照）において梅沢証言の協力によって検察が全面的に勝利したことから，検察は公取委に借りができ，かつ埼玉土曜会事件告発受理拒絶のいきさつを自ら検証するなかで，独占禁止法違反事件に対するアレルギーをなくすことになったという。そして，「産業界に蔓延する談合に対する理解を深め，検察と公取委というふたつの機関の間に横たわる長年の「壁」を突き崩すことにもなった」，と(45)。それを端的に示す事実があった。平成6年（1994）5月頃，吉永祐介検事総長が小粥正巳公取委員長を訪問し，「独禁法事件の告発を受けたいので，是非持ってきてほしい」と述べた(46)というのである！これによって，検察の市場経済重視の新潮流が加速されたことは間違いない。

埼玉土曜会事件でも突き当たった「時効の壁」はどうか？　この点については，検察や裁判所は，基本ルールの改訂や確認をもって——やや強引な印象は否めないが——新たな相互拘束行為として不当な取引制限の罪の成立を認めることにより克服した(47)。⑥の事件は——基本ルールの確認が明示的に行われなかったため

　　　　公正取引平成4年2月号64頁。判決は，平成5年5月21日東京高裁判決，審決集40巻741頁。
(44)　郷原前掲注(40) 67頁。
(45)　村山前掲注(38) 141頁。
(46)　郷原信郎『検察が危ない』（平成22年）115頁。郷原はこの話を小粥委員長から直接聞いたという。
(47)　③においては，「ルールの改訂からドラフト会議までの一連の作業をもって取引制限の実行行為と見るのが相当」と判示された（平成8年5月31日東京高裁判決，審決集43巻579頁）。ここでは，基本合意と個別調整が一体としてとらえられている。④においても，談合は発注方式の変更等に対応した「単年度を前提とする談合をした」と認定し，各年度ごとに別個の罪が成立すると判断した（平成9年12月24日東京高裁判決，審決集44巻753頁）。⑤は，年度ごとにシェア協定が行われており，別個の実行行為であることは明白であった（平成12年2月23日東京高裁判決，審決集46巻733頁）。

であろう——，検察官は基本ルールに基づく個別調整を相互拘束行為の「遂行行為」であり，それも実行行為であると釈明した。裁判所は基本合意の確認・合意を認めたので必ずしもそのような釈明は必要ではなかったものの，検察官の主張を一応認めた(48)。以後，入札談合刑事事件判決は，基本合意を相互拘束行為とし個別調整をその遂行行為とする二本建てで構成するようになっていく(49)。

サラリーマンと独占禁止法犯罪——時代の急速な変化と意識の遅れ

告発再開第1号となった業務用ストレッチフィルム価格協定事件において，東京高裁は次のように述べた(50)。

「独禁法は，改めていうまでもなく，我が国における自由競争経済を支える基本法であり，特に今日，一般消費者の利益を確保するとともに，国際的にも開かれた市場の下で，我が国経済の健全な発達を図るため，公正かつ自由な競争を促進し，市場経済秩序を維持することが重要な課題となっており，このため国内的にも，また，国際的にも，独禁法の順守が強く要請されてきているが，被告人らはこのような事情を十分承知する立場にありながら，敢えて本件の独禁法違反行為に及んだものであり，この点において強く責められるところがある。」（傍点筆者）

その後も，東京高裁は，「国内外において右理念［独占禁止法の理念——筆者注］の遵守が強く叫ばれている」(51)，「国際的な取引ルールの平準化のためにも，公正かつ自由な競争の確保が特に要請されている」(52)などと繰り返した。裁判所が，

---

(48) 平成16年3月26日東京高裁判決，審決集50巻915頁。判決は，被告人らが，会議の冒頭，「それじゃ始めましょうか」などと言い，異論もなく議事に入り，順次受注予定会社の決定が行われたことをもって，「基本ルールに従うことが確認・合意された」と認定した。

このように，相互拘束行為と遂行行為が別個の実行行為とすると，本件においては，5油種×4期×2実行行為＝40の実行行為があったことになるが，科刑上包括1罪とされた。

(49) ただし，この点について裁判所の明確な判断が示されたわけではない。「遂行行為」説は，有力な刑法学説に基づくものである（芝原邦爾「不当な取引制限罪（独禁法89条1項1号）の実行行為——水道メーター事件東京高裁判決を契機として」ジュリスト1143号（平成10年）99頁）。これに対する経済法学者からの批判として，舟田正之「入札談合における基本合意・個別調整と「相互拘束」・「共同遂行」の関係——防衛庁石油製品談合刑事事件」ジュリスト1288号（平成17年）142頁がある。

(50) 平成5年5月21日東京高裁判決，審決集40巻773頁。

(51) 社会保険庁シール談合事件，平成5年12月14日東京高裁判決，審決集40巻797頁。下水道事業団談合事件，平成8年5月31日東京高裁判決，審決集43巻601頁も参照。

(52) 第1次水道メーター談合事件，平成9年12月24日，審決集44巻785頁。

第4章　法運用の改革とその展開

このようにわが国が直面する国際的な政策課題に言及することは極めて異例なことであろう。裁判所も市場開放・市場経済重視の時代精神を共有していた。

業界のほうはどうか？　業務用ストレッチフィルム事件において，価格引上げカルテルの実効性を確保するため，裁定者団を設置し報奨金制度を設け各社の販売担当者を一堂に集めて全国大会を開くなど，公然と業界ぐるみのカルテル活動を行っていた[53]。他方，下水道事業団談合事件においては，事業団と連絡交渉を行う表の営業部門と「ドラフト会議」を開催して受注調整を行う裏の調査部門が分担・連携する「周到に準備された計画的な犯行」[54]であり，カルテル活動は秘密裡に行われていた。

第1次水道メーター事件判決は，「業者の意識の変革が遅れて競争原理を最優先する時代の要請に対応し切れなかった面がある」（傍点筆者）と指摘した[55]。そうした中で，平成11年（1999）2月，検察はダグタイル鋳鉄管シェア配分協定事件において，初めて被疑者を逮捕した[56]。サラリーマンにとり逮捕，勾留は大きな打撃である。サラリーマンは個人的な利得のために談合やカルテルを行ったわけではない[57]。しかも，わが国では自由競争の価値が一貫して認められてきたわけではなく，価値観の対立がある。法と社会意識の乖離が存在する状況では，「個人に刑事罰という峻厳な制裁を科すことを躊躇するのが一般的な感覚」[58]なのではないか？

とはいえ，被告人らは，談合やカルテルが違法であることを十分認識しつつ

---

[53]　同事件判決によれば，「公取こえて頑張れますか。」とCMソングをもじった歌を合唱するなど，「誠に不謹慎な行動に出ていた」とも指摘されている（審決集40巻773・774頁）。

[54]　審決集43巻602頁。

[55]　審決集44巻785頁。

[56]　平成11年2月9日付け日本経済新聞記事「クボタ幹部ら10人逮捕」。被疑者らは公取委の立入検査直後からカルテルはなかったと口裏合わせしていたことから，東京地検特捜部は異例の逮捕に踏み切った。

[57]　下水道事業団談合事件において，談合をやめたくても巨大組織のなかでやめられない大手電機メーカーの社員と前任者から談合幇助を引き継いだ事業団工務部次長の苦悩については，平成7年11月10日付け読売新聞夕刊記事「公取におびえる日々」参照。

[58]　郷原信郎『独占禁止法の日本的構造』（平成16年）109頁。郷原は，裁判所も，企業維持（業務用ストレッチフィルム価格協定事件判決）や中小企業保護（第1次水道メーター談合事件判決）に言及していることからそのような躊躇を表しているという。しかし，裁判所は協調値上げ以外の企業維持の方法があったと前提事実の存在を否定しているし，当該談合が中小企業を保護する側面を認めつつも結局は独占禁止法の価値を侵害して国民の経済的利益に反する旨を判示している。

第 2 部　日本に求めているのは自由で開放された市場である　1989 ～ 2000

行っているのであり，かつ会社のためだけではなく自らの社内における業績も挙げたいからであろう[59]。また，独占禁止法犯罪は個人の利得とは関係なく，社会公共に経済的損失を与えるところに悪性がある。カルテルが犯罪であることは，既に昭和 59 年（1984）の石油ヤミカルテル刑事事件最高裁判決（第 1 部補論 1 参照）で確定している。個人や社会の意識の遅れを理由に刑事罰を回避することは，法の規範性を弱めることになり，経済社会の変革を遅らせることになる。

3　カルテル規制の進展

入札談合事件の法的構成の定型化

　入札談合事件が続出するにつれて，公取委は価格カルテルとは異なる入札談合事件に特有の課題に逢着した。入札談合は，多くの場合，長年継続して行われているために慣行化し，基本合意がいつどこで誰により形成されたか不明確であり，かつ合意の内容も話合いで決めるといった程度の抽象的なものとどまる場合，不当な取引制限としてどう法的に構成し排除措置を設計するかという問題である[60]。この点について，公取委は，合意の形成過程が明確でなくても「合意が存在している」ことが立証されれば足りるし，排除措置は基本合意のとりやめやその確認だけでなく，今後個別調整をしてはならない旨の不作為命令を加えることによって有効なものになると考えた。

　このような考え方は，平成 4 年（1992）6 月の埼玉土曜会事件審決の頃に形成された模様[61]であり，以後，入札談合事件の審決または命令における事実認定はおおむね次のようにパターン化する。

　　「……社［違反行為者ら―筆者注］は，遅くとも……年以降，……が発注する……工事の受注価格の低落防止を図る等のため，
　　イ　当該物件の受注を希望する者が 1 名のときは，その者を受注予定者とする

---

(59)　鈴木・入札談合の研究 317 頁は，「個人は，会社のために参加しているとの「建前」もありますが，入札談合に参加している自分の業績も上げたいとの「本音」も有していますので，刑事罰適用の可能性を高くすれば，リスクの大きい入札談合に参加しようとする者はいなくなるのではないでしょうか」という。

(60)　「座談会　最近の独占禁止法違反事件をめぐって」公正取引平成 5 年 7 月号 38 頁以下における糸田省吾審査部長の問題提起と経済法学者今村成和，金子晃，実方謙二の意見参照。

(61)　「合意の下に」方式が最初に現れるのは，北光印刷㈱ほか 25 名に対する件（平成 3 年 12 月 2 日勧告審決，審決集 38 巻 120 頁）であり，「遅くとも」方式が最初に現れるのは，三丸製薬㈲ほか 15 名に対する件，平成 4 年 3 月 10 日勧告審決，審決集 38 巻 164 頁である。

第4章　法運用の改革とその展開

　　ロ　受注希望者が複数のときは，……を勘案して話合いにより受注予定者を決定
　　　する
　　ハ　当該物件について指名を受けた者は，受注予定者が受注できるように協力す
　　　る
　旨の合意の下に，……発注の工事について，あらかじめ，受注予定者を決定し，受
　注予定者が受注できるようにしていた。
　　……社は，前記により，……発注の工事のほとんどを受注していた。　　」（傍点筆者）

　すなわち，「合意が存在している」ことを立証するために，基本合意に加えて，「受注予定者を決定し，受注予定者が受注できるようにしていた」と具体的な実行行為をも取り込み，全体を一連の行為として評価して不当な取引制限と構成したとみられる[62]。このように合意の形成過程について具体的に日時，場所等を特定しなくてもよいことは，のちに裁判所によって支持されることになる[63]。
　さらに，「一定の取引分野」についても，ある程度客観的に画定しなければならないことを認識しつつも，現に基本合意が対象としている範囲をもって認定することがこの頃公取委において確立したとみられる[64]。そのことは，平成5年(1993)の社会保険庁シール談合刑事事件判決[65]が「共同行為が対象としている取引及びそれによって影響を受ける範囲を検討し，その競争が実質的に制限される範囲」であると判示することによって承認された。とはいえ，それによって公取委が恣意的に取引分野を画定する危険もないではなく，それが後に問題となる（多摩地区土木工事入札談合事件，第3部第4章5参照）。
　実務上の重要な問題として，事件関係人が著しく多数にのぼる場合，効率的な審査を行うために勧告の相手方を絞ることができるかということがあった。公取委の実際は明らかでないが，指名実績，受注実績のあった者に勧告に名宛人を限定することは行われていた可能性がある。事実認定は実態を正確に反映したもの

---

(62)　関根芳郎ほか「座談会　最近の独占禁止法違反事件をめぐって」公正取引平成6年6月号14頁（金子晃発言），酒井紀子『独占禁止法の審判手続と主張立証』（平成19年）284頁参照。法令の適用欄も，「受注予定者を決定し，受注予定者が受注できるようにすることにより」競争を実質的に制限したと記載している。とはいえ，個別調整は主要事実である基本合意を立証するための間接事実にすぎない（第3部第4章5参照）。
(63)　㈱大石組による審決取消請求事件東京高裁判決（平成18年12月15日，審決集53巻1000頁）。
(64)　関根ほか前掲注(62)13頁（関根発言）。
(65)　平成5年12月14日東京高裁判決，審決集40巻783頁。なお，埼玉土曜会事件審決は埼玉県が土曜会会員を複数指名する土木一式工事を一定の取引分野としたが，複数指名があった場合に限定するのは客観性を欠くと思われる。

325

第2部　日本に求めているのは自由で開放された市場である　1989〜2000

である必要があるが，行政処分の名宛人を競争制限を排除するのに必要な範囲にとどめることは許容されるのかもしれない[66]。

　以上のような入札談合の実態に即した審査上の工夫によって，若干の問題をはらむものの，大量の事件の定型的な処理が可能になっていく。

カルテルの立証——推認のルールの確立

　カルテル事件の審査の最大の問題は，意思の連絡をどのように立証するかである。ここでは2段階構造をなす入札談合事件を除く価格カルテル等の事件について検討しよう。意思の連絡を示すメモ，手帳等があり，事件関係人がカルテル行為を自白することが多いが，物証がほとんどなく，事件関係人が否認することも少なくない。そのような場合，意思の連絡＝合意を間接事実（状況証拠）から推認しなければならない。既に公取委の実務や学説においては，①事前の連絡・交渉があったこと，②価格等について連絡・交渉が行われたこと，③結果としての行動の一致があったことから，明白な決定がなくとも暗黙の合意＝意思の連絡の存在を推認できるとの理解が進んでいた（上巻・352頁参照）[67]。そして第2部において，このような3つの間接事実からなる推認のルールが確立していく。

　紙フェノール銅張積層板価格カルテル事件において，わが国の積層板のほとんどすべてを供給するメーカー8社が会合を開催して積層板の価格引上げについて意見交換を行ったところ，市場シェア70％を占める大手3社から一定の価格引上げを行うことが表明され，残る5社に対しても追随して値上げするように要請があったが，東芝ケミカルを含め5社から反対意見は出ることはなく，その後，8社は積層板の値上げを社内に指示し，需要者に値上げを要請した。

　以上の事実に対し，公取委は，不当な取引制限に該当するとして8社に対して勧告を行い，7社はこれを応諾した[68]が，東芝ケミカルは争った。東芝ケミカルは，自社には特殊事情（同社の東証第二部への上場と東芝機械のココム規制違反により独占禁止法違反の防止に留意していたこと）があって，同社はその後の会合に

---

[66] 関根ほか前掲注(62) 12頁。関根審査部長の問題提起に対して，出席した経済法学者の意見は対立するかに見えるが，「事実認定としては，やはり違反行為に参加した者は全部被審人としてとらえる……主文のほうで言えばそれを絞り込むのは可能ではないか」の意見（金子晃）に収斂している。

[67] 公取委は東芝ケミカル事件審決取消訴訟（平成7年9月25日東京高裁判決（差戻後再判決，審決集42巻393頁）において，まさにこの定式をもってカルテルが立証できることを主張している。

[68] 日立化成工業㈱ほか6名に対する件，平成元年8月8日勧告審決，審決集36巻22頁。

第4章　法運用の改革とその展開

おいて協調値上げに反対する等したから，意思の連絡の存在を推定できない「特段の事情」があったと主張した。これに対して審決は，同業他社は東芝ケミカルの反対を額面どおりに受け取らず結局は追随してくるとみていたなどとし，意思の連絡の認定を覆す「特段の事情」に足りないと判断した[69]。

東京高裁は，審決と同様，「特段の事情」の存在を否定したが，「意思の連絡」について一般的に次のように述べた[70]。

「……「意思の連絡」とは，複数事業者間で相互に同内容又は同種の対価の引上げを実施することを認識ないし予測し，これと歩調をそろえる意思があることを意味し，一方の対価引上げを他方が単に認識，認容するのみでは足りないが，事業者間相互で拘束し合うことを明示して合意することまでは必要でなく，相互に他の事業者の対価の引上げ行為を認識して，暗黙のうちに認容することで足りると解するのが相当である（黙示による「意思の連絡」といわれるのがこれに当たる。）。……したがって，対価引上げがなされるに至った前後の諸事情を勘案して事業者の認識及び意思がどのようなものであったかを検討し，事業者相互間に共同の認識，認容があるかどうかを判断すべきである。そして，右のような観点からすると，特定の事業者が，他の事業者との間で対価引上げ行為に関する情報交換をして，同一又はこれに準ずる行動に出たような場合には，右行動が他の事業者の行動と無関係に，取引市場における対価の競争に耐え得るとの独自の判断によって行われたことを示す特段の事情が認められない限り，これらの事業者の間に，協調的行動をとることを期待し合う関係があり，右の「意思の連絡」があるものと推認されるのもやむを得ないというべきである。

本件事案においては，……8社が事前に情報交換，意見交換の会合を行っていたこと，交換された情報，意見の内容が本件商品の価格引上げに関するものであったこと，その結果としての本件商品の国内需要者に対する販売価格引上げに向けて一致した行動がとられたことが認められる。……本件の本件商品価格の協調的価格引上げにつき「意思の連絡」による共同行為が存在したというべきである。」（傍点筆者）

引用した一般的説示の前半は，不当な取引制限の共同性について先例，通説——単なる共通の認識（並行行為）では不十分で共同の認識，認容を必要とするとの解釈（昭和24年の合板入札談合事件審決，上巻・181頁参照）——を確認したものである。後半は，前記3つの間接事実が認められるときは，特段の事情がないかぎり意思の連絡を推認できるとのルールを裁判所も容認したものであった。

---

(69)　東芝ケミカル㈱に対する件，平成4年9月16日審判審決，審決集39巻3頁および同6年5月26日審判審決（再審決），審決集41巻11頁。
(70)　東京高裁判決前掲注(67)。

第 2 部　日本に求めているのは自由で開放された市場である　1989 〜 2000

　平成 9 年（1997）の広島県石油商業組合広島市連合会事件審決[71]は，間接事実の認定から事業者団体による価格引上げ決定を推認した——その推認は詳細・精緻を極めている！——が，推認の方法は東芝ケミカル事件判決が示したルールと同じ構造によっている。のちの平成 19 年（2007）のポリプロピレン価格協定事件の公取委の審決は，前記東芝ケミカル事件東京高裁判決を引用し意思の連絡を推認できることを特に審決案に付言したが，東京高裁もこのような推認の手法を再度支持している[72]。

　とはいえ，このような推認のルールは柔軟に適用する必要があった。東芝ケミカル事件判決に先立つエレベーター保守料金協定事件において，公取委は，標準料金の引上げを決定したとされる会合において引上げを検討した証拠がなく，違反事実は認められないとの審決を行った[73]。本件については，会合での決定にこだわることなく，前後の経過全体の流れをみると共通の意思を認定できたのではないかと指摘があった[74]。情報交換は会合の開催が典型的な形態であるが，それに限られないのである。そして，第 3 部おいてみるように，裁判所は必ずしも推認のルールにすらこだわらないようになっていく。

---

[71]　広島県石油商業組合広島市連合会に対する件，平成 9 年 6 月 24 日審判審決，審決集 44 巻 3 頁。本件において，直接的な証拠は「全国的にも，市況上昇の気運だし，広島としても環境整備に入っていこう」との会合での発言を記載したメモしかなく，関係者は皆違反行為を否認した。しかし，審決は，特異で不自然な小売価格の動き，市況対策を行ってきた被審人の姿勢・方針，過去の価格協定行為，本件行為までの情勢と被審人の動き，本件会合の状況，被審人による値上げ状況の把握等から本件価格引上げ決定の存在を推認する一方，直接証拠がなく外見上認定を妨げるかにみえる事実があるが，被審人が証拠を残さないように指導してきたので直接証拠がなくても不自然ではないと判断した。審決案を作成したのは裁判所から出向した成田喜達審判官である。

[72]　出光興産㈱ほか 3 名に対する件，平成 19 年 8 月 8 日審判審決，審決集 54 巻 207 頁，㈱トクヤマほか 3 名による審決取消請求事件東京高裁判決（平成 21 年 9 月 25 日，審決集 56 巻第 2 分冊 326 頁）。なお，第 3 部第 4 章 5 参照。

[73]　三菱電機ビルテクノサービス㈱ほか 5 名に対する件，平成 6 年 7 月 28 日審判審決，審決集 41 巻 46 頁。本件は，審判開始決定から審決まで 10 年余を要した。

[74]　矢部丈太郎ほか「座談会　最近の独占禁止法違反事件をめぐって」公正取引平成 7 年 6 月号 27 頁（実方謙二発言）。審判官は，審査官が標準料金引上げの決定がなされたと主張する会合は，議題数や開催時間からみて各社の改定案を詳細に検討する余裕はなく，事前に実質的な討議，検討が行われた事実も認められないから，本件会合において決定が行われたとまでは認定できないとした。これに対しては，標準料金の引上げは事前に了解されており，各社が三菱の改定案を基礎に調整した自社の改定案を作成して三菱に届け出ることによって相互にその案で標準料金を引上げることの認識が形成されたとみる余地があるとの指摘がある（和田健夫・本件審決評釈百選［第 5 版］39 頁）。

他方，入札談合事件においては，以上の価格カルテル事件と異なり，基本合意が相当以前に形成されているために，形成過程を明らかにするのが困難な事例が多いが，そのような場合には個別調整から基本合意の存在を推認することになる。価格カルテルを行動の一致から推認することは——並行行為の可能性もあるから——極めて難しいが，入札談合については個別調整から基本合意を推認することは容易である。たとえば，平成6年（1994）の協和エクシオ事件審決は，談合組織設立の経緯とともに，27の物件で話合いが行われたことから，「あらかじめ話合いにより受注予定者を決定する」との極めて抽象的な基本合意を認定している(75)。

ハードコア・カルテルと非ハードコア・カルテル

　第2部において，カルテルにはハードコア・カルテルと非ハードコア・カルテルの2種類があることが自覚され，前者に対しては規制を強化すべきことに一般的な合意がみられるに至るとともに，後者については違法性の判断基準が模索された。

　ハードコア・カルテルとは，競争制限のみを目的としあるいは客観的に反競争的効果が明白で，これを補うような競争促進効果ないし正当化事由を持たないことが外見上明らかなもカルテルをいい(76)，価格・生産制限・市場分割カルテルおよび入札談合が典型的なものである。非ハードコア・カルテルとはそれ以外のものである。平成10年（1998）3月に採択されたOECDの「ハードコア・カルテルに対する効果的な措置に関する理事会勧告」(77)は，前文において次のように述べている。

　「ハードコア・カルテルは競争法の最も悪質な違反であり，価格の引上げや供給の制限によって，カルテルが実施される多くの国において消費者の利益を侵害し，こ

---

(75) ㈱協和エクシオに対する件，平成6年3月30日審判審決，審決集40巻49頁。東京高裁は本件審決を支持した（平成8年3月29日判決，審決集42巻424頁）。

(76) 金井他・39頁（宮井雅明執筆）。これは米国において当然違法の法理が適用される行為類型であるが，わが国において当然違法の法理がとられているわけでないことに注意を要する。

(77) 小島高明「ハードコア・カルテルに対する効果的な措置に関するOECD理事会勧告について」公正取引平成10年5月号43頁，OECD, Recommendation of the Council concerning Effective Action against Hard Core Cartels, 25 March,1998 C(98)35/FINAL. わが国において「ハードコア・カルテル」という呼称が使われるようになったのも，この頃からである。

第2部　日本に求めているのは自由で開放された市場である　1989～2000

れにより，当該財・サービスがある購入者にとっては全く入手不可能になり，また他の購入者に対しては不必要に高価にすることを考慮し，
　ハードコア・カルテルに対するために効果的な行動は，ハードコア・カルテルによる世界貿易の歪曲が，それがなければ市場が競争的である国において市場支配力，浪費，非効率を生みだすという理由で国際的観点から特に重要であり，また，ハードコア・カルテルが一般に秘密裏に行われ，関係する証拠が多くの異なる国々に存在する可能性があるという理由で，特に協力に依存するということを考慮し，」（傍点筆者）

このように述べた上で，OECD理事会は，加盟国に対して，ハードコア・カルテルに対する規制の強化と国際カルテルの摘発について加盟国間の協力を要請した。この理事会勧告は，米国の主導によりなされたもので，二国間または多国間協定を推進するねらいがあったとみられる（日米独禁協力協定については，第3部第3章4参照）。

わが国についていえば，既にみたように，日米構造問題協議を受けて，規制強化の改革が行われたところであるが，このような国際的な趨勢の後押しも受けて，第3部においてハードコア・カルテルに対する厳格な取締りの路線が貫かれていく。

非ハードコア・カルテルについては，既に公取委の事業者団体ガイドラインにおける規格の標準化や社会公共のための自主規制等について一定の違法性の判断基準が示されていた（第1部第1章2参照）。そして，非ハードコア・カルテルには多種多様な類型がありうるから，それぞれの類型について判断基準が示されるのが適切である。平成5年（1993）に「共同研究開発に関する独占禁止法上の指針」，平成13年（2001）に「リサイクル等に係る共同の取組に関する独占禁止法上の指針」および「資格者団体の活動に関する独占禁止法上の考え方」が作成公表された。

これとは別に，非ハードコア・カルテルの違法性判断の方法として，法益衡量の手法が注目されるようになった。法益衡量の手法とは，昭和59年（1984）の石油カルテル刑事事件最高裁判決によって示された，独占禁止法の直接の保護法益である「競争による利益」と当該行為によって得られる「競争制限による利益」とを比較衡量し独占禁止法の究極目的に照らして判断するというやり方であるが，これはハードコア・カルテルについて「公共の利益」の解釈として示されたものであった。

平成7年（1995）の大阪バス協会事件審決は，「競争」の要件について，独占

第 4 章　法運用の改革とその展開

禁止法の趣旨・目的を読み込んで判断したことから，法益衡量論を持ち込んだと指摘された[78]。平成 9 年（1997）の日本遊戯銃協同組合事件判決[79]も，協同組合が設定したエアーソフトガンの安全基準について，その目的が正当であり基準の内容も一応合理的であるとした上で，組合員が必ずしも基準を遵守していない状況において，基準を充たさない非組合員の取引を妨害することは安全という法益を守るために必要不可欠なやむを得ない措置とは認められないとして，共同ボイコットの成立を認めた（法 8 条 1 項 1 号及び 5 号を適用）。判決は，前記最高裁判決が示した法益衡量のアプローチを援用し，当該行為の目的の正当性，内容の合理性および実施方法の相当性の観点から具体的に判断したものであった。

　こうして学説においても，品質・規格の標準化や安全性確保・環境保護ための自主規制などの独占禁止法上の位置づけが注目されるようになった。独占禁止法の冬の時代においては，公取委の摘発も支持されやすいハードコア・カルテルに限られるという状況にあり，非ハードコア・カルテルについてはほとんど検討の対象外にあった。従来の通説的立場からすれば，むしろ法益衡量論によってカルテルを許容することは「公共の利益」の解釈に恣意を持ちこみ法的安定性を害することになるから，その必要があれば規制立法や適用除外カルテル（合理化カルテル）で対応すべきであると考えた[80]。

　しかし，このような考え方では規制緩和の時代に対応しきれないとして，より若い世代の研究者からは，品質や環境などの価値（社会的妥当性）を取り込んだ「新たな競争政策・法」観の確立の必要が主張されるようになった[81]。すなわち，カルテルにも正当な事由がある場合があることを正面から認め（「正当化事由・理由」），その違法性の判断を——多様な価値を含みうる「公共の利益」の要件ではなく——「競争の実質的制限」の要件について法益衡量の手法で行うという基本的方向が唱えられるようになった[82]。

---

(78)　根岸哲「貸切バス運賃カルテルと独占禁止法」公正取引平成 7 年 11 月号 15 頁，岸井大太郎・本件審決評釈百選［第 5 版］93 頁。
(79)　デジコン電子（株）損害賠償請求事件東京地裁判決，平成 9 年 4 月 9 日，審決集 44 巻 635 頁。判決は，本件妨害行為の不公正な取引方法の公正競争阻害性該当性についてもこのような目的，内容，実施方法を勘案して判断した。法益衡量の手法は，カルテルだけでなく，不公正な取引方法にもあてはまる。
(80)　今村成和・研究㈤・99 頁，鈴木深雪「安全・規格・表示カルテルと独禁法制」経済法学会年報 8 号（昭和 62 年）186 頁，丹宗曉信＝伊従寛『経済法総論』（平成 11 年）447 頁（伊従執筆）。
(81)　内田耕作「社会的妥当性と独占禁止法（その 1）」彦根論叢 321 号（平成 11 年）67 頁。
(82)　沢田克己「非競争利益と経済団体自主規制㈢・完」法政理論 21 巻 2 号（昭和 63 年）

第2部　日本に求めているのは自由で開放された市場である　1989～2000

そして，環境や安全を考慮するといっても，競争政策と無関係に正当化理由となるわけではなく，競争制限の意図・効果の間接証拠としてとらえるべきことや[83]，異なる価値の比較衡量は困難であって実際には審判・訴訟における競争制限と競争促進の証拠の優劣の問題であること[84]が指摘された。最近では，社会公共目的のカルテルの判断枠組みとして，目的と制限の間に合理的関連性があるかどうか（より競争制限的でない代替的手段の有無）に収斂しつつあるとされる[85]。

とはいえ，その後，非ハードコア・カルテルについて，審判決による展開はみられず，公取委の相談事例として取り扱われている。たとえば，公取委は，レジ袋の有料化について地方都市に所在するスーパーからの相談に対し，次のように独占禁止法上問題とならないと回答した[86]。

「1　本件相談に係る行為　……
　(3)　共同行為の内容
　　　4社は，レジ袋を無償配布していたところ，自然環境に資する活動のために寄付することを明示した上で，レジ袋を利用する顧客に一定の費用負担の協力を求めることを決定するとともに，当該費用を1枚当たり5円とすることを検討している。……4社は，レジ袋を利用する顧客が負担した費用のすべてを……自然環境に資する活動に寄付するとしている。
　2　相談に対する考え方　……
　　イ　……レジ袋が有料であれば，約4分の3の顧客がレジ袋を利用しないと答えていることから，レジ袋に係る費用の負担が顧客の買い物をするスーパーの選択に与える影響は小さいと考えられ……，競争に与える影響は小さい。

34頁，同「非競争利益と競争制限行為の許容」経済法学会年報9号（同63年）177頁，白石忠志『独禁法講義』（平成9年）20頁・170頁，和田健夫「日本における社会的規制と競争政策」経済法学会年報21号（同12年）31頁，内田耕作「社会の妥当性と独占禁止法（その4）（その5）」彦根論叢327号（同12年）23頁・340・341号（同15年）27頁，森平明彦「社会政治的規制と反トラスト(1)(2)」高千穂論叢36巻3号（平成13年）1頁・37巻2号（同14年）1頁。

(83)　武田邦宣『合併規制と効率性の抗弁』（平成13年）247頁。
(84)　平林英勝『独占禁止法の解釈・施行・歴史』（平成17年）64頁。
(85)　金井他・114頁（宮井雅明執筆）。和田健夫「競争制限行為の正当化事由に関する一考察——審判決を素材として」根岸古稀祝賀67頁も参照。
(86)　「事業者等の活動に係る事前相談制度に基づく相談の回答について」（平成14年4月30日）（㈱エコスから栃木県の一部地域についての正式相談）。公取委事務総局『独占禁止法に関する相談事例集（平成19年度）』の事例3も同趣旨の回答をしている。他方，レジ袋を1枚5円に統一するという佐渡市からの相談に公取委は独占禁止法違反の疑いがあるとの回答をしたとの報道もある（平成19年3月7日付け朝日新聞記事「レジ袋一律5円に待った」）。

ウ　本件相談の行為は，レジ袋の利用を抑制してごみの減量化を図るという社会公共的な目的のためになされるものである。
　エ　レジ袋を利用するかどうかは顧客の任意の判断に委ねられており，また，レジ袋を利用する顧客に対し，レジ袋の原価等を考慮して5円の費用負担を求めるものであることから，本件相談の行為が顧客の利益を不当に害するとはいえない。」（傍点筆者）

　本件は価格協定の形態を採っているが，行為の目的と効果は通常の価格カルテルとは異なる。そこで，公取委は，事業者団体ガイドラインの社会公共目的のための自主規制に関する判断基準（8-1）。需要者の利益を不当に害しない，正当な目的に基づく合理的な範囲内である，強制しない）に拠って回答したものであり，学説の法益衡量の手法と同様のアプローチといえる[87]。
　ハードコア・カルテルは最も悪性の強い行為であるが，独占禁止法の判断レベルでいえば初歩的な段階であり，非ハードコア・カルテルの分野こそ公取委や裁判所が次に展開すべき高次の段階である。

4　私的独占および不公正な取引方法の規制の進展——競争者排除型事件の重視へ

私的独占事件の簇生

　第2部において，昭和47年（1972）の東洋製罐事件（上巻・457頁参照）以来，24年ぶりに私的独占（法3条前段，2条5項）が適用された事例が登場した。この時期には，次の5件の私的独占事件があった[88]。

　　①　平成8年度　　　医療食事件
　　②　同　9年度　　　ぱちんこ機パテント・プール事件
　　③　　同　　　　　　パラマウントベッド事件
　　④　同　10年度　　　ノーディオン事件
　　⑤　同　11年度　　　北海道新聞事件

---

[87]　5円負担で統一しなくても，レジ袋使用しなければ値引きするなりポイントを加点する等レジ袋削減に様々な方法があり，カルテル以外の代替的手段の存在という点で問題があったと考える。

[88]　なお，その他に民事事件として奥道後温泉観光バス事件があった。本件において，控訴審は競合するバス会社間の一方の当事者の路線免許申請を制限する協定を私的独占に該当し無効と判断したが，上告審はそもそも法的拘束力を認めるような合意ではなかったとした（昭和61年4月8日高松高裁判決，審決集33巻125頁，平成元年11月24日最高裁判決，審決集37巻227頁）。

第 2 部　日本に求めているのは自由で開放された市場である　1989〜2000

　はじめに事件の概要を紹介すると，①は，医療用食品に健康保険の診療報酬加算制度が導入されかつ日本医療食協会が唯一の検査機関に指定されたことに伴い，協会とメーカーである日清医療食品が通謀して，種々の認定制度・登録制度を設けて，上流の他のメーカーや下流の病院等へ販売する販売業者を支配したり，新規参入を排除して独占的に供給した事件である[89]。本件は医療用食品加算制度と検査機関の指定制度を濫用したもので，世論の批判は厳しく[90]，厚生省は加算制度の廃止[91]と日本医療食協会の解散に追い込まれた[92]。

　③は，パラマウントベッドが，東京都財務局が発注する医療用ベッドの入札にあたり，製品の仕様に精通していない病院の入札事務担当者に同社の製品のみが適合する仕様となるように働きかけて，他の医療用ベッドのメーカーを入札から排除し，その上で販売業者に対して落札予定者を決定し入札価格を指示し，事業活動を支配していた事件である[93]。本件は東京都の仕様書入札の方針を形骸化するものであり，同様の行為は全国の国公立病院が発注する医療用ベッドについて行われていた[94]。

　以上の 2 件は，公的規制を悪用した異例の独占行為であったが，③以下は独占企業（ら）による本格的な私的独占事件である。②は，ぱちんこ機メーカーの大手 10 社が，㈱日本遊戯機特許運営連盟を設立して，ぱちんこ機の製造に重要な──それが使用できなくては風俗営業規制法に適合できない──特許等を集積し所有・管理させていたパテント・プールに関する事件である[95]。折からぱちんこがブームとなったが，大手 10 社は，参入を排除する方針の下に，当該特許等の実施許諾の申し出があってもこれを拒絶した。プール自体はメリットもあり違法ではないが，人為的に形成された独占をてことして新規参入を排除したことが問

---

[89]　㈳日本医療食協会ほか 1 名に対する件，平成 8 年 5 月 8 日勧告審決，審決集 43 巻 209 頁。本件は久しぶりの私的独占とあって，公正取引平成 8 年 8 月号は担当審査長等の解説を含む特集を組んでいる。

[90]　医療用食品は割高であるが，一般給食の食品と変わらず，医療費の無駄遣いとの医療関係者や栄養士の指摘が伝えられた（平成 8 年 4 月 10 日付けサンケイ新聞記事「医療食協会に排除勧告」。平成 6 年度の保険加算金の給付は約 175 億円に達した。

[91]　平成 8 年 4 月 9 日付け朝日新聞記事「医療用食品の診療報酬加算を廃止」。

[92]　平成 8 年 4 月 26 日付け日本経済新聞記事「医療食協に解散指導」。

[93]　パラマウントベッド㈱に対する件，平成 10 年 3 月 31 日勧告審決，審決集 44 巻 362 頁。

[94]　斎藤隆明＝奈雲まゆみ＝池内裕司「医療用ベッドの製造メーカーによる私的独占事件」公正取引平成 10 年 6 月号 62 頁。公取委は，同社に対して警告を行うとともに，発注者も違反行為を誘発・助長していたとして改善措置をとるよう要望した。

[95]　㈱三共ほか 10 名に対する件，平成 9 年 8 月 6 日勧告審決，審決集 44 巻 238 頁。

第4章　法運用の改革とその展開

題とされた(96)。公取委がパテント・プールによる技術独占に取り組んだ最初の事件であった(97)。

④は，モリブデン 99 の世界の生産の過半を占めるカナダのノーディオン社が，設備投資の資金回収を目的に，モリブデン 99 の需要者であるわが国の放射性医薬品メーカー 2 社に対して，10 年間その必要とする全量を購入する義務を課すことにより，新規参入しようとしたベルギーのメーカー等を排除した事件である(98)。本件は世界的な独占企業によるわが国市場の閉鎖行為であり，市場の開放という観点から注目される。国際的な法適用についての考え方については，第 3 部第 3 章 3 において触れる。

⑤は，北海道におけるブロック紙である北海道新聞社が，函館地区に新規参入しようとした函館新聞社に対し，同社の新聞題字の使用，通信社から同社へのニュースの配信，同社の広告集稿やテレビコマーシャルについて一連の妨害工作を行ったことが，私的独占該当とされた(99)。新聞題字について，北海道新聞社は，自らは使用する計画がないのに「函館新聞」等の商標を先行して登録出願し

---

(96) 本件は技術の共同取引拒絶であり不当な取引制限を適用すべきとの意見もあったが，公取委はぱちんこ機の製造分野への参入阻止の私的独占としてとらえた方が本件行為全体の評価として適切であると考えたとみられる（山田昭雄ほか「座談会　最近の独占禁止法違反事件をめぐって」公正取引平成 10 年 6 月号 8 頁（山田発言））。実施許諾を拒絶した特許等を有していないプールのメンバーも存在し，相互拘束の面で疑問があった模様である。

　審決が，競争の実質的制限との関連で，プールのメンバー内部において具体的に価格競争が阻害されている状況にあることを認定していることに対して，批判がある（山田ほか前掲座談会 10 頁（根岸哲，金子晃発言））。この点は，競争の実質的制限として，統合型（価格支配力）のほかに閉鎖型（競争を排除する力）を認めるかどうかに係わるが，公取委がこのような追加的事実を認定したのは本件だけである。

　また，排除措置として強制実施許諾を命じるべきであると意見もあったが，公取委は強制実施許諾を命じなくても新規参入排除の方針を破棄させれば競争は回復すると考えたようである（山田ほか前掲座談会 9 頁（山田発言））。

　法 23 条［現 21 条］との関係について，審決は特許権等の権利の正当な行為とは認められないと述べるのみである（なお，荒井登志夫「ぱちんこ機製造業者の私的独占事件」公正取引平成 9 年 10 月号 68 頁参照）。

(97) 公取委がぱちんこ機のパテント・プールによる排除行為を違法としたのを契機に，パチスロ機のパテント・プールに関しても民事訴訟が提起されたが，裁判所は独占禁止法違反を認定せず原告敗訴となった（㈱アルゼによる損害賠償請求事件，平成 15 年 6 月 4 日東京高裁判決）。

(98) エム・ディ・エス・ノーディオン・インコーポレイテッドに対する件，平成 10 年 9 月 3 日勧告審決，審決集 45 巻 148 頁。

(99) ㈱北海道新聞社に対する件，平成 12 年 2 月 28 日同意審決，審決集 46 巻 144 頁。

第 2 部　日本に求めているのは自由で開放された市場である　1989〜2000

たが，特許庁は登録を拒絶した⁽¹⁰⁰⁾。

　北海道新聞社は，「参入妨害の行為も意図もなかった」と終始一貫して強気の主張したが，同意審決の申し出にあたって，次のような見解を表明した⁽¹⁰¹⁾。

　「……一連の係争では，不本意ながら，言論機関として，公取委の立ち入り検査という公権力介入の事態を招き，また，函館地域で二つの「函館新聞」が併存して混乱を与えてきたことなど，読者の皆様にご心配，ご迷惑をおかけしてきたことについては反省し，おわび申し上げます。」(傍点筆者)

　ここには，公権力の介入を招いたことを遺憾としつつも，他の新聞社を排除しようとして言論の自由を北海道新聞社自ら抑圧したことに対する反省はみられなかった。

私的独占適用の現代的意義

　何故，この時期に私的独占事件が簇生したのであろうか？　これは経済社会の状況が変化したというより，公取委の法適用の方針が変化したからである。過去，不公正な取引方法該当とされた多くの事件で，行為者の市場における地位にかんがみれば，私的独占に該当するのではないかと指摘されてきた⁽¹⁰²⁾。

---

(100)　特許庁は，本願商標は商標法 4 条 1 項 7 号（公序良俗を害するおそれのある商標）に該当するとして，平成 9 年 10 月 8 日，拒絶査定を行い，同 11 年 3 月 10 日，審判請求不成立の審決を行った（北海道新聞社は審決取消訴訟を提起したが，同 11 年 10 月 1 日，訴訟と登録出願を取下げた）。公取委と特許庁は交互に手続を進めた（鈴木恭蔵「知的財産権の「権利の行使」の範囲と独占禁止法の適用について」特許研究 34 号（平成 14 年）54 頁の表参照）が，これは元特許庁長官の公取委委員が両官庁の連携を促した可能性がある。

(101)　平成 12 年 2 月 8 日付け北海道新聞「「函館新聞問題」同意審決申し出　本社の見解」。のちの同社『北の大地とともに──北海道新聞 70 年史』（平成 25 年）120 頁は，「日ごろの紙面で独禁法違反を厳しく批判してきた道新が独禁法に違反したことや，公取委によって認定された違反内容などに，読者からは道新批判の厳しい声が多数寄せられた」と記している。

　なお，函館新聞社は，損害賠償を求めて民法 709 条訴訟と法 25 条訴訟を提起したが，平成 18 年 10 月 24 日，北海道新聞社が 2 億 2 千万円を支払うこと等で和解が成立した。

(102)　その事例として，伊従寛＝矢部丈太郎編『独占禁止法の理論と実務』（平成 12 年）47 頁（平林英勝執筆）。たとえば，第 2 部の時期の例として，全国農業協同組合連合会に対する件（平成 2 年 2 月 20 日勧告審決，審決集 36 巻 53 頁）についての根岸哲「昭和 63 年度及び平成元年度審決総評」公正取引平成 2 年 10 月号 22 頁，横川和博「全農による段ボール取引の優越的地位の濫用」百選［第 5 版］203 頁の指摘参照。

しかし，公取委は，私的独占の実態があっても，排除措置が変わらないことや立証負担が軽いこともあって，不公正な取引方法を適用して慎重を期してきた。しかし，私的独占は罰則もあるより悪質な行為であって，これを不公正な取引方法と構成することは，当該事業者が有する市場支配力の存在を見逃がし，当該行為を不当に軽く評価することになる。私的独占の適用を回避するのは，独占禁止法の冬の時代の遺産というべきであろう（この点は，事業者団体の行為について，8条1項1号ではなく，同条同項3～5号を適用するのも同じ問題がある）。

独占禁止法の適用が本来の姿に戻るならば，私的独占の適用は自然な流れである。のみならず，私的独占の適用には，不公正な取引方法では捉えきれない支配・排除行為を捕捉できる，個々の不公正な取引方法の行為に分解しなくても一連の行為として全体を捉えることができる，といったメリットもある[103]。もちろん刑事告発も可能である[104]。

特に競争者排除行為を中心に私的独占を積極的に適用していくことには，次のような現代的意義があった。第1に，市場開放の観点から，輸入品や外国企業の参入を妨げる行為を排除する上で効果的であった[105]。第2に，規制緩和の促進の観点から，検査や入札といった公的制度を利用した競争制限行為を排除することは，競争原理の徹底という意義があった。第3に，技術革新を促進するという観点から，新技術・新製品を有する新規参入者への妨害行為を排除することは，経済が停滞するなかで市場の活性化につながることになった。

のみならず，競争者排除行為を規制することには，次のようなより深い意義がある。井上達夫らの法哲学者は，次のように述べる[106]。

> 「問題は，競争のありかた，その質なのだ。私たちが馴らされてきたのは，その都度与えられた同じ目標や範型に向かって，「右に倣え」，「遅れをとるな」，「追いつき追い越せ」とガンバリ，一億総何々式に動員される競争である。そのような競争をエミュレーション（emulation）と呼ぶことにしよう。これは，「模倣する，まねる」という意味の語からきている言葉である。……

---

(103) 泉水文雄「私的独占・企業結合の評価」経済法学会年報18号（平成9年）3頁は，私的独占のほうがより広範で多様な排除措置が可能であるとする。
(104) 公取委の当初の告発基準に明記されていなかったが，平成17年に新たに作成された告発方針が平成21年10月23日に改定され「私的独占」が明記された。
(105) 第3部において審決が行われたニプロ㈱に対する件（平成18年6月5日審判審決，審決集53巻195頁）も，輸入生地管を扱ったアンプル製造業者を排除しようとした事件であった。
(106) 井上達夫＝名和田是彦＝桂木隆夫『共生への冒険』（平成4年）17頁。

第 2 部　日本に求めているのは自由で開放された市場である　1989 ～ 2000

　我々は，エミュレーションとしての競争にかえて，言葉の本来の意味での競争，すなわち，コンペティション（competition）としての競争を提言したい。この意味での競争こそ「人間の豊かさ」をもたらすものである。これは，与えられた目標や範型の達成を競うのではなく，目標や範型そのものを，人々が「共に（con）」探し求める（petere）営みである。……
　コンペティションとしての競争が活発に行われ，あらゆる人の個性的な努力，好奇心に満ちた探究，創造的な提案，勇気ある試行錯誤が，相互に承認され，励まし合われるならば，日本社会は現在のディレンマ状況を脱し，《人間を豊かにする》システムが，拡大循環的に開花していくだろう。」

　井上らは，「達成型競争」と「探求型競争」を区別し，リベラルな多元的社会に適合的なものとして後者を重視する。これをわれわれの専門分野に引き寄せるなら，「探求型競争」とは，まさに新規参入者やアウトサイダーがもたらす競争のことであり，彼らに対する妨害を排除することは「探求型競争」を保護することになる。

　「探求型競争」によって技術や経営の革新が促され，新製品・新技術がもたらす消費者への恩恵は著しく大きなものとなる可能性がある。それ故に，競争政策は競争過程を保障することにより革新の効率性に最重点が置かれるべきであるとの見解がある[107]。そして，伝統的産業では「市場の中の競争（competition in the market）」が行われるのに対し，ハイテク産業では「市場を求める競争（competition for the market）」が行われ，そこでは競争者を排除する力の規制が独占禁止法の課題となるとされる[108]。

多様な不公正な取引方法の摘発——第 1 次マイクロソフト事件と資生堂事件

　第 2 部において摘発された不公正な取引方法事件には多様なものがあった。競争者排除型事件としては，単独または共同の取引拒絶事件[109]，第 1 次マイクロ

---

[107]　丹宗曉信『経済法』（平成 8 年）75 頁。経済学者からも，カルテルの規制と同じかそれ以上に参入促進が重要であると指摘された（平林英勝ほか「座談会　最近の独占禁止法違反をめぐって」公正取引平成 12 年 6 月号 14 頁（後藤晃発言））。
　　なお，独占禁止法が研究開発などシュムペーター流の動態的競争も対象とすることについては，稗貫俊文「技術革新・技術取引と独占禁止法」経済法学会年報 20 号（平成 11 年）4 頁。
[108]　武田邦宣「ハイテク産業における企業結合規制」阪大法学 54 号（平成 16 年）421 頁。
[109]　㈱サギサカに対する件，平成 12 年 5 月 16 日勧告審決，審決集 47 巻 267 頁，㈱上村開発ほか 16 名及び㈱ワキタに対する件，平成 12 年 10 月 31 日勧告審決，審決集 47 巻 317 頁。

第4章　法運用の改革とその展開

ソフト事件等の抱合わせ販売事件[110], 占有率（忠誠）リベート事件[111], 並行輸入の妨害に関する一連の事件[112]や生コンクリート業界のアウトサイダー排除に関する一連の事件[113], 事業者団体による種々の参入制限事件[114]があった。

再販売価格維持行為事件としては, 引き続き資生堂事件等の多数の事件があった[115]。その他, 不当な顧客誘引事件として, 証券業界の損失補填事件[116], 広告の表示価格の拘束[117]やノウハウ・ライセンス契約に伴う拘束[118]といった拘

---

[110] ㈱藤田屋に対する件, 平成4年2月28日審判審決, 審決集38巻41頁, マイクロソフト㈱に対する件, 平成10年12月14日勧告審決, 審決集45巻153頁など。

　　ただし, 前者のゲームソフト事件は, 在庫品を抱合せて消費者に不利益を与えたことが問題なのであるから, 優越的地位の濫用を適用すべきであったとの意見があった（地頭所五男ほか「座談会　最近の独占禁止法違反事件をめぐって」公正取引平成4年6月号37頁以下（金子晃, 今村成和発言）, 白石忠志「優越的地位の濫用と抱き合わせ」経済法学会年報40号（平成9年）148頁））。

[111] 山口県経済農業協同組合連合会に対する件, 平成9年8月6日勧告審決, 審決集44巻248頁。

[112] 星商事㈱に対する件, 平成8年3月22日勧告審決, 審決集42巻195頁, ㈱松尾楽器商会に対する件, 平成8年5月8日勧告審決, 審決集43巻204頁, ミツワ自動車㈱に対する件, 平成10年6月19日審判審決, 審決集45巻42頁, オートグラス東日本㈱に対する件, 平成12年2月2日勧告審決, 審決集46巻394頁（ただし, 輸入品を扱う業者の差別的取扱い）など。

[113] 神奈川生コンクリート協同組合に対する件, 平成2年2月15日勧告審決, 審決集36巻44頁, 三浦地区生コンクリート協同組合に対する件, 審決集38巻127頁, 滋賀県生コンクリート工業組合に対する件, 平成5年11月18日勧告審決, 審決集40巻171頁, 奈良県生コンクリート協同組合に対する件, 平成13年2月20日勧告審決, 審決集47巻359頁など。

[114] 仙台港輸入木材調整協議会に対する件, 平成3年1月16日勧告審決, 審決集37巻54頁, 東日本おしぼり協同組合に対する件, 平成7年4月24日勧告審決, 審決集42巻119頁, ㈳観音寺市三豊郡医師会に対する件, 平成11年10月26日審判審決, 審決集46巻73頁, 平成13年2月16日東京高裁判決, 審決集47巻545頁など。

[115] アルパイン㈱に対する件, 平成3年4月25日勧告審決, 審決集38巻60頁および平成13年1月23日勧告審決, 審決集47巻336頁, エーザイ㈱に対する件, 平成3年8月5日勧告審決, 審決集38巻70頁, 理想科学工業㈱に対する件, 平成5年6月10日勧告審決, 審決集40巻100頁, 佐藤製薬㈱に対する件, 平成5年6月29日勧告審決, 審決集40巻105頁, ㈱資生堂に対する件, 平成7年11月30日同意審決, 審決集42巻97頁, ハーゲンダッツジャパン㈱に対する件, 平成9年4月25日勧告審決, 審決集44巻230頁, エヌ・ティ・ティ移動通信㈱に対する件, 平成9年12月16日勧告審決, 審決集44巻294頁, ナイキジャパン㈱に対する件, 平成10年7月28日勧告審決, 審決集45巻130頁, 日本ハム㈱に対する件, 平成11年2月24日勧告審決, 審決集45巻191頁, 日本移動通信㈱に対する件, 平成11年12月22日勧告審決, 審決集46巻358頁。

[116] 野村證券㈱平成3年12月2日勧告審決, 審決集38巻134頁など。

[117] 松下エレクトロニクス㈱に対する件, 平成5年3月8日勧告審決, 審決集39巻236頁など。

339

第2部　日本に求めているのは自由で開放された市場である　1989～2000

束条件付取引事件，全農(119)やローソン(120)による優越的地位の濫用に係る事件があった。

ここでは，抱合わせ販売に係る第1次マイクロソフト事件および再販売価格維持行為に係る資生堂事件を紹介しよう。

第1次マイクロソフト事件とは，米国マイクロソフト社の子会社である日本法人のマイクロソフト社が，パソコン・メーカーに対し，表計算ソフト市場において有力な「エクセル」にワープロソフトの「ワード」を併せてパソコン本体に搭載または同梱して出荷するする権利を許諾し，さらにこれらに併せてスケジュール管理ソフトの「アウトルック」を搭載または同梱する権利を許諾し，その結果，「ワード」および「アウトルック」の市場占拠率がそれぞれ第1位となったというものである（一般指定10項該当）(121)。

この当時，米国司法省は，パソコン基本ソフト市場において世界で95％以上のシェアを有する巨人マイクロソフト社と四つに組み，同社の種々の独占行為や抱き合わせ行為に対しシャーマン法違反の訴えを提起していた(122)。わが国の公取委の取組みは，スケールは小さいが，米国の動きと連動していたということができる。

公取委がハイテク産業に取り組んだ最初の事件であった。公取委は，マイクロソフト社に対し，パソコン・メーカーから単品での購入が可能なように契約変更の申し出があったときは応じなければならないことを命じた(123)が，ワープロソ

---

(118)　旭電化工業㈱に対する件，平成7年10月13日勧告審決，審決集42巻163頁など。
(119)　全国農業協同組合連合会に対する件，平成2年2月20日勧告審決，審決集36巻53頁。
(120)　㈱ローソンに対する件，平成10年7月30日勧告審決，審決集45巻136頁。
(121)　審決に市場占拠率が記載されていないが，私的独占の可能性があったかもしれない。
(122)　この訴訟は「世紀の独禁法裁判」といわれたが，平成12年6月7日のコロンビア地区連邦地裁判決は，マイクロソフトの基本ソフト部門と応用ソフト部門の垂直分割を命じて世界を驚かせた（滝川敏明「不当な排他行為を繰り返す独占企業を分割すべきか」ジュリスト1186号（平成12年）127頁，佐藤一雄「マイクロソフト社の反トラスト法違反事件の行方」『筑波大学大学院企業法学専攻十周年記念論文集』（平成13年）323頁など）。しかし，平成13年6月28日のコロンビア地区巡回連邦控訴裁判決はこの部分を取り消して連邦地裁に差戻し，さらに平成14年11月1日の同地裁の同意判決によって本件は事実上決着した（根岸哲「マイクロソフト事件──独禁法適用の適切性・有効性」公正取引627号（平成15年）38頁など）。
(123)　これは，取引命令ないし知的財産権の強制ライセンスを命じたものと注目された（白石忠志「マイクロソフトに対する日本独禁法での勧告審決・警告の理論的示唆」ジュリスト1150号（平成11年）103頁）。しかし，公取委はその後このような命令を出したことがない。

第4章 法運用の改革とその展開

フトの「一太郎」等は既に市場から駆逐され，審決による市場の変化はなかった模様である(124)。ハイテク産業においては市場が急速に変化することを認識し迅速に措置をとるべきことが教訓となった。

また，公取委は，米国および日本のマイクロソフト社に対し，パソコン・メーカーやインターネット接続事業者に働きかけて競合ブラウザーを排除しようとしたとして警告を行った(125)。これは米国の訴訟でも問題となっていた行為であるが，米国本社の法務担当者は，「反トラスト法（米国独禁法）よりも厳密な日本の独禁法で違法性が認められなかったのは，大きなニュース。勇気づけられた」（傍点筆者）とコメントした(126)。警告が外国企業にはまったく通用しないことを如実に示す例である。

資生堂事件とは，化粧品の指定再販の縮小に伴いなどを契機に，大手量販店（ダイエーとジャスコとみられる）が非再販商品の希望小売価格からの割引販売を企図したところ，資生堂は，その申し入れを断り，サンプル提供や販売促進の支援を申し出る代わりに割引販売をしないよう要請したため，大手量販店も資生堂から商品の円滑な供給が得られないことを懸念し，割引販売をとりやめたというものである。加えて，資生堂は，生活協同組合に対して再販商品について再販契約が締結できない（法24条の2・5項）にもかかわらず，19の生協と事実上再販契約を締結し，再販価格での販売を実施させていた。資生堂は公取委の勧告を拒否し，審判開始決定が行われたが，第1回審判前に資生堂は同意審決の申し出を行い，本件は同意審決で決着した。

本件で驚くべきことは資生堂のブランド力の強さである。大手量販店といえども，割引販売を自主的に行えず，資生堂の許諾を求めているのであるし，生協も適用除外団体であるにもかかわらず，再販契約の締結を受け入れてまで，資生堂商品を求めたのである。資生堂の価格維持への執念にもすさまじいものがある。資生堂が小売業者は「資生堂が定めた価格で販売して適正利潤を確保すべきであるとの販売理念」を有していることは審決にも記載されているが，大手量販店が割引販売を開始すれば市場は一気に値崩れするとの危機感を抱いて本件行為に及

(124) 楠茂樹「応用ソフトどうしの抱き合わせ」ジュリスト1161号（平成11年）187頁，酒井享平「抱合せ販売に対する排除措置」経済法判例・審決百選・203頁。
(125) 坂本耕造＝五十嵐収「マイクロソフト株式会社による独占禁止法違反事件について」公正取引平成11年2月号52頁，小畑徳彦「マイクロソフトによる独占禁止法違反事件」NBL663号（平成11年）31頁。公取委が警告にとどめたのは，証拠不十分やマイクロソフトが既に問題の契約を破棄したことが理由とされている。
(126) 平成10年11月24日付け日経産業新聞記事「契約に違法性はない」。

341

んだとみられる。

　とはいえ，大手量販店が利益提供を受けてあるいは供給拒絶を懸念して，割引販売をとりやめたというのは消費者に対する裏切り行為である。メーカーに対して組合員のために対抗力を発揮すべき生協が脱法行為をやすやすと受け入れたというのも信じ難い。わが国において消費者がいかに無力であるかを思い知らせる事件であった。

　公取委の勧告を契機に，ジャスコは化粧品の値下げを発表し，他の大手量販店や有力ドラッグストアも追随し，値下げが広がっていく[127]。これまで，化粧品については，指定再販制度やメーカーの価格政策もあって，多数のチェーン店が存在し，流通革命は遅れ，内外価格差が生じていた[128]。メーカーは流通経路別にブランドを再編し，高級品については対面販売によって価格を維持していく[129]。対面販売をめぐっては，既に割引販売業者とメーカーとの間で民事訴訟が始まっていたが，この点については後述する（本章5参照）。

5　独占禁止民事訴訟の胎動

私人による独占禁止法の実現

　裁判所は，独占禁止法の民事訴訟に対して，冷淡であった。損害賠償請求について，最高裁は，25条訴訟を「排除措置と相俟って同法違反の抑止的効果を挙げようとする目的に出た付随的制度に過ぎないもの」と位置付けていた[130]し，消費者が提起した民法709条訴訟において，カルテルと損害との因果関係や損害額について厳格な立証を求めた（上巻・492頁，第2部第1章4参照）りした。

　独占禁止法違反の法律行為の効力についても，最高裁は，昭和52年（1977）に，次のように述べた[131]。

---

[127]　平成7年6月27日付け日経産業新聞記事「堰切った化粧品値引き」。

[128]　口紅および香水の平成4〜6年度のわが国における価格は，米国および欧州と比較して約1.5倍になっている（平成8年2月10日付け日本経済新聞記事「価格"厚塗り"」）。内外価格差の原因として，後述する対面販売義務によって美容部員の人件費がかかっていることや薬事法の規制によって並行輸入が困難となっていることもあった。

[129]　公取委の調査によると，対面販売品についても大手量販店等が顧客や期間限定で割引販売を行っているが，市場全体では一部にとどまっている（公取委審査局「カウンセリング化粧品の販売状況の調査結果について」公正取引平成11年8月号64頁）。

[130]　エビス企業食品組合事件，昭和47年11月16日判決，審決集19巻215頁，鶴岡灯油事件（平成元年12月8日判決，審決集36巻115頁）。

[131]　岐阜商工信用組合事件，昭和52年6月20日判決，審決集24巻291頁。

第4章　法運用の改革とその展開

「ところで，独禁法19条に違反した契約の私法上の効力については，その契約が公序良俗に反するとされるような場合は格別として，上告人のいうように同条が強行法規であるからとの理由で直ちに無効であると解すべきではない。けだし，……同法20条は，専門機関である公正取引委員会をして，取引行為につき同法19条違反の事実の有無及びその違法性の程度を判定し，その違法状態の具体的かつ妥当な収拾，排除を図るに適した勧告，差止命令を出すなど弾力的な措置をとらしめることによって，同法の目的を達成することを予定しているのであるから，……不公正な取引方法による行為の私法上の効力についてこれを直ちに無効とすることは同法の目的に合致するとはいい難いからである。」(傍点筆者)

　専門行政機関である公取委が違反行為を排除すれば独占禁止法の公益的な目的は達成されるのであるから，それが公序良俗違反となる場合は別として，私法上無効とする必要はないというのである。そこに，被害者の救済を通じて私法の面からも独占禁止法の実現[132]を支援するという発想はみられない。伝統的な公法・私法峻別論といえるが，停滞期の独占禁止法の姿が——周回遅れのかたちで！——裁判所にも反映されたとみることができる[133]。

　日米構造問題協議以降，公取委が独占禁止民事訴訟へ積極的に関与する方針を明らかにするとともに，裁判所の対応にも変化がみられるようになった。そうして，それまで散発的にしかみられなかった独占禁止民事訴訟が，平成に入ってから多様な領域で数多く提起されることになる[134]。

　損害賠償請求については，平成8年(1996)に全面改正された新民事訴訟法に

---

(132)　公取委は独占禁止法を執行するが，私人は法それ自体を執行するのではなく，独占禁止法を用いて私法上の権利を行使する結果，法が実現される。そこで，本書において，私人については法の「実現」ということにする。

(133)　独占禁止法違反の法律行為の効力については，同法制定当初は無効説がとられていたが，昭和28年改正後に有効説が登場し，その後，契約の履行段階に応じて区別する制限的(相対的)無効説が有力となっていた。本判決についてはさまざまな見方があるが，有効説をとったとみられる。本件は，原告㈱宮川が被告岐阜商工信用組合から融資を受けるにあたり，十分な物的・時的担保を提供したにもかかわらず，総貸付額の約52％に相当する両建預金(拘束預金)をさせられたという事案で，最高裁は被告の優越的地位の濫用による19条違反を認定しつつも，公序良俗違反を認めることなく，実質金利が利息制限法上の制限利息を超える部分を一部無効として是正するのが相当と判断した。

(134)　根岸哲「民法と独占禁止法(上)」法曹時報46巻1号(平成6年)1頁。独占禁止民事訴訟の概観として，厚谷襄児「競争秩序と民事法をめぐる諸問題」日本経済法学会年報19号(平成10年)1頁，岡田外司博「競争政策と民事法」同74頁，泉水文雄「独占禁止法と損害賠償」民商法雑誌124巻4・5号(平成13年)527頁，丹宗＝岸井編『独占禁止手続法』(平成14年)174頁(内田耕作執筆)がある。

第 2 部　日本に求めているのは自由で開放された市場である　1989 ～ 2000

損害額の認定に関する 248 条の規定が導入された効果が大きい[135]。同条は，損害の発生が認められても損害の性質上損害額の立証が極めて困難な場合に，裁判所が相当な損害額を認定することができることを可能にする規定であるが，立法にあたっては鶴岡灯油裁判最高裁判決も重要な事例として念頭に置かれていたことは明らかである[136]。裁判所は，248 条を入札談合事件について積極的に適用して損害額を認定した。全国市民オンブズマン連絡会議の要請を受けて地元のオンブズマンが提起した奈良県水道計装工事住民訴訟判決[137]を皮切りに，原告勝訴判決が相次ぐことになる[138]。

　法律行為の効力についても，学説に変化が見られるようになった[139]。そして，下級審の判例は，独占禁止法違反を認定しても公序良俗に反しないと判断する——前記岐阜商工信用組合事件最高裁判決のような——事例はほとんどなく[140]，同法違反を認定する——「同法の法意にもとる」等の判断を含めて——以上，公序良俗に反して無効であると判示している。たとえば，東京高裁は，平成 9 年（1997）に次のように述べた[141]。

---

[135]　民事訴訟法 248 条に関して，民事訴訟法の立場からの文献は多いが，独占禁止法の立場からのものとして，白石忠志「独禁法関係事件と損害額の認定」日本経済法学会年報 19 号（平成 10 年）123 頁，谷原修身『独占禁止法と民事的救済制度』（平成 15 年）265 頁がある。

[136]　竹下守夫編集代表『研究会新民事訴訟法——立法・解釈・運用』（平成 11 年）319 頁（柳田幸三法務省官房参事官発言）。独占禁止法違反による損害は，違反行為がなかった場合との比較となる（差額説）が，違反行為がなかった場合の価格等の仮定的事実の立証は通常困難である。

[137]　平成 11 年 10 月 20 日奈良地裁判決（契約価格の 5％の損害額を認定），平成 13 年 3 月 8 日大阪高裁判決，審決集 47 巻 748 頁（原判決の損害額の認定を支持）。

[138]　谷原前掲注(135) 271 頁。なお，入札談合事件以外の損害賠償請求での原告勝訴の主な事例として，東芝エレベーター事件（平成 2 年 3 月 28 日大阪地裁判決（甲事件），審決集 37 巻 185 頁，同 7 月 30 日同判決（乙事件），審決集同巻 195 頁，平成 5 年 7 月 30 日大阪高裁判決，審決集 40 巻 651 頁），日本遊戯銃協同組合事件（平成 9 年 4 月 9 日東京地裁判決，審決集 44 巻 635 頁））がある。

[139]　経済法学説は，原則無効説（個別的解決説）が有力になった（実方謙二『独占禁止法［初版］』（昭和 62 年）390 頁，経済法学会編『独占禁止法講座Ⅶ』（平成元年）44 頁（高津幸一執筆），根岸哲前掲注(134) 15 頁）。民法学説でも，市場の確保，競争の維持という価値を私法においても可能な限り擁護すべきであるとの有力な主張が現れ，注目された（大村敦志「取引と公序（下）」ジュリスト 1025 号（平成 5 年）68 頁）。

[140]　ただし，河内屋対資生堂事件東京地裁判決（平成 12 年 6 月 30 日，金融・商事判例 1118 号 43 頁）は，独占禁止法違反を認定しつつ，信頼関係の破綻を理由に特約店契約の解約を無効としなかった。

[141]　江川対花王事件東京高裁判決（平成 9 年 7 月 31 日，審決集 44 巻 710 頁）（ただし，

第4章　法運用の改革とその展開

「独禁法に違反する私法上の行為の効力は，強行法規違反の故に直ちに無効となるとはいえないが，違反行為の目的，その態様，違法性の強弱，その明確性の程度等に照らし，当該行為を有効として独禁法に規定する措置に委ねたのでは，その目的が充分に達せられない場合には，公序良俗に違反するものとして民法90条により無効となるものと解される。」(傍点筆者)

ここからは，裁判所も公取委の措置を補完して独占禁止法の目的を達成しようとの姿勢をみることができる。のみならず，それ自体は独占禁止法違反ではない，入札談合に基づく発注者との契約も，入札談合の悪質性や密接不可分性にかんがみ，無効とするようになっていく(142)。

独占禁止法違反をした会社に対する株主代表訴訟も提起されるようになった。株主側敗訴となったが証券会社の損失補填事件に係る訴訟(143)や，株主側実質勝訴となった入札談合事件に係る訴訟(144)があった。

こうして，独占禁止民事訴訟の胎動が始まった。

化粧品の割引販売をめぐる民事訴訟——対面販売義務は合理的か？

独占禁止民事訴訟に化粧品のメーカーと特約店との間の一群の訴訟があった(145)。割引販売をめぐる紛争であって，化粧品業界における流通革命の動き——化粧品の特殊性とメーカーの抵抗により不徹底に終わるが——を反映したものといえる。

化粧品は，メーカーが系列の小売業者に対面販売（カウンセリング販売）を義務付けて販売させる高級品（いわゆる制度品）と，問屋を通ずる流通ルートに乗せて販売する一般品（セルフ品）がある。公取委の流通・取引ガイドラインは，

　　　本件は独占禁止法違反を認定したわけではなく，引用部分は傍論である）。
(142) 不当利得返還請求をめぐるシール入札談合事件，平成13年2月8日東京高裁判決，審決集47巻690頁，陸上自衛隊発注乾電池入札談合事件，平成22年6月23日東京地裁判決，審決集57巻第2分冊395頁，防衛庁石油製品入札談合事件（平成23年6月27日東京地裁判決，審決集58巻第2分冊395頁。
(143) 野村証券事件，平成5年9月16日東京地裁判決，審決集40巻667頁，同7年9月26日東京高裁判決，審決集42巻481頁，平成12年7月7日最高裁判決，最高裁民事判例集54巻6号1767頁。
(144) 日立製作所の株主らは，下水道事業団入札談合事件において会社に侵害を与えたとして株主代表訴訟を提起したが，平成11年12月21日，当時の担当取締役が1億円を支払い，同社は社長を委員長とする独占禁止法遵守委員会を設置する等を条件に和解した（平成11年12月21日付け日本経済新聞記事「元専務，1億円返還へ」）。
(145) 五十年史上巻・527頁に平成7年頃までの訴訟の事例が掲載されている。

第2部　日本に求めているのは自由で開放された市場である　1989〜2000

対面販売義務のような小売業者の販売方法の制限は，それを手段として販売価格を制限している場合に違法となるとしている（第2部第二・5 (2)）。したがって，問題は対面販売の義務付けに合理性があるかどうかであり，合理性がなければ対面販売義務は——美容部員の人件費の負担などで廉売をしにくくするから——価格維持目的で行われているとの可能性が高まることになる。公取委は，前記資生堂再販事件においても，対面販売義務の問題も視野に入れて審査をしたが，証拠不十分として措置をとらなかった[146]。対面販売の問題は，民事訴訟で激しく争われることになる。

この民事訴訟の代表的なものとして，富士喜対資生堂事件と江川企画対花王事件があったが，前者についてみることにしよう。富士喜は資生堂化粧品を職域販売（職場にカタログを配布し電話やFAXによってまとめて注文を受けて商品を配達する）によって定価の2割引きで販売していたが，資生堂は富士喜が対面販売を行っていなかったとして特約店契約を解約した[147]。富士喜は，この解約を無効として争ったが，東京地裁と東京高裁の判断が分かれ[148]，化粧品の安売りをめぐる問題としてマスメディアの関心を集めた。平成10年（1998）12月，最高裁は，次のように述べて，富士喜の上告を棄却した[149]。

「……本件特約店契約において，特約に義務付けられた対面販売は，化粧品の説明を行ったり，その選択や使用方法について顧客の相談に応ずる（少なくとも常に顧客の求めにより説明・相談に応じ得る態勢を整えておく）という付加価値を付けて化粧品を販売する方法であって，被上告人が右販売方法を採る理由は，これによって，最適な条件で化粧品を使用して美容効果を高めたいとの顧客の要求に応え，あるいは肌荒れ等の皮膚のトラブルを防ぐ配慮をすることによって，顧客に満足感を与え，他の商品とは区別された資生堂化粧品に対する顧客の信頼（いわゆるブランドイメー

---

[146]　平成7年6月22日付け日経産業新聞記事「公取委，資生堂に排除勧告」（石井彰慈担当審査長発言）。化粧品の安売りをめぐる公取委や裁判所の一連の経緯については，平成7年10月5日付け日経流通新聞記事「化粧品の安売りを巡るこれまでの動き」参照。

[147]　富士喜は公取委に申告したが，公取委は平成3年5月に資生堂の価格維持行為は認められないとして審査を打ち切っていた。

[148]　平成5年9月27日東京地裁判決，審決集40巻683頁（請求一部認容），平成6年9月14日東京高裁判決，審決集41巻473頁（原判決取消し）。江川企画対花王事件も，判断が分かれた（平成6年7月18日東京地裁判決（請求一部認容），審決集41巻441頁，平成9年7月31日東京高裁判決，審決集44巻710頁（原判決取消し））。

[149]　平成10年12月18日最高裁判決，審決集45巻455頁。なお，江川企画対花王事件についても同日最高裁判決（審決集45巻461頁）が下され，本件では特約店の卸売販売の禁止義務も争点となったが，対面販売義務に必然的に伴う義務として容認された。

ジ）を保持しようとするところにあると解されるところ，化粧品という特性にかんがみれば，顧客の信頼を保持することが化粧品市場における競争力に影響することは自明のことであるから，被上告人が対面販売という販売方法を採ることにはそ・れ・な・り・の・合・理・性・があると考えられる。」(傍点筆者)

対面販売義務の合理性については，肯定説・否定説があった[(150)]が，最高裁は一応肯定説をとった。とはいえ，女性経済法研究者からは，最高裁の判示に対して，次のような疑問が提起された[(151)]。すなわち，販売員等が皮膚トラブルに関して高度かつ精密な測定や判定をしているわけではなく安全性は薬事法によって担保されている，初回の購入には対面説明を望む消費者がいるとしても二度目以降は不要である，美容効果を高める化粧品の使用方法については説明販売よりも女性向け雑誌が大量に情報を提供している，と。

最高裁は，メーカーの販売政策や販売方法の選択の自由を尊重し，対面販売にそれなりの合理性があればあとは市場における決定に委ねるとしたが，例外的に違法となる場合がありうることを否定しなかった[(152)]。江川企画対花王事件東京高裁判決は，対面販売が強い価格安定効果を有することから有力なメーカーがこぞってこれを採用するような場合には，一応の合理性では足りないと述べていたくらいであった[(153)]。とはいえ，原告がこの点について主張立証をしなかったこともあって，この問題について言及することなく最高裁の判断が確定した。公取委は一貫して対面販売義務を問題視しない態度をとったが，結論はともかく専門機関として経済実態調査を行い，詳細な市場分析を行った上で評価を下すべきであったと考える[(154)]。

---

(150) 肯定説としては，両事件の前記高裁判決，川越憲治「対面販売の約定と独占禁止法」ジュリスト1053号（平成6年）53頁，長谷川古「対面販売の義務付けと独占禁止法」国際商業平成7年1月号48頁，村上政博「化粧品流通をめぐる独占禁止法違反事件の分析(1)」NBL577号（平成7年）11頁など。

否定説としては，両事件の前記地裁判決，実方謙二「対面説明販売義務と再販売価格維持」国際商業平成7年1月号44頁，向田直範「安売り店への出荷停止・制限は合法か」国際商業平成6年1月号58頁など。

(151) 中川寛子「化粧品の対面販売と独占禁止法」ジュリスト1154号（平成11年）95頁。
(152) 最高裁は，公取委の流通・取引慣行ガイドラインに従い，販売方法の制限が「それなりの合理的理由」がありかつ「他の取引先にも同等の制限」が課されている場合には，「それ自体としては」公正な競争秩序に悪影響を及ぼすおそれはないとしている。
(153) 傍論ではあるが，そのような場合には価格安定効果を凌駕する「客観的かつ相当な合理性」が必要であるとする。
(154) 『最高裁判所判例解説平成10年度民事篇（下）』1013頁（小野憲一調査官解説）参照。なお，佐藤一雄「資生堂東京販売事件判決と流通・取引慣行ガイドラインおよび経済分

第2部　日本に求めているのは自由で開放された市場である　1989〜2000

化粧品の対面販売はわが国独特の販売方法である。とはいえ，一定の消費者の支持を得ているのであろう，現在わが国のメーカーは世界各地で対面販売を展開しているという[155]。

差止請求訴訟の導入——公取委中心主義の修正

この度も，改革の発信は——持株会社の禁止の緩和に次いで——通産省からやってきた。通産省は，平成9年（1997）9月，産業政策局長の私的研究会である企業法制研究会（松下満雄座長）において不公正な競争行為に対する民事的救済制度について検討を開始し，同年12月，政府は「経済構造の変革と創造のための行動計画（第1回フォローアップ）」（12月24日閣議決定）に「民事的救済制度の整備について検討を行う」ことを盛り込んだ[156]。これを受けて，公取委も，翌同10年（1998）3月，「独占禁止法違反行為に係る民事的救済制度の整備に係る研究会」（古城誠座長）設置し並行して検討を進めた。

先行した通産省の研究会は，平成10年（1998）6月，報告書をとりまとめ，差止請求制度の導入を提言した[157]。何故，民事的救済かといえば，規制緩和の進展に伴い，行政による秩序形成から自己責任を前提とした公正な紛争処理システムの確立が必要であるが，不透明な民間慣行——いわゆる民々規制など——を公取委では処理しきれず，私人による紛争解決のニーズが存在するからというものであった。報告書は，差止請求の対象となる「不公正な競争行為」を独占禁止法の違法類型と同一にするのか，私人の利益救済の観点から個別に抽出するのか，そしてその受け皿を独占禁止法とするのか，不正競争防止法とするのか，それとも新規立法によるのか，結論を示さなかった。

公取委の研究会は，中間報告のとりまとめを経て，平成11年（1999）10月，

　　　析との関係（上）（下）」NBL544号8頁・546号32頁（平成6年）は，資生堂の価格支配力が相当強いことを指摘しつつ，販売方法がもつ価格維持等の市場全体への影響について経済分析を行うべきであるとする。
(155)　平成26年12月18日付け朝日新聞記事「化粧のワザ伝えて80年」。
(156)　東出浩一編『独占禁止法違反行為と民事的救済制度』別冊NBL55号（平成12年）193頁，同編著『独禁法違反と民事訴訟』（平成13年）19頁。差止請求制度の導入の経緯は，谷原修身『独占禁止法と民事的救済制度』（平成15年）117頁が詳しい。
(157)　通産省・企業法制研究会報告書『不公正な競争行為に対する民事的救済制度のあり方』別冊NBL49号要約1頁（平成10年）。本報告書に先立つ通産省系の研究として，民事的救済制度研究会＝松下満雄編『不公正な競争行為と民事的救済』別冊NBL43号（平成9年），松下満雄＝知的財産研究所編『競争環境整備のための民事的救済』（平成9年）があった。

第4章　法運用の改革とその展開

最終的な報告書(158)を公表した。報告書は，まず，被害者の救済を充実させるより公取委の審査体制を強化すべきではないかとの意見に対し，「公正取引委員会は，公正かつ自由な競争の確保を主眼として法運用を行っており，被害者の救済の観点からは必ずしも万全の対応が採られるとは限らない面がある」と述べて，民事的救済制度の充実を求めた。公取委がいかに審査体制を強化したところで，事件の審査を行って法的措置をとるのは多数の申告のうち僅かな部分にすぎないことは自明のことであった(159)。

それでは，私人による差止請求権をどう構成するのか？　これには，公正取引委員会による執行を補完する制度と位置付けるか（以下「公益的構成」という。），それとも私人の被害に対する民事的救済手段として位置づけるか（以下「私益的構成」という。），という二つの基本的な考え方があった(160)。研究会は，次のように答えた(161)。

　「前者の考え方［公益的構成—筆者注］については，何人も独占禁止法違反行為を差し止めることができるようにしようとすれば，自らの利益が侵害されたか否かにかかわりなく，私人に民事法上の権利を与えることができるかという問題がある。また，……同法は公正かつ自由な競争秩序という公益の実現を目的とする法律であるので，同法違反行為の排除による公益の実現を私人にゆだねるという制度が，公益の実現を行政に行わせることを原則としている現在の我が国の法体系になじむかという問題がある。……

　後者の考え方［私益的構成—筆者注］については，独占禁止法が公益の実現を目的とする法律であることから，同法違反行為が私人の利益（私益）も侵害するもの

---

(158) 研究会の報告書「独占禁止法違反行為に係る民事的救済制度の整備について」は，東出前掲注(156)別冊NBL55号27頁に収載されている。なお，報告書は，市場における競争に与える影響を判断基準としていない不正競争防止法によって，独占禁止法違反の差止請求制度を整備するのは適当でないとした（受け皿は独占禁止法）。
(159) 平成12年度に申告は2,878件あったが，同年度中に審査を行い処理したのは74件であり，勧告を行ったのは18件であった（平成12年度・公取委年次報告29・26頁。ただし，申告の半数くらいは不当廉売事案であろう）。民事的救済制度を公取委の「過小執行」を防止する方策とみる見解として，上杉秋則ほか『21世紀の競争政策』（平成12年）299頁（栗田誠執筆）。
(160) 厚谷襄児「競争秩序と民事法をめぐる諸問題」日本経済法学会年報19号（平成10年）18頁。私益的構成に対する批判として，石川正「独禁法違反行為に対する差止訴訟におけるいくつかの基本問題」原井龍一郎先生古稀祝賀『改革期の民事手続法』（平成12年）20頁，支持する見解として，川越憲治「改正独占禁止法における差止請求権」公正取引平成12年7月号34頁。
(161) 東出前掲注(156)別冊NBL55号31頁。

であるかどうかが問題となる。この点については，独占禁止法第25条が私的独占等による被害について無過失損害賠償責任を規定していることから明らかなように，同法違反行為によって私益が損なわれることがあることが想定されている。

　したがって，私人の差止請求権については，私人の被害に対する民事的救済手段として構成することが適当である。」（傍点筆者）

　こうして，差止請求制度は私益的構成が採られることになった。公益と私益を対立させる考え方に対して，根岸哲は「本来公益と私益とは連続しているし，非常に密接な関係がある」，「公益を実現することによって私益の保護が図れる，あるいは，私益を実現することによって公益の保護が図れるということはどのような法律でも十分ありうること」と説いた[162]。

　差止請求制度を導入する独占禁止法改正案は，平成12年（2000）3月21日に国会に提出され，同年5月12日に全会一致で可決成立した[163]。新・法24条は，①差止請求の対象となる違反行為を不公正な取引方法に限定し，②差止請求が認められる利益侵害の程度として「著しい損害」を要件としたが，これらの点について多くの学説から批判されることになった。

　①について，研究会の報告書は，不公正な取引方法を差止の対象とすることを基本的に適当としつつ，私的独占，不当な取引制限，事業者団体の禁止行為については，「公益に対する侵害の排除という面を重視し」，公取委にゆだねるのが適当であるとの考え方もあるとして，今後の検討課題とした（企業結合については，私人の差止請求の対象とするのは適当でないとされた）[164]。不公正な取引方法のみを対象としたことについて，公取委の立法担当者は「制度としてスムーズに導入されることが非常に重要である」と考えた[165]としており，私的独占等への導入に強く反対していた経団連に一定の配慮をしたのではないかと推測されている[166]。

---

(162)　山田昭雄ほか「座談会　民事的救済制度の整備について」公正取引平成12年7月号11頁（根岸発言）。公取委関係者には独占禁止法は公益実現の法であるとのこだわりが強かったのであろう，私人の差止請求制度を独占禁止法とは別の単独法に規定するか公取委内に相当の議論があったという（同11頁，山田発言）。

(163)　この改正法は，同時に自然独占に固有な行為に関する適用除外（旧21条）を削除し，無過失損害賠償責任（25条）の対象に6条または8条1項の規定違反を加えるものでもあった。

(164)　東出前掲注(156) NBL55号44頁。

(165)　山田ほか前掲注(162) 14頁（山田発言），東出浩一「民事的救済制度の整備に係る独占禁止法の改正」公正取引平成12年7月号28頁。

(166)　白石忠志「差止請求制度を導入する独禁法改正（下）」NBL696号（平成12年）48頁。

②について，研究会の報告書は，「一般に，差止めを認容するには，損害賠償を認容する場合よりも高度の違法性を要すると解されて」いるとして，いわゆる違法性段階に立ちつつも，差止請求の要件として具体的に示さなかった。立法過程で「著しい損害」という要件が加わったのは，担当者によれば，金銭賠償を原則とする民事法の原則[167]の例外であり，不正競争防止法——同法3条1項に「著しい」の要件はない——上の「不正競争」は悪性の強い行為であるから相当な被害が想定されるが，不公正な取引方法の場合は不特定の多数の者に被害を与えることがあり小さな被害を受けた場合にまで広げるのは適当でない，と判断された模様である[168]。

差止請求制度は，独占禁止法関係者の大きな期待を集めて施行された。経済法学者村上政博は，差止請求制度の導入により，独占禁止法の施行体制に公取委・検察庁のほかに裁判所・弁護士も加わることによって独占禁止法の実効性が高まること，行政指導等により判・審決によるルール形成が進まなかったが，裁判所によって独占禁止法のルール形成の透明性が高まること，を指摘した[169]。

差止請求制度は，私人による独占禁止法の実現の選択肢を増やしたという意味で画期的な出来事であった。のみならず，従来，公取委を中心に組み立てられてきた独占禁止法の執行・実現の体系に公取委が関与しなくても実現するルートが設けられたが，これは「公取委中心主義」の修正でもあった。古城誠は，公取委と裁判所が「良いライバル関係」となることを期待し，根岸哲は，裁判所が独占禁止法について知識・経験を積むことは，公取委が日本の司法制度のなかでルールを形成していることを示すことになり，「独占禁止法自体そして公正取引委員会の活動自体に対する信頼を大きく増す」と評価した[170]。

　　経団連が反対する理由は，研究会報告書に対するパブリック・コメントによれば，私的独占等は競争の実質的制限を要件としていることから，公取委が専門的判断することが最も適当な行為類型であり，かつ不特定多数が訴権者となることが多く濫訴の危険も高い，というものであった（平成11年11月22日，経団連経済法規委員会，経団連HP）。
(167)　民事法が金銭賠償を原則としたのは，「貨幣経済・商品経済の浸透した現代社会において合理的である，という考え方に基づく」とされる（幾代通著徳本伸一補訂『不法行為法』（平成5年）287頁）。差止めの範囲を狭くしたことは企業活動の制約を少なくし，資本主義の発展を促すのに好都合であったと考えられる。
(168)　山田ほか前掲注(162) 16頁（山田発言）。
(169)　村上政博「改正独禁法　司法の重責」平成12年6月14日付け読売新聞。石川前掲注(160) 44頁は，日本の独禁法が「公取法」から「真の法律的独禁法」となることを期待している。
(170)　山田ほか前掲注(162) 21頁（古城発言），22頁（根岸発言）。

第 2 部　日本に求めているのは自由で開放された市場である　1989 〜 2000

　歴史的にみれば，公取委という専門機関を設置し公取委中心主義を採ったのは公取委のリーダーシップにより独占禁止法をわが国に定着させようとした（上巻・153 頁参照）ことにあるから，このようなかたちで公取委中心主義が修正されるのは独占禁止法が発展していく上で必然的なことであり，公取委にとっても歓迎すべきことであった。

　とはいえ，私人による差止請求制度は，施行後 10 年以上を経過しても，期待したような成果を挙げなかった。これまでに多数の差止請求訴訟が提起されている[171]が，差止めを認容した判決・決定は寥々たるものである[172]。訴訟の大部分はそもそも不公正な取引方法に該当しないものであるが，不公正な取引方法の存在を認定していながら──懸念されたように！──「著しい損害」にあたらないとして請求を棄却した例もある[173]。

　にもかかわらず，私人による差止請求制度は大きな可能性を秘めているのであり，弁護士，裁判所のさらなる活用が期待される。公取委も差止請求訴訟が提起されると裁判所から通知を受け意見を述べることができる（法 83 条の 3）のであるから，専門機関として積極的に訴訟に関与すべきである。

---

[171]　平成 23 年度までの 10 年間に約 60 件提起された（金井他・564 頁（山部俊文執筆））。
[172]　差止請求が認容された例として，ドライアイス取引妨害事件仮処分事件，平成 23 年 3 月 30 日東京地裁決定，審決集未登載，矢板無料バス事件（平成 23 年 11 月 8 日宇都宮地裁大田原支部判決，審決集 58 巻第 2 分冊 248 頁（ただし，平成 24 年 4 月 17 日東京高裁判決，審決集 59 巻第 2 分冊 107 頁により原判決取消し），神戸電鉄タクシー事件，平成 26 年 10 月 31 日大阪高裁判決，審決集未登載，判時 2249 号 38 頁がある程度である。
[173]　その例が，関西国際空港島新聞卸売ボイコット事件（平成 17 年 7 月 5 日大阪高裁判決，審決集 52 巻 856 頁，平成 17 年 11 月 22 日最高裁上告棄却・上告不受理決定）である。共同ボイコットにより日刊新聞紙の供給が受けられず，代替供給先から不利な条件で仕入れざるを得なかった事案について，高裁判決は「単に共同取引拒絶がなければより大きい利益を上げることができたというだけでは，差止めを認めるに足りる「著しい損害」に当たるとはいえない」と請求を棄却した。

第3部

構造改革なくして成長なし

2001〜

第3部はいかなる時代であったか——「帆走と失速」の時代

　第3部は，経済の停滞とグローバル化のなかで，小泉政権が登場して構造改革を進めたことにより，競争政策が重視され，独占禁止法の相次ぐ強化改正や規制改革・民営化が行われた時代である。なかでも，平成17年の法改正により，課徴金が引き上げられ，減免制度が導入された。

　法の執行も強力に行われ，大手ゼネコンはついに談合決別を宣言するに至る。裁判所の判例が蓄積され，政策の時代から法の時代へ移行する。

　しかし，リーマン・ショックによる構造改革の終焉とともに，規制改革は停滞し，公取委に競争政策を新たに展開する気運は見られない。政権交代をめぐる政争のなかで，公取委の審判制度が廃止された。景品表示法も消費者庁に移管された。

　かつてない順風をはらんだ帆走の10年であったが，最近数年は風も潮の流れも止んで失速する時代を迎えているといえよう。

　第3部の公取委員長は，次の通りである。

　　根来泰周，その残任期間を引き継ぎ2期10年余（在任期間：平成14年7月31日〜同平成24年9月26日）を全うした竹島一彦（前内閣官房副長官補）およびその後任（同：平成25年3月5日〜）の杉本和行（元財務事務次官）の3名である。

　　竹島，杉本両名は財務（大蔵）官僚出身である。それまで最も長く委員長に在任したのは横田正俊の6年余であるが，竹島の在任期間はこれをはるかに上回る。

第1章　立法改革の時代

1　小泉政権の登場と公取委

21世紀の競争政策——公取委の新自由主義化？

平成13年（2001）4月，「自民党を壊す」と利益誘導政治の打破を訴えて国民的人気を集めた小泉純一郎が自民党総裁選挙に勝利し，公明党・保守党と連立政権を組んで，内閣総理大臣に就任した。同年5月，小泉首相は，国会において次のように所信表明演説を行った[(1)]。

> 「日本にとって，今，最も重要な課題は，経済を再生させることです。……
> 90年代以降の日本経済は，さまざまな要因が重なり合って生じる複合型病理に悩まされてきました。これを解決するための構造改革も，包括的なものでなければなりません。小泉内閣は，以下の3つの経済，財政の構造改革を断行します。
> 第1に，2年から3年以内に不良債権の最終処理を目指します。……
> 第2に，21世紀の環境にふさわしい競争的な経済システムをつくることです。これは，日本経済本来の発展力を高めるための構造改革です。
> 競争力ある産業社会を実現するために，新規産業や雇用の創出を促進するとともに，総合規制改革会議を有効に機能させ，経済，社会の全般にわたる徹底的な規制改革を推進します。さらに，市場の番人たる公正取引委員会の体制を強化し，21世紀にふさわしい競争政策を確立します。……
> 第3は，財政構造の改革です。……」（傍点筆者）

新首相が新自由主義的改革を宣言した（小泉政権の構造改革については次章参照）だけでなく，公取委の強化や競争政策の確立について言及するとは，公取委にとって寝耳に水であった[(2)]。「21世紀にふさわしい競争政策の確立」を求められた公取委は，急遽検討を開始し，同年6月，「21世紀における競争政策のグランド・デザイン」[(3)]をとりまとめるとともに，有識者により構成される「21世紀に

---

(1)　平成13年5月7日の衆議院本会議における演説。
(2)　平成13年5月11日付け日本経済新聞記事「公取委，増強構想に困惑」。この構想の源は，竹中平蔵経済財政担当相であった模様であり，根来委員長は竹中大臣に首相の真意を確認したという。吉田・政権変革期・158頁も竹中大臣が所信表明演説に盛り込んだと推測する。
(3)　平成13年度公取委年次報告・296頁。このグランド・デザインは，「構造改革の流れに即した法運用」，「競争環境の積極的な創造」，「ルールある競争社会の推進」を柱とし

ふさわしい競争政策を考える懇談会」(宮澤健一会長)を発足させた。

懇談会は,同年11月14日,報告書を公表した[4]。報告書は,次のような「現状認識・問題意識」を述べた。

> 「21世紀の幕開けを迎えた今日,我が国の経済社会は大きな変化のただ中にある。このような変化は,経済のグローバル化,技術革新の急速な進展,高度情報化,少子高齢化社会の到来等を背景として,かつてない経済社会の全般に及ぶ大きな構造的変化として捉えることができる。こうした大きな変化は,一部において「痛み」を伴うにしても,これを前向きに受け止め,我々自身が経済社会の構造を積極的に効率的なものへと転換し,持続的な成長を生み出す活力ある豊かで効率的な経済社会を実現することにより,最終的に国民,消費者がその利益を享受できる生活大国へ向けて改革を進めていくべきものとして捉えることが求められている。
> ……こうした経済社会の構造転換は,基本的に,自己責任原則と市場原理に立脚し,国際的にも開かれた公正で自由な経済社会を実現することを通じて達成されるべきものである。……」(傍点筆者)

その上で,報告書は,①「法執行の重点化と機能強化」,②「規制改革をめぐる政策提言機能の強化」,③「消費者支援機能の強化」,④「公正取引委員会の人員・組織の拡充と国民的理解の増進」を提言した。

①について,重点分野としてIT・公益事業分野を挙げ,機能強化のために「現行の措置体系や調査権限等」の見直しが必要であるとした。具体的には,制裁減免制度導入するために課徴金の「行政制裁金」への転換と犯則調査権限の導入を示唆した。②について,公取委が「規制改革の推進役として重要な役割を担い続け」,聖域なき規制改革に取り組むことを求めた。③について,競争政策と消費者政策とは「一体的に取り組まれる必要がある」とし,消費者政策に係る調査・提言機能を高めることを期待した。④については,公取委の総務省から内閣府への移管などを提言した。

このように報告書は,小泉政権が競争政策を鼓舞したことを受けて,極めて野心的な内容となった。全体として,「自己責任原則と市場原理」を強調し,効率性を重視したものとなったが,それでは報告書は公取委の競争政策の新自由主義

ているが,特に制度改革を提起しておらず,従来の路線を重点的に整理したという印象が強い。
(4) 『提言書 21世紀における競争政策と公正取引委員会の在り方』(平成13年11月)。なお,舟橋和幸「21世紀にふさわしい競争政策を考える懇談会」の提言書の概要」公正取引平成13年12月号15頁によると,後藤晃,田村次朗および根岸哲の3会員が提言書原案を作成した。

（第1部第2章1参照）——市場原理主義といってもよい——化を求めたのであろうか？

確かに構造変化に伴う「痛み」に言及しても，セイフティー・ネットへの配慮はないし，公取委が取り組むべき規制改革として，社会的規制分野のほか，特殊法人，通商政策，中小企業政策等々が挙げられている。「グランド・デザイン」で触れていた中小企業保護のための「公正な取引慣行の推進」は姿を消し，封印された。公取委自身に過剰規制がないか不断の見直しを求め，不公正な取引方法について自由な価格設定に対する行政介入とならないよう戒めてもいる。

他方で，下請法や優越的地位の濫用規制について具体的な言及はなく，社会的公正原理を否定しているわけでもない。消費者政策についても，自立を求めて市場に放任するのではなく，消費者が適正な選択を行える意思決定環境が創出・確保されるようにと消費者を支援することにしている（消費者保護から消費者の自立支援への政策転換については，第3部第2章4参照）。

こうしてみると，報告書は新自由主義的なレトリックを用いつつも，市場原理の最大限の活用を求める政治・経済の要請に公取委も十分な対応をするよう期待をしたにとどまるのではないか。市場原理は信念やイデオロギーではなく，政策原理として有効であるから活用しようというのである。

とはいえ，規制改革や消費者政策に関する提言は「公取委の実力をはるかに超えた問題提起」[5]であったことも否めない。のちにみるように，社会的規制，道路公団改革や郵政民営化といった激しく対立する政治問題に公取委が関与することはほとんどなかった。消費者政策に関しても，「競争政策と一体的に取り組む」ことが強調されながら，公取委は景品表示法を消費者庁へやすやすと手放したように，公取委の行動はこの報告書の提言から大きく乖離していく。

報告書で問題があったのは，規制改革や消費者政策に積極的に取り組むために「強力な政治的リーダーシップを必要とする」として，行政委員会制度の再検討——委員長の国務大臣化？——を促したことである[6]。しかし，独立行政委員会制度は独占禁止法の中立的運用の根幹をなすのであるから，これは勇み足であった[7]。

---

(5) 和田正江「消費者政策についてのコメント」公正取引平成13年12月号25頁（消費者政策について）。なお，主婦連会長の和田は，公取委が「消費者政策を本当に自分達の問題として受け止めていかれるのでしょうか心配です」と厳しい指摘を行っている。

(6) 村上政博「競争当局，トップは閣僚に」平成13年7月25日付け日本経済新聞経済教室は，先進国において国策として競争政策を推進するには競争当局のトップは内閣の一員であることが望ましいという。提言書は，村上説に示唆を受けたのかもしれない。

第3部　構造改革なくして成長なし　2001～

さて、小泉首相が約束した公取委の体制強化はどうなったか？　公取委は早速、6年以内に職員を1,000人体制にし、特に審査部門の職員をほぼ倍増する計画を立てた[8]。実際には、平成14年度の定員は571名から607名への増加にとどまった（うち審査部門は269名から294名へ）が、行政改革のなかでこれは破格の厚遇であった。以後、審査部門を中心に人員・組織の強化が図られていく。

こうして公取委は、政府とともに、競争政策の強化のための法改正へ、規制改革へ、法運用強化へと乗り出していく。公取委の政権与党化ないし体制化といってもよい。その前に小泉政権下であるが故に容易に実現した公取委の復権について触れておこう。

中央省庁改革と公取委の復権

政治主導による行政改革は、細川政権の後の内閣にも継承され、橋本龍太郎内閣（第2次）は行政改革会議を設置して、中央省庁改革に向けた検討を開始した。公取委も無関係ではなかった[9]。行政改革会議は、平成9年（1997）12月に最終報告書をとりまとめたが、それによると、内閣および内閣総理大臣の補佐・支援体制の強化の一環として新たに総務省を設置し、総務省には特定の省で行うことを適当としない事務を遂行させることとした。その結果、公取委については「現行公正取引委員会を継続する」としつつ、総務省の外局と位置付けられた[10]。「内閣府にはできるだけ実務的な事務を置かずに身軽にす」るという方針に基づくものであった[11]。

---

(7)　正田彬は、この点について、「これを行えば公正取引委員会の信頼が一挙に崩れるということだけはほぼ確実」と厳しく批判した（鈴木孝之ほか「座談会「21世紀にふさわしい競争政策を考える懇談会」提言書について」公正取引平成13年12月号13頁）。

(8)　平成13年7月12日付け日本経済新聞記事「6年以内に1,000人体制」。公取委の強化策の策定過程で、違反行為の摘発機能を重視する根来委員長と政策機能の充実を重視する事務総局との対立があったが、摘発重視で落ち着いたと伝えられた（平成13年7月15日付け日本経済新聞記事）。懇談会の提言書は、公取委の3局体制（競争政策局、消費者政策局、審査局）を提言したが、これはその後も実現しなかった。

(9)　この問題の経緯については、岸井大太郎ほか編著『公益事業の規制改革と競争政策』（平成17年）61頁（伊藤正次執筆）が詳しい。

(10)　行政改革会議『最終報告書』（平成9年）（官邸HP参照）Ⅲ2(3)①アおよびキc。

(11)　平成12年4月19日の衆議院商工委員会における樽床伸二議員（民主）の質疑に対する青木幹雄官房長官の答弁。行政改革会議には組織論しかなかったといえようが、もともと総務庁関係者は独立行政委員会に違和感を持つところがあった（証券取引等監視委員会設立時の論争などを想起されたい）。

　　中央省庁等改革のための国の行政組織関係法律の整備等に関する法律（平成11年法

第 1 章　立法改革の時代

　この省庁再編は，事実上公取委の格下げであった[12]。のみならず，公取委の職権行使の独立性の観点からも問題を残すものでもあった。というのは，総務大臣は郵政事業や電気通信行政も所管し，公取委の競争政策と利益相反を生じるおそれがあるからである。実際，公取委は郵便区分機事件において郵政省に情報管理について要請していた（平成10年。第4章2参照）し，電気通信産業について総務省と共同ガイドラインの作成を行っていた（平成13年）。こうした利益相反については，国会でも問題視され[13]，海外からも懸念が表明された[14]。

　その後，小泉政権が発足し，経済財政諮問会議の「骨太の方針」[15]において「公正取引委員会の位置付けについて，規制当局からの独立性，中立性等の観点からよりふさわしい体制に移行することを検討する」が盛り込まれた。公取委の前記「21世紀にふさわしい競争政策を考える懇談会」も，次のように提言した[16]。

　　「公正取引委員会が，政府施策の基本に位置付けられるべき競争政策において中核的な役割を担うべきであるとすれば，特定の事業を所管する省庁の下ではなく，内閣の重要政策に関する事務を掌る内閣府に置かれるべきであり，それによって我が国の競争政策に対する国際的な信任も高まると考えられる。」

　平成14年（2002）8月，竹島一彦公取委員長が，就任記者会見において，公取委を内閣府に移管することに積極的な姿勢を示し[17]，その後，政府は公取委

　　　律第102号）により，公取委は内閣総理大臣の所轄から総務大臣の所轄に属することになった。また，中央省庁等改革基本法（平成10年法律第103号）により，公取委は「主として政策の実施に関する機能を担う委員会」（別表第3）と位置付けられるとともに，「独占禁止政策を中心とした競争政策については，引き続き公正取引委員会が担うものとし，経済産業省の所管としないこと」（21条10号）が規定された。
(12)　水城武彦「競争政策の広範な浸透を」公正取引平成12年10月号68頁は，「新体制の系統図を見て，経済の憲法とされる独禁法の番人「公取」が「消防庁」等と並列する姿に愕然とするではないか」という。独占禁止法制定当時，公取委が内閣総理大臣の下に置かれたのは，その権威を高めかつ独立性を確保することにあった（上巻・150頁）。
(13)　前掲注(11)の樽床議員の質疑のほか，平成11年6月15日の衆議院商工委員会における渡辺周議員（民主），同12年5月11日の参議院経済・産業委員会における梶原敬義議員（社民）の各質疑。平成13年5月11日の参議院本会議における谷本巍議員（社民）の質疑に対し，小泉首相は「今後の検討課題の一つ」と答弁している。
(14)　平成15年3月26日の衆議院経済産業委員会における土田龍司議員（自由）の質疑に対する竹島公取委員長の答弁。
(15)　経済財政諮問会議「今後の経済財政の運営及び経済社会の構造改革に関する基本方針」（平成13年6月26日閣議決定，官邸HP）10頁。
(16)　21世紀にふさわしい競争政策を考える懇談会『21世紀における競争政策と公正取引委員会の在り方』（平成13年11月）21頁。

を内閣府の外局に戻す法案を国会に提出し（翌同15年4月2日成立），その結果公取委は再び内閣総理大臣の所轄に属することになった[18]。小泉政権の中枢にいた竹島委員長の早わざであった。小泉政権の競争政策重視を反映した一こまといえよう。

平成14年の法改正――一般集中規制が維持されたのは？

平成9年（1997）に持株会社が原則解禁された際，9条について5年後の見直しが予定されていた（改正法附則5条）。公取委は，平成13年（2001）2月以降，独占禁止法研究会（宮澤健一座長）およびその一般集中部会を開催して検討を行った。研究会において，会員――おそらくは経済学者――から一般集中規制の必要性はなくなっているとの意見が出されたが，研究会としては「現時点では，一般集中規制が担っている機能を市場集中規制等で代替するのは難しい」として，一般集中規制の趣旨は現在でも否定されないとする一方，個別の条文については修正が行われるべきであるとした[19]。

その結果，9条の2（大規模事業会社による株式保有総額の制限）は，総合商社の地位が大幅に低下していること等にかんがみ，廃止が適当であるとしたが，9条および11条については小幅の修正を求めるにとどまった[20]。小泉政権の発足により規制改革の気運が強まっていても，9条，11条が維持されたのは何故であろうか？

公取委の当時の実態調査によれば，6大企業集団の地位も結び付きも「総じて弱まる傾向にある」が，企業集団に属する企業においては――金融再編があっても――現在の企業集団が維持されるとの見方が多かったし[21]，金融機関についても企業との取引において優越的地位の濫用の問題が生じやすいことが明らかになっていた[22]。こうした事実が，9条，11条を維持させることになったとみられる。

---

(17) 平成14年8月1日付け日本経済新聞記事「竹島委員長，前向き」。
(18) 公正取引委員会を内閣府の外局に移行させるための関係法律の整備に関する法律（平成15年法律第23号）による。
(19) 独占禁止法研究会『独占禁止法研究会報告書』（平成13年10月）14頁。
(20) 9条については，非持株会社グループも規制対象とすることを求めたが，これは9条の2を廃止するのに伴う論理必然的なもので，一般集中規制の強化とみるべきものではない。11条については，証券会社を規制対象からはずすこと等を求めた。
(21) 独占禁止法研究会前掲注(19) 12頁参照。
(22) 独占禁止法研究会前掲注(19) 13頁および資料7参照。

第 1 章　立法改革の時代

しかし，一般集中規制に対する攻撃はやむことがなかった。平成 15 年（2003）の「規制改革推進 3 か年計画（再改定）」は，次のように述べた[23]。

　「企業を取り巻く環境が日々急速に変化しつつある中で一般集中規制については，平成 14 年の改正によって大幅な改善を図ったところであるが，今後も引き続き，実態の変化を踏まえつつ，施行状況をフォローアップする。そして，当該規制については将来的には廃止することが適切であるとの指摘，事業支配力が過度に集中することにより競争が阻害されることのないよう十分配慮すべきであるとの指摘があることも踏まえつつ，評価・検討する。」（傍点筆者）

しかし，9 条について，もはや十分緩和され事業活動の制約になっていないからであろう，その後公取委による一般集中規制の施行状況のフォローアップが行われている[24]が，規制が維持されて今日に至っている。金融機関と企業との取引について，公取委は平成 18 年（2006）に再度実態調査を行い，依然として独占禁止法上の問題が発生しやすい状況を報告している[25]。規制緩和論に対し，実態をもって否定したということができる（平成 17 年には三井住友銀行事件もあった）。もともと 11 条の緩和・廃止に中小企業は反対であるし，金融機関も必ずしも望んでいないと言われている。新自由主義的なイデオロギーだけでは緩和は行われなかったのである。

平成 14 年の法改正の際には，手続規定等の整備も行われた。外国に所在する企業に対する書類の送達の規定を導入し，私的独占・不当な取引制限等の罪に係る法人の罰金刑の上限を 1 億円から 5 億円に引上げること（法 95 条 1 項）等の改正である。独占禁止法研究会およびその手続関係等部会は広汎な項目について検討を行ったが，法改正につながったのはそれらの一部であり，その他の重要項目については「措置体系の見直し」をする次の研究会に委ねられた[26]。送達の問

---

[23] 平成 15 年 3 月 28 日閣議決定（内閣府 HP）個別分野・1　競争政策 4(1)。この一般集中規制の見直しについては，「規制改革・民間開放推進 3 か年計画」（平成 16 年 3 月 19 日閣議決定，同 17 年 3 月 25 日改定）に引き継がれる。

[24] 「一般集中規制に関する施行状況のフォローアップについて」（平成 17 年 5 月 30 日，平成 26 年 9 月 25 日，公取委）。なお，経団連は最近も一般集中規制の廃止を政府に要望している（内閣府「規制改革ホットライン検討要請項目の現状と措置概要（平成 25 年度分）公正取引 1」内閣府 H P 参照）。

[25] 「金融機関と企業との取引慣行に関する調査報告書（概要）」（平成 18 年 6 月 21 日，公取委 HP）1 頁。なお，平成 13 年に銀行経営の健全性を確保するため，銀行または銀行持株会社による自己資本相当額を超える株式保有を制限（総量規制）する「銀行等の株式等の保有の制限等に関する法律」（平成 13 年法律第 131 号）が制定されている。

[26] 独占禁止法研究会前掲注(19) 45 頁。

題については，第3部第3章3において触れる。

2　平成15年の景品表示法と下請法の改正

改正までの景品表示法の状況──景品規制の転換

　景品表示法は，昭和47年（1972）に都道府県知事に指示権を与える改正が行われた（法9条の2）後，平成15年（2003）に久しぶりに大きな改正が行われた。その説明の前に，活発な景品表示法の運用が行われた昭和40年代（上巻・361頁参照）以後の状況について，俯瞰しておこう[27]。

　その後の20年余の間，景品表示法の執行は総じて活発とは言い難く，排除命令の件数をみると，次のとおりである[28]。減少傾向にあり，特に景品についての排除命令は，昭和61年度（1986）以降皆無の年も少なくない。排除命令の対象は雑多であるが，景品については一時期新聞販売店による過大景品の提供に集中し，表示については平成4年度（1992）ころまで引続き不動産の表示に関するものが多くなっている。

排除命令の時期別年度平均件数

	第1部（1978～1988）	第2部（1989～2000）
景　品	3.5	2.0
表　示	7.9	5.8
計	11.4	7.8

　景品規制については，昭和52年（1977）に告示，運用基準の整備が行われたこともあって，精緻な規制体系ができあがっていた。景品規制は，国によって内容・程度にかなり差があり，必ずしもわが国の規制が厳格であったわけではない。とはいえ，市場アクセスを制限するとの米国の批判があり，公取委は既に昭和60年代から徐々に規制緩和に動いていた[29]。平成にはいり規制緩和の潮流が強まると，公取委は緩和の基本方針を打ち出すに至った。公取委が設置した「景品規制の見直し・明確化に関する研究会」（鶴田俊正座長）は，平成7年（1995）3月，報告書をとりまとめ，次のように述べた[30]。

---

[27]　景品・表示その他の顧客誘引規制の歴史的展開と評価については，内田耕作「不当な顧客誘引（景表法含む）」経済法講座第3巻・71頁参照。

[28]　平成12年度・公取委年次報告・付属資料94・95頁の表による。

[29]　五十年史上巻・466頁参照。

[30]　『景品規制の見直し・明確化に関する研究会報告書』（平成7年3月）5・7頁。公取

第 1 章　立法改革の時代

「……経済が拡大し，所得水準が高まっているため，……モノ不足で所得も少なかった時代と比較すると，商品に対する憧れやそれを手にしたときの感銘度は，一般的には薄れてきているといえよう。消費者にとって「無料のモノ」（景品）をもらうことについての満足度も小さくなっているとみられる。
　……現時点において，景品提供の機能・効果について再検討してみると，景品提供を企業活動の一つの側面としてとらえ，これまでに比べてより積極的に評価する必要がある……
　……景品の提供は，新しい商品の発売等の場面において，消費者に対しその存在を知らせたり，関心を持たせたりすることができるので，広告や陳列方法の工夫などと同じように情報伝達や需要開拓の効果があり，有用な働きを持っているといえよう。」（傍点筆者）

　景品提供に対する評価の 180 度の転換であった。こうした観点から，報告書は各種景品告示等の制限の緩和・廃止を提言し，公取委は平成 8 年（1996）2 月，景品規制の緩和を実施した[31]。
　もともと景品規制は，競争は本来価格・品質で行われるべきで，景品の提供は消費者の選択を歪める，消費者は不要不急の商品を買わされるといった考え方に基づく。ならば，景品規制の緩和は，消費者利益の後退を意味する[32]のであろうか？　この点について，研究会の報告書は，「企業の経済的活動が積極的に行われ，市場メカニズムが十分に作用し，こうした市場機能を通じて競争のメリットが消費者に及んでいくことを期待するもの」[33]であった。景品規制の緩和によって，「公正な競争」によるメリットが減少するかもしれないが，消費者はそれを上回る「自由な競争」によるメリットを享受できるということなのであろう。
　公取委の方針転換によって，過大景品に対する排除命令は平成 12 年度（2000）以降──景品表示法が消費者庁に移管された後も──行われたことがない。景品事件は，公取委，そしてその後は消費者庁によって，すべて行政指導で処理され[34]，

　　　　委取引部景品表示指導課による報告書の概要については，公正取引平成 7 年 6 月号 8 頁参照。
(31)　緩和の内容は，懸賞景品告示の景品上限額の引上げ，総付け景品告示の 5 万円の上限額の廃止，事業者景品告示の廃止，百貨店業特殊指定による特別の景品規制の廃止，オープン懸賞特殊指定に基づく上限額の引上げ，各種告示の運用基準の改正である（片桐一幸「景品規制に関する告示等の改正について」公正取引平成 8 年 4 月号 40 頁）。その後，業種別告示についても，一般規制の内容に即して見直しが行われた。
(32)　平成 7 年 12 月，告示等の改正についての公聴会において，地婦連，主婦連は反対したが，消団連は加盟団体によって意見が分かれたと述べたことが注目された（公正取引情報 1525 号（平成 7 年）2 頁）。
(33)　和泉沢衛「「景品規制の見直し・明確化」をめぐって」公正取引平成 7 年 6 月号 6 頁。

363

第 3 部　構造改革なくして成長なし　2001 〜

景品表示法は景品規制について完全に行政指導法化した。法治主義の観点から問題があるといえよう。

　表示規制について，公取委は法 4 条 3 号に基づき「おとり広告に関する表示」（昭和 57 年）等の指定を行ったほか，ガイドラインとして「比較広告に関する景品表示法上の考え方」（昭和 62 年 4 月 21 日）を公表した。後者は，わが国においては競争者の名前や商品を名指しで比較する広告は禁止されているとの誤解があったので，景品表示法が比較広告そのものを制限しているわけでなく，適正な比較広告を行うための要件を示すためにガイドラインを作成したのである[35]。公取委による「考え方」の公表には比較広告を推奨することにより競争を促進する意図が込められており，実際，その後新聞やテレビにおいて比較広告をしばしば見かけることになる[36]。

　注目すべき違反事件としては，①大手旅行業者 6 社による海外主催旅行の募集広告事件（平成 2 年）[37]，②大手紳士服販売業者 4 社による二重価格表示事件（平成 5 年）[38]，③大手百貨店ら 10 社によるダニ撃退（平成 6 年）の効能・効果広告事件[39]，④健康食品販売業者 4 社による痩身効果を標榜する広告事件（平成 10 年）[40]などがあった。①は，北欧での白夜の体験に関し「沈まない太陽」等と

---

(34)　消費者庁は平成 24 年度から警告と注意を「指導」に一本化したが，平成 25 年度に過大景品について 24 件指導している（消費者庁「平成 25 年度における景品表示法の運用状況及び表示等の適正化への取組」（平成 26 年 7 月 9 日，消費者庁 HP）。

(35)　生駒賢治＝平川真二「「比較広告に関する景品表示法上の考え方」について」公正取引昭和 62 年 5 月号 22 頁。「考え方」によれば，適正な比較広告の要件は，①主張される内容が客観的に実証されていること，②実証されている数値や事実を正確かつ適正に引用すること，③比較の方法が公正であること，である。

(36)　比較された競争事業者が当該広告は景品表示法違反として反撃することがある。ヤマダ対コジマ事件（平成 16 年 10 月 19 日東京高裁判決，判例時報 1904 号 128 頁）において，「ヤマダさんより安くします」とのコジマの表示に対しヤマダが景品表示法に違反する有利誤認表示であるとして損害賠償等を請求したが，裁判所は，消費者は一般的にヤマダより「さらに安く商品を売ろうとする……企業姿勢の表明として認識するにとどまる」から景品表示法に違反しないと判定した。

(37)　㈱日本交通公社に対する件ほか 5 件，平成 2 年 6 月 8 日排除命令，排除命令集 18 巻 15 頁。

(38)　㈱アオキインターショナルに対する件ほか 2 件，平成 5 年 11 月 19 日排除命令，排除命令集 19 巻 78 頁および青山商事㈱に対する件，平成 6 年 4 月 20 日同意審決，審決集 41 巻 3 頁。

(39)　㈱東急百貨店に対する件ほか 9 件，平成 6 年 4 月 28 日排除命令，排除命令集 20 巻 3 頁。

(40)　㈱サクラスに対する件ほか 3 件，平成 10 年 3 月 2 日，排除命令集 21 巻 37 頁。いわゆるダイエット食品についての広告が格別の食事制限や運動を伴うことなく痩身効果を

第1章　立法改革の時代

広告していたが，実際には沈まない太陽を見られない旅行があったというもので，公取委は，審判となった事件において，旅行の目的，日程等を考慮すれば一般消費者は単なるイメージ表現とは受け取らないと判断した[41]。本件は，海外旅行熱が高まる中で，社会的関心を集めた事件であった[42]。

この時期の表示規制に関し，法改正が行われたわけでもなく注目すべき排除命令に乏しいが，社会情勢の変化に対応して一定の進展があったとはいえよう。

平成15年の法改正——不実証広告規制の導入と規制の活性化

きっかけは，平成14年（2002）1月に発覚した雪印食品による——BSE（牛海綿状脳症）発生に伴う国の買取り制度を悪用した——輸入牛肉を国産牛肉と偽装した事件であった[43]。その後，偽装問題は牛肉のみならず他の食品にも波及し，世論の厳しい非難を招くとともに，消費者の食品の表示に対する信頼は地に落ちてしまった[44]。公取委は，同年3月8日，雪印食品に対して排除命令を行った[45]のをはじめ，同年中に畜肉を中心に原産国または原産地を誤認させる食品の不当表示に対し，14件の排除命令を行った。

公取委は，前記「21世紀にふさわしい競争政策を考える懇談会」提言書を踏まえて，消費者政策の強化に乗り出し，平成13年（2001）11月以降，「消費者取引問題研究会」（落合誠一座長）を開催して検討していたところであった。翌14年（2002）11月に公表された同研究会の報告書は，（広義の）競争政策の枠内で消費者政策の可能性を最大限追求した意欲的なものであるが，競争政策と消費者

うたっていたが，そのような効果は認められないものであった。なお，公取委は，既に薬事法を所管する厚生省と連名で「痩身効果等を標ぼうするいわゆる健康食品の広告等の注意点（チェックポイント）」（昭和60年6月27日）を発していた。

(41)　㈱日本交通公社に対する件，平成3年11月21日審判審決，審決集38巻3頁。
(42)　平成2年6月9日付け朝日新聞記事「白夜ツアー論争」は，「科学通れば旅情引っ込む」と報じた。
(43)　平成14年1月23日付け朝日新聞記事「輸入牛肉を国産と偽り処理申請」。雪印食品は，その後会社解散に追い込まれる。
(44)　内閣府が日本生協連に委託した調査によると，食品の表示が信頼できないとする消費者が82％に達していた（平成14年6月8日付け日本経済新聞記事「「信頼できぬ」8割」）。
(45)　雪印食品㈱に対する件，平成14年3月8日排除命令，排除命令集23巻47頁。本件は，取引先小売業者を通じて一般消費者に販売する食品について，豪州産牛肉および米国産豚肉を国産であるかのように，米国産または青森県産の豚肉を神奈川県の銘柄豚であるかのように表示していたこと等を景品表示法4条1項3号（原産国告示）および同条1項1号（優良誤認）違反とした。

第3部　構造改革なくして成長なし　2001～

政策の関係について，次のように述べた[46]。

「1　競争政策と消費者政策の一体的取組

　……商品・サービスの最終需要者である消費者が・主・体・的・・・合・理・的・な・行動を採れるようになれば，消費者のニーズに的確に対応できる事業者が生き残り，それができない事業者が淘汰されるという，・市・場・メ・カ・ニ・ズ・ム・の・最・も・基・本・的・な・機・能・が・発・揮・さ・れ・るという点で，消費者は競争政策上も重要な役割を担っている。このように，消費者が主体的・合理的に意思決定できる環境を創出・確保する消費者政策は，・市・場・メ・カ・ニ・ズ・ム・を・よ・り・有・効・に・機・能・さ・せ・る・点・で，・競・争・政・策・と・密・接・に・関・係・し・て・い・る。」（傍点筆者）

　ここでの理想的な消費者像は，主体的・合理的な行動を採ることにより市場メカニズムの機能を発揮することが期待される消費者であるが，現実の消費者は必ずしもそうではないから，消費者が主体的・合理的に意思決定できる環境を創出・確保するよう支援するというのである。自由放任にしておいてよいというわけではないから，新自由主義の典型的な消費者像とは異なるものがある（第3部第2章4参照）。

　報告書は，多くの提言を行っているが，法改正につながった事項は不実証広告規制の導入である。不実証広告とは，実質的なデータの裏付けがないのに効能・効果を強調する広告のことである。公取委は多くの効能・効果に関する不当表示を取り上げてきたが，悩みはそのような効能・効果がないことの立証責任が公取委にあるために専門機関に検査・鑑定を依頼しなければならず，てまひまがかかることであった[47]。そこで，事業者に対し表示の合理的根拠を示す資料の提出を求め，事業者が資料を提出できなければ不当表示として規制できるような仕組みにすれば，迅速かつ効果的な規制が可能になる。それでは事業者は，どうして

---

(46)　消費者取引問題研究会『消費者政策の積極的な推進に向けて』（平成14年）5頁。
(47)　とはいえ，事業者が効果を裏付ける実証的データを提出するとき，審査官も効果がないとの実証的データで反証する必要がある。㈱宇多商会に対する件，平成11年10月1日審判審決，審決集46巻42頁においては，審査官，被審人がそれぞれ複数の専門機関の実験結果を提出したが，審判官はネズミ撃退器に一定の効果は認められるものの，「広告が標榜するような実用的な・駆除効果まで有するものとは認められない」と判断した。同様の判断をした事例として，家庭用空気清浄機についての更生会社㈱カンキョー管財人大澤誠に対する件，平成13年9月12日審判審決，審決集48巻69頁，平成14年6月7日東京高裁判決，審決集49巻579頁，平成14年11月22日最高裁決定，審決集49巻622頁がある。

第1章　立法改革の時代

合理的根拠を有しなければ表示をしてはならないのか？　報告書は，次のように述べる(48)。

　「……事業者が商品・サービスの機能，効果，性質等の優良性を強調する表示を行う場合，消費者が当該表示を信じることにより強い顧客誘引効果が生ずることから，事業者は当該表示内容を裏付ける実証データ等の実質的な根拠を有しているべきである。仮に，……実質的な根拠を有していないのであれば，その商品・サービスに表示どおりの機能，効果，性質等がないかもしれないというリスクに消費者をさらすことになる。」

　事業者が表示に先立ち実質的な根拠を有しなければならないというのは，それだけ表示の「真実性を確保する」ことになるし，結果的に真実であったとしても，根拠を有していなければ問題にするというのであるから，表示を行う「態度そのものを問題」にしていることになる(49)。その意味で，画期的な不当表示の規制ということができる。

　こうして，平成15年（2003）5月16日，不実証広告規制を導入する景品表示法の改正法が成立した。改正により追加された同法4条2項は，優良誤認表示をしている疑いのある事業者に対し，公取委は当該表示の裏付けとなる合理的な根拠を示す資料(50)の提出を求めることができ，一定期間内に資料の提出がないときは不当表示とみなす，という規定である。次の排除命令件数の推移をみると，4条2項が活用されていることがわかる(51)。

---

(48)　消費者取引問題研究会報告書前掲注(46)12頁。

(49)　内田耕作『広告規制の研究』(昭和57年)144頁。先行する米国の連邦取引委員会による不実証広告規制の法理について同書参照。法改正により加えられた4条2項は，合理的根拠を有しない表示を不当表示とみなすことにより，間接的に表示の態度を規制しているということができる。

(50)　提出した資料が表示の「合理的根拠」を示しているためには，①内容が客観的に実証されていること，②表示と実証された内容が適切に対応していることが必要であり，かつ内容が客観的に実証されているとは，㋐試験・調査によって得られた結果であるか，㋑専門家の見解または学術文献であることが必要であるとされる（公取委「不当景品類及び不当表示防止法第4条第2項の運用指針」(平成15年10月28日)第3・1および2）。
　　そこで，問題となるのは，生薬の効果など客観的に実証することが困難であるが，経験則により一般的に認められているものの扱いである。公取委は，この場合にも，一般的に認められている経験則の存在が専門家の見解または学術文献によって確認されていることを要するとしている（同指針第3・2(2)ウ。南部利之編著『改正景品表示法と運用指針』(平成16年)69頁）。近代的科学主義が貫かれているといえよう。

(51)　平成19年度に4条2項を適用した排除命令が突出して多いのは，洗桶による浴室等

景品表示法違反に対する排除命令の件数と不実証広告規制

年　度	12	13	14	15	16	17	18	19	20
排除命令（すべて表示関係）	3	10	22	27	21	28	32	56	52
うち4条2項に基づくもの	−	−	−	0	2	5	6	35	15

（注）　各年度公取委年次報告による。改正法は，平成15年11月23日に施行された。

　平成14年度（2002）以降，排除命令件数が増大し規制が活性化しているのは，不実証広告規制が導入されたほか，小泉政権発足後の消費者政策の強化により弾みがついたことを示している。主要な事件としては，冒頭に記した畜肉等の原産国・原産地の不当表示事件のほか，①有料老人ホームの介護サービス内容についての表示事件[52]，②輸入ズボンの原産国についての表示事件[53]，③コピー用紙の古紙配合率についての表示事件[54]などがあった。①は，法4条1項3号に基づく「有料老人ホーム等に関する不当な表示」（平成16年公取委告示3号）の指定につながることになる。

　この時期においては，まっとうな（？）大企業に対しても排除命令が行われるようになっている[55]。そのほか，インターネット上のB to C取引が拡大するのに伴い，平成12年（2000）12月以降，集中的な監視調査（インターネット・サーフ・デイ）を実施し，同14年（2002）には電子商取引におけるガイドライン[56]を公表しているのも特筆に値しよう。

　　のカビ抑制効果に係る表示について12件，カビ防止効果等を標榜する商品の効果に係る表示について7件，自動車の燃費向上等を標榜する商品の効果に係る表示について16件に対し適用したからである。
(52)　石川ライフクリエート㈱に対する件ほか2件，平成15年4月16日，排除命令集24巻3頁。有料老人ホーム告示後も，同告示違反が続く。
(53)　八木通商㈱及び㈱ビームスに対する件ほか4件，平成16年11月24日排除命令，排除命令集24巻202頁および㈱ユナイテッド・アローズに対する件ほか5件，平成18年5月15日審判審決，審決集53巻173頁（なお，平成19年10月12日東京高裁判決，審決集54巻661頁（ビームス），同20年5月23日東京高裁判決，審決集55巻842頁，同21年6月23日最高裁決定，審決集56巻第2分冊325頁（ベイクルーズ））。
(54)　王子製紙㈱に対する件ほか7件，平成20年4月25日排除命令，排除命令集26巻397頁。
(55)　たとえば，平成20年度には東日本電信電話㈱，西日本電信電話㈱，全日本空輸㈱，日本生活協同組合連合会，九州電力㈱に対してそれぞれ排除命令が行われた。
(56)　「消費者向け電子商取引における表示についての景品表示法上の問題点と留意事項」（平成14年6月5日，公取委）。

平成15年の下請法改正——適用範囲の拡大と規制の活性化

　下請法（正式名は「下請代金支払遅延等防止法」という。）は，昭和31年（1956）に制定されてからしばらくの間，しばしば「ザル法」と呼ばれた。その理由は，①規制対象行為が限定されていたり，支払遅延の基準が明確でないため，下請取引の改善に万全でない，②違反に対する措置が勧告，公表という生ぬるい制裁措置しかない，③施行機関の公取委，中小企業庁の人員，予算が貧弱である，ということにあった[57]。

　そこで，①については，その後，昭和37年（1962），38年（1963），40年（1965），48年（1973）に法改正が行われ，支払期日の法定化，親事業者の遵守事項の追加，親事業者・下請事業者の定義の変更等により次第に改善された[58]。下請法が頻繁に強化改正されたのは，独占禁止法と異なり，中小企業対策として政治的に一致した支持があったからであろう。とはいえ，その後の低成長時代にあっては，法改正が行われることがなく，公取委は運用基準の作成（昭和55年4月。昭和62年4月に全面改正）等により運用を時代に即して洗練することに専念した。その背景には，わが国の下請生産システムの評価の変化——資本主義発展の後進性という否定的評価から効率的な分業体制という肯定的評価へ——があった[59]のかもしれない。

　②については，勧告制度（法7条）が採用されたのは，「親事業者にみずから反省する機会を与え，その行為を改めるため，みずから積極的に努力をなすべきことを促」すことによる[60]。実際，それまでも警告や注意で改善に努力する者があり，勧告が法制化されれば相当な効果が挙げ得るとみられたし，公表というのは会社の信用にもかかわるので有効な制裁手段と考えられた[61]。勧告は法律に基づく行政指導であるが，行政指導であるからといって実効性がなかったわけではない。親事業者はやはり社会的評判を気にするのであろう，勧告に従わなかったことを理由に公表の措置がとられたことは一度もなかった。昭和50年代前半までは勧告が行われていたが，その後は激減していく。大部分は法律に基づかない行政指導である警告によって処理された。

　③については，調査権・措置請求権を有するにすぎない中小企業庁が圧倒的な

---

(57) 辻吉彦「盲点からみた外注管理」公正取引昭和34年1月号52頁。
(58) 下請法の歴史については，三十年史，五十年史上巻の関連部分のほか，植木邦之「下請法を跡づける」公正取引平成8年7月号6頁参照。
(59) 港徹雄「日本型下請システムと取引慣行」公正取引平成元年11月号4頁。
(60) 昭和31年3月20日の衆議院商工委員会における横田正俊公取委員長の提案理由説明。
(61) 公取委事務局編『「下請代金支払遅延等防止法」解説』（昭和31年）114頁。

第3部　構造改革なくして成長なし　2001～

予算を有するが，公取委の人員・予算も年を追うごとに徐々に拡充されていく。

　公取委は，小泉政権の登場に伴い，前記のように「21世紀における競争政策のグランド・デザイン」を公表したが，その3つの柱のひとつ「ルールある競争社会の推進」に基づき，「企業取引研究会」（清成忠男座長）において下請法のあり方について検討を行った。平成14年（2002）11月に公表された研究会の報告書は，次のように述べた[62]。

> 「……近年の規制緩和の進展により，事業者が自らのイニシアティブで事業活動を展開できる可能性が一層高まっている。また，ITをはじめとする技術の進歩は，新たなビジネスチャンスや取引手法，経営手法の革新をもたらしている。このような環境変化の中で，中小企業が自立した競争の担い手として活躍することが強く期待されている。
> 　中小企業が自立した経済主体として活動していくためには，その取引が自由かつ自主的な判断に基づいて行われることが重要であり，そのような環境が整備されていることが必要である。……」（傍点筆者）

　その上で，報告書は，わが国の産業構造が製造業からサービス業へ重心が移行していることに着目し，役務の委託取引へ下請法の適用範囲を拡大すること等を提言した。しかし，このような規制の強化は，規制緩和の時代に逆行する[63]のではないか？　これに対して，報告書は，中小企業も自立した主体として市場メカニズムの担い手となるよう環境整備を図るためであると新自由主義的レトリックをここでも用いている。そして公取委の関係者は，下請法の目的が中小企業の保護にあるのではなく，商慣行として当然の「公正なルール」を定めたものと認識するようになっていく[64]。

　研究会の報告書の提言を受けて，公取委は下請法の改正案を作成して国会に提出し，平成15年（2003）6月，改正法案が成立した。国会では全会一致であるばかりでなく，親事業者の遵守事項に不当なやり直しが議員修正により追加された。

---

[62] 『企業取引研究会報告書――役務の委託取引の公正化を目指して』（平成14年）3頁。
[63] 日本経団連経済法規委員会競争法部会の本報告書に対する平成14年12月20日付けコメント（経団連ＨＰ）は，「資本金額という画一的形式的基準により保護の対象を規定する下請法は廃止し，問題のある事業分野に集中して優越的地位の濫用規制により弾力的に対応することがあるべき方法と考える」（傍点筆者）としている。報告書9頁にも，親事業者の負担を重くすることは，親事業者が海外との取引を加速し，下請事業者の取引機会が減少するとの指摘があったことを記している。
[64] 松山隆英ほか「座談会　下請法改正の意義と課題」公正取引平成15年8月号18頁（松山発言）。

第1章　立法改革の時代

　これにより，下請法はソフトウェアの開発，映画・テレビ番組や広告の制作，運輸やビルメンテナンスなどのサービス産業の委託取引にも適用されるようになった[65]。見逃してはならない改正事項として，従来の勧告制度は相手方が従わない場合に公表するとされていたのに対し，法運用の透明化を図るため勧告と同時に事件を公表できるようにしたことである（7条4項の削除）。
　第3部における下請法に基づく勧告件数の推移は，次のとおりである[66]。

勧告件数の推移

年度	12	13	14	15	16	17	18	19	20	21	22	23	24	25
勧告	6	3	4	8	4	10	11	13	15	15	15	18	16	10
うち役務委託	–	–	–	–	0	4	3	8	3	5	2	3	0	2

　（注）　改正法は，平成16年4月1日施行された。

　これをみると，平成17年度（2005）以降，勧告が急増していることがわかる。これは，ルール型社会の志向という一般的な背景に加えて，平成15年改正による下請法の適用範囲の拡大があるが，勧告が公表可能になり公取委の担当職員の士気が向上したことがあると思われる。勧告の対象となった違反行為は不当な減額（法4条1項3号）が大部分を占めるが，減額分など下請事業者に対する返還額が大きかった事件としては，マツダ㈱（平成20年，約7億7千万円），フットワークエクスプレス㈱（同20年，約5億1千万円），日本生活協同組合連合会（同24年，約25億7千万円）に対する各件などがある[67]。
　下請法はわが国において独自に発展した法であるが，制定後50年を経てその意義や効果はどうか？　平成18年（2006）に開かれた50周年記念シンポジウムにおいて，経済法学者高橋岩和は，「契約を書面化させることを通じて，「取引における公正」という価値観念を日本の経済社会の中に定着させることに成功している」とし，また「強い中小企業を作っていくという目的も結果として達成されてきている」と評価した[68]。

---

(65)　ただし，建設工事の下請取引については，建設業法に類似の規制があるとして，下請法の対象に加えなかった。改正法の概要については，高橋省三「下請法の改正について」公正取引平成15年8月号25頁。
(66)　公取委各年度年次報告から作成。
(67)　公取委各年度年次報告参照。
(68)　粕淵功ほか「パネルディスカッション下請法の過去・現在・未来」公正取引平成18年7月号19頁（高橋発言），公取委事務総局『下請法五十年史』（平成18年）所収・30

第3部　構造改革なくして成長なし　2001～

　下請法の発展に多大の貢献をした公取委事務局OBの辻吉彦は，かつて「このように下請法が零細事業者を保護していることは世界に誇るべきことか？　それとも日本の大企業がこのようにひどいことをしているのは，世界に恥ずべきことか？」と語ったことがあった[69]。市民法や契約社会が確立していないわが国において大企業の力の濫用は目に余るものがあり，恥ずべきことは認めねばなるまい[70]。他方，それを放置することなく対等な取引関係の形成を求めて「公正なルール」の確立に努力してきたことは誇ってよいのではなかろうか。それを支える社会的公正原理は根強くあり，それ故に新自由主義の時代に――セイフティー・ネットという位置付けにより――規制が強化されるという逆説が生じたといえよう（なお，第3部第4章4も参照）。

　とはいえ，下請法の課題は山積している[71]。最も重要な課題は，行政指導法を脱して「法の支配」――勧告ではなく行政処分化して司法審査を受ける――を確立すべき時期に来ていることであると考える。

3　平成17年の法改正――課徴金の引上げと減免制度の導入

17年法改正の立法過程――公取委対経団連

　公取委の「21世紀にふさわしい競争政策を考える懇談会」の前記提言書は，諸外国が違反行為に対して抑止力を高めているのに，「国際的にみて我が国の措置内容は大きく見劣りする」として，「違反行為に対する措置体系全体について見直しを図る必要がある」と指摘した[72]。そこで，公取委は，平成14年（2002）10月31日，独占禁止法研究会（宮澤健一座長）において検討を開始し[73]，同研

　　　頁（同）。
(69)　平林英勝「下請課長時代の思い出」公取委事務総局前掲注(68) 59頁。
(70)　わが国の下請法と類似した法を有するのは韓国である（「下請取引の公正化に関する法律」（1984年）。米国では，内製化率が高く，わが国のように重層的な下請構造になっていない。従って，内製か購入か（make or buy）の選択はあっても，外注（下請）という概念が希薄であり，中小企業の独立性が重んじられている（鈴木満「米国における製造委託・部品購入の実態と法規制」公正取引昭和61年7月号14頁）。とはいえ，米国の状況はその後変りつつある。
(71)　岡田外司博「下請法をめぐる検討」経済法学会年報27号（平成18年）52頁。
(72)　21世紀にふさわしい競争政策を考える懇談会『提言書　21世紀における競争政策と公正取引委員会』平成13年11月）9頁。
(73)　研究会には，「措置体系見直し検討部会」（根岸哲座長）および「独占・寡占規制見直し検討部会」（後藤晃座長）が設置された。独占・寡占規制の見直しが検討項目に追加されたのは，「規制改革推進3か年計画（再改定）」（平成15年3月28日閣議決定）において公益事業分野における事件処理の迅速化が求められたからである。

第 1 章　立法改革の時代

究会は翌 15 年（2003）10 月 28 日に報告書を提出した。報告書は，措置体系の見直しとして，課徴金の引上げおよび減免制度の導入，犯則調査権限の導入，審判手続の見直しを提言し，さらに独占・寡占規制についても検討を加え，不可欠施設を利用した参入阻止行為の禁止規定の新設等を提言した。

　公取委は，この報告書をパブリック・コメントに付したところ，賛否両論が提起され，特に経団連は全面的に反対する意見を提出した。それでも，公取委は，平成 15 年（2003）12 月 24 日，研究会の報告書の提言に沿った「独占禁止法改正の基本的考え方」を公表した。公取委は，翌同 16 年（2004）春に通常国会へ改正法案を提出する予定であったが，同 15 年末の自民党独禁法調査会は改正反対論一色となった[74]。そこで，公取委は経団連に対して，参入阻止行為の規制を先送りする等の譲歩案を提示した[75]。

　平成 16 年（2004）3 月 11 日，経済財政諮問会議において，竹島公取委員長が改正事項を説明しこれについて議員から質疑があった。その模様は，次のとおりである[76]。

> 「（竹島公正取引委員会委員長）……私は競争政策の強化が構造改革の推進の一翼を担う重要な政策であると思っている。小泉総理の「構造改革なくして成長なし」というフレーズにあやかれば，「競争なくして成長なし」と言えるだろう。そこに強者の論理というデメリットがあるとすれば，それは別な政策で措置すべきものであると考えている。
> 　公共調達の場合は談合やカルテルが税金の無駄遣いとなっており，平成 16 年度の予算編成時に行われた議論とも平仄が合う改正である。
> 　さらに，グローバル化された時代においては欧米の競争法のレベル等をにらみ，日本も考えていかなければならない。
> 　以上の基本的考え方に立ち，その中でも特に重要な具体的改正事項を 2 点［配布資料に―筆者注］記載した。1 点目，競争法を定着させるには，独禁法違反事件が割に合わないものであると感じる水準でなければならず，そうでなければ実効性が上がらないということである。……
> 　2 点目は措置減免制度の導入である。カルテル，談合は典型的な企業犯罪と言われているが，その特性は密室で，かつ証拠を残さないことである。各国ではそれを摘発するのに大変苦労し，アメリカ，EU，オーストラリア，韓国，カナダ，要するに日本以外の国ではすべて導入されている。……

---

(74)　平成 15 年 12 月 30 日付け朝日新聞記事「独禁法改正に暗雲」。山中貞則会長は「みんな独禁法そのものに反対している」と半ばあきれ顔であったという。
(75)　平成 16 年 3 月 5 日付け日本経済新聞記事「独禁法強化攻防大詰め」。
(76)　「平成 16 年第 5 回経済財政諮問会議議事要旨」（内閣府 HP）。

第 3 部　構造改革なくして成長なし　2001 〜

　（吉川議員［東京大学教授—筆者注］）……現在公取が提案しているものは，全体として見れば公正なものではないかと前回の会議でも申し上げた。細部においては，いろいろ詰めなければならないところが当然あるだろう。しかし，私のように学界にいる人間から見れば，大きく見て，やはり改正した方がいいし，公取が提案しているのは，方向として正しいと思う。……

　（奥田議員［経団連会長—筆者注］）……経済界と公取とで率直な議論を重ねてきた中で，不可欠施設を有する者に関する新たな規制を取り下げて，また，課徴金を制裁であると，そういうふうに認められているのは多いに［ママ］評価したい。課徴金だけをとっても，引き上げの根拠，あるいは刑事罰との調整方法など，制裁にふさわしい制度設計について，なお問題が残されている，と考えている。

　　日本商工会所をはじめ個別の団体や業界，特に地方の小さいゼネコンの団体等に対し，今回の独禁法改正案についていろいろ聞いてみたが，非常に強い反対がある，ということについても考えなければならない。……

　　経済界として決して協力を惜しむものではない。ただ，以上のような論点を残したまま，例えば今国会への法案提出を行うことは若干拙速ではないかと思う。

　（中川議員［経済産業大臣—筆者注］　きちんとしたルールの下で競争して日本経済が成長していくという竹島委員長の冒頭の発言は全くそのとおりであり，方向として私も反対しない。……

　（麻生議員［総務大臣—筆者注］　基本的に賛成であるが 2 つ質問がある。……

　（竹中議員［内閣府特命担当大臣—筆者注］　……大前提として，競争政策の積極的な展開が求められていることについては，基本的な合意があると申し上げていいのではないかと思う。ただ，方向としては反対はないが，制度設計について，より幅広くオープンな議論をという御指摘があった。引き続き竹島委員長におかれては，21 世紀にふさわしい競争政策の拡充に向けて取り組んでいただきたい。

　　（小泉議長）どちらも今議論がある。基本的にはいい方向なので，あとは各論，幅広く今日みたいな意見も当然今までやってきた議論であるし，あと各党，自民党内，関係方面によく聞いて，国会提出に向ける努力というのはこれから続けていく必要がある。じっくり関係方面に話してください。」（傍点筆者）

　竹中議員および小泉議長のとりまとめは，基本的に強化改正を支持するものの，関係方面とのさらなる調整を促すのみで，法案提出時期について明確な指示をしなかった。公取委は，引き続き改正法案の今国会提出をめざして経団連との調整を続けるが，平行線に終わった[77]。同年 5 月 14 日，自民党独禁法調査会（町村信孝会長代理）は今国会提出を見送り，秋の臨時国会提出をめざすことを決定した[78]。公取委は，同月 19 日，改正法案の概要を示し，再度パブリック・コメン

（77）　平成 16 年 4 月 16 日付け日本経済新聞記事「独禁法改正　溝埋まらず」。
（78）　平成 16 年 5 月 15 日付け日本経済新聞記事「独禁法改正　攻防第二幕へ」。

第1章　立法改革の時代

トに付した。

　小泉首相は，平成16年（2004）9月13日の竹島委員長との会談において，独占禁止法改正案を秋の臨時国会に提出するよう指示し，「マニフェスト（政権公約）にも書いてあることなので，内容も恥ずかしくないものにしてほしい」と求めた[79]。これを受けて，公取委は課徴金の引上げ幅を2倍とする方針を撤回し，現行の原則6％を10％に引上げる等の譲歩をした改正法案を作成した。自民党独禁法調査会（柳沢伯夫会長代行）は，同年10月1日の激論を経て同月5日にこれを了承した[80]。経団連も，施行後2年以内の見直し規定が盛り込まれることを評価して容認した。改正法案は，10月15日，第161回臨時国会に提出されたが，民主党も独自の改正法案を提出し，徹底審議を主張したため，時間切れで審議未了，継続審査となった[81]。次の第162回通常国会においては，衆参両院ともに短期間の審議で迅速に通過し，平成17年（2005）4月20日，政府提出の改正法案が成立した。

　平成17年の法改正は，その内容において昭和52年（1977）の改正と並ぶ重要な大改正であった。昭和52年（1977）の改正は困難を極めたが，今回の改正はそれほどでないにしても容易ではなかった。昭和52年改正を念頭に置きつつ，平成17年改正の立法過程をみると，次のような特色があった。

　法改正の各省協議において強く反対するところはなかった。経済産業省は既に

---

(79)　平成16年9月13日付け日本経済新聞夕刊記事「独禁法改正案，臨時国会に」。ただし，実際には竹島委員長が法案提出を申し入れ，小泉首相が了解したとみられている（吉田・政権変革期・210頁）。このころ竹島委員長は与党幹部等に精力的に根回しをしていた。

　　なお，平成15年秋の総選挙は各党がマニフェストを競ったが，『小泉改革宣言　自民党政権公約2003』9頁は次のように記載していた。

　　　「自由な経済活動を保証し，企業の国際競争力を強化する観点から，強制調査権限の付与等，公正取引委員会の権限強化や課徴金の大幅引き上げ等を行う独占禁止法改正案を2004年中に国会に提出するとともに，人員を大幅に増強する。」

(80)　平成16年10月6日付け日本経済新聞「反発配慮　抑止力に限界」，「公取委VS 建設族の攻防劇」週刊ダイヤモンド平成16年10月16日号14頁。10月1日の調査会の後，柳沢会長代行，与謝野馨政調会長，竹島委員長が協議して，経団連や党内の根回し行った結果，同月5日落着したとのことである（吉田・政権変革期・211頁（公取委職員へのインタビューによる）。

　　自民党としては，連立与党の公明党が課徴金の10％への引上げや審判維持を主張したことが無視できなかったという事情もあった（平成16年10月9日付け日本経済新聞記事「課徴金決着　公明が主導」，吉田・政権変革期・212頁（当時の自民党議員へのインタビューによる））。

(81)　平成16年11月20日付け日本経済新聞記事「今国会成立見送り」。

375

市場原理重視に転換していた(82)。国土交通省は談合があった場合官庁側が違約金を徴収することになっているので課徴金の引上げは過酷な負担となると懸念したが，公取委は民事は民事，行政は行政と説得した(83)。

　改正を進める公取委に立ちはだかり最も強硬に反対したのは経団連であった。経団連は，次にみるように主として法理論・法技術論に基づいて改正批判を強力に展開した。その実質はカルテルの厳罰化に対する抵抗であり，経済界がカルテル体質を払拭できていないと疑わしめるものであった。これに対し，経済同友会は公取委の改正案に対して基本的に支持し(84)，経済界も一枚岩でなかった。

　与野党についてみると，自民党の反発に遭遇した公取委は当初山中貞則独禁法調査会長に調整を期待した模様であるが，平成16年（2004）2月の同会長の逝去によりそれもかなわなくなった(85)。リーダーを欠いた独禁法調査会の会合は建設族議員がいればリベラル派もいて，明確な方針を打ち出せなかった(86)。野党民主党は当初公取委と同様課徴金は現行の2倍程度の引上げが必要と考えていたが，経団連等からのヒヤリングの結果，一定の配慮が必要であると判断し，経団連案に近い対案を提出して政府案に反対した(87)。政権獲得を意識した民主党が経団連と協調する姿勢（！）を示したのである。

　小泉首相は，改正に一定の支持を与えたものの，三木首相のように与党内の反対を抑え込むような強力なリーダーシップを発揮しなかった(88)。経済界の説

---

(82)　平成15年8月26日付け朝日新聞記事「経産省も強化支持」参照。

(83)　吉田・政権変革期・202頁（公取委職員へのインタビューによる）。

(84)　経済同友会「「独占禁止法改正案の概要」に対する意見」（平成16年6月24日，経済同友会HP）。もっとも，経済同友会の見解は，代表幹事の北城恪太郎日本IBM会長の個人的意見が反映されたという。

(85)　平成16年2月21日付け日本経済新聞記事「独禁法改正の行方に影響も」，吉田・政権変革期・208頁（公取委職員へのインタビューによる）。

(86)　平成16年4月2日付け日本経済新聞記事「自民調査会で賛否拮抗」。平成16年5月14日の独禁法調査会による「独占禁止法の見直しに関するとりまとめ」は，「独占禁止法改正案を本年中に国会に提出すべく，本調査会として，引き続き努力する」にとどめ，改正案の内容に踏み込まなかった。

(87)　平成16年10月30日付け朝日新聞記事「大企業課徴金，民主も10％」。民主党の改正案は，課徴金を行政制裁金に改めて制裁的性格を明確にし，罰金の全額を制裁金から控除する，企業の法令遵守体制の整備や調査協力の程度によって最大50％までの制裁金の軽減を行い（制裁金の水準は政府案と同じ），その一方で，過去10年以内に違反行為を2回した事業者，3回以上した事業者にはそれぞれ5割増し，10割増しの算定率を適用する，などというものであった。平成16年11月24日付け産経新聞記事「民主党と財界　独禁法改正阻止でタッグ」は，民主党内から「献金ほしさに財界に政策を売った」との声も漏れているという。

第1章　立法改革の時代

得に動いた様子もうかがえない。結局，平成17年の法改正を推進する原動力となったのは，経団連，与党等との調整に終始力を尽くした竹島委員長率いる公取委自身であった。

　マスメディアは一貫して強化改正を支持し，公取委と経済界の妥協を批判する論調もあった。消費者団体，日弁連，学者グループ[89]も支持した。とはいえ，第1次石油危機当時の大企業批判の嵐のように世論が沸騰したわけではない。

　昭和52年改正当時にはなかった動きとして，国際的な関心を集めたことがあった。OECD事務局は2度のパブリック・コメントに意見を寄せるなど，国際的な経験の立場からカルテル対策としての課徴金の引上げや減免制度導入を支援した[90]。また，EUのマリオ・モンティ委員（競争政策担当。のちの伊首相）が日本における競争法の強化改正を支持するメッセージをしばしば発信した[91]。

　ところで，公取委は，平成16年（2004）10月5日，国土交通省・日本道路公団発注の橋梁工事についての入札談合の疑いで，三菱重工業，新日本製鉄等約30社に対して立入検査を敢行した[92]。ちょうど自民党独禁法調査会において最後の調整が行われていた当日であった。経団連の有力会員企業への立入検査が改正反対勢力へ大きな打撃となったことは明らかである。昭和49年（1974）末の石油二法案をめぐって窮地に追い込まれた高橋（俊英）公取委が，石油元売業界等をカルテルの疑いで次々に立入検査して反転攻勢をかけた（上巻・467頁）ことが想起される。

---

(88)　吉田・政権変革期・270頁は，小泉首相自ら乗り出したわけではないが方向性を示していたとして，「官邸が主導した」改正であるというが，やや誤解をまねくおそれがあると思われる。

(89)　経済法学者34名が公取委の独占禁止法改正案を全面的に支持し，早期国会提出を求める声明を発表した（平成16年9月20日付け朝日新聞記事「学者ら賛同声明」。声明については，「措置体系に関する独占禁止法改正（案）について」法律時報76巻11号（平成16年）96頁に掲載）。

(90)　平成16年7月には，対日規制改革審査報告書において，「現在の2倍程度という算定率も，まだ他の多くの国または地域の罰金の上限よりは低い」と指摘した（OECD編山本哲三監訳『脱・規制大国日本——効率的な政府をめざして』（平成18年）96頁（OECD, Reviews of Regulatory Reform: Japan, 2004, p. 71））。

(91)　平成15年11月19日付け日本経済新聞「日本の独禁法強化　支持」，同年12月13日付け朝日新聞「日本の独禁法改正支持」，平成16年10月8日付け日本経済新聞「日本の独禁法改正を支持」等。

(92)　平成16年10月5日付け朝日新聞夕刊記事「三菱重など30社立ち入り」など。

第3部　構造改革なくして成長なし　2001〜

17年法改正の主要なポイント

17年改正法の主要なポイントは，次のとおりである[93]。

1　課徴金制度の見直し
　　課徴金算定率の引上げ

	大企業	中小企業
製造業等	6 %	3 %
小売業	2 %	1 %
卸売業	1 %	1 %

⇒

	大企業	中小企業
	10 %	4 %
	3 %	1.2 %
	2 %	1 %

　　・違反行為を早期にやめた場合，上記の算定率を2割軽減した率
　　・繰り返し違反行為を行った場合，上記の算定率を5割加算した額
　　・適用対象範囲の見直し（価格カルテル等→価格・数量・シェア・取引先を制限するカルテル・支配型私的独占，購入カルテル）
　　・罰金相当額の半分を，課徴金額から控除する調整措置を規定
2　課徴金減免制度の導入
　　法定要件（違反事業者が自ら違反事実を申告等）に該当すれば，課徴金を減免
　　ただし，対象事業者は合計3社まで
　　　　立入検査前
　　　　　最初の申請者→全額免除
　　　　　2番目の申請者→50 %減額
　　　　　3番目の申請者→30 %減額
　　　　立入検査後
　　　　　申請者→30 %減額
3　犯則調査権限の導入等
　　・刑事告発のために，犯則調査権限の導入
　　・不公正な取引方法等の違反行為に対する確定排除措置命令違反罪に係る法人重科の導入，調査妨害等に対する罰則の引上げ等
4　審判手続等の見直し
　　・意見申述等の事前手続を設けた上で排除措置命令を行い，不服があれば審判を開始（事前審判制度を廃止）
　　・審判官審判に関する規定の整備
　　・規則を定めるに当たっては，手続の適正の確保が図られるよう留意する旨の規定を整備
5　施行後の見直し
　　・改正法施行後2年以内に課徴金制度，排除措置命令手続，審判手続の在り方等について検討を加え所要の措置を講じる

第1章　立法改革の時代

なお，同調的価格引上げに対する報告徴収制度は廃止された。

課徴金の法的性格の変更――「行政上の制裁」へ

　法改正された事項は多岐にわたるが，重要な課徴金の法的性格の変更と減免制度導入についての論争の経過を，とりわけ公取委・独占禁止法研究会と経団連の主張を対比させながら検証しよう。

　まず，措置体系全体の整理として，研究会の報告書は，課徴金と刑事罰の関係について，刑事罰の謙抑性・補充性の原則等にかんがみ，従来どおり行政処分中心の体系とし，悪質かつ重大な事案を刑事告発するという2本立ての措置を示唆し[94]，以後これが公取委の一貫した方針となった。

　わが国のカルテルに対する課徴金の額は，米国・EUと比較すると，その低さは次のように歴然としていた[95]。

日米欧の制度比較
　　米国……1,000万ドル以下又は利益・損害額の2倍以下の罰金（具体的には，違反期間中の当該商品の売上高の15～80％）
　　EU……100万ユーロ以下又は総売上高の10％以下の制裁金（カルテルの場合2,000万ユーロ（約24億円）を基準に加減）
　　日本……違反期間中の当該商品の売上高の原則6％（中小企業は3％）

実際の事件における課徴金額比較
　　EUによる制裁金総額(A)　わが国の現行制度による想定課徴金総額(B)　倍率(A/B)
　　①　リジン事件（平成12年6月，実行期間1990～1995）
　　　　日米韓の5社　A　16,482万ユーロ　B　約2,952万ユーロ　A/B　約5.6倍

---

(93)　宇賀克也ほか「座談会　改正独占禁止法をめぐって」公正取引平成17年7月号2頁の図をもとに作成。なお，平成17年法改正に関する文献としては，公正取引平成15年11月号「特集　独占禁止法研究会報告書」，同平成17年7月号「特集　平成17年改正独占禁止法」，ジュリスト1270号（平成16年）「特集　独占禁止法改正の方向をよむ」，同1294号（平成17年）「特集　独占禁止法改正」，経済法学会年報26号（平成17年）「特集　独占禁止法改正」所収の各論文，諏訪園貞明編著『平成17年改正独占禁止法』（平成17年）等参照。

(94)　独占禁止法研究会『独占禁止法研究会報告書』（平成15年）11頁。刑事罰の活用の観点から報告書に疑問を提起する見解として三輪芳朗＝J.マーク・ラムザイヤー「競争政策の望ましい姿と役割（下）」ジュリスト1262号（平成16年）90頁。

(95)　公取委「独占禁止法改正(案)の考え方」（平成16年5月19日）添付の「日米欧の課徴金・罰金比較」による。

379

② 人造黒鉛丸形電極（平成 13 年 7 月，実行期間 1992 ～ 1998）
米独の 4 社　　A　33,882 万ユーロ　B　約 7,560 万ユーロ　A/B　約 4.5 倍
（注）　EU による制裁金額は，制裁金減免制度適用前の金額である。

　課徴金の額をどの水準まで引き上げることができるかは，課徴金の法的性格と密接にかかわってくる。課徴金は，昭和 52 年（1977）の制度創設以来，カルテルによる不当利得を剥奪するための行政上の措置と性格づけられてきた。しかし，それでは引上げに限界がある。そのための方策として，独占禁止法研究会は，㋐公取委が上限の範囲内で違反行為の悪質性・有責性等に応じて裁量的に科す制裁金制度，㋑「違反行為が社会に及ぼした経済的厚生の損失を負担又は補償させる」課徴金制度を提起した。しかし，㋐は EU 型の行政制裁金であるが，刑事罰との機能分担が不明確になる等の理由で適当でないとし，㋑が最も妥当であるとした（ただし，「21 世紀にふさわしい競争政策を考える懇談会」が㋐の導入を示唆していたことは前記のとおりである）[96]。
　㋑にいう経済的厚生の損失とは，①市場価格の引上げによる需要者の損失（違反行為者の超過利潤）＋②市場価格の上昇により購入できなかった需要者の損失（死重的損失部分）からなるが，①が不当利得に，②が制裁に相当することになる。課徴金は不当利得の剥奪を超えて，制裁としての機能が強まることになる。そうすると，刑事罰との二重処罰の問題が生じるが，課徴金の制裁的機能は「あくまでも，将来に向かって違反行為の不作為義務の履行を促し，また，社会的公正を確保するなどの行政上の目的を達成するために，必要な措置をとることに伴うもの」で，刑事罰とは趣旨・目的等を異にすると位置付けた[97]。
　これに対して，経団連は研究会の報告書に対するパブリック・コメントにおいて，「「社会の経済的厚生」とは単なる講学上の概念にすぎず，その「損失」をもって課徴金の算定根拠とすることは，極めて不明確な基準により……課徴金を課そうとするものである」と批判した[98]。のみならず，経済学者から死重的損失は超過利潤に比べて大きなものではないことが指摘された[99]。経団連は，不

(96)　独占禁止法研究会前掲注(94) 16 頁。
(97)　独占禁止法研究会(94) 17 頁。井手秀樹「課徴金，社会的損失負担を」平成 15 年 10 月 20 日付け日本経済新聞経済教室，同「独占禁止法の措置体系の見直し」公正取引平成 15 年 11 月号 24 頁，岸井大太郎「独占禁止法の措置体系のあり方」公正取引同 14 頁，舟田正之「課徴金制度の強化に向けて」NBL774 号（平成 15 年）9 頁も参照。
(98)　経団連経済法規委員会「「独占禁止法研究会報告書」に対する意見」（平成 15 年 11 月 28 日，経団連 HP）2 頁。
(99)　三輪＝ラムザイヤー前掲注(94) 89 頁。報告書の考え方の問題点については，金井貴

第1章 立法改革の時代

当利得を超える課徴金を課すことは憲法上の二重処罰の禁止に触れるから,「課徴金をEU型の制裁金に改めつつ,行政上の制裁と刑事制裁の関係を整理するか,少なくとも,制裁としての課徴金を課す事案においては,法人に対する刑事罰を科さない体系とする」行政制裁一本化論を提案した(100)。

公取委が経済的厚生損失論を撤回した経緯は公表された資料からは明らかでない。法制局審査の過程で,法制局から経済的厚生の損失だけを根拠にするのではなく,他法令や諸外国の例も踏まえた上で引き上げる必要があると指摘された模様である(101)。そして,公取委は,平成16年(2004)4月の「独占禁止法改正(案)の考え方」(102)において,課徴金を「行政上の制裁」と割り切ることにした。それによって課徴金の水準を不当利得相当額以上に引上げることができるし,累犯に対する加算制度も説明しやすくなる。他方,「行政上の制裁」といってもEU型の制裁金とは異なるもので,裁量のない「行政上の措置」としての性格は維持し,それ故に刑事罰との両立が可能となる(103)。ただし,「違反行為の抑止(一般予防)……という意味で,両者に共通する部分が存在する」として,罰金額の2分の1に相当する額を課徴金の額から控除するという調整規定を設けることにした。しかし,両者は趣旨・目的が異なるのであるから,本来このような調整は不要であり,これは「一種の政治的妥協案」と評された(104)。

課徴金は制裁としての性格が明確となったが,その算定率はどうなるのか?

嗣「課徴金制度の見直しについて」ジュリスト1270号(平成16年)18頁など参照。
(100) 経団連前掲注(98)3頁。行政制裁金導入の提案は,従来からあった。来生新「排除措置と課徴金」経済法学会年報13号(平成4年)43頁,金井貴嗣「独占禁止法違反に対する課徴金・刑事罰の制度設計」日本経済法学会22号(平成13年)18頁,郷原信郎「独占禁止法違反に対する制裁の現状と課題」同101頁,村上政博「カルテルに対する制裁措置」ジュリスト1231号(平成14年)142頁など。
(101) 吉田・政権変革期・199頁(公取委職員へのインタビューによる)。
(102) 公取委「独占禁止法改正(案)の考え方」(平成16年4月1日,公取委HP)1頁。
(103) したがって,課徴金の法的性格には変更された部分と変わらない部分があることになる(鈴木孝之「課徴金制度の見直し」ジュリスト1294号(平成17年)11頁)。公取委や政府は,二重処罰との批判を回避するため,課徴金制度が「行政上の措置」であって法的性格は変わらないことを強調しているように見える(たとえば,平成16年11月4日の衆議院本会議における鈴木康友議員(民主)の質疑に対する細田博之官房長官の答弁)。

なお,学説上は,憲法39条は二重起訴を禁止しているのであって,課徴金と刑事罰を併科しても違憲の問題は生じず,憲法上は罪刑均衡の問題だけが生じるという見解(佐伯仁志「独禁法改正と二重処罰の問題」経済法学会年報26号(平成17年)47頁)が有力となっていた。
(104) 経済法学者34名前掲注(89)法律時報76巻11号97頁。

公取委は,「現行の 2 倍程度」を提示した。現行の算定率は原則 6 ％であるから, 2 倍とすれば原則 12 ％となる。その根拠は,「過去の事例を分析するとカルテル・入札談合による不当利得の平均値は 16.5 ％程度とみられる」こと等が総合勘案された[105]。経団連は, 現下の経済情勢を踏まえれば「現行の算定率でも十分に高く, 抑止力に乏しいと言う根拠はない」し, 課徴金が制裁であるならば確定率ではなく個別事案ごとに算定すべきであると反論した[106]。

経団連のいう個別事案ごとの算定は実際には公取委実務に困難を強いるものであるし, 公取委提案の 12 ％でも実際のカルテル・入札談合による不当利得の平均値よりも相当低く, 欧米と比較すればはるかに低い。それでも現行水準の維持を主張するのは, 経団連のカルテル抑止への意欲を疑わせるものである。結局, 公取委が原則 10 ％の算定率へ譲歩して決着したことは, 前記のとおりである。

改正法成立後で施行前の平成 17 年（2005）9 月, 最高裁は日本機械保険連盟事件判決において, 課徴金の法的性格に関して次のように判示した[107]。

「独禁法の定める課徴金の制度は, 昭和 52 年法律第 63 号による独禁法改正において, カルテルの摘発に伴う不利益を増大させてその経済的誘因を小さくし, カルテルの予防効果を強化することを目的として, 既存の刑事罰の定め（独禁法 89 条）やカルテルによる損害を回復するための損害賠償請求制度（独禁法 25 条）に加えて設けられたものであり, カルテル禁止の実効性確保のための行政上の措置として機動的に発動できるようにしたものである。また, 課徴金の額の算定方式は, 実行期間のカルテル対象商品又は役務の売上額に一定率を乗ずる方式を採っているが, これは, 課徴金制度が行政上の措置であるため, 算定基準も明確なものであることが望ましく, また, 制度の積極的かつ効率的な運営により抑止効果を確保するためには算定が容易であることが必要であるからであって, 個々の事案ごとに経済的利益を算定することは適切ではないとして, そのような算定方式が採用され, 維持されているものと解される。そうすると, 課徴金の額はカルテルによって実際に得られた不当な利得の額と一致しなければならないものではないというべきである。」（傍点筆者）

---

(105) 公取委前掲注(102) 1 頁。
(106) 経団連「「独占禁止法改正（案）の概要」に対する日本経団連意見」（平成 16 年 4 月 15 日, 経団連 HP）3 頁。
(107) 東京海上日動火災保険㈱ほか 13 名による審決取消請求事件, 平成 17 年 9 月 13 日最高裁判決（原判決破棄自判）, 審決集 52 巻 723 頁。原審東京高裁判決（審決一部取消し）（平成 13 年 11 月 30 日, 審決集 48 巻 493 頁）は,「課徴金制度の基本的性格はあくまでもカルテルによる経済的利益のはく奪にある」のであり,「可能な範囲では課徴金の額が経済的に不当な利得の額に近づくような解釈を採るべきである」との理解を示していた。

第1章　立法改革の時代

　最高裁は，課徴金制度を「カルテルの予防効果を強化することを目的として」，「刑事罰の定めや損害賠償制度に加えて設けられたものであり，カルテル禁止の実効性の確保のための行政上の措置として機動的に発動できるようにしたもの」と判示した上で，個別事案ごとに経済的利益を算定することは適切ではない」と否定した。

　経済法学者根岸哲は，「課徴金制度の基本的性格をカルテルによる不当な利得を剥奪するものと説明する呪縛から解放するものであり，画期的な判決」と歓迎した[108]。そして，平成17年法改正との関連において，改正後の課徴金が不当利得以上の金銭の徴収に変更されても，「カルテル禁止の実効性確保のための行政上の措置」であるから二重処罰の問題は生じないし，行政上の制裁であっても非裁量的な運用を積極的に認めることにより，今回の課徴金制度の見直しを支持するものと説いた。すなわち，経団連が主張する裁量的な行政制裁一本化論を最高裁も否定したということである。

　こうして，平成17年法改正により課徴金の法的性格が変更され，課徴金の違反行為に対する抑止力の強化の道が開かれることになった。のみならず，立法過程の議論や前記最高裁判決を通じて法的性格――そのあいまいさから「ぬえ」とたとえられた（第2部第4章1参照）――が明確化されることにより，わが国おいてユニークな課徴金制度が一層法的に安定しかつ定着していく。

課徴金減免制度の導入――カルテル・談合文化の変革

　米国においてカルテルに対する司法省の刑事訴追免責方針（leniency policy）が大きな成功を収めるようになったのは，一定の要件さえ充たせば確実に免責が受けられることにより申請者の不安を解消した1993年（平成5年）の新方針からであった[109]。米国での成功を見て，EU（1996），韓国（1997），英国（2000），ドイツ（同），カナダ（同），フランス（2001）等で相次いで導入され[110]，主要国

---

(108) 根岸哲「日本機械保険連盟損害保険料カルテル課徴金審決取消請求事件最高裁判決の意義」公正取引平成17年12月号38頁。ただし，課徴金制度が不当利得と関連がなくなったというわけではない。「不当利得がベースにある」という考え方（宇賀克也ほか「座談会　改正独占禁止法をめぐって」公正取引平成17年7月号6頁（根岸発言），根岸＝舟田・344頁）と，「算定の手がかり」にすぎないという考え方（宇賀ほか前掲座談会7頁（岸井発言），岸井大太郎「独占禁止法における課徴金（違反金）制度のあり方」法政法科大学院紀要3巻1号（平成19年）81頁）がある。
(109) 中藤力「米国反トラスト法におけるリニエンシー制度の現状と日本への導入の検討」公正取引平成14年3月号2頁。
(110) 小林渉「諸外国における制裁減免制度の概要」公正取引平成14年3月号28頁。

383

で導入していないのはわが国だけとなった。何故，わが国では遅れたのか？

平成13年（2001），OECDによって減免制度が世界の潮流になっている状況が報告される[111]一方，「規制改革推進3か年計画」において「調査に積極的に協力し，かつ違法性の低い事業者に対する課徴金の減額措置の必要性・可能性……について検討する」ことが盛り込まれた[112]。

これを受けて，減免制度を検討した公取委の独占禁止法研究会は，課徴金が経済的利得の徴収という基本的性格を有し，裁量性を排したものとなっている以上，調査に全面的に協力したことなど当局の価値判断が必要な裁量的減免制度の導入は困難である，減免制度により本来徴収すべき不当利得を徴収しないことには問題があるとして，「違反行為者に対して採られるべき措置体系の見直すことを検討する際に併せて検討すべき課題」であるととりあえず先送りした[113]。わが国では課徴金と刑事罰という2本立ての制度であり，課徴金の基本的な性格が変更されない限り，減免制度の導入は困難であるというのである。

とはいえ，公取委が減免制度の導入に消極的であったのは，そのような法の建前論だけではなかった。公取委事務総長であった上杉秋則はのちに，審査実務において「カルテルの端緒情報に困ることはなく……リニエンシー制度にそれほど魅力を感じなかった」と語っている[114]。

さて，独占禁止法研究会は，平成14年（2002）10月に措置体系の見直しを開始し，そのなかで課徴金減免制度についても検討を行った。経団連は，研究会の報告書のとりまとめに先立ち，次のような見解を公表した[115]。すなわち，①EU型の行政制裁金でなければ減免制度の導入は困難である，②カルテルだけが密室の犯罪ではないし，公取委の情報収集能力を補充するために必要というのは本末転倒である，③この制度は米国の司法取引の伝統に立って採用されたものであり，わが国国民の法感情，正義感からは極めて違和感がある，④刑事罰も免ずるのであればその権限はどのような法理論に基づくのか，などと減免制度の導入

---

(111) OECD, Fighting Hard Core Cartels: Harm, Effective Sanctions and Leniency Programmes, 2002, p. 12.
(112) 規制改革推進3か年計画（平成13年3月30日，閣議決定）（独占禁止法研究会「独占禁止法研究会報告書」（平成13年10月）73頁）。
(113) 独占禁止法研究会前掲注(112) 41頁。
(114) 上杉秋則＝山田香織『リニエンシー時代の独禁法実務』（平成19年）82頁。ただし，端緒情報は中小企業に関するものが多かったという。
(115) 経団連「独占禁止法の措置体系の見直しについて」（平成15年9月16日，経団連HP）。

第 1 章　立法改革の時代

に全面的に反対した。

　①について，独占禁止法研究会は，課徴金の法的性格を不当利得の徴収から経済的厚生の損失の補償に変更し，さらにこれが批判されると公取委が「行政上の制裁」に割り切ったことは前記のとおりである。

　②について，独占禁止法研究会は，減免制度導入の必要性として，公取委のカルテルの発見や解明といった減免制度の直接の目的には触れずに，「企業に対してカルテルからの自発的に離脱するインセンティブを付与する」ことを繰り返し強調した[116]。その理由は必ずしも明らかではないが，現行制度の下においてはカルテルから離脱するメリットがない[117]こともあり，カルテル体質から抜けられないわが国の企業の現実を踏まえた説明であったのかもしれない[118]。と同時に，公取委側の事情による導入という批判[119]に応え，「企業において法令遵守体制の整備が進展していること等を踏まえつつ，企業が，カルテルから自発的に離脱する場合にこれを後押しする」と説明したほうが経済界に受け入れられやすいと判断したのかもしれない。

　③について，まず減免制度は司法取引——交渉に基づき被疑者が捜査に協力する見返りとして検察官が有利な取り扱いをする——のような取引的要素をもつ制度なのかということである。わが国では司法取引に対して否定的評価が根強いが，減免制度は司法取引制度のない EU や欧州大陸諸国でも採用されているし，米国においても免責方針は法的安定性，予見可能性の高いものになっている。海外調査を踏まえて，研究会の報告書は，減免制度が「要件に該当すれば機械的に適用される取引の要素のない制度である」と司法取引とは本質的に区別されることを強調した[120]。

　経団連は，減免制度を「他人を出しぬいて自ら犯した違反行為の制裁減免を求めるもの」とし，「わが国国民の現行の法感情，正義感からは極めて違和感があ［る—筆者注］」と批判した[121]点についてはどうか？　確かに減免制度に関して一般にそのような印象が持たれ，導入してもわが国では機能しないのではない

---

(116)　独占禁止法研究会前掲注(112) 10, 12, 13 頁。
(117)　この点を指摘する文献として，中藤前前掲(109) 8 頁。
(118)　このような理由付けについて，上杉ほか前掲注(114) 95 頁は，「いかに日本がカルテル王国であるかを自認するようなもの」と酷評した。
(119)　川崎隆司「公正取引委員会の公正取引委員会による公正取引委員会のための独禁法改正案」建設オピニオン平成 16 年 2 月号 60 頁。
(120)　独占禁止法研究会前掲注(112) 14 頁。
(121)　経団連前掲注(115) 4 頁。

かとみる者も多かった。ここで想起されるのは，EUのモンティ委員が，平成15年（2003）11月20日開催のシンポジウムにおいて，「これら［課徴金の引上げと減免制度—筆者注］は必ずしも日本の現在の文化と整合性を持たないかもしれない。だが，EUも同じで，我々は文化を変えてきた」と発言した[122]ことである。まさに，課徴金減免制度の導入はわが国のカルテル・談合文化を変革しようとするものであるから，既存の法感情，正義感を前提とすることはできない（公益通報者保護法制定の動きがあり，国民の感覚も変化しつつあった）。そして，実際に日本企業も導入済みのEUにおいて制裁金の減免申請を行ってきたのである[123]。

④について，研究会の報告書は公取委の告発の取扱いの問題として検討することにし，公取委への調査開始前の最初の情報提供は自首に相当するから刑事法上の基準とも整合的であるとした[124]。

経団連の見解で見逃がすことのできないのは，「なぜ複数の事業者が同時に申請することを認めないのか……十分な説明がなされていない」と疑問を提起したことである[125]。これは「一種の共同申請カルテル」[126]を認めよとの主張であるが，それでは「結局［カルテルの—筆者注］やり得となるだけでなく，他の事業者が当局に報告するかもしれないというリスクを認識することで違反行為をやめるインセンティブが高まるという効果も期待できなくな」ってしまう[127]。もともと減免制度の趣旨は共謀した仲間を裏切ることにある。経団連の主張は，はしなくもわが国経済界のカルテル体質を露見させたというべきである。

---

(122) マリオ・モンティ「欧州，カルテル弱体化」同年11月30日付け日本経済新聞。
(123) 平成15年11月18日付け日本経済新聞記事「「自首」制度　欧州で浸透」によると，EUが1996年に制裁金の減免制度を導入して以来，適用を受けた約100社のうち日本企業が25社を占め，また全額免除を受けた8社のうち2社が日本企業であったという。
(124) 独占禁止法研究会前掲注(112) 13・22頁。公取委が調査開始前の最初の減免申請者を告発しなかったとしても，当該事件について他の被疑者を告発すれば告訴・告発不可分の原則により最初の減免申請者も検察官は起訴することができる。この点について，法務省は，検察官は訴追裁量権の行使にあたり専属告発権を有する公取委があえて告発しなかった事実を十分考慮することになると国会で答弁した（平成17年4月19日の参議院経済産業委員会における直嶋直行議員（民主）の質疑に対する大竹宏刑事局長の答弁）。
(125) 経団連「「独占禁止法改正（案）の概要」に関するコメント」（平成16年6月25日，経団連HP) 4頁。
(126) 経済法学者34名前掲注(89) 98頁。
(127) 諏訪園編者前掲注(93) 72頁。米国でも，違反の自白を共謀する者にはすべて免責は与えられない。カルテル離脱のインセンティブを維持するためには，最初に申請した企業が最も有利な扱いを受けることが重要だからである（OECD, supra note 111, p. 14)。

こうして先行する主要国にならって，わが国の法制おいて他に類を見ない減免制度が独占禁止法において導入された。とはいえ，減免制度は密室で行われるカルテルという共同行為に特殊な制度であると考えれば，特にユニークな制度というわけでもないであろう。

独占・寡占規制の見直しの挫折とその意義

独占禁止法研究会の検討のもうひとつのテーマであった独占・寡占規制の見直しは，どうなったか？　研究会は，独占的状態に対する措置の規定（法8条の4）が導入された昭和52年当時から，「独占・寡占をめぐる経済状況は一変」し，電気，ガス，電気通信，航空等の公益事業分野においても規制緩和によって競争が導入されたが，「既存事業者による不可欠施設等を専有していることにより，競争原理が有効に機能していないという問題が指摘されている」と述べた[128]。

その上で，不可欠施設等を専有または共有する事業者が不可欠施設等を競争者に利用させるにあたり不利な取扱いをするなどの参入阻止行為を「独占禁止法上迅速，効果的に対処する」ために，「正当な理由がない限りこれを違法とし」かつ当該行為の「差止めに加えて必要な競争回復措置」[129]を講じることができるよう，私的独占や不公正な取引方法とは別に新たな行為類型を規定することを提言した。その場合に，いわゆる不可欠施設の法理が適用される範囲を超えて，不可欠施設等の利用権を排他的に割り当てられている複数の事業者による同調的な参入阻止行為や事実上の技術標準の利用拒否行為等も規制対象に含めることを想定した。

このような報告書に対しパブリック・コメントは否定的な意見がほとんどであり，批判は提起された問題は現行法でも対応可能ではないかということに集中した[130]。経団連は，「曖昧な構成要件のもとに，当然違法の原則が適用されるかのような新たな規制類型を導入するに等しく容認できない」，「現行独占禁止法の規定で十分対応可能であるにもかかわらず，「迅速処理」のみを理由に新たな規制体系を導入することは疑問である」，「公正取引委員会が想定する措置自体が現

---

(128)　独占禁止法研究会前掲注(112) 36 頁。
(129)　報告書は，競争回復措置として，不可欠施設等の利用条件等の情報公開措置，不可欠施設等の保有部門からの内部補助，情報の目的外使用を生じさせないような措置（例：会計分離，情報の部門別遮断）等を事業法等で有効適切に講じられていない場合に講じる必要があるとしている（報告書47頁）。
(130)　「独占禁止法改正の基本的考え方について」（平成15年12月24日，公取委）の「別紙2　独占禁止法研究会報告書に対する意見募集に寄せられた意見の概要」参照。

行事業法の適切な運用により対応可能である」,「新規参入を企図する者が,既存事業者の専有する不可欠施設や技術標準の利用を当然とすることは,……社会的インフラの維持,高度化や技術革新を阻害する」と批判した[131]。

経済法学者白石忠志は,報告書に対する詳細な批判を展開した上で,「新たな違反行為類型を作ることが自己目的化している」と評した。さらに,報告書が「競争回復措置」を「事業法等で有効適切に講じられていない場合に」行う必要があるとしていたが,白石はこれを公取委が「他官庁を批判する際にしばしば標的とした「事前規制」そのものである」と非難した[132]。

厳しい批判を受けて,平成16（2004）年3月,公取委は不可欠施設の所有者による参入阻止行為の規制を断念した[133]。批判はもっともであり,問題はなぜ公取委が強引に導入しようとしたのかである。その理由は必ずしも明らかでない。実効性のない独占的状態に対する措置の規定を廃止するのが目的であったのかもしれない。公取委事務総局としては,他省庁も公益事業分野における競争政策に乗り出しており,経済学者の危機感と相俟って過剰な対抗意識がそうさせたのかもしれない。

結局,独占・寡占規制の見直しは,不可欠施設等の問題に対し現行法で対応可能なことで独禁法関係者が一致したことに意義があったことになる。

平成17年法改正の意義——欧米諸国と比肩しうるようになったか？

公取委元委員・弁護士の伊従寛は,平成15年（2003）12月,法改正を前にして,「市場経済大国であるわが国にとって,欧米諸国と比肩しうる独占禁止法の規制体制を整備することは,国際的な責務といえる」と述べた[134]。いうまでもなく,カルテル・談合は悪質な行為であり,これを排除すべきことは国際的合意

---

(131) 日本経団連経済法規委員会「「独占禁止法研究会報告書」に対する意見」（平成15年11月28日,経団連HP）4頁。
(132) 白石忠志「独占寡占規制見直し報告書について」NBL776号（平成16年）51頁・53頁。一部の経済学者も「公取委が最後発の介入主義的な行政官庁の途に深入りすること」を懸念した（三輪＝ラムザイヤー前掲注(94) 94頁）。
(133) 平成16年3月5日付け日本経済新聞記事「独禁法強化 攻防大詰め」。同記事は,経産省,総務省も「屋上屋を架す規制になりかねない」と反対していたこと,現行法でも対応可能であることは前年12月にNTT東の光ファイバ参入妨害事件で公取委が勧告を行ったことで裏付けられる結果となったことを伝えている。
(134) 伊従寛「独禁法研究会報告「措置体系の見直し」の問題点」商事法務1684号（平成15年）23頁。伊従自身は,法改正の検討は時宜を得ているが,報告書の検討の方法と内容には欠陥があるという。

であった。にもかかわらず，わが国の独占禁止法の規制体制は，カルテル・談合に対する抑止力の強さにおいて欧米諸国に遅れをとり，カルテル・談合を依然として横行させ，国際カルテルの摘発にも失敗（第3部第3章3参照）していた。平成17年法改正はそうした遅れを取り戻すのが目的であったといえよう。

確かに課徴金減免制度の導入は約10年遅れてようやく米国・EUに追いつくものであったが，課徴金の水準は引上げによってもなお国際的レベルより著しく低位にとどまった。その意味では，「欧米諸国と比肩しうる独占禁止法の規制体制を整備」するにはなお足りなかったが，公取委はカルテル・談合と闘う武器を一応手に入れた。あとは，そうした武器を公取委が使いこなすかどうかにかかっている。この点については，第4章1および2で検証しよう。

他方で，経済法学者川濱昇は，「ハードコアカルテル規制をめぐる国際競争」において「わが国独禁法の遅れを感じる向きもあろう」が，「完成されたモデルというべき規制手法があるわけでない」とし，「単にキャッチアップにとどまらずわが国の企業の行動特性や歴史的・制度的な要因を考慮した実効性のある規制を模索していく必要がある」と説いた[135]。たとえば，わが国は課徴金（行政制裁）と刑事罰の二元体制をとっているが，多くの国では──「歴史的な経路依存」の相違（川濱）によって──このようなアプローチはとられていない。わが国においては，刑事罰にすべて依存できない一方，最後の手段として刑事罰は必要であり，二元体制が維持されたのは妥当な選択であった。その意味では，措置体系の見直しといっても結果は大幅なものではなかったのである。

とはいえ，今回の改正がすべて妥当であったということはできない。ハードコア・カルテルへの対処を急ぐあまり，審判手続を不服審査型へ変更したことや課徴金の対象をハードコア・カルテル以外にも拡大したことは，後述する（本章5参照）ように問題を残したと言わなければならない。

立法過程についていえば，この時点においても経団連をはじめ経済界がカルテル・談合規制の国際的水準への強化に抵抗したことが特色であった。そのことはカルテル体質を脱しえない日本企業に対し海外当局が厳罰を科すというかたちで自らに跳ね返ってくる（第3章3参照）。小泉政権が明確なリーダーシップをとらず，与党に改正実現に逡巡が見られたことも，独占禁止法意識が成熟していないことを示していた。野党が法改正を政治の駆け引きに利用する動きに出たことも，その後の独占禁止法の政治化へのまがまがしい前兆であった。

---

[135] 川濱昇「平成17年独占禁止法改正の意義と展望」公正取引平成17年7月号34頁。

4　平成21年および25年の法改正——審判制度の廃止

平成21年法改正の立法過程
——独占禁止法基本問題懇談会報告書と経団連・与党

　平成17年改正法附則13条は政府が2年以内に見直しを行うことを定めていた[136]が，これは経団連が国民的議論を踏まえて政府全体の責任において改正案を作成するよう求めていたことに基づく[137]。そこで，小泉政権は，平成17年（2005）7月，内閣官房長官のもとに「独占禁止法基本問題懇談会」（塩野宏座長）を設置し，有識者20名による検討を開始した。懇談会は，2年間に35回の会合を重ね，平成18年（2006）7月には「論点整理」を公表してパブリック・コメントを求めた上で，翌同19年（2007）6月26日，最終的な「独占禁止法基本問題懇談会報告書」をとりまとめた。この経緯からもわかるように，懇談会の検討内容やその後の法改正事項は，平成17年法改正の際の公取委と経団連の抗争の延長上にある[138]。

　報告書の概要は，次のとおりである[139]。

「　……
　違反金制度の在り方
　　1　違反金と刑事罰の在り方
　　　法人に対する刑事罰（が存在すること）の有効性を活かしつつ，違反金を設計してこれを機動的に賦課することが，現状においては違反行為に対する抑止の観点からは効果的であり，引き続き，違反金と刑事罰を併存・併科することが適当である。
　　（注）　報告書においては，現行の課徴金制度に縛られず検討を行うため，「違反行為抑

---

[136]　改正法附則13条は，「政府は，この法律の施行後二年以内に，新法の施行の状況，社会経済情勢の変化等を勘案し，課徴金に係る制度の在り方，違反行為を排除するために必要な措置を命ずるための手続の在り方，審判手続の在り方等について検討を加え，その結果に基づいて所要の措置を講ずるものとする」と規定していた。

[137]　日本経団連経済法規委員会競争法部会「「独占禁止法改正（案）の概要」に対するコメント」（平成16年6月25日，経団連HP）。昭和52年改正時に総理府総務長官を座長とする独占禁止法改正問題懇談会が設置された先例に言及している。

[138]　改正法の見直しが改正法の施行日（平成18年1月4日）以前に開始されるという奇妙な事実は，改正法が一時の政治的妥協であって，最終的な決着でなかったことを如実に示している。

[139]　「独占禁止法基本問題懇談会報告書（概要）」（平成19年6月26日，内閣府HP）。報告書に関する文献として，ジュリスト1342号（平成19年），公正取引平成19年9月号「特集独占禁止法基本問題懇談会報告書をめぐって」所収の各論文がある。

第 1 章　立法改革の時代

　　止のための行政上の金銭的不利益処分」について，「違反金」という用語を用いている。
　2　不当な取引制限，私的独占（支配型）に係る違反金の水準，算定方法等
　　違反金は違反抑止のための処分であるから，「違反行為をする動機付けを失わせる」のに十分な水準に設定すべきである。
　　違反金の算定方法については，現行課徴金と同様に比較的簡明なものとし，関連商品等売上高に所定の算定率を乗じたもの（基礎額）をベースにして，所定の考慮要素を満たす場合に加減算を行う仕組みとすることが適当である。
　3　私的独占（排除型），不公正な取引方法を違反金の対象とするどうかについての検討
　　私的独占（排除型）については，違反金の対象とすることが適当である。不公正な取引方法については，違反金の対象とすることは不適当であるという立場と，違反金の対象とすることはできない訳ではなく，必要なものについては違反金の対象とすべきであるという立場に分かれた。
　　……
審判，行政調査手続等の在り方
　1　審判制度の在り方
　　平成 17 年改正により導入された<u>不服審査型審判方式</u>は，処分の早期化・審判件数の減少等一定の成果を上げていると考えられることから，<u>当面は，これを維持することが適当である</u>。
　　しかしながら，行政審判は，行政過程において準司法的手続を採用して被処分者に十分主張・立証の機会を与えることにより適正手続を保障するとともに，紛争の専門的早期的解決を図るものであることから，<u>一定の条件が整った段階で，事前審査方式を改めて採用することが適当である</u>。
　2　審判に対する信頼性・透明性確保
　　審判に対する信頼性を一層高める見地から，審判官の構成，審判官作成の審決案の取扱い等に関し所要の措置を講ずることが適当である。
　　……
　　　　　　　　　　　　　　　　　　　　　　　　」（下線は原文）

　経団連の完敗であった[140]。課徴金と刑事罰の併科について，経済界委員や一部の法学者委員の根強い否定論に対し，多数の法学者委員や消費者委員をはじめ，ヒアリングをした憲法学者（高橋和之），欧州ビジネス協会，法務省などが併科を支持したことが報告書の流れを作った。当時，公取委の大型の入札談合事件や価格カルテル事件の摘発が相次いでいたことも後押しした。課徴金対象範囲の排

---

(140)　平成 19 年 6 月 22 日付け朝日新聞記事「経団連は落胆「完敗」」。それによれば，「経団連の久保田政一常務理事は「自民党独禁法調査会で意見を言う」と，今後の巻き返しを狙う」と伝えている。

391

除型私的独占への拡大については，異論があったがおおむね支持された。不公正な取引方法への拡大については慎重論が多かったが，消費者委員らが再販売価格維持行為，不当表示に対して強く求めて両論併記となった。

　審判手続の見直しについても，多数の法学者委員や消費者委員らが――不服審査型か事前審査型かに意見は分かれても――審判手続維持を主張し，審判廃止を主張する一部法学者委員や経済界委員を抑えた。特に事前審査型審判手続が「最も望ましい」ととりまとめるにあたっては行政法学の泰斗である塩野座長が手腕を発揮した。かねての持論が受け入れられなかった経団連は，以後審判手続の廃止に絞って政治に働きかけていく。

　公取委は，懇談会報告書を受けて，平成19年（2007）10月16日，「独占禁止法改正等の基本的考え方」を発表し，法改正の基本方針を明らかにした[141]。しかし，公取委の「基本的考え方」は報告書の提言に必ずしもすべて沿ったものではなかった。課徴金の引上げは見送られたし，排除型私的独占への課徴金は導入するが，意見が分かれた不公正な取引方法については不当表示，優越的地位の濫用に課徴金を課すことにした。審判手続については，事前審査型に戻す方向性は示さず，運用を改善することにした。その趣旨は必ずしも明らかでないが，経済界や与党の意向を考慮したからであろう。

　事実，経団連は，平成19年（2007）11月20日，審判制度の廃止を求める提言を公表したし[142]，自民党独禁法調査会も，同年12月12日，審判廃止で意見が一致した[143]。公取委は審判廃止には反対し続けていたから，通常国会への独占禁止法改正案の提出は危ぶまれる事態となった。公取委は重大な岐路に立たされた。課徴金対象範囲の拡大は緊急の必要があるわけではなく，審判制度廃止の重大性にかんがみれば，公取委にとり法案提出を断念するという選択肢もあり得た[144]。しかし，公取委は法改正の実現を優先し，審判制度を見直すことを受け入れることにした[145]。とはいえ，審判廃止の範囲をめぐって，公取委，自民党，公明党の間で調整がつかず，今次改正においては，審判手続を全面的に見直すこ

---

(141) 藤井宣明「「独占禁止法の改正等の基本的考え方」について」NBL869号（平成19年）4頁。昭和52年法改正においては，総理府の独占禁止法改正問題懇談会での意見聴取を受けて総理府が法案を作成したが，今回は内閣官房ではなく公取委が法案を作成することになった。
(142) 経団連「独占禁止法の抜本改正に向けた提言」（平成19年11月20日，経団連HP）。
(143) 平成19年12月12日付け日本経済新聞夕刊記事「公取委の審判制度廃止で合意」。
(144) 平成19年12月12日の事務総長会見記録（公取委HP）参照。
(145) 平成20年1月25日付け日本経済新聞記事「公取委，不服審判を廃止」。

第1章　立法改革の時代

とを改正法案の附則で明記するにとどめ，引き続き検討することで合意した(146)。

公取委は，「基本的考え方」にはなかった不当廉売等も課徴金の対象とすることを追加して改正法案を作成した。不当廉売等を追加したのは，公取委が「基本的考え方」を自民党独禁法調査会に説明した際，不当廉売に課徴金を課すべきであるとの意見が相次いだことによる。自民党議員には「独禁法改正を中小企業保護に使いたいという思惑があ」った(147)。

改正法案は，平成20年（2008）3月11日，閣議決定され第169回通常国会に提出された。この平成20年改正法案は，一度も審議されることなく，同年6月30日，衆議院において継続審査とされた。というのも，平成19年（2007）7月の参議院選挙において民主党が圧勝して「ねじれ国会」となり，民主党が審判制度の具体的な改革案が先送りされていると主張して審議を拒否したからである(148)。結局，同年秋の第170回臨時国会において改正法案は廃案となった(149)。

法改正の一刻も早い実現を目指す公取委は，翌平成21年（2009）2月27日，不当な取引制限等の罪に対する懲役刑の上限の引き上げを追加する等改正法案を一部修正し，第171回通常国会に再度提出した。今回は民主党の強い抵抗もなく，平成21年改正法案は，同年6月3日（2009），自民，公明，民主の賛成多数により成立した。

平成21年改正法の概要

平成21年改正法の概要は，次のとおりである(150)。

---

(146) 平成20年3月12日付け朝日新聞記事「審判見直し具体策盛らず」。
(147) 平成19年10月17日付け日本経済新聞記事「審判制度維持，経済界は反発」。
(148) 平成20年6月3日付け日本経済新聞社説「独禁法も地域力再生法も審議進めよ」。
(149) 民主党は，政府に対抗して独自の独占禁止法改正案（平成20年12月11日，参法第5号）を提出したが，それには政府は「審判の制度を廃止」するのに必要な法制上の措置を講じることが盛り込まれていた（附則8条1項1号）。
(150) 「私的独占の禁止及び公正取引の確保に関する法律の一部を改正する法律の成立について」（平成21年6月3日，公取委）の別紙「独占禁止法改正法（骨子）」から作成。平成21年改正法については，公正取引平成21年8月号「特集平成21年改正独占禁止法」，ジュリスト1385号（平成21年）「特集　独占禁止法改正をめぐって」所収の各論文，藤井宣明=稲熊克紀編著『逐条解説　平成21年改正独占禁止法』（平成21年），伊藤憲二ほか『平成21年改正独占禁止法のポイント』（同），長澤哲也編著『平成21年改正独禁法の解説と分析』（同），根岸哲「補遺　平成21年独禁法改正法」根岸哲編『注釈独占禁止法』（平成21年）869頁参照。

第3部　構造改革なくして成長なし　2001〜

1　課徴金制度等の見直し
(1)　課徴金の適用範囲の拡大
　(ア)　排除型私的独占
　(イ)　不当廉売，差別対価，共同の取引拒絶，再販売価格維持の拘束（それぞれ同一の違反行為を繰り返した場合）
　(ウ)　優越的地位の濫用

算　定　率

	製造業等	小売業	卸売業
排除型私的独占	6％	2％	1％
不当廉売等	3％	2％	1％
優越的地位の濫用	1％	1％	1％

(2)　主導的事業者に対する課徴金を割増し（5割増し）
(3)　課徴金減免制度の拡充（最大5社，グループ申請可）
(4)　命令に係る除斥期間の延長（3年→5年）
2　不当な取引制限等の罪に対する懲役刑の引上げ（3年以下→5年以下）
3　企業結合規制の見直し
　　株式取得の事前届出制の導入等
4　その他の所要の改正
(1)　海外当局との情報交換に関する規定の導入
(2)　事業者団体届出制度の廃止

課徴金対象範囲の拡大——「5頭の怪獣」？

　平成21年法改正事項も多岐にわたるが，カルテルの主導的事業者への課徴金の割増し，不当な取引制限罪等の懲役刑の引上げ，企業結合規制の見直し等の独占禁止法の執行力・抑止力の強化として評価し得る項目があった。とはいえ，課徴金対象範囲の拡大にみられるように評価が分かれる部分もあり，ここではこの点について検討しよう。

　昭和52年（1977）に課徴金制度が導入された当時，その対象は独占禁止法違反の多数を占めていた価格カルテルに限定されていた。しかし，その後の経済社会の変化に伴う違反行為の多様化や独占禁止法の趣旨にかんがみて，課徴金の対象を，価格カルテル以外のハードコア・カルテル（供給数量・シェア・取引の相手方・購入カルテル），私的独占（支配型（一定のもの）・排除型）および不公正な取引方法へ広げるかどうかが課題となった。それは，次のような経過をたどった（○が対象とするもの）。

第 1 章　立法改革の時代

課徴金対象の可否（○は可，×は不可とするもの）

	価格カルテル以外のハードコア・カルテル	私的独占 （一定の）支配型	私的独占 排除型	不公正な取引方法
独占禁止法研究会報告書（平成 15 年）	○	○	○	×
平成 17 年法改正	○	○	×	×
独占禁止法基本問題懇談会報告書（平成 19 年）	—	—	○	△（意見が分かれる）
平成 21 年法改正	—	—	○	△（一部の行為を対象）

　これを見ると，連鎖反応的に課徴金対象範囲が拡大していったことがわかる。まず，ハードコア・カルテルで賦課対象でなかったものが追加されたが，これは問題がない。しかし，支配型私的独占も対象にするかどうかは別の問題である。独占禁止法研究会報告書は，一定の支配型私的独占（対価・供給量・供給先等を指示することにより他の事業者の事業活動を支配する私的独占）について，「価格カルテルと同様の経済的利得を得ていると判断できる」として課徴金対象とするよう提言した[151]。公取委も，「独占禁止法改正(案)の考え方」において，「ハードコア・カルテルについては，すべて課徴金の対象とし，他の事業者を支配する私的独占でハードコア・カルテルと同じ効果を有するものについても対象とする」ことを明らかにした[152]。

　そこで念頭に置かれたパラマウントベッド事件（第 2 部第 4 章 4 参照）は支配的メーカーが競争入札制度を操作した特殊な独占事件[153]であって，ハードコア・カルテルとは異なる実態にあった。にもかかわらず，公取委は，これを課徴

---

(151)　独占禁止法研究会前掲注(112) 24 頁。

(152)　「独占禁止法改正(案)の考え方」（平成 16 年 4 月 1 日）2 頁。なお，竹島委員長も，平成 16 年 11 月 17 日の衆議院経済産業委員会における平井卓也議員（自民）の質疑に対し，「欧米で言うハードコアカルテル行為については全部課徴金の対象にする，こういう思想で明確化ないし拡大をさせていただいている」と答弁している。

(153)　本件について実質的に販売業者間の入札談合であるとの見解がしばしばみられたが，実際には支配的なメーカーが競合品を入札から排除した後に販売業者のうちから受注予定者を決定し入札協力金や伝票回しによる利益提供によって受注予定者が受注できるように入札を操作した事案である。本件の悪質性は認められるが，カルテルでもなければ（通常みられる）垂直的取引制限でもない。

金の対象の行為類型として要件化するにあたり，垂直的取引制限（場合によっては企業結合も）も広く課徴金対象となるかのような一般化した規定を練り上げたのである。

平成17年法改正で一定の支配型私的独占に対する課徴金が実現すると，次は排除型私的独占である。独占禁止法基本問題懇談会報告書は，「私的独占（排除型）は，……その競争侵害の程度を踏まえれば，違反行為の対象とすることが適当と考えられる。……不当な取引制限，私的独占（支配型）が現行課徴金の対象とされていることと整合的である」として，支配型とのバランスから排除型への拡大を提言した[154]。その結果，平成21年法改正において，すべての排除型私的独占に対し課徴金を課すことになった。

課徴金の私的独占への拡大については，学説上異論が少なくなかった[155]。支配型私的独占といっても垂直的制限を含む多様な行為があり，これらは（再販を除き）原則違法の行為ではない。とりわけ排除型私的独占については，正常な競争行為との境界が不明確で，予見可能性が乏しいという重大な問題がある。私的独占を課徴金の対象にすれば企業活動を委縮させる（過大規制）おそれがある一方，裁量性のない課徴金のもとでは，公取委も課徴金の負担を考慮して私的独占の適用を回避する（過少規制）おそれがある[156]。

不公正な取引方法はどうか？　不公正な取引方法に刑事罰または課徴金の対象とするかどうか古くからある問題である[157]が，とりわけ不当廉売や優越的地位の濫用行為については，中小企業対策として政治の関心が高い分野であった。平成17年法改正に際して，衆参の所管委員会の附帯決議は，政府に不当廉売，優越的地位の濫用に対して課徴金適用の対象とすることを検討するよう求めていた[158]。

---

(154)　独占禁止法基本問題懇談会『独占禁止法基本問題懇談会報告書』（平成19年）17頁。
(155)　栗田誠「独占禁止法違反に対するサンクション体系」ジュリスト1323号（平成18年）5頁，平林英勝「違反金対象範囲の拡大について」ジュリスト1342号（平成19年）49頁，泉水文雄「私的独占規制における支配型規制及びエンフォースメントのあり方」経済法学会年報28号（平成19年）67頁，滝川敏明「世界的な独禁法の厳罰化は企業の競争力を奪う」エコノミスト平成21年6月23日号97頁。支持する見解として，川濱昇「排除型私的独占に係る課徴金」ジュリスト1385号（平成21年）16頁。
(156)　栗田前掲注(155)5頁。
(157)　昭和49年9月の「独占禁止法改正試案の骨子」（本書上巻502頁），平成2年12月の「課徴金に関する独占禁止法改正問題懇談会報告書」（第2部第4章1）参照。
(158)　衆議院経済産業委員会の附帯決議は，「三　……，特に中小企業等に不当な不利益を与える不当廉売，優越的な地位の濫用等の不公正な取引方法に対する措置に関しては，

第1章　立法改革の時代

　独占禁止法基本問題懇談会においては，前記のように賛否両論があった。反対論は，不公正な取引方法は「公正な競争を阻害するおそれ」を要件とする予防的な規制である，正当な事業活動と区別が難しく事業活動の委縮をもたらすおそれがあること等を理由とした。他方，賛成論は，不公正な取引方法が行われるだけで競争上の弊害が実際に生じることがある，私的独占の予防規制と位置付けられない不公正な取引方法もあること等を根拠とした。その結果，懇談会の報告書は，かりに違反金の対象とする場合でも，私的独占の予防規制とされていない欺瞞的顧客誘引と優越的地位の濫用について検討すべきであると示唆した[159]。懇談会は，政治をにらみつつ，不当廉売を対象に加えることを巧みにかわしたといえよう。

　とはいえ，結局，平成21年改正法は，前記のように不透明な経過を経て，共同の取引拒絶，差別対価，不当廉売，再販売価格の拘束および優越的地位の濫用の5類型に課徴金を課すことにした[160]。公取委は5類型に拡大した理由を，「中小企業等に不当に不利益を与える不当廉売等に対する抑止力を高めるために課徴金の導入を求める意見が強かったこと等を踏まえ，新法では，①私的独占の予防規定とは位置付けられていないものや②違法性が明確であるもの」に対して課徴金の対象としたと説明した。他方で，「事業活動を過度に委縮させないようにするとの観点から」，優越的地位の濫用を除く4類型に課徴金の納付を命じるのは10年以内に同種の違反行為が繰り返された場合に限定したと述べた[161]。

　経済法学者栗田誠は，独占禁止法全体において課徴金の対象となる5つの行為類型（不当な取引制限，支配型私的独占，排除型私的独占，優越的地位の濫用を除く不公正な取引方法4類型，優越的地位の濫用）ごとの課徴金賦課要件，算定率，加減要素の有無等々を詳細に比較検討した上で，これらの複雑な課徴金制度を統一的に把握するのは困難であると断じ，平成21年改正後の課徴金制度は「5つの

　　　課徴金適用の対象とすることも含めてその方策を早急かつ前向きに検討すること」となっている。
(159)　独占禁止法基本問題懇談会前掲注(154) 19頁。
(160)　経済法学者有志は，平成20年4月，不公正な取引方法に課徴金を課すことに疑義を表明した（「独占禁止法等改正案に関する意見」法律時報80巻5号（平成20年）94頁）。
　　　なお，一定の不当表示に対し課徴金を課すために平成20年3月に景品表示法改正案が国会に提出されたが，その後景品表示法が消費者庁に移管されることになり，同法違反に対する抑止力の強化策については消費者庁において別途検討されることになった。不当表示に対する課徴金はその後平成26年11月の景品表示法改正によって実現する。
(161)　小俣栄一郎＝辻郷「排除型私的独占及び不公正な取引方法に関する規制の強化等について」公正取引平成21年8月号10頁。

頭を持った怪獣」のような様相を呈していると評した(162)。

平成21年法改正の意義——見かけ倒しの厳罰主義
　改正法成立後，予見可能性に乏しいとの批判に応えて，公取委は，「排除型私的独占に係る独占禁止法上の指針」（平成21年10月28日），「不当廉売に関する独占禁止法上の考え方」（平成21年12月18日），「優越的地位の濫用に関する独占禁止法上の考え方」（平成22年11月30日）という3つのガイドラインを作成，公表した。

　しかし，課徴金適用対象とした後，私的独占の適用事例はほとんどなく，これまで課徴金が課された私的独占事件は本書執筆時点において存在しない(163)。不公正な取引方法についても，課徴金が賦課されて法が機能しているとみられるのは，優越的地位の濫用事件のみである。他の4つの行為類型について課徴金が課された事例は皆無である。10年以内の再犯が条件であるから，当然ともいえる。私的独占についても不公正な取引方法についても求められるのは，当時も現在も厳罰主義(164)より審判決の積み重ねによるルールの形成である。

　経済法学者根岸哲は，平成21年改正法の特色として，「中小企業保護」と「政治主導」を指摘した(165)。両者が表裏の関係にあることはいうまでもない。そして，実効性の乏しい見かけ倒しの法を政治的見地から制定するのは，本来の立法のあり方でないことはいうまでもない(166)。本書（上巻544頁）がいう「過度の

---

(162) 栗田誠「平成21年改正独占禁止法における課徴金制度の問題点」千葉大法学論集26巻1・2号（平成23年）42頁。

(163) JASRC事件（排除型私的独占）は，平成21年改止法成立前に排除措置命令が行われたが，不服申立に基づき命令取消の審決が行われたものの，平成27年4月28日の最高裁判決により公取委で再審理が行われることになった。この間JASRACは違反被疑行為を継続しており，黒の再審決が行われれば課徴金の対象となるので，関係者に注目されている。

　　また，平成27年1月16日，公取委は，福井県経済農業協同組合連合会に対し支配型私的独占に該当するとして排除措置命令を行ったが，同連合会は違反行為に係る物品・役務を供給しておらず課徴金算定の基礎となる売上高が存在しないため，課徴金納付命令を行わなかった。

(164) EUがマイクロソフト事件（2004年）やインテル事件（2009年）において巨額の制裁金を科しているのは，必ずしも国際的スタンダードではない（根岸哲「平成21年独禁法改正法の制定経緯と概要」ジュリスト1385号（平成21年）13頁）。

(165) 根岸前掲注(164)9頁。同「独禁法「冬の時代」の再来に備える？」公正取引平成22年1月号28頁も参照。

(166) このような政治目的の過度の立法主義には既視感がある。昭和52年法改正により独

第 1 章　立法改革の時代

立法主義」であるとともに，悪しき（反競争的）社会的公正原理の作用でもある。こうして独占禁止法の政治化が進んでいく。

平成 25 年法改正──審判制度の廃止

衆参両議院の各経済産業委員会は，平成 21 年改正法を可決するにあたり，次のような──審判制度に関して検討を求めつつ結論を先取りするという──異例の付帯決議を行った。

> 「審判手続に係る規定については，本法附則において，全面にわたって見直すものとし，平成 21 年度中に行う検討の結果所要の措置を講ずることとされているが，検討の結果として，現行の審判制度を現状のまま存続することや，平成 17 年改正以前の事前審判制度に戻すことのないよう，審判制度の抜本的な制度変更を行うこと。」（傍点筆者）

審判手続は，違反事件処理の正式手続として，独占禁止法制定以来 60 年余りも長く採用され維持されてきた。これはいうまでもなく，公取委の行政処分（審決）が「関係人に重大な利害を与えるのみでなく，国民経済全般に対しても重要な影響を及ぼすから……能う限り司法的公正妥当性を確保しよう」としたからであり[167]，そのための工夫として設けられたのが委員会内部における職能分離（訴追機能と判定的機能を審査官と審判官として分離）であった。行政処分を行う手続として，公開対審構造をもつ審判手続は適正手続として高度に発展したもので，経済界を除き誰も異論がなかった。

経団連が審判手続を批判するのは，今回が初めてではない。昭和 45 年（1970）8 月の経団連独禁法研究会の中間報告[168]，同 49 年（1974）5 月の独占禁止法改正に関する経団連のいわゆる平賀見解（上巻・523 頁），そして同 58 年（1983）7 月の自民党・斎藤調査会に提出した見解（第 1 部第 1 章 5）がそれである。経団連の伝統的な批判は，「公取事務局の審判官が判事役を，審査官が検事役をつとめる。両者ともに同じ機関に属するだけに……公正さに疑問がもたれる」[169]と

　　占的状態に対する措置の規定が導入された際，企業分割を適用するケースは 1 つもないとの沢田悌公取委員長の発言に関連して，経済学者小宮隆太郎は「そういう必要のないのに法律を改正するというのは法改正としては邪道だと思う」と述べたことがある（竹中一雄ほか「独占禁止法施行 30 周年記念座談会」公正取引昭和 52 年 7 月号 25 頁）。

(167)　公取委事務局編『改正独占禁止法解説』[唯人社版]（昭和 29 年）85 頁。
(168)　「独禁法研究会の審議の中間報告（要旨）」公正取引昭和 45 年 11 月号 15 頁。
(169)　経団連「独禁法問題に関する見解」経団連月報昭和 58 年 9 月号 133 頁。

いう「一人二役論」である。

　とはいえ、平成15年（2003）以降の措置体系の見直しの議論において、経団連の主張は、「一人二役論」よりも運用上の問題点に力点が置かれていた。すなわち、事務局職員が審査官になったり審判官になったりする人事配置、訴訟法に不慣れな審判官による審判指揮、審決案の委員会への根回しといった実情の指摘であり、それ故に「審査部門と審判部門の人事的な隔離、審査官・審判官は法曹有資格者、審判官の独立性の確保、委員会によるその判断の尊重」といった改善を求めたのである(170)。

　「一人二役論」には基本的な誤解があるが、公取委の運用には指摘のような問題点があったことは否定できない。公取委も言われるような運用改善に努めるが、最終的には審判制度そのものの廃止が実現するに至ってしまう。それは、次のような10年余の長い曲折を経てのことであった。

審判手続の変遷

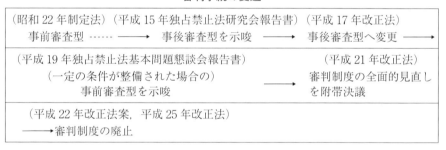

　そもそも独占禁止法研究会が、公取委の意向を受けて、不服審査型を示唆したことが問題の発端であった。当時、公取委は課徴金の納付命令に係る審判事件の急増に苦慮していた。中小企業の入札談合事件の摘発増加に伴い、納付命令に対する不服申立が急増していた(171)。不服を申し立てることにより、事業者は課徴金納付や指名停止を先送りすることができるからであった。そこで「争い得」を防止するために公取委や研究会が考えたのが、勧告制度を廃止して行政処分の排

---

(170) 経団連「「独占禁止法研究会報告書」に対する意見」（平成15年11月28日、経団連HP）。運用の実情についての指摘は、経団連「独占禁止法の措置体系の見直しについて」（平成15年9月16日、経団連HP）など参照。

(171) 課徴金納付命令のうち審判開始決定を行ったものは、平成12年度13件、同13年度37件、同14年度38件、同15年度53件、同16年度13件であった（公取委各年次報告による）。審判の急増は一時的な現象であった。

除措置命令としかつ排除措置命令と同時に課徴金納付命令を行えるようにし，これらの命令に不服があれば審判手続において事後的に審査するが命令は審判手続が開始されても失効しないことにするというものであった。

これは審判手続を事前審査型から不服審査型へ基本的な性格を変更するものであった。明らかに適正手続の後退である。独占禁止法研究会報告書は，従前と同様審判手続において被審人は命令の根拠となる事実と法令の適用を争うことができるとした上で，次のように述べた(172)。

「適正手続の保障については，今回の見直しに伴い事前手続が充実する［意見を申述し，証拠を提出する機会を設ける―筆者注］こともあり，事後手続と合わせた行政過程全体としてみてより充実が図られることになるため，審判手続を当初命令の再審査を行う手続と位置付けることは，問題ないと考えられる。」(傍点筆者)

しかし，この見解は，不服審査型審判手続が独占禁止法上の行政処分（命令）を聴聞相当の簡易な手続で行うものであり，かつ処分庁自身による再審査であるという基本的な問題性を軽視していた。とはいえ，このような問題点は見逃され，平成17年改正法により不服審査型審判手続が実現した。独占禁止法基本問題懇談会において，審判手続のあり方が再び議論になると，経団連は，次のように不服審査型審判手続の弱点を突き，正面から審判手続の廃止を求める意見を提出した(173)。

「自ら審査を行い，排除措置命令・課徴金納付命令を出す公正取引委員会が，自ら行った行政処分の当否を自らの審判において判断することは，如何に審査官と審判官とのファイア・ウォールを強化しても，公正な審理が確保されるのか，不信感は払拭できず，根本解決にはならない。
この際，自らが行った行政処分の適否を自ら判定する公正取引委員会の現在の審判は廃止し，公正取引委員会の行政処分に対する不服申立ては行政訴訟の一般原則に立ち返って，地方裁判所に対する取消訴訟の提起という仕組みに改めるべきである。」(傍点筆者)

独占禁止法基本問題懇談会の見解はどうか？意外なことに，前記のように「一定の条件が整った段階で，事前審査型審判方式を改めて採用することが適当である」と提言したのである。何故，事前審査型審判方式なのか？

---

(172) 独占禁止法研究会『独占禁止法研究会報告書』（平成15年）34頁。
(173) 経団連「「独占禁止法基本問題」に関するコメント」（平成18年8月1日，経団連HP）2頁。

第3部　構造改革なくして成長なし　2001〜

まず，審判手続自体について。これを維持すべきとする多数の意見があったが，なかでも経済法学者根岸哲は，次のように発言した[174]。

> 「……この競争ルールがそれなりに社会的に定着してきた一つの大きな理由は，公正取引委員会が独立の行政委員会であったということで非常に力があったというふうに思います。したがって，今回この審判制度の在り方を見直す上で独立行政委員会の存立根拠を危うくするような改正には基本的には反対である。……やはり独立の行政委員会の制度というものは日本における競争のルールがうまく機能するかどうかにおいて決定的な存在だと思います。
> 　それで，独立行政委員会というのはなぜ設けられたかということでありますけれども，それは一般に言われていることで，1つは法律，経済等の専門性ということの発揮であり，それからもう一つはやはり準司法手続ということ，そして競争のルールというのは市場経済の基本的なルールなんだから，例えば政権が変わる度に何かそれが揺らぐというようなことはやはり問題がある。……」

それでは，何故，不服審査型は適当でなく，事前審査型がよいのか？行政法学者塩野宏座長は，委員の質問に答えて次のように述べた[175]。

> 「……［行政不服審査法上の―筆者注］不服申立てには，異議申立てと，審査請求がございますが，異議申立てについては行政法学者は一般的に非常に消極的でございます。
> 　……［電波監理審議会異議申立棄却決定取消請求事件についての今村成和の判例評釈[176]を紹介―筆者注］
> 　……本件は，はしなくも電波法に定める聴聞制度の欠陥を暴露したもの，つまり処分をして，そのものが異議申立てを受けて，そこで審判をして，そこで実質的証拠法則というものはいかがなものかということでございます。」

---

(174) 独占禁止法基本問題懇談会第22回会合（平成18年12月26日）議事録（内閣府HP）10頁。経済法学者有志の声明「独占禁止法等の改正案に関する意見」（平成20年4月14日）法律時報80巻5号（平成20年）95頁も，「独立行政委員会としての公取委の廃止につながるおそれのある拙速な法改正は，断じて行うべきでない」と述べた。
　　ちなみに，報告書24頁は，審判制度を設けることが適当と結論する理由として，①高度な専門性に基づく執行・判断を担保する，②審決の蓄積等を通じて法解釈を形成する，③準司法的機能を持つことにより公取委の独立性を認める根拠とする，ことを挙げている。

(175) 独占禁止法基本問題懇談会第33回会合（平成19年6月7日）議事録（内閣府HP）16頁。

(176) 今村成和「電波監理審議会の認定事実の記載を欠く決定の効力」判例評論84号（昭和40年）72頁（同『現代の行政と行政法の理論』（昭和47年）所収）。

第1章　立法改革の時代

すなわち，第三者性のない不服審査型の審判に基づく事実認定に実質的証拠法則を適用するのは，事実認定について公正な判断を受ける機会を不当に制限するというのである。そうして，塩野座長は「今の方式ですと，場合によっては本当に審判制度というものは意味がないのではないかと，不信感が非常に強まってくるとも思います」と危機感を有していた[177]。にもかかわらず，報告書が当面は不服審査型を維持し，一定の条件が整備された場合に事前審査型を改めて採用するのが適当と結論付けたのか？塩野座長は，次のように説明した[178]。

「せっかく動いている最中ということもありますし，実効性が上がっている。ずいぶん早くなったなどということを言う人も結構いるものですから，……しかし，理屈から考え，あるいは公正取引委員会の役割から考えると，やはりこれは本来の在り方ではないので事前審査型方式を採用すべきである。

しかし，その場合，何かしらきっかけが必要でしょう。そのきっかけとなるのは何かというと今，一番問題となって現行法制を採用したのは入札談合事案等に見られる事案の解決の遅れということなので，これをきちんと解決される。その場合に，ただ解決されたということだと日本ではいつまでたっても解決されないことになってしまいますので，そうではなくて実効的な総合的予防策という何らかの対策が整えられた時点で切り換えるべきだという考え方でございます。」

しかし，審判廃止の危機は塩野座長の想定外の早さでやってきた。懇談会の報告書が公表されると経団連は直ちに反発し，政治がこれに同調したことは平成21年法改正の立法過程のところで記したとおりである。冒頭で改正法の附帯決議を引用したが，これは政府が懇談会の報告書の提言する事前審査型審判へ回帰するのを（共産党を除く）与野党一致で牽制するものであった。もともと国民的議論の場――これは経団連が求めたものである！――として20名の有識者が2年間熟議してとりまとめられた懇談会報告書の内容を，政府や公取委もどのように検討したのか明らかにせず，国会においても実質的な審議を行わず，不透明なままに覆す[179]という異常なものであった。

平成21年（2009）9月，政権交代により鳩山由紀夫民主・国民新・社民連立内閣が成立した。民主党は審判廃止について自民党より強硬であったから，同

---

(177)　独占禁止法基本問題懇談会前掲注(175) 24頁。
(178)　独占禁止法基本問題懇談会第30回会合（平成19年4月24日）議事録39頁。
(179)　この点を厳しく批判するものとして，根岸哲「独禁法改正法に問われるもの」公正取引平成26年3月号10頁。なお，平成21年4月24日，衆議院経済産業委員会は参考人から意見聴取を行ったが，参考人として呼んだのは懇談会座長ではなく，審判廃止を主張した少数派の経済法学者委員であった。

第3部　構造改革なくして成長なし　2001～

年12月9日の内閣府・経済産業省合同政策会議（政務三役会議）において、公取委の審判制度を廃止する独占禁止法改正案を通常国会に提出する方針を決定した。この会議において、廃止の理由として「行政処分を行った公正取引委員会が、自ら当該行政処分の適否を判断する仕組みであるという点について、公平性に欠けるのではないかとの指摘がなされてきたところであり、民主党は……その廃止を主張してき」たとの説明がなされたが、ほとんど実質的な議論は行われないまま[180]、「独占禁止法の改正等に係る基本方針」が決定された[181]。

これに基づいて作成された独占禁止法改正法案は、平成22年（2010）3月12日に閣議決定され第174回通常国会に提出されたが、衆議院において閉会中審査とされた。その後の各国会において閉会中審査を繰り返し、いったんは廃案となった。平成24年（2012）12月の総選挙で自民党が大勝し、再び政権交代により第2次安倍内閣が発足した。改正法案は技術的修正が加えられた後、平成25年（2013）5月24日、第183回通常国会に再度提出され、結局、同年12月7日、第185回臨時国会において賛成多数で可決成立した（平成25年法律第100号）。

このように長い間国会審議が行われず、成立まで3年9ヵ月を要したのは、何故であろうか？　所管委員会の運営上の混乱や東日本大震災の影響などもあったが、根底には「民主党に対する経済界の支持を強めるような法案に対して、当初、野党が首を縦に振るような雰囲気はまったくなかった」と伝えられている[182]。審判廃止で民主・自民両党は一致していたのであるから、経済界の意向をどちらが実現するか互いに牽制していたにすぎない。独占禁止法が政治にもてあそばれたといってよい。

平成25年改正法の概要は、次のとおりである[183]。

---

(180)　「内閣府・経済産業省合同政策会議（概要）」（内閣府HP）。
(181)　「独占禁止法の改正等に係る基本方針」（平成21年12月9日、公取委担当政務三役、公取委HP）。その内容を政党が作成する能力はなく、公取委事務総局が準備したものであろう。
(182)　平成24年6月4日付け日本経済新聞記事「国会ごたごた審議停滞」（経済官庁幹部談）。
(183)　「「私的独占及び公正取引の確保に関する法律の一部を改正する法律」の成立について」（平成25年12月9日、公取委）の別添1から作成。
　　　審判手続廃止や平成25年改正法に関する文献は数多いが、たとえば、経済法学会年報31号「特集　独禁法執行のための行政手続と司法審査」（平成22年）、公正取引平成26年3月号「特集　平成25年改正独占禁止法」、ジュリスト1352号（平成20年）「特集準司法手続等の今日的意義」、同1467号（平成26年）「特集独占禁止法改正と今後の展望」所収の各論文、岩成博夫ほか『逐条解説　平成25年改正独占禁止法』（平成27年）がある。

第1章　立法改革の時代

「第1　審判制度の廃止・排除措置命令等に係る訴訟手続の整備
　　(1)　審判制度の廃止
　　　①　公正取引委員会が行う審判制度を廃止する。
　　　②　実質的証拠法則を廃止する。
　　　③　新証拠提出制限を廃止する。
　　(2)　排除措置命令等に係る訴訟手続の整備
　　　①　第一審機能を地方裁判所に
　　　②　裁判所における専門性の確保
　　　③　裁判所における慎重な審理の確保
　第2　排除措置命令等に係る意見聴取手続の制度を整備
　　(1)　指定職員が主宰する意見聴取手続の制度を整備
　　(2)　公正取引委員会の認定した事実を立証する証拠の閲覧・謄写　　　」

　公取委は，パブリック・コメントを経て意見聴取規則を制定する等関係法令を整備した上で，平成27年（2015）4月1日，平成25年改正法を施行した。一部の経済法学者は，意見聴取手続が事前審査型審判手続に近づくように規定されることを期待した[184]が，実際には聴聞の域を出ないものであった[185]。

審判制度廃止の意義——公取委の自殺行為？

　審判制度を廃止する改正法案が成立した第185回臨時国会において，杉本和行公取委員長は，次のような答弁を行った[186]。

　「〇政府特別補佐人（杉本和行君）　審判制度につきましては，私どもも実質的証拠に基づきまして厳正にやっているところでございますので，そうした観点から，今申し上げましたように，審決取消し訴訟のうち，裁判所において，東京高等裁判所において取り消された，審決が覆されたものは極めて限られたものになっているということだと考えております。
　今回の法律改正は，そうした審判制度の公正さについて問題があるから提起したということではございませんでして，外観の公正さ，先ほどからご議論になっておりますような検察官役と裁判官役を公正取引委員会が兼ねることに対する外観の公

---

(184)　土田和博「2013年独占禁止法改正を考える」法学セミナー711号（平成26年）3頁。
(185)　岩下生知「公正取引委員会の意見聴取に関する規則の概要等について」公正取引平成27年2月号10頁参照。
(186)　平成25年12月6日の参議院経済産業委員会における倉林明子議員（共産）の質疑に対する答弁。とはいえ，公正さを確保するために行った公取委事務総局の職能分離をとらえて，外観の不公正と批判するのは，本末転倒である。

第3部　構造改革なくして成長なし　2001〜

正さに対する批判に対応するものでございまして，そういった観点から，抗告訴訟を裁判所にやっていただくというものでございます。」（傍点筆者）

　もともと審判が公正に行われていたことは，裁判所が審決を取り消した件数がごくわずかであることからも明らかである。公取委が法的措置を採るのは証拠が固いハードコア・カルテル事件が大部分であるから，企業側にほとんど勝ち目がないのは当然といえば当然である。経団連は，公取委の「一人二役」を審判で主張が通らないことの口実にしただけではなかろうか。とはいえ，公取委も審判制度の運用に抜かりがありかつ不服審査型審判では公正さを十分に説得できなかった。

　以上の立法の経過や議論の内容をみると，次のような問題点が浮かぶ。

　第1に，課徴金審判の増加への事務処理上の対応を理由として安易に審判の性格を不服審査型に変更したことが契機となり，結局公取委は審判制度を失うことになった。公取委の誰も，準司法的手続が独立行政委員会に不可欠であり，これをなくすことは自殺行為に等しいことに気づかなかった[187]。もともと官僚は原理原則——たとえば適正手続の憲法的価値——に疎く，優先順位の判断を誤ったといえる。

　第2に，同じ審判手続でも，事前審査型と不服審査型では適正手続上全く評価が異なることを，公取委だけでなく多くの経済法学者も認識しなかった[188]。不服審査型が不公正であると経団連が主張すると審判制度そのものが不公正であるかのように誤解され，そうした俗説が政治やマスメディアに受け入れられた[189]。

　第3に，以上のような認識不足や誤解は，独占禁止法違反としてカルテルや入

---

[187]　公取委OBの厚谷襄児弁護士は，次のように述べて警鐘を鳴らした。「現行独禁法では，規制対象，手続，運用機関としての公取委は三位一体となっており，相互に関連するから，その性格を内在論理で説明出来る。……［準司法的手続を廃止すると—筆者注］合議制の行政機関の理由付けは，内在的論理ではなく，合議制への社会的信用や内閣からの独立性など政策的な必要性になるのではないか」（中川寛子「平成17年度シンポジウムの記録」経済法学会年報27号（平成18年）143頁）。

[188]　平成24年9月10日付け日本経済新聞記事「問われる審判の必要性」は，「ある公取委幹部OBは「前と後で基本的な機能が異なることに改正時は誰も気づかなかった」と語」ったと伝えた。問題は，誰も気づかなかっただけでなく，独占禁止法基本問題懇談会報告書を尊重しなかったことにある。

[189]　マスメディアは，独占禁止法の強化改正を支持してきたが，審判廃止に好意的な態度をとり，これにそわない経済法学者有志の意見書についてまったく報道しなかった。専門家でも審判手続の持つ意味は理解が容易でなく，政治家やマスメディアはなおさらであった。

第1章　立法改革の時代

札談合をイメージしていたことから生じた。当然違法型の行為でも事実認定が重要なことはいうまでもないが，合理の原則型の行為も想定すれば，慎重な判断を可能にする事前審査型が優れていることは明らかであった。

　第4に，審判手続を廃止して行政訴訟の一般原則に戻れということが主張されたが，それは独占禁止法の基本的特質を考慮せず，独立行政委員会の歴史を省みないものであり，かつ国際的な流れに逆行するものであった[190]。審決を通常の大陸型の行政処分に置き換えることは，官僚主義へ回帰することであり，行政の民主化にそぐわないはずであるが，意に介されなかった。

　第5に，公取委の命令に執行力がありかつ事業者の立証負担や裁判所の能力を考慮すると，審判の廃止は企業側にとってむしろ不利になる可能性がある。公取委OBの経済法学者栗田誠は「一般の行政処分と同様の取扱いという基本方針を逆手に取った公取委（審査官）の勝利」と分析した[191]。公取委が審査官の目でしか考えられないとすれば，公取委も相当劣化したということになろう。

　いずれにせよ審判制度廃止は実現した。これまで長い間，公取委は，独立行政委員会として，継続的に経済の実態を把握しつつ，政策的に違反事件を取り上げ，法を形成していく中立的な専門機関と考えられてきた。しかし，もはや審判を通じて法を形成する機能は失われ——法を形成する場は裁判所に移された——公取委は訴追機関としての性格が強くなった。独立性や合議制をとる根拠がなくなり，公取委が独立性のない政府の一部局である「公正取引庁」へ変貌することも容易になった。それはこれまで多くの独占禁止法関係者が思い描いていた進路とは異なるものであった。

5　景品表示法の消費者庁への移管

競争政策と消費者政策の分離——公取委にとり最大の痛手？

　福田首相が消費者行政一元化を打ち出し消費者庁を設置しようとしたとき（第2章4参照），各省庁は消費者庁への権限移譲に極めて消極的であった。これに対して，公取委は，米国の連邦取引委員会を引き合いに，不当表示の規制のほか，悪質な勧誘や不当な契約条項の規制など取引規制全般に積極的に乗り出す意欲を

---

[190]　佐藤宏「OECD競争委員会の競争法の「手続上の公正と透明性」に関する報告書(1)」国際商事法務41巻2号（平成25年）183頁は，わが国の審判手続廃止法案が，公正と透明性を重視する欧米諸国やOECD競争政策委員会報告書（2012年）の流れに逆行するものであると指摘する。

[191]　栗田誠「公正取引委員会の審判制度の意義とその廃止の帰結」経済法学会年報31号（平成22年）44頁。

示した[192]。とはいえ，安全規制と取引規制を含めた消費者行政全体を一元化するのが消費者行政推進会議や政府の方針であったから，公取委の提案は受け入れられず，各省が抵抗するなか，公取委は一転して景品表示法の消費者庁への移管を了承した[193]。

公取委の21世紀にふさわしい競争政策を考える懇談会の提言書（平成13年11月）（本章1参照）や官房長官のもとの独占禁止法基本問題懇談会の報告書（平成19年6月）が，競争政策は消費者政策と一体的に取り組まれるべきことを強調していた[194]にもかかわらず，公取委はどうして率先して景品表示法を手放したのであろうか？[195]

その理由は明らかでない。注目されるのは，消費者団体が景品表示法の公取委から消費者庁への移管を支持したことである。主婦連の佐野真理子事務局長は，「これまで相談してもなかなか動いてくれなかったのに，今になってできると言われても信じられない」とし，公取委による連邦取引委員会型の提案を自らの権益の拡大・維持と強く非難したことである[196]。批判が強まるなかで，公取委としては，福田内閣の消費者行政一元化に協力する姿勢で臨んできた[197]以上，景品表示法の移管に応ぜざるを得なくなったのであろう。当時平成20年独占禁止法および景品表示法を改正する法案が国会に提出されていたという事情もあった（ただし，平成20年6月に廃案となる）。

公取委の担当者（消費者庁へ出向）は，景品表示法移管の理由として，次のように説明した。

消費者政策の基本理念が消費者保護から消費者の自立支援に転換した（第3部第2章4参照）が，「消費者が自立し自主的かつ合理的に商品選択するためには，

---

(192) 消費者行政推進会議第4回ワーキング・グループ会合（平成20年4月8日）公取委提出資料（官邸HP）。平成20年3月7日付け朝日新聞記事「カギは権限 官庁抵抗も」参照。
(193) 平成20年5月19日付け日本経済新聞夕刊「公取委が一転受諾」。
(194) 独占禁止法基本問題懇談会報告書4頁。
(195) この点について問題意識を共有するものとして，内田耕作「取引の自由と独占禁止法」根岸古稀祝賀11頁，向田直範「消費者庁による景品表示法の運用について」同558頁。
(196) 朝日新聞前掲注(192)記事。公取委不信は公取委の消費者団体への対応に対する積年の不満に由来するが，特にジュース裁判や独占禁止法基本問題懇談会における消費者政策の位置付けをめぐる論争で孤立したことがトラウマとなっていたようである（佐野真理子「消費者団体から見た競争政策」公正取引平成24年6月号9頁）。
(197) 平成20年6月18日の伊東章二事務総長の定例会見記録（公取委HP）参照。

第 1 章　立法改革の時代

商品等に関する情報が事業者から消費者に正確にかつ歪みなく伝わること，すなわち表示と景品類の提供の適正化が不可欠であ［り一筆者注］……景品表示法の役割は，消費者法の１つとして一層重要なもの」となったからである，と(198)。景品表示法が消費者法としての性格を一層強めることになったから分離が適当とされたとの認識である。

　とはいえ，競争政策から消費者政策を切り離すことに問題がなかったわけではない。経済法学者川濱昇は，不当表示の規制等によって消費者の意思決定能力を改善することが競争秩序の改善をもたらし，それがまた消費者の利益を促進するという「相互補完関係」が存在することを指摘し，消費者庁の設置は公取委が消費者利益の確保の観点から首尾一貫して競争政策を遂行することを困難にすると懸念した(199)。

　平成 21 年（2009）5 月 29 日，いわゆる消費者庁関連 3 法案が成立し，同年 9 月 1 日，消費者庁が発足し，景品表示法は消費者庁に移管された。景品表示法は独占禁止法の特例法から純粋の消費者法に性格を変え，目的規定（1 条）や不当表示の要件（4 条 1 項各号）から「公正な競争を確保する」または「公正な競争を阻害するおそれがある」の語が削除され，代りに「一般消費者による自主的かつ合理的な選択を阻害するおそれの（が）ある」に改められた。しかし，公取委は従来から一般消費者を誤認させるおそれのある表示は公正な競争を阻害するおそれがあると解釈運用してきた（上巻・363 頁）ので，とりあえず実務上実質的な変更はなかったといえよう（ただし，手続面ではいくつかの重要な修正があった）。

　それでは，景品表示法の移管そして法の性格変更によって，運用は変わったのか，変わったとすればどう変わったのか？　景品表示法に基づく法的措置件数の推移は，次のとおりである。

---

(198)　笠原宏編著『景品表示法［第2版］』（平成 22 年）4 頁。
(199)　川濱昇「消費者と経済法」法学セミナー 681 号（平成 23 年）12 頁。同「不当な顧客誘引と景表法」公正取引平成 19 年 11 月号 2 頁も参照。OECD, The Interface between Competition and Consumer Policies, 2008（DAF/COMP/GF（2008）10）も，両政策のアプローチは異なっても消費者利益の向上という共通の目標があり，相互補完関係にあることが強調されている。行政組織が統合されていれば政策調整が容易という長所があるが短所もあるとし，分離されている場合には消費者の利益となるよう両政策の調整の重要性を指摘している。統合型は，米国の連邦取引委員会のように英米法諸国や韓国にみられる。両政策の調整が必要な具体例として，川濱は競争者間の広告の自主規制ルールが価格競争の回避につながらないかという問題を提起している。

第3部　構造改革なくして成長なし　2001〜

平成20年度	21年度	22年度	23年度	24年度	25年度	26年度
52	12 (6)	20	28	37	45	30

(注)　平成21年8月末までは公取委の排除命令件数，同年9月1日からは消費者庁の措置命令件数である。( ) は，平成21年度における消費者庁の措置命令件数で内数である。いずれも不当表示にかかる事件である。消費者庁HPによる。

消費者庁への移管直後に措置命令件数が激減した。これは消費者庁には地方に出先機関がなく，公取委の地方事務所に調査を委任して行うが，当初その連携がうまくいかなかったことによるとみられる。その後，措置命令件数は回復し，内容的にも大企業の事件を摘発しているし不実証広告に対する規制も行う一方，実態調査に基づく業界の指導や通達の発出もあり，公取時代と遜色なくなっている（公取委からの出向者が運用にあたっている）。

公取委OBの経済法学者小畑徳彦は，「移管により，景品表示法の運用について，消費者に好ましい変化が生じている」として，㋐詐欺的事件への取り組み（安愚楽牧場事件（平成23年）など），㋑消費者への積極的な情報提供（事業者に自社のホームページに情報掲載を要請するなど），㋒ガイドライン等の作成・公表，㋓他の法令（健康増進法等）と併せた運用，㋔他の行政庁・都道府県との連携強化（景品表示法執行NETシステム）を挙げている[200]。確かに消費者をより意識した法の運用が行われるようになっているといえるのかもしれない。

他方，同じく公取委OBの経済法学者鈴木満は，大きな社会問題となった料理メニュー表示事件[201]において，自ら名乗り出て自主的に改善措置をとった事業者に対し措置命令を行うことになったのは官房長官の意向と伝えられた[202]ことを取り上げて，政治的な判断に基づく措置は行政の公平性の観点から問題があると指摘した[203]。

また，前記主婦連事務局長のコメントとも関連するが，鈴木は，消費者（団体）が競争政策および公取委の主要な支持母体のひとつであったが，景品表示法の移管により公取委と消費者（団体）は分断されたかたちになったと述べた[204]。経

---

[200] 小畑徳彦「消費者庁移管後の景品表示法の運用と改正」ノモス（関西大学法学研究所）35号（平成26年）7頁。
[201] 「近畿日本鉄道株式会社，株式会社阪急阪神ホテルズ及び株式会社阪神ホテルシステムズに対する景品表示法に基づく措置命令について」（平成25年12月19日，消費者庁）。
[202] 平成25年12月6日付け日本経済新聞記事「後手後手の『司令塔』」。
[203] 鈴木満「日本と韓国の競争法の相違点と日本競争法への示唆」国際商事法務42巻8号（平成26年）1204頁。
[204] 鈴木前掲注(203) 1203頁。

済法学者根岸哲も,景品表示法が公取委の所管から外れたことについて,「行き過ぎた中小企業保護の対抗軸として一般消費者や消費者団体に期待することは,今日では,より困難になっているかもしれない」[205],「公取委の近年における最も大きな痛手は,景表法の所管を失ったことである」[206]と嘆息した。消費者が公取委の存在を身近に感じるのは,独占禁止法というより景品表示法を通じてであったからである。

平成26年(2014)6月と11月の2度にわたり,景品表示法の重要な改正が行われた。6月の景品表示法の改正(平成26年法律第71号)は,料理メニュー表示事件を受けて,事業者のコンプライアンス体制の確立,行政の指導監視態勢の強化等を目的としたものであるが,規制改革が盛んな時代には考えられないような行政介入的な仕組みとなっている。11月の改正(平成26年法律第118号)は,公取委時代からかねて懸案となっていた,優良・有利誤認の不当表示に対して課徴金を課すものであるが,一定の不公正な取引方法への課徴金の賦課と同様,大きな問題をはらむものである。

このように矢継ぎ早に大胆な法改正が行われたのは,公取委のような独立行政委員会と異なり,消費者庁が内閣府特命担当大臣のもとにあって立法府および政治とより近い関係にあるから可能になったということができる。しかし,そこには危うさも潜んでいる。景品表示法の移管については長期的な視点からの評価が必要であるが,競争政策と消費者政策の一体的関係が失われたことは紛れもない事実である。こうして,公取委は審判制度という委員会制度の支柱を失うとともに,景品表示法という重要な政策ツールも失うことになった。

6 立法改革の時代とその後

社会改革のための立法と政治,そして「冬の時代」の再来?

平成17年(2005),21年(2009)および25年(2013)の独占禁止法改正は一連のかつ一体的なものであり(それ故,以下これらを「平成法改正」と呼ぶことにする),昭和28年(1953)および52年(1977)の法改正と並ぶ画期的な改正であった。平成法改正は,何のために行われたのか?

竹島一彦公取委員長は,平成18年(2006)に内閣府の独占禁止法基本問題懇談会において次のように述べた[207]。

---

(205) 根岸哲「独禁法「冬の時代」の再来に備える?」公正取引平成22年1月号31頁。
(206) 根岸哲「競争政策この10年」公正取引平成24年10月号8頁。
(207) 平成18年10月12日の第17回独占禁止法基本問題懇談会会議事録21頁。

第3部　構造改革なくして成長なし　2001〜

　「端的に申し上げますと，十分な抑止力［懇談会の検討の視点・留意事項—筆者注］については，日本の経済取引の実態を踏まえながら，要するに談合やカルテルという違反行為がなくなるような，少なくとも画期的に減るような力を持った制度である必要があるということです。」（傍点筆者）

　執行力・抑止力の強化は，すべて談合やカルテルの根絶という目標のもとに行われたのである。わが国の独占禁止法は制定以来，公正かつ自由な競争に必ずしもなじまない社会を改革する法としての性格を強く有してきた。今回の一連の法改正も入札談合・カルテル社会を改革するための立法であったということができる。そのような改革が可能となったのは，日米構造協議以降の市場原理重視の政策，とりわけ本章冒頭で引用した小泉内閣による構造改革の宣言があったからである[208]。

　この時期に，司法制度改革をはじめとして，さまざまな分野において「法的革命」といってもよいような抜本的な法制度改革が行われた[209]。こうした制度改革は，総じて，個人・消費者・労働者には法を活用して自立することを促し，企業には経営の効率化と法令の遵守を求めたもので，その内容は市場原理を重視する新自由主義的な改革であったといえよう。もちろん独占禁止法の強化がその最も重要な一翼を担ったことはいうまでもない。そしてそれが大手ゼネコンに「談合決別宣言」を行わせ「談合国家」を解体させるなど画期的な成果を挙げたことは確かである（第3部第4章3参照）。

　とはいえ，経済法学者根岸哲は，中小企業保護と審判制度廃止を意図し政治主

---

[208] 吉田・政権変革期・310頁は，平成17年法改正が実現した理由として，①日米構造問題協議以来積み重ねられた政治・経済の構造改革といった構造的要因，②小泉首相による官邸主導の構造改革路線，③マスコミ・国民からの圧力，④公取委の権益拡大の思惑，⑤行動派官僚の竹島公取委員長の存在，を挙げている。

[209] 司法制度改革は，法曹の質的・量的拡大（司法試験制度の改革，法科大学院設置等），裁判員裁判制度の導入，裁判の迅速化，知的財産高等裁判所（東京高裁の特別の支部）の設置，労働審判制度の導入等を行った。憲法の基本原理である個人の尊重を司法過程において実現することを目指す「憲法革命」と呼ぶ見解もある（戸松秀典「司法国家の構築をめざした改革への期待」ジュリスト1198号（平成13年）70頁）（司法制度改革推進法は平成13年制定）。会社法の制定（平成17年）は，経済の活性化のために「起業の勧奨」と「当事者自治の尊重」の理念のもとに行われた「会社法制の現代化」であった（江頭憲治郎「会社法制定の理念と会社法制見直しの行方」ジュリスト1414号（平成23年）95頁）。消費者法も，消費者契約法の改正による団体訴訟の導入（平成18年）などにより民事的ルールが拡大した。労働法制も，判例ルールを立法化した労働契約法（同19年）が制定され，男性差別・間接差別を禁止する男女雇用機会均等法が改正された（同18年）。公益通報者保護法も制定された（平成16年）。

第1章　立法改革の時代

導によって成立した平成21年改正法の施行を前にして，次のように述べた(210)。

　「独禁法は，平成21年改正法の施行によって，その執行力・抑止力はより強化されたようにみえる。その意味では，独禁法にとって明るい未来を展望するべきかもしれない。
　しかしながら，筆者は，全く逆に，再び独禁法が「政治的」な運用を余儀なくされる，独禁法「冬の時代」(?)の再来を強くおそれている。独禁法が担うミクロ経済政策としての競争政策は，日本銀行が担うマクロ経済政策としての金融政策と対をなし，わが国における市場経済体制のインフラストラクチャーの中核を形成しており，本来政治に翻弄されることのない頑健な体制の下に執行されるべきものである。
　公取委は，独禁法「冬の時代」の再来にどのように備えるのか。これが，最も重要な課題である，というのが，筆者の見立てである。」

　ここで，根岸が独禁法「冬の時代」というのは，独禁法の「政治的」運用のことであり，具体的には，①独立行政委員会としての公取委の存立基盤を崩壊させ独禁法の政治的運用に道を開く審判制度を廃止すること，②優越的地位の濫用規制や下請法の規制を強化して独禁法を中小企業保護対策として政治的に利用しようとすること，を指す。独禁法「冬の時代」は本当にやって来たのであろうか？
　①についていえば，前記のような談合・カルテルをなくすための社会改革は，常にこれに抵抗する勢力の反対に遭遇する。特に政権獲得を争う政治状況において，政党（自民党と民主党）が競って審判制度廃止を主張する経団連に迎合しようとした(211)。その象徴的な例が，有識者が議論を尽くした内閣府の独占禁止法基本問題懇談会報告書を一顧だにせず葬り去ったことである(212)。公取委も独占禁止法の強化改正の実現を優先し，これに同調した。独占禁止法が公取委の手を離れて政治に翻弄されるのは，昭和52年改正でも経験したが，平成法改正でも再現された。結局，審判制度廃止は政治に対して支払った独占禁止法強化の代償

---

(210) 根岸哲「独禁法「冬の時代」の再来に備える？」公正取引平成22年1月号28頁。
(211) 従来の利益調整型の立法が立法の「質」の低下を招いたとして，政権交代による政策競争型の立法が提唱される（井上達夫「立法理学としての立法学」井上編『立法学のフロンティア1』（平成26年）28頁）が，審判制度廃止の独占禁止法改正は政策競争型とは到底言えない最悪のパターンであったといえよう。政権交代をめぐる政争のあおりを受けて，竹島委員長退任後杉本委員長の就任まで公取委員長のポストが5カ月余り空席となる事態も生じた。
(212) 政権与党交代の後に，審判制度廃止を推進していた与党議員の一人が，懇談会の提言は，前政権下のものである，という一言で顧慮に値しないと述べていたという（根岸哲「独占禁止法改正法に問われるもの」公正取引平成26年3月号10頁）。これでは法における「学問の支配」どころか完全な「政治の支配」である。

413

──あまりに大きな！──であったことになる。

　②についてはどうか？　確かに，平成21年法改正が不当廉売等に課徴金の対象を拡大したことは独占禁止法を中小企業対策に利用するものである。平成25年（2013）に成立したタクシー特措法の改正（第3部第2章4参照）も，一定のカルテルの適用除外，アウトサイダー規制命令を盛り込む時代錯誤の中小企業保護立法である。平成25年（2013）に成立した消費税転嫁特別措置法に基づく転嫁対策も，消費税の趣旨が市場メカニズムのなかで転嫁されるべきものであるとするなら，転嫁・表示カルテルの適用除外や転嫁拒否行為の規制も，独占禁止法ないし競争政策の中小企業向け政治的利用といえよう[213]。

　それでは，平成20年（2008）9月のリーマン・ショックを契機とする世界金融危機に対応して，平成21年11月に公取委が打ち出した「中小事業者取引公正化推進プログラム」[214]などはどうか？　これは，大企業の優越的地位の濫用規制や下請法の法令遵守を推進し，特別調査を実施したり，「優越的地位濫用事件タスクフォース」を設置するといったもので，公取委が従来行っている運用を不況時に一層強化しようとするものである。社会的公正原理の評価にもかかわるが，特に「政治的」運用というには当たらないように思われる。

　その後の状況をみると，平成24年（2012）12月の衆議院選挙における自民党圧勝によって政権交代の時代は終了した。経済の停滞は続いているが一時の厳しい情勢は脱したようである。根岸が懸念したような「政治的」運用という意味での独禁法「冬の時代」は遠ざかりつつあるようにみえる。とはいえ，独占禁止法に春がやってきたわけではない。

　公取委は，多くの立法課題（硬直的な課徴金制度および施行10年を迎える減免制度の見直し，国際カルテルへの手続・執行の不備への対応や企業結合の法的規制のありかたの再検討等々）を抱えているはずであるが，公取委に改革への気運はみられ

---

[213]　消費税は法律上事業者に転嫁の権利や義務はなく，一種のコストとして市場メカニズムのなかで転嫁されるべきものである（長澤哲也編著『実務解説消費税転嫁特別措置法』（平成25年）25頁）。転嫁・表示カルテルの独占禁止法適用除外は反競争的なものであるし，転嫁拒否行為の規制は優越的地位の濫用規制よりも広範囲で行政指導を想定するなど競争政策の立場からは過剰な規制というべきである。平成元年の消費税（税率3％）導入時には消費税になじみがないため転嫁・表示カルテルの適用除外規定が設けられたが，平成9年の税率引上げ（3％から5％へ）の際には独占禁止法の枠内で転嫁することとし特に法律上の措置は採られなかった。

[214]　「中小事業者取引公正化推進プログラムの実施について」（平成21年11月18日，公取委HP）。

第 1 章　立法改革の時代

ない。法運用面においても最近数年は低調であり，新しいタイプの違反類型の事件が見当たらないばかりか，JASRAC 事件審決（第 3 部第 4 章 5 参照）のような失態も犯した。直近では，せいぜい既存のガイドラインの修正や審査手続に関する指針（案）の作成，海外の若干の競争当局との協力覚書の署名が見られるくらいである。時代に即した政策唱導も行われず，公取委は新たな競争政策を打ち出せていないようにみえる[(215)]。

　公取委の競争政策や法運用は，どうして精彩を欠いてしまったのであろうか？平成法改正が審判制度廃止や景品表示法の移管という結果を招いた——そのために公取委の権能は著しく痩せ細ってしまった！——ことがトラウマとなり，立法につながる改革への意欲を委縮させているのかもしれない。とはいえ，昭和 52 年法改正と異なり，平成法改正後に，経済界や政治の反発を警戒しなければならない理由は見当たらない。むしろ，グローバル競争への対応や経済の停滞を脱するために，公取委の主導の下に競争政策の発揮が求められているはずである[(216)]。リーマン・ショック後，公取委は自由な競争よりも公正な競争の重視に転じ，それが現在も続いているのかもしれない。公取委のような行政委員会は，独立性の故に外から刺激がなく，平常時において活動が停滞しても批判にさらされることがない。行政委員会は自らを法執行機関と定義するあまり，政策面で積極性を欠くということもある。公取委の現状はそのような行政委員会の陥穽にはまっているおそれも否定できない。

　独占禁止法は，制定以降，昭和 28 年（1953）法改正後の緩和攻勢にさらされた「厳冬期」を耐え[(217)]，そして同 52 年（1977）法改正後にも競争政策への反発を警戒しなければならない状況を経験した。そのような難しい状況の中から景品表示法の制定や政府規制の緩和といった競争政策の新しい萌芽が生まれ育つこと

---

(215)　栗田誠「国際的脈絡における日本の独占禁止法——日米構造問題協議以降の発展の功罪」新世代法政策学研究 17 号（平成 24 年）239 頁も，課徴金制度が法改正後も実効的なものとなっていない，法運用面でも新たな事件が影を潜めている，企業結合規制はフリーパス状態である等を挙げて，「日本の独占禁止法は，今，深刻な手詰まり状態にある」と言っている。

(216)　最近ではかつてのような有識者による活発な研究会活動もみられない。平成 15 年に設置された「競争政策研究センター」は純粋な研究活動を行うのみで，実務に直結した政策を提言しているわけではない。

(217)　伊従寛「1950 年代厳冬期の独占禁止政策の再評価」松下満雄編集『国際化時代の競争政策』（平成 9 年）5 頁（同『独占禁止政策と独占禁止法』（平成 9 年）所収）は，公取委を中心に一部のグループが時流に抵抗して独占禁止政策を守り，それを復活するチャンスを巧みにとらえ，その後の市場経済体制の発展に寄与したと再評価する。

第3部　構造改革なくして成長なし　2001〜

にもなった。今回の平成法改正後もそのようなサイクルを繰り返えすかのようであるが，いまだ新しい競争政策の芽は見当たらない。とはいえ，客観的状況は先の両時期に比べればはるかに競争政策に有利なものである。

第2章　構造改革と競争政策

1　小泉政権の「構造改革」

「失われた10年」と創造的破壊

　「失われた10年」——1990年代の成長率が1％という経済の停滞——の原因が何であるかは，経済学者・エコノミストによって見解が分かれた。経済の停滞が供給側に問題があると考える者は，生産性向上のために規制改革や民営化といった「構造改革」が必要であると主張した。これに対して，需要不足という需要側に問題があると考える者は，拡張的な財政政策——財政赤字が懸念されるなら拡張的な金融政策——の必要を唱えた[1]。

　橋本政権は構造改革に着手しようとしたが歳出削減と増税により不況が深刻化したため頓挫し，後継の小渕政権，森政権は景気回復のために拡張的な財政政策を採った。平成13年（2001）4月に登場した小泉政権は，どのような政策を打ち出したか？　経済財政諮問会議は，同年6月に次のような構造改革に関する基本方針[2]を発表した。

「第1章　構造改革と経済の活性化
　1　構造改革と真の景気回復
　　　いかなる経済においても生産性・需要の伸びが高い成長産業・商品と，逆に生産性・需要の停滞する産業・商品とが存在する。停滞する産業・商品に代り新しい成長産業・商品が不断に登場する経済のダイナミズムを「創造的破壊」と呼ぶ。これが経済成長の源泉である。
　　　創造的破壊を通して労働や資本など経済資源は成長分野へ流れていく。こうした資源の移動は基本的には市場を通して行われる。市場の障害物や成長を抑

---

(1)　岩田規久男＝宮川努編『失われた10年の真因は何か』（平成15年）iv頁。なお，「構造改革」とは，もともと1950年代にイタリア共産党が資本主義を国民の利益本位に改革することを提唱したときに用いられ，その思想は1960年代のわが国に影響を与えた。1990年代以降のわが国において，「構造改革」とは市場経済を供給側の改革を通じて効率化するという趣旨で使われている。

(2)　経済財政諮問会議「今後の経済財政運営及び経済社会の構造改革に関する基本方針」（平成13年6月26日，閣議決定。「骨太の方針」と呼ばれる）。経済財政諮問会議は，総理が議長となり，経済財政担当大臣が運営した。同会議は森政権の時代に発足したが，小泉首相は経済学者で政策アイディアに富む竹中平蔵を経済財政担当大臣に登用し，トップダウンで行う構造改革の司令塔として活用した。

第3部　構造改革なくして成長なし　2001～

制するものを取り除く。市場が失敗する場合にはそれを補完する。そして知恵を出し努力した者が報われる社会を作る。こうしたことを通して経済資源が速やかに成長分野へ流れていくようにすることが経済の「構造改革」にほかならない。

創造的破壊としての構造改革はその過程で痛みを伴うが、それは経済の潜在的供給能力を高めるだけではなく、成長分野における潜在的需要を開花させ、新しい民間の消費や投資を生みだす。構造改革はイノベーションと需要の好循環を生み出す。構造改革なくして真の景気回復、すなわち持続的成長はない。
……

3　経済の再生
(3)　民間活力が発揮されるための環境整備
　(i)　規制改革

国際的な交流が盛んになるにつれ、我が国の価格が概して割高であることが大きく浮き彫りにされている。このような高コスト構造を解決するためには、経済活動が極力民間に委ねられ、自由な活動と創意工夫によって効率化が進められることが不可欠である。

経済的規制の改革は、電気通信、エネルギー等の分野でまだ課題を残している。特にNTTのあり方については、公正有効な競争が実現するよう、競争の進展状況等を踏まえ速やかに抜本的な見直しを行うべきである。……他方、社会的規制の改革はさらに遅れている。特に、医療、労働、教育、環境等の分野での規制改革は、サービス部門における今後の雇用創出のためにも重要である。……

　(ii)　競争政策

メガコンペティションの下で、金融、産業の分野における外資の参入や産業再編の進展に対応するとともに、談合・横並び体質からの脱却と市場の活性化を図るため、競争政策の積極的な展開が求められている。これとあわせ、公正取引委員会における審査の透明性の向上及び審査の迅速化が図られる必要がある。

また、規制緩和が進む公益事業分野において、自由かつ公正な競争が確保されるよう十分な監視をするとともに、特に電気通信分野においては、市場支配力を有する通信事業者への非対称規制を前倒し実施する。……

(2)　規制改革のみならず制度改革に踏み込む

……「民間でできることは、できるだけ民間に委ねる」ことを原則に、国民の利益の観点に立って、徹底した行政改革を行い、特殊法人等や国営施設の見直し、民営化を進めることが必要である。郵政三事業については、予定どおり平成15年の公社化を実現し、その後のあり方については、総理の懇談会において、民営化問題を含めた具体的な検討を進める。」（傍点筆者）

第2章 構造改革と競争政策

　明らかなように，構造改革とは，ケインズ流の需要の追加ではなく，シュンペーター流の供給の改革——「創造的破壊」——がイメージされている[3]。そうしたイメージに基づく規制改革[4]や競争政策に関するプログラムは，企業活動の自由を徹底させ，市場原理それ自体を最善とする本格的な新自由主義的改革の宣言であった。とはいえ，のちにみるように，その実行において徹底したわけではなく，失敗も妥協も余儀なくされる。小泉首相についていえば，その言説[5]は「新自由主義的思想体系の所産ではなく，官僚批判と現実の財政危機の認識から生まれている」もので，「「改革型」ポピュリスト」と呼ぶのが適切であるとの指摘もある[6]。

　小泉政権が打ち出した構造改革の指針を受けて，公取委も政府と一体となって政策提言活動を活発化させていく（第3部第1章1参照）。指針が示した競争政策関連の改革を，公益事業の改革，社会的規制の改革，道路公団改革そして郵政民営化について順にみていくことにしよう。

2　公益事業と社会的規制の改革

公益事業の改革——規制と競争が共存する過渡期

　公益事業とは，従来「自然独占」の性質を有する産業——巨額の設備投資が必要で固定費用の割合が大きい費用低減産業——であって，独占を容認し政府が監

---

(3)　「骨太の方針」は，不況時にもかかわらず，国債の発行を抑制し，公共投資を縮減した。他方，「骨太の方針」は，構造改革による持続的な成長こそ真の景気回復としていることから，需要創出型の構造改革であるとの見方もある（吉川洋『構造改革と日本経済』（平成15年）102頁。吉川はケインジアンであるが，経済財政諮問会議の民間議員の一人となった）。

(4)　平成11年3月20日の「規制緩和推進3か年計画の改定」以降，政府は「規制緩和」ではなく「規制改革」と呼ぶようになった。「規制改革」という視点について，改定計画は次のように説明している。
　　　「これは，規制緩和の推進に併せて市場機能をより発揮するための競争政策の積極的展開に加え，さらに，事前規制型の行政から事後チェック型の行政に転換していくことに伴う新たなルールの創設や，自己責任原則の確立に資する情報公開及び消費者のための必要なシステムづくりなどにも，規制の緩和や撤廃と一体として取り組んでいくという視点であり，この重要性に配意することとしたものである。」（総務庁『規制緩和白書』（平成11年）132頁）。

(5)　「小さな政府を目指す」，「民間にできることは民間に任せる」，「聖域なき構造改革」など。

(6)　大嶽秀夫『日本型ポピュリズム』（平成15年）125頁，同『小泉純一郎ポピュリズムの研究』（平成18年）4頁。ポピュリズムとは一般に大衆迎合主義と訳されるが，大嶽によれば，ポピュリズムには利益誘導型と改革型があり，田中角栄は前者に小泉純一郎は後者に属するという。

督した方がよいとされた産業である（よって，旧法21条は，その固有の行為を独占禁止法の適用除外と規定していた）。しかし，その後，技術の進歩もあって，公益事業といっても一枚岩ではなく，自然独占の分野とは別に競争が可能な分野があることが判明した。

たとえば電力やガスのように，下流のネットワークが独占的性質を持たざるをえないとしても，供給する財の上流における生産については競争可能なのである（下表[7]参照）。競争可能な分野に新規参入してユーザーに供給するためにはネットワークにアクセスできなければならない。ところが，ネットワークを所有しているのは競争相手でもある垂直的に統合された事業者である。競争政策の最大の課題は，既存の巨大な垂直的統合企業の抵抗を排し新規参入事業者にいかにネットワークへの公平なアクセスを確保するかにある。

公益事業分野における競争可能分野と事実上の独占分野

産　業	競争可能分野	事実上の独占分野 （ネットワーク，不可欠施設）
電　力	発電	高電圧の送電① 地域的な配電②
ガ　ス	ガス生産	高圧のガスの移送① 地域的なガスの配給②
電気通信	長距離・国際 FTTHサービス	加入者回線 光ファイバ網
郵　便	郵便物の運送，速達・小包の配達，特に高密度地区における大量の事業者向け配達	住宅地における普通郵便の配達②
航　空	航空機の運航・整備	滑走路等の施設
鉄　道	列車の運行・整備	レール・信号①
海　運	水先案内，港湾サービス	港湾施設

（注）　①については，独占の範囲は地理や需要の性質にかかっている。
　　　　②については，低密度かつ少量の居住地におけるサービスが独占的になりやすい。

---

(7) Restructuring Public Utilities for Competition, OECD Observer, February 2002, p.2 の表を参照して作成した。ただし，FTTHサービス／光ファイバを追加した。移動体通信サービス事業者の保有する電気通信設備は不可欠施設ではないが，市場シェアが高い事業者が保有する設備は電気通信事業法上不可欠施設に準じた扱いがなされている。郵便については，速達・小包はその都度配達するので規模の経済性を発揮する余地がないが，普通郵便は配達夫が戸別に巡回して配達するので郵便物が多いほど規模の経済性が

第2章　構造改革と競争政策

　小泉政権の発足に先立つ平成13年（2001）1月，公取委の研究会は公益事業分野における競争促進のために，次のような基本的な考え方を示した[8]。

　「①　［既存事業者が保有する―筆者］ネットワークの新規参入者への開放等を始めとした新規参入を保障する仕組みを導入すること
　②　新規参入者と既存事業者との公正な競争条件を確保すること
　③　競争が導入された分野での競争制限行為に対して，独占禁止法を厳正に執行していくこと
　　上記の措置を採った上でも，なお有効な競争が促進されない場合においては，市場支配的既存事業者の垂直的統合や企業結合関係の在り方といった組織それ自体について見直しを行うことも重要な選択肢の一つであると考えられる。」

　ネットワークへのアクセスの公平性を確保する方法として，アクセス拒絶に対して独占禁止法を適用するほかに，電力事業についてみれば，発送電の分離として，①会計分離→②法的分離（子会社として分社化）→③機能分離（独立系統運用機関に機能を移す）→④所有分離（完全に資産も組織も切り離す）がある[9]。公取委の研究会がいう「市場支配的事業者の組織それ自体についての見直し」とは，②の段階以降のことをいうのであろう。

　電力の自由化の進展に伴い，発送電分離の気運が高まり，公取委の研究会も，平成14年（2002）6月，「系統運用を電力会社から切り離す措置について検討する必要がある」との見解を公表した[10]。しかし，電力の安定供給や投資インセンティブを損なうとの大手電力会社による強い反対があり，経産省は，会計分離や情報遮断にとどめ，構造的措置を見送ることにした[11]。小泉政権の構造改革もこの点については徹底しなかった。しかし，平成23年（2011）3月に東京電力福島第一原子力発電所の事故が発生すると，全国的な広域ネットワークを整備するとともに送配電部門の中立性・公平性を確保する必要が改めて認識され[12]，

　　　生じる。ただし，わが国のように狭い国土に人口が密集していると，効率的な配達網を複数形成できる可能性がある。
(8)　政府規制等と競争政策に関する研究会『公益事業分野における規制緩和と競争政策』（平成13年）25頁。
(9)　OECD編山本哲三＝山田弘監訳『世界の規制改革　上』（平成12年）240頁参照。
(10)　政府規制等と競争政策に関する研究会「電気事業分野における競争促進のための環境整備」（平成14年6月28日，公取委HP）9頁。OECD理事会は，平成13年4月26日，規制産業における行為的措置と構造的措置を真剣に比較衡量するよう加盟国に勧告していた（勧告については，OECD編山本哲三監訳『構造分離――公益事業の制度改革』（平成14年）143頁参照）。
(11)　平成14年11月20日付け日本経済新聞記事「送電分離を見送り」。

第3部　構造改革なくして成長なし　2001～

平成27年（2015）6月に電気事業法の改正法案が成立して法的分離が実現することになった。

　公取委の公益事業に関する法執行面の取組で注目されたのは，ガイドラインの作成と独占禁止法違反事件の摘発にあった。公取委は，通産省と共同で，既に「適正な電力取引についての指針」（平成11年12月），「適正なガス取引についての指針」（同12年3月）を策定していたが，その後総務省と共同で，「電気通信事業分野における競争の促進に関する指針」（同13年11月）を公表した。

　公取委が事業所管官庁と共同でガイドラインを作成するのは，これまでありえなかったことである。それは，事業所管官庁も規制改革により自由化が進み競争政策——その内容は公取委の競争政策と同一ではないが——の観点から政策を遂行しなければならなくなったことを意味する。これを法的にみれば，政府は競争法も事業法も相互補完的に両法が適用されるとの立場（相互補完説）をとることを示している[12]。

　公益事業改革の最大の課題であるネットワークへのアクセスについて，これらのガイドラインはどのような立場をとったか？　平成13年（2001）の電気通信ガイドラインは，新規参入者に対し加入者回線網への接続や共用（コロケーション）を拒絶したり，不利な取扱いをすることは，電気通信事業法上の措置の対象となるほか，独占禁止法上も私的独占，取引拒絶，差別的取扱い等として問題となることを明らかにしている[14]。電力ガイドラインは当初言及していなかったが，平成14年（2002）12月の改正により，電力の託送手続の不当遅延等や連系線等の設備の利用拒否が独占禁止法上も違法となるおそれがあると規定した[15]。

---

(12)　経済産業省総合エネルギー調査会総合部会電力システム改革専門委員会「電力システム改革の基本方針」（平成24年7月，経済産業省HP）18頁（機能分離または法的分離を提唱）。改正電気事業法は，電力会社の送配電事業の分社化を平成32年4月に実施することにした。同時にガス事業法も改正され，大手ガス3社の導管事業の分社化を平成34年4月に実施することになった。最近の公益事業改革については，「ネットワーク産業の規制改革と競争政策」経済法学会年報36号（平成27年）所収の各論文参照。

(13)　学説としては，相互補完説，事業法優先説，独占禁止法優先説などがある。詳しくは，岸井大太郎「公益事業の規制改革と独占禁止法」経済法学会年報23号（平成14年）54頁，土田和博「独禁法と事業法による公益事業規制のあり方に関する一考察」土田ほか編著『政府規制と経済法』（平成18年）156頁。なお，NTT東日本最高裁判決，平成22年12月17日，審決集57巻第2分冊213頁は，相互補完説に近い立場をとったと考えられる（本件最高裁判決調査官解説，法曹時報64巻11号（平成24年）297頁（岡田幸人執筆））。

(14)　同ガイドラインⅡ第1・3(1)アおよびイ。

(15)　同ガイドライン第2部Ⅱ2(1)イ②および③。

第2章　構造改革と競争政策

ガス・ガイドラインも，平成16年（2004）の改正で，正当な理由のないガスの託送供給の拒否等について違法となるおそれがあることを示した[16]。

ネットワークへのアクセス拒絶を独占禁止法上違法とする考え方は，いわゆる不可欠施設の法理[17]として知られている。不可欠施設の保有者に取引義務を課すことになるので，取引先選択の自由に対する介入となり投資インセンティブの阻害要因となりうるが，新規参入による競争促進効果は大きなものがある。電気通信・電力・ガスのガイドラインはいずれもネットワークの保有者に事業法上接続義務が課されている場合であり，公取委は事業法上の接続義務も考慮しつつ，不可欠施設の法理をとることにより，公益事業に対して独占禁止法上も積極的に競争を促進する方針をとった。

さて，事業所管官庁が行う競争政策とは何か？市場支配的事業者に対して行うネットワークの開放や非対称規制（「ドミナント規制」ともいう。差別的取扱いや不当な競争の規制）がそれであるが，非対称規制について，公取委の研究会は「本来，市場に市場支配的事業者が存在しない状態，すなわち，ドミナント規制を必要としない状態が望ましい」と述べた[18]。すなわち，公益事業に対し事業法によって規制が行われている現在は，自然独占→競争と規制→競争という進化の過程の過渡期にあるということである[19]。

とはいえ，競争に向けた進化の過程は必ずしも容易ではない。最近になり，移動通信市場におけるNTTドコモの市場シェアが低下（10年前の約55％から40％近くへ）したが，料金プランが横並びとなるような3グループ（NTTドコモ，KDDI，ソフトバンク）による協調的寡占が形成された。そのため，さらなる寡占

---

(16) 同ガイドライン第2部Ⅱ2(3)(イ)。
(17) 不可欠施設の法理（essential facilities doctrine）とは，①当該施設の利用が川下市場において不可欠であること，②同種設備を構築することが困難であること，③当該施設の利用が可能であること，④これを非差別的・合理的な条件で利用させるべきこと，というものである。これに対する批判としては，施設保有者の投資インセンティブを阻害する，事業者の取引先選択の自由を侵害する，当該施設の利用料金の規制が必要になる等がある（岸井他・373頁（岸井執筆），白石忠志『技術と競争の法的構造』（平成6年）85頁参照）。この法理はEUでは確立しているといってよいが，米国では，トリンコ事件判決（Verizon Communications v. Law Offices of Curtis V. Trinko, LLP, 540 U.S. 398 (2004)）において，最高裁は消極的な姿勢をとった。
(18) 政府規制等と競争政策に関する研究会前掲注(8) 23頁。
(19) 岸井前掲注(13) 42頁は，事業法による規制が競争導入後も長期にわたって必要なのは，ネットワーク部門など自然独占性が残存する場合における料金等の規制に限られるとする。

化を防止するため総務省による企業結合審査の導入等が提言されている[20]。

公取委の公益事業分野における独占禁止法違反事件の摘発はどうか？　電気通信については，①NTT 東日本による DSL（デジタル加入者線）サービスへの新規参入阻害事件（平成12年，警告）[21]，②NTT 東日本および NTT 西日本による ADSL（非対称デジタル加入者回線）サービス提供のための工事について差別的な取扱い事件（平成13年，警告）[22]，③NTT 東日本による FTTH サービスのプライス・スクィーズ事件（平成15年，勧告）[23]，があった。①および③の事件は，前記不可欠施設の法理を適用したとみることができる。電力については，①北海道電力による高額な違約金事件（平成14年，警告）[24]，②関西電力によるオール電化事件[25]があった。公取委は，平成13年（2001）4月，審査局に「IT・公益事業タスク・フォース」を設置して公益事業分野における事件について重点的に審査を行ったが，とりわけ NTT グループの市場支配力に対して警戒していたことがうかがえる。

社会的規制の改革──経済的規制と異なる難しさ

この時期，経済的規制の改革は進展して公益事業の改革に焦点があてられたが，遅れていた社会的規制についても本格的に検討が開始された。総合規制改革会議（宮内義彦議長）は，平成13年（2001）7月，「生活者向けサービス分野（いわゆる「社会的分野」）は，需要と雇用の拡大余地の高い分野であり，企業家精神の旺盛な個人による創業，迅速な事業展開が期待」できるとして，医療，福祉・保育，人材（労働），教育，環境および都市再生を重点6分野として検討を開始した[26]。

---

[20] 情報通信審議会答申「2020年代に向けた情報通信政策の在り方」（平成26年12月18日，総務省 HP）23頁。

[21] 「東日本電信電話株式会社に対する警告について」（公取委，平成12年12月20日，私的独占のおそれ）。

[22] 「東日本電信電話株式会社および西日本電信電話株式会社に対する警告について」（公取委，平成13年12月25日，不当な顧客誘引または取引妨害のおそれ）。

[23] 平成19年3月26日審判審決，審決集53巻776頁（私的独占該当）（本件審決取消訴訟については，第3部第4章5参照）。

[24] 「北海道電力株式会社に対する警告について」（公取委，平成14年6月28日，私的独占のおそれ）。

[25] 「関西電力株式会社に対する警告について」（公取委，平成17年4月21日，取引条件等の差別的取扱いのおそれ）。

[26] 総合規制改革会議「重点6分野に関する中間とりまとめ」（平成13年7月24日，内閣府 HP）。

第2章　構造改革と競争政策

　これを受けて，公取委も政府規制等と競争政策に関する研究会の社会的規制等ワーキンググループ（井手秀樹座長）において検討を行い，平成14年（2002）11月，社会的規制分野——特に介護，医療および労働の3分野を念頭に置きつつ——に関し，次のような報告書をとりまとめた[27]。

　「社会的規制分野においては，社会的弱者への対応が必要であり，また，提供するサービスが生命・健康にかかわる等，国民生活に不可欠なものであるため，すべての国民に一定以上の質と量のサービスを安定的に供給する必要があること，サービスの提供者とその需要者との間に大きな情報の非対称性が存在し，需要者による適切なサービスの選択が困難であること等，提供するサービスに特殊性があるとされてきた。……このような，いわゆる「市場の失敗」を根拠として，社会的規制分野においては，政府が許認可等の規制手段を用いることによりサービスの提供主体や量を管理するとともに，すべての国民に必要最低限以上のサービスを一律に提供することを基本として，提供するサービスの内容や価格を直接規制するなど，政府による需給の管理を中心とした事前規制が行われてきた。
　しかしながら，市場の失敗が発生する可能性があるからといって必ずしも政府による需給の管理が必要というわけではない。例えば，情報の非対称性がある場合があっても，……適正な情報開示，公的機関や第三者評価機関による情報提供などにより，需要者が提供されるサービスの内容や価格により提供主体を選択することが可能となる場合が少なくない。
　また，……政府による需給の管理は，例えば，医療分野における病床等の総枠規制や法人の組織形態に着目した形式的な規制にみられるように，従来の考え方を転換しなければ，革新的な事業者の参入を困難にしたり，非効率な事業者の温存を容易にするなどといった弊害が避けられない。
　もちろん，社会的規制分野においては，サービスの特性等から一定の規制が必要であるが，このことにより「競争原理になじまない」，「競争の余地が少ない」などといえるものではなく，サービスの質やすべての国民へのサービスの提供を確保しつつ，これらの分野において公正かつ自由な競争を促進していくための制度を構築していくことは可能である。」（傍点筆者）

　報告書によれば，社会的規制の特色は，①シビル・ミニマムの提供（ユニバーサル・サービス）と②そのための政府の需給管理を中心とした事前規制，にあるということができる。そこで，報告書は，①を維持しつつ，②の事前規制を縮小して競争原理を導入しまたは拡大することを提言する。具体的な見直しの視点として，㋐必要最小限の規制とするために代替的規制手段を検討の上，規制の廃止

---

[27]　公取委「「社会的規制分野における競争促進の在り方」について——政府規制等と競争政策に関する研究会報告書」（平成14年11月20日）2頁。

を含め抜本的な見直しを行う，④サービスの質を確保するための規制は技術的な資格要件や客観的な設備基準により量的な参入規制にならないようにし，可能な限り事後規制を基本とする，⑰情報開示等利用者の適正な選択を可能にする措置を検討するとともに，既存の事業者に対する優遇措置の見直しをする，ことを挙げた[28]。

しかし，この報告書や3分野に関する提言がどの程度規制改革に影響力をもったのか明らかでない。そして，その後，公取委は社会的規制に関して調査や提言を行うことは一切なかった[29]。平成13年（2001）の提言書「21世紀における競争政策と公正取引委員会の在り方」が，公取委に対し社会的規制の見直しを含めた「規制改革の推進役」となるよう求めていたにもかかわらず，どうしたことであろうか？

社会的規制の改革は，競争原理だけでは割り切れず，難しかったのであろう。経済的規制と社会的規制は，どう異なるのか？　経済学者の三輪芳朗は，社会的規制の定義の不明確さを指摘した上で，「特定の規制が「経済的」であるか「社会的」であるかは重要ではない。「経済的」であれ「社会的」であれ，規制が妥当なものとして正当化され，存続するためには，コストを上回る便益が得られなければならない」と主張した[30]。これに対して，経済法学者の岸井大太郎は，従来の費用便益分析が「権利としての生命の評価に関して恣意的になる危険」があり，「"質的・定性的要因"を適切に処理できない」と批判し，対立する価値・利益の調整や選択は「民主主義の原則と手続」によって決定されるべきであると警告した[31]。

---

[28]　公取委前掲注(27) 3頁。

[29]　なお，既に公取委は，弁護士等6つの事務系専門職の資格者の加入が義務付けられている団体が行う自主規制に関して，「資格者団体の活動に関する独占禁止法上の考え方」（平成13年10月24日，公取委）というガイドラインを公表していた。また，公取委は，長期の空白を経て，平成26年6月25日，社会的規制に係わる「保育分野に関する調査報告書」を公表した。

[30]　三輪芳朗「「社会的規制」の政治経済学」経済学論集63巻2号（平成9年）24頁。社会的規制の便益費用分析を行うことによって，社会的価値間の選択や社会的価値と経済的価値との間の選択が可能になるから，社会的規制を「聖域視」することを戒める見解もある（植草益編『社会的規制の経済学』（平成9年）47頁（横倉尚執筆））。

　　　法的には，経済的規制が財産権（憲法29条）や営業の自由（同22条）に対する公共の福祉による制限であるのに対し，社会的規制の根拠は幸福追求権（同13条）や生存権（同25条）に求められるというように，区別が可能であるとされる（向田直範「社会的規制と競争政策」経済法学会年報21号（平成12年）5頁）。

[31]　岸井大太郎「社会的規制と消費者」『岩波講座　現代の法13』（平成9年）33頁以下。

第 2 章　構造改革と競争政策

　とはいえ，民主主義の原則と手続の実際においては，一般消費者の利益は拡散し政治的力となりえないが故に，社会的規制の改革は難航する。のちに総合規制改革会議の宮内議長は，「岩盤のような規制に守られ既得権益を手放さない人たちがいるのが問題の本質ではないか。記者会見で改革の進み具合を尋ねられたわたしは「遅々として進んでいる」と答えたが，進んだ実感はなかった」と述懐している[32]。

　具体的な論点のひとつとして，株式会社による学校経営，病院経営，特別養護老人ホーム経営，農地経営の各禁止があった。これは株式会社が営利を追求する組織であることから，株式会社が公共サービスを提供したり農地を取得するにはふさわしくないとの思想に基づくものである。しかし，消費者が多様で効率的なサービスを求める時代においては株式会社のダイナミズムが必要であろうし，営利性と公共性が両立しないわけではない[33]。とはいえ，株式会社による公共的サービスへの参入に広く国民的な支持があったわけでもなく，小泉首相がリーダーシップを発揮したわけでもない[34]。そこで，総合規制改革会議がとった現実的手法は，構造改革特区において社会的実験を行うことであり，これらの禁止は特区において一部解禁されることになる[35]。しかし，今日に至るも「岩盤のような規制」に穴があいたようには見えない。

　公取委が社会的規制に関し競争政策の見地から政策提言をする余地はなおあったと思われるが，前記のように，平成 14 年（2002）の前記報告書以降，公取委は沈黙した。それどころか——得意の入札制度と公益事業分野を除いて——平成 18 年（2006）9 月の小泉政権の退場以後「規制改革の推進役」を自ら断念した[36]。そして，公取委は単なる法執行機関に変質していく[37]。

　　　なお，米丸恒治「規制影響分析制度の導入と課題」公正取引平成 17 年 8 月号 14 頁も参照。
(32)　宮内義彦「私の履歴書　第 25 回」平成 25 年 9 月 26 日付け日本経済新聞。
(33)　株式会社の参入規制や非営利性の問題点については，八代尚宏編『社会的規制の経済分析』（平成 12 年）22 頁（八代執筆），同「社会的規制改革の考え方」公正取引平成 13 年 11 月号 5 頁，同『規制改革——「法と経済学」からの提言』（平成 15 年）49 頁。
(34)　宮内義彦は，「「小泉政権のもとで規制改革会議は大活躍した」とは思い込みにすぎない。岩盤に立ち往生したのだ」と述べている（同「私の履歴書　第 28 回」平成 25 年 9 月 29 日付け日本経済新聞）。
(35)　総合規制改革会議「総合規制改革会議の主な成果事例」（平成 16 年 3 月，内閣府 HP）。
(36)　公取委の年次報告には，平成 12 年度版に「規制改革・競争政策に関する調査・提言等」の章が設けられたが，平成 20 年度版に至って規制改革をはずし「競争環境の積極的創造に向けた取組」に衣替えした。

第3部　構造改革なくして成長なし　2001～

　ところで，司法制度改革も構造改革，そして良質の法的サービスを供給するための社会的規制改革のひとつであった。平成13年（2001）の司法制度改革審議会の最終意見書によれば，司法制度改革の根本的課題は，「法の精神，法の支配がこの国の血肉と化し，『この国のかたち』となる」ことにあった。紛争解決に2割しか司法が利用されない──「2割司法」と言われた──わが国において法治主義を確立することである。そのための3つの柱が，①「国民の期待に応える司法制度」とすることであり，②「司法制度を支える法曹の在り方」を改革することであり，③「国民的基盤の確立」のために訴訟参加の導入等を図ることであった[38]。

　②に関連して，増大する法曹需要に対応するため，「国民が必要とする質と量の法曹の確保・向上こそが本質的な課題」であった。「司法試験が弁護士への最大の参入障壁」[39]であったから，法曹の量的確保は司法試験の合格者数が鍵となる。本来，法曹の数は──従来のように法曹三者間の協議で決定されるのではなく──「社会の要請に基づいて市場原理によって決定されるもの」であるはずであった[40]。平成22年（2010）頃には新司法試験の合格者数年間3,000人を目標とすることは「あくまで「計画的にできるだけ早期に」達成すべき目標であって，上限を意味するものではない」とされた[41]。

　司法制度改革に関し，独占禁止法上重要であったのは，新司法試験の選択科目に経済法が採用されたことである。根岸哲ら経済法学者5名は，「独占禁止法を新司法試験の選択科目に取り入れ，独占禁止法に通暁した法曹の養成に取り組むことは，司法制度改革に不可欠な要請である」との意見書を司法制度改革本部に提出した[42]。それが功を奏したのか明らかでないが，経済法は選択科目に採択され，法科大学院の展開先端科目のひとつとなった。これにより独占禁止法が法曹界により一層浸透するようになったことはいうまでもない。

---

[37]　田原和政「雑草のつよさ　組織に生きる？」公正取引平成24年10月号79頁。
[38]　司法制度改革審議会「司法制度改革審議会意見書──21世紀の日本を支える司法制度」（平成13年6月12日，官邸HP）3頁・9頁。
[39]　三宅伸吾『弁護士カルテル──ギルド化する「在野」法曹の実像』（平成7年）145頁。
[40]　過当競争の弊害が生じるなどの司法試験合格者増員反対論に理由がないことについては，八代編前掲注(33) 221頁（福井秀夫執筆）参照。
[41]　司法制度改革審議会前掲注(38) 58頁。
[42]　根岸哲ほか「新司法試験選択科目としての独占禁止法（経済法）導入の必要性について」公正取引平成14年7月号62頁。

3 道路公団改革および郵政民営化

道路公団改革──小泉構造改革の失敗

　行政の構造改革の一環として行われたのが，特殊法人[43]の改革であった。政府は，特殊法人のうち日本道路公団，首都高速道路公団，阪神高速道路公団および本州四国連絡橋公団については，「民営化を前提」とし，内閣に置く第三者機関において一体として検討することを決定した[44]。第三者機関である道路関係四公団民営化推進委員会は，委員会内部の激しい対立と混乱を経て，平成14年（2002）12月に「意見書」を内閣総理大臣に提出した。政府は，民営化推進委員会の意見書を尊重するとしつつ，与党と協議した上，関係法案を閣議決定し，同法案は平成16年（2004）6月に国会において成立した。成立した関係法律の民営化の枠組みは意見書の内容から大きく後退していた。

　道路関係4公団は約40兆円の膨大な債務を負っていた。民営化推進委員会の意見書は，「必要性の乏しい道路をつくらない」，「債務を……確実に返済していくことを第一優先順位とする」[45]ことを基本方針に，新会社を設立して保有・債務返済機構を通じて債務を返済し，新会社は10年後には完全に独立することを計画した[46]。

　これに対して，政府・与党は，「必要な道路を早期に，かつできるだけ少ない国民負担の下で建設する」こととし，かつ機構が解散するのは45年後として債務返済よりも新規道路の建設を優先することにした。「会社は将来，株式の上場を目指す」として当分の間国のコントロール下に置くことにした上で，「高速道路等は，国民共有の財産であり，料金の設定にあたっては会社の利潤を含めない」ことにした[47]。利潤追求をできてこそ民間企業としての意欲もわき，株式

---

(43)　特殊法人とは，行政に関連する公的な事業を遂行するために特別の法律により設立された法人のことであり，巨額の補助金や郵便貯金等を原資とする財政投融資資金が投入されていた。

(44)　特殊法人等改革推進本部「特殊法人等整理合理化計画」（平成13年12月18日，官邸HP）。

(45)　道路関係四公団民営化推進委員会「意見書」（平成14年12月6日，官邸HP）。

(46)　保有・債務返済機構は公団から道路資産と債務を承継し，道路資産を新会社に貸付け，その貸付料をもって債務の返済に充て，新会社は債務完済後の10年後に道路資産を買い取るというものである。これは委員会内部における上下分離論と上下一体化論の妥協の産物であったとみられる。国鉄民営化の際にも新幹線保有機構が設けられたが，機構が行う収益調整がJR3社の上場実現の障害となったため，新幹線保有機構は4年半で廃止され新幹線は上下一体で運営されることになった。

(47)　「道路関係4公団民営化の基本的枠組みについて」（平成15年12月22日，政府・

第3部　構造改革なくして成長なし　2001～

上場する自立に通じる。民営化推進委員会において完全な民営化を主張した委員は，これを「国営の固定化」[48]とか「偽りの民営化」[49]と厳しく批判した。

道路公団改革は，国鉄改革と同様，巨額の累積債務を解消し国民の負担を少なくするという課題の解決のために行われた。国鉄改革に比べれば道路公団改革は単純容易であったにもかかわらず，小泉首相のイニシアティブがないまま，国土交通省や道路族議員の抵抗勢力に屈したとして，完全民営化を主張した前記委員たちは，「「小泉改革」はこの程度のものか」と酷評した[50]。

平成17年（2005）10月，4公団は廃止され，垂直・水平分割されて保有・返済機構と新会社6社が設立された[51]。水平分割は，「経営管理面で組織の適正規模を確保するとともに，競争を通じたコスト意識・増収意識の醸成を図る」[52]ことが目的であった。とはいえ，分割による競争促進効果は乏しく，もともと独占的事業の色彩の濃い高速道路事業の全国独占が地域独占に変わっただけであった[53]。公取委が競争政策の見地から関与する余地がなかったのは，国鉄改革と変わらない。

その後10年を経た平成26年（2014）6月，道路法等が一部改正され，老朽化した高速道路の更新を行う必要があることを理由として，機構の債務の完済が

　　　与党申し合わせ）。この申し合わせは，従来からある高速道路整備計画（9,342km）を，新直轄方式（国と地方の負担で建設）によりまたは新会社が建設することも決定した。新会社が建設するといっても，新会社が採算性に基づいて意思決定できるわけでなく，他方，その資金調達も政府保証が可能であり，工事完了した道路は機構に引き渡すことになっていた。

(48)　八代尚宏編『「官製市場」改革』（平成17年）44頁（川本裕子執筆）。

(49)　田中一昭『偽りの民営化』（平成16年）34頁。田中によれば，小泉首相は問題を理解していなかったという。

(50)　松田昌士＝田中一昭「「道路公団」裏切りの民営化全内幕」文芸春秋平成16年3月号107頁。これに対して，政治学者の大嶽秀夫は，道路に関して地方と大都市に格差があり，改革は地方への所得再分配の問題にもかかわるから，小泉首相も道路族と妥協せざるを得なかったと分析した（大嶽秀夫『小泉純一郎ポピュリズムの研究』（平成18年）67頁）。なお，宮川公男「民営化推進委員会の二つの失敗」ECO-FORUM22巻3号（平成17年）20頁も参照。とはいえ，所得再分配の問題は国鉄改革でも同じであったはずである。

(51)　独立行政法人日本高速道路保有・債務返済機構，首都高速道路㈱，阪神高速道路㈱，本州四国連絡高速道路㈱，東日本高速道路㈱，中日本高速道路㈱および西日本高速道路㈱が発足した。平成27年2月現在，旧道路公団系3社については国が全株式を所有し，他の3社については国が50％または66％所有し残りを関係自治体が所有している。

(52)　道路関係四公団民営化推進委員会前掲注(45)。

(53)　八代編前掲注(48) 61頁（川本執筆）。

45年後の平成62年（2050）から更に15年間先送りされることになった。これは「国営の固定化」を一層進めるものであり，道路公団改革が失敗であったことを如実に示している。

郵政民営化——構造改革の本丸の実現と修正

平成9年（1997）12月に公表された行政改革会議最終報告書は，国の現業である郵政事業——当時は総務省の下の郵政事業庁が行っていた——を5年後に新たに設立する公社に遂行させること決定した[54]。その際，「民営化等の見直しは行わない（国営）」とされ，その旨は中央省庁等改革基本法にも明記された[55]。これを覆して，郵政3事業の民営化を実行したのが小泉首相である。

その経緯に触れる前に，公社化に伴う競争と規制についてみておくことにしよう。行政改革会議は，公社化にあたり，郵便事業へ競争を導入するため，政府に対し，郵便事業への民間事業者の参入について具体的条件を検討するよう求めた（その旨は中央省庁等改革基本法にも明記された）。そこで，公取委においても政府規制等と競争政策に関する研究会（鶴田俊正座長）において検討を行い，平成12年（2000）11月に報告書を公表した。郵便事業には信書の送達等と小包の配達からなるが，信書の送達については郵便法5条2項（現4条2項）により国の法的独占が認められているので，競争政策の見地からは信書便についてどのように競争を導入するかが問題となる。この点について，報告書は次のように述べた[56]。

「(3) 国の独占事業としてきた根拠に対する競争政策の観点からの考え方
　ア　……ユニバーサルサービスを確保する等の観点から，これまでは郵便事業体に独占的地位を付与し，併せてサービス提供義務を課す等の政策的対応が採られてきたが，ユニバーサルサービスを提供できること自体が重要な競争手段であることを考慮すると，民間事業者が自発的に同サービスを供給することも考えられる。
　イ　通信の秘密の確保の必要性については，……民間事業者に対して通信の秘密の確保を義務付けることにより確保されていくものと考えられる。

---

(54)　「行政改革会議最終報告」（平成9年，官邸HP）Ⅳ2(1)②。
(55)　中央省庁等改革基本法33条1項6号（「前各号に掲げる措置により民営化等の見直しは行わないものとすること」）。
(56)　政府規制等と競争政策に関する研究会『郵便事業への競争導入と競争政策上の課題』（平成12年11月）11頁。ユニバーサル・サービスとは，「郵便の役務をなるべく安い料金で，あまねく，公平に提供する」（郵便法1条）とあるように，全国のどこにいても低料金で受けられる国民生活に不可欠なサービスをいう。これに対して，高収益地域にのみ参入することをクリーム・スキミング（いいとこ取り）という。

第3部　構造改革なくして成長なし　2001〜

　　ウ　全国ベースの一体的なネットワークの構築の必要性については，宅配便事業にみられるように，民間事業者が単独又は他の事業者と連携して全国ベースの一体的なネットワークを構築しており，複数の競合的ネットワークの構築が可能であると考えられる。」(傍点筆者)

　報告書によれば，信書の配達ネットワークは民間事業者により自発的に構築されるから，ユニバーサル・サービスは確保されると判断し，既存のネットワークとの接続の規制について特別の規制を行う必要はないとした（接続ルールを策定・公表しておくことが望ましいとした）。ユニバーサル・サービス・ファンドについては今後の検討課題にとどめた。結論として，「信書の送達の原則全面自由化」を唱えるが，ユニバーサル・サービスに支障がないかなおコンセンサスが得られていないこと等を理由に「段階的に競争を導入していく」ことが適当であるとした[57]。

　公取委は，ユバーサル・サービスの確保について楽観的であったが，平成14年（2002）3月，総務省は（全国全面参入型）信書便事業への民間事業者の参入条件として，全国で最低約9万9千本のポストの設置，3日以内の配達といった体制整備を要求した[58]。そのため，かねて参入を検討していた宅配便大手のヤマト運輸は参入を断念した[59]。総務省の条件提示は，「新規参入を実質的に阻止し，公社を守るため」ではないかとの批判があった[60]。公取委がこれについて何か発言した形跡は見当たらない。小泉首相は郵便事業への民間事業者の参入に条件を設けずに参入できるよう指示し[61]，参入を認める信書便法案が同年7月に成

---

[57]　政府規制等と競争政策に関する研究会前掲注(56) 12頁。なお，報告書は，信書の範囲が不明確なことに起因して，民間事業者の円滑な事業活動が阻害されていることを指摘している。その背景には，郵政省が地域振興券等を「信書」に該当すると解釈して民間事業者の取扱いを禁止したところ，ヤマト運輸が独占禁止法違反として公取委に申告するという事件があった。公取委は「信書」の解釈権は第一義的には郵政省にあり独占禁止法違反とするのは適切でないとして不問に付した（平成12年4月19日付け日本経済新聞記事「「公取委の限界」指摘の声」）。その是非はともかく，本件は郵政省が自ら事業を営みつつその監督も行っていることの不公正さを象徴的に示している。

[58]　平成14年3月27日付け朝日新聞記事「郵便参入条件」。法的には，「民間事業者による信書の送達に関する法律」（平成14年法律第99号）を制定して，郵便法5条2項の適用除外とするかたちがとられた。

[59]　平成14年4月27日付け朝日新聞記事「ヤマト運輸郵便参入を断念」。

[60]　平成14年4月6日付け日本経済新聞社説「郵便事業民間開放の条件を見直せ」。

[61]　平成13年11月17日付け日本経済新聞記事「首相「郵便開放は条件を設けずに」。小泉首相は，ユニバーサル・サービスについて理解していなかったという（町田徹『日本郵政——解き放たれた「巨人」』（平成17年）186頁）。

立したものの，実際には民間事業者は1社も参入せず，郵便事業の民間開放は失敗に終わった[62]。

郵政事業の民営化についてはどうか？　本章冒頭に引用した平成13年（2001）6月の構造改革の基本方針にもあるとおり，平成15年（2003）に公社に移行した後民営化を進めるために，「郵政三事業の在り方について考える懇談会」が設置されたが，平成14年（2002）9月に公表された懇談会の報告書は3案を併記するにとどまった[63]。その後，空白期間を経て，平成16年（2004）7月の参議院選挙後に経済財政諮問会議において郵政民営化について集中審議が行われ，同年9月，次のような「郵政民営化の基本方針」が閣議決定された[64]。

「明治以来の大改革である郵政民営化は，国民に大きな利益をもたらす。
　①　郵政公社の4機能（窓口サービス，郵便，郵便貯金，簡易保険）が有する潜在力が十分に発揮され，市場における経営の自由度の拡大を通じて良質で多様なサービスが安い料金で提供が可能になり，国民の利便性を最大限に向上させる。
　②　郵政公社に対する「見えない国民負担」が最小化され，それによって利用可能となる資源を国民経済的な観点から活用することが可能になる。
　③　公的部門に流れていた資金を民間部門に流し，国民の貯蓄を経済の活性化につなげることが可能になる。
　……
　1　基本的視点
　　4機能が，民営化を通じてそれぞれの市場に吸収統合され，市場原理の下で自立することが重要。
　　そのための必要条件は以下の通り。
　（1）経営の自由度の拡大　……
　（2）民間とのイコールフッティングの確保　……
　（3）事業毎の損益の明確化と事業間のリスク遮断機能の徹底　……
　2　最終的な民営化時点における組織形態の枠組み
　（1）機能ごとに株式会社を設立

---

(62)　町田前掲注(61) 203頁。
(63)　郵政三事業の在り方について考える懇談会「報告書」（平成14年9月6日，官邸HP）。3案とは，①特殊会社，②3事業を維持する完全民営化，③郵貯・健保廃止による完全民営化であった。③の過激な案は，郵貯・簡保の使命は終了したとの認識に基づくもので，田中直毅座長の考えとされる。
(64)　「郵政民営化の基本方針」（平成16年9月10日，閣議決定）。小泉首相は，同年9月の第2次小泉内閣の発足に際し，竹中経済財政相に郵政民営化担当相を兼務させ，さらに平成17年10月の第3次小泉内閣において総務相に任命した。

第3部　構造改革なくして成長なし　2001～

　　　　・4機能をそれぞれ株式会社として独立させ，窓口ネットワーク会社，郵便事業会社，郵便貯金会社，郵便保険会社とする。
　　(2)　地域会社への分割
　　　　・窓口ネットワーク会社，郵便貯金会社及び郵便保険会社を地域分割するか否かについては，新会社の経営陣の判断に委ねることにする。
　　(3)　持株会社の設立
　　　　・経営の一体性を確保するため，国は，4事業会社を子会社とする純粋持株会社を設立する。郵便貯金会社，郵便保険会社については，移行期間中に株式を売却し，民有民営を実現する。その際には，新会社全体の経営状況及び世界の金融情勢等の動向のレビューも行う。国は，持株会社の発行済み株式総数の3分の1を超える株式は保有する。
　　(4)　公社承継法人
　　　　　……　　　　　　　　　　　　　　　　　　　　　　　　　」（傍点筆者）

　これを受けて，政府は民営化に反対する与党と調整を行いつつ，関連法案の国会提出にこぎつけ，衆議院において辛うじて可決されるが，参議院では否決された。そこで小泉首相は，衆議院を解散するという異例の行動に出て，郵政民営化を唯一の争点とする平成17年（2005）9月の総選挙において圧勝した。このようにすさまじい権力闘争を経て，郵政民営化関連法案は，同年10月14日，成立した。道路公団改革では指導力を発揮しなかった小泉であるが，年来の執念に基づいて郵政民営化を実現した[65]。郵政民営化関連法によると，日本郵政公社から業務を承継する民営化された日本郵政グループは次のような組織となり，その事業規模を民間上位4社と比較すると下表のようになる[66]。

---

[65]　町田前掲注(61) 85頁によると，小泉首相の執念の原点は最初に出馬した衆議院選挙で特定郵便局長らの造反で落選したことにあるという。他方，山脇岳志『郵政攻防』（平成17年）60頁は，カネと数にものを言わせる「田中派との闘い」が，角福戦争以来小泉の原動力となったという。

[66]　「郵政民営化関連法律の概要」（官邸HP），藤井比早之「郵政民営化関連6法律」ジュリスト1306号（平成18年）38頁から作成。事業規模の比較（平成16年度末）は，日本経済新聞社編『郵便局──民営化の未来図を読む』（平成18年）208頁による。
　　　なお，郵便局会社は，郵便会社の委託を受けて郵便窓口業務等を行うほか，銀行業・生命保険業の代理業務等を営むことができる。郵便事業会社と郵便局会社は，郵便事業についてユニバーサル・サービス義務を負うが，郵便貯金・簡易保険について実質的にユニバーサル・サービスを確保するために持株会社が設ける社会・地域貢献基金から資金の交付を受ける。

第 2 章　構造改革と競争政策

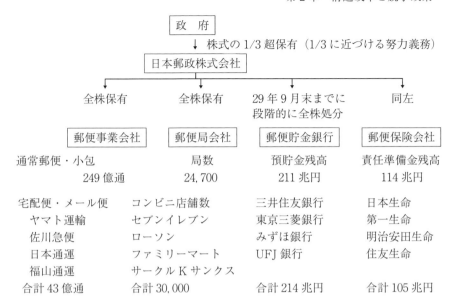

　競争政策の見地からみると，①郵便事業会社は一般信書便について事実上の独占部門を有しているため，他の競争事業者と競争条件が同一でない，②郵便事業会社，郵便貯金銀行および郵便保険会社は地域分割されなかったために，事業規模において他の競争事業者を圧倒するガリバー型寡占となる，ことは明らかであった。経済財政諮問会議において民間議員から地域分割の検討を促す意見が出されていた[67]が，結局，前記「基本方針」においては新会社の経営陣に委ねることとし，さらに与党との調整を経て法案からは分割については姿を消すことになった。
　公取委が競争政策の観点から郵政民営化の基本的な組織形態について発言することはなかった。公取委が発言したのは，民営化法案が成立し，民営化が具体化してからであった。
　前記①の郵便事業の独占の問題に関連して，平成 18 年（2006）7 月，研究会ではなく公取委は自ら作成した報告書[68]において考え方を示した。すなわち，政

---

(67) 民間 4 議員は，ユニバーサル・サービス義務を負う郵便事業会社は分割しないが，「窓口ネットワーク会社は地域密着産業の提供や企業規模の観点から，例えば 10 程度に分割すべき」こと，郵便貯金銀行および郵便保険会社は民営化後に地域分割するか否か検討することを提案していた（「平成 16 年第 18 回経済財政諮問会議議事要旨」，内閣府 HP）。なお，競争政策の見地からみた問題点については，糸田省吾「大丈夫か郵政事業の民営化」公正取引平成 16 年 12 月号 56 頁（ただし，地域分割に言及していない）。

435

策提言として，一般信書便事業の参入規制の引下げや郵便ネットワークの開放，そして日本郵政公社が有している公的特権（郵便車両の駐車規制の除外等）の廃止を求めた。独占禁止法の適用に関する具体的な指針として示したものに，独占領域を有する事業者が範囲の経済性を利用して競争領域で行う不当廉売について原価の基準の考え方を明らかにしたことがあった[69]。

前記②の郵便貯金銀行と郵便保険会社の問題に関連して，平成18年（2006）10月，公取委は，民営化を推進し監視する郵政民営化委員会に対し，次のような意見を提出した[70]。すなわち，郵便局網は公共性がある上その営業上の重要性が高いことから，民間の銀行や生命保険会社の業務内容が拡大し競合分野が増加する場合には，郵便局会社と代理店契約の締結等が郵便貯金銀行や郵便保険会社と同様に可能な状態であることが望ましい，と。郵便局網が必ずしも金融サービスの提供にとり不可欠施設とはいえないが，競争促進のために競争者に開放されるよう要望したのである。

こうした公取委の意見表明が政府の政策形成に実質的にどのような影響を及ぼしたかは心もとないが，公取委が政府内において唯一の競争政策官庁として民間会社との対等な競争条件が確保されるよう「民営化会社の枠組み作りにくぎを

---

[68] 公取委「郵政民営化関連法律の施行に伴う郵便事業と競争政策上の問題点について」（平成18年7月21日）。公取委は，同年4月に報告書の原案を公表し，パブリック・コメントに付した上で本報告書を公表した。本報告書の紹介として，山本大輔＝下村貴裕「郵政民営化関連法律の施行に伴う郵便事業と競争政策上の問題点について」公正取引平成18年10月号7頁。

[69] 独占領域の事業と競争領域の事業を1社で行う場合，共通費用を節約できる（「範囲の経済性」）が，競争領域で行う不当廉売の原価を算定する際に，その共通費用をどのように配分するかの問題がある。それには，①スタンドアローンコスト方式（ひとつの事業をのみを単独で行う際に必要となる費用とし，共通費用はすべて競争領域の費用とする方式），②増分費用方式（競争領域の事業を行う際に追加的に発生する費用とし，共通費用はすべて独占領域の費用とする方式），③ABC（activity based costing）方式（共通費用を発生源となっている事業活動に配賦する方式）がある。

　報告書は，独占領域を有する事業者が範囲の経済性を活用するのでは，競争事業者は対抗できないとして，スタンドアローンコスト方式で原価の判断を行うのが適切であるとした（公取委前掲注[68] 29頁）。これに対して，日本郵政公社が扱っている一般小包郵便物（ゆうパック）が不当廉売に該当するかが争われたヤマト運輸対日本郵政公社事件において，東京高裁は企業会計上ABC方式が一般的であり，スタンドアローンコスト方式は「政策論としてはともかく，一般指定6項の適用に係る法解釈として，直ちに採用することはできない」と判示した（平成19年11月28日判決，審決集54巻699頁）。

[70] 公取委「郵政民営化に伴う郵便貯金事業及び簡易生命保険事業等に関する競争政策上及び独占禁止法上の考え方について」（平成18年10月18日）8頁。

第 2 章　構造改革と競争政策

刺」(71)したとの見方もある。

　平成 19 年（2007）10 月 1 日，民営化が実施され，日本郵政株式会社グループが発足した。しかし，その後，平成 21 年（2009）9 月，政権交代により鳩山由紀夫民主・社民・国民新党連立内閣が発足すると，郵政民営化見直しの公約に基づき，同年 12 月，政府が保有する日本郵政株式会社の株式の処分，同社が保有する金融 2 社の株式の処分をそれぞれ凍結する法案が成立した(72)。さらに，平成 24 年（2012）4 月，民主・自民・公明の 3 党の議員立法により，現行日本郵政グループの 5 社体制を 4 社体制に再編する，日本郵政株式会社および日本郵便株式会社に対し郵便のみならず郵便貯金・簡易生命保険についてもユニバーサル・サービス義務を課す，金融 2 社の株式を早期に処分する（凍結を解除）等を定めた郵政民営化法の一部改正法案が成立した(73)。

　郵政民営化をどのように評価すべきであろうか？　政権交代があっても民営化が維持されたことにかんがみると，多くの国民は——かつての民営化反対論者を含めて——「現時点で民営化を元に戻すことは現実的でない」(74)と認識しているとみられる。その意味で民営化は大きな成功を収めたと言えようが，民営化の修正についてはどう理解すべきであろうか？　鳩山内閣が決定した「郵政改革の基本方針」には，郵便および郵貯・簡保の金融サービスをユニバーサル・サービスとするために，「郵便局ネットワークを，地域や生活弱者の権利を保障し格差を是正するための拠点と位置付ける」（傍点筆者）との文言がみえる(75)。民営化を否定するわけではないが，所得再分配政策によって完全民営化＝市場原理の徹底には一定の抑制をかけたとみることができる。

　自民党が安倍内閣の成立により政権に復帰した後の平成 26 年（2014）12 月，日本郵政グループは，27 年度半ば以降，日本郵政，ゆうちょ銀行およびかんぽ

---

(71)　平成 18 年 4 月 22 日付け朝日新聞記事「「郵政特権」解消促す」。
(72)　「日本郵政株式会社，郵便貯金銀行及び郵便保険会社の株式の処分の停止等に関する法律」（平成 21 年法律第 100 号）。
(73)　「郵政民営化法等の一部を改正する等の法律」（平成 24 年法律第 30 号）。再編により，郵便事業株式会社と郵便局株式会社は合併して「日本郵便株式会社」となった。金融サービスのユニバーサル・サービス義務が法定されたことにより，社会・地域貢献基金は廃止された。
(74)　橋本賢治「郵政民営化の検証——そのメリットを中心として」立法と調査 346 号（平成 25 年）91 頁。本論文は民営化のメリットとされた 4 項目について定性的に検証しているが，その評価は必ずしも一様でないものの，日本郵政グループの今後の取組に期待している。
(75)　「郵政改革の基本方針」（平成 21 年 10 月 20 日閣議決定，官邸 HP）。

生命の 3 社の株式を同時に売出し上場する（売却規模は今後決定するが，日本郵政の株式は政府保有 3 分の 1 超を残して売却する．金融 2 社については，日本郵政の保有割合が 50 ％ 程度となるまで段階的に売却する）方針を発表した[76]。実質民営化の第 1 歩であるが，郵政民営化が閣議決定されてから既に 10 年余を経過していた。新自由主義と社会的公正原理の長すぎる闘争であり，調整であった。

小泉政権下の規制改革・民間開放推進会議はいわゆる「官製市場」[77]の民間開放を推進し，平成 18 年（2006）6 月には市場化テスト法[78]を制定した。構造改革をさらに進める施策であるが，説明は割愛する。

4 構造改革の評価と修正・後退

規制改革の光と影——利用者メリットと相対的貧困

規制改革によってわが国の規制は縮小した。規制の水準は英米に次ぎ OECD 諸国の平均よりは低い水準を維持した[79]。その結果，規制改革は国民生活のどのような影響を及ぼしたのか？

規制改革の光の部分は，規制改革による利用者のメリットの増大である。政府のレポートは，次のように推計した[80]。

分　　野		主要な措置事項	利用者メリット（億円）
電気通信	移動体通信（1994 → 2005 年度）	参入規制の緩和，料金及び約款規制の原則廃止，携帯電話売切り制導入	27,876

---

[76] 「日本郵政グループ 3 社の株式上場について」（平成 26 年 12 月 26 日社長会見，日本郵政 HP）。

[77] 「官製市場」とは，国等が自らサービスを提供している分野およびサービスの提供主体が一定の法人等に限定されている等公的関与の強い分野をいう。「民間でできるものは官は行わない」との原則の下に民間開放が推進された。

[78] 正式名は「競争の導入による公共サービスの改革に関する法律」（平成 18 年法律第 51 号）であり，国または地方自治体が行う公共サービス（公共職業紹介，保険料徴収，統計業務，行刑施設等）について官民競争入札または民間競争入札を実施することを定めている。

[79] OECD 編山本哲三監訳『脱・規制大国日本——効率的な政府をめざして』（平成 18 年）200 頁（解題）の図 3 - 38（規制の国際比較）参照。

[80] 内閣府政策統括官「規制改革の経済効果」（平成 19 年 3 月 28 日，政策効果レポート No.22）。利用者メリットとは，基準年度と 2005 年度とを比較した消費者余剰の増加分（規制改革による価格低下と数量増加）のことである。

第 2 章 構造改革と競争政策

運　輸	国内航空 (1993 → 2005 年度)	参入規制の緩和・需給調整規制の撤廃，運賃規制を事前届出制に緩和	1,206
	鉄　　道 (1997 → 2005 年度)	参入規制の緩和・需給調整規制の撤廃，運賃規制を上限認可制に緩和	4,840
	タクシー (1997 → 2005 年度)	初乗り短縮運賃制，ゾーン運賃（02 年からは自動認可制）	125
	トラック (1991 → 2005 年度)	参入規制の緩和・需給調整規制の撤廃，運賃規制を事後届出制に緩和	34,308
	自動車登録検査制度 (1995 → 2005 年度)	定期点検・車検整備等項目の簡素化	8,642
エネルギー	電　　力 (1995 → 2005 年度)	小売自由化の開始及び拡大，料金規制の緩和（ヤードスティック査定の導入）	56,630
	都市ガス (1995 → 2005 年度)	同上	4,579
	石油製品 (1994 → 2005 年度)	特石法・石油業法廃止（需給調整規制の撤廃），セルフ方式ガソリンスタンドの設置可能	21,410
金　融	株式売買手数料 (1994 → 2005 年度)	手数料率の自由化	5,291
	損害保険 (1996 → 2005 年度)	保険料率の自由化，販売規制の緩和	3,155
飲食料品	米 (1995 → 2005 年度)	需給実勢を反映した価格形成システムの構築，計画流通制度の廃止による流通の原則自由化	6,249
	酒類販売 (1992 → 2005 年度)	需給調整要件の距離基準の撤廃，需給調整要件の人口基準の撤廃	7,957
再販指定商品	化粧品・医薬品 (1997 → 2005 年度)	再販指定商品を指定する告示廃止	1,182
利用者メリット合計 （対国民所得比率） 国民 1 人当たり利用者メリット			183,452 (5.0 %) 14 万 4 千円

これをみると，電気通信，トラック，電力，石油製品の規制改革の恩恵が大きいが，いずれも経済的規制に係わるものである。国民1人当たり年間約14万4千円のメリットはそれなりに大きいといえるのではなかろうか。規制改革だけでなく，独占禁止法の運用強化も加えれば，構造改革のメリットはさらに大きくなろう。

規制改革の影の部分は，所得格差や相対的貧困の拡大である。OECDは，平成18年（2006）7月，次のような分析結果を発表した[81]。

所得分配と相対的貧困（2000年）

	日本	OECD平均
所得再分配前の不平等（ジニ係数） 1980年代半ばからの上昇率	0.410 29.3％	0.443　（14か国中11位） 10.5％
所得再分配後の不平等（ジニ係数） 1980年代半ばからの上昇率	0.314 12.9％	0.307　（23か国中8位） 7.3％

相対的貧困率（中央値の半分以下の所得しかない人の割合）

	日本	OECD平均
全人口 1980年代半ばからの上昇率	15.3％ 28.6％	10.3％　（26か国中5位） 11.5％
労働人口（18〜65歳） 1980年代半ばからの上昇率	13.5％ 13.7％	8.4％　（17か国中2位） 8.4％

OECDによれば，わが国は——高度成長期に「一億総中流」といわれたように——所得の不平等は小さかったが，最近はOECD加盟国の平均に収斂している。特に所得再分配後の不平等はOECD平均を上回るが，これは租税や社会保障給付による再分配効果が小さいことによる。また，衝撃的であったのは，相対的貧困率の上昇であり，労働人口についてみれば米国に次ぐ第2位！の高さである。OECDは，これを正規労働者の40％の賃金しか得ていない非正規労働者の増大によるとしている。

小泉政権の末期から，構造改革と所得格差の関係について議論が活発化し，小泉首相は国会において格差の拡大について次のように述べた[82]。

---

(81) OECD, Economic Surveys : Japan 2006, p. 115の表4.12による。ジニ係数とは，所得分配の不平等を測る指標。係数の範囲はゼロから1で，係数が大きいほど格差が大きい。全員が同じ所得ならゼロとなり，一人が全所得を独占していれば1になる。

(82) 平成18年4月3日の衆議院行政改革に関する特別委員会における菅直人議員（民主）

第2章　構造改革と競争政策

「○小泉内閣総理大臣　……格差拡大，これは今非常に問題になっておりますけれども，私は，もともと，どの時代においても，どの国においても，また個人においても，企業においても，地域においても，格差はあると思っております。要は，程度の問題だと思います。
　人間には格差があります。しかし，一つの格差でその人間全部を評価するものであってはならないと思います。得手不得手があります。それぞれのよさを伸ばし合っていこう，足りないところは優秀な人に補ってもらおう。そして，国全体で考えれば，格差というものを固定させるべきものじゃない，一度や二度敗れてもまた成功するチャンスを提供する，一度二度失敗，挫折があってもまた立ち直るチャンスを与えることができる，またそのチャンスに向かって努力するということによって希望が持てる，そういう社会をつくるべきだと言っているわけであります。
　逆に，格差がなかったらまた別の批判があります。悪平等とか，努力する人も努力しない人も同じだったら，これはまたほかの不満が出てくるんじゃないでしょうか。」（傍点筆者）

　ここにみられるのは，一定の格差を肯定し容認しつつ，結果の平等よりは機会の平等を重視し，あとは市場における自助努力，自己責任に委ねる新自由主義的思想である。そうした思想が——OECDが指摘するように——非正規労働者の増大となって格差を拡大する要因となったことは否定できない[83]。

構造改革と消費者——消費者像の転換と消費者庁の設置
　構造改革の歪みは明らかであった。安倍晋三首相およびその後の福田康夫首相は，小泉構造改革路線を継承するとしつつ，「再チャレンジ支援策」を打ち出し[84]あるいは「自立と共生の社会」の実現を目指した[85]。ここでは，構造改革

の質疑に対する答弁。
(83)　最近になり，アベノミクスの下で株価が上昇する一方実質賃金が上昇しないことや，トマ・ピケティ著山形浩生ほか訳『21世紀の資本』（平成26年）が刊行されたことから，格差をめぐる議論が再燃した。同書330頁および332頁の図によれば，わが国は上位1％および0.1％の所得シェアが戦後急減しているが，これは財閥解体による資本所得の減少が影響していることは明らかであろう。
(84)　平成18年9月29日の衆議院本会議における安倍首相の所信表明演説。
(85)　平成19年10月3日の衆議院本会議における鳩山由紀夫議員（民主）の質疑に対する福田首相の答弁。福田は，「……改革を続行していくに当たりまして，私は，老いも若きも，大企業も中小企業も，そして都市も地方も，自助努力を基本としながら，お互いに尊重し合い，支え，助け合うこと，すなわち自立と共生が必要であるとの考えのもと，……」と述べ，新自由主義の思想によりつつも，社会的公正原理への配慮を重視している。

第3部　構造改革なくして成長なし　2001～

による消費者像の転換と福田首相による消費者庁の設置について取り上げよう。

　構造改革は，従来の消費者像の大きな転換を迫ることになった[86]。平成15年（2003）5月，国民生活審議会消費者政策部会の報告書は，次のように述べた[87]。

「(1)　消費者の位置付けの転換——保護から自立へ
　　これまでの消費者政策は，事業者を業法等に基づき規制するという手法を中心に展開されてきた。そこでは，一般的には消費者は行政に「保護される者」として受動的に捉えられてきた。
　　一方，近年，規制緩和が進展し，市場メカニズムの活用が進められている。市場メカニズムの活用は，消費者が市場において主体的に行動し，自由で多様な選択を行うことを可能とするものである。市場メカニズムを十分活用するためには，事業者間において自由で活発な競争が行われ，市場の公正性及び透明性が確保されるとともに，消費者は，「自立した主体」として市場に参画し，積極的に自らの利益を確保するよう行動する必要がある。同時に，行政は消費者の自立のための環境整備を行うことが必要である。」

　市場において選択権を行使することにより主体的・合理的に行動する消費者というイメージは，この報告書に先立つ公取委の研究会の報告書にもみられたところである（第1章1参照）。行政に依存することなく自立した消費者ということは近代個人主義にも沿うことであり，平成20年（2012）6月の消費者行政推進会議の報告書が「消費者市民社会」を構築しようとした[88]のもその延長上にある。

　この消費者像は，連帯し団結し資本主義と対峙する消費者ではないから，本書上巻（374頁）で触れた「社会的な力」としての消費者ではない。消費者としての自覚的な意識を持ち独占や企業悪を告発する「市民的な力」としての消費者でもない。市場経済の時代への変化を象徴する画期的な消費者像である。そして，昭和43年（1968）制定の消費者保護基本法も，平成16年（2004）に消費者基本

---

[86]　以下の叙述は，向田直範「21世紀の消費者法と消費者政策」経済法学会年報29号（平成20年）2頁によるところが大きい。

[87]　国民生活審議会消費者政策部会「21世紀型の消費者政策の在り方について」（平成15年5月28日，消費者庁HP）9頁。

[88]　消費者行政推進会議「消費者行政推進会議取りまとめ」（平成20年6月13日，官邸HP）2頁。「消費者市民社会」とは，「個人が，消費者としての役割において，社会倫理問題，多様性，世界情勢，将来世代の状況等を考慮することによって，社会の発展と改善に積極的に参加する社会を意味している」という。消費者市民社会（consumer citizenship）は特に北欧で提唱されてきた概念であるが，実際にはこのように意識の高い消費者はごく一部であろう。なお，近藤充代「「消費者市民社会論」の批判的検討」『日本社会と市民法学』（平成25年）所収259頁参照。

第 2 章　構造改革と競争政策

法と改称され，法目的も「……消費者の権利の尊重及びその自立の支援その他の基本理念を定め」ることが明記された（平成 16 年法律第 70 号）。

とはいえ，構造改革における消費者政策は必ずしも新自由主義の典型的な消費者像を前提としたものではない。新自由主義の典型的な消費者像とは，たとえば，「自由で独立した消費者は，消費生活のくり返しの中で，徐々に失敗に学び，賢い消費者となりうる存在」[89]のことである。それは自由放任におかれた消費者に近い。消費者の富の格差もいとわないから，功利主義的消費者像といえる。これに対し，前記国民生活審議会消費者政策部会の報告書は，「消費者個人は事業者に対して情報力や交渉力の面で不利な立場にあり，自ら必要な情報を入手したり被害の救済を求めること等において限界があること」を認め，「市場メカニズムの活用が必ずしも適切でない……領域は依然として存在しており，そうした領域では引き続き行政が積極的に関与していく必要がある」と述べた。消費者といっても，「生身の人間は，それほど「愚かな者」でもないが，かといってそう簡単には賢くはなれず，また，いつも合理的に振る舞うことはできない（限定合理性を持った）存在であり，自立もそう簡単ではない」[90]のが現実であろう。

福田首相は，平成 19 年（2007）10 月，就任後の所信表明演説で次のように述べた[91]。

> 「……成熟した先進国となった我が国においては，生産第一という思考から，国民の安全，安心が重視されなければならないという時代になったと認識すべきです。政治や行政のあり方のすべてを見直し，国民の皆様が日々安全で安心して暮らせるよう，真に消費者や生活者の視点に立った行政に発想を転換し，悪徳商法の根絶に向けた制度の整備など，消費者保護の行政機能の強化に取り組みます。」

消費者保護行政の強化のために福田が行ったのは，従来の縦割り行政的体制に

---

(89)　来生新「消費者主権と消費者保護」『現代の法 13　消費生活と法』（平成 9 年）296 頁。もっともこの見解も情報の非対称性に関する行政措置の必要を認めるが，市場機能を信頼し消費者保護についても過剰規制を警戒するのが特徴的である。このような消費者観をめぐって，経済法学者川浜昇との間で論争があった（川浜昇「「法と経済学」と法解釈の関係について㈢」民商法雑誌 109 巻 2 号（平成 5 年）215 頁）。

(90)　日本弁護士連合会編『消費者法講義［第 4 版］』（平成 25 年）19 頁（斎藤雅弘執筆）。近藤充代「経済法と消費者法」経済法講座第 1 巻 67 頁も，規制緩和的消費者像を「あるべき消費者像が現実の消費者像とすり替えられている」と批判する。

(91)　平成 19 年 10 月 1 日の衆議院本会議における所信表明演説。福田の父赳夫が昭和 52 年法改正を実現させる一因となったのは消費者団体からの要望があったからである（上巻・508 頁）が，父子ともども消費者に関心があったのは興味深い。

対して，消費者行政の一元化を図ることであり，そのために強力な権限と必要な人員を備え，消費者行政において司令塔的役割を果たす新組織の設置であった[92]。産業政策的配慮を行うことなく専ら消費者利益を実現する行政機構が成熟した市場経済社会に登場するのは歴史必然的なものであった（ただし，一元化が不可欠とは思われない）。

新組織として設置されたのが，消費者庁である。消費者庁は，内閣府の外局として置かれ，消費者政策の企画・立案のほか，表示，取引および安全に関する多数の個別法を執行することになった。国会審議において，野党民主党は対案として，消費者権利院を設置する法案[93]を提出したが，衆議院において妥協が成立し，政府案の消費者政策委員会が消費者行政全般について監視する消費者委員会に格上げされた[94]。消費者行政の新組織として，独立行政委員会型も選択肢としてありえたが，独任制官庁型――ただし，消費者庁長官の上に内閣府特命担当大臣が存在する――のほうが企画立案を含め一体的で迅速な対応が可能になると判断されたとみられる[95]（景品表示法の消費者庁への移管の経緯や競争政策・公取委への影響については，第1章5参照）。

福田内閣による消費者行政の強化をどのようにみるべきか？　市場への政府介入の増大ととらえれば，新自由主義的改革の後退となるであろう。しかし，福田首相の「自立と共生」の観点からの消費者支援の強化ととらえるならば，社会的公正原理に基づく新自由主義的改革の修正ととらえることができよう。

構造改革の後退――タクシー特別措置法改正と「半世紀前の亡霊」

平成20年（2008）9月15日，米国の投資銀行リーマン・ブラザーズの経営破綻を契機とする世界金融危機（いわゆるリーマン・ショック）により，世界経済は急激に縮小した。わが国の経済も円高によって成長が大きく落ち込み（実質GDP

---

(92)　消費者行政推進会議前掲注(88)1頁。

(93)　消費者権利院は消費者オンブズパーソン的な消費者権利官を長とし，消費者権利官は各省庁に処分を勧告したり裁判所に差止請求する権限を有するものであった（吉井怜奈「消費者行政新組織の創設――消費者庁と消費者権利院」調査と情報626号（平成20年）8頁）。

(94)　消費者庁設置に関する法の制定経緯や内容については，内閣官房消費者行政一元化室「消費者庁関連3法の概要」ジュリスト1382号（平成21年）6頁等参照。

(95)　平成20年5月14日付け産経新聞記事「抵抗へ首相の指導力カギ」参照。なお，平成20年4月23日の消費者行政推進会議第6回会合において佐々木毅座長が独任制官庁と行政委員会を比較した資料を提出したが，福田首相が消費者庁設置のペーパーを配布したため行政委員会制度は議論にならなかった（同会合の議事要旨（官邸HP）参照）。

成長率は20年度-3.7%,21年度-2.0%),若年層の失業率が上昇することになった。このことは,市場——この場合はグローバル化した金融市場——が時に暴走することを内外に印象づけ,新自由主義的改革の退潮を促すことになった[96]。

　麻生太郎自民党内閣を経て,平成21年(2009)8月30日の総選挙において民主党が大勝し,同年9月16日,鳩山由紀夫内閣が成立した。民主党は「国民生活が第一」の選挙公約を掲げ,税金の無駄遣いをなくすための「行政刷新会議」を設置して政府の政策・支出を見直す(いわゆる「事業仕分け」)一方,「子ども手当」の創設,高速道路の原則無料化等政府支出を増加させる措置を約束した。新自由主義とはまったく異質の社会民主主義的ないしポピュリズム的な政策であった[97]。政権についた民主党は失政が相次ぎ,平成24年(2012)12月の総選挙において今度は自民党が大勝し,第2次安倍政権が発足した。安倍政権は,規制改革をいわゆる「アベノミクスの第3の矢」に位置付け,行政刷新会議を廃止して規制改革会議を復活させたものの,規制改革が必ずしも十分進展しているようにはみえない。

　むしろ,競争政策からみて,構造改革が顕著に後退した事例がある。自由化されたタクシーの規制再強化である。タクシーについては,平成12年(2000)に道路運送法の改正による事業参入の免許制から許可制への変更,需給調整規制の廃止など一連の規制緩和が行われた。しかし,新規参入や増車による競争の激化に対して,規制を求める流れが強まり,平成21年(2009)6月,供給過剰にある特定の地域において関係者によって構成する協議会がタクシーの減車計画(特定事業計画)を作成することを可能とするタクシー特措法[98]が制定された。同法は,減車計画を独占禁止法の枠内で行うこととし,公取委の意見陳述権を規定した(12条)が,独占禁止法の適用除外を設けることはしなかった。

　ところが,平成25年(2013)11月20日に至り,タクシー特措法が議員立法によって改正され(平成25年法律第83号),協議会が作成する減車計画(認可特

---

(96) 規制緩和の急先鋒であった経済学者中谷巌(第2部第2章1参照)が,リーマン・ショックを目のあたりにしてグローバル資本主義への懐疑を「懺悔の書」として表明した『資本主義はなぜ自壊したのか』(平成20年)が話題を呼んだ。

(97) 民主党『民主党政権公約マニフェスト』(平成21年)16頁参照。鳩山首相は,平成21年10月26日の衆議院本会議における所信表明演説において,「市場にすべてを任せ,強い者だけが生き残ればよいという発想や,国民の暮らしを犠牲にしても経済合理性を追求するという発想が,もはや成り立たないことも明らかであります。」と述べた。

(98) 正式名は,「特定地域における一般乗用旅客自動車運送事業の適正化及び活性化に関する特別措置法」(平成21年法律第64号)である。

定地域計画）という設備削減カルテルについて独占禁止法の適用除外が規定された（8条の4）。そればかりか，同法は，一定の場合には，国土交通大臣は，新規参入・増車を禁止するとともに，アウトサイダーに対して減車（供給輸送力の削減）を勧告したり（8条の10），すべての事業者に対して減車（同）を命じることができることも規定した（8条の11）[99]。このようなアウトサイダー規制に対して，経済法学者舟田正之は「半世紀前の亡霊」が現れたと評した[100]。アウトサイダー規制命令が営業の自由を制限する違憲の疑いがあることはいうまでもない（上巻・241頁参照）。

タクシー特措法改正は，「運賃引き上げなど利用者サービスの低下を招くとの批判も覚悟の上で，自民，公明，民主3党の有志議員が法案作りに奔走した」[101]ことによって実現した。その趣旨は，供給過剰が発生すると，運転者の賃金減少など労働条件が悪化し，安全性やサービスの質の低下をもたらすということにある。しかし，諸悪の根源は増車しても会社が必ず一定の収入が得られる歩合制にあると指摘されていた[102]。

政府の規制改革会議はタクシー特措法改正案について特に意見を述べることをせず，同法施行後になって国交省の特定地域の指定基準の作成にあたり，行政の裁量権の逸脱・濫用とならないよう慎重に行うことを求めるにとどまった[103]。公取委は，議員立法であるとして，本法案について意見を述べることをしなかった[104]。確かに3党共同提案であるから，公取委が批判的な見解を述べても実効性は乏しいであろう。しかし，それでは国会へ意見提出権が認められている（法44条2項）趣旨に照らし消極に過ぎるのであり，競争政策の守護者としての公取委の存在意義は薄れるばかりとなる。

タクシー特措法は，構造改革を後退させるものであり，消費者の利益を損なう悪しき（反競争的）社会的公正原理が顕在化した事例であった。わが国において

---

(99) 瓦林康人「議員立法で成立した改正タクシー特措法等の概要について」運輸政策研究17巻2号（平成26年）40頁。
(100) 舟田正之（談）「一定の効果もあろうが違憲の疑いも」交通界平成25年6月24日号21頁。
(101) 平成26年2月2日付け日本経済新聞記事「値上げ批判覚悟で待遇改善」。
(102) 舟田前掲注(100) 22頁。
(103) 規制改革会議「改正タクシー特措法の特定地域に係る指定基準に関する意見」（平成26年6月13日，内閣府HP）。この意見書は営業の自由の不当な制限にも触れている。
(104) 平成25年11月8日の衆議院国土交通委員会における杉本かずみ議員（みんな）の質疑に対する中島秀夫公取委事務総局経済取引局長の答弁。

所得再分配が十分行われないという背景も一因となっている。

構造改革と競争政策——わが国における新自由主義の限界

　小泉政権の構造改革は，銀行の不良債権処理，公共事業費縮減，郵政民営化等従来の自民党ではなしえなかった大きな改革を断行した。規制改革による利用者のメリットも大きなものがあった。競争政策の面でも，第1章でみたように独占禁止法の執行力強化を実現した。「失われた10年」といわれた経済の停滞やグローバル化のなかで，構造改革が一定の成果を挙げたことは高く評価されるべきである。他方で，所得格差の拡大といった憂慮すべき影の部分も生じたことは否定できない。構造改革全体の評価はさておき，本書においては構造改革と競争政策との関係についてなお検討を深めることにしよう。

　まず，新自由主義的な構造改革でなければ，競争政策の興隆は生じなかったのであろうか？　新自由主義の対抗軸である「第3の道」[105]——市場経済を活用しつつ社会的公正を重視する新たな社会民主主義——ではどうか？　民主党のブレインである政治学者山口二郎と小泉構造改革を立案した竹中平蔵は，次のように語り合っている[106]。

> 「山口　……結局のところ「真理は中庸にあり」で，政府が機能不全に陥れば市場原理をある程度拡大して効率化，活性化を企図し，反対にマーケットが暴走したような場合には政府が国民の守り手として登場する。そんな振り子の振れを，「右に行きすぎだ」「いや足りない」とみんながそれぞれの立場で注視している，そんな時代なんでしょうね。
> 　竹中　その通りです。そのうえで現在の「振れ」がどうなっているのかを考えると，日本の場合は規制緩和を軸に据えた改革をさらに推進しなければいけないんだということを，もう一度強調しておきたいと思います。経済のどの部分が政府による規制を受けているかという国際的な比較研究をみると，例外なくわが国はいまだに最も規制の多い国の一つなのです。これでは活力の面で負けてしまう。」(傍点筆者)

　ここで注目されるのは，竹中だけでなく山口も市場原理の活用の必要を認めていることである。民主党の政権公約においても，「公正取引委員会の機能強化・

---

(105)　「第三の道」については，トニー・ブレア英首相「第3の道——現代的な社会民主主義」平成10年9月21日付け朝日新聞，アンソニー・ギデンズ佐和隆光訳『第三の道』(平成11年)，佐和隆光『市場主義の終焉』(平成12年)など参照。

(106)　竹中平蔵＝山口二郎（対談）「新自由主義か社会民主主義か」中央公論平成20年11月号62頁。

第3部　構造改革なくして成長なし　2001〜

体制充実により公正な市場環境を整備する」（傍点筆者）とあり，競争政策を重視していることがうかがえる[107]。そうすると，新自由主義においても「第3の道」においてもいずれにせよ競争政策は興隆したのであろうか？

　山口と竹中の間には時代認識について重要な相違がある。竹中は構造改革をさらに進めるべきことを主張しているのに対し，山口は国民が戸惑っていると指摘する。これはやはり新自由主義と「第3の道」との路線の違いというべきである。競争政策についても，竹中が「自由な競争」に傾斜し山口が「公正な競争」を志向することになり，その内容は必ずしも同一ではないであろう。いうまでもなく「自由な競争」こそ競争政策の本流であるが，時代状況によっては「公正な競争」の基礎にある社会的公正原理が力を発揮することがある（昭和52年法改正を想起せよ）。

　さて，小泉構造改革は，公益事業改革，郵政民営化，独占禁止法の執行力強化等で成功する一方，道路公団改革，社会的規制の見直し等では成果を挙げなかった（公益事業改革，郵政民営化も徹底しきれなかった）。わが国において新自由主義的改革は中途半端に終わった。後退した部分すらある。この点について，米国の日本研究者スティーブン・ヴォーゲルは，次のように指摘した[108]。

　「国民や政治家，官僚たちは，景気回復を可能にする程度の改革は支持するものの，日本社会がより競争的で不安定になり，大量の失業が生じたり社会的不平等が拡大したり，あるいは金融危機が多発するようなコストを払ってまで構造改革を進めたいとは考えていないのです。」

　これを示す次のような世論調査結果がある[109]。

「目指すべき社会システム」　　　　（％）

規制を通じ国民生活の安全と経済の安定を守る社会		←→	規制を排除し自由活動と自己責任にに委ねる社会		
左に近い	やや左に近い	どちらともいえない	やや右に近い	右に近い	わからない
10.6	25.6	28.6	24.4	7.9	3.0

(107) 民主党『民主党政権公約マニフェスト』（平成21年）21頁。「中小企業いじめ防止法」（大企業による中小企業者に対する取引上の地位を不当に利用する行為の防止に関する法律）の制定も公約している。
(108) スティーブン・K・ヴォーゲル「日本はあくまで日本的に成長し続ける」論座平成18年8月号42頁。
(109) 電通総研／日本リサーチセンター編『世界主要国価値観データブック』（平成20年）153頁。

第 2 章　構造改革と競争政策

　規制派と自由派がほぼ拮抗していることがわかる。この調査結果をみて，行政学者大山耕輔は，「日本人は，ほどほどの規制とほどほどの競争を望んでいる」と観察した(110)。もちろん，このような一般的な設問の結果から即断はできない（特に設問がいう「規制」について商品・役務の市場をイメージするか労働市場をイメージするかによって回答が異なる可能性がある）。それでも，このような国民の規制と競争のバランス感覚は，競争政策の立場からみれば「不都合な真実」かもしれない。

　ヴォーゲルは「国民の極端な改革を望まない意思が政治の選択に反映されているという点でむしろ，民主主義が正常に機能しているとも言える」と述べた(111)。要するに，社会的公正原理が作用した民主主義の結果なのである。とはいえ，その民主主義は必ずしも消費者の声が反映される政治構造になっていないことを忘れてはならない。

　新自由主義といってもわが国においては一定の限界があり，その意味で「日本的」新自由主義とならざるを得ないのである。

---

(110)　大山耕輔「規制改革は国民を幸福にしたのか？」大山耕輔＝曽根泰教編著『日本の民主主義』(平成20年) 219頁。
(111)　ヴォーゲル前掲注(108) 43頁。

第3部　構造改革なくして成長なし　2001～

第3章　経済のグローバル化と独占禁止法

1　経済のグローバル化とは何か

グローバル化とその批判，そして競争政策

　経済のグローバル化（globalization）とは，貿易・投資の自由化や規制緩和が進展しかつ交通・通信の技術革新により，ヒト・モノ・カネ・サービス・情報が国境を超えて地球規模で自由に移動することをいう。グローバル化は，冷戦の終結による東欧の市場経済への移行（1989年），中国の改革・開放政策（1992年），EU の経済・通貨統合（1992年），WTO 協定の成立（1994年）等によって，1990年代に入り急速に進展した。

　米国は，情報通信や金融分野において比較優位に立ち，新自由主義の思想に乗ってグローバル化を推進した[1]。市場の自由化，緊縮財政，民営化をすれば，どの国においても経済的厚生（生活水準）が高まるとの考え——いわゆる国際通貨基金・世界銀行・米国財務省のワシントン・コンセンサス——に基づく。これに対して，欧州では，グローバル化が環境破壊や貧富の格差を招くとの懐疑的な考え方が根強くあった[2]し，急進的な反グローバリズム運動があった。

　しかし，グローバリズムそのものが問題なのではなく，その進め方に問題があるとの有力な見解があった。著名な経済学者ジョゼフ・スティグリッツは，「必要なのは人間の顔をしたグローバル化だ」として，ワシントン・コンセンサスが途上国に対し性急に政策を推進することを批判した[3]。同様に，インド出身の経済学者アマーティア・センは，「民主主義国では，飢饉は発生しない」とグローバル化と民主主義の両立——それは先進国を含む——を説いた[4]。こうした

---

(1)　水野和夫『資本主義の終焉と歴史の危機』（平成26年）25頁参照。
(2)　ピエール・ブルデュー著加藤晴久訳『市場独裁主義批判』（平成12年），スーザン・ジョージ著杉村昌昭訳『WTO 徹底批判！』（平成14年）など。フランスの社会学者ブルデューは，グローバリズムは WTO など国際機関が進める新自由主義の政策によって作り出されたもので，必然的で普遍的なものではないという（平成12年10月11日付け朝日新聞記事「一部の利益より福祉・文化保護を」）。
(3)　平成14年9月12日付け朝日新聞記事「テロは世界を変えたか——ジョゼフ・スティグリッツ氏に聞く」，同著鈴木主税訳『世界を不幸にしたグローバリズムの正体』（平成14年）345頁。
(4)　アマーティア・セン「グローバル化の礎」平成13年1月3日付け日本経済新聞経済教室，同著大石りら訳『貧困の克服』（平成14年）50頁。

見解は，新自由主義的なグローバリズムに対し，公正を重視する社会民主主義的なグローバリズムといってよいだろう。

わが国についていえば，WTO協定交渉におけるコメの部分的市場開放が大きな政治問題となったし，最近のTPP（環太平洋経済連携協定）交渉においてもやはりコメをはじめとする農業問題が焦点になっている。平成以降，わが国企業の国際競争力の低下が懸念され，規制改革や民営化の構造改革が推進されてきた。大企業のメーカーはコストの低い生産拠点を求めて海外に展開したが，労働者は国境を超えて移動できないから，国内に残る企業の人件費抑制のために労働市場の規制緩和が行われた。その結果，非正規労働者が大量に発生する事態が生じたが，これはグローバル化の負の結果といえよう。

わが国において，グローバル化は進んでいるのか？　グローバル化の度合いを，輸出入の貿易金額をGDPで割った「貿易開放度」でみると，1990年代以降上昇を続け，平成21年（2009）において約3割であった。ドイツ，英国，韓国より低いが，米国やEUに近い水準であり，特に財の輸出を通じてグローバル化が進んだとされる(5)。

競争政策の観点からは，グローバル化によって市場が拡大・統合すれば，市場参加者が増大し競争が活発化して，消費者の利益となる。他方，グローバル化した市場において，巨大な独占・寡占企業が成立したり，国際カルテルが結成されれば，競争が制限され消費者の利益は損なわれる。

たとえば，1990年代半ば以降，次のように，一定の産業の世界市場において合併・買収により急速に寡占化が進んだと指摘されている(6)。

上位3社の累積集中度

アルミニウム	20.7％（1997）	→	48.7％（2006）
たばこ	32.9％（1996）	→	41.3％（2006）
鉄鉱石	24.9％（1999）	→	37.5％（2005）
ビール	17.9％（1997）	→	35.9％（2006）
製紙	12.4％（1997）	→	19.3％（2006）
製薬	11.9％（1997）	→	18.5％（2006）
鉄鋼	8.8％（1995）	→	14.6％（2006）

(5)　平成23年度年次経済財政報告（平成23年7月，内閣府HP）126頁。経済規模に比べて貿易量が少なめであるのは，自由貿易協定への参加が遅れていることが一因とされている。
(6)　「揺らぐルール　進む世界寡占」日経ビジネス平成20年1月14日号27頁。寡占化の

第3部　構造改革なくして成長なし　2001〜

　グローバル化に対して，競争政策はどうあるべきか？　経済法学者宮井雅明は，考えられる競争政策として，次のように提示した。すなわち，①世界市場が成立したとみて，世界的規模で競争政策を考え，「グローバル競争の利益を世界市民に還元する」ことを構想する，②一般的に世界市場が成立するとみることはできず，各国ごとに多様な市場・経済体制が併存する「モザイクとしての世界市場」を前提に考える，③多国籍企業の進出が発展途上国の主権や民主主義を危機にさらすので，「グローバル・ガバナンスの一環」として競争政策を位置付ける，である[7]。実際には，各国および国際機関によって，②の現実的なアプローチがとられていく。

　企業や市場は国境を越えていくが，1国単位の競争法は国境を越えられない[8]。果たして，わが国の独占禁止法や公取委はグローバル化に十分対応できているであろうか？　以下では，企業結合規制の変容，独占禁止法の域外適用をめぐる問題，当局間の協力・連携そして競争法の調整や統一について，検証することにしよう（グローバル化への対応としての持株会社解禁については，第2部第2章2参照）。

2　企業結合規制の変容とそのゆくえ

輸入圧力の重視——フェノール事件とJT/RJRナビスコ事件

　グローバル化の影響は，まず企業結合規制に現れた。平成6年（1994）に会社の合併等と株式所有の審査に関する各事務処理基準の改正が行われた（第1部第4章5参照）が，その際，水平合併の審査にあたっての考慮事項として「輸入の状況」の項目が付加された（合併等に関する事務処理基準について，第3・1(2)ア）が，それは「国内市場における競争に対し輸入の与える影響が大きくなっている」からであった[9]。

　企業結合により高い市場シェアを有することになっても，輸入圧力を重視して当該企業結合を容認する転機となったのは，平成9年（1997）の三井石油化学／三井東圧化学事件であった。本件合併により，当事会社のフェノールの販売数量シェアは30.9（1位）+26.4（3位）=57.3％（1位）となる一方，輸入量は1.7％

　　　象徴的な例が，相次ぐ買収で鉄鋼最大手となったミタル・スチール（蘭）による平成18年の業界2位のアルセロール（ルクセンブルグ）の買収であろう。
(7)　宮井雅明「国際社会と競争秩序」法律時報73巻8号（平成13年）47頁。
(8)　丹宗暁信＝伊従寛『経済法総論』（平成11年）41頁（丹宗執筆）は，グローバル化が「企業，市場，国家という一国単位の経済法の基本的枠組み構造の変容」をもたらしているという。
(9)　舟橋和幸編『合併・株式保有規制の解説』（平成7年）20頁。

第3章　経済のグローバル化と独占禁止法

にすぎなかった。しかし，公取委は，「輸入価格，輸出価格及び国内価格が近年ほぼ同一水準で推移しており，国内市場及び海外市場共通の価格形成が行われているとみられることからも，合併後の当事会社の販売シェアが高くても，国内市場における価格や数量をコントロールする力はないとみられる」と判断した[10]。

公取委は，平成10年（1998）に両事務処理基準を廃止して，新たに「株式保有，合併等に係る「一定の取引分野における競争を実質的に制限することとなる場合」の考え方」を作成・公表したが，新ガイドラインは「輸入圧力が十分働いていれば，当該企業結合が市場シェアの上昇等をもたらすものであっても，競争制限のおそれは小さいものとなる」（第三・2(2)ウ）と記し，フェノールの事例を挙げた[11]。

確かに輸入は同質的で協調関係になりやすいわが国の業界に対し貴重な競争要因となりうるが，他方，輸入には国内調達とは異なるさまざまな特質があることに注意しなければならない。そして，輸入圧力が十分に働くというためには，国内価格が上昇すれば単に輸入数量が増加するだけでは足りず，競争水準以上の価格上昇を阻止するに足りるだけの輸入が迅速に行われることでなければならない。しかし，公取委は現時点で輸入実績がなくとも一定の措置により今後輸入が増大することが見込まれるとして，企業結合をしばしば容認した。

輸入を重視し海外ブランドを競争単位として維持することを条件に，大型の国際的M&Aを容認した事例があった。日本たばこ産業（以下「JT」という）は，国内においてたばこの独占的製造権を有しかつ80％の販売シェアを有しているが，世界第3位のたばこ事業者であり，有力な複数のブランドを有する米国のRJRナビスコから，同社の米国以外の国・地域（日本を含む）におけるたばこ事業を譲り受けることを計画した。RJRナビスコはある総合商社を通じて国内で販売し，3％弱のシェアを有していた。本件譲受けは国内の競争に大きな影響を及ぼすことになるが，JTがRJRナビスコ・ブランドの国内への輸出入や国内販売には関与しないことを申し出たところ，公取委はこうした行動的措置をもって問題が解消すると判断した[12]。

---

(10) 平成9年度公取委年次報告・228頁。公取委は，フェノールに関して企業結合の事後検証を行ったが，それによると，輸入比率は低いレベルにとどまっているものの，潜在的な輸入圧力が機能することによって競争が保たれていると評価した（五十嵐俊子「企業結合審査の事後的検証調査報告書について」公正取引平成19年11月号36頁）。

(11) 平成10年のガイドラインについては，公正取引平成10年8月号「特集　企業結合規制」掲載の各論文など参照。

(12) 日本たばこ産業㈱によるアール・ジェイ・アール・ナビスコ・ホールディングズ社の

とはいえ，本件事業譲受けはJTの「今後の海外における成長基盤の確保」を目的とするものであり，RJRナビスコ・ブランドを国内における競争単位として維持するのならば，本来，国内における事業を譲受けの対象から除くようにすべきであったと思われる。しかし，平成17年（2005）になって，JTの申し出を受け，公取委はRJRナビスコ・ブランドの輸入・製造・販売等の事業をJTの国内たばこ事業と統合することを結局了承した模様である[13]。

複占体制の容認——日本製紙／大昭和製紙事件とJAL／JAS事件

グローバル競争の激化と国内市場の停滞のなかで，1960年代の資本自由化に伴う産業再編成以来の大型の企業結合がさまざまな業界で行われた。今回の特色は，解禁された持株会社を利用して企業を統合して市場シェアを高め，2社で市場を分け合う複占の形成が顕著となったことである。鉄鋼業界におけるJFEグループの形成[14]による新日鉄との2大グループ化などがそれである。

独占ではなくても寡占的協調により競争を実質的に制限するならば違法であるとの考え方は既に確立しており（第1部第4章4参照），平成10年（2008）の公取委のガイドラインはこの点を明記していた（第三・1(2)）。平成16年のガイドラインでは，「単独行動による競争の実質的制限」と「協調的行動による競争の実質的制限」（に区別されている）。

ここでは日本製紙と大昭和製紙の統合および日本航空（以下「JAL」という。）と日本エアシステム（以下「JAS」という。）の統合について取り上げ，公取委の審査をみてみよう。

製紙業界は，王子製紙が神崎製紙（平成5年），本州製紙（平成8年）と統合を重ねていたが，本件統合の当事者である日本製紙も十条製紙と山陽国策パルプが統合してできた会社（平成5年）であり，さらに大昭和製紙と共同持株会社を設立して統合しようと本件を計画したものである[15]。当事会社の印刷情報用紙に

　　米国以外のたばこ事業の譲受け（平成11年度公取委年次報告270頁）。本件は当時の日本企業による最大規模の海外企業買収案件であり，グローバル市場で寡占化が進展するなかで，JTにとり生き残りを賭けた案件であったという（日本たばこ産業㈱社史編集室『JT20年史』（平成18年）198頁）。
(13)　日本たばこ産業㈱社史編集室前掲注(12) 299頁。
(14)　日本鋼管㈱および川崎製鉄㈱の持株会社の設立による事業統合（平成13年度公取委年次報告225頁。
(15)　日本製紙㈱と大昭和製紙㈱の持株会社設立による事業統合（平成12年度公取委年次報告260頁）。

第3章　経済のグローバル化と独占禁止法

おける市場シェアは，次のようになる(16)。

当事会社合計	31.6 %
王子製紙	23.4 %
日本製紙	20.2 %
大昭和製紙	11.4 %

大王製紙	8.1 %
三菱製紙	7.6 %
その他	29.3 %
合　計	100.0 %

　公取委は，「当事会社の市場支配力の形成及び寡占化の進展による当事会社を含めた上位メーカーの協調的行動が懸念され，競争が実質的に制限されるおそれがある」と指摘し，単独行動型または協調行為型の市場支配のいずれの可能性もあると判断した。これに対して，当事会社が年産50万トン相当（市場シェア約5％程度）の生産設備・営業を第三者に譲渡すると申し出たので，公取委はこれにより問題は解消すると判断した。

　とはいえ，製紙業界においては統合を繰り返すことにより急速に集中度が高まっており，上位メーカーの値上げに他のメーカーが追随する実態があることを公取委も認定していた。当事会社が申し出た構造的措置は評価されるが，当事会社のシェアが5％低下しても複占的市場構造は変化しないし，協調的価格行動が繰り返されるおそれがある。本件統合についてそもそも容認する余地はなかったように思われる。実際，平成13年（2005）3月に日本ユニパックホールディングが発足し，翌14年（2006）7月に同グループが印刷・情報用紙の10～15％の値上げを発表すると大手各社がこれに追随した。「値上げが浸透しやすくなった背景にあるのは，業界再編」と伝えられた(17)。

---

(16)　日経産業新聞『市場占拠率［平成13年版］』（平成13年）177頁。このシェアには関連会社分は含まれていない。公取委の認定では，当事会社のシェアは約35％で第1位，第2位の会社は約30％としている。
(17)　平成14年11月8日付け日本経済新聞記事「紙パ5社，300億円増益効果」。鉄鋼についても，複占化による価格交渉力の回復が伝えられている（平成16年3月5日付け日本経済新聞記事「鉄鋼　再編効果が浸透」）。
　　その後，10年余を経て，平成27年（2015），製紙業界の一方の雄である王子グループは同業の中越パルプの株式の買増しを計画した。公取委はこれまで長期間にわたり製紙業者間で一斉値上げが行われてきたこと等にかんがみ，6品目について問題点の指摘を行った。とはいえ，今回も株式取得を容認し，両当事会社がそれぞれ独立して事業活動を行う等との行動的措置をもって問題解消と認めた（「平成26年度における主要な企業結合の事例」（平成27年6月10日，公取委）事例3）。

第3部　構造改革なくして成長なし　2001～

　JAL/JAS事件はどうか？　公取委は，平成14年（2002）3月の中間発表において，①大手航空会社（JAL，JASおよび全日本空輸（以下「ANA」という。））が3社から2社に減少することにより，これまでも同調的であった大手航空会社の運賃設定行動がさらに容易になる，②就航企業数が少ない路線ほど特定便割引運賃の割引率が低くなっており，大手航空会社数の減少は競争に重大な影響を及ぼす，③混雑空港（羽田および伊丹）における発着枠の制約等により，新規参入等が困難であることから，新規参入が同調的な価格設定行動に対する牽制力として期待できない，から国内航空旅客運送事業分野等において競争を実質的に制限することとなるおそれがあると指摘した[18]。

　これに対して，当事会社から，①当事会社が有する羽田発着枠について，9便——不足する場合にはさらに3便——を国土交通省に返上する，②普通運賃を，主要なすべての路線について，一律10％引き下げ，少なくとも3年間は値上げしない，等の対応策を申し出た。また，国土交通省は，新規航空会社のために「競争促進枠」を設け，前記9便をこれに繰り入れる，平成17年（2005）2月の発着枠の見直しにおいては，新規航空会社が大手航空会社に対し有効な牽制力となるよう競争促進枠を拡充する等の措置を講じることにした。公取委は平成14年（2002）4月の最終発表において，こうした当事会社および国土交通省の措置を評価して，競争の実質的制限は解消されると判断した[19]。

　問題は，新規航空会社，とりわけスカイマーク・エアラインズ（以下「SKY」という。），が羽田空港の競争促進枠により有効な競争者となりうるかどうかである。当時の羽田空港発着枠は次のとおりであり，SKYのシェアは1.6％にすぎない[20]。発着枠再配分後でも4.1％のシェアである[21]。「大手航空会社と伍して競争する」には力不足ではないか？　のみならず，SKY等が運航していた東京－九州間の路線について大手3社が対抗的な特定便割引運賃を設定し，公取委

---

[18]　「日本航空㈱及び㈱日本エアシステムの持株会社の設立による事業統合について（概要）（平成14年3月15日，公取委）。
[19]　「日本航空㈱および㈱日本エアシステムの持株会社の設立による事業統合について」（平成14年4月26日，公取委）。運賃面での措置は混雑空港発着枠の再配分まで消費者利益を確保するためのものであろうが，価格介入であって競争政策の手法に反するものである。そのことは，その後公取委が着陸料の引上げに伴う運賃引上げが妥当かどうかという困難な判断を迫られたことでもわかる。
[20]　平成14年4月24日付け日本経済新聞記事「事業別再編　来秋メド」。
[21]　国土交通省航空局監理部航空事業課「混雑飛行場を使用して運航を行うことの許可について」（平成16年12月17日，国土交通省HP）。

第3章　経済のグローバル化と独占禁止法

が自主的に改善を求めるということがあった(22)。確かに一部路線において新規参入により競争が生じたが，SKY等の新規航空会社は苦戦を強いられた（北海道国際航空は，経営破綻しANAと提携した）。他方，多くの路線でJALとANAによる就航会社の複占化が生じたのである(23)。

平成13年11月ダイヤ

当事会社	189便	52.6％
うちJAL	84便	(23.3％)
JAS	105便	(29.2％)
ANA	158便	44.0％
SKY	6便	1.6％
北海道国際航空	6便	1.6％
計	359便	100.0％

平成17年2月から5年間の許可便数

JALグループ	193便	47.2％
ANAグループ	177便	43.3％
SKY	17便	4.1％
北海道国際航空	10便	2.4％
スカイネットアジア航空	12便	2.9％
計	409便	100.0％

　公取委の中間発表による本件の違法判断は妥当なものであったと思われるが，公取委はどうして当事会社や国土交通省が提出した程度の措置をもって問題が解消されると判断したのであろうか？　公取委の一部の委員が本件統合に強硬に反対したが，事務総局は最終的に承認せざるを得ないと判断していたと伝えられた(24)。事務総局では，当初から「国際競争にさらされている日本の航空会社の現状を考えれば，われわれが統合をつぶすわけにはいかない」との考えが根強かったという(25)。

　もともと当事会社の本件統合の目的は，「国際線は，日本発着旅客数に占める我が国航空企業全体のシェアが4割に達していない状況にあるなど，諸外国企業との厳しい競争状態にあり……」，「世界のトップクラスの航空企業として21世紀の日本の航空輸送産業を支える中心的役割を果たすとの覚悟のもと，グローバルな激しい競争に耐え得るような事業基盤を確立すべく，統合を決意するに至りました」というものである(26)。国内で寡占体制を形成して確保した収益をもって，国際線での厳しい競争に臨もうというのである。このような考え方はわが国

---

(22)　「大手航空3社の運賃設定について」（平成14年9月30日，公取委）。
(23)　公取委の前掲注(18)の文書によれば，本件統合後，独占化路線6，2社化路線24，3社化路線2，となるとしている。
(24)　平成14年4月27日付け日本経済新聞記事「押し切られた公取委」。
(25)　日本経済新聞記事前掲注(20)。
(26)　日本航空「共同持株会社の設立について」（平成13年11月12日，日本航空HP）添付の「日本航空株式会社と株式会社日本エアシステムの事業統合について」。

の消費者の利益に反するし,独占禁止法上も容認できるものではないが,当事会社そして国土交通省のみならず,公取委および同事務総局の本音であったのかもしれない[27]。

1980年代以降,寡占体制の形成への懸念が薄らぎ,かつシカゴ学派の影響もあって,市場構造重視の競争政策は後退しつつあった(第1部補論(1)参照)。企業結合規制も市場シェアだけでなくさまざまな要因を検討する精緻な市場分析が行われるようになった。そうした分析結果の形をとりつつ,激しいグローバル競争にさらされている産業については,複占の形成もやむなしの状況が生じていく。

国境を越える市場の画定── BHPビリトン/リオ・ティント事件

従来,公取委は国境を越えた「一定の取引分野」,すなわち国際市場ないしグローバル市場,を認定したことがなかった。平成10年(1998)のガイドラインは,「当事会社の事業区域が国外に及んでいる場合であっても,独占禁止法により保護すべき競争は日本国内における競争であると考えられるので,国内の取引先の事業活動の範囲を中心としてみることとなる」と述べて[28],端的にそのことを示していた。平成16年(2008)に再度作成された新ガイドラインは,市場の画定にSSNIP基準の考え方を採用するなど洗練されたものとなったが,従前のガイドラインと同様,国境を越えた市場を画定するつもりはなかった[29]。

しかし,そのような考え方は独占禁止法の保護法益(違法性の及ぶ範囲)の問題と構成要件該当の問題を混同するものであり(上巻・445頁),「一定の取引分野」は経済・取引実態に即して画定されなければならないから,グローバル化

---

[27] 糸田省吾「JAL・JAS統合問題を考える」公正取引平成14年5月号41頁は,「国際競争力を高めるためには,国内市場の競争に影響があっても合併などを認めようというのは,30年以上も前の資本自由化前夜の発想」と批判する。

[28] 「株式所有,合併等に係る「一定の取引分野における競争を実質的に制限することとなる場合」の考え方」(平成10年12月21日,公取委)第二・3。

[29] 「企業結合審査に関する独占禁止法の運用指針」(平成16年5月31日,公取委)第2・3。平成16年のガイドラインについては,公正取引平成16年7月号「特集 企業結合規制」掲載の各論文など参照。

なお,SSNIP(small but significant and non-transitory increase in price)基準とは,「仮定的独占者テスト」とも呼ばれ,ある商品について独占者を仮定し,小幅であるが有意かつ一時的でない価格引上げをした場合に利潤が得られるかどうかを検討するもので,他の商品に需要が移動し利潤が得られなければある商品と当該他の商品とは代替関係にあって同一の市場に属すると扱い,この操作を繰り返して価格引上げにより利潤が得られる商品集合の最小の範囲をもって市場と画定する手法である。この手法は地理的市場を画定する際にも用いることができる。

第3章　経済のグローバル化と独占禁止法

の進展とともに修正されるのは必然であった。平成17年度（2005）のソニー／日本電気事件(30)は、光ディスクドライブ事業に係る合弁会社設立の事案であるが、公取委は、取引分野を「全国」としつつも、「大手パソコンメーカーは全世界における需要を本社で一括して調達しており、光ディスクドライブメーカーが設定する製品価格は、世界統一価格で設定されている」とし、「実態としては世界で一つの市場が形成されている」と認めて、合弁会社を容認した。

　経済産業省は、グローバル競争に直面している日本企業に危機感を強め、平成18年（2006）5月、公取委に企業結合審査の見直しを要請する競争政策研究会（鶴田俊正座長）の報告書を公表した(31)。報告書は欧米企業が再編により企業規模を拡大しているのに対して日本企業が依然として企業規模が小さく、かつ成長著しい東アジアで競争が激化していることを強調した上で、企業結合審査の現状を詳細に分析し、国外を含めた市場画定、市場シェア基準の見直し、問題解消措置の明確化などを求めた。

　これを受けて、公取委は、翌19年（2007）1月、企業結合ガイドラインの改定を行い、次のように国境を超えた市場の画定を行うことを認めることにした（第2・3）(32)。

　　「ある商品について、内外の需要者が内外の供給業者を差別することなく取引しているような場合には、日本において価格が引き上げられたとしても、日本の需要者が、海外の供給者にも当該商品の購入を代替し得るために、日本における価格引上げが妨げられることがあり得る。このような場合には、国境を越えて地理的範囲が画定されることとなる。」

　こうして、公取委は、保護法益論の呪縛を解かれ、輸入圧力という狭い枠組みで分析するのではなく、実態に即して東アジア市場、世界市場を画定していく。内外の供給者を同等に市場に位置付けることにより、グローバル競争の見取り図を俯瞰できるようになった(33)。他方で、独占禁止法が保護すべきなのはわが国

---

(30)　「平成17年度における主要な企業結合の事例」（平成18年6月7日、公取委）41頁（事例8）。
(31)　「競争政策研究会報告書——グローバル競争下における企業結合審査の予見可能性の向上を目指して」（平成18年5月19日、経済産業省HP）。
(32)　平成19年のガイドライン改定については、公正取引平成19年5月号「特集　企業結合審査ガイドラインをめぐって」掲載の各論文など参照。
(33)　従来も輸入圧力という形で日本の需要者にとっての代替性を分析してきたので、国境を超える市場を認定しても実質的に変わらないとの見方がありうる。しかし、国境を越える市場を画定すれば、海外の供給者にも市場シェアを与えてより明断な分析が可能に

に所在する需要者であることに変わりはないから、その保護に必要なかぎりで排除措置を講ずればよいことになる[34]。

ここでは海外の鉄鉱石の採掘会社間の企業結合である、BHPビリトン／リオ・ティント事件を検討しよう。これは外国の会社間の企業結合であるが、既に平成10年（1998）の独占禁止法改正により、国外における行為（国内または外国の会社による外国の会社の株式の保有、外国の会社間の合併等）も規制対象に加えられ、かつ一定の場合には報告・届出義務が課されていた。国外における企業結合がわが国の市場における競争に影響を及ぼす可能性が高まったということによる[35]もので、グローバル化への対応ということができる。

当初、BHPビリトンはリオ・ティントの株式取得を計画し、公取委は、独占禁止法違反被疑事件として審査を行っていたが、同社がその後計画を撤回したため、平成20年（2008）12月、審査を打ち切った（第1次事件）[36]。その後、BHPビリトンとリオ・ティントはあらためて西オーストラリアにおける鉄鉱石の生産に係る合弁会社の設立を計画し、公取委に事前相談を行った。公取委は詳細な第2次審査を行うなかで、問題点の指摘を行ったが、両当事会社が計画中止を発表したため、平成22年（2010）10月、公取委も本件審査を中止した（第2次事件）[37]。

公取委は、第2次事件において「一定の取引分野」として塊鉱と粉鉱の「世界海上貿易市場」を画定したが、これは海上貿易により鉄鉱石の供給者は世界各地

なる。国際カルテルなどについても、国境を越えた市場の画定が可能になる。このような意味で、やはり大きな方針転換であったといえよう。この点についての文献として、池田千鶴「企業結合ガイドライン審査ガイドライン改正の評価」公正取引平成19年5月号11頁、川濱昇ほか『企業結合ガイドラインの解説と分析』（平成20年）75・89頁（宮井雅明執筆）、林秀弥『企業結合規制』（平成23年）55・518頁。

[34] 山田昭雄「国際カルテルに対する規制について」菊地元一先生退職記念論文集法学新報109巻11・12号（平成15年）158頁。

[35] 鵜瀞恵子「企業結合規制の手続規定等に係る独占禁止法改正について」公正取引平成10年8月号8頁。ボーイング／マクダネル・ダグラス合併事件（1997年）はわが国の航空会社にも影響を及ぼすことが考えられたが、当時は外国会社の合併に法4章を適用できなかった。なお、本改正は厳格な属地主義では説明困難であるが、外交当局がどのような対応をしたか明らかでない。

[36] 「ビーエイチピー・ビリトン・リミテッドらに対する独占禁止法違反被疑事件の処理について」（平成20年12月3日、公取委）。BHPビリトンが計画を撤回したのは、欧州委員会が本件について異議告知書を発したからであった。

[37] 「ビーエイチピー・ビリトン・ピーエルシー及びビーエイチシー・ビリトン・リミテッド並びにリオ・ティント・ピーエルシー及びリオ・ティント・リミテッドによる鉄鉱石の生産ジョイントベンチャーの設立に関する事前相談の審査の中止について」（平成22年10月18日、公取委）。

第3章　経済のグローバル化と独占禁止法

の需要者に供給し需要者も世界各地から調達し，価格は世界中で連動していることによる(38)。両当事会社の市場シェアの合計は塊鉱で55～60％，粉鉱で40～45％であり，他の要因も考慮して，公取委は，本件合弁会社の設立により両当事会社に協調関係が生じ，両当事会社の単独行動による競争が実質的に制限されることとなると判断した(39)。

　本件については，豪州，EU，ドイツおよび韓国の競争当局も審査を行い，日本の公取委は両当事会社の了解を得てこれらの当局と情報交換を行った。公取委は他の当局に先駆けて問題点の指摘を行った。両当事会社が本件計画を断念したのは，公取委を含む複数の競争当局がそれぞれ否定的な判断を下したからであったとされる(40)。このことは，グローバル企業の審査にあたっては，米国・EUの競争当局のように市場規模が大きな国・地域の当局はともかく，わが国の公取委のような場合には，他の競争当局との連携が重要となってくることを示している(41)。

新日鉄／住金事件——国際競争力の強化と消費者厚生基準

　平成23年（2011）12月，公取委は，新日本製鉄（以下「新日鉄」という。）と住友金属工業（以下「住金」という。）の合併を，当事者が申し出た問題解消措置を前提とすれば，競争を実質的に制限することとならないとして，合併を承認し

---

(38) 「世界海上貿易市場」とは「日本の需要者向けの海上貿易市場」であると解すべきであるとの見解として，白石忠志「平成22年度企業結合事例集の検討」公正取引平成23年11月号62頁，林秀弥「海上貿易の世界市場が画定された事例」TKCローライブラリー経済法No.36（平成23年）5頁。いわゆる自国所在需要者説（本章3参照）である。
(39) 「平成22年度における主要な企業結合事例」（平成23年6月21日，公取委）事例1。公取委の本件公表文は，国際的に説明責任を果たすためであろうか，詳細かつ長文の異例のものとなっている。
(40) 平成22年10月18日付け朝日新聞夕刊記事「リオとBHP，統合断念」。日本と韓国の当局が独占禁止法に違反するおそれがあると指摘し，EU，豪州，ドイツの当局が統合は承認されないとの感触を示していたという。米国はオーストラリアの鉄鉱石に依存していないため，司法省は問題にしなかった。公取委は韓国・公取委と特に密接な情報交換を行った模様である。
(41) 公取委は，しばしば先行する米・連邦取引委員会や欧州委員会との交渉に当事会社が提出した措置を前提として問題なしと判断している。事例として，Johnson & JohnsonによるGuidant Corporationの株式取得（公取委前掲注(30)事例9），アジレント・テクノロジーズによるバリアン・インクの株式取得（公取委前掲注(39)事例7）などがある。欧州委員会は，企業結合の分野でも，「世界を舞台にしたリーダー的存在」を自認している（クリス　バン・ホフほか「グローバル経済におけるEC企業結合規制」NBL905号（平成21年）44頁）。

た(42)。新日鉄は八幡製鉄と富士製鉄の合併によって成立した会社であり，その際にわが国を揺るがすほど歴史に残る大事件であったことは周知のとおりである（上巻・388頁）。鉄鋼業界は既に新日鉄とJFEの複占体制が形成されていたが，今回その新日鉄がさらに同業の住金との合併を計画したのである。とはいえ，大型合併に関して昭和40年代当時のような高い社会的関心を呼ぶことはなかった。本件合併計画に賛成する意見はあっても，問題視する見解は見当たらなかったといってよい。

　もちろん独占禁止法上検討すべきことは，合併会社の総合的事業能力(43)ではなく，個別市場における競争制限の有無である。公取委は，今回いずれも当事会社にとり主力でない2品目（無方向性電磁鋼板と高圧ガス導管エンジニアリング業務）が違反するとしたが，問題解消措置として軽微な行動的措置をもって足りると判断した(44)。問題がないとされた品目についても，その判断には疑問が残るものであった(45)。公取委は何故本件合併について寛大な措置(46)で容認したのであろうか？

　前回も今回も国際競争力の強化の観点から合併を肯定すべきであるとの主張が強かったが，前回はわが国の鉄鋼業が圧倒的な国際競争力を有していたのに対して，今回はその低下が懸念されるという決定的な相違があった。そして国際競争力強化論の内容もより洗練されたものとなっていた。本件に関し，国会において

---

(42) 「新日本製鐵株式会社と住友金属工業株式会社の合併計画に関する審査結果について」（平成23年12月14日，公取委）。

(43) 当事会社の総合力として粗鋼の生産シェアをみると，前回35.4％（第1位）であったのに対し，今回31.0＋12.1＝43.1％（同，平成21年度）（日経産業新聞『日経 市場占有率』（平成22年）167頁）で一段と高まることになる。ただし，新日鉄の世界シェアは3％以下で，2位（平成20年度）または6位（平成21年度）であった。

(44) 当事会社の市場シェアは，無方向性電磁鋼板が約55％，高圧ガス導管エンジニアリングが約60％となるが，問題解消措置は，前者について住友商事に対して商権を譲渡しコストベースで供給する，後者について新規参入者から申し出があれば資材や機械を合理的条件で供給するというものである。本件合併の問題点については，平林英勝「新日鉄・住金合併事件審査結果の検討」中央ロー・ジャーナル9巻1号（平成24年）53頁など参照。

(45) たとえば，鋼矢板について需要が縮小するなかで参入圧力が働いている等としたことや，熱延鋼板について新日鉄が同業3社の株式をそれぞれ10％超所有し第1位の株主でありながら，3社との結合関係を認めず，協調促進要因とは評価しなかったことなどがある。

(46) 新日鉄の宗岡正二社長は，公取委の審査が事実上「満額回答」であったことを認め，「公取委も変わった」と述べた（平成23年12月23日付け日本経済新聞記事「合併効果，積み増し」）。

第3章　経済のグローバル化と独占禁止法

次のような質疑があった[47]。

「○斎藤（健）委員　……韓国では、……企業結合以外によっては達成することが困難な効率性増大効果、つまり企業結合によってしか達成できない効率性、そういうものが競争制限による弊害よりも大きい場合は公正取引法が適用されないということが定められているわけであります。……

　世界で国際競争を日本の企業が戦っていける、そういう観点をむしろ中心に据えて日本の競争政策も考えていかないと、お隣ではもっと激しくやってきているわけでありますから、結局、我が国の国民経済にいい影響が出ない、場合によっては悪い影響が出るということにもなりかねない……。

○竹島政府特別補佐人　……今、斎藤委員がいろいろおっしゃっている厳しい日本の経済情勢でございますが、この点について私は答えは変わらない。要するに、競争なくして成長なしだと思っています。競争したくない、だけれども成長できるというのは、これは私はうそだと思います。……

　特に似た者同士が一緒になって何が起きるかというと、原料が上がりました、それじゃ国内の自分たちの製品の価格を上げましょうということが、より容易になる。それで、それに伴うコストはどうかというと、ユーザーなり消費者が払う、それでもって外国で仮に安く物を売ってということになると、そういう企業結合は本当に評価していいのかというふうに私は思っております。」

八幡製鉄/富士製鉄合併事件当時は、市場支配力の分析において効率性の向上を考慮することは認められていなかったが、その後これを競争促進効果として考慮するのが世界の潮流となった。わが国のガイドラインでも、企業結合による規模の経済性等に基づく効率性の向上が競争に及ぼす影響を判断することとし、その判断方法を明らかにしている（第4・2(7)）。この場合、「効率性の向上により需要者の厚生が増大するものであること」が条件の一つとなっており、わが国の経済法学者や各国の競争当局は一般にこれを消費者厚生の増大——具体的には価格が下がる場合——と考えている[48]。しかし、経済学者や韓国・カナダの競争法は社会的厚生（総余剰＝消費者余剰＋生産者余剰）の増大——具体的には価格が上がっても消費者の不利益を上回る生産者の利益がある場合——と考えており[49]、

---

(47) 平成23年4月27日の衆議院経済産業委員会における斎藤健議員（自民）の竹島公取委員長に対する質疑。竹島委員長は、「公取が認める合併と認めない合併」エコノミスト平成21年9月22日号23頁のインタビュー記事でも同趣旨のことを述べている。

(48) 効率性については、川濱昇＝武田邦宣『企業結合規制における効率性の位置づけ』（平成23年、独立行政法人経済産業研究所HP）参照。

(49) 本件に関連してこの点を主張するものとして、大橋弘「競争政策の焦点　効率性に」平成23年2月22日付け日本経済新聞経済教室。合併による企業の利潤が技術革新を生

引用した国会での質問もそのような観点からのものである。

本件当事会社は，合併により「コスト競争力の向上とグローバル展開の拡充により，経営統合後3年程度を目途に年率1,500億円規模の統合効果の実現を目指」すと宣言した(50)。しかし，実際にはそのような立証は容易でないのであろう。当事会社は公取委に対し合併による効率性向上を主張しなかった。これまで合併審査において効率性向上が主張されることはほとんどなく，主張された第2次BHPビリトン／リオ・ティント事件においても，効率性の固有性（他の競争制限的でない方法では達成できない），実現可能性および需要者厚生増大の可能性のいずれも否定された。

公取委は，竹島委員長の答弁にみられるように，国際競争力強化の要請のなかで，社会的厚生基準ではなく消費者厚生基準を維持する方針を明らかにした。社会的厚生基準は，経済学の考え方に基づき，結論として消費者利益よりも「生産者，消費者をも含めた国民経済全般の利益」を優先するもので，かつての産業政策的弊害規制主義と同じ独占禁止法解釈ということができる（上巻・265頁参照）。競争政策を自国企業保護のために利用するもので，これを「戦略的競争政策」と呼ぶ見解もある(51)。石油ヤミカルテル刑事事件最高裁判決（第1部補論(2)参照）に反するし，そのような逆戻りは独占禁止法を根本的に弱めることにつながる。

しかし，JAL／JAS事件と同様，本件においても国際競争力強化の結論が先行したきらいがあり——そうでなければ寛大な処理について理解困難である——，効率性が判断要素となったわけではないが，実際には消費者厚生基準は建前にすぎないのかもしれない。

さて，本節において，グローバル化という視点から企業結合規制の変容をたどってきた。グローバル化が公取委の企業結合審査を高度な分析に進展させる要因となったが，他方でわが国企業の国際競争力の低下が影を落としていることをみてとることができる。

わが国における企業結合規制のゆくえ

企業結合審査の実績はどうか？　過去10年のデータを見ると，次のとおりである(52)。

み出し結局は需要者の利益となるという。韓国の競争法については，後に触れる。
(50) 「新日本製鉄㈱と住友金属工業㈱との統合基本契約の締結について」（平成23年9月22日，新日本製鉄株式会社・住友金属工業株式会社）5頁。
(51) 後藤晃『独占禁止法と日本経済』（平成25年）172頁。

第3章　経済のグローバル化と独占禁止法

平成 年度	17	18	19	20	21	22	23	24	25	26
届出受理件数	1,034	1,189	1,284	1,008	985	265	275	349	264	289
第2次審査を行ったもの	−	−	−	−	1	1	3	6	4	3
問題解消措置をとったもの	0	1	4	2	5	2	2	3	1	2
指摘を受けて企業結合をとりやめたもの	0	0	1	0	1	1	0	0	0	0

　これを見ると，企業結合規制は依然として低調である。これまで学説から多くの課題を提起されてきた[53]が，改善の兆しがみられるものがある[54]ものの，手つかずの事項は多い。そして，憂慮すべきことは，わが国は独占禁止法制定以来企業結合規制の長い歴史を有しながら，国際的企業結合の分野においてはるか後発のEU（1989年）や中国（2007年）よりも存在感が感じられないことである[55]。
　その最たる原因は，八幡富士合併事件同意審決（昭和44年）以降，公取委がほとんど法的措置をとっていないことにある。経済法学者泉水文雄は，「法解釈，法運用に裁判所が関わったことがないという日本の企業結合規制はやはり異様である」と述べた[56]。司法審査を経ることがないから，判例による法解釈のルールや経済的知見に基づく推定則が形成されることがない。公取委が公表する審査

---

(52)　公取委の各年度「主要な企業結合事例」添付参考資料から筆者が作成。平成21年度までの届出受理件数には株式所有報告書件数を含む。21年度以降受理件数が減少しているのは，平成21年法改正により届出対象範囲が縮減したことによる。平成20年度までの問題解消措置をとったものは，公表事例の記載から認められるものの数である。指摘を受けて企業結合とりやめたものとは，公表事例の記載から認められるものの数である。

(53)　たとえば，経済法学会年報33号（平成24年）「特集　企業結合規制の新たな課題」所収の各論文参照。

(54)　経済分析の活用が指摘されてきたが，たとえば，「ジンマーとバイオメットの統合」（平成26年度における主要な企業結合事例，平成27年6月10日，事例7）は，統合後の価格についてシミュレーション分析を行っている（ただし，一連の仮定の上に成り立つ分析であるので，定性的な調査結果を補完するものと位置付けている）。

(55)　栗田誠「実効的な企業結合規制の制度の確立に向けた課題」前掲注(53)経済法学会年報71頁。国際的な企業結合に対する法執行からわが国の公取委がはずされる「ジャパン・パッシング」が懸念される状況にすらある（泉水文雄「企業結合規制の課題」前掲注(53)経済法学会年報14頁）。

(56)　泉水前掲注(55) 10頁。

465

の主要事例は，公取委の一方的な判断が記される個別事例の集積にとどまり，体系化されるに至らない。非公式な処理ばかりでは，法治国家といえない。

これもかねて指摘されていることであるが，公取委が了承した問題解消措置は届出書に記載されるが記載された重要事項が履行されない場合，公取委があらためて違反事実を認定して排除措置命令を行うという迂遠な仕組み（法10条9項1号等）となっている。排除措置命令が直ちに行われないために，問題解消措置の履行が十分確保できず，企業結合規制が実効性を欠くおそれがある。

公取委は，平成23年（2011）6月，経済界の要請を受けて，企業結合に関する事前相談制度を廃止し，届出を受けてから審査を開始することにした[57]。これは非公式な処理をなくすことにつながるかと期待させたが，実際には，届け出後の当事会社との会合を通じて問題点の指摘および問題解消措置の交渉が行われ，処理手続の非公式な性格は変わらなかった。「当委員会と届出会社との意思疎通を密にすること」が強調されているが，意思疎通は密室で行われ透明性を欠くから，むしろ公取委が当事会社の「とりこ」になる危険をはらんでいる。

何故，公取委は法的措置をとるのに消極的であるのか？ 排除措置命令を行えば審判・訴訟で争われるリスクが高まり，そのコストが大きいことがある。行政職中心の公取委の職員は審判・訴訟を忌避する傾向にあるが，そのために問題解消措置で当事会社と妥協しがちになる（ただし，カルテル・不公正な取引方法では審判・訴訟に応じているからこれは十分な理由ではない）。

問題解消措置として企業側が最も抵抗するのは，構造的措置である[58]。本来，「事業譲渡等構造的な措置が原則」である[59]にもかかわらず，公取委は水平的な企業結合においてもほとんどの場合軽微な行動的措置で満足してきた（前記JT/RJRナビスコ事件など枚挙にいとまがない）。何故，公取委が構造的措置を要求しないのかといえば，結局，当事会社の抵抗を押し切ってまで審判・訴訟を覚悟の上で構造的措置をとる自信，ひいては企業結合規制に対する自信，がもてないということなのであろう。

考えてみれば，公取委が本気で企業結合を阻止しようと決意した大型事件は，

---

[57] 「企業結合審査の手続に関する対応方針」（平成23年6月14日，公取委）。

[58] 事業の譲渡が企業にとり負担であることは，「平成24年度シンポジウムの記録」経済法学会年報34号（平成25年）134頁（工藤俊和（パナソニック）発言）参照。最近ではわが国の企業も盛んにM＆Aを行っており，構造的措置に対する抵抗は和らいでいるように思われる。

[59] 「企業結合審査に関する独占禁止法上の運用指針」（平成16年5月31日，公取委）第6・1。

第3章　経済のグローバル化と独占禁止法

歴史上八幡製鉄/富士製鉄事件以外にあったであろうか？当事会社が有力な企業である場合，これを阻止しようとすれば公取委と経済界や産業官庁との間に緊張関係を生むことになろう。企業結合規制は，本来，政策の問題ではなく，法の適用の問題であり，法的処理が確立されることが重要である（それ故に，「裁判所を味方にする」ことが不可欠である）。第1次BHPビリトン/リオ・ティント事件において，公取委は異例の立件審査の手続をとったが，これは当事会社が外国企業であり需要家であるわが国の鉄鋼業界が合併に強く反発していたという特殊事情があった。

わが国の企業結合規制には課題が山積しているが，公取委に改革の気運はみられない。グローバル化と経済の停滞のなかで，企業結合規制はどこへゆくのであろうか？

3　域外適用から国際的執行へ

域外適用をめぐる対立から収束へ——渉外研報告書の構成要件説の提唱

第2次大戦後，米国は反トラスト法の域外適用——外国企業が行った領域外での行為に対する法適用——を行ってしばしば各国と紛争を生じさせ，外交問題にまで発展した。それが頂点に達したのが，ウラニウム・カルテル事件（1978年），レイカー航空事件（1984年）であり，オーストラリア（1979年），英国（1980年），フランス（同）等は米国の域外適用を阻止するためにいわゆる対抗立法を制定した[60]。米国の反トラスト法の「長い腕」に悩まされたのはわが国も同じであり，政府が米国・国務省に抗議したり裁判所に意見を提出したりした[61]。

わが国が米国の域外適用に最も当惑したのは，そうした域外適用をめぐる国際的衝突が収束した後の日米構造問題協議の文脈で起きたことである。すなわち，わが国市場の閉鎖性が改善されないことに業を煮やした米国・司法省が，平成4

---

(60) 滝川敏明『貿易摩擦と独禁法』（平成6年）89頁，OECD制限的商慣行専門家委員会・公取委官房渉外室訳『競争法の施行』（昭和59年）39頁（原著は，OECD, Competition Law Enforcement, 1984），松下満雄『国際経済法［第3版］』（平成13年）319頁。OECDの報告書は加盟国が深刻に対立するなかで取りまとめられたものである。
　対抗立法とは，外国の競争当局や裁判所への情報提供を規制する法律のことであるが，英国の「1980年通商利益保護法」のように米国において3倍賠償訴訟で敗訴し支払った額の実損を超える2倍部分を自国で取り戻せることを規定した立法もある。

(61) 松下満雄「米反トラスト法の域外適用と諸外国の対抗立法」国際商事法務10巻4号（昭和57年）184頁。日本政府が行った抗議として，1960年代初期の海運同盟事件，通産省が行った裁判所への意見提出として，NUE・ゼニス/松下電器ほか事件訴訟が挙げられている。

第 3 部　構造改革なくして成長なし　2001～

年（1992）4月,「米国消費者を直接侵害するか否かにかかわらず,米国の輸出を制限する国外での行為に対し,適切な事案において,反トラスト法上の執行措置を採る」と宣言したのである(62)。たとえば,日本企業が米国製品をボイコットして日本市場から排除するようなことがあれば米国の反トラスト法を適用するというのである。これに対して,公取委は,「競争法の管轄権に関するわが国を含む各国の考え方と基本的に抵触するおそれがあり,国際法上の問題を惹起しかねないこと,米国の輸出者の保護を目的とした法の執行が行われることとなる危険をはらんでいる」と懸念を表明した(63)。

　米国の一方的な域外適用に対しては,わが国も対抗立法の制定を検討すべきであるとの意見もないではなかった(64)。しかし,公取委は,「反競争的行為が我が国市場で行われている場合には,我が国独占禁止法に基づき厳正に対処すべきものであり,公正取引委員会は,かかる反競争的行為を厳正に排除していく方針である」と述べた(65)。公取委の方針は,対抗立法より競争法の王道を行くものであった。結局,米国が新執行方針に基づいてわが国企業を提訴することはなかった。

　域外適用をめぐる対立の原因は,直接的には競争法の適用に関する管轄権の考え方についての相違(66)にあったが,その背景にはハードコア・カルテルの悪

---

(62)　「米国の輸出を制限する反競争的行為に関する司法省の方針──反トラスト法の執行方針に関する声明」（栗田誠「輸出制限行為に対する米国反トラスト法の適用」公正取引平成4年6月号51頁資料1。司法省は,1988年の「国際的事業活動に関する反トラスト施行ガイドライン」が米国の消費者の利益を侵害する反競争的行為のみに懸念を有すると明記していた（脚注159）のを削除し,1988年以前の執行方針へ復帰すると説明した。

(63)　「米国の輸出を制限する反競争的行為に対する米国司法省の反トラスト法の執行方針の変更について」（平成4年4月9日,公取委）栗田前掲注(62) 53頁資料3。このとき公取委は,客観的属地主義の立場から司法省方針を批判したとみられるが,司法省方針は効果主義をも逸脱する考え方であったという見方もできる。梅澤委員長は,平成4年4月13日,リル反トラスト局長に対して司法省方針の撤回を要請した（平成4年4月14日付け日本経済新聞記事「公取委,撤回を要請」）。

(64)　松下満雄「日本を狙い撃つ米独禁法の域外適用」エコノミスト平成4年7月21日号61頁。

(65)　公取委前掲注(63) 53頁資料3。対抗立法について,梅澤委員長は,「もう少し冷静な対応をした方がいい」と述べた（「独禁法強化,国内情勢からも　埼玉の建設談合で"配慮"ない」日経ビジネス1992年6月15日号74頁）。

(66)　国際法上,管轄権には,国内法を制定する立法（実体・規律）管轄権と,行政・司法機関が国内法を具体的に適用する執行（手続）管轄権がある（以下,単に「管轄権」というときは,立法管轄権をいう）。立法管轄権は,自国と十分な密接関連性または実質的かつ真正の連関があれば認められるが,当該行為が自国内で行われたことをもって実

質性について大きな認識の相違があった。しかし，1980年代半ば以降，ハードコア・カルテルを厳しく取り締まるべきことは，米国に特有な政策ではなくなり，欧州諸国も共有するようになった。管轄権に関しても，欧州司法裁判所が1988年（昭和63年）の木材パルプ事件判決において米国の効果主義[67]と実質的に変わらない考え方——客観的属地主義（実施理論）——を採用する[68]に至った。米国政府が域外適用を自制するようになったこともあり，域外適用をめぐる米欧間の対立は次第に収束に向かった。

域外適用をめぐる情勢が大きく変化したことにかんがみてのことであろうか，公取委は独占禁止法渉外問題研究会（宮崎勇座長）を開催して域外適用問題を検討し，平成元年（1989）2月，報告書を公表した。報告書は，域外適用について，次のように述べた[69]。

「……OECD加盟各国における立場が，実質的にみて大差がないものとなってきている状況からみても，外国企業への我が国独占禁止法適用基準を，属地主義あるいは効果主義と分類することにより説明することは必要ではない。外国企業の行為への我が国独占禁止法の適用についての公取委の審決は，属地主義と効果主義のどち

質的かつ真正な連関があると主張する属地主義が伝統的に承認されてきた。属地主義を現在でも厳格に主張するのは英国である。属地主義として，領域内で開始され領域外で完成する行為で足りるとする主観的属地主義，領域外で開始され領域内で完成する行為で足りるとする客観的属地主義もある。執行管轄権については，属地主義の考え方が強く支配する（山本草二「国家管轄権の機能とその限界」別冊法学教室『国際法の基本問題』（昭和61年）116頁）。

(67) 効果主義とは，当該行為が自国の領域内で行われていなくても，その効果が及んでいれば管轄権を認める考え方である。効果主義は，米国において，1945年のアルコア事件控訴裁判決により認められ，外国企業が米国外で行った行為に対して反トラスト法を域外適用する根拠となった。「効果」とは，「直接的，実質的かつ合理的に予見可能な効果」である（1982年外国貿易反トラスト改善法によって修正されたシャーマン法6条a(1)）。ただし，その内容は必ずしも明確ではない。効果主義は，ドイツ，欧州委員会等でも採用され，その後韓国や中国でも採用された。

(68) 木材パルプ事件判決（Case 114/85, Ahlstrom v Commission, 27 Sep. 1988）とは，北欧・米加等の非EC企業がEC市場向けに行った価格に関する協調的行為がローマ条約85条違反とされた事件において，欧州委員会は効果主義に基づいて管轄権を主張したが，欧州司法裁判所は，85条違反にとって決定的なことは合意等がどこで形成されたかではなくそれらの行為が実施された場所であるとして，効果主義によらずに客観的属地主義（実施理論）の考え方で管轄権を認めた。

(69) 独占禁止法渉外問題研究会報告書『ダンピング規制と競争政策／独占禁止法の域外適用』（平成2年）67頁。なお，報告書は，管轄権に関して現状では「確固たる法準則は存在せず，各国の裁量によるところが大きい」（バルセロナ・トラクション事件国際司法裁判所判決（1970年）フィリップ・モリス判事意見）ことを前提としている（62頁）。

らの考え方を意識して行われたものでもなく，外国企業の行為が，我が国独占禁止法上の違反行為規定……の構成要件に該当するかの検討を行うことによってなされてきたものである。ただし，これまでの審決においては，違反行為を構成する具体的な行為（我が国独占禁止法違反行為を内容とする契約の締結等）が日本国内で行われた場合に，我が国独占禁止法を外国企業へ適用してきたようである。

しかしながら，外国企業が日本国内において物品を輸出するなどの活動を行っており，その活動が我が国独占禁止法違反を構成するに足る行為に該当すれば，独占禁止法に違反して，規制の対象となると考えられる。外国企業の支店あるいは子会社が日本国内に所在することは，独占禁止法の必要条件ではない。したがって，国内市場の競争を阻害する行為については，我が国独占禁止法違反を構成するに足る事実があれば，外国所在企業も独占禁止法による規制の対象となると考えることが妥当である。」（傍点筆者）

公取委の従来の審決が属地主義とか効果主義とか意識してなされたものではないというのは疑問がある。公取委は，審決にかぎらず審査活動等において，域外適用により他国の主権侵害となることをおそれていたのであって，効果主義には——それが独占禁止法の理想であるとしても——終始慎重であった。というのは，属地主義が大陸法系諸国の国際法上の原則であったし，日本政府——特に外務省——は属地主義に固執していたからである。また，自ら効果主義を採れば，米国の域外適用を批判する資格を失うことにもなる[70]。

報告書が独占禁止法の適用基準を，違反行為が構成要件を充足するかどうかを考えれば足りる——以下「構成要件説」と呼ぶことにしよう——と提唱しているが，これは「属地主義と効果主義の歩み寄り」により国際法による制約はほとんどなくなっているという趣旨であるから，国際法が一応前提となっている。特にわが国の場合，独占禁止法違反は行為要件と効果要件（一定の取引分野における競争の実質的制限または公正な競争を阻害するおそれ）からなるが，刑法犯と同様に構成要件該当事実の一部が領域内で実現されたことで足りるならば，行為が域外で行われても効果が領域内で発生していれば，国際法上当然管轄権を有していることになる。管轄権の有無と構成要件該当性の成否は，基本的に次元の異なる問題であるが，構成要件該当性の判断を行うことで，いずれにせよ効果主義または客観的属地主義の枠内に収まることになる[71]。

---

(70) 土田和博「独占禁止法の国際的執行」経済法学会年報34号（平成25年）2頁（土田執筆）。

(71) これに対して，米国のシャーマン法1条が禁止する取引制限に日本法のような市場に対する効果要件は存在しない。それ故に，米国においては，域内において取引制限の構

第 3 章　経済のグローバル化と独占禁止法

　結局，わが国の場合，属地主義とか効果主義とか論じなくても構成要件説で足りることになる(72)。報告書は，国際法上の域外適用問題を国内法である独占禁止法の要件の解釈の問題へ転換すべきことを提言した（国際法を考慮に入れるまでもないが，外国政府への配慮は礼譲で考える）。とはいえ，このような提言が公取委の実務にただちに反映されたというわけではない。最近のブラウン管事件審決が構成要件説をとっていることから，渉外研報告書の提言が再評価されてよいと考える（この点は後述する）。

　公取委事務総局の職員においては，外国企業への本格的な法適用が始まった平成 10 年（1998）のノーディオン事件以降，EU の実施理論を歓迎し，国際的事件に対しては客観的属地主義に基づいて対応すべきとの考え方が広がったとみられる(73)。

　外交当局の考え方はどうか？　平成 13 年（2001）3 月，外務省の委託を受けた研究会の報告書は，「主権の平等と領域主権に基づく属地主義の考え方が基本となることは当然」としつつ，「国際情勢の変化により適切に対応する必要があること，国際的に受け入れられつつある競争法の立法管轄権の拡大を，我が国のみが抑制的に捉えることの意義が必ずしも明らかではない」と述べて，ようやく独占禁止法の国際的適用に積極的な考え方を示すに至った(74)。

　　　成要件を充足する場合（構成要件説）だけでなく，域外の行為であっても国内経済や国際通商に影響を及ぼす場合に管轄権を認める必要が生じた（影響説，効果主義）とされる（山本草二「国家管轄権の域外適用」ジュリスト 781 号（昭和 58 年）198 頁）。
(72)　のちにこの立場から，不当な取引制限の成立要件以外に立法管轄権を論じる実益を否定するものとして，土田和博編著『独占禁止法の国際的執行』（平成 24 年）85 頁（多田敏明執筆）。泉水文雄ほか「鼎談　国際カルテル規制の最前線」ジュリスト 1462 号（平成 26 年）18 頁（多田敏明，長澤哲也発言）も参照。
(73)　小畑徳彦「わが国に拠点をもたない外国事業者による私的独占事件」NBL659 号（平成 11 年）17 頁，山田昭雄「国際カルテルに対する規制について」菊地元一先生退職記念論文集法学新報 109 巻 11・12 号（平成 15 年）153 頁。上杉秋則「独禁法の国際的適用をめぐる現状と問題点」国際商事法務 42 巻 7 号（平成 26 年）1008 頁も参照。
(74)　財団法人日本国際フォーラム『競争法の域外適用に関する調査研究』（平成 13 年）52 頁。立法管轄権が認められるのは，①行為地国の「正当な利益（法令または政策）」と真の抵触がなく，②対象となる行為とわが国との「密接関連性」（密接，実質的，直接かつ重要な連関）が存在する場合であるとしている。①については，国際礼譲で考慮すべき事項を管轄権の要件としてやや広くとっているのが注意される。②については，効果主義をとるとしても行為と効果の十分な連関をとることが必要であるとしている。

471

第3部　構造改革なくして成長なし　2001～

国際カルテルの摘発が低調な原因とその克服・改善

　1990年代以降，米国・司法省の国際カルテルの摘発は苛烈さを増し，おとり捜査を行ったり，免責制度を活用して起訴に持ち込み，事業者に高額の罰金を，個人に実刑判決を求めるようになった。国際カルテルの追及はしばしば米国からEUに波及し，刑事罰はないものの，欧州委員会は米国の罰金額を上回る制裁金を科すことも珍しくなかった。米国，EUの当局がねらった多くの国際カルテルに日本企業が関与していた。そのうち米国・司法省が摘発した事件として，FAX用感熱紙（1994～1996），リジン（1996），黒鉛電極（1996～2001），ビタミン（1999），ソルビン酸（1999～2001）などの事件があった[75]。とりわけビタミン事件は，巨額の罰金が科されたことで反トラスト法の歴史に残る大事件であった[76]。

　黒鉛電極，ビタミンの国際カルテルについては，わが国の公取委も審査を行った。しかし，いずれも警告で終わった。黒鉛電極事件は，米国，ドイツの各メーカーおよび国内メーカー4社の3グループが互いに他のグループが生産販売している市場に輸出しない等を合意していた疑いがあったというものである[77]。ビタミン事件は，ビタミンB5について，平成3年（1991）以降，第一製薬が，ロッシュ社（スイス）の呼びかけに応じて，同社およびBASF社（ドイツ）の2社と世界市場シェアを設定し，世界市場および日本等の7地域別市場における各社の販売数量を決定し，合成ビタミンEについて，エーザイが，同じくロッシュ

---

(75)　公取委事務総局『公正取引委員会の最近の活動状況』（平成14年5月）67頁・資料32。

(76)　ビタミン事件は，約10年にわたって，ビタミンのメーカーが米国その他において販売される各種ビタミンについて価格を引き上げ，市場を分割する共謀をしていたというもので，司法省は，ホフマン・ラ・ロッシュ社と5億ドル，BASF社と2.25億ドルの罰金の支払いで合意した（ロッシュ社の1人が4カ月の拘禁刑で合意）。罰金額は過去最高額であるだけでなく，これまでの反トラスト法違反の罰金額総計10億ドルの約4分の3にあたるものであった。その後，日本のメーカーも武田薬品が7,200万ドル，エーザイが4,000万ドル，第一製薬が2,500万ドルの支払いで合意した。本件はローヌ・プーラン社がリニエンシーを申請した（1999年5月20日および9月9日付け司法省プレス・リリース等参照）。ビタミン事件については，欧州委員会もロッシュ社に4.62億ユーロ等，日本のメーカー3社を含む8社に合計8.55億ユーロの制裁金を科した（2001年11月21日付け欧州委員会プレス・リリース）。

(77)　「人造黒鉛丸形電極製造業者に対する警告について」（平成11年3月18日，公取委）。本件については，米国のメーカーを買収した三菱商事もカルテルに関与したとして1億3,400万ドルの罰金を科されかつわが国において株主代表訴訟が提起されたことで知られている（平成16年5月20日東京地裁判決，審決集51巻991頁，請求棄却）。

第3章　経済のグローバル化と独占禁止法

社の呼びかけに応じて，ロッシュ社，BASF社およびローヌ・プーラン社（フランス）と同様のカルテルを行っていた疑いがあるというものである(78)。

　米国，EUの当局が国際カルテルの摘発に成果を挙げているのに，何故，公取委の国際カルテル事件数は少なく，取り上げても成功しないのか？

　公取委事務総局の山田昭雄は，その原因として，①立法管轄権について，外交当局が厳格な属地主義の考え方に立っていることから，独占禁止法の適用もその枠内で検討されてきたこと，②地理的市場あるいは行為者の範囲の捉え方に学説上の議論があったこと，③事件の審査を開始してもカルテル終了後1年以上経過し措置がとれないこと（ビタミン事件がこれに相当），④平成14年法改正前は在外者への送達規定が整備されていないために，事件着手に躊躇する傾向がみられたこと，⑤外国に所在する事業者から証拠を収集し，事情を聴取することが実際上困難であること（わが国にリニエンシー・プログラムがないこと），⑥排除措置命令や課徴金納付命令に従わない場合に国家権力の行使ができないことから，事件審査に消極的になること，を挙げた(79)。

　①および②については，前記のように渉外研報告書により一応方向性が示されたし，外交当局の考え方にも変化の兆しがみられた。③の既往の違反行為の除斥期間（法7条2項）については，1年から3年へ（平成17年法改正），さらに5年（平成21年法改正）へと延長された。④の送達の問題は，平成14年（2002）の法改正により，外交ルートを通じて，相手国の同意を取り付け，日本の在外領事等を通じて在外者へ書類を送達することとし（法69条の3による民事訴訟法101条（交付送達の原則）および108条（外国における送達）規定の準用の追加），かつ公示送達の規定（法69条の4）を設けることにより，外国における送達が功を奏しない場合の補充的な送達手段を導入した(80)。⑤については，平成17年（2005）法改正により課徴金減免制度が導入された。⑥については，特に改善されることはなかった。

　こうして，国際カルテルに対する独占禁止法適用の障害は大幅に克服，改善されることになった。そのことの反面として，かねて指摘されていた法6条——国内事業者に措置をとることにより外国事業者に対し間接的に域外適用を可能にする——の存在意義がますます形骸化することにもなった(81)。

---

(78)　「ビタミン製造販売業者らに対する警告について」（平成13年4月5日，公取委）。
(79)　山田前掲注(73) 147頁。山田論文をもとに本書と同様の整理をするものとして，泉水文雄「国際カルテルと域外適用」国際経済法講座Ⅰ・371頁。
(80)　菅久修一＝小林渉『平成14年改正独占禁止法の解説』（平成14年38頁）。

第3部 構造改革なくして成長なし 2001～

それでは，実際に公取委は国際的事件について円滑に法を適用できたのか検証しよう。

域外適用事件の検証

公取委が外国企業に対して法的措置（公表された企業結合事例を含む。）をとった近年の事件のうち，次の4件について分析してみよう。

	事件名	在外者への送達	違反行為	行為要件	効果要件	一定の取引分野
A	ノーディオン（平成10年）	○（代理人）	私的独占	国内（契約締結地）	国内	国内市場
B	第2次BHPビリトン／リオ・ティント（平成20年）	―（事前相談）	法10条	海外（JVの設立）	世界市場	海上貿易市場
C	マリンホース（平成20年）	○（代理人）	不当な取引制限	海外（会合開催地）	国内	わが国所在の需要者が発注する市場
D	ブラウン管（平成27年）	○（公示送達）	不当な取引制限	海外（会合開催地）	国内	本件ブラウン管（わが国のテレビ・メーカーが購入する）向けの販売市場

外国所在企業への送達について。ノーディオン事件[82]において，カナダ法人のノーディオン社は日本国内に支店営業所等を有していなかったが，国内に書類の受領権限のある代理人を選任したので，公取委は代理人を通じて書類の送達ができた。この時点では，送達の規定が整備されていなかったから，同社が代理人

---

(81) 6条廃止論を唱える学説として，村上政博「独占禁止法の基本体系と今後の課題（上）」公正取引平成11年6月号51頁。
(82) エム・ディ・エス・ノーディオン・インコーポレイテッドに対する件，平成10年9月3日勧告審決，審決集45巻148頁。外国企業が公取委の審査に協力するのは，顧客が存在する日本市場での評判を気にしてのことであろう。その国の市場規模が大きくなるほど，この点は重要になる。

の選任に応じなければ，そもそも公取委は審査に着手できなかったであろう。平成20年（2008）のマリンホース事件[83]も外国所在企業がわが国内に代理人を選任したので，問題を生じなかった。

　これに対して，外国所在企業が代理人を選任しなかった事件がある。第1次BHPビリトン/リオ・ティント事件（本章2参照）はTOBによる株式取得の事案であったが，公取委は当初から重大な関心を持ち違反被疑事件として立件した。公取委は，株式取得計画の内容に関する報告命令書を外交ルートを経由して送達しようとした――豪政府は送達に同意したとみられる――が，BHPビリトンは受け取りを拒否した。そこで，公取委は公示送達を行ったところ，BHPビリトンは方針を転換し報告命令に対する回答を提出したが，その後まもなく株式取得計画を撤回した[84]。ブラウン管事件[85]においては，サムスン・グループが一度選任した代理人を解任したため，公取委は外交ルートを通じて領事送達について韓国政府に同意を求めたが，韓国政府がこれに同意せず，公示送達を行った[86]。以上の事件は，平成14年（2002）に整備された送達規定が成果を挙げたといえよう。

　証拠の収集について。外国企業が常に審査に非協力というわけではないが，かりに審査に協力しないとしても，違反被疑者の日本企業や被害者の日本企業が協力すれば相当の証拠は得られよう（第2次BHPビリトン/リオ・ティント事件は事前相談であるから，自ら資料を提出する必要があった）。カルテル事件では減免申請企業の有無が事件の端緒や審査の鍵になるが，マリホース事件とブラウン管事件においては，横浜ゴムと台湾メーカーの中華映管がそれぞれ課徴金の減免を申請し全額免除されたことが明らかになっている[87]。

---

(83) ㈱ブリヂストンほか4社に対する件，平成20年2月20日排除措置命令，審決集54巻512頁。

(84) 以上の経過については，平成20年9月3日以降の松山隆英公取委事務総長の記者会見記録（公取委HP），平成20年9月18日付け「命令書受け取り拒否」，9月25日付け「英企業買収で公示送達」，11月15日付け「BHPが買収概要提出」の朝日新聞各記事等参照。

(85) 平成22年（判）第2～5号事件（MT映像ディスプレイ・グループ4社の排除措置命令について取消（違法宣言）と課徴金納付命令の請求棄却），第6号事件（サムスンSDIの排除措置命令について取消（違法宣言））および第7号事件（サムスンSDI（マレーシア）の課徴金納付命令について請求棄却）の3つの審決（平成27年5月22日，審決集未登載，公取委HP）。

(86) 「テレビ用ブラウン管の製造販売業者らに対する排除措置命令及び課徴金納付命令について（追加分）」（平成22年3月29日，公取委）。

第 3 部　構造改革なくして成長なし　2001〜

管轄権の問題について。ノーディオン事件においては，私的独占の排除行為とされた排他的購入契約はいずれもわが国の需要者とわが国において締結されたので，厳格な属地主義の立場からも独占禁止法の適用に問題がない——わが国における行為であるので域外適用ともいえない——事案であった。第 2 次 BHP ビリトン/リオ・ティント事件（本章 2 参照）において，公取委は生産合弁会社の設立により塊鉱および粉鉱の「世界海上貿易市場」の競争が実質的に制限されると判断した。合弁会社の設立はオーストラリアで行われ実施されるから行為地または実施地は域外であり，厳格な属地主義や客観的属地主義ではわが国独占禁止法は適用されそうもない。そうすると，競争制限効果がわが国市場に及ぶとして効果主義で説明するしかないのであろうか？　しかし，法 10 条の効果要件である競争の実質的制限がわが国を含む世界市場において生じていることを考えれば，効果主義によらなくても構成要件説により独占禁止法が適用可能と説明することができよう。

マリンホース事件は，マリンホースのメーカーである英国，フランス，米国の各 1 社，イタリアの 3 社およびわが国の 2 社（ブリヂストンおよび横浜ゴム）の計 8 社が，マリンホースが使用される国に本店が所在する者が受注し，複数の者の本店が所在する場合にはいずれかの者が受注し，それ以外の国についてはコーディネーターに委任して受注予定者を決定することを合意したというものである。本件は世界市場を対象にした市場分割カルテルであって，競争の実質的制限（不当な取引制限の効果要件）の対象にわが国市場も含まれるから，カルテルの会合開催地にかかわりなく，わが国の独占禁止法を適用できることに問題はない。

ブラウン管事件の違反事実は，日本・韓国・台湾・タイ・インドネシアのブラウン管メーカー 5 グループ 11 社が，東南アジア等において会合を開催しわが国のブラウン管テレビメーカー 5 社の東南アジアの現地製造子会社向けに販売するブラウン管（「本件ブラウン管」）の最低目標価格等について合意したことが，「本件ブラウン管の販売分野」における競争を実質的制限したというものである。まさに，ブラウン管およびテレビの製造拠点を海外に移転したグループ企業間の取引についてカルテルが行われた事案であり，グローバル化時代にふさわしい独占禁止法事件である。

---

(87)　横浜ゴム，中華映管ともに各国競争当局に同時にリニエンシーの申請を行った。横浜ゴムについては，平成 19 年 7 月 5 日付け朝日新聞記事「横浜ゴムの「自首」端緒」参照。

第3章　経済のグローバル化と独占禁止法

本件の関係図

```
（日本・韓国・台湾）    ①価格の交渉・決定         （日本）
┌─────────────────┐                          ┌─────────────────┐
│ブラウン管メーカー3グループ│◄──────────────────►│テレビ・メーカー5社（親会社）│
│    （親会社）    │                          └─────────────────┘
└─────────────────┘
         │ ②決定した販売価格の指示      │ ②決定した購入価格の指示
- - - - -│- - - - - - - - - - - - - - -│- - - - - - - - - - - - -
（東南アジア）↓      ③指示された価格で販売   ↓
     ┌──────────┐                    ┌──────────┐
     │現地製造子会社│──────────────────►│現地製造子会社│
     └──────────┘                    └──────────┘
     ┌────────────────────┐  ③指示された価格で購入
     │現地ブラウン管メーカー2グループ│◄─────────────
     └────────────────────┘
```

　　　（注）　□は違反行為者である。

　被審人は，効果主義の立場から，本件ブラウン管の購入者が所在し，ブラウン管が供給されテレビに加工されるのは，いずれも東南アジアであり，日本の国内市場に実質的，直接的かつ予見可能な効果は生じていないと主張した。これに対して，審決は次のように述べた[88]。

「本件における独占禁止法の適用についての基本的な考え方
　事業者が日本国外において独占禁止法第2条第6項に該当する行為に及んだ場合であっても，少なくとも，一定の取引分野における競争が我が国に所在する需要者をめぐって行われるものであり，かつ，当該行為により一定の取引分野における競争が実質的に制限された場合には，同法第3条後段が適用されると解するのが相当である。
　なぜならば，独占禁止法は，我が国における公正かつ自由な競争を促進するなどして，一般消費者の利益を確保するとともに，国民経済の民主的で健全な発達を促進することを目的とするところ（第1条），同法第3条後段は，不当な取引制限行為を禁止して，我が国における自由競争経済秩序を保護することをその趣旨としていることからすれば，同法第2条第6項に該当する行為が我が国でなされたか否か，あるいは，当該行為を行った事業者が我が国に所在するか否かに関わりなく，少なくとも，一定の取引分野における競争が我が国に所在する需要者をめぐって行われるものであり，かつ，当該行為により一定の取引分野における競争が実質的に制限された場合には，我が国における自由競争経済秩序が侵害されたということができ，同法第3条後段を適用するのがその趣旨に合致するからである。」（傍点筆者）

　審決は，独占禁止法の法目的と効果要件該当性の観点から，独占禁止法を適用する基本的考え方を示した上で，不当な取引制限の効果要件を充たすような本

---

(88)　平成22年（判）第6号事件理由第6・1(2)，第7号事件理由第6・2(2)。

件においては「被審人が主張するような効果の存否に関する検討をする必要性は認められない」[89]と国際法上の管轄権問題に立ち入るまでもないことを強調した。渉外研報告書がいう構成要件説といってよい[90]。

　一定の取引分野について。マリンホース事件は世界市場を対象とした市場分割カルテルであったが，公取委は，一定の取引分野として，世界市場ではなく，「我が国に所在するマリンホースの需要者が発注する」市場を画定した。これは「独占禁止法の保護法益がわが国における公正且つ自由な競争促進等にあると考えられること，海外競争当局においてもマリンホースの製造販売業者らに対する審査が行われていること」に基づくものと説明されている[91]。しかし，この時点では公取委は企業結合規制において保護法益論を克服して世界市場を画定するようになっていたのであるが，狭く限定したのは何故であろうか？公取委は「自国所在需要者説」をとったと言われている[92]。

　経済法学者白石忠志によって唱えられた自国所在需要者説とは，「独禁法の法目的は，需要者の保護にある」から，需要者の所在地国を基準に法の適用を整理すべきであるというものである。輸出カルテルは輸出国ではなく輸入国が独占禁止法違反とすることになる[93]。この立場からは，国際カルテルが全体として1個の行為であるような外観を呈していても，自国に需要者が所在する市場に関する部分だけを「切り取って」法を適用することになる[94]。本件においては，わが国に所在する需要者が発注する市場ということになる。

　ブラウン管事件において，審決は，判例（平成5年のシール談合刑事事件東京高

---

(89)　平成22年(判)第6号事件理由第6・1(7)および第7号理由事件第6・2(7)。

(90)　土田和博・本審決評釈，公正取引平成27年8月号58頁は，「(国際)カルテル事件である本件に関する限り，効果要件を充たせば，同時に日本の管轄権を肯定するための基準も充足するという考え方が前提とされている」と指摘する。ただし，前提となっている管轄権の基準の内容が明らかでなく，あいまいであるとする。なお，審査官は，「不当な取引制限の成立要件の全部又は一部が日本国内で実現している場合には，同条後段を適用することが可能」であると明確に構成要件説に立っている。

(91)　大川進＝平山健太郎「マリンホースの製造販売業者に対する排除措置命令及び課徴金納付命令について」公正取引平成20年7月号71頁。

(92)　川島富士雄・本件排除措置命令評釈・平成19年度重要判例解説ジュリスト1376号（平成20年）282頁，栗田誠・ブラウン管事件排除措置命令評釈・ジュリスト1392号（平成22年）181頁など。

(93)　白石忠志「自国の独禁法違反に対する国際事件の範囲（下）」ジュリスト1103号（平成8年）116頁。なお，金井貴嗣「経済の国際化と市場の画定」正田彬教授還暦記念論文集『国際化時代の独占禁止法の課題』（平成5年）146頁も参照。

(94)　白石忠志『独占禁止法［第2版］』（平成21年）412頁。

第 3 章　経済のグローバル化と独占禁止法

裁判決）に従い，本件カルテルが対象とした取引およびそれにより影響を受ける範囲を検討して「本件ブラウン管の販売分野」を画定し，国内カルテルと同様の扱いをした。実際には本件カルテルの合意は世界市場を対象とするものであった[95]とみられるが，マリホース事件と異なり，合意の認定の段階で日本のテレビメーカー向けに切り分けられた模様である。この場合，需要者は次にみるように日本国内に所在するから，地理的な取引分野は日本を含むと構成していることになる。

　一定の取引分野における競争の実質的制限について。ブラウン管事件審決は，少なくともわが国に所在する需要者をめぐって行われる一定の取引分野における競争が実質的制限される場合には，不当な取引制限の効果要件を充足すると判断した[96]。注目されるのは，ブラウン管を購入していない親会社の日本のテレビメーカーもここでいう「需要者」とみなしたことである[97]。その理由は，ブラウン管がテレビの「基幹部品」であること，親会社がブラウン管メーカーと交渉し重要な取引条件を決定し現地子会社に指示を出していたという親子会社が「一体不可分となって本件ブラウン管を購入していた」ことからである。このように審決は需要者の概念を拡張する（いわば需要者親子一体性の理論）ことにより，本件において効果要件を充足すると判断した。これは従来の国内カルテルについてはみられなかった法的判断であり[98]，本件国際カルテルへ法の適用を可能するために行った法的な擬制であることは明らかである。そして，小田切宏之委員の補足意見は，通常は商品を受領する者が需要者とされるから，本件においてそのような需要者概念の拡張が関係国による不利益処分の重複をまねくおそれがあることを指摘している[99]。

---

(95)　平成 24 年 12 月 5 日付け欧州委員会プレス・リリース参照。
(96)　審決は「少なくとも」と言っているので，輸出カルテルなど需要者が国内に所在していない場合については判断を留保し，慎重な態度をとっている。
(97)　土田前掲注(90) 59 頁は，カルテルの行為者ではなく取引相手を一体とみて競争法の国際的適用を肯定したケースを寡聞にして知らないという。
(98)　国内カルテルの場合，原料・部品のカルテルが行われても，それを使用しまたは組み込まれた商品の市場までカルテルの競争制限効果を認定したことはなかったしその必要もなかった。これが国際カルテルの場合法の適用の可否を論じるために「部品問題」として現れる。部品問題とは，カルテルの対象となった部品が最終製品に組み込まれて輸入された場合，輸入国は当該カルテルに対して自国法を適用できるかという問題である。最近では，米国や EU はこれを肯定し，従来理解されていた効果主義をも越えるくらいに競争法の適用範囲を拡張している。これもハードコア・カルテルに対する厳罰主義の現れである。

第3部　構造改革なくして成長なし　2001～

域外適用から国際的執行へ——公取委は「長い腕」を伸ばすか？

　企業結合規制と同様，国際カルテルの規制においても，公取委の国際的存在感は乏しい。最近10年において国際カルテルに対する法的措置は2件にとどまる[100]。そもそも事件の端緒となる減免申請が少ないのが原因であろうし，それが少ないのは申請するメリットが大きくないからであろう[101]。EUのように巨額の制裁金が科されるわけでもなく，米国のように刑事罰が一般化しているというわけでもない。現行課徴金制度が賦課される金額だけでなく国際カルテルの事案に適合していないことは明らかである。命令が出されても，その執行を担保する措置が極めて脆弱であるという問題もある[102]。カルテルをしようとする外国企業にとってわが国の独占禁止法ないし公取委はそれほど脅威になっていないのである。

　ブラウン管事件審決は，国外で行われかつ国外で完結するカルテルに独占禁止法を適用した画期的なものである。本件において需要者の親子一体性を梃子にした点に議論の余地があるとしても，そこに示された基本的な考え方（少なくともわが国に所在する需要者をめぐる競争を実質的に制限する場合には法を適用できる）は，構成要件説によって独占禁止法の適用を管轄権の制約から解放する方向を示している。ブラウン管事件審決を契機に，わが国も独占禁止法の域外適用の是非を問う時代から，いかに国際カルテルに対処するか「独占禁止法の国際的執行」の時代に移行したことは確かである[103]。

　企業結合規制と同様，法的・制度的課題が山積しているが，独占禁止法の国

---

(99)　特に課徴金算定対象となる売上額は，「当該商品」が本件ブラウン管である以上，ブラウン管メーカーの現地子会社の日本のテレビメーカー向けの売上額とならざるを得ないが，この点も小田切補足意見が不利益処分の重複を憂慮する根拠となっている。

(100)　法的措置件数が少ないだけでなく，わが国市場にも影響を及ぼす国際カルテルについて，欧米の当局が摘発していながら，公取委がまったく着手しない事案があるのではないか，また，国際カルテルの疑いで欧米当局と同時に審査を開始しながら，公取委が摘発したのは国内カルテルであったりするのはどうしてなのかといった疑問も生じさせている（川合弘造「独占禁止法の海外企業・外国人への執行と課題」西村利郎先生追悼記念論文集『グローバリゼーションの中の日本法』（平成20年）465頁）。

(101)　減免申請して排除措置命令・課徴金納付命令が行われても他の違反行為者によって命令が争われた場合，審判・訴訟における証拠が米国の3倍賠償訴訟の裁判所に開示されるのではないかとの懸念があることも指摘されている（土田編者前掲注(72) 112頁（多田敏明執筆））。

(102)　この点は，多くの実務家弁護士によって指摘されている（川合前掲注(100) 471頁など）。

(103)　土田編者前掲注(72) 33頁（越知保見執筆）。

第3章 経済のグローバル化と独占禁止法

際的執行を積極化しなければ，公取委の地盤沈下は甚だしくなろう。もちろん米国・司法省や欧州委員会のように「グローバル競争当局」となる必要はないが，海外の関係者から「畏敬される」存在[104]となることはできよう。その鍵は，国際カルテルに対して厳しい態度で臨みつつ，かつ——過去の域外適用の教訓をみてもわかるように——一方的な法適用ではなく関係国に対し国際礼譲を尽くすことであると考える[105]。ブラウン管事件審決後の公取委が，課題を克服しつつ，「長い腕」を伸ばすかどうかが注目される。

4 競争法上の国際協力

行政事件に関する二国間協定——外国の競争当局との緊密な協力

米国政府は，日本政府に対し競争当局間の協力協定締結の提案を少なくとも二度行ったが，日本政府はいずれも断った。最初は，昭和51年（1976）7月，米国は同年6月の米独協定の締結を受けて，わが国へも打診した。沢田公取委員長は意欲的であったが，通産省は「協定を結んでも日本側が得る利点は少なく，……米国の独禁政策の手先に使われる可能性が強い」と反対した[106]。二度目は，昭和56年（1981）10月，米国政府は協定案を示して再度締結を求めた[107]。このときも，「日本側が域外適用しない以上，相互協力とは言いながら日本が一方的に対米協力をするだけ」に終わるというのが政府の判断であった[108]。

しかし，その後，状況は大きく変化した。米国は平成3年（1991）にはECと協定を締結するなど，2国間協定のネットワークを広げつつあった。OECDも平

---

(104) 上杉秋則ほか「公正取引委員会の将来像—畏敬される存在となるための具体的提言」公正取引平成23年1月号28頁は，「畏敬される」存在となるために実務の観点から様々に論じている。

(105) 泉水ほか鼎談前掲注(72) 23頁（長澤哲也発言）は，「相手が文句を言わないから進出していくというのは，まさに帝国主義的であって……大人の国としてはやるべきことではない」と述べている。

(106) 昭和51年7月15日付け日本経済新聞記事「公取委員長，多国籍企業の規制で日米協定締結に意欲」，昭和52年2月11日付け朝日新聞記事「独禁法で日米協力を」，昭和52年4月21日付け朝日新聞記事「「利点なし」と通産省」，昭和52年5月24日の参議院商工委員会における桑名義治議員（公明）の質疑に対する沢田公取委員長の答弁等。米側の協定締結の申入れを受けて，昭和52年9月に以後定期的に行われる第1回日米独禁当局意見交換が開始されたという。

(107) 昭和56年9月19日付け朝日新聞記事「独禁協定必要なし」，同年10月24日付け日本経済新聞記事「米，日本に独禁協定の締結迫る」。

(108) 日本経済新聞記事前掲注(107)。政府内では，公取委のほか，外務省，通産省，法務省を中心に検討をした模様である。

481

成10年（1998）3月のハードコア・カルテルに関する理事会勧告において2国間協定の締結を奨励した(109)。国内においても，日米構造問題協議を経て法執行が積極化し，平成10年（1998）にノーディオン事件の摘発や外国企業の企業結合規制のための法改正が行われるなど，公取委内においてようやく協定の必要性が認識されるようになったとみられる(110)。

日本政府も2国間協定の締結へと舵を切ることになり，平成10年（1998）10月7日，「反競争的行為に係る協力に関する日本国政府とアメリカ合衆国政府との間の協定」が署名された。協定の主な内容は，通報（2条），協力（3条），調整（4条），執行活動の要請（5条），相手国政府の重要な利益の考慮（6条），からなる(111)。すなわち，協力協定は，「それぞれの国の競争法の健全かつ効果的な執行が……両締約国政府の間の協力及び適切な場合に行われる調整によって強化される」（協定前文。傍点筆者）との理解に基づく(112)。

ここで重要なのが，協定5条——相手国領域内の反競争的行為が自国政府の重要な利益に悪影響を及ぼすような場合に相手国の競争当局に対し適切な執行活動の開始を要請することができる——である。自国法を一方的に適用するのではなく，まず相手国の法執行を要請することにより紛争を回避しようというのである。6条が従来国際法上考えられていた（消極的）礼譲であるのに対して，5条は積極的礼譲（positive comity）と呼ばれ，米・EU協定から始まった新しい考え方である。米国の一方的な域外適用を回避することに資するとして，特に日米協定の締結から期待される効果に挙げられている(113)。

その後，日本政府は，EU（平成15年），カナダ（平成17年）とそれぞれ日米協定とほぼ同じ内容の協定を締結した。政府間協定ではないが，競争当局レベルにおいて協力に関する覚書または取決めが，ブラジル（平成26年），韓国（同），

---

(109) 小島高明「ハードコア・カルテルに対する効果的な措置に関するOECD理事会勧告について」公正取引平成10年5月号43頁。

(110) 日米協定締結の経緯と内容については，鵜瀞恵子「日米協力協定について」公正取引平成11年12月号4頁。

(111) 協定の全文は，鵜瀞前掲注(110) 11頁に添付されている。

(112) 法執行活動の協力や調整を行う競争当局は，日本は公取委，米国は司法省および連邦取引委員会である。なお，相手国当局の法執行に協力するといっても，相手国当局に代って調査権限を行使し証拠を収集することはできない（「第一世代協定」）。相手国当局のために調査権限を行使するには立法措置が必要となる（「第二世代協定」。1999年の米豪間の反トラスト執行共助協定がこれにあたる）。

(113) 「反競争的行為に係る協力に関する日本国政府とアメリカ合衆国政府との間の協定の締結について（平成11年10月8日，公取委），鵜瀞前掲注(110) 9頁。

第3章　経済のグローバル化と独占禁止法

オーストラリア（平成27年），中国（同）との間で結ばれている[114]。

そのほか，わが国が締結する二国間経済連携協定において競争に関する規定が設けられているが，途上国との協定およびその細則においては技術協力に関する規定が盛り込まれるなど先進国間の協定とは異なる特色がある[115]。かねて交渉中の環太平洋経済連携（TPP）協定は，平成27年（2015）10月5日，大筋合意に達したが，その中には「競争政策」の章があり，締約国が競争政策および競争法令の執行の分野において通報・協議・情報交換について協力し，かつ協力協定の締結を検討できることが合意されている（第16条・4）（TPP協定については後述する）。

二国間協定の効果はどうか？　公取委は，「関係国の競争当局に対し執行活動等に関する通報を行うなど，外国の競争当局との間で緊密な協力を行っている」[116]とする。積極的礼譲の事例の有無など関心が持たれるが，具体的な運用状況は一切明らかにされていない。おそらく一斉立入検査や企業結合審査のための情報交換など電話やe-メールを通じて日常的に協力が行われている模様である[117]。また，米・EU間では時に法執行をめぐって紛争が生じたが，わが国の公取委と協定相手国の当局との間で見解の相違が表面化した例はなさそうである。

独禁刑事事件における協力──捜査共助と犯罪人引渡し
　独占禁止法刑事事件については，国際的な捜査の共助や逃亡犯罪人の引渡しなど刑事事件全般の枠組みのなかで，行政事件の先を行く協力が行われている[118]。

---

(114)　これらの競争当局間の覚書または取決めは，政府間協定とほぼ同じ内容であるが，中国との覚書（相手方は国家発展改革委員会）は，積極・消極の礼譲に関する規定を欠くなど異なる特色がある。なお，オーストラリアとの取決めは，同国との経済連携協定に基づくものである。それには，審査過程において得られた情報の共有という従来の協定等にない規定が盛り込まれている。

(115)　競争に関する規定を含む経済連携協定は，平成14年に署名されたシンガポールとの協定を皮切りに12ある（平成25年度公取委年次報告・217頁）。

(116)　平成25年度公取委年次報告・216頁。平成15年2月12日，公取委は，モディファイヤー・カルテル事件について米国・司法省，カナダ競争局および欧州委員会とほぼ同時期に立入検査を行ったが，これが審査着手前に海外当局と連携した最初のケースであり，二国間協定の成果とされる（公取委「塩化ビニル樹脂向けモディファイヤーの製造販売業者に対する勧告について」，平成15年12月11日，平成15年12月12日付け日本経済新聞記事「公取委　国際連携を強化」）。ただし，公取委が法的措置をとったのは国内カルテルであり，国外の行為について違反を認定できなかった。

(117)　南部利之「米国の競争当局と公正取引委員会の協力関係」公正取引平成26年10月号7頁。

483

捜査の共助は，国際捜査共助等に関する法律（昭和55年法律第69号）に基づき，相互主義と双罰性（その行為が日本の法令によれば罪にあたること。）の原則の下に，当該国の要請に基づいて証拠の収集を行い提供することができるようになっている[119]。実際，米国からの要請に基づいてわが国の検察当局がシャーマン法違反被疑事件について捜査を行っている[120]。

逃亡犯罪人の引渡しについても，逃亡犯罪人引渡法（昭和28年法律第68号）に基づき，相互主義と双罰性の原則の下に，国外で犯罪を行い国内に逃亡してきた者を引き渡すことができる[121]。ただし，自国民の引き渡しは，同法上条約に別段の定めがない限りできない（自国民不引渡しの原則）が，日米犯罪人引渡条約によれば被請求国は引き渡す義務はないものの裁量により引き渡すことができることになっている。

独占禁止法の関連で，日本人の引渡しが問題となった事例としてリジン事件があった。リジン事件とは，米国のADM社，日本の味の素および協和発酵，韓国のSewonの子会社が，リジン（家畜飼料用の添加物）について米国を含む世界市場向けの価格および販売数量について共謀したとして，平成8年（1996）に司法省が起訴したというものである。メーカー4社とその関係者は，それぞれ有罪の答弁を行い，罰金支払いに合意した。その後，ADM社の幹部3名と味の素の本社において海外部門を統括していた専務が起訴されたが，専務はシカゴ連邦地裁

---

[118] 裁判所間の共助については，「外国裁判所ノ嘱託ニ因ル共助法」（明治38年法第63号）と関連条約やその実施法に基づいて，書類の送達や証拠調を行う仕組みがある。独占禁止法に係る民事・刑事事件においても利用可能である。

[119] 行政事件の協力に関する「第二世代協定」に相当する。国際捜査共助等に関する法律に基づく共助は，条約に特段の定めがある時はそれによる。米国，韓国，中国，EU，ロシア，香港とは別途刑事共助条約が締結されている。米国との刑事共助条約によれば，共助の実施にあたり双罰性の要件は，任意捜査には必要でないが，強制捜査には必要とされている。

[120] ファックス用感熱紙事件に関連して，米国の要請を受けて検察当局が共助を実施した（渡辺明人「ファックス用感熱紙事件及びリジン事件について」公正取引平成9年5月号76頁）。その際，検察官が三菱製紙に対して行った差押処分が争われ，最高裁は，東京地裁の裁判官が発付した差押許可状の罪名がわが国の独占禁止法違反被疑事件と記載されるなどのミス（！）があったため，米国の要請に係る共助事件とみることはできないとして，差押処分を取り消した（平成6年12月21日，最高裁決定）。

[121] 逃亡犯罪人の引渡しも相手国に代って法を執行するので「第二世代協定」に相当する。犯罪人引渡条約が米国，韓国と締結されている。米国との条約には，引渡しの対象となる犯罪として，「私的独占又は不公正な商取引の禁止に関する法令に違反する罪」が掲記されている（付表45）。

第3章　経済のグローバル化と独占禁止法

の罪状認否手続に出頭せず，同地裁から法廷侮辱罪として勾引状が発せられた[122]。米国政府が犯罪人引渡条約に基づき専務の身柄の引渡しを請求したのか不明であるが，請求があったとしても日本政府はおとり捜査が行われたこと等を理由に引渡す意向はなかった模様である[123]。

その後，一連の自動車部品カルテル事件において，自発的に出頭して服役する日本人が相次ぎ，引渡し請求が問題となった事例はないようである[124]。

多国間の協力──競争分野における最大の国際組織ICN

OECDの競争委員会が長い間わが国にとり競争政策に関する唯一の多国間の協力の場であった[125]。しかし，今日では，平成13（2001）年に発足した「国際競争ネットワーク（International Competition Network. 以下「ICN」という。）」が，競争分野における最大の国際組織となっており，平成23年（2011）5月の時点で，発展途上国を含む103の国・地域の117の競争当局がメンバーとなっている（非政府アドバイザーも議論に参加している）[126]。ICNは事務局等を持たず，電話会議や電子メールの交換で議論を進めることにしており，まさにインターネット時代

---

[122]　平成8年12月4日付け日本経済新聞夕刊記事「味の素専務を起訴」，同年12月20日付け同新聞夕刊記事「味の素専務に拘束命令」，井原宏『グローバル企業法』（平成23年）151頁。

[123]　渡辺前掲注(120) 79頁。わが国では，おとり捜査は公正さを欠くとして，麻薬事犯等以外は適正な捜査方法とされていない。リジン事件において，司法省とFBIはADMの幹部社員をおとりにして日韓のメーカーの社員とカルテルの会合を開催させ，その模様をビデオに隠し撮りした。当該ビデオはわが国でも公開された。この事件とおとりとなった人物のその後については，ノンフィクションKurt Eichenwald, The Informant: A True Story, 2001および映画「インフォーマント！」（邦題，平成21年12月公開）に活写されている。

マリンホース事件でも，司法省の捜査員が横浜ゴムに協力と引換えに免責を持ちかけ，司法省が横浜ゴムの担当者になりすましてメールで連絡し，ヒューストンのホテルでカルテルの会合を開催し，その場で関係者を逮捕したという（平成19年7月5日付け朝日新聞記事「横浜ゴムの「自首」端緒」）。

[124]　平成25年3月25日付け朝日新聞記事「米当局の召喚状　突然」によれば，日本人社員12名が渡米して収監されたという。自主的に出頭するのは，国内においても引渡条約により身柄を拘束される可能性があること，司法取引をしないと逃亡者として米国のみならず第3国でも国際刑事警察機構により指名手配を受けるのでビジネス活動上大きな制約を受けることがあることによる（泉水ほか鼎談前掲注(72) 25頁（多田敏明，長澤哲也発言））。

[125]　昭和36年に発足した制限的商慣行専門家委員会は，昭和62年の競争法・競争政策委員会に改組され，平成13年に競争委員会に改称された。

[126]　土田編者前掲注(72) 303頁（菅久修一執筆）。

の産物であろう。

　ICN が誕生したのは，米国・司法省の国際的競争政策諮問委員会が平成 12 年（2000）に行った「グローバル競争イニシアティヴ（Global Competition Initiative）」の提唱に始まる。すなわち，諮問委員会は，「競争の法と分析のより一層の収斂，共通の理解および共通の文化に向けた対話を育成する」ことをめざし，政府職員のみならずさまざまな関係者が意見交換し問題解決に向けて作業をする「新しい場（a new venue）」を設けるよう求めたのである[127]。

　その背景には，1990 年代以降，多くの国が競争法を執行するようになり——たとえばグローバルな企業結合に対して多数の国が同時に審査するようになった——その異なる運用がもたらす結果について，米国が危機感を持ったことがあった[128]。米国にとり，競争法の収斂，共通の理解および文化を育成して「健全な」法執行をさせることが焦眉の課題であり，それはまた WTO を警戒して 2 国間アプローチを重視する米国の戦略と裏腹の関係にあった。

　これを受けて，ICN は，その任務として，「反トラストの経験とベスト・プラクティスを広めることを奨励し，反トラスト当局が競争政策を唱導するのを促進しかつ国際協力の推進を追求する」ことを掲げることになった[129]。発足した ICN は，運営委員会のほか，5 つの作業部会（企業結合，競争政策，カルテル，単独行為，競争唱導）が設置され，多くの作業成果物が公表されているが，なかでも企業結合の届出・審査手続に関する推奨モデルやカルテルに対する執行方法マニュアルが多くの ICN メンバーに活用されたと報告されている[130]。公取委は運営委員会の一員であり竹島公取委員長が共同副議長となったほか，第 5 回年次総会（平成 20 年）を京都で開催するなど，わが国も一定の貢献をしている。

5　各国競争法と世界共通の競争法

米国，EU そしてアジア諸国の競争法——収斂と多様性

　平成 17 年（2005）時点において，94 の国・地域が競争関係法を有していることが確認されている[131]。OECD 加盟国は 1980 年代までにおおむね制定を終え

---

[127] Final Report of the International Competition Policy Advisory Committee to the Attorney General and Assistant Attorney General, February 2000, p. 25（司法省 HP）.
[128] Joel Klein, Time for a Global Competition Initiative ?, September 14, 2000（司法省 HP）参照。
[129] Memorandum on the Establishment and Operation of the International Competition Network（ICN HP）.
[130] 土田編者前掲注(72) 324 頁（菅久修一執筆）。

第3章　経済のグローバル化と独占禁止法

ていたが，1990年代以降，市場経済移行国（旧ソ連圏諸国）や発展途上国・新興国において競争法の制定が進んだことが，競争法制定国の増大につながった。たとえば，台湾（1991年），ロシア（同），中国（1993年），インドネシア（1999年）である。

　世界の競争法をリードしているのは，米国である。米国は，1890年のシャーマン法制定以来，長い歴史を有し，常に新しい理論や判例を世界に供給している。ただし，その内容は時代とともに変遷し，近年ではシカゴ学派の影響もあり効率性重視の傾向が強い。法の執行面においては，ハードコア・カルテルに対する刑事罰の適用，3倍賠償・クラスアクション制度を含む私人による執行，活発な国際的執行などの特色がある。連邦国家に伴う連邦反トラスト法と州反トラスト法という法の二元性，連邦レベルでの司法省と連邦取引委員会という執行体制の二元性もある。

　米国と並ぶもう一つの極は，EU（欧州連合）である。EUは，欧州連合の機能に関する条約101・102条に基づき，欧州委員会を中心に構成国当局とネットワークを形成している（構成国にもそれぞれEU法類似の競争法がある一方，構成国当局は一定の場合EU法を適用できる）。行政的運用が基本で（EUに刑罰権はない。），私訴は少ない。ハードコア・カルテルに対して巨額の制裁金を科す一方，米国の巨大な独占企業（IBM，マイクロソフト，インテル，グーグル等）に対して支配的地位の濫用規制を適用するといったことによりグローバル競争当局を自認しているところもある。

　EUも米国と同様，効率性重視に傾斜しているが，なお米国とは重要な相違がある。特に垂直的制限について，米国ではその競争促進効果を評価し，ついには再販に対しても合理の原則を適用するようになった（2007年のリージン事件最高裁判決）。これに対して，EUでは再販原則違法を維持するなど垂直的制限に対してはなお厳格な姿勢を維持している。そのほか，不可欠施設の法理，略奪的価格の違法性基準，忠誠リベートなど，米国とEUでは扱いが異なる部分がある。米国では「反トラスト法の目的は競争の保護であって，競争者の保護ではない」のスローガンの下で短期的な消費者利益を志向するが，EUでは「競争者なしでは有効な競争はありえない」と長期的な競争的市場構造ないし競争過程を重視するアプローチをとっている[132]。

　欧米先進国以外の国はどうか？　ここでは，アジア諸国──中国については次

---

(131)　平成17年度・公取委年次報告420頁。
(132)　池田千鶴『競争法における合併規制の目的と根拠』（平成20年）520頁参照。

第3部　構造改革なくして成長なし　2001〜

項で別途触れる——についてみると，インド（1969年。ただし，2002年に新たな競争法を制定した。），韓国（1975年）など既に長い歴史を有する国もあるが，最近，シンガポール（2004年），ベトナム（同），マレーシア（2010年），香港（2012年），フィリピン（2015年），ミャンマー（同）のように多くの国で競争法が整備されるようになった(133)。とはいえ，運用状況をみると，インドネシアのように活発な国もあれば，タイのように競争法が制定（1999年）されても運用が停滞している国もあるなど，国によりさまざまである。制定された競争法の多くは，競争制限的協定および支配的地位の濫用を禁止し企業結合規制を設けるという3本柱の構成で，行為類型ごとに違法基準を規定するという法体系の下，これを行政委員会が執行するというシステムを採用している。米国のような独占(monopolization)規制や（裁判所へ訴追する）司法型の執行体制はとられておらず，総じてEU型に近い。

　欧米先進国のそれとは異なるアジアの競争法の特色として，2点挙げよう(134)。第1は，産業政策ないし開発主義的な規定が散見されることである。企業結合規制に関して，「効率性の向上が競争制限による弊害を上回る」場合（韓国法7条2項1号）(135)，「国民経済の利益がこれによる競争制限の不利益を上回る」場合（台湾法13条1項），「輸出拡大の効果を有する」場合（ベトナム法19条2号）にそれぞれ企業結合を容認することにしている。輸出カルテルについてもいくつかの競争法において適用除外としている（台湾法15条4項，インドネシア法50条g，ベトナム法10条1項(e)）。もっとも運用状況をみなければ実情はわからない。

　第2は，アジア法の不公正な取引に対する関心の高さである。いわゆる自由競争減殺型の垂直的制限を規制するのとは別に，わが国の優越的地位の濫用規制に相当する規制（韓国法23条1項4号），他の事業者の商品・役務との混同行為等

---

(133)　主として公取委HPに掲載の「世界の競争法」のほか，各競争当局のホームページによった。なお，公正取引平成22年5月号「特集　東アジアの経済発展における競争政策の役割」，同平成23年10月号「特集　アジア諸国における競争政策の動き」，同平成26年4月号「特集　アジア競争政策の動向」所収の各論文参照。

(134)　小川正雄＝高橋岩和編『アジアの競争法と取引法制』（平成17年）13頁（高橋執筆）は，アジアの競争法の特色として，競争政策と産業政策の相互補完関係を重視すること，非契約社会において中小零細企業と大企業との取引において公正な競争秩序を形成すること等を指摘している。

(135)　この規定により，平成11年に現代自動車と起亜自動車の合併が承認されたが，独占企業が成立しても海外市場で成功したので韓国全体の利益となったと評価されている（サンスン・イ，Korean Competition Policy Accomplishments and Challenges Ahead, 公正取引平成22年5月号6頁）。

第3章　経済のグローバル化と独占禁止法

の不正競争や不当表示・マルチ販売等に対する消費者保護のための規制を競争法に取り込んでいる立法例もある（台湾法21～25条，ベトナム法39～48条）。支配的地位の濫用規制を取引の公正の観点から使うことも可能である。もともとアジアは非契約社会・非訴訟社会であり，市民法秩序を競争法によって補完する土壌がある。それ故に，競争法においても「自由な競争」より「公正な競争」がなじみやすい[136]。

経済法学者根岸哲によれば，世界各国の競争法は，ハードコア・カルテルに対しては当然または原則違法として厳罰を科しかつ減免制度を導入することや事前届出制度を設けて市場支配力を形成・強化する合併を規制することについて収斂・平準化しつつあるという（実際，わが国で大騒ぎした減免制度をほとんどのアジア諸国は導入済みである！）。他方で，その他の分野，執行手続・制度および競争法の目的については多様性がみられるという。そして多様な制度を評価するには，各国・地域の歴史，文化，経済，政治，行政制度等を理解する必要があることを強調する。安易なグローバル・スタンダード論への戒めである[137]。

中国の独占禁止法——社会主義市場経済から国家資本主義・草の根資本主義へ

平成13年（2001）11月，WTO加盟にあたって，中国の代表は「中国政府は公正な競争を奨励し，あらゆる不公正な競争行為に反対している。……現在独占禁止法を作成中である」と表明した[138]。しかし，政府内の調整に時間を要し，

---

(136) 法目的として，韓国法1条は「公正かつ自由な競争」を規定するが，台湾法1条とインドネシア法3条bは「自由な競争」に言及することなく「公正な（事業）競争」にのみ触れる。ベトナム法4条も参照。なお，平林英勝「独占禁止法第1条の起草過程とその背景および意義」筑波ロー・ジャーナル創刊号（平成19年）69頁参照。アジアの競争法にみられる公正取引の重視の特色については，中山武憲「東アジア諸国経済法における不公正な取引方法規制の現状と課題」（平成22年）名経法学28号119頁，稗貫俊文「東アジア競争法における公正競争と自由競争の均衡」国際経済法講座Ⅰ・450頁，林秀弥「アジアにおける競争法の法整備支援」公正取引平成22年5月号27頁，顔廷棟「台湾の公平交易法と競争文化について」新世代法政策学研究17号（平成24年）335頁。
(137) 根岸哲「競争法の収斂と多様性」日本国際経済法学会年報21号（平成24年）28頁。同「「競争法」のグローバル・スタンダード論に関する覚書」甲南法学51巻4号（平成23年）1頁も参照。
(138) Report of the Working Party on the Accession of China, 10 November 2001, WT/MIN (01) 3, p. 12（WTO・HP）。独占禁止法の起草作業開始から制定まで13年の歳月を要したという。波光厳「中国の経済改革と経済法の制定」関東学園大学法学紀要13巻1・2号（平成15年）45頁，酒井亨平「中国独占禁止法の制定・施行」日本国際経済法学会年報18号（平成21年）79頁，川島冨士雄「中国における改革開放と

489

第3部　構造改革なくして成長なし　2001〜

全国人民代表大会常務委員会において独占禁止法（「中華人民共和国反壟断法」）を採択したのは，平成19年（2007）8月30日のことであった（翌20年8月1日施行）。同法は，市場支配的地位の濫用規制や制裁金制度にみられるようにEUの競争法を参考にしているが，中国的特色のある競争法である。独占禁止法1条は，次のように規定している(139)。

　「第1条　この法律は，独占的行為を予防及び防止し，市場の公平な競争を保護し，経済の運営効率を高め，消費者の利益及び社会公共の利益を保護し，社会主義市場経済の健全な発展を促進することを目的として制定する。」（傍点筆者）

まず，「自由な競争」ではなく「公平（公正）な競争」(140)を保護することが法の直接的な目的とされているが，これは前記のように，中国も非西欧諸国であり，市民法秩序が確立していないことに由来するのであろう(141)。

次に，「社会主義市場経済」とは見慣れないが，それは何か？　社会主義市場経済とは，「社会主義のもとでの市場経済」であり，社会主義とは「経済においては公有制［国有制，集団所有制等——筆者注］を主体とするもので，政治においては共産党を指導者とするもの」であるという(142)。このように社会主義と市場経済を両立させる考え方は，昭和53年（1978）に始まった改革・開放路線の成功を踏まえて，平成4年（1992）に出された鄧小平の南巡講話に基づく(143)。翌同5年（1993年）の憲法改正(144)により，社会主義市場経済が確立された。その結果，改革の過程において政府介入と市場の適切な組み合わせを追求することになるが，同時に現在に至るまで政府の政策体系において政府か市場か「産業政策と競争政策の相剋」を生じることになった(145)。

　　　経済法の発展」国際経済法講座Ⅰ・467頁など。
(139)　公取委官房国際課仮訳，公正取引平成9年11月号52頁。
(140)　姜姍訳，国際商事法務35巻11号（平成19年）1554頁では，「公正な市場競争を保護し」（傍点筆者）となっている。
(141)　王曉曄「中国における不正競争と反競争」小川ほか編前掲注(134) 51頁は，「自由な競争」が多くの国民にとってまったく聞き慣れない言葉であるという。
(142)　中国国務院発展研究センター＝中国社会科学院著小島麗逸ら訳『中国経済（上）』（平成6年）11頁。
(143)　陳丹舟『中国独占禁止法——法体系とカルテル規制の研究』（平成27年）54頁。
(144)　従来の「国家は，社会主義公有制を基礎として，計画経済を実施する」（憲法15条）が，「国家は社会主義市場経済を実施する」に改められた。この頃，不当廉売，抱合せ販売，入札談合等規制する反不正当競争法（1993年施行）や価格カルテル等を規制する価格法（1998年施行）が制定されたが，この当時はなお産業政策優位の時代であり，経済秩序に対する管理・監督的な性格が強い法律であるとされる（陳前掲注(143) 77頁）。

第3章　経済のグローバル化と独占禁止法

　市場経済が導入され，その後，多様な所有制が認められ，非公有制部門が発展するなどした結果，社会主義は名目となり，中国経済は先進資本主義国のシステムに近づいたように見える。とはいえ，一方では権威主義的政府が経済に介入し国有企業が主導的役割を果たす「国家資本主義」と，他方では外資を含む民営企業が経済を牽引する「草の根資本主義」が並び立っているのが中国経済の現状である[146]。

　独占禁止法の中国的特色が最も現れているのが，「行政独占」の規制である。行政独占とは，行政機関が行政権力を濫用して競争の排除や制限を行うことで，そのような場合には上級機関が改善を命じることになっている（32～37条，51条）。行政独占は，「計画経済から市場経済に転換する過程で広範にみられる現象」である[147]が，割拠する地方経済を単一の巨大な国内市場へ統合する試みでもあろう。もう一つの特色は，制定の経緯から，法の執行が国家発展改革委員会，国家工商行政管理総局および商務部によって分担されている（調整・指導機関として独占禁止委員会が設置されている。）ことであり，かついずれも職権行使の独立性が保障されているわけではないことである。

　そして，制定当初から外国企業関係者によって懸念されていたのが，独占禁止法を，脆弱な国内企業を保護したり，世界的な大企業を育成するために産業政策的に利用することである[148]。「戦略的競争政策」である（本章2参照）。実際，独占禁止法中に，国有企業が支配する重要な産業に対し特別な配慮を要請したり（法7条），外国企業による買収に対し国家の安全保障を考慮する（法31条）といった規定がある。たとえば，最近の例では，平成26年（2014）6月，欧州の海運3社による業務提携案件について他国の競争当局がすべて承認したのに商務部はこれに禁止決定を下した[149]。翌27年（2015）2月，国家発展改革委員会は，

---

[145]　陳前掲注(143) 57頁。

[146]　加藤弘之「「曖昧な制度」改革は困難」平成25年11月25日付け日本経済新聞経済教室。同時に，国有，外資，民営および地方政府による激しい競争が行われている混合経済体制でもある。

[147]　高重迎＝鈴木満「2,008年施行の中国独占禁止法の主な内容と特徴」公正取引平成19年11月号51頁。ロシア，ウクライナ，モンゴルの競争法にも行政独占規制の規定がある。

[148]　ネイサンG・ブッシュ＝内藤裕史「中国独占禁止法の施行と今後の課題」国際商事法務36巻9号（平成20年）1209頁。実際，独占禁止法制定当時，当局者は「運用は産業政策との整合性も考慮する」として，エネルギー業界や自動車業界の適用除外を示唆していた（平成19年8月31日付け日本経済新聞記事「中国，独禁法を採択」）。

[149]　平成26年6月18日付け「欧州海運3社，提携断念」，同年10月26日付け同記事

第 3 部　構造改革なくして成長なし　2001 〜

クアルコムのライセンス慣行を市場支配的地位の濫用行為であるとして，60 億 8,800 万元（約 1,150 億円）の巨額の制裁金を科した[150]。中国当局は否定するが，自国企業保護のためではないかとの疑念が絶えない。

　他方では，同年，ほぼ国内市場を独占することになる国有企業の 2 大鉄道車両メーカー（中国南車集団と中国北車集団）の合併が発表されたが，その狙いは世界市場での輸出を加速することにあった。それまでの国内競争重視から，ナショナル・チャンピオンの形成を通じてグローバル競争に対応しようとする方針転換であった[151]。そのモデルとなったのが，通貨危機後現代自動車，サムスン電子・LG 電子等に企業を再編集約して世界市場において成功した韓国であったという[152]。しかし，いうまでもなく，グローバル化した市場において求められるのは，「industrial nationalism［産業ナショナリズム―筆者注］ではなく，antitrust internationalism［反トラスト国際主義―筆者注］」であるはずである[153]（ただし，わが国もかつて国際競争力強化にために産業政策が大型合併を推進したことがあった）。

　平成 26 年（2014）8 月には，国家発展改革委員会が，わが国の自動車部品メーカー 8 社とベアリングメーカー 4 社が受注調整または価格カルテルを行っていたとして，うち 10 社に対して過去最高の計 12 億 3,500 万元（約 200 億円）の制裁金を科した[154]。同年 9 月には，アウディとクライスラーが部品の再販売価格維持を行っていたとして，計約 3 億 100 万元（約 54 億円）の制裁金を科した[155]。

　　「独禁法運用に不透明感」，From P3 to 2M: a China story, 25 July 2014, Lloydslist. com。商務部が禁止決定を下したのは，アジア＝欧州航路で市場シェア 46.7 ％ となること，3 社の提携が独立の運航会社を設立するもので従来よりも固い結合形態であることが理由のようである。パナソニックによる三洋電機買収（平成 21 年）の際にも，中国・商務部のみが自動車用ニッケル水素二次電池について措置を求めた。

(150)　平成 27 年 2 月 11 日付け日本経済新聞記事「中国「法治」　外資を痛撃」。Thomas K. Cheng＝和久井理子「中国国家発展改革委員会によるクアルコムに対する独禁法違反の認定と制裁金支払等の命令：批判的検討」公正取引平成 27 年 10 月号 17 頁は，クアルコムのライセンス慣行のうち失効した特許に対するライセンス料の賦課と無償のグラントバックについての判断は誤っているが，抱き合わせと不争条項に関しては妥当でないとはいえないと分析している。

(151)　平成 26 年 12 月 3 日付け日本経済新聞記事「鉄道車両 2 強，来年合併」，同年 12 月 9 日付け同記事「中国，独占企業シフト」，平成 27 年 9 月 15 日付け日本経済新聞記事「中国，国有企業を巨大化」。原発，石油，通信，海運，自動車などの国有企業でも合併の動きがある。

(152)　平成 26 年 11 月 9 日付け日本経済新聞記事「中国独占企業　手本は韓国」。

(153)　土田和博「独占禁止法の国際的執行」経済法学会年報 34 号（平成 25 年）13 頁。

(154)　平成 26 年 8 月 20 日付け日本経済新聞記事「中国，日本勢 12 社摘発」。

(155)　平成 26 年 9 月 12 日付け日本経済新聞記事「中国，罰金計 54 億円」。

第 3 章　経済のグローバル化と独占禁止法

もちろん価格カルテル等は中国企業も摘発されている。中国の規制が「おおむね，日本や欧米のカルテル規制と比べて殊更特異なものではない。今回の事件は，……中国独禁法が，日本や欧米等と並んで，アクティブに執行される世界の競争法の仲間入りを果たしたことを示す」と冷静な対応を促す見方もある[156]。

とはいえ，「戦略的競争政策」を採用し，当局の裁量の余地が大きく法運用が透明性を欠き[157]，司法審査も期待できないという自由資本主義国とは異なる現実がある。中国は，OECD はもちろん ICN にも加入していない[158]。異形の経済大国の競争法のゆくえは依然として不透明である。

世界共通の競争法ルールの形成──WTO の挫折

ウルグァイ・ラウンド交渉が進展を見せるなかで，WTO 協定成立後の課題として競争政策が急速に認識されるようになった。その背景には，関税・非関税障壁が次第に撤廃されていくのに対して，民間企業による市場アクセスの制限に対しては，各国の競争法のほかに国際的なルールも規制手段も存在しないという問題があった。市場アクセス問題の重要性を世界において注目させたのは，いうまでもなく日米構造問題協議であり，その後の日米写真フィルム事件であった[159]。

---

(156)　長澤哲也「中国のカルテル規制は「脅威」か」NBL1033 号（平成 26 年）1 頁。川島富士雄「中国独占禁止法の運用動向──「外資たたき」および「産業政策の道具」批判について」RIETI Discussion Paper Series 15-J-042（平成 27 年）1 頁は，「統計によれば，必ずしも外資たたき」と断ずることはできない一方で，処分の具体的内容を精査すると，一部には「産業政策」，「資源または食糧確保政策」といった競争政策とは異なる政策が反映していると考えられるものが見受けられる」という。

(157)　中国日本商会「中国経済と日本企業 2015 年白書」（平成 27 年，中国日本商会 HP）34 頁は，法運用が不透明であることを指摘して，多くのガイドラインの公表を求めている。

(158)　平成 23 年 7 月 27 日に米中の 5 つの独禁法施行機関間の協力のための「了解覚書」が署名されている（司法省 HP 参照）。また，前記のように，平成 27 年 10 月，わが国の公取委と国家発展改革委員会との間で協力覚書が締結された。

(159)　日米写真フィルム事件とは，米国のコダック社が，平成 7 年 5 月，日本市場において富士写真フィルムが特約店を支配すること等により米国製の写真フィルム・印画紙を排除しているとして，通商法 301 条により USTR に提訴したことが発端となった事件である。USTR は，通商法 301 条に基づく手続を棚上げし，WTO に対し日本政府の措置についていわゆる非違反申立てをした。しかし，平成 10 年 4 月，WTO は米国の申立ては立証されていないとのパネルの報告書を採択した。公取委は，富士写真フィルムの排他的慣行について実態調査を行い，平成 9 年 7 月，競争政策の観点から問題点の指摘は行ったものの，独占禁止法違反の事実は認められないとの報告書を公表した（山田昭典「一般用カラー写真フィルム及びカラー写真用印画紙に関する企業間取引実態調査

第3部　構造改革なくして成長なし　2001～

　早くも平成5年(1993)には，ドイツの学者を中心に「国際反トラスト規約草案」が作成された[160]。この草案は，規約の締結国に一定の競争法の制定とその国際的執行を義務づけ，さらに国際反トラスト当局を設置するという世界市民的構想（本章1参照）に基づくが，理想的すぎて現実の世界では参照されなかった。

　WTOにおいては，平成8年(1996)12月にシンガポールで開催された第1回閣僚会議において貿易と競争に関する相互作用について検討する作業部会を設置すること等が決定された。平成13年(2001)11月のドーハでの閣僚会議において競争に関しモダリティ（交渉の大枠）について合意を図った上で交渉開始に合意することが宣言された。しかし，平成15年9月のカンクンでの閣僚会議ではシンガポール・イッシュー（競争等4分野）の交渉開始について途上国の強い反対にあい，合意が得られなかった。結局，平成16年(2004)7月に開催されたWTOの一般理事会において，競争に関してはドーハ・ラウンド期間中交渉に向けた作業は行わないことが決定され[161]，その後まったく進展はみられない。

　WTOにおける競争に関する検討を主導したのは，EUであった[162]。平成7年(1995)にEUの専門家グループが報告書を欧州委員会に提出したが，それによると，二国間協定には共同決定した競争ルールに基づく紛争解決手続が欠如しているという限界があり，必要最低限の共通ルールを作成しかつWTOと同様の紛争処理システムを創設する複数国間（plurilateral）協定を策定すべきであると提言した[163]。そこには競争法ルールと貿易ルールの連関の強化が打ち出されており，域内市場の統合という目的も担ってきたEUの競争政策の経験や米国の域外適用に批判的な考え方が反映されていた[164]。

　これに対して，米国・司法省のクライン反トラスト局長は，二国間協定が成果を挙げていることを強調しつつ，WTOでの性急な試みが多くのリスクを招くと警戒した。WTOでは「健全な」競争ルールに関して合意に達するのは困難である，共通のルールができても「弱くかつ実効性のないルール」である，競争法に

　　　について」公正取引平成9年9月号28頁参照）。
(160)　国際反トラストワーキンググループ／正田彬＝柴田潤子訳「国際反トラスト規約草案」ジュリスト1036号（平成5年）46頁。
(161)　平成15年度・公取委年次報告・312頁。
(162)　清水章雄「WTOにおける競争政策ルールの検討について」日本国際経済法学会年報13号（平成16年）58頁。
(163)　EU専門家グループ報告書公取委事務局官房渉外室仮訳「新貿易秩序下における競争政策──国際協力とルールの強化（下）」公正取引平成7年12月号75頁。
(164)　笠原宏「競争政策の国際的調和へのEUの取組」公正取引平成7年11月号48頁。

関して見解が一致しない現状では紛争解決手続を用いても貿易自由化にほとんど効果がない，紛争解決手続が国内競争当局の個別の決定にも適用されるなら主権の侵害となる，と批判した(165)。前記のような米国の二国間アプローチの戦略である。

WTOにおける競争法ルールの作成に積極的であったのは，EUのほか，わが国，韓国，カナダ等であった。消極的であったのは米国であるが，発展途上国もまったく異なる理由で強く反対した。途上国は，WTOによる競争法ルールが自国企業の競争力や規模，国営企業の経営等開発政策に影響を及ぼすことを懸念したのである(166)。こうして，世界共通の競争法ルールという理想は，交渉開始にも至らず，戦後のハヴァナ憲章（上巻・41頁参照）と同様，あえなく挫折した。前回は米国議会の，今回は途上国の，現実主義が立ちはだかったのである。

TPP協定における競争政策条項——世界共通の競争法ルールのモデル？
　平成27年（2007）10月，前記のように，日米両国を含む12か国は，環太平洋経済連携（TPP）協定について大筋合意をみた。協定中の競争政策に関する条項は，次のように構成されている(167)。

「　　第16章　競争政策
　16.1条　競争法令，競争当局及び反競争的な事業行為
　　　　　［各締約国は競争法を制定し維持すること，一定の適用除外を定めることができること等を規定］
　16.2条　競争法令の執行における手続の公正な実施
　　　　　［各締約国は競争法令に違反した者に対し措置を採る前に防御する機会を確保すること，措置に対して裁判所などの審査を受ける機会を与えること等を規定］
　16.3条　私訴に係る権利
　　　　　［各締約国は違反行為により損害を受けた者の損害賠償請求権を採用し維持すること等を規定］

---

(165) Joel I. Klein, A Note of Caution with respect to a WTO Agenda on Competition Policy, November 18, 1996（米国・司法省HP）。
(166) 山下隆也「競争政策の国際的枠組に関する議論の展開について」公正取引平成11年11月号68頁，清水前掲注(162)62頁。ただし，わが国は紛争解決システムまで求めなかった。
(167) 本書執筆時点において日本政府による協定全文の邦訳は公表されておらず，ニュージーランド政府HP掲載の英文テキストから作成した。

第3部　構造改革なくして成長なし　2001〜

16.4条　協力

　　［各締約国は，適切な場合には法執行に関して通報・協議・情報交換を含む協力をすること，他の締約国と協力協定の締結を検討できること等を規定］

16.5条　技術協力

　　［締約国は研修等の技術協力を検討すること等を規定］

16.6条　消費者保護

　　［各締約国は詐欺的欺瞞的商業活動を禁止する消費者保護法令を制定し維持すること等を規定］

16.7条　透明性

　　［各締約国は違反を認定する最終決定が書面で行われ公表されることを確保すること等を規定］

16.8条　協議

　　［締約国は本章から生じる特定の問題について他の締約国に協議を求めることができることを規定］

16.9条　紛争解決の不適用

　　［本章から生じる問題について紛争解決手続に訴えることはできないことを規定］

　これをみると，競争法の実体的規定に関する事項はほとんどなく，いずれも初歩的基本的な内容であるが，締約国のうち発展途上国・新興国には意義がある[168]。注目すべき点として，①適正手続や司法審査に関する詳細な規定を設けたこと，②私訴に関する規定を義務付けたこと，③競争政策に関連するものとして一定の消費者保護法の制定を義務付けたこと，がある。これらは，いずれも米国法において特徴的な事項である。

　WTOにおける競争法ルールの作成が挫折したのに対して，TPP協定交渉では円滑に作成されたとみられるのは，おそらくTPP協定交渉が米国主導で遂行されたからであろう。今後，TPP協定参加国の拡大が見込まれる[169]が，TPP協定の競争法ルールが世界共通の競争法ルールのモデルとなる可能性を秘めているのかもしれない。

---

[168] 協定には競争当局と事業者との合意により自主的に解決する制度を設けることが規定されており（16条2・5），わが国でも独占禁止法を改正することが検討されている（「TPP協定に伴い法律改正の検討を要する事項」参照，内閣官房HP）。

[169] TPP協定交渉参加国は，オーストラリア，ブルネイ，カナダ，チリ，日本，マレーシア，メキシコ，ニュージーランド，ペルー，シンガポール，米国およびベトナムの12か国である。参加に意欲があると公式非公式に伝えられているのは，韓国，台湾，フィリピン，インドネシアおよびタイである。

第4章　公取委の法執行の成果と裁判所

1　強力な法の執行は行われたか

「強力な法執行」と「インパクトのある事件審査」

　竹島一彦は在任10年にわたった公取委委員長の退任の辞において，「公正取引委員会は，今では，特にそのカルテル・入札談合に対する強力な法執行と洗練された企業結合審査の面から，国際的に極めて高く評価されるようになっています」と述べた[1]。公取委の企業結合審査が高く評価されているとは意外であるが，カルテル・入札談合を含め違反行為に対して公取委は果たして「強力な法執行」を行ったであろうか？

　第3部の平成13年（2001）から同26年（2013）の14年間に公取委がとった法的措置件数の推移は，下記のとおりである。これをみてまず気付くのは，措置件数は一時の例外を除いて総じて横ばいであり，直近では減少していることである[2]。この間，公取委の事務総局の職員数が増え続け[3]たり，課徴金減免制度の導入，除斥期間の延長等が導入されるなど，法的措置を容易にする状況が形成されたのであるが，どうしたことであろうか？

---

[1]　竹島一彦「競争政策，この10年」公正取引平成24年10月号3頁。
[2]　措置件数が多い年度についても，ほぼ同一の事件を地域別に措置をとることによって件数を押し上げていることに注意しなければならない。たとえば，平成13年度には，東京都等に所在する国公立病院発注の寝具類の賃貸業務等に関する入札談合事件が8件および各地の国土交通省運輸局等が発注する自動車検査用機械器具に関する入札談合事件が10件，同16年度には，大阪市が発注する排水管工事跡舗装復旧工事等についての入札談合事件が10件，同21年度には各地の国土交通省地方整備局等が発注する車両管理業務に関する入札談合事件が9件それぞれ含まれている。
[3]　公取委事務総局の定員は，平成13年度末に571名であったのが，同26年度末には830名と1.45倍に増加している。

第3部　構造改革なくして成長なし　2001〜

第3部における法的措置・告発件数の推移

平成年度	私的独占	カルテル	(入札談合)	(受注調整)	不公正な取引方法	(再販)	(優越的地位の濫用)	事業者団体	計	告発
13	0	36	(33)	(0)	2	(1)	(0)	0	38	0
14	0	33	(30)	(0)	3	(1)	(0)	1	37	0
15	1	17	(14)	(0)	7	(0)	(2)	0	25	1
16	2	24	(22)	(0)	8	(1)	(5)	1	35	0
17	0	17	(13)	(0)	2	(0)	(2)	0	19	2
18	0	9	(6)	(0)	4	(1)	(2)	0	13	2
19	0	20	(14)	(1)	3	(0)	(0)	1	24	1
20	1	11	(2)	(0)	5	(1)	(4)	0	17	1
21	0	22	(10)	(7)	4	(0)	(2)	0	26	0
22	0	10	(3)	(1)	2	(0)	(1)	0	12	0
23	0	17	(7)	(5)	5	(1)	(3)	0	22	0
24	0	20	(4)	(15)	0	(0)	(0)	0	20	1
25	0	17	(2)	(7)	1	(0)	(1)	0	18	1
26	1	7	(0)	(2)	2	(0)	(1)	1	10	0

（注）　法的措置件数とは，平成17年改正法施行前は勧告および勧告を行っていない課徴金納付命令，同法施行後は排除措置命令および排除措置命令を行っていない課徴金納付命令の件数である。8条1項5号事件は不公正な取引方法に分類している。公取委各年次報告による。入札談合は官公需についてのもの，受注調整は民需についてのもので，平成20年度以前の受注調整の件数は筆者の判断による。

　行為類別にみると，第2部後半に活発化した私的独占の適用が第3部のおいては勢いを失った。NTT東日本事件（平成15年度），有線ブロードネットワークス事件（同16年度）とインテル事件（同16年度），日本音楽著作権協会（JASRAC）事件（同20年度）があったのみである（もっとも平成18年に審判審決が行われたニプロ事件や平成27年1月の福井県経済農業協同組合事件がある）。支配型そして排除型私的独占を課徴金の対象としたことが，逆効果となった可能性がある。

　カルテルについては，全体の件数の約8割を占め，平成19年度（2007）ころまでは官公需の入札談合事件一色といってよい状況である。特に日本道路公団事件に典型的に見られるように官製談合事件の摘発に公取委は力を入れた。官製談合防止法に基づく改善措置要求を，平成15年（2003）1月の岩見沢市を皮切りに平成25年（2013）10月末までに12件行った[4]が，うち3件は国土交通省に対し

てのものである。

　しかし，その後は，平成17年（2005）法改正の効果もあり，大企業による入札談合事件は見当たらなくなり，組織的構造的な入札談合は終息したかにみえる。もちろん中小企業や地元業者による入札談合や大企業による価格カルテルは引き続き存在する。たとえば，平成25年度（2013）に大手海運会社による自動車海上運送運賃カルテル事件があった。第3部においても，告発事件は依然として散発的なものにとどまり，平成17年法改正により公取委に犯則調査権限が与えられたが，顕著に増えたわけではない。

　官公需の入札談合事件と入れ替わるように電線・ケーブルや自動車部品のように民需の受注調整事件が目立つようになる。他方で，国際カルテルは，マリン・ホース事件やブラウン管事件があるくらいで，極めて少なかった。非ハードコア・カルテルに関する事件はまったくなかった。企業結合に関して法的措置をとった事件も相変わらず皆無であった。

　不公正な取引方法については，以前と比べると再販事件が著しく減少しているが，これはメーカーの流通支配が一般に弱まっていることと関係があろう。逆に大型量販店の抬頭が平成15年度（2003）以降優越的地位の濫用事件を増大させている。これは特筆すべき現象で，のちに詳述する。知的財産権やIT産業に係る事件も，第一興商事件（平成15年度），第2次マイクロソフト事件（同16年度），着うた提供業者事件（同），クアルコム事件（同21年度）やディー・エヌ・エー事件（同23年度）など見るべきものがあったが，必ずしも多いとはいえなかった。ガソリンの不当廉売に対して法的措置をとった事例が若干あった。

　もちろん法執行活動は量的にみるだけでなく，質的にみなければ評価はできない。公取委事務総長を務めた松山隆英は，年々課徴金額が増大していることを示して，件数は減少しても「事件の大型化」を指摘し，「インパクトのある事件審査」を目標としてきたと述べた[5]。確かに，橋梁工事談合事件やセブン-イレ

---

(4) 笠原宏「入札談合等関与行為の排除及び防止並びに職員による入札等の公正を害すべき行為の処罰に関する法律（官製談合防止法）について」公正取引平成25年12月号6頁。なお，平成18年改正により導入された刑事罰の適用は20件あり，小規模の官製談合に関して公取委は警察に委ねているようである。官製談合防止法の運用に関しては，公正取引平成25年12月号の制定10年記念特集掲載の各論文および和久井理子「公務員の談合関与行為とその規制」法学雑誌60巻2号（平成26年）44頁参照。

(5) 松山隆英「公正取引委員会のこの10年を振り返る」公正取引平成24年10月号22頁。なお，平成22年度が突出しているのは，ごみ処理施設入札談合事件の5社に対する計269億9,789万円の課徴金納付命令があったからである。

ブン事件など，社会的にインパクトのあった事件がすぐに思い浮かぶ。課徴金納付命令の実績は，次のとおりであり，事件の大型化は認められるのかもしれない。しかし，最近数年においては，大型事件はかなり減少し，新しいタイプの違反行為類型もほとんど見当たらない。公取委の活動が高く評価されるのは平成23年度頃までのことであり，それ以降については低迷する傾向にあると言わざるを得ない。

平成年度	対象事業者数	課徴金額	1事業者当たり平均課徴金額
13	248	21億9,905万円	886万7,137円
14	561	43億3,400万円	772万5,490円
15	468	38億6,712万円	826万3,076円
16	219	111億5,029万円	5,252万4,657円
17	399	188億7,014万円	4,729万3,583円
18	158	92億6,367万円	5,863万0,822円
19	162	112億9,686万円	6,973万3,703円
20	87	270億3,642万円	3億1,076万3,448円
21	106	360億7,471万円	3億4,032万7,452円
22	156	720億8,706万円	4億6,209万6,538円
23	277	442億5,784万円	1億5,977万5,595円
24	113	250億7,644万円	2億2,191万5,398円
25	181	302億4,283万円	1億6,708万4,972円
26	128	171億4,303万円	1億3,392万9,921円

(注) 平成25年度公取委年次報告38頁による。平成17年法改正前の独占禁止法に基づく課徴金の納付を命じる審決を含み，同法に基づく審判手続開始によって失効した課徴金納付命令を除く。1事業者当たり平均課徴金額は筆者の計算による。

2 引き続く入札談合との闘い

大手メーカーの入札談合事件（その1）――郵便区分機談合とごみ処理施設談合

第3部においても，公取委の入札談合との闘いは続く。ローカルな建設工事関連の談合が件数では大部分を占める[6]が，大手ゼネコンが関与する事件もあっ

---

[6] ローカルな事件ではあるが，建設業以外では国公立病院等発注関連の入札談合事件が目立った。前記の寝具類の賃貸業務等関するもの10件（平成13年度法的措置）のほか，臨床検体検査業務に関するもの4件（同14年度同），特定医療用X線装置に関するもの5件（同19年度）などの入札談合である。

第4章　公取委の法執行の成果と裁判所

た。新潟市建設工事事件（平成16年勧告），名古屋市地下鉄工事事件（同19年告発），多摩地区土木工事事件（平成13年課徴金納付命令，同20年審判審決）がそれであるが，いずれも後述する。わが国を代表するメーカーが関与した大型事件もあった。郵便区分機事件（平成15年審判審決），ごみ処理施設（ストーカ炉）事件（同18年審判審決），防衛庁発注タイヤ事件（同17年勧告審決），橋梁（鋼橋上部工事）事件（同17年告発）であるが，ここではそのうち3つの事件をケース・スタディとして紹介しよう。

　郵便区分機事件[7]は，郵政省が一般競争入札によって発注する郵便番号自動読取区分機類（以下「郵便区分機」という。）について，日本電気と東芝がおおむね半分ずつ受注するため，入札執行前に郵政省の調達担当官等から当該物件について情報の提示を受けた者を受注予定者とし，情報の提示を受けなかった者は当該物件の入札には参加しないことにより，受注予定者が受注できるようにしていたというものである。このような基本合意の下においては，発注者の担当官によって受注予定者が選定され決定される結果となるので個別調整の必要がなく，受注予定者とならなかった者は入札に参加しないので価格連絡の必要もない，という特異な入札談合であった。そのため，個別調整や価格連絡から基本合意（暗黙の意思の連絡）の存在を推認することができない。公取委はどのように立証したのであろうか？

　本件も，主として事前の連絡・交渉＋結果の一致から推認しているといってよい。事前の連絡・交渉については，郵政省が指名競争入札から一般競争入札に切り替えようとしたとき，2社が一般競争入札の導入に反対したり，指名競争入札時代から行われていた担当官等による情報の提示を継続するよう求めたという基

---

(7)　㈱東芝及び日本電気㈱に対する件（平成15年6月27日審判審決，審決集50巻14頁，同16年4月23日東京高裁判決（審決取消し），同51巻857頁，同19年4月19日最高裁判決（原判決破棄差戻し），同54巻657頁，同20年12月19日東京高裁判決（請求棄却），同55巻974頁，同22年12月3日最高裁決定（上告棄却・上告不受理），同57巻第2分冊211頁）。東京高裁が審決を取消したのは，違反事実に関する判断は示さないまま，公取委の立入検査後郵政省担当官等の情報の提示はなくなり，排除措置が「特に必要と認められる」（法7条2項）ことの認定がないことが理由であった。これに対して，最高裁は，担当官等の情報の提示がなくなっても他の手段で受注調整は可能であり，審決書を全体としてみれば，長年にわたり恒常的に違反行為を行ってきた等の「特に必要があると認めるとき」の判断の基礎となる認定事実は示されているし，公取委の専門的な裁量の範囲を逸脱していないとして，違反事実について実質的な証拠があるかさらに審理させるため，東京高裁に差戻すという経緯があった。なお，課徴金は東芝21億7,053万円，日本電気20億4,106万円であった。

501

第3部　構造改革なくして成長なし　2001～

本合意の存在をうかがわせる一連の事実があった。結果の一致については，技術的にも納期の上でも，製造可能であるにもかかわらず，担当官から情報の提示があったとおり，もっぱら日本電気は左流れの区分機，東芝は右流れの区分機についての入札にしか参加しなかった。そのため，入札は1社入札となり，落札率は99％を超えていた。このような不自然さは，公取委の立入検査後，日立製作所が参入すると，落札率が著しく低下したことからも明らかであった（40.5％に下がった物件もあった）。特に差戻審の東京高裁は，「本来的に競争関係にあるはず」の2社が「不自然に一致した行動をとっている」（第3・3(4)）ことを強調している。

　問題であったのは，入札情報を事前に開示していたことについての郵政省の対応である。公取委は，2社に対して勧告すると同時に郵政省に対して，情報の提示を受けることを前提に本件違反行為が行われたとして，入札に係る情報管理を検討するよう要請した[8]。担当官等の行為はいわゆる官製談合防止法施行前に行われたもので，公取委はこのような要請をするしかなかったのであろうが，郵政省は強硬な態度をとった。野田聖子郵政相は，記者会見において「［情報の提示は一筆者注］生産（能力）の可能性を問い合わせただけで，談合を誘発したという因果関係はない。郵政省に不正はなかった」と反発し[9]，そのため新聞や国会でも批判されることになった[10]。情報の提示（業界では「内示」と呼んでいた。）が受注予定者を決定することにつながるのであるから，日本下水道事業団事件（平成8年東京高裁判決）において事業団職員が幇助犯とされたこととの比較においても，また，多数の郵政省OBが2社の郵便区分機保守会社に再就職している実態[11]にかんがみれば，のちの日本道路公団事件（後述）において副総裁・理事が共謀共同正犯とされたこととの比較においても，担当官等および郵政省の責任は重大であるはずであった。

　ごみ処理施設事件[12]も，大手プラント・メーカー5社が関与した入札談合で

---

(8)　「郵政省が発注する郵便番号自動読取区分機類の入札参加業者2社に対する勧告等について（平成10年11月12日）」公正取引平成10年12月号75頁。
(9)　平成10年11月14日付け朝日新聞記事「反省の色見えぬ郵政省」。
(10)　朝日新聞記事前掲注(9)，平成10年11月24日付け日本経済新聞記事「違法性不問，幕引き狙う」，平成10年12月17日の参議院決算委員会における佐藤泰介議員（民主），平成13年2月10日の衆議院逓信委員会における矢島恒夫議員（共産）などの質疑参照。
(11)　佐藤議員前掲注(10)の質疑に対する濱田弘二説明員の答弁参照。
(12)　日立造船㈱ほか4名に対する件（平成18年6月27日審判審決，審決集53巻238頁，同20年9月26日東京高裁判決（請求棄却），同55巻910頁，同21年10月6日最高裁決定（上告棄却・上告不受理，同56巻第2分冊392頁）。

第 4 章　公取委の法執行の成果と裁判所

あるが，公取委が同じく暗黙の基本合意の立証に苦労した事件であった。直接的な証拠としては立入検査当日または翌日に録取した関係者の供述調書があるのみ（関係者はその後否認に転じた。）で，審査官そして審判官は，多数の断片的な社内資料等を読み解いて間接事実を認定していくほかなかった。その結果，地方自治体のゴミ処理施設建設についての情報交換，各社の受注希望の表明，個別調整や価格連絡をうかがわせる事実のほか，とりわけ，未発注物件をとりまとめこれに受注予定者を記載したとみられるリストが 5 社各社に存在していた事実が認められた。5 社が落札した物件の平均落札率は 96.6 ％ であった。アウトサイダーが入札に参加した物件が多数あったが，この点については，方法・程度は明らかでないものの，受注実績等から 5 社が受注を相当程度コントロールできていたと推認した。

　公取委は，平成 22 年 (2010) 10 月，5 社に対して 1 事件としては過去最高額（本書執筆時点においても）となる計 269 億円 9,789 万円[13]の課徴金を課す審決を行った。

ごみ処理施設談合住民訴訟——市民オンブズマンの闘い

　市民オンブズマン（第 2 部第 3 章 4 参照）が，各地の自治体が巨額の税金を使って発注するごみ処理施設について行われた入札談合を見逃すことはなかった。平成 11 年 (1999) 9 月の公取委の審判開始決定後，各地で住民訴訟が提起された。住民らが談合を立証するには公取委が有する証拠の利用が必要不可欠である。そこで，住民らは公取委に係属中の審判の記録の閲覧謄写を求め，公取委はこれを許可する決定を行った。しかし，メーカー 5 社が許可処分を争い，その結果，公取委は第 1 審東京地裁で勝訴したが，控訴審東京高裁では敗訴した。公取委は上告受理申立てを断念したが，公取委側の参加人市民オンブズマンが上告受理申立てをし，最高裁は平成 15 年 (2003) 9 月，住民も法 69 条[14]にいう「利害関係人」にあたるとして，審判記録の閲覧謄写を認める判決を下した[15]。

　公取委の審判記録が開示されることにより突破口が開かれ，これによってよう

---

[13]　内訳は，三菱重工 64 億 9,613 万円，JFE エンジニアリング 57 億 3,251 万円，川崎重工 51 億 6,558 万円，日立造船 49 億 0,102 万円およびタクマ 47 億 0,265 万円であった。
[14]　平成 17 年法改正により法 70 条の 15 に繰り下げられ，平成 25 年法改正により削除された。
[15]　ごみ焼却施設関係審判事件記録閲覧謄写許可処分取消請求事件（平成 13 年 10 月 17 日東京地裁決定，審決集 48 巻 569 頁，同 14 年 6 月 5 日東京高裁判決，同 49 巻 645 頁，同 15 年 9 月 9 日，最高裁判決，同 50 巻 739 頁）。

やく各住民訴訟は実質的審理に入ることができた[16]。しかし，違反行為期間中5社が受注した66件のうち公取委の審決が具体的証拠に基づいて個別調整を認定したのは30件であり，それらの物件もいつだれがどのように受注予定者を決定したのか明らかでないし，残りの36件は個別調整をうかがわせる具体的な証拠すらなかった。そのような状況で，裁判所は個別物件について談合＝不法行為を認定できるであろうか？　神戸市発注ごみ処理施設事件もそのような具体的な証拠のない物件に係るものであったが，大阪高裁は「談合は，一般的に秘密裡に行われるものであって，……上記事実［いつ，どこで，誰が，どのような話合いを行い，どのような合意をしたのか等―筆者注］についてまで主張立証を求めることは著しい困難を強いるものであって相当ではない」とし，当該物件について5社が個別調整をしていたことは基本合意等から推認できるとして，不法行為を認定した[17]。

　市民オンブズマンによる住民訴訟の結果は，次のとおりであった[18]。これをみれば，大部分の訴訟で住民の損害を回復していることがわかる。ごみ処理施設談合に関しては，これら以外の住民訴訟も多数あり，かつ自治体自身が公取委の審判審決確定後に法25条訴訟を提起した例も少なくない[19]。こうして，損害賠償請求訴訟は入札談合一般に広がっていく。市民オンブズマンの活動が草の根レベルでの談合との闘いを先導したといってよい。

---

(16)　大川隆司「談合との闘いの現状と課題」全国市民オンブズマン連絡会議『第11回全国市民オンブズマン函館大会資料第2分冊』（平成16年）281頁，平成15年9月9日付け日本経済新聞記事「住民訴訟に"武器"」。
(17)　神戸市焼却施設談合損害賠償代位請求控訴事件大阪高裁判決（平成19年10月30日，判例タイムズ1265号（平成20年）190頁）。
(18)　市民オンブズマン談合分科会「ごみ焼却炉談合住民訴訟の現状一覧（平成10年10月1日現在）」（市民オンブズマンHP）による。「最決」とあるのは，最高裁決定のことである。なお，表中⑬の熱海市発注の物件について住民敗訴が確定したが，その後公取委によって違反事実を認定する審決が下されそれが最高裁決定によって確定したことから，熱海市は法25条訴訟を提起した。東京高裁は，法25条訴訟は民法709条訴訟と訴訟物が異なるとした上で，改めて受注予定者のJFEエンジニアリングがアウトサイダーの協力を得て受注したとして，熱海市に対する3億円の損害賠償額等の支払を命じた（平成25年3月15日東京高裁判決，審決集59巻第2分冊311頁，平成26年1月16日最高裁決定（上告棄却・不受理），審決集60巻第2分冊317頁）。
(19)　「平成25年1月23日事務総長定例会見配布資料」（公取委HP）参照。

第4章　公取委の法執行の成果と裁判所

1　住民勝訴確定事件（和解含む）

関係自治体	賠償義務者	原判決	確定	認容金額（元本）
① 京都市	川崎重工	大阪高裁 (18. 9. 14)	最決 (19. 4. 24)	18億3,120万円
② 多摩ニュータウン環境組合	日立造船	東京高裁 (18. 10. 19)	最決 (19. 4. 24)	12億8,647万円
③ 豊栄郷処理組合	日立造船	東京高裁 (19. 8. 29)	最決 (19. 12. 25)	4,892万5,000円
④ 米子市	JFEエンジニアリング	広島高裁 (19. 10. 17)	最決 (21. 1. 22)	11億4,072万円
⑤ 東京都　墨田工場 　　　　港工場 　　　　中央工場	日立造船 三菱重工 日立造船	東京高裁 で和解 (21. 4. 3)	—	53億6,790万8,600円
⑥ 神戸市	川崎重工	大阪高裁 (19. 10. 30)	最決 (21. 4. 23)	16億3,770万円
⑦ 福岡市	日立造船	福岡高裁 (19. 11. 30)	最決 (21. 4. 23)	20億8,801万6,000円
⑧ 横浜市	三菱重工・JFEエンジニアリング	東京高裁 (20. 3. 18)	最決 (21. 4. 23)	30億1,790万円
⑨ 南河内施設組合	日立造船	大阪高裁 (20. 7. 17)	最決 (21. 4. 23)	7億0,860万2,160円
⑩ いわき市	三菱重工	福島地裁 (20. 1. 28)	控訴取下げ (21. 6. 16)	11億2,770万円
⑪ 東京都 　新江東工場	タクマ	東京高裁 (21. 5. 12)	最決 (21. 12. 10)	44億0,967万4,750円

2　係属中事件

関係自治体	賠償義務者	原判決	確定	認容金額（元本）
⑫ 尼崎市	日立造船	大阪高裁 (22. 7. 23)	(上告受理申立中)	3億3,600万円

3　住民敗訴確定事件

関係自治体	賠償義務者	原判決	確定	認容金額（元本）
⑬ 熱海市	JFEエンジニアリング	東京高裁 (19. 11. 28)	最決 (21. 4. 10)	×
⑭ 上尾市	JFEエンジニアリング	東京高裁 (19. 4. 11)	最決 (21. 5. 28)	×

第3部 構造改革なくして成長なし 2001～

大手メーカーの入札談合事件（その2）——橋梁工事談合

公取委が総力を挙げて事件の審査に取り組んだのが、橋梁工事談合事件であった。本件談合の悪質性——特に官製談合——もあるが、ちょうど独占禁止法改正が難航している時期であり、入札談合の非を訴えて改正の必要性を訴える絶好の機会であったからである（第3部第1章3参照）。公取委は、橋梁メーカーらが国土交通省の3地方整備局（関東・東北・北陸）発注の物件と日本道路公団発注の物件それぞれの入札談合事件について告発を行うとともに、審決を行った[20]。

本件は、通常の入札談合事件とは異なる極めて悪質なものであった。業界関係者に対する刑事判決[21]は、「入札談合システムが強固に構築されており、組織性、計画性が際立っている」と評して、談合組織（「K会」・「A会」）が確立していただけでなく、たとえばアウトサイダーが入札に参加できないように発注者に働きかけたり、アウトサイダーが入札に参加する場合は組織的に低価格で入札を行って落札を妨害したり、かつアウトサイダーが落札した場合は下請契約を行わないよう組織的な取引拒絶を行っていた事実を指摘した。また、同判決は、「常習性が顕著である」と述べて、暴力団関係者から談合の存在を明かすと恐喝の被害を受けながらも談合システムを継続したばかりでなく、公取委の立入検査を受けたのに談合をとりやめなかった（！）ことを挙げた[22]。まさに、談合は麻薬であり、サラリーマンの感覚を麻痺させる。

日本道路公団事件は、入札談合と天下り構造が結合した典型的な事件であった（国土交通省各地方整備局事件では発注者側の関与はみられない）。それは次のような仕組みで行われた。すなわち、公団元理事（横河ブリッジ顧問）が、工事ごとに受注予定者を選定した割付表を作成し、これを公団の現職の担当理事に提示して

---

(20) 国土交通省3地方整備局発注の物件に係る事件は、高田機工㈱ほか39名に対する件、平成17年11月18日勧告審決、審決集52巻385頁（ただし、被勧告人5名は勧告不応諾につき審判開始決定）。日本道路公団発注の物件に係る事件は、JFEエンジニアリング㈱ほか39名に対する件、平成17年11月18日勧告審決、審決集52巻396頁（同様に、5名につき審判開始決定）。

(21) 国土交通省各地方整備局及び日本道路公団発注の鋼橋上部工事等入札談合に係る独占禁止法被告事件、平成18年11月10日東京高裁判決、審決集53巻1133頁および同19年9月21日東京高裁判決、審決集54巻773頁。判決は、被告会社26社に対し6億4,000万円～1億6,000万円の罰金を科したほか、被告人10名に対し懲役2年6月～1年の懲役に処したが、いずれも執行が猶予された。

(22) なかでも新日本製鉄と三菱重工のK会担当者は、それぞれ経営陣から談合のとりやめを厳命されていたにもかかわらず、内密に違反行為を継続していた（新日本製鉄㈱ほか1名に対する件平成21年9月16日審判審決、審決集56巻第2分冊192頁）。

第4章　公取委の法執行の成果と裁判所

了承を得，それによって元理事の受注の割振りに公団が了承しているというお墨付きないし権威付けを与え，業界の受注調整が円滑に行えるようにしたものである。公団の副総裁および担当理事は，業界において割付けによる談合が行われていることを知りながら工事の発注を承認していた。その目的は自らを含む公団役職員の再就職先を確保することにあった。東京高検は担当理事および副総裁を幇助犯ではなく不当な取引制限の罪の身分なき共謀共同正犯として起訴した。東京高裁は，「職員の再就職先の確保という自分達の利益を図るために，このような行為を行っているのであるから，まさに自らの犯行として，本件独占禁止法違反行為を行ったということができる」としてこれを支持した[23]。

　日本道路公団は，平成17年（2005）10月1日に民営化を予定していた。同年6月29日，本社などが検察の強制捜査を受け，さらにその後副総裁・担当理事が逮捕されるという深刻な事態に陥った。公団は外部の有識者も加えた検討委員会を設けて，同年8月9日，入札談合防止策を急遽とりまとめた[24]。その内容は，入札制度の改革，再就職規制，内部統制の強化など，公取委が求める改善措置を先取りするものであった。公団が対策を急いだのは，談合体質を一掃しなければ民営化を予定どおり円滑に実施できなくなるおそれがあったからであった[25]。

　公取委も従来に増して強い姿勢で臨んだ。公取委は，業界各社に対し，通常の排除措置のほか，①独占禁止法の遵守に関する行動指針の作成・改定，②担当者に対する定期的な研修・監査，③違反に関与した役員・従業員に対する処分に関する規定の整備，④実効性のある社内通報制度の設置を求めた。①および②は既に先行例が積み重ねられていたが，③および④は本件について独自の措置である。この頃企業の法令遵守体制整備の気運が高まり，平成17年（2005）制定の

---

(23)　国土交通省各地方整備局及び日本道路公団発注の鋼橋上部工工事入札談合に係る独占禁止法被告事件［元理事］（平成19年12月7日東京高裁判決，審決集54巻809頁）。同事件［元副総裁］（平成20年7月4日東京高裁判決，審決集55巻1057頁）も同旨。両被告人には背任罪も認められ，元理事に懲役2年，元副総裁に同2年6月の判決が下された（いずれも執行猶予付き）。なお，道路公団を承継した高速道路会社3社等は，元副総裁等の有罪判決が下された後，談合を行った事業者と連帯して損害賠償をするよう提訴した，発注者がその元役職員に対して損害賠償を請求するのは異例である。
(24)　「談合等不正行為防止策について［とりまとめ］」（平成17年8月9日，日本道路公団HP）。これによれば，公団職員は離職後5年間発注先企業に再就職しないこととしたが，入札契約に携わらないことが保証されれば認めるものとされた。
(25)　民営化が不徹底であったからコスト意識が乏しく，談合体質が維持されることが懸念され，談合体質を根絶できなければ民営化の見直しが必要との意見もあった（平成17年8月13日付け日本経済新聞社説「この民営化で談合を防げるか道路公団」）。

第3部　構造改革なくして成長なし　2001～

会社法は大会社に内部統制システムの構築を義務付けたが、公取委の措置はこれをさらに徹底させるものであった。加えて、公取委は、違反行為に関与した担当者を配置転換して少なくとも5年間当該業務に従事させない、道路公団退職者に道路公団発注工事に係る営業業務に従事させない、という人事上の措置も要求した(26)。これはいうまでもなく業界と公団の癒着を絶ち切ろうとする公取委の意思の現れである。

本件において、公取委と検察が連携して、わが国を代表するメーカーの根深い談合に真正面から取り組み、さらに道路公団の関与を剔抉した（これは検察の捜査によるという。）ことは高く評価されてよい。そして公取委が目論んだとおり平成17年法改正を実現させるに至る。のみならず、官製談合事件が相次いだため、平成18年（2006）12月、議員立法により、入札談合に関与した発注機関職員に対し——それまで罰則がなかった——独占禁止法よりも重い刑罰を科す官製談合防止法の改正が行われたのである(27)。

3　告発、減免制度、そして談合決別宣言

依然として少ない告発件数——検察の消極性と官需から民需の事件へ

第3部において、公取委が告発した事件は次のとおりである(28)。

①	平成15年7月2日	第2次水道メーター価格協定事件（愛知時計電機㈱ら4社、個人5名）
②	同17年5月23日	国土交通省3地方整備局発注鋼橋上部工事入札談合事件（㈱横河ブリッジら26社、個人8名）
③	同17年6月29日	日本道路公団発注鋼橋上部工工事入札談合事件（㈱横河ブリッジら6社、個人4名、日本道路公団関係者3名）
④	同18年5月23日	市町村発注し尿処理施設工事入札談合事件（㈱クボタら11社、個人11名）

---

(26)　「日本道路公団が発注する鋼橋上部工工事の入札参加者らに対する勧告等について」（平成17年9月29日、公取委）。

(27)　独占禁止法上の不当な取引制限の罪の懲役刑の上限は平成21年改正で引上げられるまで3年であったが、創設された発注機関職員の入札等を妨害する罪（8条）の懲役刑の上限は5年とされた。これに伴い、題名も「入札談合等関与行為の排除及び防止並びに職員による入札等の公正を害すべき行為の処罰に関する法律」に改められた。

(28)　平成25年度・公取委年次報告252頁から作成。

第4章 公取委の法執行の成果と裁判所

⑤	同19年2月28日	名古屋市地下鉄土木工事入札談合事件（㈱大林組ら5社，個人5名）
⑥	同19年5月24日	独立行政法人緑資源機構発注地質調査・調査測量設計業務入札談合事件（4法人，個人5名，緑資源機構関係者2名）
⑦	同20年11月11日	亜鉛めっき鋼板・鋼帯価格協定事件（日鉄住金鋼板㈱ら3社，個人6名）
⑧	同24年6月14日	ベアリング価格協定事件（日本精工㈱ら3社，個人7名）
⑨	同26年3月4日	独立行政法人鉄道建設・運輸施設整備支援機構発注北陸新幹線基地機械設備等工事入札談合事件（高砂熱学工業㈱ら6社，個人8名）

　すべて入札談合または価格協定事件であり，判決が下されたものはいずれも有罪が宣告された。①は第1次事件後価格が急落したために談合を再開したもので，実際再犯者もいたが，裁判所は実刑判決をせず執行猶予を付した[29]。④は，平成17年改正法施行後，公取委が最初に犯則調査を行い，大阪地検が起訴した事案であった[30]。⑤は大手ゼネコンが係わる談合組織がハザマの課徴金減免申請により摘発された事件で，ゼネコンが独占禁止法違反で初めて告発される事件となった[31]。⑥は市場規模が極めて小さいものの，天下りと結びついた典型的な官製談合の故に，告発されたのであろう[32]。⑦はカルテル志向の強い鉄鋼業界においてJFE鋼板が減免申請した事件で，⑤とともに減免制度が威力を発揮した事件であった。⑧もジェイテクトが減免申請したことに基づく。⑨は，業界関係者が独占禁止法違反の罪で，予定価格を示唆した機構の幹部が官製談合防止法違反の罪で起訴された。

---

(29)　平成16年4月30日東京高裁判決，審決集51巻1029頁。
(30)　公取委に先立ち大阪地検が刑法上の談合罪で家宅捜索に乗り出し，同時並行で捜査が進行し両者の調整がうまくいかなかった模様である（平成18年5月1日付け朝日新聞社説「公取委の試金石だ」）。
(31)　平成19年3月1日付け日本経済新聞記事「自主申告のハザマ，告発免除」。ハザマは談合疑惑が報道された後の減免申請であったが，認められた。これはわが国の減免制度上やむを得ないことであった。談合の仕切り役であった大林組の名古屋支店顧問は，談合により私腹を肥やしていたこともあり，過去最高の懲役3年を言渡されたが，やはり執行猶予が付いた（平成19年10月15日名古屋地裁判決，審決集54巻788頁）。
(32)　平成19年11月1日東京地裁判決，審決集54巻799頁・805頁。

第3部　構造改革なくして成長なし　2001〜

　告発の時点をみると，平成17〜20年に集中しているが，その前後は空白の時期となっている。しかし，その時期でも公取委が告発を検討した事案がなかったわけではない。平成13年（2001）5月に勧告を行ったポリプロピレン・メーカーの価格協定事件について，公取委は告発すべく——市場規模からみて告発は当然であった——検察当局と協議をしたが，検察側の消極姿勢により告発を見送らざるを得なかった[33]。検察の新潮流の下で告発の円滑化が進んだ（第2部第4章2参照）が，担当検事の考え方次第でそれが頓挫するのが検察の組織である。平成16年（2004）7月に勧告を行った新潟市談合において公取委は告発を検討したが，基本合意の実行行為者を特定できず告発をしなかった[34]。違反事業者も多数にのぼり，検察が食指を動かすような事件ではなかった。それでも地元新潟地検は，予定価格を漏えいした市の歴代課長を競売入札妨害罪で起訴した。

　平成16年（2004）のOECDの報告書は，日本において刑事訴追が活発に行われない理由として，検察当局の消極性と公取委の権限の弱さを指摘した[35]。すなわち，「検察が起訴して有罪となる割合（すべての犯罪に対する割合）は99％を超えている。「当然違法」のルールが欠如していることもあり，検察は有罪となる見込みがはっきりしないような価格カルテルの立証を試みることにはとりわけ慎重であるように思える」，と。権限の弱さについては，平成17年の法改正により犯則調査権限とリニエンシー（課徴金減免）制度が導入され一応実現した。そして，平成17年（2005）の橋梁工事談合事件については，竹島公取委員長と松尾検事総長の両首脳の連携が功を奏して成果を挙げることができた[36]。

　しかし，その後も，告発されてもおかしくない事件が告発されずに行政処分にとどまっている例が少なくない。たとえば，平成20年（2008）5月，公取委は，塩化ビニル管・同継手価格協定事件について，犯則調査を行ったものの——検察

---

(33)　「検察側は，化学メーカーの取引先の一部が値上げに応じないなど，カルテルの実質的な拘束力が刑事訴追相当といえるほどに強くない」ことが理由であった模様である（平成13年5月31日付け朝日新聞記事「7社に排除勧告」）。しかし，これが理由であるとすると，公取委にとっては到底納得し難いものであったろう。取引先の抵抗もありカルテルの申し合わせどおりに値上げができないのが通常であるし，カルテルの相互拘束性にペナルティなど要しないのが判例であるからである。
(34)　平成17年4月19日の参議院経済産業委員会における直嶋正行議員（民主）の楢崎憲安公取委審査局長に対する質疑。
(35)　OECD編山本哲三監訳『脱・規制大国日本——効率的な政府をめざして』（平成26年）98頁（原著はOECD, Review of Regulatory Reform: Japan, 2004, p. 72）。
(36)　平成19年7月10日付け朝日新聞記事「談合決別6　公取・検察　水面下タッグ」，村山治『市場検察』（平成20年）340頁。

第 4 章　公取委の法執行の成果と裁判所

当局と協議した結果かどうか不明であるが——検討の結果，告発を断念した[37]。国土交通省各地方整備局等発注水門工事入札談合事件[38]，防衛施設庁発注土木・建築工事入札談合事件[39]は，いずれも官製談合事件であり告発相当であったように思われる。

　検事出身の公取委員であった神垣清水は，委員退任後次のように述べた[40]。

「① 余りに寂しい告発受理状況——原因は公取委にあるのか，検察にあるのか？
　　厳罰化による刑事罰制裁が世界的潮流である中，我が国の告発実績は課徴金減免申請制度が導入された H18 年以降，各年 1 件前後の告発を維持してきたが，再び不毛の時期が続いている。……
　　告発件数が低い原因として，課徴金制度の導入の影響が指摘された時期があった。……刑罰との併科は制裁として過酷に過ぎ，経済界等の反発を買うことを懸念した公取委が，告発に向けた姿勢を消極的にさせたという意見である。これは本質や実態に踏み込まない机上の空論であり，下記のように検察が独禁法文化を理解せず，伝統的な独自の流儀に固執し，腰が引けたまま公取委と対応してきたことを指摘すべきであろう。
② 腰が引けている理由の 1 ——検察が日常的に扱う正義と異質な正義
　　検察の正義の実現は，倫理・道徳を準則に，誰もが「悪」と納得する行為に対する剔抉。
　　経済的正義の対象となるカルテル事象は，競争業者が競争を回避して価格支配力を獲得し，消費者余剰を害するおそれを生じさせた場合であるが，犯罪構成要件と犯罪性が曖昧であり，行為の違法性で断罪する刑事司法の悪事と本質的に異なる。……
③ 腰が引けている理由の 2 ——捜査経済の膨大性　……　　　」（太字は原文）

---

(37)　平成 20 年 5 月 2 日付け日本経済新聞記事「06 年会合開かず調整か」，平成 20 年 5 月 7 日伊東章二事務総長記者会見記録（公取委 HP）。告発断念の理由は，カルテルの実効性に疑問がある上，事件関係者が否認したことを考慮したと報道されている。
(38)　石川島播磨重工業ほか 9 社に対する件（平成 19 年 3 月 8 日排除措置命令・課徴金納付命令，審決集 53 巻 891 頁）ほか 3 件。水門設備メーカーらは国土地理院院長や建設省技監の職にあった者の承認を得たり，国土交通省本省課長補佐の意向を受けるなどして，受注予定者を決定していた。
(39)　五洋建設㈱ほか 55 社に対する件（平成 19 年 6 月 20 日排除措置命令・課徴金納付命令，審決集 54 巻 478 頁）。本件に関しては，東京地検が先行して捜査し，防衛施設庁元技術審議官らを刑法上の競売入札妨害罪で起訴していた。とはいえ，本件は日本道路公団事件と類似の官製談合の構図にあり，業界側の刑事責任も問う必要があったと思われる。
(40)　神垣清水『競争政策概論』（平成 24 年）412 頁。他方で，神垣は，不起訴処分の場合の内閣総理大臣報告等の仕組みから公取委の告発は事実上起訴強制主義に近いとして，公取委の告発には嫌疑の相当性では足りず充分性（合理的な疑いを容れずかつ厳格な立証）を要求する。

第3部　構造改革なくして成長なし　2001～

しかし、ごく最近の数年についていえば、告発件数が減少しているのは、そもそも大手メーカーやゼネコンによるカルテル・入札談合が見当たらなくなった——もちろんローカルな入札談合事件は引き続き多いが——ことが原因であろう。中央省庁がからむ官製談合事件も姿を消した。平成17年法改正による課徴金引上げや減免制度の効果である。それと入れ代るように、平成22年（2010）以降、電力会社発注の電線や架空送電工事、NTT東日本等発注の光ファイバケーブル製品、自動車メーカー発注の各種自動車用部品についての受注調整事件が目立つようになる。

こうした民需に関する事件でも市場規模は大きいが、公取委は告発していない。税金が使用されるわけでもなく、特定の需要者向けのカルテルであるから、告発方針にいう「国民生活に広範な影響を及ぼすと考えられる悪質かつ重大な事案」に該当しないと考えられたのかもしれない[41]。とはいえ、こうしたカルテルも国民経済には重大な影響を及ぼす競争制限——それは結局消費者にも影響を及ぼす——であって、独占禁止法の目的からすれば特定の民需に係る事案であるからといって告発から除外する理由はない。告発方針の見直しが必要となるが、それは独占禁止法が——ハードコア・カルテルには原則刑事罰を科すという——次の時代に移行することを意味するであろう。

予想を超えた課徴金減免制度の成功——三菱重工の決断

経団連の強い反対があったものの、課徴金減免制度の立法化ができた背景には、目立たないが見逃せない事実があった。それは法務当局の協力である。課徴金が減免されても刑事制裁を受けるようでは、減免制度はほとんど画餅に帰する。平成17年改正法案の審議において、次のような質疑があった[42]。

「○直嶋正行君　……刑法上のさっきのいわゆる偽計入札妨害罪等は、これは公正取引委員会の告発を要しない刑でありますが、……いわゆる報告をしても刑法によって罰せられる可能性があると、……課徴金が免除されるというメリットを含

---

(41)　自動車運送業務を行う船舶運航事業者による価格カルテル事件（平成26年3月18日排除措置命令・課徴金納付命令、審決集60巻第1分冊413頁）は、1事件として過去2番目、1社として過去最高の課徴金が命じられたが、告発されなかったのは需要者が限定されていたことが一因であろう。

(42)　平成17年4月19日の参議院経済産業委員会における直嶋正行議員（民主）の大林宏法務省刑事局長に対する質疑。なお、公取委が告発した事件において公取委の告発対象でない者に対しても検察官は法律上起訴できる（告訴・告発不可分の原則。第3部第1章3参照）。

第4章　公取委の法執行の成果と裁判所

めても公取に情報提供しないほうがいいと，こういうことになるんですけれども，この点については法務省としても公正取引委員長と同じ考えで対応しようということでよろしゅうございますか。
○政府参考人（大林宏君）　まず，今御質問の刑法上のほかの罪が成立する場合という場合，これについては訴訟条件にはなっておりません。個別の具体的な事件について起訴するか否かは検察官が判断することですので，一律に起訴されないと申し上げることはできないと思います。
　ただ，今問題となっています立入検査前の一番目の報告という，自首等に共通する有利な情状を訴追裁量権の行使に当たって十分に考慮することで措置減免制度は有効に機能するものと考えております。
　加えて，独占禁止法違反の事件について申し上げれば，……告発がなければ刑事訴追することはできないと。
　ただ，一部の事業者を被疑者とする告発が当然考えられる一連の事件でございますので，……あえて告発されなかった被疑者につきましては，法律上訴追すること自体は可能でありますけれども，……検察官において，その訴追裁量権の行使に当たり，専属告発権限を有する公正取引委員会があえて刑事告発を行わなかったという事実を十分考慮することとなるというふうに考えられますので，措置減免制度は有効に機能するものと，このように考えております。」（傍点筆者）

　法務当局にとって，起訴便宜主義（訴追裁量権）に一律に制約を加える——それも告発が訴訟条件となっていない刑法上の入札妨害罪にまで——ことには本来抵抗があるところであろうが，課徴金減免制度が有効に機能することを優先させたのである。これも市場経済・独占禁止法重視の検察の新潮流がなせるわざであった。もちろん公取委の調査開始前一番手の申請者の刑事免責を担保するのに刑事局長の国会答弁では弱すぎるが，わが国において初めての試みであるから，現実的な方法であったのかもしれない（それでうまく機能するのがわが国の法システムである）。

　平成17年法改正成立後，公取委は，告発方針を全面改正する[43]とともに，特別審査部を犯則審査部に衣替えし，平成18年（2006）1月4日の改正法施行に備えた。施行の瞬間の模様は，次のようであった[44]。

　「時計の針が午前0時を回ると，東京・霞が関の合同庁舎にある公正取引委員会のファクスが次々と書類を吐き出し始めた。06年1月4日。同日施行の改正独占禁止

---

[43]　告発方針の実体的基準に変更はないが，公取委の調査開始前に最初に課徴金の免除姿勢を行った事業者およびその役員・従業員等で事業者と同程度に公取委の調査に協力した者を告発しないとの項目，そして犯則事件調査についての項目が盛り込まれた。
[44]　平成19年7月5日付け朝日新聞記事「談合決別1　「自首」まさか三菱が」。

第3部　構造改革なくして成長なし　2001～

法の目玉として導入された課徴金減免制度に基づき，複数の企業から一斉に申請書類が送られてきたのだ。
　その中から公取委が摘発第1号に選んだのは，機械・プラント業界のトップメーカー，三菱重工業が申請した国土交通省発注の水門工事をめぐる談合だった。同業他社はこの動きに気づいていなかった。……」

三菱重工は，何故，先頭を切って減免申請したのか？　同社の法令遵守担当常務は，インタビューに次のように答えている[45]。

「　——申請の経緯は？
　橋梁談合事件で公取委の調査を受け，昨年5月に社員が逮捕された。それまでも法令順守に取り組んでいたのに，残念だった。7月1日に内部監査室を作り，その後，(橋梁談合以外でも) 過去の事例を社外の弁護士にも調べてもらい，トンネル設備工事の独禁法違反が明らかになった。……
　——減免制度は「いわゆる密告だ」「村八分になる」と言われていた。
　会長，社長，私を含めて迷いはなかった。密告が非難されるのは，良いことをする人を讒言したりする場合。村八分といっても，怪しげなことをしなければ住むことができないなら，その中に入っていてもしようがない。とはいえ，そんなに自慢できることでなくて，過去との決別をしただけだ。よその会社も同じようにやるべきだと思う。
　——これまで社内調査では，なぜ談合が判明しなかったのか。
　まず，社員の個人レベルで古い価値観や思いこみがあった。2番目にそういう部門の人が何年も同じことをやると同業他社と親しくなり，人情のようなものが出る。3つ目は，各部門でやってきた自主的な監査では必ずしも十分ではなかった。」

三菱重工首脳が行った決断の効果は大きかった。わが国を代表する名門企業が率先して減免申請したことは経済界を驚かせ，他の業界の有力企業も相次いで申請することになった[46]。減免制度の運用状況は，次のとおりである[47]。

---

(45)　平成18年9月12日付け朝日新聞記事「談合申告で課徴金免除第1号」(インタビューの相手は江川豪雄常務)。
(46)　減免申請が事件の端緒となったとみられる主な事件として，水門工事入札談合事件 (平成19年，三菱重工)，ガス用ポリエチレン管価格協定事件 (同，富士化工)，名古屋市地下鉄談合事件 (同，ハザマ)，ガス用フレキシブル管・同継手価格協定事件 (平成20年，日立金属)，鋼矢板・鋼管杭価格協定 (同，住友金属)，塩化ビニル管・同継手価格協定事件 (平成21年，クボタシーアイ)，GL鋼板・特定カラー鋼板価格協定事件 (同，JFE鋼板)，建設・電販向け電線・VVFケーブル価格協定事件 (平成22年，昭和電線ケーブルシステム)，LPガス容器価格協定事件 (平成23年，矢崎総業)，自動車用ワイヤーハーネス受注調整事件 (平成24年，古河電工または住友電工)，自動車用ラジエータ等受注調整事件 (平成24年，デンソー)，ヘッドランプ受注調整事件 (平成25年，

第4章 公取委の法執行の成果と裁判所

平成　年度	19	20	21	22	23	24	25	累計
減免申請件数	74	85	85	131	143	102	50	775(注)
法的措置件数（カルテル・談合）	20	11	22	10	17	20	17	117
課徴金減免制度の適用が公表された法的措置件数	16	8	21	7	9	19	12	98(注)
課徴金減免制度の適用が公表された事業者数	37	21	50	10	27	41	33	235(注)

（注）　課徴金減免制度が導入された平成18年1月4日以から平成25年3月末までの件数の累計。

　これを見ると，申請件数の多さに比較して措置件数が少ないのは，公取委が摘発するカルテルは氷山の一角に過ぎない（！）ことを示している。「カルテル列島」は第1次石油危機の時期だけではなかったのである。とはいえ，減免制度の衝撃により企業の法令遵守体制の整備が進み，大企業によるカルテル・入札談合は大きく減少する。最近申請件数が減少しているのは，申請が一巡しかつ法令遵守体制が整備されたことによると見ることができよう。そして，公取委にとり，事件の端緒の情報源としてかつ審査の協力を確保する仕組みとして減免制度は欠かせない存在となっていることがわかる。

　とはいえ，法的措置件数についてみれば，減免制度導入前と比較しても増えていない。確かに課徴金額の高額化にみられるように事件が大型化したこともあろうが，それだけではあるまい。公取委OBの経済学者鈴木満は，減免制度導入にもかかわらず事件処理件数が伸びない理由として，①減免申請に係る"情報の精度"があまり高くないこと，②申請事業者からの審査協力が十分得られていないこと，③公取委の事件摘発能力・処理能力が弱まっていること，を指摘してい

スタンレー電気），軸受価格協定事件（平成25年，ジェイテクト），水あめ・ぶどう糖価格協定事件（同，日本コーンスターチ），架空送電工事受注調整事件（平成25・26年，弘電社），自動車海上輸送運賃協定事件（平成26年，商船三井），がある（「課徴金減免制度適用事業者一覧」（公取委HP）による。公取委は，平成18年9月，減免制度の適用を受けた事業者が希望すれば公表することにした。なお，（　）内は，課徴金納付命令が行われた年および公取委の調査開始後最初に申請を行うことにより課徴金が免除された事業者である。
(47)　小林渉「平成25年度における独占禁止法違反事件の処理状況について」公正取引平成26年8月号32頁。「法的措置件数（カルテル）」は，公取委各年次報告による。

る[48]。公取委の課徴金減免制度の運用には不透明な部分が少なくなく，指摘の点が事実ならゆゆしきことである。導入後既に10年近くを経過しているのであるから，諸外国と比較しつつ，わが国の制度・運用の有効性を検証すべき時期に来ていると思われる。

さて，平成27年（2015）に刑事訴訟法の改正案が国会に提出され，わが国おいても一部の犯罪について（捜査・公判協力型）司法取引が導入される見通しになった[49]。課徴金減免制度は司法取引と異なることが強調されて実現した経緯があるとはいえ，課徴金減免制度が密室でのカルテル・談合の発見・排除に成果を挙げたことは誰の目にも明らかになった。それは密室型・組織型犯罪の摘発にも司法取引が有効ではないかと認識させることにつながり，司法取引の導入に道を開いたといっても過言ではない。

大手ゼネコンの「談合決別宣言」

翌年1月4日の改正法の施行を目前に控えた平成17年（2005）12月21日，鹿島，大成建設，大林組，清水建設の4社の社長は談合から決別することを申し合わせた。同年11月上旬に一部の役員によって改正独占禁止法への対応が検討されてきたが，この日の社長会で改正法施行と同時に受注調整に一切参加しないこと，談合担当者を配置転換することが決定された[50]。4社は日本建設業団体連合会，日本土木工業協会および建築業協会に独占禁止法遵守を求め，翌12月22日，業界3団体は会長連名で会員各社社長宛てに次のような「公正な企業活動の推進について（独占禁止法の遵守）」と題する文書を通知した[51]。

「……さて，建設業は生活・産業基盤の整備を通じ，国民生活の向上とわが国経済の発展に寄与するという重要な社会的使命を担っております。

---

(48) 鈴木満「日本の課徴金減免制度の現状と特徴」横浜弁護士会専門実務研究第7号（平成25年）16頁。

(49) ただし，第189通常国会では，衆議院を通過したものの成立しなかった。ちなみに，司法取引の対象となる犯罪は，一定の財政経済関係犯罪と薬物銃器犯罪とされ，独占禁止法違反の罪も規定されている（刑事訴訟法350条の2第2項3号）。

(50) 平成17年12月29日付け朝日新聞記事「ゼネコン4社「談合と決別」」，同平成19年3月4日付け朝日新聞記事「ゼネコン4社協議判明」。4社の談合担当者の一人は「これは上からのクーデターだ」と言ったという（平成17年12月29日付け朝日新聞記事「「談合包囲網」効いた」）。

(51) 筆者の依頼に基づく公益社団法人日本建設業連合会の提供による。通知文書に「談合」ではなく「競争制限的行動」となっているのは，「談合決別を公にすれば，これまでの談合を認めることになる」からであった。

第 4 章　公取委の法執行の成果と裁判所

　このような認識のもと，平成 5 年 12 月 27 日，日建連および加盟団体は「日建連等企業行動規範」を定め，法令順守の徹底等に努めてきたところでありますが，その後の経済のグローバル化等を背景として，各企業は，経済，環境等の側面を含め，より広く社会的責任を果たしていくことが強く求められつつあります。
　このような状況のもとにあって，公共工事をめぐり，依然として競争制限的行動の指摘が見られ，建設業全体の信頼を損なっていることは誠に憂慮すべきことであります。
　ついては，加盟団体・企業におかれましては，独占禁止法の改正，強化などの社会状況を十分認識のうえ，企業倫理の確立はもとより，疑わしい行動は行わないなど，コンプライアンスの徹底を図られるよう，改めて特段のご配慮をお願い申し上げます。」(傍点筆者)

　これを聞いた公取委関係者は，やはり談合をしていたのかと衝撃を受けるとともに，それをとらえ切れなかった複雑な思いにとらわれたことであろう。独占禁止法の執行が強化された平成以降，埼玉建設談合（平成 4 年勧告審決・課徴金納付命令），関西建設談合（平成 10 年警告），多摩土木工事談合（平成 14 年審判開始決定），新潟市下水管工事談合（平成 16 年審判開始決定），防衛施設庁土木・建築談合（平成 19 年排除措置命令・課徴金納付命令）において関与の実態がありながら，大手ゼネコンは刑事告発を免れてきた。その後の名古屋市地下鉄工事談合事件においても，告発対象となったのは支店関係者であって本社関係者ではなかった[52]。これらの事件は，いずれも氷山の一角にすぎなかった。
　ここで注目すべきことは，談合との決別も大手ゼネコンでさえ単独では行えなかったことである[53]。それだけ建設業界の談合体質は組織的・構造的で根が深かった。配置転換することになる談合担当者はある社について全国で「数十人単位」の規模とする（！）という。とはいえ，4 社の談合決別宣言によって過去行われてきた談合の実態が明らかにされたわけではない。公取委に課徴金減免申請をしてもいない。公取委が新聞報道を受けて業界から事情を聴取したとも伝えら

---

(52)　名古屋市地下鉄談合事件判決前掲注(31)によれば，談合決別宣言後，副社長らが被告人らに対し受注調整済みの工事についてはそのとおり実行することを指示したという。名古屋地検は，違反行為を知りながらその是正に必要な措置を講じなかった法人の代表者を処罰する規定（独占禁止法 95 条の 2，いわゆる 3 罰規定）の適用を検討したが，本社側が違反行為を認識していた直接的な証拠がないとして，適用を見送ったとされる（平成 19 年 3 月 17 日付け日本経済新聞記事「地下鉄談合，5 社と 5 人起訴へ」）。
(53)　鈴木満『談合を防止する自治体の入札改革』（平成 20 年）137 頁は，談合決別宣言が実効性を持った理由として，こぞって離脱を決意・実行したので対抗廉売などを受けなかった，談合担当者を配置転換するなど談合排除策が適切であったことを指摘している。

れていない。国会で決別宣言について集中質疑が行われることもなかった。課徴金減免制度を中小建設業者も含めてほとんど利用することがない——ハザマは例外中の例外——のは，建設業界の結束が固く申請した場合のリアクションが怖いからであろう。

　これまでの建設業界における法令遵守プログラムはすべて茶番であったが，今回はどうやら本物であった。鹿島は地域ごとの業者の集まりに営業担当者が参加することを禁じ，大成建設は全社員約1万人から談合に関与すれば会社を辞めるという誓約書をとったと報道された[54]。実際，その後，大手ゼネコンが関与する入札談合事件は見当たらない。しかし，中小の地元業者による入札談合事件は散発的に続いている。

　市民オンブズマンの調査による落札率の推移は，次のとおりである[55]。

都道府県発注工事の平均落札率

平成　年度	16	17	18	19	20	21	22	23	24	25
平均落札率（％）	94.0	91.1	83.5	83.5	85.4	84.2	82.9	86.5	89.3	92.3

　平成22年度まで落札率の低下の要因としては，一般競争入札の普及[56]，公共事業関係費の大幅減そして大手ゼネコンの談合決別宣言によって受注競争が激化したことが考えられる[57]。最近の急上昇は，東日本大震災による復旧・復興予

---

[54]　平成19年6月12日付け朝日新聞記事「ゼネコン『談合は損だ』」。

[55]　全国市民オンブズマン連絡会議「2013年度入札調書の分析結果についての報告」179頁（全国市民オンブズマン連絡会議HP）。

[56]　福島県，和歌山県および宮崎県の3知事が県発注工事に関して収賄罪や競売入札妨害罪で逮捕されたことを受けて，平成18年12月，全国知事会はできるだけ早く指名競争入札を廃止し当面1千万円以上の工事を一般競争入札とする入札改革に関する指針を了承した（「『全国知事会議』の開催について」平成18年12月18日，全国知事会議HP）。国土交通省も，段階的に一般競争入札の範囲を拡大してきたが，水門設備工事入札談合事件に関して，公取委から改善要求を受けたことにかんがみ，平成19年度中に1億円以上に，同20年度中に6,000万円以上に拡大することにした（「入札談合の防止について」平成19年3月8日，国土交通省）。

[57]　平成18年度以降の落札率の下げ止まりには，平成17年に議員立法によって制定された「公共工事の品質確保に関する法律」（平成17年法律第18号）が総合評価方式による入札を導入したことが影響したことも考えられる（市民オンブズマン前掲注(55)179頁）。同法は，「公共工事の品質は，……経済性に配慮しつつ価格以外の多様な要素をも考慮し，価格及び品質が総合的に優れた内容の契約がなされることにより，確保されなければならない」（3条2項）との理念のもと，総合評価方式の採用を推進することをめざしている。総合評価方式とは，評価値＝技術評価点（技術提案，工事の施工能力等，

算による需要の拡大や資材価格の上昇によるとみることができよう。そうすると，地方レベルではなお完全に排除し切れていないが，組織的・構造的な入札談合そして官製談合は影を潜めたといってよいであろう。その意味で，「談合国家日本」は解体・終焉を迎えたということができる（地方では「ミニ談合国家」が今なおあるかもしれない）。もちろん談合の誘惑は常にあるから，公取委は警戒を怠ることはできない。

4　優越的地位の濫用規制の活発化とその意義

優越的地位の濫用規制の活発化

第3部における公取委の法運用の特色のひとつは，優越的地位の濫用規制の活発化である。ローソン事件（平成10年）を経て，次のような事件があった[58]。

平成15年度	ポスフール（総合スーパー），山陽マルナカ（総合スーパー）
同　16年度	ミスターマックス（総合スーパー），カラカミ観光（ホテル），コーナン商事（ホームセンター），ユニー（総合スーパー），ドン・キホーテ（総合ディスカウント業者）
同　17年度	フジ（総合スーパー），三井住友銀行（銀行）
同　18年度	バロー（食料品スーパー，ホームセンター），ニシムタ（住関連品スーパー）
同　19年度	なし
同　20年度	マルキョウ（食料品スーパー），エコス（食料品スーパー），ヤマダ電機（家電量販店），大和（百貨店）
同　21年度	島忠（家具小売，ホームセンター），セブン-イレブン・ジャパン（コンビニ・フランチャイズ）
同　22年度	ロイヤルホームセンター（ホームセンター）
同　23年度	山陽マルナカ（総合スーパー），日本トイザらス（子供・ベビー用品小売），エディオン（家電量販店）
同　24年度	なし

　　地域精通度・地域貢献度等を評価）／入札価格が最大となる者を落札者と決定する方法である。これについては，「入札制度に新たな恣意性を入り込ませる」，「行政コストを肥大させる」との批判がある（鈴木前掲注(53) 36頁）。
(58)　公取委各年次報告および審決集から作成。

同　25年度	ラルズ（総合スーパー）
同　26年度	ダイレックス（総合ディスカウント業者）

（注）　勧告または排除措置命令ベースである。

　これらの事件の大部分は，大規模小売業者が納入業者に対してバイング・パワー（購買力ないし仕入力）を行使して，協賛金の提供，押付け販売（購入強制），返品，従業員等の派遣，代金減額といった行為を行ったことが優越的な地位の濫用行為として法19条違反とされたものである[59]。違反行為者の大部分が大規模小売業者であるのは，優越的地位にある製造業者の濫用行為は下請法でかなり対応できるので，2つの法の相互間ですみ分けがされている観を呈している。平成21年法改正により下請法違反の類型が独占禁止法2条9項5号ハに規定されるなど，独占禁止法の下請法化がみられる一方，下請法にも「下請法リニエンシー」が設けられるなど，下請法の独禁法化もみられる[60]。

　そのなかで，注目されるのは三井住友銀行事件とセブン－イレブン・ジャパン事件である（後者については後述する）。三井住友銀行事件[61]は，他の金融機関では資金の手当てが困難な中小事業者に対し融資を行うに当たり，購入の提案に応じなかったにもかかわらず，金利スワップ――オーバーヘッジとなることもある――の購入を余儀なくさせた事案である。本件は，大手都市銀行に対しほぼ半世紀ぶりに法的措置をとったもので，かつ金融自由化を背景とする金融派生商品に係る違反行為であったと指摘されている[62]。三井住友銀行は公的資金の注入を

---

[59]　平成21年改正法施行前は一般指定14項または百貨店業特殊指定（昭和29年公取委告示第7号）もしくは大規模小売業特殊指定（平成17年公取委告示第11号）該当とされ，同改正法施行後は法2条9項5号該当とされた。

[60]　横田直和「最近の優越的地位の濫用規制等の動向」公正取引平成25年11月号13頁参照。

[61]　㈱三井住友銀行に対する件（平成17年12月26日勧告審決，審決集52巻436頁）。金利スワップとは，事業者との間で設定される想定元本を基礎として算定された異なる種類の金利を契約期間において交換することを内容とする金融派生商品である。変動金利により融資を受けている場合には，変動金利を受け取り，固定金利を支払う金利スワップを購入することにより，変動金利の上昇によるリスクを回避することができる。ただし，当時金利は極めて低水準で推移しており変動金利が上昇するリスクは小さかった。三井住友銀行は，借入れの元本または契約期間を上回る設定となる（オーバーヘッジ）金利スワップの購入を余儀なくさせていた。

[62]　諏訪園貞明「株式会社三井住友銀行に対する勧告審決について」公正取引平成18年2月号45頁。

第4章　公取委の法執行の成果と裁判所

受けており、そのために収益力の向上に躍起となり、「業務の推進と管理のバランスが崩れてしまった」(63)とみられる。公取委の審決を受けて、金融庁は、同行が「法令等遵守より収益獲得優先が常態化し」ているとして、厳しい業務停止命令（法人営業部における金利系デリバティブ商品の6か月間の販売停止等）と徹底的な業務改善命令（経営管理・内部管理・法令遵守態勢の確立等）を行った(64)。

平成21年法改正後により、優越的地位の濫用行為に対して抑止力を強化するために、課徴金が課されることになった。公取委は、法適用の予測可能性・透明性を高めるために、「優越的地位の濫用に関する独占禁止法上の考え方」（平成22年11月30日）と題するガイドラインを公表した。課徴金の額は違反行為期間中の行為の相手方に対する売上額または購入額の1％とされた（法20条の6）が、たとえば、エディオンに対しては40億4,796万円という巨額の課徴金の納付が命じられた（ただし、本件について審判係属中）。課徴金の賦課により優越的地位の濫用規制はさらに関心を集め、違反要件や課徴金の賦課要件についての解釈・適用についての議論が盛んになっている(65)。

さらに、注目されるのは、平成27年（2015）6月に下された日本トイザらス事件審決(66)である。審決は、優越的地位の判断は取引依存度等を総合考慮して行うとしつつ、当該行為が濫用行為に該当すること自体が優越的地位の重要な判断の要素になることを明らかにした。濫用行為は通常合理性のない行為であり、優越的地位になければ行えないからである。優越的地位の濫用規制は、正常ならざる商慣習を是正することが目的であり、規制の核心は濫用行為の排除にある。このような判断は規制の一段の強化を図るものということができる。

規制の活発化の背景と意義――「公正な取引のルール」へ
優越的な地位の濫用規制は市場における競争との関連が明確でなく、新自由主義的立場からすれば、契約・取引の自由に対する過剰な介入として規制改革の対

---

(63) 三井住友銀行総務部行史編纂室『三井住友銀行十年史』（平成25年）393頁。
(64) 金融庁「株式会社三井住友銀行に対する行政処分について」（平成18年4月27日、金融庁HP）。
(65) 最近の議論については、別冊公正取引No.1（平成23年）『優越的地位濫用規制の解説』、ジュリスト1442号（平成24年）『特集優越的地位の濫用とは？』、経済法学会年報35号（平成26年）『特集優越的地位の濫用規制の展開』所収の各論文および長澤哲也『優越的地位の乱用規制と下請法の解説と分析』（平成23年）参照。
(66) 日本トイザらス㈱に対する件、平成27年6月4日審決（排除措置命令一部取消）、審決集未登載。

象となりかねなかった(67)。しかし，公取委は，規制改革の流れを逆手にとって，優越的地位の濫用規制を「競争社会のルール」と位置付ける(68)ことにより，規制強化すべきものととらえた。これが功を奏し，政治的にも規制改革がもたらす弱肉強食の緩衝装置として受容されることになった。

その後，平成20年（2008）9月に世界金融危機（いわゆるリーマン・ショック）が発生すると，わが国経済も著しい景気後退に見舞われた。公取委は，平成21年（2009）11月，中小企業対策として「中小事業者取引公正化推進プログラム」(69)を公表し，大企業・親事業者のコンプライアンスの促進，特別調査の実施，審査局に「優越的地位濫用事件タスクフォース」の設置等の措置をとった。こうした厳しい経済情勢も公取委の優越的地位の濫用規制重視の方針を後押しすることになった。

とはいえ，優越的地位の濫用規制の趣旨を単なる中小企業の保護と唱えたのでは規制改革の時代に支持されるはずがない。そこで，公取委事務総局幹部は，「中小企業を保護するのではなしに，商慣行として当然のことを公正なルールとして定着させ」（傍点筆者）なければならないと主張した(70)。優越的地位の濫用ガイドラインは，このことを端的に示している。すなわち，「取引上の地位が優越しているかどうかは，……大企業と中小企業との取引だけでなく，大企業同士，中小企業同士の取引においても，取引の一方当事者が他方の当事者に対し，取引上の地位が優越していると認められる場合がある」と述べている（第2・2（注7））。この説明は，優越的地位の濫用規制が大企業対中小企業の関係を超えた広汎な取引のルールであることを確認したものである(71)。

「公正な取引のルール」という場合，公正性とは何か？ ガイドラインは，公

---

(67) OECDは新自由主義的志向が強いが，OECD, Buying Power of Multiproduct Retailers, 1998（DAFFE/CLP（99）21は，流通が十分競争的であるかぎり，バイイング・パワーの行使は消費者の利益となるとし，バイイング・パワーへの規制を警戒している。

(68) 「21世紀における競争政策のグランド・デザイン」（平成13年度・公取委年次報告296頁）において「ルールある競争社会の推進」の項目の下に「公正な取引慣行の促進」があり，「中小企業が活躍できるフェアな競争環境の整備」とも言っている。

(69) 公取委「中小企業取引公正化推進プログラム」（平成21年11月18日）。

(70) 鵜飼信一ほか「座談会 下請法改正の意義と課題」公正取引平成15年8月号18頁の松山隆英公取委事務総局取引部長発言。

(71) 白石忠志「優越的地位濫用ガイドラインについて」公正取引平成23年2月号13頁は，この点を重要視し注目している。菅久修一編著『独占禁止法』（平成25年）169頁（伊永大輔執筆）は，さらに進んで中小企業が大企業に対して優越的地位に立つ場合があることを例示している。

正競争阻害性の解釈として，取引の相手方の「取引の自由かつ自主的な判断」の侵害と取引の相手方または行為者の競争者に及ぼす競争への影響を挙げている。この説明は，自由競争基盤侵害説と間接的自由競争侵害説を組み合わせたものであるが，いずれも競争に関連付けたもので，特に公正性の内容を説明してはいない。実務としてはケースバイケースの判断の蓄積のなかから抽出していくほかないのかもしれない。とはいえ，「公正な取引のルール」を単なるスローガン以上のものにするには，競争とは異なる価値概念としての「公正」の内容を理論的に深化させる必要があろう[72]。

　さて，優越的地位の濫用行為の規制は，従来わが国固有の規制であると位置づけられてきた（本書・上巻227頁もそのように評価している）。しかし，欧州等においては，かねてさまざまなかたちでバイイング・パワーの規制が試みられてきたが，英国において，平成25年（2013），大手スーパーと納入業者との取引慣行を規制する「食品雑貨綱領審判官法（Groceries Code Adjudicator Act 2013）」を制定したことが注目される。同法は大手スーパーに対し納入業者と常に「公正かつ合法的に取引しなければならない（deal with fairly and lawfully）」（Code 2.）とし，契約の遡及的変更，支払遅延，販売促進のための協賛金の要求，売れ行き予測ミスの場合の値引き等々が違反行為とされている[73]。こうした行為はわが国特有のものではなく，バイイング・パワーに基づく普遍的な現象であり，その規制も各国共通のものとなるのかもしれない[74]。今後の研究が待たれる。

---

[72]　学説は，「力を背景としてのみ実現される行為，逆にいえば，通常の対等者間の取引においては現れ得ないような取引条件を押し付ける行為」と不公正性を「力の濫用」に求める説（舟田正之『不公正な取引方法』（平成21年）81頁）や，公正性を「分配的公正，手続的公正，対人公正および情報公正の4つを総合的に見て，どの程度当事者が不公正感を持つことになるか」から判断すべきであると整理する説がある（石井彰慈「優越的地位の濫用行為の公正競争阻害性の解釈とその大規模小売業者への適用」高崎商科大学紀要22号（平成19年）120頁）。なお，力の濫用説は，法哲学の正義論でいう「反転可能性」と相通じるものがある。「反転可能性」とは，自他の立場が現状と反転したとしてもなお首尾一貫して受容しうる規範的判断のみが正義の判断となることをいう（井上達夫『法という企て』（平成15年）23頁）。

[73]　英国政府HP。森平明彦「需要力濫用規制の新展開──英国綱領審判官制度の研究」高千穂論叢49巻1号（平成26年）1頁が詳細な検討を行っている。森平によれば，同法はこれらの行為が競争を歪曲するとして「健全な競争」を保護する観点から競争法に含まれることになったという。

[74]　平成20年（2008）4月のICN京都総会において，優越的地位の濫用規制をテーマにシンポジウムが行われた。新自由主義の影響が強い米国，EU，ニュージーランドの出席者からは，競争法で優越的地位の濫用規制を行うことに批判的な意見が示された

いずれにせよ，優越的地位の濫用規制が盛行をみるに至ったことは，好むと好まざるとにかかわらず，（狭義の）社会的公正原理が競争原理に次ぐ従たる独占禁止法の基本原理となったことを示している。換言すると，わが国の独占禁止思想は，競争原理だけでは構成されておらず，社会的公正原理も織り込まれているのである。

コンビニ・フランチャイズの問題——セブン-イレブン事件

公取委が社会に存在感を示した出来事として，平成21年（2009）に摘発したセブン-イレブン・ジャパン（以下「セブン-イレブン」という）事件があった。わが国における流通革命としてスーパーに次いで登場したのがコンビニ・フランチャイズ・システムであり，消費者に身近で便利な小売業態として低成長下にあって急速に成長していた。もともと素人同然の加盟店に対して，フランチャイズ本部が知識・経験・ノウハウや交渉力・経済力において「力の格差」があることは明らかであり，フランチャイズ・システムの「本質的属性」であるといえる[75]。しかし，公取委はガイドライン[76]を作成したものの，長い間個別の事件として法的措置をとることがなかった。本部の不当な行為に対して，加盟店は民事訴訟を提起したがほとんど勝訴することがなかった。

そうしたなかで，公取委は，直営店約800店，加盟店約1万1,200店を有するコンビニ・チェーン最大手のセブン-イレブンがデイリー商品（品質が劣化しやすい食品・飲料であって原則として毎日店舗に納入されるもの）について，販売店が見切り販売（販売期限が迫っている商品を値引きして消費者に販売する行為）を行わせないようにしたり，取りやめさせていたことを，優越的地位の濫用行為と認め，法19条違反であるとした[77]。販売期限が過ぎたデイリー商品は廃棄することになっていたが，加盟店としては廃棄すると当該商品の原価相当額のほかロイヤルティを負担することになる[78]ので，見切り販売をするインセンティブがあ

が，フランス，ロシア，インドネシアの出席者からは親近感が表明され，インドネシアのマーリフ事業競争委員会委員長からは，「効率性だけでなく経済的正義も大事である」という趣旨の発言があったとされる（白石忠志「優越的地位濫用規制をめぐるICN京都総会特別プログラム」公正取引平成20年7月号6頁）。

[75] 山本晃正「フランチャイズ取引と法規制」経済法学会年報23号（平成14年）175頁。

[76] 公取委「フランチャイズ・システムに関する独占禁止法上の考え方について」（昭和58年9月20日）およびこれを全面改正した同名のもの（平成14年4月24日）。

[77] ㈱セブン-イレブン・ジャパンに対する件（平成21年6月22日排除措置命令，審決集56巻第2分冊，6頁）。

第4章　公取委の法執行の成果と裁判所

る。排除措置命令は，見切り販売の制限を「加盟者が自らの合理的な経営判断に基づいて廃棄に係るデイリー商品の原価相当額の負担を軽減する機会を失わせている」と判断した。

　公取委の排除措置命令に対して，一部の経済法学者は，フランチャイズ・システムの本質は本部の営業方針・体制の下に加盟店が統一的な活動をすることにあり，価格も例外ではないと批判した[79]。しかし，次のような「消費者を忘れた値引きの制限」と題する新聞の投書があった[80]。

> 「弁当などの値引き販売を不当に制限していた疑いで，最大手コンビニに公正取引委員会の調査が入った。消費期限の迫った食品を加盟店が値引きして売るのは好ましくないと，コンビニ会社は記者会見で述べた。
> 　コンビニは鮮度と利便性を強調するが，消費者はそれだけの理由で利用しているのではないだろう。消費期限が迫った300円の弁当を240円で売るのは至極普通ではないか。「安値競争に陥る可能性もあり，加盟店にとってもマイナス」というのはあまりに消費者を忘れた言い訳だ。
> 　私はごみ焼却場の現場で働いたことがある。毎日運び込まれるごみの中に，手の付けられていないパンやおにぎり，弁当，菓子を目の当たりにして泣きたくなったものだ。……」

　世論は，コンビニ弁当について，見切り販売による値下げを歓迎した[81]し，売れ残り品の大量廃棄には資源・環境問題の観点から問題視した[82]。しかし，その後，コンビニ店で見切り販売が広がったわけではない。セブン-イレブンの加盟店で値引き販売する店は1％程度で，ほとんどの加盟店は値引き販売を自らの不利益となると自制し，本部もそれとなく自重を促した模様である[83]。

　公取委の排除措置命令に刺激されて，加盟店による民事訴訟が相次ぐことに

---

(78)　これは「粗利分配方式」と呼ばれるコンビニ特有のロイヤルティの算定方法であるが，最高裁は契約解釈の問題としてこれを認めた（平成19年6月11日判決）。

(79)　前掲注(76)の平成14年の公取委ガイドラインは，見切り販売の制限や販売価格の制限を違法としていた。セブン-イレブン・ジャパンの基本契約においても，販売価格の決定は加盟店自らの判断で決定することが規定されていた。ただし，ほとんどの加盟店は本部が定める推奨価格で販売していた。

(80)　平成21年2月26日付け朝日新聞掲載の投書（斎藤健一）。

(81)　平成21年9月3日付け日本経済新聞記事「「広がってほしい」81％」。

(82)　平成21年6月3日付け朝日新聞社説「捨てない仕組みをめざせ」など。排除措置命令によると，廃棄された商品の原価相当額は加盟店1店につき年間平均約530万円であるという。セブン-イレブン全店舗では，年間仕入価格630億円分の商品を廃棄していることになる。

(83)　平成21年9月10日付け朝日新聞記事「弁当値引き　広がらぬ訳」。

525

なった。セブン-イレブンの加盟店が見切り販売の制限に関して提起した法25条訴訟において一部の原告が一部勝訴した[84]ものの、その他の訴訟では加盟店に厳しい状況が続いている。たとえば、セブン-イレブンが深夜営業を強要しているのは優越的地位の濫用であるとして加盟店が法24条に基づく差止請求をした事件において、裁判所は、深夜営業は基本契約に基づく法的義務であるから、契約後に加盟店が不利益だと感じた後に本部が深夜営業を続けるように求めたとしても直ちに優越的な地位の濫用にあたらないと判示した[85]。優越的な地位の濫用規制による加盟店の救済にも一定の限界があるといえよう。

かねてフランチャイズ規制法の必要が唱えられていたが、平成21年（2009）、租税法・経済法の研究者や弁護士からなる研究会が「フランチャイズ規制法要綱」を発表した。その内容は、加盟店保護の見地から、事前開示書面による説明義務、種々の不当な契約条項の無効化（たとえば、加盟店の営業時間決定や売価決定の自由の制限の無効など）、フランチャイズ事業者の義務などを定めるほか、公取委の措置や紛争処理機関の設置を定めるなど、フランチャイズ契約を民事的行政的に取り締まるユニークなものであった[86]。しかし、その後、一部の加盟店によって結成された労働組合や日弁連による立法運動はみられるものの、フランチャイズ規制法が実現する見通しは立っていない。

公取委は、セブン-イレブン事件後、「行為の広がり」のない個別紛争は取り上げにくいのであろうか、フランチャイズに関して1件も法的措置をとっていない。特殊指定を行えば、裁判所にも効力が及ぶから一定の効果が期待できるが、そのような動きもない。公取委が社会的公正原理を充実させるなら、フランチャイズ問題をセブン-イレブン事件で終わらせないようにする必要がある。

5　判例の進展——裁判所と「反トラスト」

私的独占—— NTT東事件及びJASRAC事件の最高裁判決

第3部は独占禁止法に関する多数の判例が生み出された時代でもあった。そうした判例にみられる裁判所の独占禁止法への対応はいかなるものであったか？

---

(84) 平成25年8月30日東京高裁判決、審決集60巻第2分冊261頁（平成26年10月14日、最高裁上告棄却・上告不受理決定）。

(85) 平成24年6月20日東京高裁判決、審決集59巻第2分冊113頁。近年の判例の動向については、長谷河亜希子「フランチャイズ本部の濫用行為とその法規制」経済法学会年報36号（平成27年）118頁参照。

(86) フランチャイズ法研究会「フランチャイズ規制法要綱」（平成21年12月）法律時報82巻3号（平成22年）82頁。長谷河前掲注(85) 126頁も参照。

第4章　公取委の法執行の成果と裁判所

好意的積極的であったか，はたまた敵対的消極的であったか？　日米構造問題協議の時代までは，裁判所は必ずしも独占禁止法に理解があるとはいえない状況にあった（昭和62年の東京灯油裁判，平成元年の鶴岡灯油裁判各最高裁判決を想起せよ）。実体規定の適用に関する主要な行政事件訴訟判決を取り上げて検証してみよう。

　平成22年（2010）12月，最高裁は独占禁止法制定以来初の私的独占に関する判断を示した。NTT東事件審決取消訴訟判決である[87]。事案は，東日本地区において光ファイバ設備において圧倒的な市場シェアを有するNTT東日本が，戸建て住宅向け通信サービス（以下「FTTHサービス」という）を提供するに際し，同社の光ファイバ設備の接続料金を下回るユーザー料金を設定することにより，同社の光ファイバ設備を利用してFTTHサービスを提供しようとする競争者を排除したことが，排除型私的独占に該当し，法3条前段違反とされたものである。

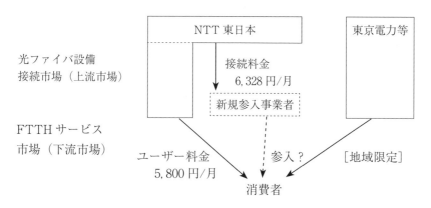

最高裁は，私的独占の要件該当性について，次のように判示した。

「　独禁法は，公正かつ自由な競争を促進し，事業者の創意を発揮させて事業活動を盛んにすることなどによって，一般消費者の利益を確保するとともに，国民経済の民主的で健全な発達を促進することを目的（1条）とし，事業者の競争的な行動を制限する人為的な制約の除去と事業者の自由な活動の保障を旨とするものである。その趣旨にかんがみれば，本件行為が独禁法2条5項にいう「他の事業者の事業活動を排除」する行為（以下「排除行為」という）に該当するか否かは，本件行為の単独かつ一方的な取引拒絶ないし廉売としての側面が，自らの市場支配力の形成，維持ないし強化という観点からみて正常な競争手段の範囲を逸脱するような人為性

---

(87)　平成22年12月17日最高裁判決，審決集57巻第2分冊213頁。原審決は，平成19年3月26日審判審決，審決集53巻776頁，原判決は平成21年5月29日東京高裁判決（請求棄却），審決集56巻第2分冊262頁。

を有するものであり，競業者のFTTHサービス市場への参入を著しく困難にするなどの効果を持つものといえるか否かによって決すべきものである。この点は，具体的には，競業者が加入者光ファイバ設備接続市場において上告人［原告NTT東―筆者注］に代り得る接続先を確保することの難易，FTTHサービスの特性，本件行為の態様，上告人及び競業者のFTTHサービス市場における地位及び競争条件の差異，本件行為の継続期間等の諸要素を総合的に考慮して判断すべきものと解される。……

　以上によれば，本件行為は，上告人が，その設置する加入者光ファイバ設備を，自ら加入者に直接提供しつつ，競業者である他の電気通信事業者に接続のための設備として提供するに当たり，加入者光ファイバ設備接続市場における事実上唯一の供給者としての地位を利用して，当該競業者が経済的合理性の見地から受け入れることができない接続条件を提示したもので，その単独かつ一方的な取引拒絶ないし廉売としての側面が，自らの市場支配力の形成，維持ないし強化の観点からみて正常な競争手段の範囲を逸脱するような人為性を有するものであり，当該競業者のFTTHサービス市場への参入を著しく困難にする効果を持つものといえるから，同市場における排除行為に該当するというべきである。

　また，……ブロードバンドサービスの中でADSLサービス等との価格差とは無関係に通信速度等の観点からFTTHサービスを選好する需要者が現に存在していたことが明らかであり，それらの者については他のブローバンドサービスとの間における需要の代替性はほとんど生じていなかったものと解されるから，FTTHサービス市場は，当該市場自体が独立して独禁法2条5項にいう「一定の取引分野」であったと評価することができる。そして，この市場においては，既に競業者であるA社及びB社が存在していたが，……先行する事業者である上告人に対するFTTHサービス市場における牽制力が十分に生じていたものとはいえない状況にあるので，本件行為により，同項にいう「競争を実質的に制限すること」，すなわち市場支配力の形成，維持ないし強化という結果が生じていたものというべきである。」（傍点筆者）

本判決の特色は，第1に，私的独占の要件の解釈について，これまで積み上げられてきた公取委や学説におおむね則っていることである。排除行為を「正常な競争手段を逸脱するような人為性」と「排除効果」の観点からとらえるのは，能率競争概念に基づく従来の通説的見解に沿うものである。ただし，判決が「市場支配力の形成，維持ないし強化の観点からみて」を加えた理由は明らかでない[88]。

---

(88) 米国のシャーマン法1条が独占化（monopolization）を違法とし行為と効果が渾然一体となっているのに対し，わが国の私的独占の規定は行為要件と市場効果要件が明確に区別されているので，「自らの市場支配力の形成，維持ないし強化の観点」を行為要件に持ち込むのは，構成要件の解釈を徒に複雑化させ，その必要はなかったと考える。なお，越知保見・本件評釈ジュリスト1422号（平成23年）132頁参照。

「一定の取引分野」についても，基本的に需要者にとっての代替性の観点から判断するという企業結合ガイドラインの考え方（第2・1）を踏襲している。判決は，「競争の実質的制限」を「市場支配力の形成，維持ないし強化」と同義としているが，これはいうまでもなく昭和28年（1953）の東宝・新東宝事件東京高裁判決の説示（「競争自体が減少して，特定の事業者または事業者集団が，その意思で，ある程度自由に，価格，品質，数量，その他各般の条件を左右することによって，市場を支配することができる状態をもたらすこと」）を受けたもの（本件原判決はこれを引用している。）であり，かねて学説がこれを「市場支配力の形成，維持ないし強化」と表現してきたものである[89]。

　第2に，判決は，最近の独占禁止法ないし競争政策の進展を踏まえたものとなっていることである。本件行為のようなプライス・スクィーズ[90]を取引拒絶の枠組みで判断するのは，公取委の排除型私的独占ガイドライン（第2・5（注17））と整合的であり[91]，不可欠設備への接続拒否等を私的独占とする電気通信ガイドライン（Ⅱ・第1・1および3）にも適っている。また，事業法と独占禁止法との関係について，本判決は，電気通信ガイドライン等にみられる相互補完説

---

[89] 「競争の実質的制限」には，有力説は統合型市場支配と閉鎖型市場支配があり，競争者排除型の行為はそれ自体で違法とする。しかし，公取委や多数説は，そのような場合でも市場シェア等から統合型市場支配を考える。排除行為から統合型市場支配を推定する折衷的推定説もある。本判決が「市場における牽制力」に言及しているので統合型市場支配説をとったとみる学説が多いが，担当最高裁調査官は本判決が折衷的推定説をとることを示唆している（岡田幸人「最高裁判所判例解説[32]」法曹時報64巻11号（平成24年）289頁）。

[90] 「プライス・スクィーズ（price squeeze）」とは，川上・川下市場の両方で事業を営む事業者が川上市場における価格を川下市場における価格よりも高い水準に設定したり，川下市場での競争者が経済的合理性のある事業活動によって対抗できないほど近接した価格を設定することをいう。NTT東が接続料金を下回るユーザー料金を設定したのは，東京電力によるユーザー料金の引下げに対抗するためであったが，接続料金とユーザー料金が逆ざやにならないようにするとの総務省の行政指導があるため，分岐方式の設備に変更してFTTHサービスを提供するとして総務大臣の接続料金の認可を得かつユーザー料金を届け出ていた。しかし，想定していた需要がないため実際には従前の芯線直結方式の設備でサービスを提供し，分岐方式に変更する予定はなかった。

[91] 判決が「廉売」としての側面もあることに言及しているが，これはプライス・スクィーズを略奪的廉売としてとらえれば足りるとの学説に配慮したものとみられる（本件判決解説，判例時報2101号（平成23年）34頁）。プライス・スクィーズの違法性は，略奪的廉売と同様，同等効率性基準によって判断されることになるが，川上市場の価格を仕入原価とするなど略奪的廉売とは異なる側面がある（泉水文雄・本判決評釈・公正取引平成23年4月号79頁参照）。

第3部　構造改革なくして成長なし　2001〜

に立ち，電気通信事業法が形成する競争秩序を一応前提としつつも，独占禁止法上独自の立場から適用を行っている[92]。そして，本件行為が新規取引の申し出を拒絶するタイプの取引拒絶であることに着目すると，これを独占禁止法上違法とすることは，不可欠施設の保有者であるNTT東に取引義務を課すことを意味し，本件においては電気通信事業法上の接続義務も考慮に入れつつ，いわゆる不可欠施設の法理（第3部第2章2参照）を認めたものと解することができる。

　以上のような判決の法の解釈・適用は至極当然のように見えるが，NTT東の本件行為に対し独占禁止法の適用を控えるという判断もあり得ないわけではなかった。FTTHサービスの市場立上げ期の競争を長期的動態的にとらえたり[93]あるいは事業法上の措置を採らなかった電気通信専門官庁の競争政策的判断を尊重する[94]ことにより，本件行為がむしろFTTHサービスの普及を促進し消費者の利益になるとも考えられるからである。もちろん投資インセンティブの観点から不可欠施設の法理を否定する立場もあり得た。しかし，最高裁はそうしなかった。長期的動態的競争の予測は困難で独占禁止法の適用を無力化することになるし，適用除外規定もないのに独占禁止法を適用しない理由もない。最高裁は，本来の独占禁止法のありかたに忠実な態度をとったといえる。

　JASRAC事件[95]は，公取委の違反事実なしとの審決を，東京高裁が覆しかつ最高裁がこれを支持した独占禁止法の歴史上前代未聞の事件である。独占禁止法の法目的の実現を使命とする公取委が裁判所から任務怠慢を指摘されたに等しいものである。

　事案は，音楽の著作物の著作権等の管理事業をほとんど独占的に営む一般社団

---

(92)　岡田前掲注(89) 294頁。川濱昇・本判決評釈ジュリスト1419号107頁は，本判決は事業法上の接続義務をもって独占禁止法上の違法性を根拠づけているわけではなく，また事業法上の接続義務を無関係とはせずに考慮要因としているとみる。柴田潤子・本件評釈TKCローライブラリー経済法No. 34（平成23年）5頁も参照。

(93)　根岸哲・本件評釈・民商法雑誌144巻6号（平成23年）145頁。

(94)　白石忠志『独占禁止法の勘所［第2版］』（平成22年）385頁。

(95)　平成24年6月12日審決（排除措置命令取消），審決集59巻第1分冊59頁，平成25年11月1日東京高裁判決（審決取消），審決集60巻第2分冊22頁，平成27年4月28日最高裁判決。
　　なお，公取委の審決に少数意見を書こうとした委員がいたが，結局その委員は審決に署名しなかったという（平成24年6月25日付け日本経済新聞記事「JASRAC独禁法違反で逆転審決」）。少数意見の付記は必要的なものではない（旧70条の2第2項）が，公取委による法形成の上からは少数意見が公表されることが望ましく，多数意見が少数意見の審決への付記・公表を封じたとすれば，委員会運営のあり方からいっても信じ難い出来事であった。

第4章　公取委の法執行の成果と裁判所

法人日本音楽著作権協会（JASRAC）がほとんどすべての放送事業者との間で音楽著作物の放送等使用料を包括徴収[96]という方法で徴収する行為（「本件行為」）していたというものであり，当該行為が他の管理事業者の事業活動を排除する効果を有し排除型私的独占に該当するかどうかが争われた。公取委は，JASRACの競争者であるイーライセンスが参入に失敗したことについて証拠不十分であり，本件行為に排除効果が認められないと判断し自ら行った排除措置命令を取消した。

これに対してイーライセンスが審決取消訴訟を提起したが，東京高裁は被審人ではないが直接の被害者であるイーライセンスに原告適格を認め，JASRACのイーライセンス排除の事実を認めただけでなく，市場の状況，音楽著作物の特性等を総合考慮して本件行為には排除効果があることをも認定した[97]。公取委は，審判の弁論主義的な運営のためであろう，排除効果について総合考慮して判断する姿勢を示しながらも，踏み込まなかった。これと比較すると，裁判所の積極的な対応が際立っている。

本件最高裁判決は原判決を支持し，排除効果について，前記NTT東事件判決の一般的説示を引用した上で，さらに次のように述べた。

　「本件行為が上記の効果を有するものといえるか否かについては，本件市場を含む音楽著作権管理事業に係る市場の状況，参加人［JASRAC―筆者注］及び他の管理事業者の上記市場における地位及び競争条件の差異，放送利用における音楽著作物の特性，本件行為の態様や継続期間等の諸要素を総合的に考慮して判断されるべきものと解される。」（傍点筆者）

判決がいう市場全体の状況，行為者の市場における地位，行為の期間，行為の態様等の諸要素を総合的考慮して判断するというのは，公取委の排除型私的独占ガイドラインに沿ったものであり，前記NTT東事件最高裁判決がとったアプローチでもある。このアプローチにおいて，排除効果は当該行為の考えられる一般的影響や経済的経験則から合理的に推認されることになり，具体的な排除の事例はこれを補強する間接事実という位置付けになる（判決は「……本件行為が他の管理事業者の管理楽曲の利用を抑制するものであることは，……相当数の放送事業者に

---

(96)　包括徴収とは，放送等使用料の額を当該放送事業者の放送事業料収入に一定率を乗じるなどの方法により算定して徴収する仕組みで，使用料は固定額となるから，他の管理事業者の楽曲を使用すると追加負担となる。
(97)　審決取消訴訟は実質的証拠法則の下にあり，独自の立場で新たに認定をやり直さない建て前であるが，実際には裁判所は従来から新たな間接事実を認定しつつ，公取委の認定の合理性を審査してきた。

第3部　構造改革なくして成長なし　2001〜

おいて被上告人の管理楽曲の利用を回避し又は回避しようとする行動が見られ，……ことなどからもうかがわれる」と述べている)(98)。具体的な排除の事例が認定されないとして排除効果を否定した公取委に対しては，学説の批判が集中していた(99)。

　公取委としては，NTT東事件のプライス・スクィーズ等と異なり，本件における包括徴収の排除効果は一見して明らかでなく，実際に排除効果を裏付ける具体的な事例が決め手となると考えたのであろう。それ故に，審査官は放送事業者のイーライセンス楽曲の利用回避行動やイーライセンスの参入失敗の経緯について証拠収集に多大の労力を費やした。これまでも多くの審決や排除措置命令において具体的な事例が摘示されてきたが，それは当該行為が実効性を持ちかつ実質的に違法であることを明らかにする上で一定の意義があった。とはいえ，公取委は事案によっては具体的事例が必ずしも違反要件の立証に不可欠ではないことについて明確な認識を欠いていた(100)。

　これに対して，裁判所は，公取委のガイドラインに忠実に，市場の状況等経済的知見に基づいて合理的推認を働かせつつ判断するアプローチをとったということができる。

不当な取引制限

　不当な取引制限の成立の成否はほとんど「意思の連絡」の存在の立証に係っているが，平成7年（1995）の東芝ケミカル事件東京高裁によって示された推認のルールが立証上の準則とされてきた（第2部第4章3参照）。そこでは合意が形成された日時，場所等を情報交換が行われた状況から推認することが想定されていた。ポリプロピレン価格協定事件において，公取委はこの推認ルールを前面に押し出して，平成12年（2000）3月6日の部長会において値上げを合意したと認定する審決を行った(101)。これに対する東京高裁の反応は，いささか冷ややかであった。というのは，裁判所は，「特定の機会」における意思の連絡の成立という公

---

(98)　根岸哲・本件評釈・公正取引平成27年7月号70頁は，「本件の争点は，本来，「排除行為」の事実認定ではなく，「排除行為」の解釈にあったという。
(99)　稗貫俊文・本件審決評釈・ジュリスト1453号242頁など。
(100)　このことは，排除の具体的事例の立証が不要であるとか重要でないということではない。事例は補強証拠となるから，実務家としては欠かせないであろう。また，市場シェアがそれほど高くないような限界事例においても，重要となる。
(101)　出光興産㈱ほか3名に対する件，平成19年8月8日審判審決，審決集54巻207頁。委員会は，審査官の作成した審決案を引用しつつ，東芝ケミカル事件判決の推認の手法によって意思の連絡を認定できることを特に付記している。

取委認定事実を支持しつつも，そのような特定をしなくても情報交換が行われた事実と並行的な値上げ行為の事実から同法違反の事実の判断が可能であると示唆したからである(102)。

　裁判所は，それ以前から合意の形成過程の証明にこだわらなかった。旧清水市発注土木工事入札談合（大石組）事件判決において，「その意思の連絡があるときは，……その形成過程について日時，場所等をもって具体的に特定することまでを要するものではない」と明言し(103)，元詰種子価格カルテル事件判決においても，「このような意思［本件合意—筆者注］が形成されるに至った経過や動機について具体的に特定されることまでを要するものではなく」と寛容な態度を示した(104)。ただし，両事件のカルテル行為はいずれも基本合意と個別調整ないし個別合意からなる２段階構造をなしており，基本合意の存在の立証は個別調整・合意から容易に推認できる事案であった。これに対して，単段階構造の価格協定事件などにおいて，価格の並行的な行動だけから意思の連絡を推認するのは極めて困難であることに注意しなければならない。

　このように裁判所は，ともかく基本合意の存在自体が立証できれば足りるのであって，基本合意の形成過程などは重要でないとの態度をとった。しかし，課徴金が高額化し制裁的な機能を有することになったことにかんがみると，高度の証明水準が必要との観点から，日時，場所等を特定するなど意思の連絡について具体的な立証を求めるということもあり得ないではなかった。わが国の刑事司法は徹底した捜査と厳密な証明に基づく「精密司法」を特徴とする(105)が，公取委の審査実務も——行政事件中心ではあるが——長い間それに準ずるような手法をとってきた。それには種々の背景があるが，一言でいえば停滞期の産物であったといえよう(106)。とはいえ，精密司法は自白偏重を招きやすく，捜査段階における取

---

(102)　㈱トクヤマほか３名による審決取消請求事件，平成21年９月25日東京高裁判決，審決集56巻第２分冊326頁。

(103)　㈱大石組による審決取消請求事件，平成18年12月15日東京高裁判決，審決集53巻1000頁。

(104)　㈱サカタのタネほか14名による審決取消請求事件，平成20年４月４日東京高裁判決，審決集55巻791頁。違反行為とされた本件合意は，４種類の野菜の種子の基準販売価格を毎年決定するというもので，実際それに基づいて毎年基準販売価格が決定されていた。

(105)　佐々木知子『日本の司法文化』（平成12年）59頁は，日本は「世界一の「精密司法」国家」であるという。

(106)　公取委の審査実務が刑事法的手法をとったのは，昭和28年改正の際に行政官庁的色彩を強める経済部に対抗して審査部が刑事法的手法をとったこと，出向検事など刑事法

り調べのあり方が問われることになる[107]。公取委の審査官も断片的な証拠書類を自白調書によって固めることに精力を注いできたが，そのために調書の信用性がしばしば争点となり審判の長期化を招いたと批判されることになった[108]。

内閣府に設置された「独占禁止法審査手続についての懇談会」は，平成26年（2014），事業者の防御権確保の観点から，現行審査手続の見直しを行ったものの，抜本的な改善を提言するには至らなかった。とはいえ，今後の検討課題として，裁量型課徴金制度の導入等により公取委の調査に協力するインセンティブや非協力・妨害へのディスインセンティブを導入する仕組みを提起した[109]。そのような仕組みが実現すれば，従来の供述調書重視から報告命令の活用による客観的な事実の把握重視へと事件審査のあり方が大きく変わる可能性がある[110]。

以上みてきた判例の動向からすれば，裁判所が刑事法的な審査と立証を求めていないことは明らかである。内閣府懇談会報告書が示唆するような仕組みによる事実認定も，裁判所にとり十分受け入れ可能なものである。それは，結局，私的独占の場合と同様，経済的知見に基づき合理的推認を働かせつつ判断するアプローチであって，独占禁止法の王道を行くものである。

不当な取引制限の違反要件について，裁判所はどう解釈したか？　はじめに，入札談合事件における不当な取引制限の構成について裁判所の判断をみておこう。入札談合は2段階構造になっているが，不当な取引制限となるのは基本合意かそれとも個別調整を含むのかということがある。ごみ処理施設入札談合事件東京高裁判決[111]は，個別調整は基本合意の存在を推認させる間接事実であり，「基本合意がその内容のとおり機能し，競争を実質的に制限していたとの事実を認定す

　　　関係者のアドバイスを受けたこと，停滞期において手堅い審査として社会に受け入れられる必要があったこと，理屈よりも地を這うような手法が審査官気質に適合していたこと，などが考えられる。供述調書依存の刑事立証手法を行政手続に持ち込むことの批判として，越知保見『独禁法事件・経済犯罪の立証と手続的保障』（平成25年）520頁。
(107)　デイビッド・T・ジョンソン著大久保光也訳『アメリカ人のみた日本の検察制度』（平成16年）353頁参照。平成27年の刑事訴訟法改正案が提出され，取り調べの可視化が導入される見通しとなった。
(108)　越知前掲注(106) 122頁。
(109)　「独占禁止法審査手続についての懇談会報告書」（平成26年12月24日，内閣府HP）39頁。
(110)　それでも状況証拠による推認にはリスクがあり，審査実務にとり直接証拠または間接証拠としての供述調書が必要なことは変わらないであろう。
(111)　JFEエンジニアリング㈱ほか4名による審決取消請求事件，平成20年9月26日東京高裁判決，審決集55巻910頁。

る上で必要な範囲で立証されれば足りる」と判示した（第5・3）。これは当然のようにみえるが，公取委は「基本合意のもとで，受注予定者を決定し受注予定者が受注できるようにしていた」ことをとらえて法令の適用を行ってきたので，不当な取引制限の要件を充足する上で個別調整の認定も必要であるかのように読めるからである（第2部第4章3参照）。判決は，個別調整は間接事実にすぎない点を明確にした意義がある[112]。

最高裁が，昭和59年（1984）の石油価格協定刑事事件判決に次いで，再び不当な取引制限の要件について重要な判示を行ったのが，平成24年（2012）の多摩地区土木工事入札談合事件（新井組）判決である[113]。事案は，財団法人東京都新都市建設公社が多摩地区において発注する土木工事（指名競争入札）について，ゼネコン33社が受注調整に関する基本合意をし相互に協力していたことが不当な取引制限に該当するとして，公取委がうち30社に対して課徴金を課したというものである（いわゆる「一発課徴金事件」）。33社のほかにゼネコン47社があったが，47社は課徴金算定対象期間内に受注実績がなく，一方的に33社に協力していたにとどまるとして，基本合意の当事者ではなく違反行為者とされなかった。また，この期間中に入札に参加した地元業者は165社あったが，地元業者はゼネコンに協力することもあれば競争を挑むこともあった。33社が基本合意に基づいて落札したのは，この期間に発注された72物件中31物件であった（金額では56.3%）。

公取委の審決に対して，5件の取消訴訟が提起され，東京高裁において4件が公取委勝訴，1件は公取委敗訴となった。公取委敗訴となった（新井組）判決は，一定の取引分野における競争の実質的制限を「自由で自主的な営業活動を停止あるいは排除することによって，ある程度自由に受注者あるいは受注価格を左右することができる状態に至っていること」と解し，受注意欲を表明する等の行為は営業上正確な意思決定を行うための情報提供・情報収集であって競争制限効果の発生を推認できず，公取委の認定には実質的証拠があるとはいえないとして，審決を取消した[114]。本判決に対して，公取委が上告するとともに，学説が一斉に厳しい批判を行った[115]。根岸哲は，「独禁法は，……個別事業者間の競い合い

---

(112) 岸井大太郎「最近の独占禁止法関係事件における重要判決の検討」公正取引平成21年9月号3頁。

(113) ㈱新井組ほか3名による審決取消請求事件，平成24年2月20日最高裁判決，審決集58巻第2分冊146頁。

(114) ㈱新井組ほか3名による審決取消請求事件，平成22年3月19日東京高裁判決，審決集56巻第2分冊567頁。

それ自体ではなく，個別事業者間の競い合いの集合である市場全体の競争の機能を問題にするという，独禁法の基本的理解を欠いている」と評した[116]。

最高裁は，どう判断したか？　次のように述べて，原判決を破棄自判した。

「……各社は，本来的には自由に入札価格を決めることができるはずのところを，このような取り決めがされたときは，これに制約されて意思決定を行うことになるという意味において，各社の事業活動が事実上拘束される結果となることは明らかであるから，本件基本合意は，法2条6項にいう「その事業活動を拘束し」の要件を充足するものということができる。そして，本件基本合意の成立により，各社の間に，上記の取り決めに基づいた行動をとることを互いに認識し認容して歩調を合わせるという意思の連絡が形成されたものといえるから，本件基本合意は，同項にいう「共同して……相互に」の要件も充足するものということができる。

また，法が，公正かつ自由な競争を促進することなどにより，一般消費者の利益を確保するとともに，国民経済の民主的で健全な発達を促進することを目的としていること（1条）等に鑑みると，法2条6項にいう「一定の取引分野における競争を実質的に制限する」とは，当該取引に係る市場が有する競争機能を損なうことをいい，本件基本合意のような一定の入札市場における受注調整の基本的な方法や手順等を取り決める行為によって競争制限が行われる場合には，当該取り決めによって，その当事者である事業者らがその意思で当該入札市場における落札者及び落札価格をある程度自由に左右することができる状態をもたらすことをいうものと解される。そして，……本件33社及びその他47社が指名業者に選定される可能性が高かったものと認められることに加え，本件基本合意に基づく個別の受注調整においては，……その他47社からの協力が一般的に期待でき，地元業者の協力又は競争回避行動も相応に期待できる状況の下にあったものと認められることなども併せ考慮すれば，本件基本合意は，それによって上記の状態をもたらし得るものであったということができる。しかも，……本件対象期間中に発注された公社発注の特定土木工事のうち相当数の工事において本件基本合意に基づく個別の受注調整が現に行われ，そのほとんど全ての工事において受注予定者とされた者又はJVが落札し，その大部分における落札率も97％を超える極めて高いものであったことからすると，本件基本合意は，本件対象期間中，公社発注の特定土木工事を含むAランク以上の土木工事に係る入札市場の相当部分において，事実上の拘束力をもって有効に機能し，上記の状態をもたらしていたものということができる。そうすると，本件基本合意は，法2条6項にいう「一定の取引分野における競争を実質的に制限する」の要件を充足するものというべきである。」（傍点筆者）

---

[115] 金井貴嗣ほか「座談会　最近の独占禁止法違反事件をめぐって」公正取引平成22年8月号18頁（岸井，川濱，金井発言）。

[116] 根岸哲・本判決評釈，ジュリスト1420号295頁。なお，林秀弥「競争「関係」の制限と競争「機能」の制限」法政論集236号（平成22年）49頁も参照。

第 4 章　公取委の法執行の成果と裁判所

　公取委を含む独占禁止法関係者は，大いに安堵した。判決は，不当な取引制限の要件である「相互に」，「拘束し」，「共同して」および「一定の取引分野において競争を実質的制限すること」の意義を最高裁として初めて明らかにしたが，これは原判決に対する批判を受け入れ，昭和 24 年（1949）の合板入札談合事件以来の審判決や通説に基づく解釈を再確認した上，これを入札談合に的確に適用したからである[117]。競争の実質的制限についてみると，基本合意が「入札市場の相当部分において，事実上の拘束力をもって有効に機能し」ていることで足りるが，その判断はゼネコンの市場シェア，47 社およびアウトサイダーの協力といった構造的要因のほか，受注調整・受注実績の状況や落札率等事後的要因も考慮に入れて行っている。事後的要因は確認的補足的なものとみられるが，いずれにせよごみ処理施設入札談合事件審判決のように個別調整された物件が少なくとも過半を占めるといったことは必要とされていない[118]。

　ところで，公取委の原審決[119]は，一定の取引分野を基本合意の対象である公社発注の特定土木工事（複数のゼネコンまたはゼネコンがメインとなる複数の JV が指名される A ランク以上の工事）としていたが，本判決は「公社発注の特定土木工事を含む A ランク以上の工事」と一般的かつ客観的にとらえた[120]。原審決は，ゼネコン 47 社は本件対象期間中一方的に協力するだけで他のゼネコンの協力を得て自ら落札した物件がなかったとして基本合意の当事者，そして違反行為者とはしなかった。しかし，47 社は落札していなくても基本合意を認識しそれに沿った行動をしていたのであるから，基本合意の当事者となってしかるべきである。この点について，本判決は，原審決のような異例の論理は採用せず，「少なくとも本件 33 社が……本件基本合意をしていた」との認定事実をもってして公取委を救った。一部の当事者による基本合意であれ，競争制限以外の目的・効果のないハードコア・カルテルの性質にかんがみると，違法としないわけにはいかなかったからであろう。

---

[117]　古田孝夫・本判決解説，ジュリスト 1448 号（平成 24 年）96 頁，宮井雅明・本判決評釈，公正取引平成 24 年 5 月号 52 頁，向田直範・本件評釈，NBL982 号（平成 24 年）105 頁など。

[118]　斎藤高広・本判決評釈，ジュリスト 1445 号 104 頁，滝澤紗矢子・本判決評釈，法学 76 巻 3 号（平成 24 年）339 頁参照。なお，かつて公取委は，カルテルが「おおむね実施されている」ことをもってカルテルの実効性そして競争の実質的制限の要件を充足すると考えていた（上巻・353 頁）。

[119]　大成建設㈱ほか 33 名に対する件，平成 20 年 7 月 24 日審判審決，審決集 55 巻 174 頁。

[120]　古田前掲注(117) 94 頁。

第3部　構造改革なくして成長なし　2001～

　以上のように，当然のこととはいえ，本判決は，独占禁止法が市場における競争機能を維持することを目的とする法であることを前提とし，不当な取引制限の解釈適用を行ったもので，従来の確立された判断枠組みに従ったとはいえ，最高裁がこのような判決を行った意義は大きなものがある。

まとめ——裁判所は「反トラストの味方」となった？

　以上のように，裁判所，とりわけ最高裁は，審判決やガイドライン，学説によって形成されてきた解釈に則って独占禁止法上の判断を下そうとしていることがわかる[121]。それはとりもなおさず，経済的な知見に基づき合理的推認を働かせつつ判断を行おうとする姿勢にほかならないが，それは経済法としての独占禁止法の王道を行くものといえる。

　米国の反トラスト法研究者ハリー・ファーストは，平成7年（1995）にわが国の独占禁止法は官僚による行政指導ではなく法的執行が必要であると論じ（第1部第4章1参照），さらに次のように述べた[122]。

> 「どの国の反トラストも味方（allies）を必要とする。それは，民事・刑事の法施行を行う裁判所と，法の保護の直接的な受益者である私人の反トラスト原告に見出される。くりかえすが，この点において，日本は他のいかなる国とも変わらない。……」（筆者訳）

　反トラストが法の執行を通じて行われ，法治国家である以上，反トラスト——公取委といってもよい——は裁判所を味方としなければならないのは当然である。裁判所，特に最高裁は，これまでのところ，ほとんどの事件で公取委に支持を与えてきた[123]。JASRAC事件は例外となるが，それは公取委の判断に重大な誤りがあったからであり，むしろ裁判所の積極的な姿勢が称賛されるべきである。一般的にいえば，公取委や独占禁止法にとり裁判所，特に最高裁，は，今日信頼すべき「味方」となったといえるのではあるまいか（私訴についてはまた別の評価を要する）。

---

(121)　そのために公取委実務や学説を渉猟する最高裁調査官が大きな役割を果たしている。
(122)　Harry First, Antitrust Enforcement in Japan, Antitrust Law Journal, Vol. 64, 1995, p. 182.
(123)　郵便区分機事件最高裁判決は，既往の違反行為に対する排除措置の要件である「特に必要があると認めるとき」の判断について，「競争政策の専門的な知見を有する上告人［公取委——筆者注］の専門的な裁量が認められる」として公取委の判断を尊重した（㈱東芝及び日本電気㈱による審決取消請求事件，平成19年4月19日最高裁判決，審決集54巻657頁）こともあった。

第4章　公取委の法執行の成果と裁判所

　このような裁判所の姿勢はどこから来るのか？　NTT東日本事件および多摩土木工事談合事件の最高裁は，私的独占および不当な取引制限の要件について，独占禁止法の1条から説き起こし，目的論的解釈を行っている。目的論的解釈は，立法者の意図に忠実であろうとする姿勢を示す。しかし，おそらくそのような法律論だけではなく，日米構造問題協議を契機とし構造改革の時代を経て競争原理＝市場原理の重要性がわが国おいて一般的に認識されるようになり，裁判所もこれを共有するようになったからであろう。平成27年（2015）4月，公取委の審判が廃止され，裁判所の責任はますます重大となった。裁判所が引き続き独占禁止法の精神を発揮するような判断を示すかどうか注目される。

独占禁止法曹の誕生——独占禁止法コミュニティの形成？
　第3部において，独占禁止法を専門とする若手弁護士が多数輩出した。これは行政・民事・刑事の独占禁止法訴訟が増大し弁護士が活躍する場面が増大したからである。法科大学院で経済法を学んだ者も多いであろうし，公取委が弁護士資格を有する者を任期付きで多数採用した[124]ことも影響しているであろう。実際，独占禁止法を専門とする弁護士で組織する「競争法フォーラム」には200名を超える会員が存在する[125]。
　ここで重要なことは，かつての独占禁止法弁護士は企業や経済界の側に立って公取委や独占禁止法を批判するというイメージが強かったが，現在はそのような立場を超えて，より広い視野から独占禁止法を理解するようになっていることである。その背景には，独占禁止法が浸透し企業も法令遵守の仕組みを整備しなければならないし，とりわけ課徴金減免制度の導入により，弁護士も申請企業の代理人として公取委の審査に協力しなければならない（！）という状況がある。独占禁止法の担い手としての法曹の誕生である。
　独占禁止法の担い手としては，従来，公取委関係者，経済法研究者[126]が中心であったが，そこに専門法曹が加わることとなった。これらの関係者の間には独占禁止法に関して一定の共通の理解が可能になっているはずである。公取委，研究

---

[124]　5年以内の任期付き職員として弁護士17名が事件審査や審判関係の職務に就いているという（平成24年2月1日付け事務総長定例会見記録，公取委HP。ちなみにエコノミストは3名）。
[125]　競争法フォーラムHP参照。競争法フォーラムは平成17年に米国法曹協会（ABA）反トラスト部会に示唆を得て設立された。
[126]　経済法研究者を中心に日本経済法学会を組織しているが，会員は441名である（平成26年6月30日現在）。

6 東日本大震災と独占禁止法

緊急事態と市場メカニズム

平成23年（2011）3月11日，地震と津波による東日本大震災と東京電力福島第一原子力発電所の事故により，岩手・宮城・福島3県を中心に東北地方は約2万人の死者・行方不明者を出す未曾有の惨禍に見舞われた。公取委は，3月18日，次のような連絡を関係者に送った[127]。

「　　　　　　　被災地への救援物資配送に関する業界での調整について
　被災地への救援物資配送に関する業界での調整について，下記のとおり考え方を取りまとめましたので，御連絡いたします。……
　　　　　　　　　　　　　　　　　記
　今回の地震は前例のない大規模なものであり，その被害は広範囲に及び，被災地は必要な様々な物資が供給されにくい困難な状況に置かれています。
　このような緊急の状況に対処し，被災地に円滑に物資を供給するため，関係事業者が共同して，又は関係団体において，配送ルートや配送を担当する事業者について調整することは，①被災地に救援物資を円滑に輸送するという社会公共的な目的に基づくものであり，②物資の不足が深刻な期間実施されるものであって，かつ，③特定の事業者に対して差別的に行われるようなおそれはないと考えられることから，独占禁止法上問題となるものではありません。」

この考え方は，事業者団体ガイドラインの規格の標準化のための自主基準や環境保全・安全確保のための自主規制についての考え方（第2・7および8）を，業界において緊急時に物資の配送について調整することに準用したものである。

公取委は，「東日本大震災に関するQ＆A」をウェッブ・サイトに掲示したが，その中に次のようなものがあった[128]。

---

[127] 公取委事務総局「被災地への球宴物資配送に関する業界での調整について」（平成23年3月18日，公取委HP）。中藤力＝多田敏明「緊急災害時の企業の対応と独占禁止法」NBL951号（平成23年）31頁も参照。
　なお，公取委は災害時に発注者の依頼を受けて事業者団体が緊急工事を請負う事業者を推薦することを独占禁止法上問題がないとしている模様である。
[128] 公取委「東日本大震災に関するQ＆A」（平成23年3月23日公表，公取委HP）。

第4章　公取委の法執行の成果と裁判所

「問10（6月1日追加）
　親事業者の保管施設が被災したことにより，下請事業者が納品しようとした商品をその下請事業者に保管させ，倉庫代金等の追加費用が発生した場合，当該費用を下請事業者に負担させることは，下請法上問題となりますか。
答
　下請事業者に対し，親事業者が支払うべき費用を負担させることは，不当な経済上の利益提供要請として下請法上問題となりますので，親事業者が追加費用を負担する必要があります。しかしながら，親事業者が被災し，客観的にみて震災の影響により発生した追加費用を直ちに負担することが不可能であると認められる場合に，例えば，両者間で十分協議の上，一時的に下請事業者が費用の一部を負担するときは，そのような事情を十分考慮して対応することとなります。なお，親事業者は，このような特別な事情や経緯について，事後的にも分かるような記録を残しておくことが望まれます。」

　公取委の下請法運用基準によれば，下請事業者の直接の利益とならない経済上の利益を提供させることは同法4条2項3号（不当な経済上の利益提供）に該当するとしている（第4・7）。回答は注意深い言い回しをしているが，平常時ならば違法となるものの，緊急時なので寛大な取扱いをする趣旨が込められている。
　また，通産省は原子力発電所の事故に伴い東京電力管内の電力不足が懸念されるため，各業界団体対して節電対策を要請した。これを受けて，公取委は，業界団体等が会員企業をいくつかのグループに分け，各グループの操業時間帯をずらして，ピークカットを行うこと（例2），各社の休業日の日程調整を行うこと（例3）等を，強制しない，差別しないことを条件に，独占禁止法上問題にならないことを公表した[129]。特に説明はないが，緊急事態に対応するために社会公共的な目的で行われるので，操業制限カルテルでも競争の実質的制限等に該当しないということであろう。とはいえ，公取委は生産数量の調整などまで認めはしなかった。
　以上のように，緊急事態において著しい供給不足が生じた場合，迅速な供給をしたり公平に割り当てるために，カルテルによる調整がやむを得ないものとして独占禁止法上許容しようとすることがわかる。また，優越的な地位の濫用規制や下請法の適用がかえって不公平となる場合も想定される。本来このような場合の配分や処理は法に基づいて公的機関が行うべきであろう[130]が，わが国において

---

[129]　公取委「業界団体等における夏期節電対策に係る独占禁止法上の考え方」（平成23年4月11日，公取委HP）。
[130]　第2次大戦後の混乱時における経済統制について上巻・87頁，第1次石油危機時の

は——この程度の調整であれば——公的機関よりも業界に任せた方が円滑に行くのも事実なのであろう。いずれにせよ，何らかのカルテルや統制は避けられない。

　このことは，災害であれ戦乱であれ，緊急時に市場メカニズムは機能しないこと，そしてそれが経済全体に及べば独占禁止法はその存立基盤を失うことを意味する[131]。独占禁止法がこのような危うい均衡の上に成り立っていることを，はからずも東日本大震災と原子力発電所事故が垣間見せたといえよう。

　　カルテルと統制について上巻・465 頁・483 頁参照。
(131)　米国の反トラスト法が大不況時と第 2 次大戦中に一時執行停止を余儀なくされたことは，上巻 33 頁・37 頁参照。

事項索引

◆あ◆

ICN（国際競争ネットワーク）
アウトサイダー規制
　　タクシー特措法上の―― ……… 446
　　特安法案上の―― …………… 50-52, 56-57
あっせん利得処罰法 ……………………… 304

◆い◆

一括代理申請 ………………………… 87, 126
域外適用
　　――から国際的執行へ ………… 480
　　――の執行方針（米国・司法省）……… 221, 467-468
医師会ガイドライン ……………………… 124
意思の連絡
　　――について推認のルール ……… 326-329, 501-502, 532-533
一位不動の原則 ……………………… 295-296
一定の取引分野（市場）
　　――についての自国所在需要者説 …… 478
　　――の画定（カルテルの場合）…… 325, 479
　　国境を超える――の画定 ……… 458-461
一店一帳合制 ……………………… 16, 22, 28
一般集中の規制 ………………… 252, 257, 360-361
一般法・特別法論 ……………………… 127
今村成和 ………………… 24-25, 37, 41, 86, 116, 123
　　――の低成長期における競争政策の考え方 ……………………………… 45-46
伊従寛 ……………… 12, 79, 110-111, 142, 196, 222, 388
医療食事件 ……………………………… 334

◆う◆

ウィリアムズ，シドニー …… 189, 190-192, 205, 213-214
梅沢節男 …………… 130, 174, 211, 275-279, 316-317, 321
　　――と中村喜四郎議員斡旋贈収賄事件

　　……………………………………… 279-282
　　――の決意 …………………… 195-197

◆え◆

営業の自由 ……… 50, 81, 100-101, 163, 170, 446
えこひいき主義（clientelism）………… 307
SCPパラダイム ………………………… 145, 157
SSNIP基準 ……………………………… 458
NTT
　　――の分割論 ………………………… 93, 94
　　――の持株会社化 …………………… 251
NTT東事件最高裁判決 …… 527-530, 532, 539
エレベーター保守料金協定事件 ………… 328

◆お◆

OECD（経済協力開発機構）
　　――の危機カルテルに関する報告書 … 48, 62
　　――の競争政策と貿易政策に関する報告書 ……………………………… 179
　　――の積極的調整政策（PAP）に関する一般的指針 …………………………… 62
　　――の法改正に対するコメント ……… 377
　　――の報告書（対日規制改革審査）… 377, 510
　　――の理事会勧告（規制緩和と適用除外）……………………………………… 78
　　――の理事会勧告（ハードコアカルテル）……………………… 329-330, 481-482
大阪バス協会事件 …………… 127, 330-331

◆か◆

会社の合併等の審査に関する事務処理基準（合併ガイドライン）………… 140-145, 157
会社の株式所有の審査に関する事務処理基準 ……………………………………… 143
ガイドライン行政 ………………………… 11
　　――の功罪 ………………………… 14-15
価格の同調的引上げに関する報告徴収
　　――ガイドライン ……………………… 7-8

543

事項索引

　　——廃止・削除 ················· 41, 379
寡　占
　　——体制への懸念 ········· 144, 145, 157, 458
　　協調的—— ····················· 423, 454
　　製品差別型—— ····················· 17, 23
課徴金（制度）
　　——についての経団連の不満 ············· 41
　　——のカルテル抑止効果 ················ 106
　　——の具体的制限効果基準 ·········· 112, 113
　　——の算定率の引上げ ······· 313-314, 378,
　　　　　　　　　　　　　　　　　　381-382
　　——の施行 ························ 8-9
　　——の慎重な運用 ···················· 111
　　——の水準の欧米との比較 ·········· 379-380,
　　　　　　　　　　　　　　　　　　388-389
　　——の対象範囲の拡大 ······ 391-393, 394-398
　　——の二重処罰の禁止との関係 ·········· 315,
　　　　　　　　　　　　　　　　380-381, 383
　　——の法的性質（性格） ······· 315, 382-383
　　行政上の制裁としての—— ······· 381, 383, 385
　　日米構造問題協議における——の引
　　　上げ ··················· 194-195, 196, 198
課徴金減免制度
　　——と司法取引 ···················· 385, 516
　　——とわが国国民の法感情 ······ 384, 385-386
　　——の運用状況 ··················· 514-515
　　——の申請第1号 ··················· 513-514
　　——の導入の必要性 ···················· 385
　　——の導入への法務当局の協力 ······ 512-513
　　——の内容 ·························· 378
課徴金に関する改正問題懇談会報告書
　　································· 313-314
金沢良雄 ······················ 20, 25, 27
金子晃 ············ 27, 39, 256, 266, 272, 326
カルテル
　　——の原則違法の確立 ··················· 169
　　許認可申請—— ··················· 126-127
　　合理化——の廃止 ··················· 262, 263
　　指示——（制度）
　　　　——が残った理由 ················· 54-57
　　　　——についての調整 ·················· 53

　　——の効果 ··················· 58-60, 66
ハードコア・カルテル
　　告発対象としての—— ·················· 319
　　——と課徴金 ························· 395
　　——の悪質性についての認識 ······ 468-469
非ハードコア・カルテル
　　——の違法性判断における法益衡量
　　　··································· 330-333
　　事業者団体ガイドラインにおける——
　　　····································· 12-13
不況カルテル
　　——による過剰設備の処理 ·········· 49, 50
　　——の運用改善 ···················· 41, 43
　　——の廃止 ··························· 262
　　——の評価 ··························· 47
管轄権についての国際法上の考え方
　　··································· 468-469
勧告操短 ······························· 47
環太平洋経済連携協定（TPP） ······ 20, 483,
　　　　　　　　　　　　　　　　　　495-496

◆ き ◆

企業結合規制
　　——における非公式な処理 ············· 466
　　——のゆくえ ························· 467
企業結合ガイドライン ········ 454, 458, 459, 529
（六大）企業集団
　　——とメガバンクの統合→3大メガバ
　　　ンクの統合
　　——の実態調査 ··········· 205, 239-242, 360
　　——の弱体化・崩壊 ··············· 242-243
　　——の集団内取引 ·················· 240, 241
　　——の閉鎖性 ························· 187
（政府）規制
　　——についての公取委の実態調査 ··· 80-83
　　——と経済的規制の相違 ················ 426
　　——の改革 ···················· 418, 424-427
　　経済的—— ············ 81, 90, 232, 237, 418
　　社会的—— ····················· 90, 233
規制緩和
　　——と独占禁止法との一体的関係 ··· 232, 235

事　項　索　引

　　──についての経済法学者の考え方 …238
　　──の本格化の要因 …………230-232
　　──をめぐる論争 ………………236-238
　　米国における── ………………………75
　　臨調における── ……………………89, 90
規制改革
　　──の推進役としての公取委…356, 426, 427
　　規制緩和から──へ …………………419
　　構造改革と── …………………418-419
規制文化
　　官僚的文化と法的── ………………109
岐阜商工信用組合事件最高裁判決 …342-343
客観的属地主義（実施理論）……469, 471, 476
行政指導
　　──ガイドライン ……163-164, 166, 167, 170
　　──と法治主義（法の支配）………170, 364,
　　　　　　　　　　　　　　　　　　372, 466
　　──についての最高裁の判示 ………165
　　──についての通産省の見解 ………164
　　──による下請法の運用 …………369, 372
　　──による輸出自主規制 …………177-178
　　──の限界 ……………………………20
　　──の多用（重視）………6, 10, 44, 108, 150
　　──への協力行為 …………………160-161
　　大型店の出店に関する── …………99, 100
行政独占 …………………………………491
競　争
　　過当── …………41, 63, 82, 83, 187, 288
　　規制下の── …………………………94
　　──の保護であって，競争者の保護で
　　　ない ………………………………487
　　市場の中の──と市場を求める── …338
　　自由な──と公正な── ……363, 415, 448
　　達成型──と──探求型── …………338
　　適正な── ……………………………67
　　動態的── …………………………338, 530
競争者排除（型）行為 ………217-218, 311, 337,
　　　　　　　　　　　　　　　　338-339
競争政策（独禁政策）
　　──と産業政策との協調 ……………56, 72
　　──と産業政策との緊張関係 ………73

　　──の改革（法運用の改革）………221, 313
　　──の積極的展開 ……………………235
　　戦略的── ………………464, 491, 493
　　動態的── ……………………………63
　　21世紀における──のグランド・デザ
　　　イン ……………………………355, 370
　　21世紀にふさわしい──を考える懇談
　　　会提言書 …356-357, 359, 365, 372, 380, 426
競争の実質的制限
　　──の解釈（市場支配力の形成・維持・
　　　強化，市場の競争機能）………528-529
　　──の正当化事由（理由）…………331-332
　　──の統合型と閉鎖型………………335, 529
　　単独行動による──と協調的行動によ
　　　る── …………………………………454
競争法（独占禁止法）
　　──の収斂と多様性 …………………489
　　アジアの──の特色 ………………488-489
　　各国・地域における──の制定 …486-487
　　中国的特色のある── …………490, 491
競争法フォーラム ………………………539
共同販売会社
　　構造改善の方法としての── …66, 68, 69
共同ボイコット
　　──と不当な取引制限 ………………217
　　告発対象としての── ………………319
　　日米構造問題協議における── …205, 207,
　　　　　　　　　　　　　　　　　209, 221
業務用ストレッチフィルム事件 ………275,
　　　　　　　　　　　　　　320-321, 322, 323
橋梁工事談合事件 ………377, 499, 501, 506-508

◆　く　◆

グローバル化（グローバリズム）
　　──と競争政策 ………………………452
　　──とは ………………………450, 452
グローバル・スタンダード論 …………489

◆　け　◆

警告（行政指導としての）………108, 207, 211,
　　　　　　　　　　　　　　　　212, 341

545

事項索引

経済財政諮問会議
　　——における独占禁止法改正の論議
　　　　　　　　　　　　　　　……373-374
　　——の郵政民営化の基本方針→郵政民営化
経済産業省（通商産業省）
経済団体連合会（日本経団連）
　　——の昭和52年法改正に対する不満
　　　　　　　　　　　　　　　……40-41
　　——の規制緩和の主張　……231-232
　　——の平成17年法改正への抵抗　……376
　　——の行政制裁一本化論　……381, 383
　　——の減免制度反対論　……384-386
　　——の審判制度に関する主張　……41, 392,
　　　　　　　　　　　　　399-400, 401
経済調査研究会の報告書（低成長経済）……46,
　　　　58
経済法学者の意見書
　　新司法試験に関する——　……428
　　特安法・産構法に関する——　……51, 64
　　独占禁止法改正案に関する——　……377, 381,
　　　　　　　　　　　　397, 402, 406
刑事罰
　　独占禁止法に関する——研究会報告書
　　　　　　　　　　　　　　　……316-318
　　両罰規定のありかた　……317-318
継続的取引　……201, 204, 206
景品規制
　　——の方針転換　……363
　　——の見直し・明確化に関する研究会
　　　　報告書　……62-363
　　貿易摩擦における——への対応　……183
景品表示法
　　——の改正（平成15年）　……367
　　——の改正（平成25年）　……411
　　——の消費者庁への移管　……397, 408-411
　　——の性格変更　……409
系列関係（取引）
　　——についての経済学者等の見解　……201-202
　　——についての検討委員会の見解　……203-205
　　——の解体　……221
　　日米構造問題協議最終報告書における
　　　　　　　　　　　　　　　……198
　　流通・取引慣行ガイドラインにおける
　　　　　　　　　　　　　　　……218
化粧品の対面販売義務　……345-348
下水道事業団事件　……296, 301, 321, 323, 502
減産指導　……46
建設業ガイドライン　……115, 121, 285

◆こ◆

公益事業
　　——における競争への進化の過程　……423
　　——におけるネットワークへのアクセス
　　　　　　　　　　　　　　　……420-423
　　——の規制の見直し　……82, 233, 418
効果主義　……469, 470, 471, 476, 477, 479
公共工事入札契約適正化法　……294-295
公共入札ガイドライン　……285-287
公共の利益
　　——の弊害規制主義的解釈　……41, 169, 464
　　最高裁の——についての解釈　……168-169
公正競争阻害性
　　——の3類型への整理　……29, 37-39
　　——の事実上の推定　……22, 30
　　——の判断基準　……21-23
公正取引委員会（公取委）
　　——審決における少数意見の付記　……530
　　——中心主義の修正　……351-352
　　——と消費者団体との関係　……408, 410-411
　　——における職能分離　……399, 405
　　——の行政委員会制度の再検討　……357
　　——の国会への意見提出権　……446
　　——の自殺行為　……406
　　——の政権与党化　……358
　　——の組織強化（事務総局制）　……198,
　　　　228-229, 245-246, 248, 249, 250-251
　　——の単なる法執行機関への変質　……415, 427
　　——（の職権行使）の独立性　……41, 64,
　　　　　　　　　　280-282, 357, 407, 415
　　「かみつかない番犬」　……208
　　行政委員会の陥穽　……415
　　中央省庁再編と——　……358-360

事項索引

公正なルール（取引の）……370, 371, 522-523
公正貿易論 ……………………………181
構成要件説 …………470, 471, 476, 478
構造改革
　　――とは ……………………………417
　　――による所得格差・相対的貧困の拡
　　　大 ……………………………440-441
　　――による利用者メリット ……438-440
　　経済財政諮問会議の――に関する基本
　　　方針 …………………………417-418
構造不況産業
　　――対策 ……………………………46-48
　　――の不況の要因……………………48
　　経済学者の――対策批判……………60
小売業における合併等の審査に関する考
　　え方 ………………………………143
功利主義……………………155, 237, 443
効率性
　　企業結合審査における――…157, 463, 464
小粥正巳 ……………174, 245, 246, 321
国際カルテル
　　――の規制の課題 ………414, 480-481
　　――の摘発が低調な理由 …………473
国際競争ネットワーク（ICN）………485-486,
　　　493, 523
国際的適用
　　独占禁止法の――についての公取委の
　　　考え方 …………………………477
国際反トラスト規約草案 ………………494
告　発
　　――にあたっての時効の壁 …………321
　　――問題協議会 …………………319, 321
　　公取委の――方針……198, 275, 276, 277, 311,
　　　318-319, 337, 512, 513
　　最初で最後の――？ ………………162
護送船団行政 …………………………129
ごみ処理施設（ストーカ炉）事件……501,
　　　502-505, 534-535

◆さ◆

埼玉土曜会事件 ……274-279, 284, 285, 321, 517

　　――について告発を断念した理由…276-279
　　――についての住民訴訟 …………282-283
裁判所
　　――と反トラスト ………………526-539
　　――を味方とせよ ………………467, 538
再販売価格維持行為（再販）の適用除外
　　――についての公取委の最終結論
　　　…………………………………270-271
　　――の廃止が挫折した理由 ………272-273
　　――をめぐる論争 ………………268, 272
再販問題検討小委員会の報告書 …266-267
再販問題検討のための政府規制等と競
　　争政策に関する研究会報告書 …269-270
指定再販の取消 ………………………235, 265
法定再販（著作物再販）の見直し
差止請求訴訟
　　――導入後の状況 …………………352
　　――導入による公取委中心主義の修正
　　→公取委
　　――についての公取委の研究会の報告
　　　書 ……………………………348-351
　　――についての通産省の研究会の報告
　　　書 ……………………………348
実方謙二 ………17, 23, 27, 89, 94, 112, 142,
　　　183, 222, 224
サムスン ………………259-260, 475, 492
サラリーマンの犯罪 …………………323-324
澤田悌 ………………………4, 5, 129, 481
産業政策
　　――と競争政策との調整（協調）…41, 45,
　　　64, 72
　　日本的――の終焉……………………74
産構法（特定産業構造改善臨時措置法）
　　――の運用状況……………………66
　　――の内容……………………………65
3大メガバンクへの統合 ………242-243

◆し◆

JT/RJRナビスコ事件 ………453-454, 466
資格者団体ガイドライン ……………124
シカゴ学派

547

事項索引

　　──とハーバード学派の考え方の相違
　　　　……………………………………146-148
　　──による独占禁止法研究会報告書の
　　　批判 ……………………………24, 156
　　──の経済的効率性の重視 ……149, 487
　　──の衝撃 ……………………146, 154
事業者団体ガイドライン ……………11-13
　　──における社会公共目的のための自
　　　主基準 ……………12-13, 333, 540, 541
事業提携（事業集約化）……………63, 65
　　特定産業における──に関する審査基
　　　準 ………………………………65, 143
事業法と独占禁止法との関係 ………128, 422,
　　　　529-530
自己責任
　　──原則 ………………51, 54, 356, 441
　　消費者の── ………………233, 238
市場の画定→一定の取引分野
静岡建設談合事件 …………107, 113-116, 287
資生堂事件 ……………………………341-342
　　──最高裁判決（富士喜対資生堂）
　　　　………………………………346-347
事前相談制度 …………………………………13
自然独占 ……………………………82, 419-420
私訴（私人による法の実現，独占禁止民
　　事訴訟）………………213-214, 342-345
下請制度
　　──と貿易摩擦 ………………………203
　　──の評価の変化 ……………………369
下請法
　　企業取引研究会の報告書 ……………370
　　行政指導法としての── ……………372
　　平成15年の──改正 ………………370-371
実質的証拠法則 …………………403, 405, 531
私的独占
　　──事件の簇生 ………………333-336
　　──適用の現代的意義 ………336-338
　　──に関する最高裁の最初の判断 …527
　　──への課徴金対象の拡大 ………391, 396,
　　　　398, 498
　　排除型──ガイドライン …398, 529, 531, 532

自動車（乗用車）の取引実態調査 …16, 18-20
司法制度改革 ……………………………412, 428
資本主義
　　グローバル── ………………………259
　　国家── ………………………………491
　　古典的── ……………………………105
　　修正── ………………………………105
　　日本型── ……………………223, 236, 259
市民オンブズマン
　　──による住民訴訟の提起 ………296-297,
　　　　503-505
　　──による落札率の調査・公表 …297-298,
　　　　518
　　──の市民的な力 ……………………299
　　全国──連絡会議 ……………………296
社会主義市場経済 ………………………………490
JASRAC（日本音楽著作権協会）事件 …398,
　　　　415, 498
　　──最高裁判決 ………………530-532
JAL/JAS事件 …………………………456-458
自由業 …………………………………122-123, 125
修正主義（リヴィジョニズム）（者）…185-188,
　　　　190-191, 224
　　──たちのマニフェスト的宣言 ……185
自由民主党
　　──独禁法特別調査会
　　　　──と課徴金引上げ等 ……373, 375, 376
　　　　──と刑事罰の強化 ……………316
　　　　──と審判制度廃止 ……………392
　　　　──と持株会社解禁 ……………249
　　　　──のいわゆる斉藤調査会 …40, 42-43,
　　　　　　120
　　──の建設族 …………………120, 279, 281, 376
社会的公正原理 …………………………………150
　　──と民主主義 ………………………57, 449
　　──の形成 …………………………152-153
　　中小企業（競争者）保護の── …57, 100,
　　　　102, 134, 136, 156, 372, 446
（保守派による）社会的公正の確保 …102-103,
　　　　155
社会保険庁シール談合事件

事項索引

――刑事事件東京高裁判決 …*325, 478-479*
――審決取消請求訴訟東京高裁判決 …*315*
社会民主主義 ……………*105, 445, 447, 451*
囚人のジレンマ的状況 …………*55, 71*
自由貿易主義
　――と結果志向の通商政策 ………*227*
　ブッシュ政権の―― ……………*189*
自由放任 ……*41, 77, 104, 231, 238, 357, 366, 443*
需給調整条項 ………………………*84, 233*
受注調整事件（民間企業発注の）……*115-116, 499, 512*
正田彬 …………*11, 37, 64, 98, 163, 170, 246, 316*
消費者
　――厚生基準 ……………*463, 464*
　――市民社会 ……………*442*
　――保護から――の自立支援へ ……*408, 442-443*
　――を味方につける ……………*191-193*
　新自由主義の――像 ……………*366, 443*
消費者政策と競争政策との一体的（相互補完的）関係 ……*356, 357, 366, 408-409, 411*
消費者団体
　――による景品表示法の移管の支持 …*408*
　――の規制緩和についての考え方…*231, 238*
消費者庁の設置 ……………*444*
消費者取引問題研究会報告書 ………*365-367*
消費税転嫁対策特別措置法 ………*263, 414*
シルベニア事件米連邦最高裁判決………*26*
新自由主義
　――的改革………*104, 355, 412, 419, 447*
　――的改革の修正（退潮，後退，限界）
　　………………*444, 445, 448, 449*
　――の思想（イデオロギー）………*76-77, 103, 361, 419, 441, 450*
　競争政策の――化？ ……………*356-357*
審判記録の閲覧謄写 ……………*503*
審判制度（手続）
　――についての一人二役論 ……*400, 405, 406*
　――の変遷 ……………*400*
　――不服審査型と事前審査型 ……*391, 401-403, 406*

新聞業の特殊指定の廃止の試み …………*273*

◆す◆

垂直的取引制限
　――の競争促進効果 ………*24, 26, 219, 487*
　米国とEUの――についての取扱いの相違 ……………………*487*
　流通・取引慣行ガイドラインにおける―― ……………………*218*

◆せ◆

政官業の複合体（癒着体制）…*122, 231, 305, 308*
政府規制等と競争政策に関する研究会
　「競争政策の政府規制の見直し」に関する報告書 ……………*233-235*
　公益事業に関する報告書 ……………*421*
　社会的規制に関する報告書 ………*425-426*
　「独占禁止法の適用除外の見直し」に関する報告書 ……*260-261, 264, 266*
　郵便事業に関する報告書 ………*431-432*
精密司法 ……………*533*
石油生産調整事件東京高裁判決…*159, 162-163*
積極的調整政策（PAP）………………*61-63*
（大手）ゼネコン
　――汚職 ……………*279, 287, 291*
　――による関西建設談合事件 ……*284*
　――による談合決別宣言………*412, 516-519*
　――の不当な取引制限の解釈 ……*168-169*
石油価格協定事件最高裁判決
　――の記念碑的意義 ……*159-160, 170-171*
セブン-イレブン事件 ……*499, 524-526*
繊維業における設備登録制 ………*261-262*
専売（店）制 ………*16, 19, 20, 23, 222, 226*

◆そ◆

送達（在外者への）………*361, 473, 474-475*
ソーダ灰事件…………*182, 183, 207, 208-209*
損害賠償請求
　公取委の――訴訟への資料提供の方針
　　…………………*214, 282*
　独占禁止法に関する――制度研究会

549

事項索引

　　　報告書 …………………… 214

◆た◆

対抗立法 ……………………… 467, 468
大店法（大規模小売店舗における小売業の
　事業活動の調整に関する法律）
　　　——についての経済法学者の見解……… 98
　　　——についての橋口委員長の見解… 100, 156
　　　——の運用実態 …………………… 99
　　　——の規制の仕組み ………………… 97
　　　出店協定書の問題点 ……………… 100-101
髙橋元 … 4, 6, 44, 64, 67, 110, 161, 162, 244-245
タクシー特措法 ……………… 263, 445-446
竹島一彦 …………… 354, 359-360, 395, 411-412,
　　　　　　　　　　　　　 486, 497, 510
　　　経済財政諮問会議における——の説明
　　　……………………………… 373-375
WTO（協定）
　　　——における競争ルールに関する検討
　　　 ……………………… 494-495, 496
　　　——による一方的措置の禁止 ……… 227
　　　——による輸出自主規制の禁止 ……… 180
多摩土木工事談合事件最高裁判決 … 535-538,
　　　　　　　　　　　　　　　　 539
談合決別宣言→（大手）ゼネコン
談合国家（日本） ……………… 305, 412, 519
談合罪
　　　——に関する大津地裁判決………… 117, 119
丹宗昭信 …………………… 159, 171, 223

◆ち◆

知的財産権
　　　——に関する事件 ……………… 311, 499
　　　——の権利行使行為の適用除外 ……… 264
注　意 ……………… 108, 136, 211, 212
中間組織 ……………………………… 25
中小企業事業分野調整法 ……………… 96
中小事業者取引公正化推進プログラム … 414,
　　　　　　　　　　　　　　　　　 522
中部読売新聞社事件 ……………… 131-133
　　　——東京高裁決定 …………… 132-133

◆つ◆

通商産業省（通産省）（経済産業省）
　　　——の行政指導型政策から市場ルール
　　　整備型政策へ ……… 166, 180, 232, 375-376
　　　——の独禁法緩和改正への態度………… 43
鶴田俊正 ……… 25, 27, 99, 101, 201, 233, 265,
　　　　　　　　　　 268, 269, 273, 362, 431

◆て◆

適用除外（制度）
　　　——カルテルの実施状況 ……………… 260
　　　——の見直し …… 78, 198, 233, 235, 260-273
　　　——を廃止する一括整理法 ……… 262-263
　　　一定の組合の行為の—— ……………… 264
　　　再販売価格維持行為の——→再販売価
　　　格維持行為
　　　知的財産権の権利行使行為の——
　　　→知的財産権
　　　不況カルテルの——（カルテル）
テリトリー制 …………… 16, 19, 20, 22, 23, 26
電気通信ガイドライン ………… 422, 423, 529
電力ガイドライン ……………… 422, 423

◆と◆

同一地域・同一運賃の原則 …………… 86, 87
東芝ケミカル事件東京高裁判決 …… 326-328
東洋精米機事件 ……………… 26, 27, 107
道路公団改革（民営化）…………… 429-431
　　　日本道路公団事件 ……………… 506-508
特安法（特定不況産業安定臨時措置法）
　　　——の施行状況 ………………… 57-60
　　　成立した——の内容 ……………… 53-54
　　　通産省が策定した——の原案 ………… 50
独占・寡占規制の見直し………… 372-373, 387-388
独占禁止法
　　　——違反の法律行為の効力 ……… 342-343,
　　　　　　　　　　　　　　　　 344-345
　　　——コミュニティ ………………… 541
　　　——の政治化（政治的運用）……… 389, 399,
　　　　　　　　　　　　　　　 404, 413-414

事項索引

——の冬の時代の再来 ……………413-414
私人による——の実現（私訴，民事訴訟）
　………………213-214, 342-345, 351
昭和 52 年改正の施行 ………………5-10
平成 3 年改正（課徴金の引上げ）………314
平成 4 年改正（刑事罰の強化）…280-282,
　　　　　　　　　　　　　　316-318
平成 12 年改正（差止請求訴訟の導入等）
　………………………………………350
平成 14 年改正（一般集中規制等）
　…………………………………361-362
平成 17 年改正（課徴金の引上げ，減免
　制度の導入等）………375-377, 378-379
平成 21 年改正（課徴金対象の拡大等）
　…………………………………393-394
平成 25 年改正（審判制度廃止）
　…………………………………404-405
独占禁止法基本問題懇談会の報告書
　………………390-392, 396-397, 401-403
独占禁止法研究会の報告書
　——（一般集中規制など）………360, 384
　——（措置体系の見直し）…372-373, 379,
　　　　　　　384-386, 387-388, 395, 401
　——（不公正な取引方法）………………38
　——（流通系列化）………………20-25, 27
独占禁止法渉外問題研究会報告書…469-470,
　　　　　　　　　　　　　　　471, 473
独占禁止法審査手続についての懇談会報
　告書 ……………………………………534
独占禁止法曹 ……………………………540
独占的状態に対する措置
　——ガイドライン ………………………7
　——の廃止・削除 …………………41, 388
ドラフト制度（プロ野球の）……………125

◆ な ◆

内外価格差（問題）………183, 192, 198, 218,
　　　　　　　　　　　　　　230, 232, 342
中村喜四郎議員斡旋贈収賄事件 ………276,
　　　　　　　　　　　　　　279-282, 321

◆ に ◆

25 条訴訟 ……………198, 214, 342, 504, 526
25％ ルール ………………67, 68, 142-144
日米協力協定 ……………………………481-482
日米建設協議 ……………209, 286, 288-289
日米構造問題協議
　——のアイディア ………………………189
　——の意義 …………………………220-224
　——の最終報告書 ……195, 196, 197-198,
　　　　　　　　　　　　　　　223, 242
　——の中間報告書 ……………194, 195, 313
　——のフォローアップ ……………220-221
　米国側の政策実行計画提案 …193, 204, 212
日米写真フィルム事件 …………………493
日米半導体協定 …………………………188, 225
日米包括経済協議 …………………224-229
日本機械保険連盟事件 …………………131, 311
　——最高裁判決 …………………………382-383
日本建築家協会事件 ……………………122
日本市場の要塞化 ………………………223
日本製紙／大昭和製紙事件 ………454-455
日本的コーポラティズム ………………91, 232
日本的法運用 ……………………211-213, 313
入札・契約制度の改革
　——についての公取委の発言 …291-292
　——についての中央建設業審議会の答
　　申（建議）………287-288, 290, 305, 308
　指名競争入札から一般競争入札へ ……288,
　　　　　　　　　　　289-295, 298, 304
　総合評価方式 ……………………518-519
入札談合
　——事件の法的構成（「合意の下に」
　　方式）………………………………324-325
　——の規制の主役は独占禁止法へ ……119
　——の二重構造（基本合意と個別調整）
　　………112, 321-322, 329, 501, 504, 533, 534
　官製談合防止法（入札談合等関与行為
　　の排除及び防止（並びに職員による
　　入札等の公正を害する行為の処罰に
　　関する法律）………302-303, 498, 502, 508

551

事項索引

ルール型――と個別―― ………………… 117

◆ ね ◆

根岸哲 ……27, 30, 37, 61, 87, 109, 126, 128, 170, 211, 217, 222, 312, 331, 350, 351, 383, 398, 403, 411, 428, 489, 535-536
――の独占禁止法基本問題懇談会における発言 ………………………… 402
――の独占禁止法の冬の時代の再来の懸念 ………………………… 412-414
根来泰周 ………125, 131, 174, 273, 302, 354, 355

◆ の ◆

ノーディオン事件 ……335, 474-475, 476, 482

◆ は ◆

バイイング・パワー（購買力）……29, 138, 520, 523
ハイエク，F.A ……………………… 77
橋口收 ……4, 5, 10, 16, 17-18, 25, 45, 47, 49, 79, 90, 100, 108, 114, 134, 136, 139, 154-156, 178-179, 244
――のシカゴ学派に対する見解 ……… 149
ぱちんこ機パテント・プール事件 …334-335
発送電分離 ……………………… 421-422
発展（開発主義）指向型国家 ……186, 307
ハーフィンダール＝ハーシュマン指数（HHI） ……………………… 68
パラマウントベッド事件 ……………… 334
犯則事件調査権限の導入 …………356, 499
反トラスト革命 ………………… 146, 158

◆ ひ ◆

BHP ビリトン／リオ・ティント事件 ……………………… 460-461, 467, 475, 476
比較広告についてのガイドライン …182, 364
東日本大震災に関連する Q&A ……540-541
ビタミン事件 ……………………… 472-473
平岩レポート ………………… 232-233, 236
ヒルズ，カーラ ………………188, 190, 191

◆ ふ ◆

フェノール事件 ……………………… 452-453
不可欠施設の法理 ……387-388, 420, 423, 424, 487, 530
フクシマ，グレン ………189, 190, 224, 289
複占の形成 ………………… 454, 458, 462
不公正な取引方法
　――の一般指定の改正 ……………… 27-31
　――の一般指定の新旧対照表 …… 32-36
　――の近代化 ……………………… 31
　――の指定制度 ……………………… 28
　――への課徴金対象の拡大 …391, 396-397, 398
富士写真フィルム事件 ………………… 26
不実証広告（規制） …………366-368, 410
歩積・両建預金 ………………128, 129-130
不当な取引制限
　――の共同性の要件（意思の連絡）
　　――は状態犯か継続犯か ………… 277
　――の相互拘束行為と遂行行為 …… 322
　――における合意の形成過程の立証 …325, 533
不当廉売
　――ガイドライン ………………134, 398
　――に対する課徴金 ………393, 397, 414
　――についての二重の基準 ……134, 154
　――の判断における共通費用の配分 … 436
部品問題 ……………………………… 479
プライス・スクィーズ ……………529, 532
ブラウン管事件 …474, 475, 476-477, 478-479, 480-481, 499
フランチャイズ
　――ガイドライン ……………………… 524
　――規制法 ……………………………… 526
ブランド間競争・ブランド内競争
　――の関係 …………………… 22, 24, 25
ブランド内競争の重視 ………………… 23
プレストウィッツ，クライド ……42, 73, 187, 190, 208

事項索引

◆ へ ◆

米海軍横須賀基地事件 … *122, 209-210, 274, 275*
米国・司法省
　——の執行方針→域外適用
　スミス司法長官の書簡 … *178*

◆ ほ ◆

貿易摩擦
　——問題への公取委の取組 … *182-184*
包括貿易・競争力法（1988年）… *184, 188, 290*
法務・検察
　——の告発についての消極性 … *510-511*
　——の市場経済重視の新潮流 … *319, 321, 513*
北海道新聞社事件 … *335-336*
北海道農業土木談合事件 … *299-302*
　——における公取委の要請 … *301*
ポピュリズム（ポピュリスト）… *231, 419, 445*
ポリプロピレン価格協定事件 … *68, 328, 510, 532*

◆ ま ◆

マイクロソフト事件
　第1次—— … *212, 340-341*
　第2次—— … *499*
前川レポート … *181, 230*
松下満雄 … *138, 178, 221, 245*
マリンホース事件 … *474, 475, 476, 478-479, 499*

◆ み ◆

三井住友銀行事件 … *361, 520-521*
三越事件 … *28, 107, 137-140*
民営化
　英国における—— … *76*
　国鉄の——（国鉄改革）… *91-92, 104, 429, 430*
　専売公社の—— … *95*
　電電公社の—— … *92-93, 104*
　郵政の民営化→郵政民営化
民間活力論 … *104*
民事訴訟法248条の導入 … *343-344*
民主党

　——と審判制度廃止 … *393, 403-404*
　——の経団連との協調 … *376, 404, 413*

◆ も ◆

持株会社の解禁
　——ガイドライン … *249, 253, 254-255*
　——に対する社民党の反対 … *246, 250*
　——についての公取委の研究会の報告書 … *246-247*
　——についての通産省の研究会の報告書 … *245*
　——をめぐる規制緩和と経済民主主義の相克 … *257-258*
　金融持株会社 … *248, 254, 255-256*
　経済界の——の提唱 … *244*
問題解消措置
　——における構造的措置と行動的措置 … *466*
モンティ，マリオ … *377, 386*

◆ や ◆

山中貞則 … *63, 244, 249, 376*
　——の独禁当局についての考え方 … *64*
山中6原則 … *63*

◆ ゆ ◆

優越的地位の濫用（規制）
　——ガイドライン … *398, 522-523*
　——行為の類型化 … *28*
　——事件の増大（活発化）… *499, 519-521*
　——の公正競争阻害性の新たな位置づけ … *38-39*
　——の定着 … *139*
　——の導入の趣旨 … *152*
郵政民営化
　——後の日本郵政グループ … *434-435*
　——に関連する公取委の報告書 … *435-436*
　——の基本方針 … *433-434*
　——の見直し … *437*
　信書便事業への参入 … *431-432*
郵便区分機事件 … *302, 501-502*

553

事項索引

輸出自主規制
 ――のカルテル効果 …………………180
 ――の実施方式 …………………177
 外国政府強制理論 …………………178
 自動車の対米―― …………175-180
ユニバーサル・サービス …425, 431, 432, 437
輸入自主拡大 …………………227

◆ よ ◆

予防行政 …………6, 11, 25, 106, 144, 212, 217

◆ り ◆

リジン事件 …………………472, 484-485
（過度の）立法主義 …………398-399
リベート（制度） …………18, 19, 23, 183, 339
流　通
 ――の前近代性・非効率性 …………17
 暗黒大陸としての―― …………17
流通革命 …………………17, 201, 342, 345
流通系列化（流通問題）
 ――に関する独占禁止法研究会の報告
 書→独占禁止法研究会
 ――への取組 …………………16-18

自動車（乗用車）の――の実態調査 …18-20
流通取引慣行ガイドライン …197, 215-219, 345
 ――の改正 …………………219-220
流通・取引等と競争政策に関する検討委
 員会（検討委員会）の報告書 ………196,
        203-206, 211, 214-215
量的・質的実質性 …………………22, 26
臨調（第二次臨時行政調査会）
 ――答申の背景にある考え方 ………104
 ――の許認可に関する答申 …………89
 ――の民営化に関する答申 ………91-93

◆ れ ◆

（国際）礼譲 …………………471, 481
 積極的―― …………………482, 483

◆ ろ ◆

ロケーション制（販売拠点制） …………19
ロールズ, ジョン …………………155

◆ わ ◆

ワシントン・コンセンサス …………450

〈著者紹介〉

平 林 英 勝（ひらばやし ひでかつ）
　　昭和20年6月生まれ
　　昭和43年3月，東京大学法学部卒業
　　昭和44年10月～平成12年6月，公正取引委員会事務局勤務
　　平成12年7月～平成27年3月，東北大学教授，筑波大学教授，
　　　　　　　　　　　　　　　　中央大学客員教授
　　著書『独占禁止法の歴史（上）』（信山社，平成24年）
　　　　『独占禁止法の解釈・施行・歴史』（商事法務，平成17年）ほか，
　　　　論文多数

学術選書
150
経済法

✿❀✿

独占禁止法の歴史（下）

2016（平成28）年 1月30日　第1版第1刷発行
6750：P568　¥12000E-012：045-010

著　者　平　林　英　勝
発行者　今井 貴・稲葉文子
発行所　株式会社 信 山 社
　　　　編集第2部
〒113-0033　東京都文京区本郷6-2-9-102
Tel 03-3818-1019　Fax 03-3818-0344
info@shinzansha.co.jp
笠間才木支店　〒309-1611 茨城県笠間市笠間 515-3
Tel 0296-71-9081　Fax 0296-71-9082
笠間来栖支店　〒309-1625 茨城県笠間市来栖 2345-1
Tel 0296-71-0215　Fax 0296-72-5410
出版契約 No.2016-6750-1-01011 Printed in Japan

Ⓒ平林英勝, 2016　印刷・製本／ワイズ書籍・牧製本
ISBN978-4-7972-6750-1 C3332　分類335.570-b003 経済法

JCOPY 《(社)出版者著作権管理機構 委託出版物》
本書の無断複写は著作権法上での例外を除き禁じられています。複写される場合は，
そのつど事前に，(社)出版者著作権管理機構（電話03-3513-6969，FAX03-3513-6979，
e-mail: info@jcopy.or.jp）の許諾を得てください。

◇ **都市行政法精義 Ⅰ・Ⅱ**
　碓井光明 著

◇ **地方自治法改正史**
　小西　敦 著

◇ **行政訴訟第2次改革の論点**
　阿部泰隆・斎藤浩 編

◇ **行政訴訟の回顧と展望**
　濱　秀和 著

◇ **防災法**
　生田長人 著

◇ **裁量統制の法理と展開**
　深澤龍一郎 著

◇ **刑事コンプライアンスの国際動向**
　甲斐克則・田口守一 編

◇ **時効判例の研究**
　松久三四彦 著

―――― 信山社 ――――

〔最新刊〕
◇ **破産法比較条文の研究**　竹下守夫　監修
　　加藤哲夫・長谷部由起子・上原敏夫・西澤宗英　著

◇ **各国民事訴訟法参照条文**　三ケ月章・柳田幸三　編

◇ **民事訴訟法旧新対照条文・新民事訴訟規則対応**
　　日本立法資料全集編集所　編

◇ **民事裁判小論集**　中野貞一郎　著

◇ 〔日本立法資料全集〕**民事訴訟法：明治編1-3(テヒョー草案1-3)**
　　松本博之・徳田和幸　編著

◇ 〔日本立法資料全集〕**行政手続法制定資料**　塩野宏・小早川光郎　編著

◇ 〔日本立法資料全集〕**刑事訴訟法制定資料**　井上正仁・渡辺咲子・田中開　編著

◇ **増補刑法沿革綜覧**
　　松尾浩也 増補解題／倉富勇三郎・平沼騏一郎・花井卓蔵 監修／高橋治俊,小谷二郎 共編

信山社

- ◇ **独占禁止法の歴史（上）**
  平林英勝 著

- ◇ **行政手続法制定資料 6〔平成5年〕** 参考資料編 I
  塩野 宏・小早川光郎 編著　　適用除外意見・現行法実態調査資料集

- ◇ **行政手続法制定資料 14〔平成17年改正〕** 参考資料編 II
  塩野 宏・宇賀克也 編著　　平成17年パブコメ改正立案関係資料

- ◇ **法政策学の試み　第14集**　特集・独禁法の域外適用
  泉水文雄・角松生史 監修／法政策研究会 編

- ◇ **欧州競争法**　法学翻訳叢書6
  ルイ・ヴォージェル（元パリ第2大学学長）著／小梁吉章 訳

- ◇ **信託における忠実義務の展開と機能**
  姜 雪蓮 著

- ◇ **民事訴訟法の立法史と解釈学**
  松本博之 著

- ◇ **行政法研究**　最新11号〔続刊〕
  宇賀克也 責任編集

信山社